国家社科基金
GUOJIA SHEKE JIJIN HOUQI ZIZHU XIANGMU
后期资助项目

U0963337

苏鲁毗连地区方言语音研究

许井岗　著

山东大学出版社
SHANDONG UNIVERSITY PRESS
·济南·

图书在版编目（CIP）数据

苏鲁毗连地区方言语音研究/许井岗著．—济南：
山东大学出版社，2023.6

ISBN 978-7-5607-7646-0

Ⅰ．①苏…　Ⅱ．①许…　Ⅲ．①汉语方言—语音—方言研究—华东地区　Ⅳ．①H17

中国版本图书馆 CIP 数据核字(2022)第 188752 号

责任编辑　张彩芸
美术编辑　王秋忆

苏鲁毗连地区方言语音研究
SULU PILIAN DIQU FANGYAN YUYIN YANJIU

出版发行　山东大学出版社
社　　址　山东省济南市山大南路 20 号
邮政编码　250100
发行热线　（0531）88363008
经　　销　新华书店
印　　刷　济南乾丰云印刷科技有限公司
规　　格　720 毫米×1000 毫米　1/16
　　　　　23.75 印张　422 千字
版　　次　2023 年 6 月第 1 版
印　　次　2023 年 6 月第 1 次印刷
定　　价　95.00 元
审 图 号　GS 鲁（2023）0228 号

国家社科基金后期资助项目
出版说明

后期资助项目是国家社科基金设立的一类重要项目，旨在鼓励广大社科研究者潜心治学，支持基础研究多出优秀成果。它是经过严格评审，从接近完成的科研成果中遴选立项的。为扩大后期资助项目的影响，更好地推动学术发展，促进成果转化，全国哲学社会科学工作办公室按照“统一设计、统一标识、统一版式、形成系列”的总体要求，组织出版国家社科基金后期资助项目成果。

全国哲学社会科学工作办公室

序

许井岗2010年考上北京大学中文系的博士研究生，攻读汉语方言学。2014年以论文《苏鲁毗连地区方言语音研究》通过答辩获得博士学位，并入职徐州工程学院人文学院（2021年调往南通大学文学院）。2017年许井岗以博士论文作为书稿的基础，向国家社会科学规划办申请后期资助基金并获得通过。经过四五年的修改和增补，就成了现在这本书。

苏鲁毗连地区涉及苏北的3个地级市（连云港、宿迁、徐州）和鲁南的4个地级市（日照、临沂、济宁、枣庄）。《中国语言地图集》第2版汉语方言卷把该地区的方言划归为4种官话次方言（中原官话、江淮官话、冀鲁官话、胶辽官话）。这样的方言分布格局自然让苏鲁毗连地区的方言面貌异彩纷呈，其声母的复杂程度堪称全国之最，实在值得详加调查和研究。

李荣先生曾经指出："方言研究以调查为主。不调查方言就谈不上研究方言。离开调查，方言研究就是无源之水，无本之木。只有搜集新的语料，才能打开眼界，提高认识。只有亲身调查方言，领略其甘苦，才能理解并运用别人的调查成果。"（见《汉语方言资料宝库序》，《方言》1995年第4期）

许井岗在准备博士论文时，就于2012年8～12月及2013年2～6月先后五次赴苏鲁毗连地区调查方言，每次一周至一个月不等，总共调查了20个点。获得国家社科基金后期资助后，又在官话边界线上和日照、莒南、莒县等音变创新区增加了13个调查点，于2018年6月至2019年6月先后三次前往实地调查，每次一至两周不等。可以说，许井岗保持了一位方言学工作者的应有本色。

许井岗曾师从苏晓青老师攻读硕士，学位论文为《江苏邳州方言的地理语言学研究》。今兹书亦多论语音之地理分布模式，以推理语音演变及扩散之历程。至于全卷之优劣，应以读者评说为宜。

十年寒暑，得来非易。特赠诗曰：

惟思节秀散芳菲，道润人心即不违。
是岁輶轩多反复，从来五字弄珠玑。

愿与井岗共勉。希望井岗继续砥砺前行，于学术之海探骊得珠，更上层楼。

项梦冰

2023 年 5 月 1 日写于北京西二旗搏微斋

目　录

第一章　绪论

1.1　概况

1.1.1　地理位置

苏鲁毗连地区涉及山东南部（简称“鲁南”）4个地级市以及江苏北部（简称“苏北”）3个地级市，地理坐标在东经114°79′～119°52′、北纬33°08′～36°19′。它东濒黄海；南部与江苏省的淮安和盐城两市相邻；西与安徽北部、河南东部接壤，与河北东南部也相去不远；北部与山东省的泰安、淄博、潍坊三市相接。苏鲁毗连地区土地面积约7.8万平方公里，人口约5000万。山东南部以平原、丘陵为主，江苏北部则地势低平、河湖众多。京杭大运河、沂河、沭河等众多河流从北向南流经苏北和鲁南全境。苏北平原有骆马湖、洪泽湖，鲁西南地区有微山湖。

1.1.2　行政区划

苏鲁毗连地区涉及苏北和鲁南[①]7个地级市，其中，苏北有3个市：徐州市、宿迁市和连云港市；鲁南有4个市：日照市、临沂市、枣庄市、济宁市。7个地级市行政区划具体情况如下（以《中华人民共和国行政区划简册·2011》为准，地名后加“*”者为本书的研究对象）：

徐州市：云龙区*、鼓楼区、铜山区*、贾汪区、泉山区、邳州市*、新沂市*、丰县*、沛县*、睢宁县*，共5区5县（市）。

连云港市：新浦区、连云区*、海州区、东海县*、赣榆县*、灌云县*、灌南县*，共3区4县。

宿迁市：宿城区、宿豫区、开发区*、沭阳县*、泗阳县*、泗洪县*，共3区3县。

日照市：东港区、岚山区、开发区*、莒县*、五莲县*，共3区2县。

临沂市：兰山区、河东区、罗庄区*、莒南县*、郯城县*、兰陵县*、费县*、平邑县*、沂水县*、沂南县*、蒙阴县*、临沭县*，共3区9县。

---

① 如果没有特别说明，本书“苏北”指江苏北部的3个地级市，“鲁南”指山东南部的4个地级市。

枣庄市：市中区*、山亭区、台儿庄区、峄城区、薛城区、滕州市*，共 5 区 1 市。

济宁市：市中区、任城区、曲阜市、兖州市、邹城市*、汶上县、泗水县*、微山县*、鱼台县、金乡县、嘉祥县、梁山县，共 2 区 10 县（市）。

1.1.3 建置沿革

徐州，古称彭城。春秋战国时期，彭城属于宋，后归楚，秦统一后设彭城县。西汉设彭城郡，东汉设彭城国。三国时曹操迁徐州刺史部于彭城，彭城自始称徐州。隋到明各朝都设徐州。雍正末年徐州升为徐州府；民国初，府废。1953 年 1 月江苏建省，设徐州专区，专员公署驻徐州市。1983 年江苏省实行市管县体制，撤徐州专区，将所辖地区划归徐州市，现辖 5 区 5 县（市）。

宿迁，原名宿豫。春秋时为钟吾子国，后宿国迁都于此。秦置下相县，至东晋安帝义熙元年（405 年），改下相县为宿豫县。唐代宗宝应元年（762 年），为避代宗李豫之讳，改宿豫县为宿迁县。其后至宋、元、明、清，境内各州屡有废替。1946 年，宿迁县同宿北县新沂河以南地区合为宿迁县，属淮阴专区。1987 年，撤销宿迁县，设立县级宿迁市。1996 年，设立地级宿迁市，现辖 3 区 3 县。

连云港，古称瀛洲。秦时称东海郡，西汉时属徐州刺史部，三国时属魏。北朝东魏称琅邪郡，北齐北周称海州。唐朝隶属于河南道，先称海州总管府，后称海州。元代升为海州路总管府，后改为海宁府。明洪武元年（1368 年），海宁州复改名海州，属淮安府。清雍正二年（1724 年），海州升为直隶州，1912 年被废。1949 年中华人民共和国成立后建新海连市，1961 年更名为连云港市，现辖 3 区 4 县。

临沂，商朝时期，这块土地上丰存过郯、莒、费诸方国。周灭商后，临沂地域并入青州，分属齐、鲁两国。春秋时期，临沂域内除商周时期古国外，见于《春秋》 的有启阳、中丘、祝丘、鄟、祊等 17 个大的城邑。战国时期，域内诸封国先后为齐、楚所兼并，至战国末期，南部属楚，北部属齐。秦朝统一，临沂地域属琅邪郡和郯郡。西汉时，郡国并行。临沂地域分属徐州之琅邪国、东海郡、城阳国和兖州之泰山郡。东汉承西汉制度，分属徐州之利城郡、东海郡、琅邪郡、琅邪国和兖州之泰山郡、东莞郡、东安郡和城阳国。三国时期，属魏国。至魏末，分属东海国、琅邪国、东莞郡、泰山郡。西晋时期，分属徐州之琅邪国、东海郡、兰陵郡、东莞郡、兖州之泰山郡。隋朝分属沂州、泗州、密州、海州、徐州。唐朝分属沂州、密州、徐州。宋朝分属沂州、密州、淮郡军等。元朝分属兖州府和青州府。清初因之，清雍正十二年（1734 年）升沂州为府。1913 年撤销沂州府。1994 年 12 月 17 日，撤销临沂地区和县级临沂市，设立地级临沂市，现辖 3 区 9 县。

日照，周为莒地，秦属琅邪郡，西汉置海曲县，三国魏时属城阳郡并于莒，北魏置梁乡县。隋时归莒县，属琅邪郡，唐、宋属密州。宋元祐二年（1087 年）置日照镇，属莒县。后日照镇划入胶西县，改京东东路为山东东路。金大定二十四年（1184 年），升日照镇为县，仍名日照，属益都府莒州，县治于今日照城。元代，日照县属中书省山东东西道益都路莒州。明初，日照属山东等处承宣布政使司青州府莒州。洪武年间，为防倭寇，于县之南境置安东卫。清初，沿明制。清雍正八年（1730 年）升莒为直隶州。雍正十二年（1734 年）置沂州府，降莒州为散州，日照属沂州府。乾隆七年（1742 年）裁安东卫并入日照县，置安东卫巡检司。1989 年日照市升格为地级市，现辖 3 区 2 县。

济宁，上古为东夷昊族建立的有仍氏部落方国，夏相失国后，少康母有仍氏生少康于此，少康中兴后，封此地为任国。商为任、薛、奄等国地。西周、春秋大部属鲁，局部属薛。秦置薛郡，称任城县。西汉为鲁国；又析原薛郡西部地入东平国与山阳郡，市境西部分置之。东汉析东平国置任城国，治任城。三国魏、晋因之。北魏徙任城县治今济宁。北齐徙任城郡治鲁县，徙高平郡治任城县。隋二郡俱废，改置鲁郡，治瑕丘。唐武德五年（622 年）改郡为兖州。五代后周广顺二年（952 年）析兖州、郓州置济州，治巨野。任城县属济州。北宋仍之。后或在任城或在巨野几经变迁，而于元朝至正八年（1348 年）路治徙定治于此，是为“济宁”正式得名之由来。明洪武元年（1368 年）改济宁路为府，仍治任城。清雍正二年（1724 年）改为直隶州，领三县直属山东省。1983 年济宁市升为省辖地级市，现辖 2 区 10 县（市）。

1.2　方言概况

苏鲁毗连地区通行官话，根据《中国语言地图集》第 2 版汉语方言卷，该地区方言属于中原官话（兖菏片和徐淮片）、冀鲁官话（石济片聊泰小片和沧惠片莒照小片）、江淮官话（洪巢片）、胶辽官话（青莱片胶莲小片）。如图 1-1 所示。

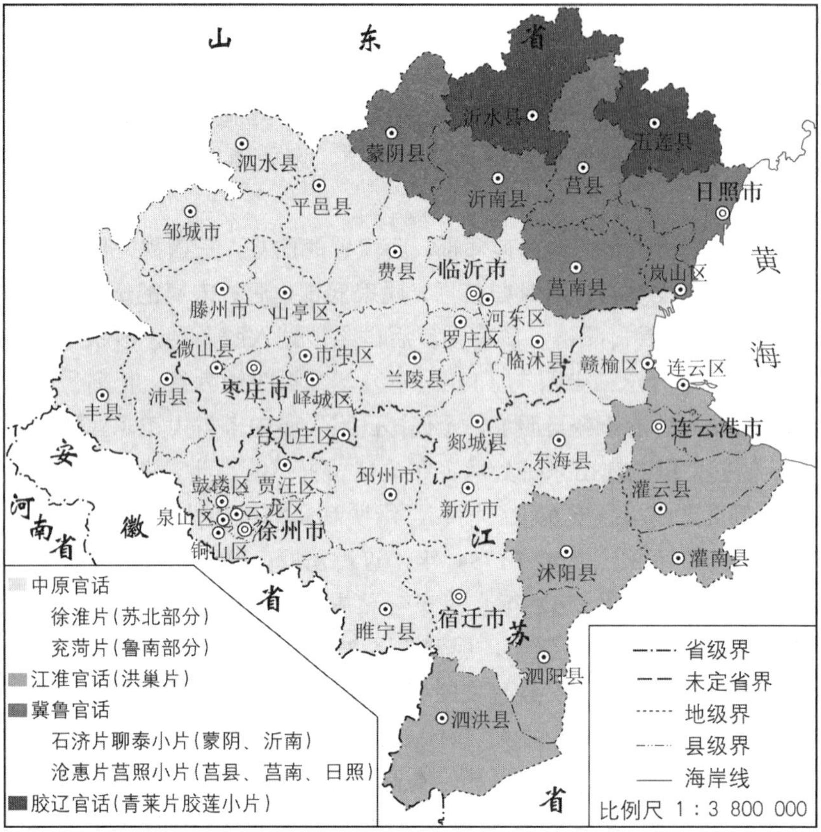

图 1-1　苏鲁毗连地区方言区划图

1.3　语音研究现状

下面分别介绍苏北和鲁南已有的语音研究成果，以地级市为纲，分别罗列专著、论文和学位论文。

1.3.1　苏北方言语音研究

（1）徐州市

专著 1 部：李申《徐州方言志》（1985）。

论文 15 篇：李申《徐州话与北京音的异同》（1978）、《徐州方言的儿化研究》（1983）、《徐州方言的语音变化》（1985），苏晓青《徐州方言的连读变调》（1985），苏晓青、刘磊《徐州方言向普通话靠拢趋势的考察》（2002），毛洪波《徐州话儿化现象的特征几何分析》（2003），苏晓青、佟秋妹《徐州市区与周边乡镇语言现状的对比考察》（2005），苏晓青、佟秋妹《从一家祖孙三代的语言差异看语言变化》（2005），刘淑学、燕宪俊《论古知庄章三组声母在〈徐州十三韵〉中的读音分合》（2007），张莹《徐州方言声调实验构想》（2011），冯青青《江苏邳州方言来自古庄章组的f声母》（2015），冯青青《江苏泗洪方言的入声两调》（2017），李申《徐州〈十三韵〉与徐州方言研究》（2018），苏晓青、许井岗、张春秀《徐州方言民俗的特征分布和内部分区》（2019），王博《浅谈沛县大屯镇地区方言和普通话替换现象》（2019）。

学位论文1篇：袁长会《沛县方言研究》（2010）。

（2）宿迁市

论文8篇：力量《宿迁人怎样辨认古入声字》（1981），颜景常《正在向中原官话发展的泗洪方言》（1991），侍建国《沭阳音系及其历史演变》（1992），王玉梅《泗阳方言里的合音现象》（2008），冯青青《论马公话的归属与泗洪话的性质》（2010），《论马公话的归属》（2010），苏晓青、丁苏丽《沭阳方言入声现状考察》（2011），冯青青《泗洪方言的过渡性质及成因》（2012）。

学位论文2篇：朱蓓蕾《基于社会因素的泗洪方言变异研究》（2016），许璇《泗洪方言六十年语音演变研究》（2019）。

（3）连云港市

专著4部：南京师范学院方言调查工作组编《新海连人学习普通话手册》（1959），苏晓青《东海方言研究》（1997），刘传贤《赣榆方言志》（2001），另外，鲍明炜、顾黔主编《江苏方言研究丛书》（2011）第一期出版了五部单点方言的研究著作，苏晓青、万连增《赣榆方言研究》（2011）是其中的一部。

论文19篇：蒋希文《赣榆方言的声母》（1961），岩田礼《连云港市方言的连读变调》（1982），岩田礼《赣榆·青口方言声母近几十年的语音变化》（1983），苏晓青、吴继光、王钰、耿超英《赣榆（青口）方言见晓组逢细音变化的探讨》（1985），岩田礼《赣榆县·石桥乡方言的声调（初探）》（1987），蒋希文《赣榆方言的韵母》（1988），刘斌《赣榆（刘沟）方言同音字汇》（1990），苏晓青《海州方言同音字汇》（1990），岩田礼《赣榆县·罗阳乡方言的入声——兼论赣榆方言入声的历时演变》（1992），苏晓青《东海方言声韵与北京声韵的比较》（1997）、《赣榆（青口）方言的音变》（1997），刘家斌《连云港方音与北京语音的比较》（1998），黄怡平《赣榆方言语音与普通话语音辨正》（1999），苏晓青《东海方言的内部差异》（1999），杨静《连云港人学习普通话语音难点分析》（2001），蒋希文《赣榆方言的韵母》（2004），王萍《连云港方言语音研究》（2008），徐海霞《幼师生英语辅音发音质量调查——以江苏连云港方言为例》（2016），刘晓晔《连云港市灌南县百禄镇方言声调实验研究》（2017）。

学位论文1篇：姜莉《连云港新浦方言语音研究》（2008）。

近年来出现了一些有关苏北方言的区域语音比较方面的论著，其研究的区域扩大了，有些扩大到整个地级市的范围。例如，岩田礼、苏晓青《江苏省连云港地区方言的语言地理学研究概要》（1999），岩田礼、苏晓青《矫枉过正在语音研究中的作用》（2004），苏晓青、岩田礼《方言边界线上的存古现象》（2008）。有些扩大到多个地级市的范围，例如鲍明炜、颜景常《苏北江淮话与北方话的边界》（1985），颜景常、鲍明炜《江淮方言北沿的入声——兼论北方话入声消失的过程》（1988），王海燕《江苏省北部中原官话和江淮官话的分界再论》（2007），顾劲松《苏北江淮官话古阴声韵字收m尾现象考察》（2011），许井岗《入声舒化的方式与动因——以江苏北部两市有入声方言为例》（2016），苏晓青、许井岗《江苏北部地区方言民俗的特征分布与内部分区》（2017），刘若男《苏北官话交界地区入声的变异研究》（2019）等。有几篇博士学位论文是整个江淮官话的语音比较的研究，研究方法更加多样化，研究内容也更全面和深入，有石绍浪《江淮官话入声研究》（2007）、吴波《江淮官话语音研究》（2007）、刘存雨《江苏江淮官话音韵演变研究》（2012）、冯青青《苏北方言语音研究》（2013）等。

1.3.2 鲁南方言语音研究

（1）日照市

专著2部：石明远《莒县方言志》（1995）、娄华荣《日照方言研究》（2004）。

论文8篇：钱曾怡、罗福腾、曹志耘《山东诸城、五莲方言的声韵特点》（1984），岳立静《日照方言知庄章和精见端的读音类型》（2005），李芳《日照方言辅音实验语音学研究》（2015），许井岗《日照（涛雒）方言声母特点论略》（2015），于丹《五莲方言语音研究》（2015），杨田芳《SPSS软件辅助下的莒南方言塞音声学实验研究》（2017），李晓雨《山东莒县尖团音语音变异研究》（2019），亓海峰《山东莒县方言尖团音的社会地理语言学研究》（2019）。

学位论文3篇：牟海霞《日照方言调查报告》（2010）、孙夫荣《山东莒县方言语音研究》（2010）、吴秀玲《日照方言研究》（2011）。

（2）临沂市

专著 4 部：张廷兴《沂水方言志》（1999），马静、吴永焕《临沂方言志》（2003），邵燕梅《郯城方言志》（2005），邵燕梅、刘长峰、邵明武《沂南方言志》（2010）。

论文 14 篇：王瑛、刘娟《费县方言记略》（1989），张全真《临沂方言音系》（1998），马静《临沂方言的轻声》（2003），赵敏《沂水方言的语音特点》（2007），马静《临沂方言影响下的方言语调的语音状态》（2009），陈建伟《临沂方言尖团音研究》（2009），陈建伟《语言接触中的方言特征的易位研究》（2011），明茂修《山东费县（刘庄）方言音系》（2011），刘丽丽《山东平邑方言音系研究》（2012），明茂修《山东费县（刘庄）方言两字组连读变调》（2016），肖婉莹《山东临沂方言对英语语音习得的影响及对策研究》（2017），赵爱敏、翟红华《新派临沂方言单字调的实验语音研究》（2017），陆尧《山东蒙阴方言声调声学研究》（2018），王觅《沂水方言中的三音节词研究》（2018）。

学位论文 9 篇：田静《费县方言语音研究》（2000）、朱晨曦《平邑方言语音研究》（2003）、刘进《苍山方言连读变调研究》（2003）、颜峰《郯城（重坊）方言研究》（2003）、邵燕梅《郯城方言研究》（2005）、陈建伟《临沂方言和普通话的接触研究》（2008）、张伟静《山东费县方言声调实验研究》（2009）、张伟静《山东费县方言语音研究》（2014）、张磊《蒙阴方言语音研究》（2019）。

（3）枣庄市

专著 2 部：王希文《枣庄方言志》（1986），张凯、杨晓红等《枣庄方言研究（丛书）》（2011）包括《枣庄方言志》《枣庄方言语音研究》《枣庄方言词汇研究》《枣庄方言语法研究》4 册。

论文 4 篇：张芳元《从〈广韵〉精组声母的分化看枣庄方言同普通话的区别》（1989）、杜兆金《郑曹片枣庄方言与普通话接触的语音变异规律研究》（2010）、张凯《枣庄方言儿化读音探究》（2012）、张瀛《山东滕州的声调变异——边界方言的演化动因》（2015）。

学位论文 2 篇：马广东《峄城方言语音研究》（2008）、于敏《山东枣庄薛城方言调查报告》（2012）。

（4）济宁市

专著3部：丁振芳、张志静《曲阜方音记略》（1987），马凤如《金乡方言志》（2000），宋恩泉《汶上方言志》（2005）。

论文4篇：董绍克《山东阳谷梁山两县方言的归属》（1986）、杨慧真《山东泗水方音与普通话声母系统的差异及其历史渊源》（2001）、王正英《济宁话辨析》（2001）、王彦《梁山地名中零音节“家”的存在形式》（2007）。

学位论文4篇：王衍军《泗水方言语音研究》（2001）、韩秀华《山东梁山县方言语音研究》（2003）、王彦《梁山方言音变研究》（2005）、王珊《济宁方言连读变调的优选论研究》（2007）。

把鲁南作为一个区域进行语音研究的论著还没有见到，但从整体上研究山东方言语音的学位论文和专著已经有了几部，它们是王晓军《山东方言语音研究》（2004），赵学玲《山东方言音韵研究》（2008），吴永焕、朴炯春《山东方言语音研究》（2006）以及钱曾怡主编《山东方言研究》（2001）、亓元婧《山东境内中原官话语音研究》（2019）。

1.3.3 已有研究简评

从上面列举的研究成果可以看出，苏鲁毗连地区的语音研究已经取得了一定的成果，而且有些研究已经很深入了，如赵学玲的《山东方言音韵研究》（2008）利用已有语料，对一些较有特点的语音现象在山东方言中的表现进行了细致的描写，归纳了知庄章、日母、影疑微喻、果摄见系字韵母等语音现象的分合或读音类型，并分析了不同类型之间的演变过程。冯青青的《苏北方言语音研究》（2013）对苏北方言声韵调的特点进行了详尽的描写，对一些语音特点的形成和演变进行了深入的探讨，并从音理上解释了一些较为特殊的音变现象。这些研究为本书进一步探讨苏鲁毗连地区方言的语音特点提供了很好的基础。

当然，苏鲁毗连地区的语音研究也存在着不足之处，主要表现在以下两个方面。

第一，调查研究的地点不均衡，空白点还有很多。本书研究的47个方言点（参见1.5）有同音字表（或系统性字音语料）的共有19个，其中鲁南13个：蒙阴、五莲、沂水、郯城、沂南、莒县、枣庄、费县、平邑、莒南、日照、临沂、泗水；苏北6个：东海、赣榆、灌云、海州、徐州、沛县。

在19个已有语料的县（市）中，一些县（市）有两种或三种语料，具体情况是：赣榆有刘沟镇、青口镇（城关）两种材料；枣庄有峄城区、薛城区和枣庄三种材料；莒县、日照、莒南、平邑各有两种材料。没有搜集到同音字表（或系统性字音语料）的县（市）共有16个，其中苏北10个：铜山区（原来是县）、邳州市、新沂市、丰县、睢宁县、灌南县、宿迁市、沭阳县、泗阳县、泗洪县；鲁南 7 个：兰陵县、临沭县、滕州市、邹城市、微山县、泗水县。可见，已有的研究成果主要集中在苏鲁交界东部临沂、日照、连云港等地区，西部宿迁、枣庄等地研究成果很少，一些县（市）[如滕州、微山、邹城、临沭（以上鲁南），新沂、睢宁、灌南、泗阳、丰县（以上苏北）]不但没有系统的语音材料，就连音系描写等方面的论文也非常少见。

第二，研究偏重于单点方言音系与语音特点的描写，而比较也大多局限在与普通话以及中古音的比较上。近年来出现的一些学位论文已经打破了这种局限，如：吴波《江淮官话语音研究》（2007）、赵学玲《山东方言音韵研究》（2008）、冯青青《苏北方言语音研究》（2013）等，从区域的角度对山东方言或苏北方言进行了深入的比较研究，不过以苏鲁毗连地区方言为研究对象的成果目前还没有见到。

1.4　研究意义和研究方法

1.4.1　研究意义

一是对目前尚未有系统性字音语料的 16 个县（市）进行了重点语音调查。

二是根据学术界已有的语料及本书田野调查所获得的语料，对苏鲁毗连地区方言的语音进行了专题性的比较研究。实际做法为：从声、韵、调三个方面选择若干比较有特点的语音现象，阐述这一区域方言的差异类型和地理分布情况，并进一步探讨其音变规律和音变过程。本书的研究将有助于学术界更好地认识苏鲁毗连地区方言语音的面貌。

1.4.2　研究方法

一是历史比较法。历史比较法是方言比较研究最根本的方法。基本内容是“通过两种或几种方言或亲属语言的差别的比较，找出相互间的语音对应关系，确定语言间的亲属关系和这种亲属关系的亲疏远近，然后拟测或重建它们的共同源头——原始形式”，核心是“如何从语言的空间差异中去推断语言在时间上的发展序列”（徐通锵，2008）。本书重点是做以下研究：根据苏鲁毗连地区 47 个方言点的语料，选取一些较为特殊的语音现象进行分合类型以及读音类型的归纳，并用历史比较法研究不同类型之间的演变关系。

二是方言地理学方法。方言地理学方法的精髓在于方言地图的绘制及方言地图的解释。本书主要以方言地图来直观呈现有关语音特征的地理分布情形，根据语音特征的地理分布确定同言线，并根据同言线束讨论该地区方言的内部差异。

三是结构分析法。方言语音现象的形成不仅与语音的历时演变有关，还与自身的结构系统有关。因此，本书也从结构的角度去分析音变发生的过程及其原因，从而解释语音现象的形成。

1.5　研究范围和田野调查

1.5.1　研究范围

苏鲁毗连地区共取方言点47个(其中33个点的语料为笔者调查所得，14个点采用已有语料，如图1-2所示)。取点的标准是：每个县市一般只取1点；方言语音特点突出的县市酌情增加调查点；徐州市铜山区原为铜山县，本书也取1点。

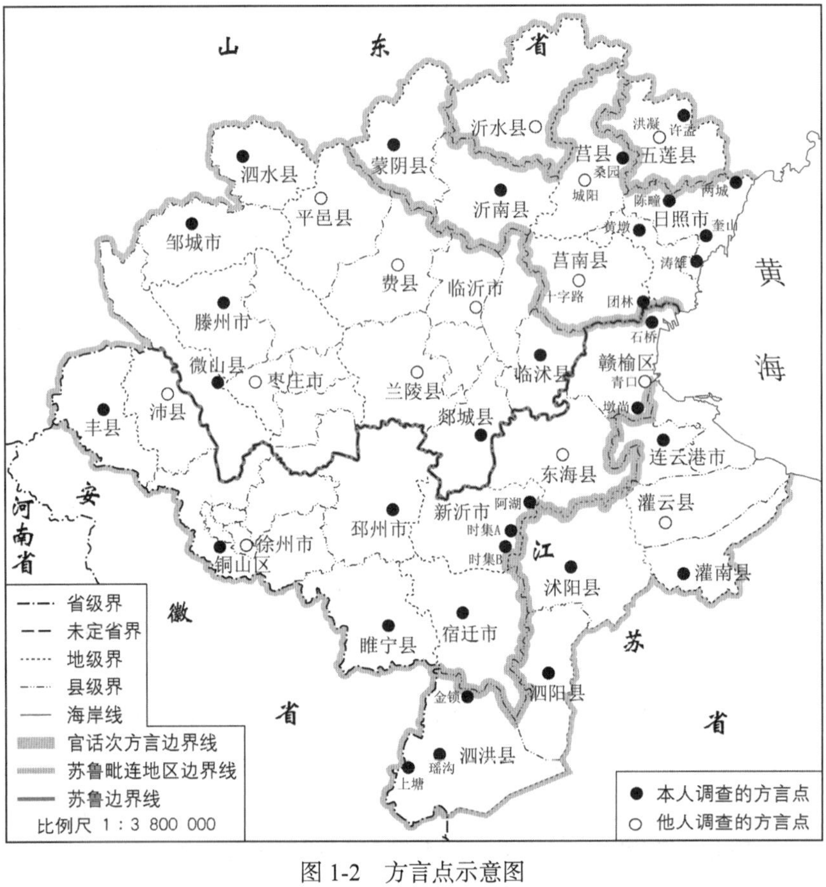

图1-2　方言点示意图

1.5.2　田野调查

笔者于 2012 年 8 月至 2013 年 6 月以及 2018 年 6 月至 2019 年 6 月曾先后多次到苏鲁毗连地区调查方言，调查时间一周至一个月不等，一共调查了 33 个方言点。具体地点如下（后加“*”号者为已有系统性字音语料的方言）：

郯城*：沙墩办事处沙墩村三组；

沂南*：大庄镇河村二组；

日照涛雒：日照国际海洋城涛雒镇涛雒三村；

日照两城：两城街道殷家庙；

日照黄墩：黄墩镇孙蒲汪村；

日照奎山：奎山镇街道；

日照陈疃：陈疃镇东陈疃村；

莒县*桑园：桑园镇桥头河村；

莒南*团林：团林镇街道；

五莲*许孟：许孟镇许孟村三组；

蒙阴*：坦埠镇故县村七组；

临沭：青云镇韩村；

滕州：东戈镇楼里村二组；

微山：经济开发区夏镇街道。

邹城：北徐镇小北村六组；

连云港*：连云港开发区猴嘴街道新南街；

灌南：新安镇镇中村七组；

沭阳：扎下镇分水村五组；

赣榆石桥：石桥镇石东村；

赣榆墩尚：墩尚镇王疃村；

宿迁：宿迁市开发区双河庭院（小区）；

新沂时集 A：时集镇时集村 2 组；

新沂时集 B：时集白科欢墩组；

新沂阿湖：阿湖镇鸣九村九组；

泗洪瑶沟：瑶沟镇胡三村六组；

泗洪金锁：金锁镇沈庄七组；

泗洪上塘：上塘镇向阳村；

睢宁：睢城镇石土庙村（金城社区）；

泗阳：众兴镇城厢居委会；

泗水：圣水峪镇西峪村；

邳州：陈楼镇圈子村三组；

铜山：铜山新区二堡镇武村一组；

丰县：梁寨镇小王楼村蒋楼西队。

下文提到以上方言点时一律简称县市名，如果一个县市取两个或两个以上的点，则采用县市名加乡镇名的形式。

1.6 材料来源

本书 14 个方言点的材料来自已有资料。

以下 8 个方言点的语料取自专著（方言志）：

沂水：张廷兴《沂水方言志》（1999）；

兰陵：王晓军等《苍山方言志》（2012）；

莒县城阳：石明远《莒县方言志》（1995）；

枣庄：王希文《枣庄方言志》（1986）；

东海、赣榆青口、灌云：苏晓青《东海方言研究》（1997）；

徐州：李申《徐州方言志》（1985）。

以下 6 个方言点的语料取自学位论文，文中都有系统性的字音语料：

五莲洪凝：于丹《五莲方言语音研究》（2015）；

费县：田静《费县方言语音研究》（2010）；

平邑：李面锋《平邑（保太）方言语音研究》（2009）；

莒南十字路：逯全秀《莒南方言语音研究》（2010）；

临沂：孙号龙《临沂（罗庄）方言初探》（2008）；

沛县：袁长会《沛县方言研究》（2010）。

第二章　声母

2.1　端系

2.1.1　端组

《方言调查字表》共收 328 个端组声母字。其中，端母字 97 个，透母字 86 个，定母字 145 个。苏鲁毗连地区 47 个方言点端组逢今开合韵母都读 t tʰ，而端组逢今齐齿韵母（端组不与今撮口韵母相拼）的读音则较为复杂。因此，下文主要讨论端组逢今齐齿韵母的读音。

2.1.1.1　端组逢今齐齿韵母的读音类型和分布

苏鲁毗连地区方言端组逢今齐齿韵母的读音分为三种类型：t tʰ型、ȶ ȶʰ型和 tɕ tɕʰ型。其中，属于 t tʰ型的有 40 个方言点：沂水、兰陵、莒县城阳、莒县桑园、枣庄、东海、赣榆青口、赣榆石桥、赣榆墩尚、灌云、徐州、费县、平邑、莒南十字路、临沂、沛县、宿迁、新沂时集 A、新沂时集 B、新沂阿湖、丰县、沭阳、泗洪瑶沟、泗洪上塘、泗洪金锁、邳州、滕州、邹城、连云港、灌南、泗水、泗阳、铜山、睢宁、微山、郯城、临沭、沂南、蒙阴、日照奎山；属于 ȶ ȶʰ型的有 4 个方言点：日照黄墩、日照陈疃、莒南团林、五莲洪凝；属于 tɕ tɕʰ型的有 3 个方言点：五莲许孟、日照涛雒、日照两城。如表 2-1 所示。

表 2-1　端组逢今齐齿韵母读音类型例字表

	低端	滴端	点端	挑透	贴透	天透	提定平	定定仄
徐州	꜀ti	꜀ti	꜂ti	꜀tʰiɔ	꜀tʰiə	꜀tʰiã	꜁tʰi	tiŋ꜄
邳州	꜀ti	꜀ti	꜂tiæ̃	꜀tʰiɔ	꜀tʰiə	꜀tʰiæ̃	꜁tʰi	tiŋ꜄
宿迁	꜀ti	꜀ti	꜂tiã	꜀tʰiɔ	꜀tʰiə	꜀tʰiã	꜁tʰi	tiŋ꜄
蒙阴	꜀ti	꜀ti	꜂tiã	꜀tʰiɔ	꜀tʰiə	꜀tʰiã	꜁tʰi	tiŋ꜄
沂南	꜀ti	꜀ti	꜂tiæ̃	꜀tʰiɔ	꜀tʰiə	꜀tʰiæ̃	꜁tʰi	tiŋ꜄
沭阳	꜀ti˥	tiɪ꜆	꜂tĩĩ	꜀tʰiɔ	tʰiə꜆	꜀tʰĩĩ	꜁ti˥	tiŋ꜄
泗阳	꜀ti˥	tiʔ꜆	꜂tiẽ	꜀tʰiɔ	tʰiəʔ꜆	꜀tʰiẽ	꜁tʰi	tin꜄

续表

	低端	滴端	点端	挑透	贴透	天透	提定平	定定仄
连云港	꜀tʅ	tiɪ꜆	꜂tiẽ	꜀tʰiɔ	tʰiə꜆	꜀tʰiẽ	꜁tʰʅ	tin꜄
灌南	꜀tɪ	tɪl꜆	꜂tĩɪ	꜀tʰiɔ	tʰiɪ꜆	꜀tʰĩɪ	꜀tʰɪ	tin꜄
泗洪瑶沟	꜀ti	tiʔ꜆	꜂tiæ̃	꜀tʰiɔ	tʰiə꜆	꜀tʰiæ̃	꜁tʰi	tiŋ꜄
莒南团林	꜀ȶi	꜀ȶi	꜂ȶiæ̃	꜀ȶʰiɔ	꜀ȶʰiə	꜀ȶʰiæ̃	꜁ȶʰi	ȶiŋ꜄
日照黄墩	꜀ȶi	꜀ȶi	꜂ȶiæ̃	꜀ȶʰiɔ	꜀ȶʰiə	꜀ȶʰiæ̃	꜁ȶʰi	ȶiŋ꜄
日照两城	꜀tɕi	꜂tɕi	꜂tɕiã	꜀tɕʰiɔ	꜀tɕʰiə	꜀tɕʰiã	꜁tɕʰi	tɕiŋ꜄
五莲许孟	꜀tɕi	꜂tɕi	꜂tɕiã	꜀tɕʰiɔ	꜂tɕʰiə	꜀tɕʰiã	꜁tɕʰi	tɕiŋ꜄

端组逢今齐齿韵母读音类型的地理分布如图 2-1 所示。

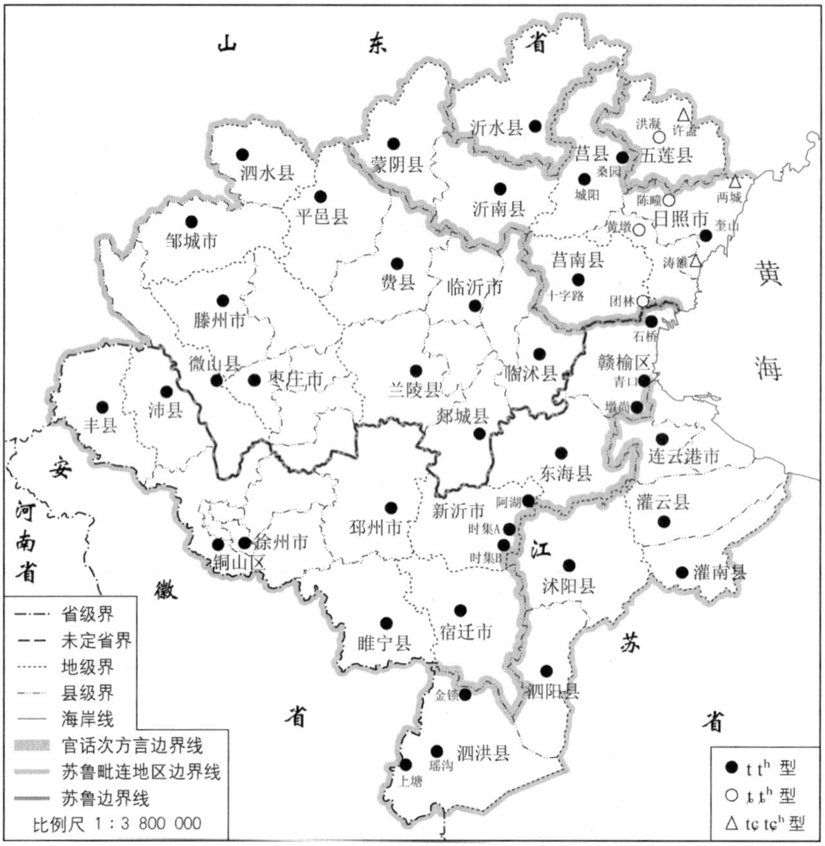

图 2-1 端组逢今齐齿韵母读音类型分布图

由图 2-1 可见，ȶ ȶʰ和 tɕ tɕʰ两种类型主要分布在日照、五莲和莒南境内，其他地区都是 t t^h型的分布范围。莒南团林、莒南十字路分别是 ȶ $ȶ^h$型、t t^h型，属于两种不同的类型；日照奎山是 t t^h型，与日照其他四个方言点不同。

2.1.1.2　端组逢今齐齿韵母的演变

王力（1980/2004）认为端组从上古到近代都读 t 组，因此，苏鲁毗连地区方言端组逢今齐齿韵母的演变可拟测为：t t^h→ȶ $ȶ^h$→tɕ $tɕ^h$。端组逢今齐齿韵母发生了腭化音变，随后又发生了塞擦化音变。据钱曾怡、曹志耘、罗福腾（2002），诸城、五莲地区端组逢今齐齿韵母和精组逢今齐撮韵母的读音合流，音值多为 ȶ、$ȶ^h$，例如诸城方言：低 ȶi^{214}、底 ȶi^{55}、帝 ȶi^{31}、雕 ȶiɔ^{214}、钓 ȶiɔ^{31}、典 ȶiã^{55}、丁 ȶiŋ^{214}、顶 ȶiŋ^{55}、订 ȶiŋ^{31}、滴 ȶi^{55}。岳立静（2008）指出，莒南、五莲相邻的日照西北部地区方言端组逢今齐齿韵母读为 ȶ、$ȶ^h$，并与精组逢今齐撮韵母读音有不同程度的合流趋向。苏鲁毗连地区方言端组逢今齐齿韵母发生腭化音变的有 7 个方言点，其中，日照黄墩、日照陈疃、五莲洪凝、五莲许孟 4 个方言点还发生了与精组逢今齐撮韵母合流的音变（参见 2.4.2.2）。另外，日照涛雒端组逢今齐齿韵母读 tɕ $tɕ^h$的情况还有自己的特点：端组逢今齐齿韵母读为 tɕ $tɕ^h$声母，但精组逢今齐撮韵母读为 ȶ $ȶ^h$。实际上，日照涛雒端组逢今齐齿韵母的演变需要与精组逢今齐撮韵母的演变结合起来，两者之间有相互制约关系：端组逢今齐齿韵母从 t t^h变为 tɕ $tɕ^h$的过程中会影响已经腭化的精组声母发生塞化音变：tɕ $tɕ^h$→ȶ $ȶ^h$（日照涛雒各组声母之间的制约关系见 2.4.3.1）。

岳立静（2008）指出，日照处于山东东、西两区方言的过渡区域，也是中原官话、冀鲁官话和胶辽官话的交界地带，其方言语音的内部差异很大程度上是在不同时期与周边地区不同方言的接触中形成的。文章还分析了造成日照方言语音内部差异的社会历史因素：一是日照周边地区政治经济文化中心由原来的西部到北部的转移，二是日照从古至今都是县级区划单位，在政治经济上长期处于一种隶属的关系，因此，日照方言语音的内部差异是周边方言在不同历史阶段上对日照方言产生影响造成的。我们同意岳（2008）的观点：端组逢今齐齿韵母读 ȶ、$ȶ^h$是在北部诸城、五莲等地方言的影响下形成的。除了岳（2008）所提及的语言外部因素外，还有以下两点：一是根据岳（2008），端组逢今齐齿韵母读为 ȶ、$ȶ^h$的现象只出现在日照西北部地区，而目前除了日照奎山外，其他四个方言点（日照黄墩、日照陈疃、日照两城、日照涛雒）也都发生了这一音变，说明这一语音现象在北部诸城、五莲等地区方言的影响下从西北部向南部扩散，现已几乎遍及日照全境；二是日照境内只有距离日照市区最近的日照奎山没发生这一音变，这说明北部强势方言是从日照周边向日照市区中心扩散的，而作为行政中心的日照市区[部分地区，参见岳（2008）]及邻近乡镇还没有受到影响。

一些方言点官话有端组读 ʦ ʦʰ的情况。据孙宜志（2006），除了合肥方言，还有安徽江淮官话区的舒城、六安、全椒、含山、无为等地，如“低”꜀ʦɿ、“底”꜂ʦɿ、“帝”ʦɿ꜄，但“雕钓点店典丁顶”等字仍读为 t 声母。据顾黔（2001），江苏江淮官话区的姜堰、泰兴北新乡等地“低底抵帝”读为 ts 声母。据陈章太等（1996），西宁方言里“低”꜀tsɿ、“底”꜂tsɿ、“帝”tsɿ꜄、“滴”꜀tsɿ，读作 ts 声母，但“雕”꜀tiɔ、“点”꜂tiã、“店”tiã꜄、“丁”꜀tiə̃、“顶”꜂tiə̃，仍读为 t 声母。莫超（2004）指出，白龙江流域的舟曲及宕昌南部地区中古端母与单韵母 i 相拼时读为 ts 声母，韵母也相应地变读为 ɿ，如“低”在舟曲、宕昌、文县、碧口等地读为꜀tsɿ。莫超等（2009）又指出，甘肃红古话的端母逢蟹开四、梗开四入声韵变为 ts 声母，其他条件下不变，仍读为 t 声母。例如“低帝的滴嫡”ʦɿ^{13}，“跌”tiɤ^{13}、“刁貂雕钓吊”tiɔ^{13}、“掂颠”tiæ̃^{13}、“点典”tiæ̃^{55}、“钉订”tiŋ^{13}、“顶鼎”tiŋ^{55}。此外，据史素芬等（1990），山西东南部的武乡也有这种现象，如“底抵”ʦɿ^{213}、“帝”ʦɿ^{55}、“刁雕”tiɔ^{113}、“顶鼎”tiaŋ^{213}、“滴跌”tiʌʔ^{3}。

合肥等官话的一些方言点端组今读 ʦ ʦʰ与苏鲁毗连地区方言今读 ȶ ȶʰ、tɕ tɕʰ之间并不存在演变关系。孙宜志（2006）认为应该是韵母先舌尖化而引起声母的变化。我们同意这个看法：ts tsʰ不可能由 ȶ ȶʰ、tɕ tɕʰ演变而来，而是该地区 i 韵母的高化引起了 t 组的摩擦化，从而使塞音变成了塞擦音，即 t tʰ→ts tsʰ / _ɿ。理由有三：①ts tsʰ声母型目前见到的材料主要有江淮官话和白龙江流域的一些方言，与 ȶ ȶʰ、tɕ tɕʰ型方言（主要分布在山东方言东区的东潍片）在地理上不构成连续分布，即在 ʦ tsʰ声母型方言的周边见不到 ȶ ȶʰ、tɕ tɕʰ声母型的方言。②并非所有韵摄的端母字都读作 ʦ tsʰ声母。莫超（2009）指出，只有蟹摄开口四等和梗摄开口四等入声的端母字才读作 ʦ tsʰ声母，其他条件下仍读 t tʰ声母，说明演变的条件是 ɿ 韵母，是韵母的发音特征影响到了声母，从而使得声母的发音方法产生了变化，由擦音变成了塞擦音：ti→tᶻɿ→tsɿ。据孙宜志（2006）：“并不是所有的方言点的 t、tʰ都在 ɿ 韵母前会变成 ts、tsʰ。例如滁州方言：地 tɿ꜄、体꜂tʰɿ 等，这类音节实际上在声母与ɿ韵母之间有过渡音 z。”由此可以看出，滁州方言实际上代表了擦音变为塞擦音的过渡阶段。③韵母 i 高化为ɿ在江淮官话方言里是很常见的现象，这里不再举例。

2.1.2　泥来母分混类型与分布

泥来母的分混有两种类型：一是相混型，指泥来母今读相同，属于这一类型的方言点有 5 个：连云港、灌云、沭阳、泗阳、灌南。二是不混型，指泥来母今读不同，属于这一类型的方言点有 42 个：沂水、兰陵、莒县城阳、莒县桑园、枣庄、东海、赣榆青口、赣榆石桥、赣榆墩尚、徐州、费县、平邑、莒南十字路、临沂、沛县、宿迁、新沂时集 A、新沂时集 B、新沂阿湖、丰县、泗洪瑶沟、泗洪上塘、泗洪金锁、邳州、滕州、邹城、泗水、铜山、睢宁、微山、郯城、临沭、沂南、蒙阴、日照奎山、日照黄墩、日照陈疃、莒南团林、五莲洪凝、五莲许孟、日照涛雒、日照两城。如表 2-2 所示。

表 2-2　泥来母分混类型例字表

		怒$_{泥}$	路$_{来}$	女$_{泥}$	吕$_{来}$	脑$_{泥}$	老$_{来}$	年$_{泥}$	连$_{来}$
相混型	连云港	lo꜄	ləu^{w}꜄	꜂lʏ^{ɥ}	꜂lʏ^{ɥ}	꜂lɔ	꜂lɔ	꜁liẽ	꜁liẽ
	沭阳	lo꜄	lu^{w}꜄	꜂li^{ɥ}	꜂li^{ɥ}	꜂lɔ	꜂lɔ	꜁liæ̃	꜁lĩ
	灌南	lʊ꜄	lu^{w}꜄	꜂l^{i}ʮ	꜂l^{i}ʮ	꜂lɔ	꜂lɔ	꜁lĩ	꜁lĩ
	泗阳	lo꜄	lu꜄	꜂ly	꜂ly	꜂lɔ	꜂lɔ	꜁liẽ	꜁liẽ
	灌云	lo꜄	lu꜄	꜂ly	꜂ly	꜂lɔ	꜂lɔ	꜁liẽ	꜁liẽ
不混型	东海	nu꜄	lu꜄	꜂ny	꜂ly	꜂nɔ	꜂lɔ	꜁niæ̃	꜁liæ̃
	泗洪	nu꜄	lu꜄	꜂ny	꜂ly	꜂nɔ	꜂lɔ	꜁niæ̃	꜁liæ̃
	邳州	nu꜄	lu꜄	꜂ny	꜂lu	꜂nɔ	꜂lɔ	꜁niæ̃	꜁liæ̃
	宿迁	nu꜄	lu꜄	꜂ny	꜂ly	꜂nɔ	꜂lɔ	꜁niã	꜁liã
	蒙阴	nu꜄	lu꜄	꜂ny	꜂ly	꜂nɔ	꜂lɔ	꜁niã	꜁liã
	日照涛雒	nu꜄	lu꜄	꜂ny	꜂ly	꜂nɔ	꜂lɔ	꜁niã	꜁liã
	五莲许孟	nu꜄	lu꜄	꜂ny	꜂ly	꜂nɔ	꜂lɔ	꜁niã	꜁liã

泥来母分混类型的地理分布如图 2-2 所示。

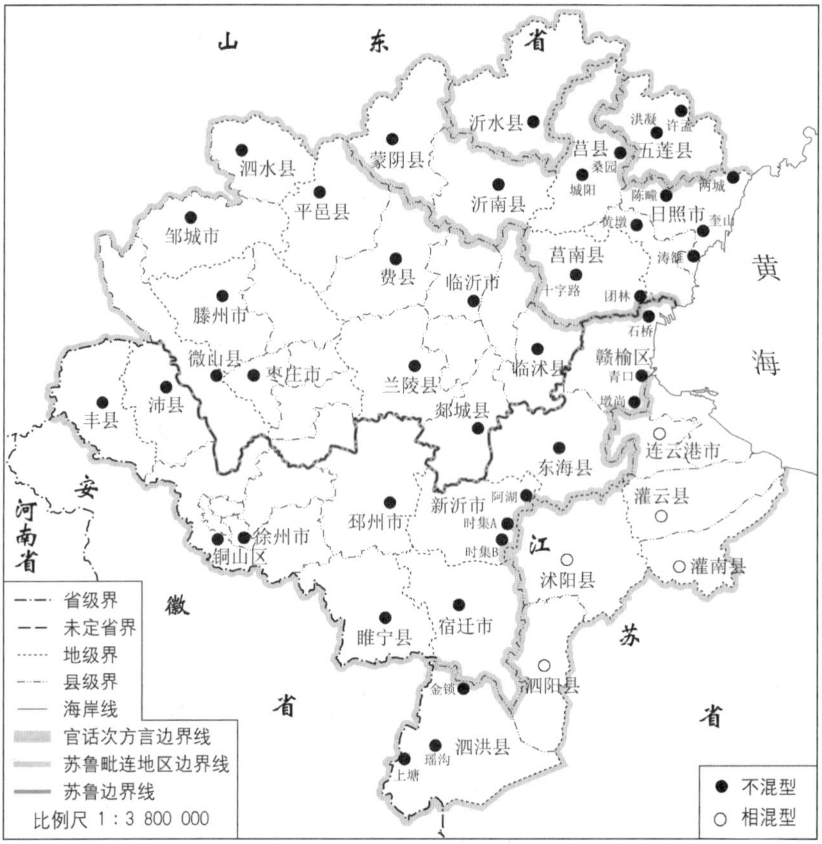

图 2-2　泥来母分混类型分布图

从图 2-2 可见，泥来母相混型的 5 个点集中分布在东南部，其他地区都是不混型的分布范围。

2.1.3　精组

在苏鲁毗连地区方言中，古细音韵精组字的今读大多为齐撮韵母，但也有读为开合韵母的；古洪音韵精组字的今读大多为开合韵母，但也有读为齐撮韵母的，可见，古韵摄的洪音、细音与今韵母的开合、齐撮之间并不完全对应。而且，即使同一个韵的今读在不同方言点也有开合与齐撮的差异（见表 2-3、表 2-4），考虑到①精组的今读主要是晚近变化的结果，②重点在于探讨精组在方言点之间的演变关系，因此，下文考察精组声母的读音以今韵母的开合、齐撮为条件。

2.1.3.1　精组逢今齐撮韵母的读音类型、分布和演变

苏鲁毗连地区方言精组逢今齐撮韵母[i(-)、y(-)]有 7 种读音类型：徐

州型 tɕ tɕʰ ɕ、赣榆青口型 ts tsʰ s、日照奎山型 tθ tθʰ θ、日照涛雒型 ȶ ȶʰ θ、蒙阴型 z tsʰ s、莒南十字路型 ts tɕʰ s、临沂型 tθ tθʰ θ/tɕ tɕʰ ɕ（精组逢今齐撮韵母无条件分化为两类：tθ tθʰ θ 和 tɕ tɕʰ ɕ）。其中，属于徐州型的方言点有 27 个：宿迁、丰县、徐州、沭阳、泗洪金锁、泗洪瑶沟、泗洪上塘、新沂阿湖、新沂时集 A、新沂时集 B、东海、沛县、邳州、平邑、滕州、枣庄、邹城、连云港、灌南、灌云、五莲许孟、费县、泗水、泗阳、铜山、睢宁、微山；属于赣榆青口型的方言点有 7 个：郯城、莒县城阳、赣榆青口、赣榆墩尚、临沭、沂南、兰陵；属于日照奎山型、日照涛雒型的方言点各有 4 个：莒南团林、日照两城、日照奎山、赣榆石桥，日照涛雒、日照陈疃、日照黄墩、五莲洪凝；属于蒙阴型的方言点有 3 个：蒙阴、沂水、莒县桑园；属于莒南十字路型、临沂型的方言点都只有 1 个。如表 2-3 所示。

表 2-3　精组逢今齐撮韵母读音类型例字表

	姐假开三	苏遇合一	洗蟹开四	罪止合一	酒流开三	钱山开三	心深开三	全山合三	箱宕开三	媳曾开三
赣榆青口	꜂tsie	***꜀su***	꜂si	***tsei꜄***	꜂tsiəu	꜁tsʰian	꜀sin	***꜁tsʰuan***	꜀siɑŋ	꜀si
徐州	꜂tɕiə	***꜀su***	꜂ɕi	***tsue꜄***	꜂tɕiou	꜁tɕʰiæ̃	꜀ɕiə̃	꜁tɕʰyæ̃	꜀ɕiaŋ	꜀ɕi
邳州	꜂tɕiə	꜀ɕy	꜂ɕi	tɕye꜄	꜂tɕiəu	꜁tɕʰiæ̃	꜀ɕiə̃	***꜁tsʰuæ̃***	꜀ɕiaŋ	꜀ɕi
平邑	꜂tɕiə	꜀ɕy	꜂ɕi	tɕyei꜄	꜂tɕiou	꜁tɕʰian	꜀ɕin	***꜁tsʰuan***	꜀ɕiaŋ	꜀ɕi
枣庄	꜂tɕiə	꜀ɕy	꜂ɕi	tɕye꜄	꜂tɕio	꜁tɕʰiæ̃	꜀ɕiẽ	꜁tɕʰyæ̃	꜀ɕiaŋ	꜀ɕi
临沂	꜂tθiə	***꜀θu***	꜂θi	***tθue꜄***	꜂tθiou	꜁tɕʰiã	꜀ɕiẽ	꜁tɕʰyã	꜀θiã	꜀θi
日照奎山	꜂tθiə	***꜀θu***	꜂θi	***tθue꜄***	꜂tθiou	꜁tθʰiæ̃	***꜀θẽ***	꜁tθʰyæ̃	꜀θiɑŋ	꜀θi
日照两城	꜂tθiə	***꜀θu***	꜂θi	***tθuei꜄***	꜂tθiou	꜁tθʰiã	***꜀θẽ***	꜁tθʰyã	꜀θiɑŋ	꜂θi
日照涛雒	꜂ȶiə	***꜀θu***	꜂θi	***tθuei꜄***	꜂ȶiou	꜁ȶʰiã	***꜀θẽ***	꜁ȶʰyã	꜀θiɑŋ	꜂θi
日照陈疃	꜁ȶiə	***꜀θu***	꜂θi	***tuei꜄***	꜂ȶiou	꜁ȶʰiã	꜀θiə̃	꜁ȶʰyã	꜀θiɑŋ	꜂θi
蒙阴	꜂ziə	***꜀θu***	꜂si	***ðuei꜄***	꜂ziou	꜁tsʰiã	***꜀ʃə̃***	꜁tsʰyã	꜀siɑŋ	꜀si
沂水	꜂ziə	***꜀θu***	꜂si	***ðuei꜄***	꜂ziou	꜁tsʰiã	***꜀sə̃***	꜁tsʰyã	꜀siɑŋ	꜀si
莒南十字路	꜂tsiə	***꜀θu***	꜂si	***tθei꜄***	꜂tsiou	꜁tɕʰiã	꜀siẽ	꜁tɕʰyã	꜀siɑŋ	꜀si

注：表 2-3 标出选字的音韵地位是为了便于读者观察比较。斜体且被加粗的字反映的是今读为开合的情况，标出其读音是为了说明古洪音、细音与今开合、齐撮之间的不完全对应及其读音上的变化，并为下文的精组逢开合韵母的读音类型及精组字韵母的讨论做铺垫。表 2-4 同。

精组逢今齐撮韵母读音类型的地理分布如图 2-3 所示。

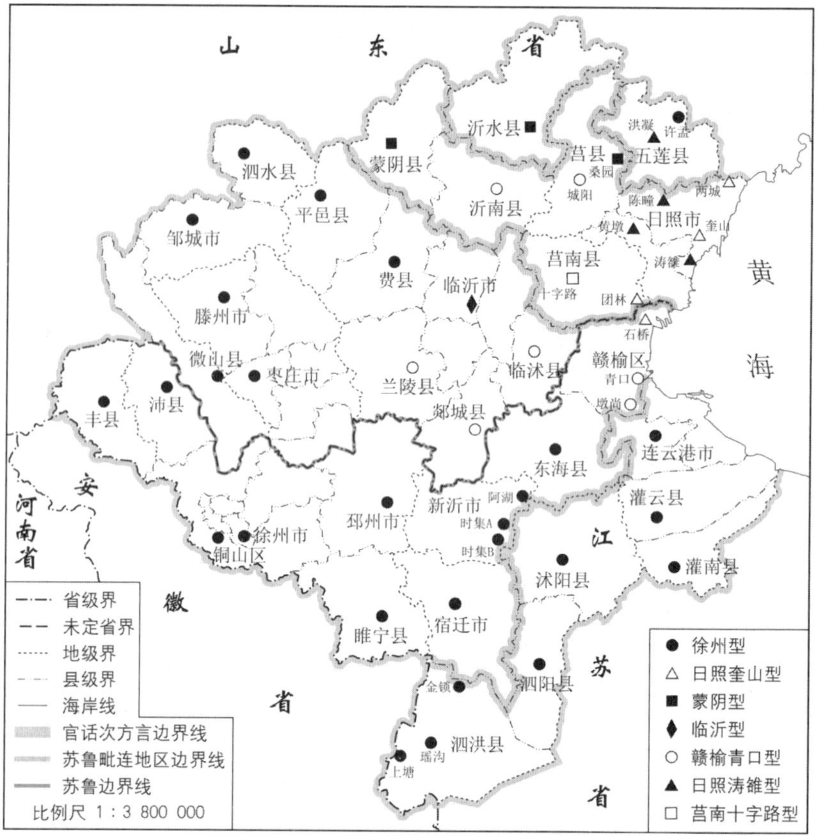

图 2-3　精组逢今齐撮韵母读音类型分布图

从图 2-3 可见，苏北地区除了赣榆，都是徐州型的势力范围，鲁南西部基本也是徐州型。其他的六种类型集中在苏北的赣榆和鲁南东部，其中，赣榆青口型分布在赣榆、沂南和莒县南部，日照奎山型和日照涛雒型主要分布在日照及莒南东部和赣榆北部地区，蒙阴型分布在蒙阴、沂水和莒县地区。临沂型和莒南十字路型仅存在于临沂和莒南西部地区。

精组逢今齐撮韵母在苏鲁毗连地区方言里的演变过程如下（虚线表示方言接触的结果）：

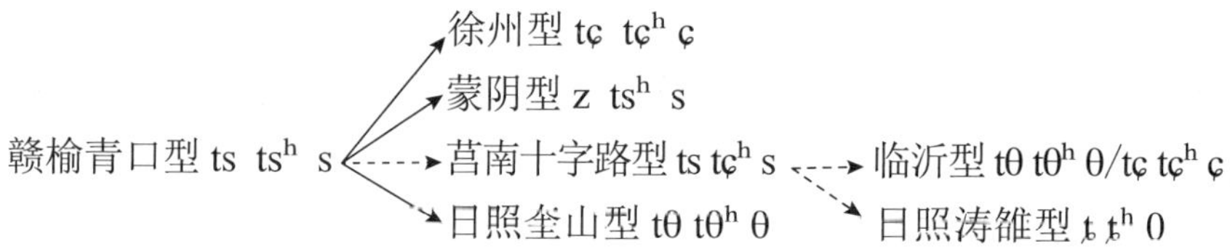

徐州型、日照奎山型和临沂型都是整组的变化，但演变的方向不同，前者是腭化，后两者是齿间化，不过，临沂型在完成齿间化音变后受通语

的影响又发生了 tθ tθ^h θ 与 tɕ tɕ^h ɕ 的叠置。蒙阴型、莒南十字路型、日照涛雒型都存在演变的不平衡现象。日照涛雒型的不平衡表现为精组的擦音声母字不论韵母的条件一律齿间化，而精组的塞擦音声母字则要根据韵母的条件来决定演变的方向，逢今开合韵母变成齿间音（参见 2.1.3.2），逢今齐撮韵母变成舌面前塞音。莒南十字路型的不平衡表现为以次清为腭化的条件，非次清声母不发生腭化。蒙阴型的不平衡表现为以全清为条件发生浊擦化的音变，非全清声母不发生变化。

日照涛雒型里的日照陈疃、日照黄墩、五莲洪凝端组逢今齐齿韵母读为 ȶ ȶ^h，与精组逢今齐撮韵母读音合流，而日照涛雒与这两点不同：①精组逢今齐撮韵母读为 ȶ ȶ^h θ，应该经历过齿间化和腭化两次音变：ts ts^h s→tθ tθ^h θ→tɕ tɕ^h θ；②端组逢今齐齿韵母读为 tɕ tɕ^{h}声母。可见，两者之间可能存有一种制约关系，即端组齐齿韵母从 t t^{h}变为 tɕ tɕ^{h}的过程中会迫使精组逢齐撮韵母在腭化后又发生塞化音变：tɕ tɕ^h θ→ȶ ȶ^h θ。日照东港区就存在属于 tɕ tɕ^h θ 类型的方言点，例如：栽꜀tθɛ、左꜂tθuə、草꜂tθ^{h}ɔ、粗꜀tθ^{h}u、七꜀tɕ^{h}i、取꜂tɕ^{h}y、酒꜂tɕiou、俊 tɕyn꜄、嫂꜂θɔ、锁꜂θuə、小꜂θiɔ、薛꜀θyɛ（根据项梦冰、陈玉金、戴业大、王贺、房日亮、尹凯的记音，未发表，下同）。其次，日照东港区与日照涛雒有一点不同，前者端组逢今齐齿韵母和精组逢今齐撮韵母（擦音除外）都读 tɕ tɕ^h，例如：滴＝绩꜀tɕi、天＝千꜀tɕ^{h}ian、丁＝精꜀tɕiəŋ；后者端组逢今齐齿韵母和精组逢今齐撮韵母读法不同，例如：滴꜀tɕi≠绩꜀ȶi、天꜀tɕ^{h}iã≠千꜀ȶ^{h}iã、停꜁tɕ^{h}iŋ≠情꜁ȶ^{h}iŋ。可见，日照东港区走的是合流的路线，端组和精组在今齐撮韵母的条件下腭化并合流；而日照涛雒走的是维持分立的路线，为了避免腭化所产生的同音冲撞，已经腭化的今齐撮韵母前精组又发生了塞化音变。

临沂型、莒南十字路型和日照涛雒型应该是语言接触造成的。根据孙号龙（2008），临沂型精组逢今齐撮韵母在齿间化后又发生了尖团合流（tθ tθ^h θ→tɕ tɕ^h ɕ）的音变，孙（2008）认为尖团音的合流是在通语影响下的“离散式”音变，但没有进行详细的论证，其合流的具体方式有待进一步的调查与研究。莒南十字路型也是在通语影响下发生的腭化音变。日照涛雒型精组逢今齐撮韵母齿间化后都发生了腭化和塞化音变，即 ts ts^h s→tθ tθ^h θ→tɕ tɕ^h θ→ȶ ȶ^h θ，但与日照涛雒不同的是，日照陈疃、日照黄墩、五莲洪凝 3 个方言点还发生了与端组声母合流的音变现象（具体讨论见 2.4.2.2）。日照涛雒型精组逢齐撮韵母音变的动因与端组声母逢齐齿韵母的腭化音变相同，都是由于北部诸城、五莲等地区方言的影响造成的（参见 2.1.1.2），所不同的是，端组的腭化（日照 4 个方言点、莒南

1 个方言点）要比精组逢齐撮韵母时腭化与塞化（日照 3 个方言点）的范围更大。

2.1.3.2　精组逢今开合韵母的读音类型、分布和演变

苏鲁毗连地区方言精组逢今开合韵母的读音有 3 个大类：一是徐宿型，保持 ts tsʰ s 不变；二是连灌型，卷舌化为 tʂ tʂʰ ʂ；三是沂蒙型，发生了齿间化的音变。沂蒙型还分为 6 个次类型：日照涛雒型 tθ tθʰ θ，五莲许孟型 t tʰ/tθ tθʰ θ，莒县桑园型 ð tθʰ θ，沂南型 tθ tθʰ θ/tʃ tʃʰ ʃ深臻开三阳声韵，蒙阴型 ð tθʰ θ/tʃ tʃʰ ʃ深臻开三阳声韵，沂水型 ð tθʰ θ/z tsʰ s深臻开三阳声韵。其中，属于徐宿型的方言点有 27 个：徐州、宿迁、新沂时集 A、新沂时集 B、新沂阿湖、丰县、沭阳、泗洪瑶沟、泗洪金锁、泗洪上塘、东海、沛县、邳州、平邑、滕州、枣庄、邹城、郯城、莒县城阳、赣榆墩尚、赣榆青口、泗阳、睢宁、微山、铜山、兰陵、泗水；属于连灌型的有 3 个：连云港、灌云、灌南；属于日照涛雒型的有 11 个：莒南十字路、莒南团林、临沂、费县、日照涛雒、赣榆石桥、临沭、日照两城、日照奎山、日照黄墩、五莲洪凝；属于五莲许孟型的有 2 个：五莲许孟、日照陈疃；属于沂南型、蒙阴型、沂水型和莒县桑园型的方言点都只有 1 个。如表 2-4 所示。

表 2-4　精组逢今开合韵母读音类型例字表

	搓果开一	嘴止合三	刺止开三	草效开一	走流开一	心深开三	伞山开一	全山合三	贼曾开一
徐州	꜀tsʰuə	꜂tsue	tsʰɿ꜄	꜂tsʰɔ	꜂tsou	***꜀ɕiə̃***	꜂sæ̃	***꜁tɕʰyæ̃***	꜁tse
邳州	***꜀tɕʰyə***	***꜂tɕye***	tsʰɿ꜄	꜂tsʰɔ	꜂tsəu	***꜀ɕiə̃***	꜂sæ̃	꜁tsʰuæ̃	꜁tse
枣庄	***꜀tɕʰyə***	***꜂tɕye***	tsʰɿ꜄	꜂tsʰɔ	꜂tso	***꜀ɕiẽ***	꜂sæ̃	***꜁tɕʰyæ̃***	꜁tse
平邑	***꜀tɕʰyə***	***꜂tɕyei***	tsʰɿ꜄	꜂tsʰau	꜂tsou	***꜀ɕin***	꜂san	꜁tsʰuan	꜁tsei
赣榆青口	꜀tsʰuɤ	꜂tsei	tsʰɿ꜄	꜂tsʰɑu	꜂tsəu	***꜀sin***	꜂san	꜁tsʰuan	꜁tsei
连云港	꜀tʂʰo	꜂tʂei	tʂʰʅ꜄	꜂tʂʰɔ	꜂tʂɵ	***꜀ɕin***	꜂ʂã	***꜁tɕʰyõ***	꜁tʂei
莒南十字路	꜀tθʰuə	꜂tθei	tθʰɿ꜄	꜂tθʰɔ	꜂tθou	***꜀siẽ***	꜂θã	***꜁tɕʰyã***	꜁tθɛi
临沂	꜀tθʰuə	꜂tθue	꜀tθʰɿ	꜂tθʰɔ	꜂tθou	***꜀ɕiẽ***	꜂θã	***꜁tɕʰyã***	꜁tse
临沭	꜀tθʰuə	꜂tθuei	꜀tθʰɿ	꜂tθʰɔ	꜂tθou	꜀θẽ	꜂θæ̃	***꜁tsʰyæ̃***	꜁tθei
日照涛雒	꜀tθʰuə	꜂tθuei	tθʰɿ꜄	꜂tθʰɔ	꜂tθou	꜀θẽ	꜂θã	***꜁ȶʰyã***	꜁tθei
五莲许孟	꜀tʰuə	꜂tuei	tθʰɿ꜄	꜂tʰɔ	꜂tou	꜀θə̃	꜂θã	***꜁tɕʰyã***	꜁tei
沂南	꜀tθʰuə	꜂tθue	tθʰɿ꜄	꜂tθʰɔ	꜂tθəu	꜀ʃə̃	꜂θæ̃	***꜁tsʰyæ̃***	꜁tθe
蒙阴	꜀tθʰuə	꜂ðuei	tθʰɿ꜄	꜂tθʰɔ	꜂ðou	꜀ʃə̃	꜂θã	***꜁tsʰyã***	꜁ðei
沂水	꜀tθʰuə	꜂ðuei	tθʰɿ꜄	꜂tθʰɔ	꜂ðou	꜀sə̃	꜂θã	***꜁tsʰyã***	꜁ðei
莒县桑园	꜀tθʰuə	꜂ðuei	tθʰɿ꜄	꜂tθʰɔ	꜂ðou	***꜀siẽ***	꜂θã	***꜁tsʰyã***	꜁ðei

注：斜体且加粗的音标反映的是今读为齐撮的情况。

精组逢今开合韵母读音类型的地理分布如图 2-4 所示。

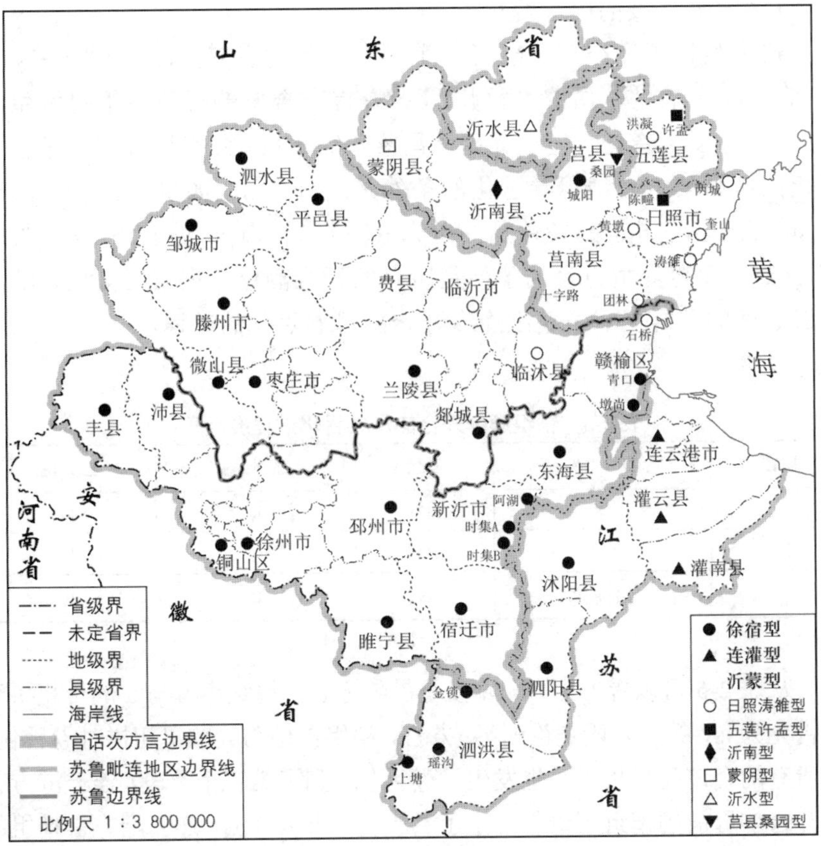

图 2-4 精组逢今开合韵母读音类型分布图

从图 2-4 可见，连灌型分布在苏北东部的连云港、灌云、灌南，沂蒙型分布在鲁南中部、东部地区，其他地区都是徐宿型的分布范围。值得注意的是，莒县城阳处于沂蒙型分布范围的中心地带，却是一个与周边方言点都不同的徐宿型。

精组逢今开合韵母在苏鲁毗连地区方言里的演变过程如下[为了便于讨论，大类（沂蒙型）下有次类型的，只把次类型纳入下面的演变过程]：

ts ts^h s（徐宿型）→
- → tθ $tθ^h$ θ（沂蒙型）
  - → t t^h/ tθ $tθ^h$ θ止开三（五莲许孟型）
  - → ð $tθ^h$ θ（莒县桑园型）
- → tʂ $tʂ^h$ ʂ （连灌型）
- → ð $tθ^h$θ/tʃ $tʃ^h$ ʃ深臻开三阳声韵（蒙阴型）
- → ð $tθ^h$ θ/z ts^h s深臻开三阳声韵（沂水型）
- → tθ $tθ^h$θ/tʃ $tʃ^h$ ʃ深臻开三阳声韵（沂南型）

徐宿型精组逢今开合韵母保持 ts tsʰ s 不变，这是苏鲁毗连地区精组逢今开合韵母主要的读音类型。

连灌型精组逢今开合韵母发生了卷舌化的音变，即 ts tsʰ s→tʂ tʂʰ ʂ。值得注意的是，昌黎、徐州二堡镇①方言今合口韵母前精组也发生了 ts tsʰ s→tʂ tʂʰ ʂ 音变，但连灌型、昌黎、徐州二堡镇方言该音变的条件各不相同：昌黎方言精组卷舌化的条件是韵母为 u，如租꜀tʂu、促 tʂʰu꜆、苏꜀ʂu；徐州二堡镇方言的条件是韵母为 u(-)，如租꜀tʂu、做 tʂuə꜄、村꜀tʂʰuã、算 ʂuæ̃꜄；而连灌型方言的条件是所有的开合韵母。根据历史比较法，三者之间的差异展示了精组逢今开合韵母卷舌化的过程，见表 2-5（以“ts”为例）。

表 2-5 精组逢今开合韵母卷舌化过程展示表

阶段	韵母条件	昌黎	徐州二堡镇	连云港
1	u	tʂ	tʂ	tʂ
2	u(-)	ts	tʂ	tʂ
3	开合韵母	ts	ts	tʂ

从表 2-5 可以看出，第一阶段是昌黎方言，精组声母与 u 韵母相拼时卷舌化为 tʂ，第二阶段是徐州二堡镇方言，精组不但与 u 韵母相拼时卷舌化，与所有的合口韵母相拼时也发生了卷舌化，到了第三个阶段，连云港方言今开合韵母前的精组声母都发生了卷舌化。可以推测，连云港方言精组的卷舌化很可能是按 u 韵母＞合口韵母＞开口韵母的次序发生的。张光宇（2008）认为后高元音最有利于卷舌音的形成与保存，因为“卷舌音与后高元音在舌体后半的高度十分接近”。这一音理可以解释昌黎、徐州二堡镇方言精组逢合口韵母 ts tsʰ s→tʂ tʂʰ ʂ 的音变，而连云港方言是在昌黎、徐州二堡镇方言基础上的进一步卷舌化。

沂蒙型精组声母在逢今开合韵母的条件下都发生了齿间化的音变。值得注意的是，深臻开三阳声韵精组字在其 6 种次类型的方言里表现不同。属于日照涛雒型的莒南十字路、莒南团林、临沂、费县、赣榆石桥、日照黄墩、五莲洪凝，属于五莲许孟型的日照陈疃和属于莒县桑园型的莒县桑园共 9 个方言点深臻开三阳声韵精组字的 i 介音保留；而属于日照涛雒型的日照涛雒、临沭、日照两城、日照奎山和属于五莲许孟型的五莲许孟，

① 昌黎方言的材料参见河北省昌黎县县志编纂委员会、中国社会科学院语言研究所合编：《昌黎方言志》，上海，上海教育出版社，1984 年，第 1 版；徐州二堡镇的材料来自笔者的专项调查。

以及属于沂南型、蒙阴型和沂水型的沂南、蒙阴和沂水共8个方言点深臻开三阳声韵精组字的i介音消失。在i介音消失的8个方言里，临沭、日照涛雒、五莲许孟3个方言点是i介音消失先行，然后再发生声母的齿间化，因为在这些方言中，如果i介音不消失，精组没有齿间化的条件，就会读为ts ts^{h} s（临沭）、tɕ tɕ^{h} ɕ（五莲许孟）或ȶ ȶ^{h}（日照涛雒）。另外，五莲许孟还进一步发生了塞化，但止开三精组字没有参与这一音变。沂南、蒙阴、沂水3个方言点则是声母齿间化先行，然后i介音消失，因为在这些方言中，如果i介音先行消失的话，深臻开三阳声韵精组字声母就与其他的逢开合韵母的精组声母一起齿间化了。另外，沂南、蒙阴深臻开三阳声韵精组字声母并入tʃ tʃ^{h} ʃ（沂南的tʃ tʃ^{h} ʃ主要来源于知三章组，蒙阴的tʃ tʃ^{h} ʃ主要来源于知庄章组），沂水深臻开三阳声韵精组字声母维持舌尖前音不变（但ts浊擦化为z），知三章组字也多读舌尖前音。而日照两城、日照奎山无法判断两个音变的先后次序，因为无论i介音消失与否，深臻开三阳声韵精组字声母今读都是齿间音。

蒙阴、沂水、莒县桑园精组声母的不送气塞擦音（tθ、ts）浊擦化的现象特别引人注目，如表2-6所示。

表2-6 蒙阴、沂水、莒县桑园不送气塞擦音浊擦化情况

	蒙阴				沂水				莒县桑园			
①		ts^{h}	s	z		ts^{h}	s	z		ts^{h}	s	z
②		tθ^{h}	θ	ð		tθ^{h}	θ	ð		tθ^{h}	θ	ð
③	tʃ	tʃ^{h}	ʃ		tʂ	tʂ^{h}	ʂ		tʂ	tʂ^{h}	ʂ	
④	tɕ	tɕ^{h}	ɕ		tɕ	tɕ^{h}	ɕ		tɕ	tɕ^{h}	ɕ	

注：表中还列入了tʃ tɕ（蒙阴）和tʂ tɕ（沂水）四组塞擦音、擦音声母。蒙阴方言①精组逢今齐撮韵母，②精组逢今开合韵母（深臻开三阳声韵精组字声母除外），③知庄章组声母、深臻开三阳声韵精组字声母，④见晓组逢今齐撮韵母；沂水方言①精组逢今齐撮韵母、深臻开三阳声韵精组字声母、知三章组（部分），②精组逢今开合韵母（深臻开三阳声韵精组字声母除外），③知二庄、知三章组（部分），④见晓组逢今齐撮韵母；莒县桑园①精组逢今齐撮韵母、知三章组（部分），②精组逢今开合韵母，③知二庄、知三章（部分），④见晓组逢今齐撮韵母。

可见，蒙阴、沂水、莒县桑园只有tθ组和ts组发生了不送气塞擦音浊擦化的演变，而其他两组的不送气塞擦音声母并没有发生这种演变。据目前掌握的材料，五莲许孟的tʃ组也发生了类似的音变，如表2-7所示。

表 2-7 五莲许孟方言不送气塞擦音声母浊擦化情况

①	tθ	$tθ^h$	θ	
②		$tʃ^h$	ʃ	ʒ
③	tʂ	$tʂ^h$	ʂ	
④	tɕ	$tɕ^h$	ɕ	

注：表中还列入了 tθ tʂ tɕ 三组塞擦音、擦音声母。①止开三精组字声母，②知三章组（部分）、见晓组逢今齐撮韵母，③知二庄组、知三章组（部分），④端精组逢今齐撮韵母。

在这些方言里，不送气塞擦音的浊擦化使得音位的对立关系发生了一定的变化，但这种音变是否会扩展到所有的不送气塞擦音声母从而形成新的音位格局，还有待进一步观察。

2.2 知系

2.2.1 知庄章组

中古知庄章包括知彻澄娘、庄初崇生、章昌船书禅三组声母，本书简称之为知组、庄组和章组；与二等韵相拼的知组、庄组声母叫知组二等、庄组二等，与三等相拼的知组、庄组声母叫知组三等、庄组三等，为了行文简便，有时只称其为知二、庄二、知三、庄三。本节讨论知庄章组声母在苏鲁毗连地区方言中的类型，探讨不同类型的演变过程及类型之间的演变关系。分析时遵循这样的原则：归纳类型时注重音类的分合，讨论音变时注重音值，进行音理上的分析。

2.2.1.1 知庄章组声母的类型

熊正辉（1990）指出："根据知庄章三组字哪些字读 ts 组，哪些字读 tʂ 组，可以把官话区分 ts、tʂ 的方言归纳为济南、昌徐、南京三种类型。"熊（1990）分类标准为：南京型知二庄两分，其中一类独立，另一类与知三章合并；昌徐型知二庄、知三章两分；济南型知庄章合为一套。苏鲁毗连地区方言古知庄章组声母的分合涵盖熊（1990）的 3 种类型。根据知庄章分合"韵摄等呼"的条件可以对该地区方言进行次级分类，南京型有 2 种次级分合类型：泗阳型和泗洪型；昌徐型有 4 种次级分合类型：日赣型、徐铜型、连灌型和赣榆石桥型；济南型有 2 种次级分合类型：枣邳型和临宿型。根据读音的不同还可以进行 3 级分类：日赣型分为日照涛雒、沂水、丰县、莒县城阳和赣榆青口 5 种读音类型，枣邳型分为邳州、邹城、枣庄、费县和泗水 5 种读音类型，临宿型分为宿迁和临沂 2 种读音类型。从声母组数上看，泗阳型、泗水型知庄章分为三组，临宿型方言知庄章合为一组，其他类型都为两组。如表 2-8 所示。

表 2-8　知庄章组声母的 3 级类型

熊（1990）类型	次级分合类型	读音类型	读音（甲组/乙组/丙组）	方言点	组数
南京型	泗阳型		ts tsʰ s/tʂ tʂʰ ʂ/tɕ tɕʰ ɕ	泗阳	3
	泗洪型		ts tsʰ s/tʂ tʂʰ ʂ	泗洪瑶沟 泗洪上塘 泗洪金锁	2
昌徐型	日赣型	日照涛雒型	tʂ tʂʰ ʂ/ts tsʰ s	日照涛雒 日照奎山 日照两城	2
		沂水型	tʂ tʂʰ ʂ/z tsʰ s	莒县桑园 沂水	2
		丰县型	ts tsʰ s/tʂ tʂʰ ʂ	丰县 沛县	2
		莒县城阳型	tʂ tʂʰ ʂ/tθ tθʰ θ	莒县城阳	2
		赣榆青口型	tʂ tʂʰ ʂ/tʃ tʃʰ ʃ	赣榆青口 沂南 莒南十字路 莒南团林 日照黄墩 日照陈疃 五莲许孟 五莲洪凝	2
	徐铜型		ts tsʰ s/tʂ tʂʰ ʂ	徐州 铜山	2
	连灌型		tʂ tʂʰ ʂ/tɕ tɕʰ ɕ	连云港 灌南 沭阳 灌云	2
	赣榆石桥型		tʂ tʂʰ ʂ/tʃ tʃʰ ʃ	赣榆石桥	2
济南型	枣邳型	邳州型	tʂ tʂʰ ʂ/f	邳州	2
		邹城型	ts tsʰ s/f	邹城 微山	2
		枣庄型	ts tsʰ s/pf pfʰ f	枣庄 滕州	2
		费县型	tʃ tʃʰ ʃ/pf pfʰ f	费县 平邑	2
		泗水型	ts tsʰ s/f / tɕ tɕʰ	泗水	3
	临宿型	宿迁型	tʂ tʂʰ ʂ	宿迁 东海 睢宁 新沂时集 A 新沂时集 B 新沂阿湖 赣榆墩尚	1
		临沂型	tʃ tʃʰ ʃ	临沂 临沭 兰陵 郯城 蒙阴	1

下面描写 8 个次级分合类型知庄章组声母的分合情况。

2.2.1.1.1　南京型

（1）泗阳型

泗阳方言止开三庄组字声母有“滓辎厕”3 字为平舌音，考虑到苏鲁毗连地区方言这 3 个字都读同精组声母，因此认为泗阳方言止开三庄组字声母今读乙组。如表 2-9 所示。

表 2-9 泗阳型知庄章分合情况

	甲（ts ts^{h} s）	乙（tʂ tʂ^{h} ʂ）	丙（tɕ tɕ^{h} ɕ）
知二庄	遇、流、深（部分）、臻开（部分）、曾、梗（部分）、通	假、蟹、效、止、咸、深（部分）、臻开（部分）、臻合、山、宕、江、梗（部分）	
知三章		遇、蟹、止、效、流、深、山合、臻、宕、曾、梗、通、假咸山开（部分）	假咸山开（部分）

表 2-9 忽略了苏鲁毗连地区方言中的生僻字和没有调查到的字：蛇、騇、鬆、鉙、倿、掫、搊、篘、膞、浞、皷、碾、柭；普遍的例外字：爹、摄、瑞、饷、瞪、盾。表 2-10 至表 2-16 同。

例外字①：洒꜂sa、乍 tsa꜄、楚꜂tʂ^{h}u、礎꜂tʂ^{h}u、豺꜁ts^{h}ɛ、溑 sɔ꜄、篡꜂tsõ、唇꜁tɕ^{h}ioŋ、束 suʔ꜆、触 ts^{h}uʔ꜆、崇꜂tʂ^{h}oŋ、畜 ɕioʔ꜆。

（2）泗洪型

如表 2-10 所示。

表 2-10 泗洪型知庄章分合情况

	甲（ts ts^{h} s）	乙（tʂ tʂ^{h} ʂ）
知二庄	遇（部分）、止开（部分）、流、深、臻开（部分）、曾、梗（部分）、通	假、遇（部分）、蟹、止开（部分）、止合、效、咸、山、臻开（部分）、臻合、宕、江、梗（部分）
知三章		假、遇、蟹、止、效、流、咸山、深臻、宕、曾梗、通

例外字：仇꜁tɕ^{h}iəɯ、酬꜁tɕ^{h}iəɯ、唇꜁tɕ^{h}ioŋ、畜 ɕye꜆；洒꜂sa、豺꜁ts^{h}ɛ、嗤꜀tsɿ、侍 ts^{h}ɿ꜄、溑 sɔ꜄、愁꜁tʂ^{h}əɯ、瘵 tsa꜅、纂 tsuẽ꜄、专꜀tsuẽ、昌꜀ts^{h}aŋ、菖꜀ts^{h}aŋ、束 ʂɯ꜇、属 ʂɯ꜇、崇꜂tʂ^{h}oŋ。

2.2.1.1.2 昌徐型

（1）日赣型（以日照涛雒方言为例）

如表 2-11 所示。

表 2-11 日赣型知庄章分合情况

	甲（tʂ tʂ^{h} ʂ）	乙（ts ts^{h} s）
知二庄	假、遇、蟹、止、效、流、咸山、深臻、宕江、曾梗、通	
知三章	蟹合、止开（章）、止合、通舒、通入（部分）	假、遇、蟹开、止开（知）、效、流、咸山、深臻、宕、曾梗、通入（部分）

① 表 2-9 至表 2-16 中都列出了少量的例外字，因其不影响苏鲁毗连地区方言古知庄章组声母类型的归纳和讨论，留待以后做进一步的研究。

例外字：洒ᶜθɑ、阻ᶜtθu、铸 ȶyᵓ、戍꜀θu、辎ᶜtθɿ、滓꜀tθɿ、厕꜀tθə、搜꜀θou、飕꜀θou、馊꜀θou、簪꜀θã、参~差 ꜀tθʰã、瑟 θəᵓ、侍 tθʰɿᵓ、侧꜀tθʰə、测꜀tθʰə、泽꜁tθ（不读甲、乙两组）、傻꜀sɑ、岑꜀tsẽ、撰 tsuãᵓ、篡 tsʰuãᵓ、滞ᶜtʂʅ、禅꜁tʂʰã、蝉꜁tʂʰã、术 ʂuᵓ、着꜁tʂuə、酌꜁tʂuə、饬 tʂʰʅᵓ。

（2）徐铜型（以铜山方言为例）

如表 2-12 所示。

表 2-12 徐铜型知庄章分合情况

	甲（ts tsʰ s）	乙（tʂ tʂʰ ʂ）
知二庄	假、蟹开、止开、效、流、咸、深、山开、臻开、曾梗、通	遇、蟹合、止合、山合、臻合、宕、江
知三章	止开（章）	假、遇、蟹、止开（知）、止合、效、流、咸、深、山、臻、宕、曾梗、通

例外字：所ᶜsuə、阻ᶜtsu、只꜀tʂʅ、侈ᶜtʂʰʅ、舐 ʂʅᵓ、豕ᶜʂʅ、至 tʂʅᵓ、嗜 ʂʅᵓ、嗤ᶜtʂʰʅ、抓꜀tʂua、爪ᶜtʂua、嗽 ʂuᵓ、赚 tʂuæ̃ᵓ、杉꜀ʂæ̃、蘸 tʂæ̃ᵓ、绽 tʂæ̃ᵓ、删꜀ʂæ̃、栈 tʂæ̃ᵓ、疝 ʂæ̃ᵓ、篡 tsuæ̃ᵓ、榛꜀tʂə̃、臻꜀tʂə̃、镯꜁tsuə、澄꜁tʂʰəŋ、橙꜁tʂʰəŋ、铛꜀tʂʰəŋ、唇꜁tɕʰyə̃、祝꜀tsu、束꜀su、缩꜀suə。

（3）连灌型（以连云港方言为例）

如表 2-13 所示。

表 2-13 连灌型知庄章分合情况

	甲（tʂ tʂʰ ʂ）	乙（tɕ tɕʰ ɕ）
知二庄	假、遇、蟹、止、效、流、咸山、深臻、宕江、曾梗、通	
知三章	假（部分）、遇、蟹、止、效、流、咸（部分）、深臻、山合、山开（部分）、宕、曾、梗、通	假（部分）、咸（部分）、山开（部分）

（4）赣榆石桥型

如表 2-14 所示。

表 2-14 赣榆石桥型知庄章分合情况

	甲（tʂ tʂʰ ʂ）	乙（tʃ tʃʰ ʃ）
知二庄	假、遇、蟹、止、效、流、咸山、深臻、宕江、曾梗、通	
知三章	假、蟹合、止开（章）、止合、效、流、咸山、深舒臻舒、宕、曾舒梗舒、通舒、通入（部分）	遇、蟹开、止开（知）、深入臻入、曾入梗入、通入（部分）

例外字：洒ᶜθa、射 θiəᵓ、箸 tʂuᵓ、阻ᶜtθu、滞ᶜtʂʅ、差参~꜀tθʰʅ、痴ᶜtʂʰʅ、耻ᶜtʂʰʅ、痔 tʂʅᵓ、辎꜀tθʅ、滓ᶜtθʅ、厕 tθʰʅᵓ、簪꜀θæ̃、参~差 ꜀tθʰẽ、岑꜀tθʰẽ、蛰꜁tʂə、汁꜀tʂʅ、篡 tθʰuæ̃ᵓ、瑟 θʅᵓ、术 ʂuᵓ、述 ʂuᵓ、饰꜀ʂʅ、只꜀tʂʅ、炙 tʂʅᵓ、斥 tʂʰʅᵓ、尺꜀tʂʰʅ、适꜀ʂʅ、释꜀ʂʅ、缩꜀θu。

2.2.1.1.3 济南型

（1）枣邳型（以滕州方言为例）

如表 2-15 所示。

表 2-15 枣邳型知庄章分合情况

	甲类（ts tsʰ s）	乙类（pf pfʰ f）
知庄章	今开口韵	今合口韵

异读字：坠 pfeiᵓ白/tsueiᵓ文、揣ᶜpfʰɛ 白/ᶜtsʰuɛ 文、垂꜁pfei 白/꜁tsʰuei 文、撰 pfæ̃ᵓ白/tsuæ̃ᵓ文、畜~生pfʰuᵓ白/tsʰuᵓ文、轴꜁pfu 白/꜁tsu 文、祝꜀pfu 白/꜀tsu 文。

例外字：著 tsuᵓ、箸 tsuᵓ、阻ᶜtsu、庶 suᵓ、殊꜁tsʰu、缩꜀suə、谁꜁sei、逐꜀tsu、酌꜀tsuə、淑꜀su。

（2）临宿型（以宿迁方言为例）

如表 2-16 所示。

表 2-16 临宿型知庄章分合情况

	tʂ tʂʰ ʂ
知庄章	假、遇、蟹、止、效、流、咸山、深臻、宕江、曾梗、通

例外字：阻ᶜtsu、所ᶜsuə、洒ᶜsa、辎꜀tsʅ、滓꜀tsʅ、厕 tsʰʅᵓ、潲 sɔᵓ、搜꜀səu、飕꜀səu、馊꜀səu、簪꜀tsã、岑꜁tsʰə̃。

苏鲁毗连地区方言知庄章次级分合类型的地理分布如图 2-5 所示。

从图 2-5 可见，济南型分布在苏鲁毗连地区中部地区，周边被昌徐型和南京型包围，南京型分布在苏北南部的泗洪和泗阳两地，昌徐型的四种分合类型分布在东南、西部和东北部地区。值得注意的是，日赣型在西部的丰县、沛县以及东北的日照、沂水、赣榆等地，中间则被济南型东西阻隔。

苏鲁毗连地区方言 17 种读音类型的字音对照如表 2-17 所示（泗洪型、日照涛雒型、沂水型、丰县型、莒县城阳型、赣榆青口型、徐铜型、连灌型、邹城型、枣庄型、费县型、宿迁型、临沂型分别以泗洪瑶沟、日照涛雒、沂水、丰县、赣榆青口、徐州、连云港、邹城、枣庄、费县、宿迁、临沂为代表）。

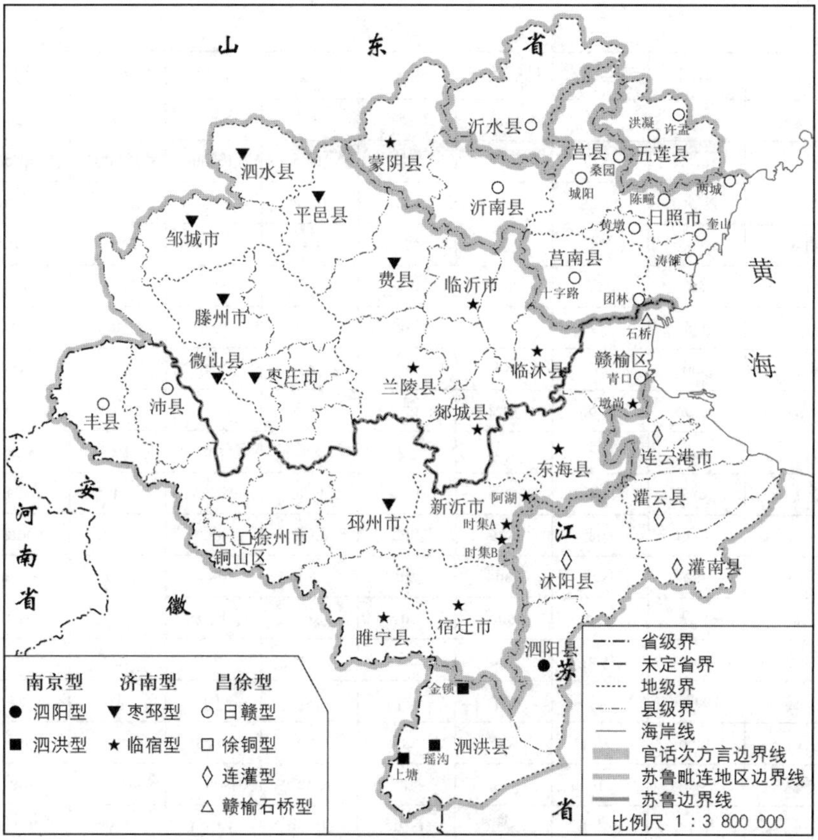

图 2-5　知庄章分合类型分布图

表 2-17　知庄章读音类型例字表

例字	泗阳	泗洪瑶沟	日照涛雒	沂水	丰县	莒县城阳	赣榆青口	徐州
茶假开二澄	꜁tʂʰa	꜁tʂa	꜁tʂʰɑ	꜁tʂʰɑ	꜁tsʰa	꜁tʂʰa	꜁tʂʰɑ	꜁tsʰa
车假开三昌	꜀tʂʰɛ	꜀tʂʰə	꜀tsʰə	꜀tsʰə	꜀tʂʰə	꜀tθʰɤ	꜀tʃʰie	꜀tʂʰə
傻假合二生	꜂ʂa	꜂ʂa	꜀sɑ	꜂sɑ	꜂ʂa	꜂θa	꜂ʂa	꜂ʂa
猪遇合三知	꜀tʂu	꜀tʂu	꜀tsʮ	꜀zʮ	꜀tʂu	꜀tθu	꜀tʃy	꜀tʂu
初遇合三初	꜀tsʰu	꜀tsʰuo	꜀tʂʰu	꜀tʂʰu	꜀tsʰu	꜀tʂʰu	꜀tʂʰu	꜀tʂʰu
斋蟹开二庄	꜀tʂɛ	꜀tʂɛ	꜀tʂɛ	꜀tʂɛ	꜀tsɛ	꜀tʂai	꜀tʂai	꜀tsɛ
制蟹开三章	tʂʅ꜄	tʂʅ꜄	tsɿ꜄	zɿ꜄	tʂʅ꜄	tθɿ꜄	tʃi꜄	tʂʅ꜄
拽蟹合二崇	tʂuɛ꜄	tʂuɛ꜄	tʂuɛ꜄	tʂuɛ꜄	tsuɛ꜄	tʂuai꜄	tʂuai꜄	tʂuɛ꜄
缀蟹合三知	tʂuei꜄	tʂuei꜄	tʂuei꜄	tʂuei꜄	tsue꜄	tʂuei꜄	tʂuei꜄	tʂue꜄
知止开三知	꜀tʂʅ	꜀tʂʅ	꜀tsɿ	꜀zɿ	꜀tʂʅ	꜀tθɿ	꜀tʃi	꜀tʂʅ
支止开三章	꜀tʂʅ	꜀tʂʅ	꜀tʂʅ	꜀tʂʅ	꜀tsɿ	꜀tʂʅ	꜀tʂʅ	꜀tsɿ
追止合三知	꜀tʂuei	꜀tʂuei	꜀tʂuei	꜀tʂuei	꜀tsue	꜀tʂuei	꜀tʂuei	꜀tʂue

续表

例字	泗阳	泗洪瑶沟	日照涛雒	沂水	丰县	莒县城阳	赣榆青口	徐州
罩效开二知	tʂɔ꜄	tʂɔ꜄	tʂɔ꜄	tʂɔ꜄	tsɔ꜄	tʂau꜄	tʂɑu꜄	tsɔ꜄
超效开三彻	꜀tʂʰɔ	꜀tʂʰɔ	꜀tsʰɔ	꜀tsʰɔ	꜀tʂʰɔ	꜀tθʰau	꜀tʃʰiɑu	꜀tʂʰɔ
愁流开三崇	꜁tsʰəɯ	꜁tʂʰəu	꜁tʂʰou	꜁tʂʰou	꜁tsʰəu	꜁tʂʰou	꜁tʂʰəu	꜁tsʰou
抽流开三彻	꜀tʂʰəɯ	꜀tʂʰəu	꜀tsʰou	꜀tsʰou	꜀tʂʰəu	꜀tθʰou	꜀tʃʰiəu	꜀tʂʰou
站咸开二知	tʂã꜄	tʂæ̃꜄	tʂã꜄	tʂã꜄	tsæ̃꜄	tʂan꜄	tʂan꜄	tsæ̃꜄
沾咸开三知	꜀tʂã	꜀tʂæ̃	꜀tsã	꜀zã	꜀tʂæ̃	꜀tθan	꜀tʃian	꜀tʂæ̃
森深开三生	꜀ʂən	꜀səŋ	꜀ʂẽ	꜀ʂə̃	꜀sə̃	꜀ʂən	꜀ʂən	꜀sə̃
沉深开三澄	꜁tʂʰən	꜁tʂʰəŋ	꜁tsʰẽ	꜁tsʰə̃	꜁tʂʰə̃	꜁tθʰən	꜁tʃʰin	꜁tʂʰə̃
山山开二生	꜀ʂaŋ	꜀ʂæ̃	꜀ʂã	꜀ʂã	꜀sæ̃	꜀ʂan	꜀ʂan	꜀sæ̃
缠山开三澄	꜁tɕʰiẽ	꜁tʂʰæ̃	꜁tsʰã	꜁tsʰã	꜁tʂʰæ̃	꜁tθʰan	꜁tʃʰian	꜁tʂʰæ̃
闩山合二生	꜀ʂuaŋ	꜀ʂuæ̃	꜀ʂuã	꜀ʂuã	꜀suæ̃	꜀ʂuan	꜀ʂuan	꜀ʂuæ̃
专山合三章	꜀tʂo	꜀tsuẽ	꜀tsuã	꜀zuã	꜀tʂuæ̃	꜀tθuan	꜀tʃyan	꜀tʂuæ̃
说山合三书	ʂuəʔ꜆	꜀ʂuə	꜀suə	꜂suə	꜀ʂuə	꜂θuə	꜀ʃyɤ	꜀ʂuə
珍臻开三知	꜀tʂən	꜀tʂəŋ	꜀tsẽ	꜀zə̃	꜀tʂə̃	꜀tθən	꜀tʃin	꜀tʂə̃
实臻开三船	ʂəʔ꜆	ʂə꜇	꜁sɿ	꜁sɿ	꜁ʂʅ	꜁θɿ	꜁ʃi	꜁ʂʅ
榛臻开三庄	꜀tʂən	꜀tʂəŋ	꜀tʂẽ	꜀tʂə̃	꜀tsə̃	꜀tʂən	꜀tʂə̃	꜀tʂə̃
率臻合三生	—	ʂuɛ꜄	ʂuɛ꜄	ʂuɛ꜄	suɛ꜄	ʂuai꜄	ʂuai꜄	ʂuɛ꜄
椿臻合三彻	꜀tʂʰoŋ	꜀tʂʰoŋ	꜀tsʰuẽ	꜀tsʰuə̃	꜀tʂʰuə̃	꜀tθʰun	꜀tʃʰyn	꜀tʂʰuə̃
出臻合三昌	tʂʰuʔ꜆	tʂʰʊ꜇	꜂tsʰʮ	꜀tʂʰu	꜀tʂʰu	꜀tθʰu	꜀tʃʰy	꜀tʂʰu
张宕开三知	꜀tʂaŋ	꜀tʂaŋ	꜀tsɑŋ	꜀zɑŋ	꜀tʂaŋ	꜀tθaŋ	꜀tʃiaŋ	꜀tʂaŋ
着宕开三知	tʂuəʔ꜆	tʂuɐ꜇	꜁tʂuə	꜁tʂuə/꜁zuə	꜁tʂuə	꜁tθuə	꜁tʃyə	꜁tʂuə
勺宕开三禅	ʂuəʔ꜆	ʂuɐ꜇	꜁suə	꜁suə	꜁ʂuə	꜁θuə	꜁ʃyə	꜁ʂuə
庄宕开三庄	꜀tʂuaŋ	꜀tʂuaŋ	꜀tʂuɑŋ	꜀tʂuɑŋ	꜀tsuaŋ	꜀tʂuaŋ	꜀tʂuaŋ	꜀tʂuaŋ
桩江开二知	꜀tʂuaŋ	꜀tʂuaŋ	꜀tʂuɑŋ	꜀tʂuɑŋ	꜀tsuaŋ	꜀tʂuaŋ	꜀tʂuaŋ	꜀tʂuaŋ
侧曾开三庄	tsʰəʔ꜆	tsʰə꜇	꜀tʂʰei	꜂tʂʰei	꜀tsʰe	꜀tʂʰei	꜀tʂʰei / ꜀tʂei	꜀tsʰe
征曾开三知	꜀tʂən	꜀tʂəŋ	꜀tsəŋ	꜀zəŋ	꜀tʂəŋ	꜀tθəŋ	꜀tʃiŋ	꜀tʂəŋ
直曾开三澄	tʂəʔ꜆	tʂə꜇	꜁tsɿ	꜁zɿ	꜁tʂʅ	꜁tθɿ	꜁tʃi	꜁tʂʅ
争梗开二庄	꜀tsən	꜀tsəŋ	꜀tʂəŋ	꜀tʂəŋ	꜀tsəŋ	꜀tʂəŋ	꜀tʂəŋ	꜀tsəŋ
贞梗开三知	꜀tʂən	꜀tʂəŋ	꜀tsẽ/꜀tsəŋ	꜀zəŋ	꜀tʂəŋ	꜀tθəŋ	꜀tʃiŋ / ꜀tʃin	꜀tʂəŋ
石梗开三禅	ʂəʔ꜆	ʂə꜇	꜁sɿ	꜁sɿ	꜁ʂʅ	꜁θɿ	꜁ʃi	꜁ʂʅ
忠通合三知	꜀tʂoŋ	꜀tʂoŋ	꜀tʂuŋ	꜀tʂoŋ	꜀tsuŋ	꜀tʂuŋ	꜀tʂuŋ	꜀tʂuŋ
叔通合三书	suʔ꜆	ʂuʊ꜇	꜀sʮ	꜂sʮ	꜀su	꜀θu	꜀ʂu	꜀ʂu
崇通合三崇	꜂tʂʰoŋ	꜂tʂʰoŋ	tʂʰuŋ꜄	꜁tʂʰoŋ	꜁tsuŋ	꜀tʂʰuŋ	꜂tʂʰuŋ	꜂tsʰuŋ

续表

例字	连云港	赣榆石桥	邳州	邹城	枣庄	费县	泗水	宿迁	临沂
茶假开二澄	꜁tʂʰa	꜁tʂʰa	꜁tʂʰa	꜁tsʰa	꜁tsʰa	꜁tʃʰa	꜁tsʰa	꜁tʂʰa	꜁tʃʰa
车假开三昌	꜀tʂʰei	꜀tʃʰə	꜀tʂʰə	꜀tsʰə	꜀tsʰə	꜀tʃʰə	꜀tsʰə	꜀tʂʰə	꜀tʃʰə
傻假合二生	꜂ʂa	꜂ʂa	꜂ʂa	꜂sa	꜂sa	꜂ʃa	꜂sa	꜂ʂa	꜂ʃa
猪遇合三知	꜀tʂəuʷ	꜀tʃʮ	꜀tʂu	꜀tsu	꜀pfu	꜀pfu	꜀tsu	꜀tʂu	꜀tʂu
初遇合三初	꜀tʂʰəuʷ	꜀tʂʰu	꜀tʂʰu	꜀tsʰu	꜀pfʰu	꜀pfʰu	꜀tsʰu	꜀tsʰu	꜀tʂʰu
斋蟹开二庄	꜀tʂɛ	꜀tʂɛ	꜀tʂɛ	꜀tsɛ	꜀tsɛ	꜀tʃɛ	꜀tsɛ	꜀tʂɛ	꜀tʃɛ
制蟹开三章	tʂʅ꜄	tʃʅ꜄	tʂʅ꜄	tsɿ꜄	tsɿ꜄	tʃʅ꜄	tsɿ꜄	tʂʅ꜄	tʃʅ꜄
拽蟹合二崇	tʂuɛ꜄	tʂuɛ꜄	tʂuɛ꜄	tsuɛ꜄	tsuɛ꜄	tʃuɛ꜄	tɕyɛ꜄	tʂuɛ꜄	tʃuɛ꜄
缀蟹合三知	tʂei꜄	tʂuei꜄	tʂue꜄	tsue꜄	tsue꜄	tʃue꜄	tɕyei꜄	tʂue꜄	tʃue꜄
知止开三知	꜀tʂʅ	꜀tʃʅ	꜀tʂʅ	꜀tsɿ	꜀tsɿ	꜀tʃʅ	꜀tsɿ	꜀tʂʅ	꜀tʃʅ
支止开三章	꜀tʂʅ	꜀tʂʅ	꜀tʂʅ	꜀tsɿ	꜀tsɿ	꜀tʃʅ	꜀tsɿ	꜀tʂʅ	꜀tʃʅ
追止合三知	꜀tʂuei	꜀tʂuei	꜀tʂue	꜀tsuei	꜀tsuei	꜀tʃuei	꜀tɕyei	꜀tʂue	꜀tʃue
罩效开二知	tʂɔ꜄	tʂɔ꜄	tʂɔ꜄	tsɔ꜄	tsɔ꜄	tʃɔ꜄	tsɔ꜄	tʂɔ꜄	tʃɔ꜄
超效开三彻	꜀tʂʰɔ	꜀tʂʰɔ	꜀tʂʰɔ	꜀tsʰɔ	꜀tsʰɔ	꜀tʃʰɔ	꜀tsʰɔ	꜀tʂʰɔ	꜀tʃʰɔ
愁流开三崇	꜁tʂʰəu	꜁tʂʰəu	꜁tʂʰəu	꜁tsʰəu	꜁tsʰəu	꜁tʃʰəu	꜁tsʰəu	꜁tʂʰəu	꜁tʃʰou
抽流开三彻	꜀tʂʰəu	꜀tʂʰəu	꜀tʂʰəu	꜀tsʰəu	꜀tsʰəu	꜀tʃʰəu	꜀tsʰəu	꜀tʂʰəu	꜀tʃʰou
站咸开二知	tʂã꜄	tʂæ̃꜄	tʂæ̃꜄	tsã꜄	tsã꜄	tʃã꜄	tsæ̃꜄	tʂæ̃꜄	tʃã꜄
沾咸开三知	꜀tɕiẽ	꜀tʂæ̃	꜀tʂæ̃	꜀tsã	꜀tsã	꜀tʃã	꜀tsæ̃	꜀tʂæ̃	꜀tʃã
森深开三生	꜀ʂəŋ	꜀ʂẽ	꜀ʂə̃	꜀sə̃	꜀sẽ	꜀θẽ	꜀sə̃	꜀sə̃	꜀ʃẽ
沉深开三澄	꜁tʂʰəŋ	꜁tʂʰẽ	꜁tʂʰə̃	꜁tsʰẽ	꜁tsʰẽ	꜁tʃʰẽ	꜁tsʰə̃	꜁tʂʰə̃	꜁tʃʰẽ
山山开二生	꜀ʂã	꜀ʂæ̃	꜀ʂæ̃	꜀sã	꜀sã	꜀ʃã	꜀sæ̃	꜀ʂæ̃	꜀ʃã
缠山开三澄	꜁tɕiẽ	꜁tʂʰæ̃	꜁tʂʰæ̃	꜁tsʰã	꜁tsʰã	꜁tʃʰã	꜁tsʰæ̃	꜁tʂʰæ̃	꜁tʃʰã
闩山合二生	꜀ʂuã	꜀ʂuæ̃	꜀fæ̃	꜀fã	꜀fã	꜀fã	꜀fæ̃	꜀ʂuæ̃	꜀ʃuã
专山合三章	꜀tʂõ	꜀tʂuæ̃	꜀tʂuæ̃	꜀tsuã	꜀tsuã	꜀pfã	꜀tɕyæ̃	꜀tʂuæ̃	꜀tʃã
说山合三书	ʂuʊ꜆	ʂuə꜆	꜀fə	꜀fə	꜀fə	꜀fə	꜀fə	꜀ʂuə	꜀ʃuə
珍臻开三知	꜀tʂəŋ	꜂tʂẽ	꜀tʂə̃	꜀tsẽ	꜀tsẽ	꜀tʃẽ	꜀tsə	꜀tʂə̃	꜀tʃẽ
实臻开三船	ʂə꜆	꜁ʃʅ	꜁ʂʅ	꜁sɿ	꜁sɿ	꜁ʃʅ	꜁sɿ	꜁ʂʅ	꜁ʃʅ
榛臻开三庄	꜀tʂəŋ	꜀tʂẽ	꜀tʂə̃	꜀tsẽ	꜀tsẽ	꜀tʃẽ	꜀tsə̃	꜀tʂə̃	꜀tʃẽ
率臻合三生	ʂuɛ꜄	ʂuɛ꜄	fɛ꜄	fɛ꜄	fɛ꜄	fɛ꜄	fɛ꜄	ʂuɛ꜄	ʃuɛ꜄
椿臻合三彻	꜀tʂʰoŋ	꜀tʂʰuẽ	꜀tʂʰuə̃	꜀tsʰuẽ	꜀tsʰuẽ	꜀pfʰẽ	꜀tɕʰyə̃	꜀tʂʰuə̃	꜀tʃʰuẽ
出臻合三昌	tʂʰuʊ꜆	tʃʰʮ꜆	꜀tʂʰu	꜀tsʰu	꜀tsʰu	꜀pfʰu	꜀tɕy	꜀tʂʰu	꜀tʃʰu
张宕开三知	꜀tʂɑŋ	꜀tʂɑŋ	꜀tʂaŋ	꜀tsaŋ	꜀tsaŋ	꜀tʃɑŋ	꜀tsaŋ	꜀tʂaŋ	꜀tʃã
着宕开三知	tʂuʊ꜆	꜁tʂuə	꜁tʂuə	꜁tsuə	꜁tsuə	꜁tʃuə	꜁tɕyə	꜁tʂuə	꜁tʃuə
勺宕开三禅	ʂuʊ꜆	꜁ʂuə	꜁fə	꜁fə	꜁fə	꜁fə	꜀fə	꜁ʂuə	꜁ʃuə

续表

例字	连云港	赣榆石桥	邳州	邹城	枣庄	费县	泗水	宿迁	临沂
庄宕开三庄	꜀tʂuɑŋ	꜀tʂuɑŋ	꜀tʂuaŋ	꜀tsuaŋ	꜀tsuaŋ	꜀tʃuaŋ	꜀tɕyaŋ	꜀tʂuaŋ	꜀tʃuã
桩江开二知	꜀tʂuɑŋ	꜀tʂuɑŋ	꜀tʂuaŋ	꜀tsuaŋ	꜀tsuaŋ	꜀tʃuaŋ	꜀tɕyaŋ	꜀tʂuaŋ	꜀tʃuã
侧曾开三庄	tʂʰə꜆	tʂʰei꜆	꜀tʂʰe	꜀tsʰe	꜀tsʰe	꜀tʃʰe	꜀tsei	꜀tʂʰe	꜀tʃʰe
征曾开三知	꜀tʂəŋ	꜀tʂəŋ	꜀tʂəŋ	꜀tsəŋ	꜀tsəŋ	꜀tʃəŋ	꜀tsəŋ	꜀tʂəŋ	꜀tʃə̃
直曾开三澄	tʂə꜆	꜁tʃɿ	꜁tʂʅ	꜁tsɿ	꜁tsɿ	꜁tʃʅ	꜁tsɿ	꜁tʂʅ	꜁tʃʅ
争梗开二庄	꜀tʂəŋ	꜀tʂəŋ	꜀tʂəŋ	꜀tsəŋ	꜀tsəŋ	꜀tʃəŋ	꜀tsəŋ	꜀tʂəŋ	꜀tʃə̃
贞梗开三知	꜀tʂəŋ	꜀tʂẽ	꜀tʂə̃	꜀tsẽ	꜀tsẽ	꜀tʃẽ	꜀tsəŋ	꜀tʂə̃	꜀tʃə̃
石梗开三禅	ʂə꜆	꜁ʃɿ	꜁ʂʅ	꜁sɿ	꜁sɿ	꜁ʃʅ	꜁sɿ	꜁ʂʅ	꜁ʃʅ
忠通合三知	꜀tʂoŋ	꜀tʂəŋ	꜀tʂuŋ	꜀tsuŋ	꜀tsuŋ	꜀pfəŋ	꜀tɕyŋ	꜀tʂuŋ	꜀tʃõ
叔通合三书	ʂuʊ꜆	ʂu꜆	꜀fu	꜂fu	꜂fu	꜀fu	꜀fu	꜀ʂu	꜀ʃu
崇通合三崇	꜁tʂoŋ	꜁tʂəŋ	꜂tʂʰuŋ	꜂tsʰuŋ	꜂tsʰuŋ	꜁pfʰəŋ	꜂tɕyŋ	꜂tʂʰuŋ	꜂tʃõ

2.2.1.2 知庄章组声母的演变

2.2.1.2.1 南京型知庄章组声母的演变

泗洪型、泗阳型与南京话有演变关系，而南京话是南京型知庄章分合的典型代表，下面首先讨论南京话知庄章的分合与演变情况。

根据刘丹青（1997），南京话知庄章的分合特点是：知二庄分为甲（ts tsʰ s）、乙（tʂ tʂʰ ʂ）两组，乙组与知三章合并。其中，知二庄甲组的韵摄条件是：遇、止开、流、深、臻开、曾梗、通；知二庄乙组的韵摄条件是假、蟹、止合、效、咸山、臻合、宕江。例外字如下：洒꜂sa、蔬꜀ʂu、础꜂tʂʰu、豺꜁tsʰae、使史驶꜂ʂʅ、揣꜀tʂʰuae、巢꜁tsɔo、吵꜂tsʰɔo、漱 ʂu꜄、蘸 tsaŋ꜄、赚 tsuaŋ꜄、渗 ʂən꜄、篡 tsʰuaŋ꜄、榛臻꜀tʂən、捉 tsoʔ꜆、朔 soʔ꜆、戳 tsʰoʔ꜆、笙꜀ʂən、栅 tʂɑʔ꜆、拆 tʂʰəʔ꜆、崇꜁tʂʰoŋ。

王洪君（2007）指出："《切韵》时期庄、知、章是对立的声母，它们在三等韵（或说 j 介音前）的同等条件下有对立。至唐末，庄三应该已经失落了 j 介音与庄二合并。庄二庄三都没有了 j 介音，只出现在 j 介音前的章三才可能成为它的音位变体。应该强调的是，庄二庄三是没有介音区别的彻底合流；而章三、庄在字音上并未合流，章三有介音而庄没有，这才为以后它们的再分化提供了基础。稍后的变化是知组根据介音的不同发生了分化与合流的重组：知二入庄、知三入章，之后便形成了知二庄、知三章两分的格局。”

从南京话知庄章分合的情况可以推知，南京话古知庄章组声母随后又经历了①知二庄分化为甲、乙两组，②知二庄乙组与知三章合并，与知二庄甲组对立两个阶段。南京话知二庄分化的具体情况如表 2-18 所示。

表 2-18　南京话知二庄分化情况

知二庄	假	蟹		效	咸	山		遇	止
音值	ɑ	ae	uae	ɔo	aŋ	aŋ	uaŋ	u	ʅ
声组	乙							甲	

知二庄	止	流	深	臻		宕江	曾梗	通
音值	uae	əɯ	ən/əʔ	ən/əʔ	uae	uaŋ/oʔ	ən/əʔ	uʔ
声组	乙	甲			乙	乙	甲	

从表 2-18 可见，知二庄是以韵母主元音的高低为条件分化的：韵母主元音为 u ʅ ə 的知二庄组字声母今读甲组，韵母主元音为 a ɑ ɔ o 的知二庄组字声母今读乙组。值得注意的是，甲组字的韵母主元音为中、高元音，乙组字的韵母主元音除了 o，其他都是低、半低的元音。薛凤生（1985）认为，等韵音系中江开二的主元音应为前低的元音 a，后来发生了 a→ɑ / _ŋ、k 的演变，从而变成了后低的元音 ɑ，因此，南京话韵母主元音 o 在知二庄声母分化时可能还是个主元音低或较低的元音。①从音理上看，“卷舌声母的音韵行为使主要元音倾向于低”（张光宇，2008），反之亦然，主元音低有利于卷舌音的形成与保存。因此，在南京话中与主元音较低的韵母相拼的知二庄组声母（tʂ $tʂ^h$ ʂ）维持卷舌音不变，而与主元音较高的韵母相拼的知二庄组声母发生了平舌化（tʂ $tʂ^h$ ʂ→ts ts^h s）的音变。

南京话与南京型的2种次级分合类型知庄章分合情况的比较如表2-19所示。

① 从今天的南京话来看，内外转与主元音高低有一定的对应性：来自内转韵摄字的韵母主元音一般是高元音；来自外转韵摄字的韵母主元音一般是低元音，而主元音高低又是知二庄分化的语音条件，因此，内外转也就和庄组分化有了间接关系。但用内外转来解释知二庄的分化现象是不行的，内外转虽然与主元音高低有一定的关系，但内外转的内外与主元音的高低并不对等，内外转的含义只是与韵摄的“有无二等”相关：有二等的韵摄被称为外转，没有二等的韵摄被称为外转。薛凤生（1985）指出，元音的高低跟等韵的内外转实际上代表着两个截然不同的概念，内外转只是代表了韵图的两种不同形式。参见薛凤生：《试论等韵学之原理与内外转之含义》，《语言研究》1985 年第 1 期。

表 2-19 南京话与南京型的 2 种次级分合类型知庄章分合情况比较

韵摄	假		遇		止		咸		深		山		臻		梗	
等呼	开三		合三		开三		开三		开三		开三		开三		开二	
声母	章		庄		庄		知章		庄		知章		庄		知庄	
例字	车		初		师		沾		森		缠		榛		争	
泗洪型	乙		甲	乙	甲	乙	乙		甲		乙		甲	乙	甲	乙
泗阳型	乙	丙	甲		乙		乙	丙	甲	乙	乙	丙	甲	乙	甲	乙
南京话	乙		甲		甲		乙		甲		乙		甲		甲	

注：为了便于观察，表 2-19 删除了南京话与南京型两种次级分合类型的知庄章今读甲组或乙组一致的项，包括：假开二知庄、假合二庄、遇合三知章、蟹开合二三知庄章、止开三知章、止合三知庄章、效开二三知庄章、流开三知庄章、咸开二知庄、深开三知章、山开二知庄、山合二三知庄章、臻开三知章、臻合三知庄章、宕开三知庄章、江开二知庄、曾开三知庄章、梗开三知章、通合三知庄章。

泗洪型遇合三、止臻开三、梗开二知二庄今读甲（ts ts^h s）、乙（tʂ tʂ^h ʂ）两组，如表 2-20 所示。

表 2-20 泗洪型遇合三、止臻开三、梗开二知二庄的今读

	甲（ts ts^h s）	乙（tʂ tʂ^h ʂ）
遇合三	初梳阻所疏	锄疏蔬楚礎助雏数
止开三	师狮辎滓士仕柿厕事	差参差筛使史驶
臻开三	瑟	榛臻衬虱
梗开二	撑澄锃拆泽择宅摘生牲笙甥省窄争睁责策册	掌橙铛踖筝栅

泗阳型止开三章组的今读都为乙组。另外，假咸山开三知三章今读乙（tʂ tʂ^h ʂ）、丙（tɕ tɕ^h ɕ）两组，如表 2-21 所示。

表 2-21 泗阳型假咸山开三知三章的今读

	乙（tʂ tʂ^h ʂ）	丙（tɕ tɕ^h ɕ）
假开三	车奢者舍~弃蔗	遮蛇赊佘扯社射麝赦舍宿~
咸开三	沾粘瞻占~卜蟾折~叠褶涉	陕闪占~领
山开三	展文哲蜇辙蝉禅战颤膳单禅折~断舌文浙文毡文	展白缠彻撤善膻扇设折弄~了舌白浙白毡白

泗阳型深臻开三、梗开二知二庄今读甲（ts ts^h s）、乙（tʂ tʂ^h ʂ）两组，如表 2-22 所示。

表 2-22　泗阳型深臻开三、梗开二知二庄的今读

	甲（ts ts^h s）	乙（tʂ tʂ^h ʂ）
深开三	岑簪涩	森参~差参人~渗
臻开三	衬瑟	榛臻虱
梗开二	撑掌锃拆铛省省争筝睁策册	澄泽择宅橙摘生牲笙甥责栅

表 2-20 至 2-22 所示的知庄章组声母的分化（包括泗洪型遇合三、止臻开三、梗开二知二庄甲组向乙组的分化，泗阳型假咸山开三知三章丙组向乙组的分化，泗阳型深臻开三、梗开二知二庄甲组向乙组的分化），以及泗阳型止开三章组由甲组读为乙组，可能是方言接触与通语双重影响下的词汇扩散式音变，理由有三：第一，这些音变都没有音韵上的条件。第二，一些字还有文白异读的现象，如泗阳方言毡꜀tʂɑŋ文/꜀tɕiẽ白、舌 ʂəʔ꜆文/ɕiəʔ꜆白、浙 tʂəʔ꜆文/tɕiəʔ꜆白。第三，泗阳、泗洪方言处在江淮官话与中原官话的过渡地区。根据笔者研究发现（许井岗，2016），过渡地区的方言往往会同时受到通语与方言接触的影响，上述发生音变的字大多不是口语常用字，应该是通语影响的结果；也有少数为口语常用字，应该是方言接触的结果。

南京话与南京型的两种次级分合类型之间的演变关系如下：泗阳型→南京话/泗洪型。三者都经历了南京话的知二庄分化为甲、乙两组这一阶段，然后知三章以韵摄等呼为条件向乙类合并，如果丙类（假咸山知三章）还没有与乙类合并，即为泗阳型，当丙类与乙类完全合并之后，即为南京话/泗洪型，之后，泗阳型和泗洪型在方言接触与通语的影响下发生了词汇扩散式的音变：泗阳型方言假、咸、山开知三章发生了从丙组到乙组（tɕ tɕ^h ɕ→tʂ tʂ^h ʂ）的音变，泗阳型深臻开三、梗开二知二庄和止开三章，及泗洪型遇合三、止臻开三、梗开二知二庄都发生了甲组到乙组（ts ts^h s→tʂ tʂ^h ʂ）的音变。

2.2.1.2.2　昌徐型知庄章组声母的演变

从表 2-11 至 2-14 可以看出，昌徐型的特点是知三章分为甲、乙两组，甲组与知二庄合并，乙组独立，从而形成知二庄、知三章甲组合并后而与知三章乙组两分的格局[徐铜型（知二庄、知三章都两分）是在日赣型基础上的进一步演变，见下文]，其 4 个次类型之间的区别表现在知三章分合的韵摄等呼等条件的不同，如表 2-23 所示（连灌型、日赣型、徐铜型分别以连云港、涛雒、铜山为例，下同）。日照岚山区的巨峰镇与涛雒镇相邻，巨峰镇方言[①]知庄章的分合情况也属于日赣型，但在日赣型的基础有所变化。根据钱曾怡（1985），山东方言东区分为东莱、东潍两片的主要标准是古知庄章声母（表现在知三章组声母上）今读的不同。因此，为了更好地讨论知三章分化的条件，表中列入了日照巨峰和东莱片（以牟平为例[②]）方言作为比较。

表 2-23　牟平方言与昌徐型的四种分合类型知三章分合比较表

	假	遇	蟹	蟹	止	止	止	效	流	咸	深	深	山	山
	开三	合三	开三	合三	开三	开三	合三	开三	开三	开三	开三舒	开三入	开三舒	开三入
声母	章	知章	知章	知章	知	章	知章	知章	知章	知章	知章	知章	知章	知章
例字	车	猪	制	缀	知	支	追	超	抽	沾	沉	汁	缠	哲
连灌型	甲 乙	甲	甲	甲	甲	甲	甲	甲	甲	甲 乙	甲	甲	甲 乙	甲 乙
赣榆石桥型	甲	乙	乙	甲	乙	甲	甲	甲	甲	甲	甲	乙	甲	甲
巨峰型	甲 乙	甲 乙	甲	甲	乙	甲	甲	甲	甲	甲	甲	甲	甲	甲 乙
牟平	乙	乙	乙	甲	乙	甲	甲	乙	乙	乙	乙	乙	乙	乙
日赣型	乙	乙	乙	甲	乙	甲	甲	乙	乙	乙	乙	乙	乙	乙
徐铜型	乙	乙	乙	乙	乙	甲	乙	乙	乙	乙	乙	乙	乙	乙

	山	山	臻	臻	臻	臻	宕	宕	曾	曾	梗	梗	通	通
	合三舒	合三入	开三舒	开三入	合三舒	合三入	开三舒	开三入	开三舒	开三入	开三舒	开三入	合三舒	合三入
声母	知章	章	知章	知章	知章	知章	知章	章	知章	知章	知章	知章	知章	知章
例字	专	说	珍	实	春	出	张	勺	征	直	贞	石	忠	叔
连灌型	甲	甲	甲	甲	甲	甲	甲	甲	甲	甲	甲	甲	甲	甲
赣榆石桥型	甲	甲	甲	乙	甲	乙	甲	甲	甲	乙	甲	乙	甲	甲 乙
巨峰型	甲	乙	甲	甲 乙	甲	乙	甲	甲	甲	乙	甲	甲 乙	甲	甲
牟平	甲	乙	乙	乙	甲	乙	乙	甲	乙	乙	乙	乙	甲	甲 乙
日赣型	乙	乙	乙	乙	乙	乙	乙	乙	乙	乙	乙	乙	甲	甲 乙
徐铜型	乙	乙	乙	乙	乙	乙	乙	乙	乙	乙	乙	乙	乙	乙

① 日照巨峰镇大卜落村方言资料由北京大学冯青青博士提供，冯青青现为盐城师范学院汉语国际教育系教师。

② 牟平方言语料来源于罗福腾：《牟平方言志》，北京，语文出版社，1992 年，第 1 版。

日赣型和牟平方言通合三入知三章都分为甲乙两组，但在具体字的归类上有差异，另外，《中原音韵》知庄章的分合情况跟日赣型基本一致，差别也在通合三入知三章的归类上（钱曾怡，2004）。如表 2-24 所示。

表 2-24　《中原音韵》、日赣型、牟平通合三入知三章归类比较表

	甲组	乙组
中原音韵	熟淑蜀触束	竹筑畜逐祝粥烛嘱赎属轴叔
牟平	蜀淑触竹筑束畜熟~悉逐祝烛赎~出来属军~	叔熟饭~赎~罪属~老鼠粥嘱
日赣型	竹筑畜逐祝粥淑烛嘱触赎束蜀属	轴叔熟

连灌型假咸山开三知三章今读甲（tʂ tʂ^h ʂ）、乙（tɕ tɕ^h ɕ）两组，如表 2-25 所示。

表 2-25　连灌型假咸山开三知三章的今读

	甲组	乙组
假开三	车奢赊佘者扯文舍~弃社蔗赦	遮蛇射舍宿~麝扯白
咸开三	折褶涉陕蟾闪占~领	粘沾瞻占~卜
山开三	展文哲蜇撤辙膻蝉禅战颤单禅折浙舌设	缠展白彻毡膳扇善

日照巨峰方言假开三、遇合三、山开三入、臻开三入、曾梗开三入知三章今读甲、乙两组，如表 2-26 所示。

表 2-26　日照巨峰假咸山开三知三章的今读

	甲组	乙组
假开三	遮车奢赊佘者扯舍~弃舍宿~蔗麝赦	蛇社射
遇合三	诸煮恕署薯殊竖树	猪除储著箸诛株厨拄柱诛住蛛朱处相~处~所书舒处暑庶鼠黍硃珠枢输主注蛀铸戍
山开三入	哲蜇彻撤辙折浙	舌设
臻开三入	侄秩	实质失室
曾梗开三入	只赤斥尺	直值织职蚀识式饰殖食植射释适石

《中原音韵》、日赣型和牟平方言通合三入知三章归类的差异反映了知三章从乙组向甲组合并的过程，这一过程属于典型的词汇扩散式音变，原因有二：第一，这种音变没有音韵上的条件；第二，牟平方言的部分字有异读

现象，如熟꜀su～悉/ɕyˀ饭～了、赎꜀su～出来/꜀ɕy～罪、属꜂su 军～/꜀ɕy 十二～。连灌型和日照巨峰方言知三章从乙组向甲组的合并也应该和泗洪型、泗阳型（参见 2.2.1.2.1）一样，是在方言或通语影响下的词汇扩散式音变，这里不再赘述。

根据表 2-23，昌徐型 4 个次级分合类型和牟平、日照巨峰之间的演变关系如下（只拟测了 6 个分合类型之间可能存在的演变关系，而不讨论其语音上的演变关系①）：

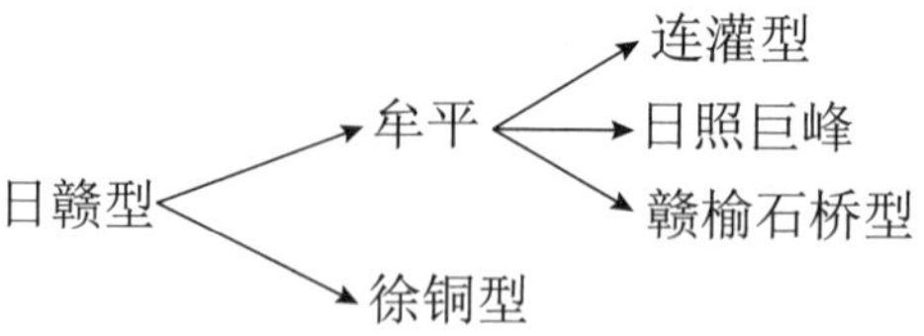

牟平方言是由日赣型演变而来。日赣型山臻合三舒、宕开三入知三章读乙组，牟平方言读甲组，牟平方言是日赣型的山臻合三舒、宕开三入知三章由乙组合并到甲组的结果。日照巨峰、连灌型和赣榆石桥型都是由牟平演变而来的。日照巨峰除了止开三、山臻合三入、曾开三入，其他韵摄知三章已经完成或部分完成了乙组到甲组的合并。赣榆石桥型假效流开三、咸山开三、山合三入、深臻宕曾梗开三舒完成了乙组向甲组的合并。连灌型由乙组向甲组的合并几近结束，只有假咸山开三知三章部分地保留乙组读音。

从日赣型到牟平方言，再到日照巨峰方言或赣榆石桥型，知三章乙组向甲组的合并以韵母为条件次序进行。从古韵摄来看（古韵摄后列出其今读），日赣型：止开三（章组）ʅ、蟹止合三 uei、通合三舒 uŋ、通合三入（部分）u；牟平：山臻合三舒 uan uən、宕开三入 uo；日照巨峰：蟹开三 ʅ、效开三 ɔ、流开三 ou、咸山开三舒 ã、深臻开三舒 ẽ、宕开三舒 ɑŋ、曾梗开三舒 əŋ、咸开三入 ə、深开三入 ʅ、通合三入 u。另外，巨峰部分合并的古韵摄条件是：假开三 ə/iə（甲组/乙组，下同）、山开三入 ə/iə，遇合三 u/y，臻开三入 ʅ/i、曾梗开三入 ʅ/i；没有合并的古韵摄条件是：止开三（知组）i，山合三入 yə，臻合三入 y；赣榆石桥型：假开三 ə、效开三 ɔ、流开三 əu、咸山开三 æ̃、山合三入 uæ̃、深臻开三舒 ẽ、宕开三舒 ɑŋ、曾梗开三舒 əŋ,没有合并的韵摄条件是：遇合三 ɥ、蟹开三 ɿ、止开三（知）

① 昌徐型有 8 种读音类型，属于这些类型的日照涛雒、莒南十字路、五莲许孟等方言点知庄章组声母与精、见、端组声母之间也有一些较为复杂的分合关系，读音上也发生了较为剧烈的变化，因此，探讨其读音类型之间的关系势必涉及与其他声母的分合与演变情况，为了避免节外生枝，本节不再讨论读音类型之间的演变关系。

ʅ、深臻曾梗开三入ʅ、臻合三入ʮ。

从韵母的今读来看，日赣型：ʅ uei uŋ u；牟平：uan uən uo；日照巨峰：ɔ ou ã ẽ ɑŋ əŋ ə ʅ u（已经合并）、ə/iə u/y ʅ/i（部分合并）、i yə y（没有合并）；赣榆石桥型：ə ɔ əu æ̃ uæ̃ ẽ ɑŋ əŋ（已经合并）、ʮ ʅ（没有合并）。日赣型知三章乙组向甲组合并的韵母今读的条件除了ʅ，其他都是合口呼韵母，牟平的条件也都是合口呼韵母，日照巨峰今韵母主元音较低的知三章组字声母都完全合并，而部分合并及没有合并的都是主元音为高元音或中元音的韵母。赣榆石桥型除了舌尖元音韵母ʮ ʅ（从周边方言来看，ʮ ʅ是由高元音 u i 变化而来），其他韵母（没有高元音）的知三章组声母都已经合并。

从音值上看，日赣型、牟平、日照巨峰和赣榆石桥型知三章由乙组变为甲组的合并过程实际上是舌面音或舌叶音的卷舌化（tɕ tɕ^{h} ɕ/tʃ tʃ^{h} ʃ→tʂ tʂ^{h} ʂ）的过程。①张光宇（2011）认为，从《中原音韵》到《李氏音鉴》，止开三庄组、章组、知组的卷舌化是由于 i→ʅ 音变造成的，三者次序经历了一个声韵异动的过程："tɕi＞tʃi＞tʃʅ＞tʂʅ，tɕi＞tʃi 是元音使声母变化，tʃi＞tʃʅ 是声母使元音变化，tʃʅ＞tʂʅ 是元音使声母变化。"日赣型止开三章组（属于知三章组）由乙组向甲组的合并也应该经历了这一卷舌化的过程。另外，张光宇（2008）在论及昌徐型庄组读卷舌的现象时说："从语音规律来看……合口最有利于卷舌音的形成与保存；庄组在遇合三仍读卷舌多赖元音 u，因为就发音的道理来说，卷舌音与后高元音在舌体后半的高度十分接近。"这一观点可以解释日赣型和牟平乙组向甲组合并的条件为合口韵母的现象，而前文（2.2.1.2.1）的"主要元音低有利于卷舌音的形成与保存"则可以解释韵母主元音的高低影响日照巨峰、赣榆石桥型乙组向甲组合并的先后的现象。

从徐铜型与日赣型的比较可以看出，日赣型读为甲组的止开三章组在徐铜型中也读为甲组，而日赣型读为甲组的蟹合、止合、通合三舒、通合三入（部分）知三章在徐铜型中读为乙组。值得注意的是，这些徐铜型中读乙组的知三章组声母字的韵母今读都为合口。如果把知二庄也纳入视野，可以发现徐铜型中读乙组的知二庄组声母字的韵母今读也为合口。因此，徐铜型在日赣型的基础上发生了两次音变，第一次是甲组（原音值：

---

① 根据王洪君（2007）等学者们的拟音，知三章合一后一般拟为 tʃ tʃ^{h} ʃ，知二庄合一后一般拟为 tʂ tʂ^{h} ʂ，巨峰方言及赣榆青口型（日赣型的 4 种读音类型之一）知庄章甲组为 tʂ tʂ^{h} ʂ，乙组为 tʃ tʃ^{h} ʃ，与拟音一致，但牟平和日赣型的其他 3 种读音类型知庄章甲、乙两组声母并不是卷舌音、舌面音或舌叶音，这是知庄章组乙组向甲组合并后的其他音变造成的。

tʂ tʂ^{h} ʂ）以韵母的开合为条件分化，即逢开口韵母时由卷舌音变为平舌音，逢合口韵母时保持卷舌音不变；第二次是乙组（原音值：tɕ tɕ^{h} ɕ）变为卷舌音，与逢合口的甲组合流。从音理上看，“合口最有利于卷舌音的形成与保存”（张光宇，2008），因此，徐铜型在知庄章的分合上原本都与日赣型保持一致，而由于合口韵母的挽留，甲组的一部分脱离了队伍，与乙组走到了一起。

2.2.1.2.3　济南型知庄章组声母的演变

济南型两种分合类型的演变关系为：临宿型→枣邳型。临宿型知庄章合为一组，如临沂方言：tʃ tʃ^{h} ʃ。枣邳型则是知庄章合一之后以今韵母开合为条件的再次分化，逢今开口韵母读为甲组，逢今合口韵母读为乙组，如费县方言：甲组 tʃ tʃ^{h} ʃ、乙组 pf pf^{h} f。

济南型的 7 种读音类型之间有较为清晰的演变关系：

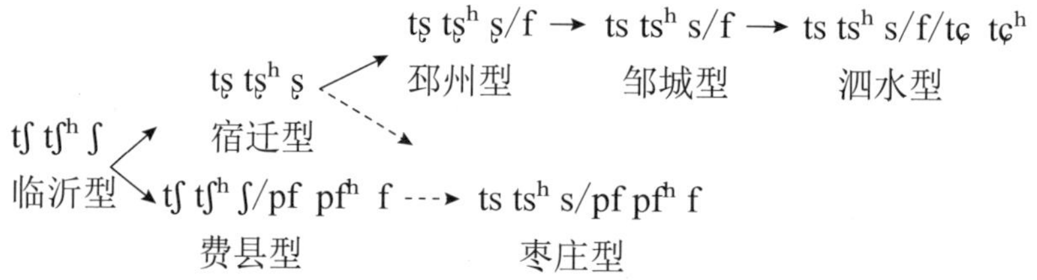

虚线箭头是指可能存在的演变。宿迁型应是由临沂型演变而来的：tʃ tʃ^{h} ʃ→tʂ tʂ^{h} ʂ，邳州型是宿迁型以韵母的开合分化为 tʂ tʂ^{h} ʂ/f 的结果，邹城型和泗水型则是在邳州型基础上的进一步演变：邳州型卷舌声母平舌化即成邹城型，邹城型平舌音声母（ts ts^{h}）再以合口韵母为条件分化出舌面音声母（tɕ tɕ^{h}）即成泗水型。费县型是在临沂型基础上进一步的演变，先依开合分化为 tʃ tʃ^{h} ʃ 和 tʂ tʂ^{h} ʂ，然后 tʂ tʂ^{h} ʂ 变为 pf pf^{h} f。枣庄型有两种可能性：一是由宿迁型演变而来的，即知庄章以韵母的开合为条件分化为两组：逢合口变为 pf pf^{h} f，逢开口不变，再平舌化为 ts ts^{h} s；二是由费县型演变而来的，即甲组：tʃ tʃ^{h} ʃ→ts ts^{h} s。

2.2.1.2.4　古知庄章组声母 8 种次级分合类型之间的演变关系

南京型、昌徐型古知庄章组声母的演变都是从知二庄、知三章两分[①]这一起点出发的。济南型也应该是由两分型演变而来，即先经历了昌徐型的知三章向知二庄逐渐合并的过程，最后才实现了知庄章的合一，理由是：与知二庄相拼的宕江摄阳声韵今读为合口呼韵母，与知三章相拼的宕江摄

① 根据现有的材料还没有发现这种截然两分的方言，但汉语史上应该存在这种分合类型的方言。

阳声韵的今读为开口呼韵母[①]，这是知二庄、知三章分立的痕迹。

综上，苏鲁毗连地区方言古知庄章组声母 8 种次级分合类型之间的演变关系如下（两分型指知二庄与知三章两分的类型）：

```
        ↗泗阳型 ——→ 泗洪型
两分型              ↗连灌型
        ↘日赣型 ——→ 赣榆石桥型 —→ 临宿型 —→ 枣邳型
                    ↘徐铜型
```

2.2.1.2.5　知庄章组声母演变小结

苏鲁毗连地区方言古知庄章组声母的分合涵盖熊正辉（1990）的南京、昌徐和济南 3 种类型，根据“韵摄等呼”和读音的条件还可以细分为 8 种次级分合类型和 17 种读音类型。本节主要讨论古知庄章组声母次级分合类型之间的演变关系，并对南京话、昌徐型知庄章的分化与合并进行了音理上的解释。主要结论为：从《切韵》到南京型、昌徐型，知庄章组声母经历了庄三字介音脱落之后与庄二合并，然后知二入庄、知三入章，形成了知二庄、知三章两分格局的演变过程。南京型随后又经历了知二庄依主元音的高低分化为甲、乙两组这一阶段，而后知三章向知二庄乙组合并。泗阳型知三章部分地与知二庄乙组合并，泗洪型知三章与知二庄乙组完全合并。昌徐型没有发生知二庄分化的演变，而是开始了知三章向知二庄合并的过程，其 4 个次级分合类型之间的差异反映了知三章向知二庄合并的阶段性。济南型的 2 个次级分合类型分别是昌徐型知三章、知二庄合一及合一之后依开合再次分化的结果。从南京话知二庄的分化及昌徐型知三章向知二庄的合并过程可以看出，韵母的开合及主元音的高低会影响知庄章组字声母分化与合并的进程，其实质是韵母的开合及主元音的高低会影响卷舌音的形成与保存。

2.2.2　日母

2.2.2.1　止摄开口日母的读音类型与分布

《方言调查字表》共收 7 个止摄开口日母字：儿、尔、二、贰、而、耳、饵。这 7 个字的声母在苏鲁毗连地区方言里有两种读音类型：ɭ

① 可以进一步推测宕江摄阳声韵分化时音值上的条件：逢卷舌声母变为合口韵母，逢非卷舌声母时仍为开口。对于庄组声母的音值，学者们拟测的结果大同小异：庄三为 tʃ、庄二为 tʂ，或者是庄三和庄二都是 tʂ，无论哪种拟测结果，庄三与庄二合一之后应该是 tʂ。知三章合一后的拟音一般是舌叶音 tʃ，也可能是舌面音 tɕ，无论是哪一种拟音，都保持与知二庄的分立。

声母型和 ∅ 声母型。其中，∅ 声母型又可分为两个次类型：声化韵型和元音韵母型。47 个方言点中，属于 ɭ 声母型的方言点共有 24 个：五莲许孟、五莲洪凝、莒县桑园、日照涛雒、日照奎山、日照两城、日照陈疃、日照黄墩、沂水、兰陵、枣庄、赣榆青口、赣榆石桥、费县、平邑、莒南十字路、莒南团林、丰县、邳州、滕州、郯城、临沭、沂南、蒙阴；属于元音韵母型的方言点有 21 个：灌南、连云港、灌云、泗洪瑶沟、泗洪金锁、泗洪上塘、泗阳、沭阳、东海、赣榆墩尚、泗水、新沂时集 A、新沂时集 B、新沂阿湖、铜山、宿迁、睢宁、徐州、临沂、沛县、微山；属于声化韵型的方言点有 2 个：莒县城阳、邹城。如表 2-27 所示。

表 2-27 止摄开口日母读音对照表

		儿	尔	二	贰	而	耳	饵
ɭ 声母型	日照涛雒	꜁ɭə/꜁ər	꜂ər	ɭə꜄	ɭə꜄	꜂ɭə	꜂ɭə	꜂ɭə
	滕州	꜁ɭə	꜂ɭə	ɭə꜄	ɭə꜄	꜂ɭə	꜂ɭə	꜂ɭə
	郯城	꜁ɭə	꜂ɭə	ɭə꜄	ɭə꜄	꜂ɭə	꜂ɭə	꜂ɭə
	邳州	꜁ɭə	꜂ɭə	ɭə꜄	ɭə꜄	꜂ɭə	꜂ɭə	꜂ɭə
	沂南	꜁ɭə	꜂ɭə	ɭə꜄	ɭə꜄	꜂ɭə	꜂ɭə	꜂ɭə
	蒙阴	꜁ɭə	꜂ɭə	ɭə꜄	ɭə꜄	꜂ɭə	꜂ɭə	꜂ɭə
	莒县桑园	꜁ɭə	꜂ɭə	ɭə꜄	ɭə꜄	꜂ɭə	꜂ɭə	꜂ɭə
∅ 声母型	莒县城阳	꜁l	꜂l	l꜄	l꜄	꜂l	꜂l	꜂l
	邹城	꜁ɭ	꜂ɭ	ɭ꜄	ɭ꜄	꜂ɭ	꜂ɭ	꜂ɭ
	泗水	꜁ər	꜂ər	ər꜄	ər꜄	꜂ər	꜂ər	꜂ər
	连云港	꜁ɛ	꜂ɛ	ɛ꜄	ɛ꜄	꜂ɛ	꜂ɛ	꜂ɛ
	灌南	꜁æ	꜂æ	æ꜄	æ꜄	꜂æ	꜂æ	꜂æ
	沭阳	꜁A	꜂A	A꜄	A꜄	꜂A	꜂A	꜂A
	泗洪上塘	꜁a	꜂ə	a꜄	a꜄	꜂a	꜂a	꜂a
	泗洪瑶沟	꜁a	꜂a	a꜄	a꜄	꜂a	꜂a	꜂a
	东海	꜁ɑ	꜂ɑ	ɑ꜄	ɑ꜄	꜂ɑ	꜂ɑ	꜂ɑ

止摄开口日母读音类型的分布如图 2-6 所示。

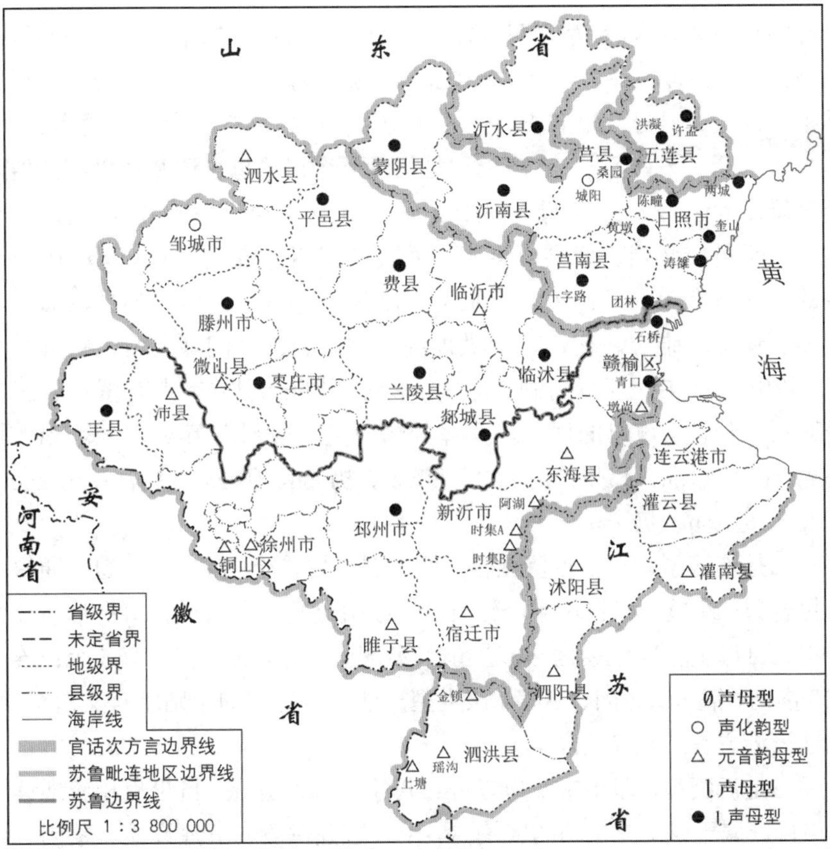

图 2-6　止摄开口日母读音类型分布图

从图 2-6 可见，止摄开口日母读音类型的分布大致以苏鲁两省的边界为界限，苏北地区主要为元音韵母型，鲁南地区主要为 ɭ 声母型和声化韵型。需要注意的是，与鲁南相邻的丰县、邳州、赣榆石桥和赣榆青口 4 个方言点是 ɭ 声母型，而与苏北的沛县相邻的微山以及鲁南西北部的泗水、中部的临沂也是元音韵母型。止摄开口日母的演变参见 2.2.2.3。

2.2.2.2　止摄开口以外日母的类型与分布

《方言调查字表》共收 53 个止开三以外的日母字，来源于中古假、遇、蟹、止、效、流、咸、深、山、臻、宕、曾、通 13 个摄。按照止摄开口以外日母字的齐撮/开合情况及其涉及的韵摄范围的不同，可以把苏鲁毗连地区方言分为三种类型：

一是徐宿型，即除臻摄合口日母字今读齐撮外，臻摄开口以及其他摄日母字今都读开合。徐宿型可以按照日母字声母读音的不同再分为两种次类型：ʐ（z、ʒ）-v-Ø 声母型、ʐ（z、ʒ）-Ø 声母型。ʐ（z、ʒ）-v-Ø 声母型是指臻摄合口日母今读 Ø 声母，其他韵摄依照古韵摄开合分别读为 ʐ（z、ʒ）、v 声母；ʐ（z、ʒ）-Ø 声母型是指臻摄合口日母今读 Ø 声母，其他韵摄日母读为 ʐ（z、ʒ）声母。属于 ʐ（z、ʒ）-v-Ø 声母型的方言点有 7 个：泗水、平邑、滕州、费县、枣庄、兰陵、邳州；属于 ʐ（z、ʒ）-Ø 声母型的方言点有 18 个：邹城、临沂、临沭、郯城、微山、丰县、沛县、徐州、铜山、睢宁、宿迁、泗洪瑶沟、泗洪金锁、泗洪上塘、新沂时集 A、新沂时集 B、新沂阿湖、东海。该类型的个别方言点有蟹止合三、曾开三日母读 l 声母的现象，具体的情况是，滕州：芮 veiᵓ、蕊ᶜvei、扔꜀ləŋ/꜀zəŋ、仍꜀zəŋ；邳州：芮 veiᵓ、蕊ᶜvei、扔꜀ləŋ、仍꜁zəŋ；临沭：芮 ʐueiᵓ、蕊ᶜlei、扔꜀ʐəŋ、仍꜁ʐəŋ。

二是连灌型，即中古蟹止合、假、遇、效、流、深、宕、曾、通摄和山摄合口、臻摄开口日母字今读开合，咸山摄开口和臻摄合口日母字今读齐撮，日母也相应地读为 ʐ-Ø 声母。属于这一类型的方言点有 5 个：连云港、灌南、灌云、沭阳、泗阳。该类型一些方言点中的个别字有文白两读，如连云港方言：热ᶜiẽ / ʐɐ꜄。

三是沂蒙型，即止摄开口以外日母字今读为齐撮，日母也相应地读为 Ø 声母。属于该类型的方言点有 17 个：五莲洪凝、五莲许孟、蒙阴、沂南、日照涛雒、日照两城、日照奎山、日照陈疃、日照黄墩、赣榆青口、赣榆石桥、赣榆墩尚、莒南十字路、莒南团林、莒县城阳、莒县桑园、沂水。沂蒙型蟹止合三、曾开三日母大多不读 Ø 声母，而是读 ʐ n l 声母，具体情况如下：五莲洪凝（所用语料《五莲方言语音研究》中未收“蕊芮”两字）：扔꜀ləŋ、仍꜀ləŋ；五莲许孟：芮 ʐueiᵓ、蕊ᶜluei、扔꜀ləŋ、仍꜀ləŋ；蒙阴：芮 ʒueiᵓ、蕊ᶜluei、扔꜀ləŋ、仍꜁ləŋ；沂南：芮 ʐueᵓ、蕊ᶜlue、扔꜀ləŋ、仍꜁iŋ；日照涛雒：芮 ʐueiᵓ、蕊ᶜlei、扔꜀ləŋ、仍꜀ləŋ；日照两城：芮 ʐueiᵓ、蕊ᶜʐuei、扔꜀ləŋ、仍꜀ləŋ；日照奎山：ʐueᵓ、蕊ᶜlue、扔꜀ləŋ、仍꜀ləŋ；日照陈疃：芮 ʐueiᵓ、蕊ᶜʐuei、扔꜀ləŋ、仍꜀ləŋ；日照黄墩：芮 ʐueᵓ、蕊ᶜle、扔꜀ləŋ、仍꜀ləŋ；赣榆青口：芮 neiᵓ、蕊ᶜluei、扔꜀iŋ、仍꜁iŋ；赣榆石桥：芮 ʐueiᵓ、蕊ᶜʐuei、扔꜀iŋ、仍꜁iŋ；赣榆墩尚：芮 ʐueiᵓ、蕊ᶜʐuei、扔꜀iŋ、仍꜁iŋ；莒南十字路（所用语料《莒南方言语音研究》中未收“芮”字）：蕊ᶜluei、扔꜀ləŋ、仍꜁ləŋ；莒南团林：芮 ʐueᵓ、蕊ᶜle、扔ᶜləŋ、仍꜁ləŋ；莒县城阳：芮ᶜnei、蕊ᶜlei、扔꜀ləŋ、仍ᶜləŋ；莒县桑园：芮 luei、蕊ᶜluci、扔꜀ləŋ、仍 ləŋᵓ。如表 2-28 所示。

表 2-28　止摄开口以外日母读音对照表

	如遇	揉流	入深	软山合	人臻开	让宕	肉通	惹假	染咸	热山开	闰臻合
泗洪瑶沟	꜁ʐu	꜁ʐəu	ʐʊʔ꜆	꜂ʐuẽ	꜁ʐəŋ	ʐaŋ꜄	ʐəu꜄	꜂ʐə	꜂ʐæ̃	ʐɐ꜆	ioŋ꜄
宿迁	꜁ʐu	꜁ʐou	꜀ʐu	꜂ʐuã	꜁ʐə̃	ʐaŋ꜄	ʐou꜄	꜂ʐə	꜂ʐã	꜀ʐə	yə̃꜄
邹城	꜁zu	꜁zou	꜀zu	꜂zuã	꜁zẽ	zaŋ꜄	zou꜄	꜀zə	꜂zã	꜀zə	yẽ꜄
兰陵	꜁vu	꜁ʒou	꜀vu	꜂vã	꜁ʒẽ	ʒɑŋ꜄	ʒou꜄	꜂ʒə	꜂ʒã	꜀ʒə	yẽ꜄
邳州	꜁vu	꜁ʐəu	꜀vu	꜂væ̃	꜁ʐə̃	ʐaŋ꜄	ʐəu꜄	꜂ʐə	꜂ʐæ̃	꜀ʐə	yə̃꜄
枣庄	꜁vu	꜁zo	꜀vu	꜂væ̃	꜁zẽ	zaŋ꜄	zo꜄	꜂zə	꜂zæ̃	꜀zə	yẽ꜄
灌南	꜁ʐuʷ	꜁ʐɤɯ	ʐuəl꜆	꜂ʐʊ̃	꜁ʐən	ʐaŋ꜄	ʐɤɯ꜄	꜂i	꜂ĩɪ	iɪ꜆	yn꜄
连云港	꜁ʐəuʷ	꜁ʐɤɯ	꜀ʐuʊ	꜂ʐõ	꜁ʐəŋ	ʐɑŋ꜄	ʐɤɯ꜄	꜂i	꜂iẽ	꜂iẽ	ioŋ꜄
五莲许孟	꜁y	꜁iou	y꜄	꜂yã	꜁iə̃	iɑŋ꜄	iou꜄	꜂iə	꜂iã	iə꜄	yə̃꜄
蒙阴	꜁y	꜁iou	y꜄	꜂yã	꜁iə̃	iɑŋ꜄	iou꜄	꜂iə	꜂iã	iə꜄	yə̃꜄
沂南	꜁y	꜁iəu	y꜄	꜂yæ̃	꜁iə̃	iaŋ꜄	iəu꜄	꜂iə	꜂iæ̃	iə꜄	yə̃꜄

止摄开口以外日母 3 种类型的地理分布如图 2-7 所示。

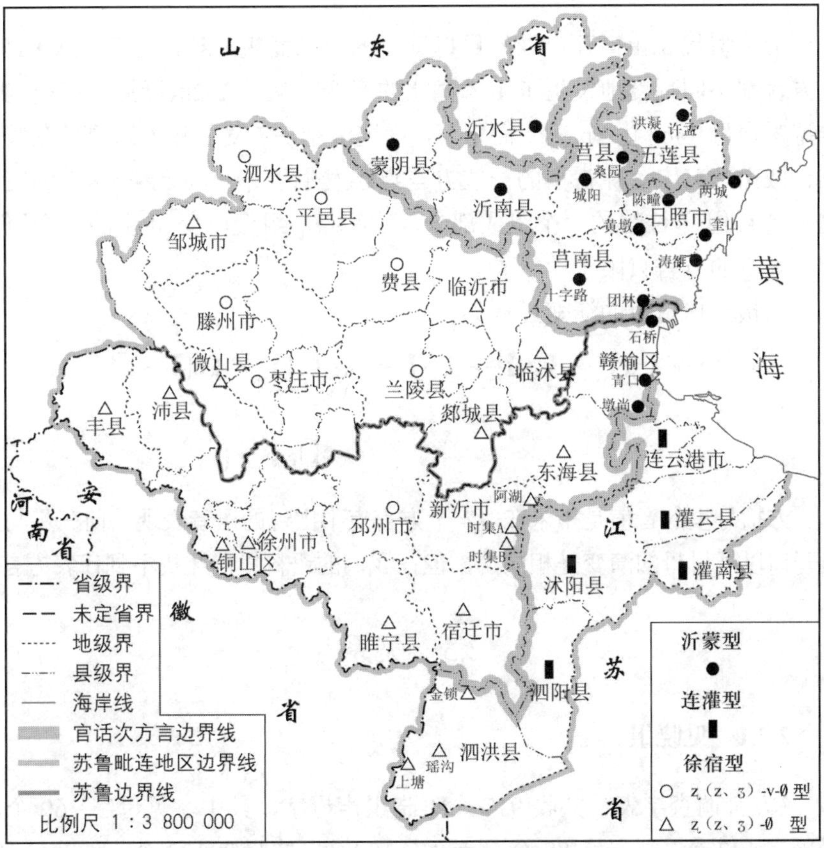

图 2-7　止摄开口以外日母读音类型分布图

从图 2-7 可见，徐宿型、连灌型和沂蒙型各据一方，泾渭分明。沂蒙型分布在东北角的蒙阴和日照等地区，连灌型分布在东南角的连云港、灌南和灌云等地，其他地区都是徐宿型的势力范围。值得注意的情况有两点：一是属于苏北地区的赣榆属于沂蒙型。赣榆在苏北偏于一隅，又与日照临近，因此，存古的读音得以保留。二是徐宿型的次类型 ʐ（z、ʒ）-v-Ø 声母型比 ʐ（z、ʒ）-Ø 声母型的分布范围小，而且处于 ʐ（z、ʒ）-Ø 声母型的三面包围圈（只有北部一个缺口）中。实际上，次类型 ʐ（z、ʒ）-v-Ø 声母型发生了 ʐ-→v-的创新演变，这一演变是 tʂ 组合口变 pf 组的一个组成部分（参见 2.2.2.3）。

2.2.2.3 日母的演变

苏鲁毗连地区方言止摄开口以外日母的演变过程如下：

ji- → ʒ- → ʐ- → z-
　　　　　　　↘ v-（合口）

沂蒙型代表止摄开口以外日母读音的早期面貌（但 iu 已变成 y），其他方言都不同程度地发生了 i 摩擦化的音变。从表 2-28 可见，撮口韵都维持零声母（ioŋ 由 yŋ 演变而来），而连灌型 i 未发生摩擦化的只有假开三、咸山开三字。徐宿型的一些方言点还发生了 ʐ-→z-或 ʐ-→v-的演变，前者是 tʂ 组变 ts 组的一个组成部分，后者是 tʂ 组合口变 pf 组的一个组成部分（有的方言只限于擦音）。

止摄开口日母的演变过程如下：

ji →【ʒi】→【ʐʅ】→【ɭʅ】→ ɭ →【əɭ】→【əɭ】→ ər
　　　　　　　　　　　　　　↘ l
　　　　　　　　　　　　　　↘【ɭə】→ ɭə

方括号里的音值是指未在 47 个方言点中出现的语音表现。前三步与止摄开口以外日母的演变是相同的，但在我们的语料里已经找不到代表方言。

2.3 见系

2.3.1 见晓组

《方言调查字表》共收 917 个见晓组声母字，其中，见母字 369 个，溪母字 147 个，群母字 88 个，疑母字 109 个，晓母字 123 个，匣母字 190

个。汉语方言见晓组的演变通常跟古音的洪细有关，即逢一二等和三四等所走的路线不同，当然也有一些特殊的情况，对苏鲁毗连地区方言来说，有两点需要提出：①见晓组开口二等字除了梗摄入声字外，随三四等字走；②见晓组逢蟹止宕通合三字随一二等字走。为了叙述方便，下文所说的见晓组洪音包括第二种情况在内，见晓组细音包括第一种情况在内。苏鲁毗连地区 47 个方言点见晓组逢洪音的读音一致，皆为 k kʰ x，见晓组逢细音的读音则较为复杂。因此，下文主要讨论见晓组逢细音读音的类型和演变，但疑母留到 2.3.2 讨论。

2.3.1.1　见晓组逢细音的读音类型

见晓组逢细音共有 6 种读音类型：徐州型 tɕ tɕʰ ɕ、赣榆青口型 k kʰ x、五莲洪凝型 tʃ tʃʰ ʃ、五莲许孟型 ʒ tʃʰ ʃ、日照涛雒型 ts tsʰ s，赣榆墩尚型 c cʰ ç。属于徐州型的方言点有 38 个：新沂时集 A、新沂时集 B、新沂阿湖、微山、丰县、滕州、沭阳、睢宁、宿迁、泗阳、费县、平邑、沛县、蒙阴、泗洪瑶沟、泗洪金锁、泗洪上塘、灌南、连云港、沂南、铜山、泗水、东海、灌云、邹城、临沭、郯城、临沂、徐州、枣庄、沂水、兰陵、莒县城阳、莒县桑园、日照奎山、日照两城、赣榆石桥、邳州。属于五莲洪凝型的方言点有 5 个：莒南十字路、五莲洪凝、莒南团林、日照陈疃、日照黄墩。属于赣榆青口型、五莲许孟型、日照涛雒型、赣榆墩尚型的方言点都只有 1 个。

例字如表 2-29 所示。

表 2-29　见晓组逢细音读音类型例字表

	加	居	鸡	桥	旧	限	脚	菊
连云港	꜀tɕiᴀ	꜀tɕʏᶣ	꜀tɕʅ	꜁tɕʰiɔ	tɕy꜄	ɕiã꜄	tɕyʊ꜆	tɕyʊ꜆
灌南	꜀tɕiᴀ	꜀tɕⁱʮ	꜀tɕʅ	꜁tɕʰiɔ	tɕiɯ꜄	ɕiæ̃꜄	tɕie꜆	tɕio꜆
沭阳	꜀tɕiᴀ	꜀tɕiᶣ	꜀tɕiʅ	꜁tɕʰiɔ	tɕiəɯ꜄	ɕiæ̃꜄	tɕyə꜆	tɕiʊ꜆
泗阳	꜀tɕia	꜀tɕio	꜀tɕiʅ	꜁tɕʰiɔ	tɕiəɯ꜄	ɕiaŋ꜄	tɕyəʔ꜆	tɕioʔ꜆
泗洪瑶沟	꜀tɕia	꜀tɕy	꜀tɕi	꜁tɕʰiɔ	tɕiəu꜄	ɕiæ̃꜄	tɕyə꜆	tɕyeʔ꜇
蒙阴	꜀tɕia	꜀tɕy	꜀tɕi	꜁tɕʰiɔ	tɕiou꜄	ɕiã꜄	꜀tɕyə	꜂tɕy
沂南	꜀tɕiᴀ	꜀tɕy	꜀tɕi	꜁tɕʰiɔ	tɕiəu꜄	ɕiæ̃꜄	꜀tɕyə	꜂tɕy
泗水	꜀tɕia	꜀tɕy	꜀tɕi	꜁tɕʰiɔ	tɕiəu꜄	ɕiæ̃꜄	꜀tɕyə	꜂tɕy
郯城	꜀tɕia	꜀tɕy	꜀tɕi	꜁tɕʰiɔ	tɕiəu꜄	ɕiã꜄	꜀tɕyə	꜂tɕy
邳州	꜀tɕia	꜀tɕy	꜀tɕi	꜁tɕʰiɔ	tɕiəu꜄	ɕiæ̃꜄	꜀tɕyə	꜂tɕy
滕州	꜀tɕia	꜀tɕy	꜀tɕi	꜁tɕʰiɔ	tɕiou꜄	ɕiæ̃꜄	꜀tɕyə	꜂tɕy
临沭	꜀tɕia	꜀tɕy	꜀tɕi	꜁tɕʰiɔ	tɕiou꜄	ɕiæ̃꜄	꜀tɕyə	꜂tɕy
赣榆青口	꜀kiɑ	꜀ky	꜀ki	꜁kʰiɑu	kiəu꜄	xian꜄	꜀kyɤ	꜁ky

续表

	加	居	鸡	桥	旧	限	脚	菊
赣榆墩尚	꜀cia	꜀cy	꜀ci	꜁cʰiɔ	ciəu꜄	çian꜄	꜂cyə	꜁cy
五连洪凝	꜀tʃɑ	꜀tʃu	꜀tʃʅ	꜁tʃʰɔ	tʃou꜄	ʃã꜄	꜀tʃuə	꜂tʃʮ
五连许孟	꜀ʒɑ	꜀ʒʮ	꜀ʒʅ	꜁tʃʰɔ	ʒou꜄	ʃã꜄	꜀ʒuə	꜂ʒʮ
日照涛雒	꜀tsɑ	꜀tsʮ	꜀tsʅ	꜁tsʰɔ	tsou꜄	sã꜄	꜀tsuə	꜂tsʮ

苏鲁毗连地区方言见晓组逢细音读音类型的分布如图 2-8 所示。

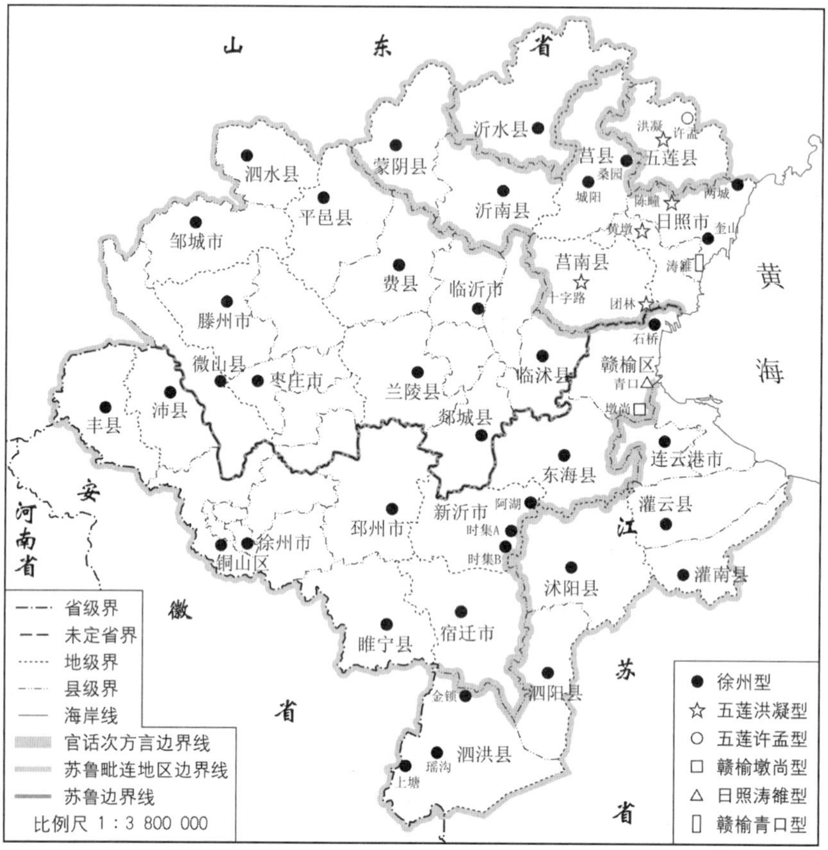

图 2-8 见晓组逢细音读音类型分布图

从图 2-8 可见，五连洪凝型、赣榆青口型、赣榆墩尚型、日照涛雒型和五连许孟型集中分布在东北角的赣榆、日照、五连和莒南地区，其他地区都是徐州型的分布范围。另外，东北角的赣榆石桥、日照奎山和日照两城 3 个方言点也是徐州型。

2.3.1.2 见晓组逢细音的演变

苏鲁毗连地区方言见晓组逢细音的演变过程如下：

kj kʰj xj → c cʰ ç → tɕ tɕʰ ɕ → tʃ tʃʰ ʃ → ts tsʰ s
　　　　　　　　　　　　　　　　　↘ ʒ tʃʰ ʃ

根据苏晓青《东海方言研究》（1997），赣榆青口见晓组逢细音的实际音值为 c cʰ ç，和赣榆墩尚型的音值相同，因此，苏鲁毗连地区方言实际上是缺少 kj kʰj xj 这一环节的。从舌面前音 tɕ tɕʰ ɕ 到舌尖前音 ts tsʰ s 的演变还伴随着韵母由细转洪的变化，从苏鲁毗连地区方言的情况看，韵母由细转洪的变化在舌叶音阶段就发生了。日照涛雒型的 ts tsʰ s 从发音上说，尚有舌叶音的色彩，从来源上说，只有知三章和见晓组字，没有精组字。关于 tʃ 的浊擦化，参见 2.1.3.2。

2.3.2 影疑母的读音类型与分布

苏鲁毗连地区方言影疑母逢今合口、齐齿、撮口韵母一般读为 ∅ 声母（个别方言点影疑母逢今合口韵母读为 v，v 是 u 唇齿化的结果）。例如新沂方言：我ᶜvə、瓦~片ᶜva、乌꜀vu、汪꜀vaŋ；咬ᶜiɔ、颜꜁iã、秧꜀iaŋ、英꜀iŋ；鱼꜁y、冤꜀yã、拥꜀yŋ、玉 yᵓ。下面只讨论影疑母逢今开口韵母（只包含古开口一等和梗摄开口二等入声）的读音类型与分布。

影疑母逢今开口韵母的读音有三种类型：ŋ 声母型、ɣ 声母型和 ∅ 声母型。其中，属于 ŋ 声母型的方言点有 13 个：沂南、蒙阴、五莲许孟、五莲洪凝、日照涛雒、日照奎山、日照两城、日照陈疃、日照黄墩、莒南十字路、莒县城阳、莒县桑园、沂水；属于 ɣ 声母型的方言点有 17 个：睢宁、邳州、微山、邹城、宿迁、滕州、郯城、泗水、丰县、临沭、新沂时集 A、兰陵、费县、沛县、平邑、赣榆石桥、泗洪上塘；属于 ∅ 声母型的方言点有 17 个：连云港、灌南、枣庄、铜山、东海、赣榆青口、灌云、泗洪瑶沟、泗洪金锁、沭阳、泗阳、徐州、临沂、莒南团林、赣榆墩尚、新沂时集 B、新沂阿湖。

当然，∅、ɣ 也存在音系处理的不同方式的问题。从音值的角度说，∅ 声母型可能表现为喉塞或摩擦，而从音位的角度说，ɣ 其实也可以并入 ∅ 声母。根据我们调查的情况，摩擦程度确实存在着明显的差异，为了便于讨论音变过程，本书仍区分 ∅ 声母型、ɣ 声母型。

例字如表 2-30 所示。

表 2-30　影疑母逢今开口韵母读音类型例字表

		爱开一影	艾开一疑	欧开一影	藕开一疑	安开一影	昂开一疑	恩开一影	额梗开二入疑
ø声母型	灌南	æ꜄	æ꜄	꜀ɤɯ	꜂ɤɯ	꜂æ̃	꜁aŋ	꜀ən	꜀əl
	东海	ɛ꜄	ɛ꜄	꜀əu	꜂əu	꜂æ̃	꜁ɑŋ	꜀əŋ	꜀ə / ꜂ei
	泗洪瑶沟	ɛ꜄	ɛ꜄	꜀əu	꜂əu	꜂æ̃	꜁aŋ	꜀əŋ	əʔ꜆
	沭阳	ɛ꜄	ɛ꜄	꜀əɯ	꜂əɯ	꜂æ̃	꜁aŋ	꜀əŋ	ə꜆
ɣ声母型	睢宁	ɣɛ꜄	ɣɛ꜄	꜀ɣəu	꜂ɣəu	꜂ɣæ̃	꜁ɣaŋ	꜀ɣə̃	꜀ɣə
	邹城	ɣɛ꜄	ɣɛ꜄	꜀ɣou	꜂ɣou	꜀ɣã	꜁ɣaŋ	꜀ɣẽ	꜁ɣə
	邳州	ɣɛ꜄	ɣɛ꜄	꜀ɣəu	꜂ɣəu	꜂ɣæ̃	꜁ɣaŋ	꜀ɣə̃	꜀ɣə
	宿迁	ɣɛ꜄	ɣɛ꜄	꜀ɣou	꜂ɣou	꜀ɣã	꜁ɣaŋ	꜀ɣə̃	꜀ɣe
ŋ声母型	沂南	ŋɛ꜄	ŋɛ꜄	꜀ŋəu	꜂ŋəu	꜂ŋæ̃	꜁ŋaŋ	꜀ŋə̃	ŋə꜄
	蒙阴	ŋɛ꜄	ŋɛ꜄	꜀ŋou	꜂ŋou	꜂ŋã	꜁ŋɑŋ	꜀ŋə̃	꜂ŋei
	五莲许孟	ŋɛ꜄	ŋɛ꜄	꜀ŋou	꜂ŋou	꜂ŋã	꜂ŋɑŋ	꜀ŋə̃	꜂ŋei / ꜂ŋə
	日照涛雒	ŋɛ꜄	ŋɛ꜄	꜀ŋou	꜂ŋou	꜂ŋã	꜂ŋɑŋ	꜀ɣẽ	꜁ŋə

影疑母逢今开口韵母 3 种读音类型的地理分布如图 2-9 所示。

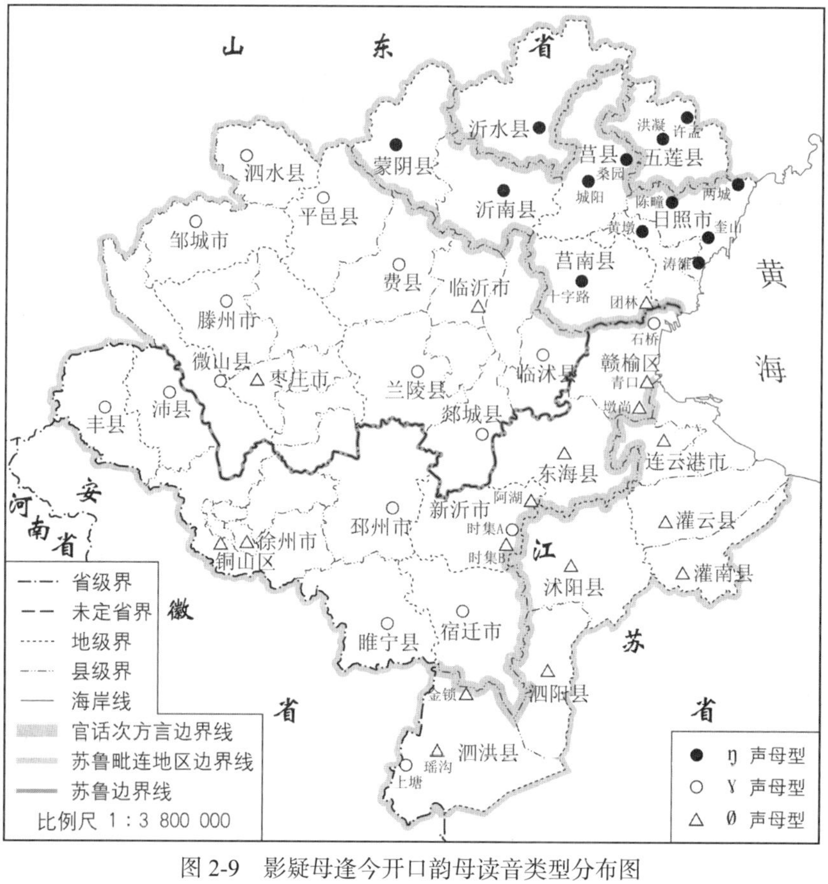

图 2-9　影疑母逢今开口韵母读音类型分布图

从图 2-9 可见，ŋ 声母型分布在鲁南东部，∅ 声母型主要分布在苏北中东部地区，其他地区主要是 ɣ 声母型的分布范围，值得注意的是，作为经济文化中心的三个地级市政府所在地徐州、临沂、枣庄都属于 ∅ 声母型，另外，莒南团林一点也属于 ∅ 声母型。

苏鲁毗连地区方言影疑母逢今开口韵母的演变过程如下：

影 ∅ → ∅ → ɣ → ŋ

疑 ŋ ↗

对疑母而言，实际上是发生了部分回头演变。ɣ→ŋ 的音变机制还有待进一步研究。关于影疑母的演变，可参见丁邦新（1986）、何大安（2004：37）。

2.4　知庄章组和端精见晓组声母的类型与演变

2.4.1　知庄章组和端精见晓组声母的类型

根据知庄章“韵摄等呼”条件的不同，苏鲁毗连地区方言可以分为 5 种一级类型：昌徐①型、昌徐②型、昌徐③型、济南型、南京型（知庄章分合条件的不同见 2.2.1.1，为了便于讨论，把 2.2.1.1 里的赣榆石桥型归入昌徐①型）。根据知庄章和端精见晓分合的不同，可以分为 21 种次级分合类型，其中昌徐①型有 11 种次级分合类型：莒赣、日照两城、莒南团林、五莲洪凝、日照黄墩、日照涛雒、五莲许孟、莒南十字路、沂南、莒沂和丰县；济南型有 6 种次级分合类型：临赣、蒙临、宿迁、费邳、枣邹、泗水。南京型、昌徐③型都有两种次级分合类型：泗阳、泗洪瑶沟，连云港、沭阳；昌徐②型只有 1 种次级分合类型：徐州。根据知庄章和端精见晓读音的不同，还可以分为 33 种读音类型，其中，莒赣型、临赣型都有 4 种读音类型：赣榆青口、莒县城阳、日照奎山、赣榆石桥，赣榆墩尚、临沂、郯城、兰陵；费邳型有 3 种读音类型：费县、邳州和平邑；莒沂型、蒙临型、枣邹型都有 2 种读音类型：沂水、莒县桑园，蒙阴、临沭，邹城和枣庄。其他的次级分合类型都只有 1 种读音类型。

从读音类型的分布来说，属于宿迁型的方言点有 6 个：宿迁、新沂时集 A、新沂时集 B、新沂阿湖、东海、睢宁；属于连云港型、泗洪瑶沟型的都有 3 个：连云港、灌云、灌南，泗洪瑶沟、泗洪金锁、泗洪上塘；属于徐州型、丰县型、邹城型、枣庄型、五莲洪凝型的都有 2 个：徐州、铜山，丰县、沛县，邹城、微山，枣庄、滕州，五莲洪凝、日照陈疃。其他的读音类型都只有 1 个方言点。

如表 2-31 所示。

表 2-31 知庄章和端精见晓的三级类型表

<table>
<tr><th rowspan="2">一级分合类型</th><th rowspan="2">次级分合类型</th><th rowspan="2">读音类型</th><th>端</th><th>端</th><th>精</th><th>精</th><th>知庄章</th><th>知庄章</th><th>见</th><th rowspan="2">声母组数</th></tr>
<tr><th>开合</th><th>齐齿</th><th>开合</th><th>齐撮</th><th>甲</th><th>乙</th><th>细</th></tr>
<tr><td rowspan="15">昌徐①</td><td rowspan="4">莒赣</td><td>赣榆青口</td><td>t</td><td>t</td><td>ts</td><td>ts</td><td>tʂ</td><td>tʃ</td><td>k</td><td rowspan="4">5</td></tr>
<tr><td>莒县城阳</td><td>t</td><td>t</td><td>ts</td><td>ts</td><td>tʂ</td><td>tθ</td><td>tɕ</td></tr>
<tr><td>日照奎山</td><td>t</td><td>t</td><td>tθ</td><td>tθ</td><td>tʂ</td><td>ts</td><td>tɕ</td></tr>
<tr><td>赣榆石桥</td><td>t</td><td>t</td><td>tθ</td><td>tθ</td><td>tʂ</td><td>tʃ</td><td>tɕ</td></tr>
<tr><td colspan="2">日照两城</td><td>t</td><td>tɕ</td><td>tθ</td><td>tθ</td><td>tʂ</td><td>ts</td><td>tɕ</td><td>5</td></tr>
<tr><td colspan="2">莒南团林</td><td>t</td><td>ȶ</td><td>tθ</td><td>tθ</td><td>tʂ</td><td>tʃ</td><td>tʃ</td><td>5</td></tr>
<tr><td colspan="2">五莲洪凝</td><td>t</td><td>ȶ</td><td>t/tθ 止开三 θ</td><td>ȶ θ</td><td>tʂ</td><td>tʃ</td><td>tʃ</td><td>4</td></tr>
<tr><td colspan="2">日照黄墩</td><td>t</td><td>ȶ</td><td>tθ</td><td>ȶ θ</td><td>tʂ</td><td>tʃ</td><td>tʃ</td><td>5</td></tr>
<tr><td colspan="2">日照涛雒</td><td>t</td><td>tɕ</td><td>tθ</td><td>ȶ θ</td><td>tʂ</td><td>ts</td><td>ts</td><td>6</td></tr>
<tr><td colspan="2">五莲许孟</td><td>t</td><td>tɕ</td><td>t/tθ 止开三 θ</td><td>tɕ</td><td>tʂ</td><td>tʃ</td><td>tʃ</td><td>4</td></tr>
<tr><td colspan="2">莒南十字路</td><td>t</td><td>t</td><td>tθ</td><td>ts tɕʰ s</td><td>tʂ</td><td>tʃ</td><td>tʃ</td><td>5</td></tr>
<tr><td colspan="2">沂南</td><td>t</td><td>t</td><td>tθ/tʃ 深臻开三阳声韵</td><td>ts</td><td>tʂ</td><td>tʃ</td><td>tɕ</td><td>6</td></tr>
<tr><td rowspan="2">莒沂</td><td>沂水</td><td>t</td><td>t</td><td>ð/z 深臻开三阳声韵</td><td>z</td><td>tʂ</td><td>z</td><td>tɕ</td><td rowspan="2">5</td></tr>
<tr><td>莒县桑园</td><td>t</td><td>t</td><td>ð</td><td>z</td><td>tʂ</td><td>z</td><td>tɕ</td></tr>
<tr><td colspan="2">丰县</td><td>t</td><td>t</td><td>ts</td><td>tɕ</td><td>ts</td><td>tʂ</td><td>tɕ</td><td>4</td></tr>
<tr><td>昌徐②</td><td colspan="2">徐州</td><td>t</td><td>t</td><td>ts</td><td>tɕ</td><td>ts</td><td>tʂ</td><td>tɕ</td><td>4</td></tr>
<tr><td rowspan="2">昌徐③</td><td colspan="2">连云港</td><td>t</td><td>t</td><td>tʂ</td><td>tɕ</td><td>tʂ</td><td>tɕ</td><td>tɕ</td><td>3</td></tr>
<tr><td colspan="2">沭阳</td><td>t</td><td>t</td><td>ts</td><td>tɕ</td><td>tʂ</td><td>tɕ</td><td>tɕ</td><td>4</td></tr>
<tr><td rowspan="13">济南</td><td rowspan="4">临赣</td><td>赣榆墩尚</td><td>t</td><td>t</td><td>ts</td><td>ts</td><td colspan="2">tʂ</td><td>c</td><td>4</td></tr>
<tr><td>临沂</td><td>t</td><td>t</td><td>tθ</td><td>tθ</td><td colspan="2">tʃ</td><td>tɕ</td><td>4</td></tr>
<tr><td>郯城</td><td>t</td><td>t</td><td>ts</td><td>ts</td><td colspan="2">tʃ</td><td>tɕ</td><td>4</td></tr>
<tr><td>兰陵</td><td>t</td><td>t</td><td>ts</td><td>ts</td><td colspan="2">tʃ/pf</td><td>tɕ</td><td>5</td></tr>
<tr><td rowspan="2">蒙临</td><td>蒙阴</td><td>t</td><td>t</td><td>ð/tʃ 深臻开三阳声韵</td><td>z</td><td colspan="2">tʃ</td><td>tɕ</td><td>5</td></tr>
<tr><td>临沭</td><td>t</td><td>t</td><td>tθ</td><td>ts</td><td colspan="2">tʃ</td><td>tɕ</td><td>5</td></tr>
<tr><td colspan="2">宿迁</td><td>t</td><td>t</td><td>ts</td><td>tɕ</td><td colspan="2">tʂ</td><td>tɕ</td><td>4</td></tr>
<tr><td rowspan="3">费邳</td><td>费县</td><td>t</td><td>t</td><td>tθ</td><td>tɕ</td><td colspan="2">tʃ/pf</td><td>tɕ</td><td>5</td></tr>
<tr><td>邳州</td><td>t</td><td>t</td><td>ts</td><td>tɕ</td><td colspan="2">tʂ/tʂ f</td><td>tɕ</td><td>5</td></tr>
<tr><td>平邑</td><td>t</td><td>t</td><td>ts</td><td>tɕ</td><td colspan="2">tʃ/pf</td><td>tɕ</td><td>5</td></tr>
<tr><td rowspan="2">枣邹</td><td>邹城</td><td>t</td><td>t</td><td>ts</td><td>tɕ</td><td colspan="2">ts/ts f</td><td>tɕ</td><td>4</td></tr>
<tr><td>枣庄</td><td>t</td><td>t</td><td>ts</td><td>tɕ</td><td colspan="2">ts/pf</td><td>tɕ</td><td>4</td></tr>
<tr><td colspan="2">泗水</td><td>t</td><td>t</td><td>ts/tɕ</td><td>tɕ</td><td colspan="2">ts f/tɕ</td><td>tɕ</td><td>3</td></tr>
<tr><td rowspan="2">南京</td><td colspan="2">泗阳</td><td>t</td><td>t</td><td>ts</td><td>tɕ</td><td>ts</td><td>tʂ/tɕ</td><td>tɕ</td><td>4</td></tr>
<tr><td colspan="2">泗洪瑶沟</td><td>t</td><td>t</td><td>ts</td><td>tɕ</td><td>ts</td><td>tʂ</td><td>tɕ</td><td>4</td></tr>
</table>

注：表中举全清塞音（或塞擦音）代表发音部位相同的次清塞音（或塞擦音）和擦音。

2.4.2 知庄章组和端精见晓组声母的演变

李荣先生说，汉语方言中要了解韵母之多到广东，了解声母发音部位分类之细到山东。[①]钱曾怡（2004）指出：“山东方言声母发音部位分类细，主要是塞擦音和擦音的类别比较多。造成塞擦音和擦音类别多的原因，一是中古知庄章三组声母在山东许多地区分为两类，二是这些地方还分尖团。其复杂的原因还在于知庄章跟精组和见组声母存在或分或混的多种关系。”苏鲁毗连地区方言知庄章和端精见晓的分合情况复杂，读音类型多样，这种复杂多样的类型取决于以下两个方面：一是知庄章、端精见晓各组声母内部的分合与演变；二是知庄章与端精见晓各组声母之间的分合与演变：①知庄章组与精组、②知庄章组与见组、③端组与精组、④精组与见组。

2.4.2.1 知庄章和端精见晓各组声母内部的分合与演变

端组逢今开合/齐齿韵母或合一，或二分；精组逢今开合/齐撮韵母或合一，或二分，或三分；知庄章组或合一，或二分，或三分；见晓组逢今开合/齐撮韵母或合一，或二分。知庄章组的分合与演变参见 2.2.1，端组和见晓组较为简单，下面只讨论精组的分合与演变。

精组逢今开合/齐撮韵母有 3 种分合类型和 11 种读音类型：一是合一型，有 2 种读音类型：ts tsʰ s 型和 tθ tθʰ θ 型。二是二分型，有 6 种读音类型：tθ tθʰ θ：ȶ ȶʰ θ 型、tθ tθʰ θ：tɕ tɕʰ ɕ 型、ð tθʰ θ：z tsʰ s（齐撮韵母、深臻开三阳声韵）型、ts tsʰ s：tɕ tɕʰ ɕ 型、tʂ tʂʰ ʂ：tɕ tɕʰ ɕ 型、tθ tθʰ θ：ts tsʰ s 型。三是三分型，有 3 种读音类型：t tʰ/tθ tθʰ止开三 θ：ȶ ȶʰ θ 型、tθ tθʰ θ/tʃ tʃʰ ʃ深臻开三阳声韵：ts tsʰ s 型、ð tθʰ θ/tʃ tʃʰ ʃ深臻开三阳声韵：z tsʰ s 型。

精组逢今开合/齐撮韵母的类型如表 2-32 所示（依次以赣榆青口、日照两城、日照涛雒、费县、沂水、徐州、连云港、临沭、五莲许孟、沂南、蒙阴为例）：

表 2-32 精组逢今开合/齐撮韵母类型例字表

分合类型	读音类型		走	伞	刺	心	姐	洗	钱
	逢开合	逢齐撮	流开一	山开一	止开三	深开三	假开三	蟹开四	山开三
合一型	ts tsʰ s	ts tsʰ s	ᶜtsəu	ᶜsañ	tsʰɿᵓ	꜀sin	ᶜtsie	ᶜsi	꜁tsʰian
	tθ tθʰ θ	tθ tθʰ θ	ᶜtθou	ᶜθã	tθʰɿᵓ	꜀θẽ	ᶜtθiə	ᶜθi	꜁tθʰiã

① 转引自钱曾怡：《古知庄章声母在山东方言中的分化及其跟精见组的关系》，《中国语文》2004 年第 6 期。

续表

分合类型	读音类型		走	伞	刺	心	姐	洗	钱
	逢开合	逢齐撮	流开一	山开一	止开三	深开三	假开三	蟹开四	山开三
二分型	tθ tθʰ θ	ȶ ȶʰ θ	꜂tθou	꜂θã	tθʰɿ꜄	꜀θẽ	꜂ȶiə	꜂θi	꜁ȶʰiã
	tθ tθʰ θ	tɕ tɕʰ ɕ	꜂tθou	꜂θã	tθʰɿ꜄	꜀ɕiẽ	꜂tɕiə	꜂ɕi	꜁tɕʰiã
	ð tθʰ θ	z tsʰ s	꜂ðou	꜂θã	tθʰɿ꜄	꜀sə̃	꜂ziə	꜂si	꜁tsʰiã
	ts tsʰ s	tɕ tɕʰ ɕ	꜂tsou	꜂sæ̃	tsʰɿ꜄	꜀ɕiə̃	꜂tɕiə	꜂ɕi	꜁tɕʰiæ̃
	tʂ tʂʰ ʂ	tɕ tɕʰ ɕ	꜂tʂɵ	꜂ʂã	tʂʰʅ꜄	꜀ɕin	꜂tɕi	꜂ɕɿ	꜁tɕʰiẽ
	tθ tθʰ θ	ts tsʰ s	꜂tθou	꜂θæ̃	꜀tθʰɿ	꜀θẽ	꜂tsiə	꜂si	꜁tsʰiæ̃
三分型	t tʰ/tθ tθʰ 止开三 θ	tɕ tɕʰ θ	꜂tou	꜂θã	tθʰɿ꜄	꜀θə̃	꜂tɕiə	꜂ɕi	꜁tɕʰiã
	tθ tθʰ θ/tʃ tʃʰ ʃ 深臻开三阳声韵	ts tsʰ s	꜂tθəu	꜂θæ̃	tθʰɿ꜄	꜀ʃə̃	꜂tsiə	꜂si	꜁tsʰiæ̃
	ð tθʰ θ/tʃ tʃʰ ʃ 深臻开三阳声韵	z tsʰ s	꜂ðou	꜂θã	tθʰɿ꜄	꜀ʃə̃	꜂ziə	꜂si	꜁tsʰiã

精组逢今开合/齐撮韵母类型的地理分布如图 2-10 所示。

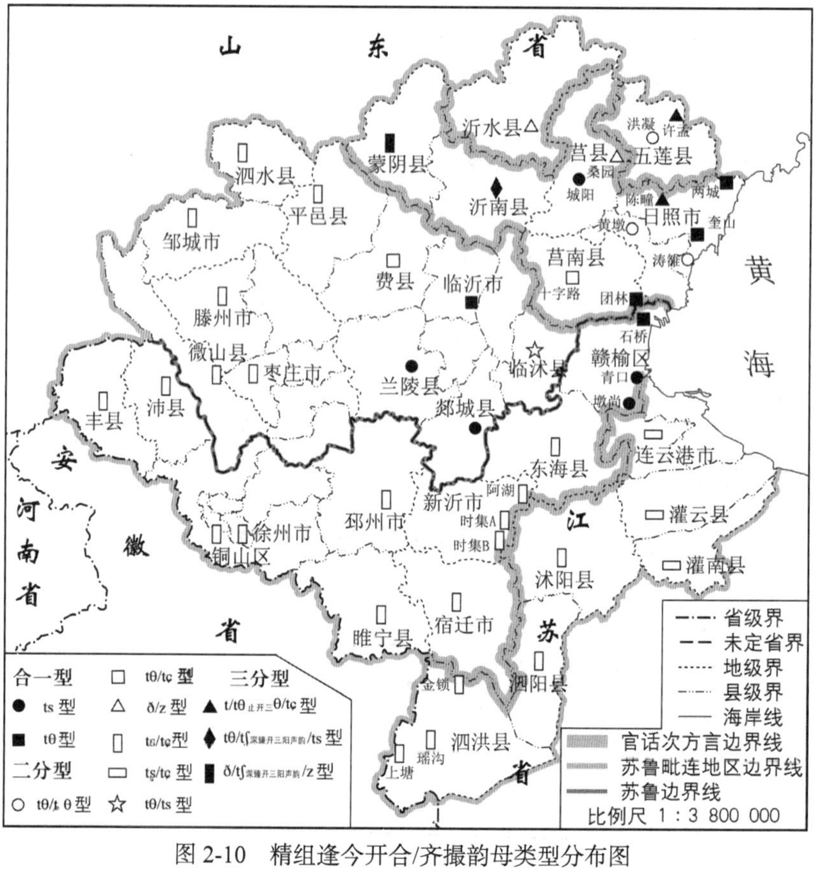

图 2-10　精组逢今开合/齐撮韵母类型分布图

从图 2-10 可见，合一型和三分型主要分布在东北部地区，其他地区主要是二分型的势力范围。另外，苏鲁毗连地区的中部有临沂、兰陵和郯城 3 个点是合一型，东北角的沂水、莒县桑园、日照黄墩、日照涛雒、莒南十字路 5 点是二分型，在二分型方言中，ts ts^h s/tɕ $tɕ^h$ ɕ 型有 22 个方言点，分布范围最大。

关于精组声母齿间化的问题需要进一步讨论。精组是否齿间化有三种类型：一是日照奎山型，精组逢今开合/齐撮韵母时都齿间化；二是五莲许孟型，精组逢今开合韵母时齿间化，精组逢今齐撮韵母时不齿间化；三是徐州型，精组逢今开合、齐撮韵母时都不齿间化。日照奎山型中的五莲洪凝、日照黄墩、日照涛雒 3 个方言点精组逢今齐撮韵母时读 ȶ $ȶ^h$ θ，日照奎山型中的五莲洪凝和五莲许孟型中的五莲许孟精组逢今开合韵母时读 t t^h θ（止开三精组仍读 tθ $tθ^h$ θ），但以上 5 点都经历了齿间化的音变。五莲洪凝、日照黄墩等 3 点精组逢今齐撮韵母的音变过程为：ts ts^h s→tθ $tθ^h$ θ→ȶ $ȶ^h$θ，即精组先是发生了齿间化的音变，然后塞擦音进一步腭化并塞化为 ȶ $ȶ^h$，而擦音保持齿间音不变。五莲洪凝等 2 点的音变过程为：ts ts^h s→tθ $tθ^h$ θ→t t^h θ，即精组先是发生了齿间化的音变，然后塞擦音进一步塞化为 t t^h，而擦音保持齿间音不变。

精组是否齿间化类型的地理分布如图 2-11 所示。

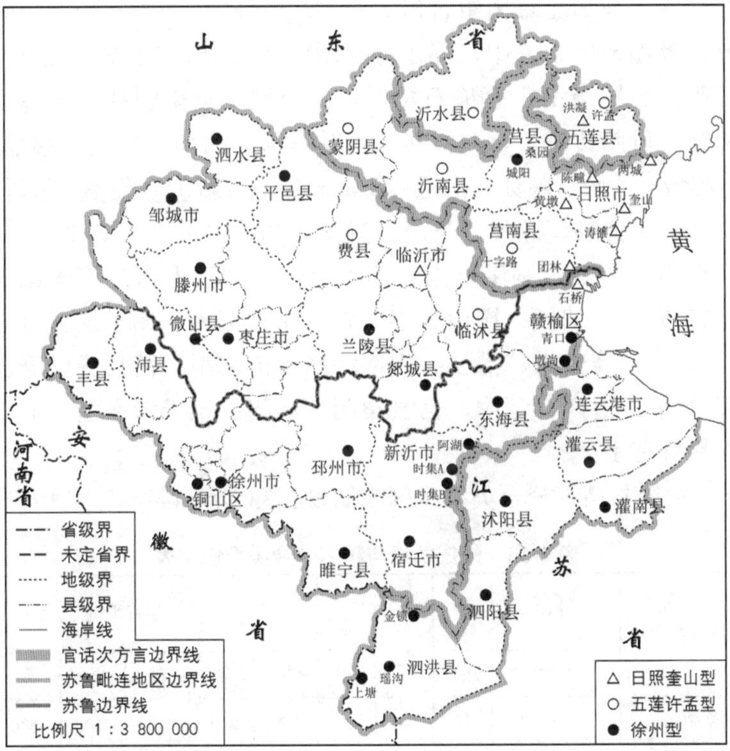

图 2-11　精组是否齿间化类型分布图

从图 2-11 可见，日照奎山型只分布在日照、五莲、莒南等地以及与日照相邻的赣榆北部地区。五莲许孟型则分布在五莲和莒南等地区以及日照、五莲和莒南的周边地区。其他地区都是徐州型的势力范围。有意思的是，属于徐州型的莒县城阳分布在日照奎山型和五莲许孟型的中心，形成了一个引人注目的孤岛。

2.4.2.2 知庄章和端精见晓各组声母之间的分合与演变

（1）知庄章组与精组的分合与演变。知庄章组与精组的分合分为两种类型：一是分立型，二是合流型。根据合流的具体情况，可以把合流型分为 7 种次类型：一是沂南型，精组逢深臻开三阳声韵与知庄章乙组合流；二是沂水型，精组逢深臻开三阳声韵、精组逢今齐撮韵母与知庄章乙组合流；三是莒县桑园型，精组逢今齐撮韵母与知庄章乙组合流；四是徐州型，精组逢今开合韵母与知庄章甲组合流；五是连云港型，精组逢今开合韵母与知庄章甲组合流，精组逢今齐撮韵母与知庄章乙组合流；六是邹城型，精组逢今开合韵母与知庄章逢今开合韵母合流；七是泗阳型，精组逢今开合韵母与知庄章甲组合流，精组逢今齐撮韵母与知庄章丙组合流。

苏鲁毗连地区方言中，属于分立型的方言点有 26 个：赣榆青口、莒县城阳、日照奎山、赣榆石桥、日照两城、莒南团林、五莲洪凝、日照陈疃、日照黄墩、日照涛雒、五莲许孟、莒南十字路、赣榆墩尚、临沂、郯城、兰陵、临沭、宿迁、新沂时集 A、新沂时集 B、新沂阿湖、东海、睢宁、费县、邳州、平邑；属于徐州型的方言点有 7 个：丰县、沛县、徐州、铜山、泗洪瑶沟、泗洪金锁、泗洪上塘；属于邹城型的方言点有 5 个：邹城、微山、枣庄、滕州、泗水；属于连云港型的方言点有 3 个：连云港、灌云、灌南；属于沂南型、莒县桑园型的方言点各有 2 个：沂南、蒙阴，莒县桑园、沭阳；属于沂水型、泗阳型的方言点都只有 1 个。

知庄章组与精组分合类型及例字如表 2-33 所示。

表 2-33 知庄章组与精组分合类型例字表

分合类型	次类型	精	精	知庄章	知庄章	字音举例					
		开合	齐撮	甲	乙内	曾	精	进	争	蒸	缠
分立型		ts	tɕ	tʂ	tʂ	꜀tsəŋ	꜀tɕiŋ	tɕiə̃	꜀tʂəŋ	꜀tʂəŋ	꜁tʂʰæ̃

续表

分合类型	次类型	精	精	知庄章	知庄章	字音举例					
		开合	齐撮	甲	乙丙	曾	精	进	争	蒸	缠
合流型	沂南型	tθ/tʃ 深臻开三阳声韵	ts	tʂ	tʃ	꜀tθəŋ	꜀tsiŋ	tʃə̃ᵓ	꜀tʂəŋ	꜀tʃəŋ	꜁tʃʰæ̃
	沂水型	ð/z 深臻开三阳声韵	z	tʂ	z	꜀ðəŋ	꜀ziŋ	zə̃ᵓ	꜀tʂəŋ	꜀zəŋ	꜁tsʰã
	莒县桑园型	ð	z	tʂ	z	꜀ðəŋ	꜀ziŋ	ziẽᵓ	꜀tʂəŋ	꜀zəŋ	꜁tsʰã
	徐州型	ts	tɕ	ts	tʂ	꜀tsəŋ	꜀tɕiŋ	tɕiə̃ᵓ	꜀tsəŋ	꜀tʂəŋ	꜁tʂʰæ̃
	连云港型	tʂ	tɕ	tʂ	tɕ	꜀tʂəŋ	꜀tɕiŋ	tɕiŋᵓ	꜀tʂəŋ	꜀tʂəŋ	꜁tɕiẽ
	邹城型	ts	tɕ	ts/ts f		꜀tsəŋ	꜀tɕiŋ	tɕiẽᵓ	꜀tʂəŋ	꜀tsəŋ	꜁tsʰã
	泗阳型	ts	tɕ	ts	tʂ/tɕ	꜀tsəŋ	꜀tɕiŋ	tɕiŋᵓ	꜀tsəŋ	꜀tʂəŋ	꜁tɕʰiẽ

知庄章组与精组分合类型的地理分布如图 2-12 所示。

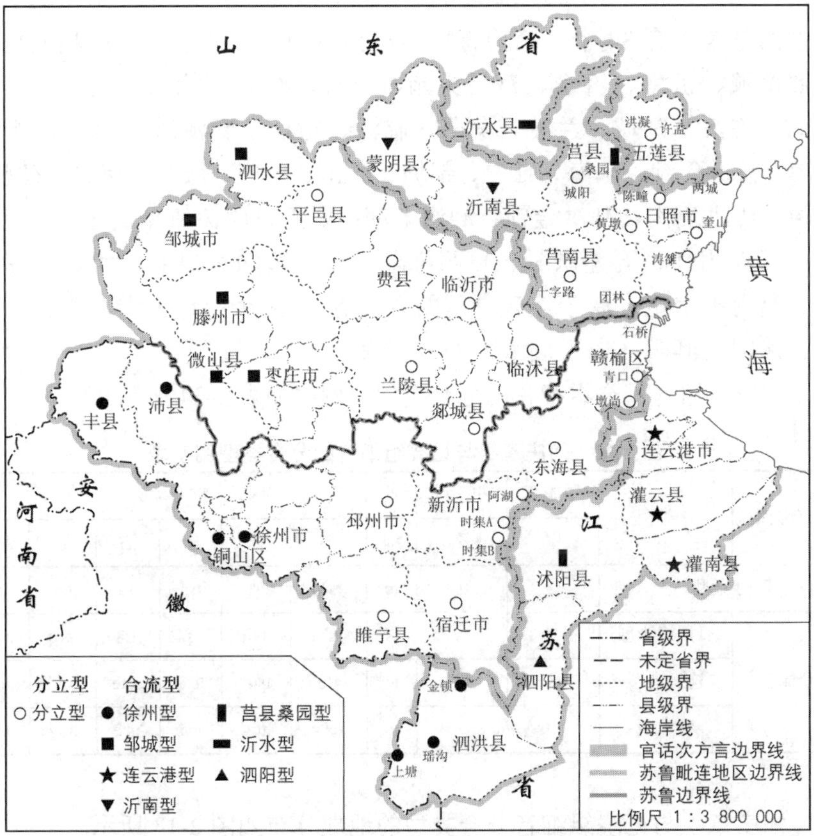

图 2-12　知庄章组与精组分合类型分布图

从图 2-12 可见，合流型与分立型的地理分布呈现包围和被包围的态势，分立型分布在中部地区，合流型分布在周边地区，其中，连云港型分布在东南部的连云港等地区，徐州型分布在西南部的泗洪和西部的徐州一带，邹城型分布在西北部地区，泗阳型只分布在泗阳地区，沂水型和沂南型分布在东北部地区，莒县桑园型分布在莒县和沭阳两地。

（2）知庄章组与见晓组细音的分合与演变。知庄章组与见晓组细音的分合有 2 种类型：分立型、合流型。根据合流的具体情况可以把合流型分为 3 种次类型：一是日照涛雒型，知庄章乙组（知庄章的分合属于昌徐型中的日赣型）与见晓组细音合流；二是连云港型，知庄章乙组（知庄章的分合属于昌徐型中的连灌型）与见晓组细音合流（泗阳方言知庄章分为甲、乙、丙三组，丙组与见晓组细音合流，由于知庄章丙组的韵摄等呼条件与连灌型一致，因此把泗阳方言归入连云港型）；三是泗水型，知庄章逢今撮口韵母与见晓组细音合流。属于分立型的方言点有 34 个：赣榆青口、莒县城阳、日照奎山、赣榆石桥、日照两城、沂南、沂水、莒县桑园、丰县、沛县、徐州、铜山、赣榆墩尚、临沂、郯城、兰陵、蒙阴、临沭、宿迁、新沂时集 A、新沂时集 B、新沂阿湖、东海、睢宁、邹城、微山、枣庄、滕州、费县、邳州、平邑、泗洪瑶沟、泗洪金锁、泗洪上塘；属于日照涛雒型的方言点有 7 个：莒南团林、五莲洪凝、日照陈疃、日照黄墩、日照涛雒、五莲许孟、莒南十字路；属于连云港型的方言点有 5 个：连云港、灌云、灌南、沭阳、泗阳；属于泗水型的方言只有 1 个。

知庄章组与见晓组细音的分合类型及例字如表 2-34 所示。

表 2-34　知庄章组与见晓组细音的分合类型例字表

分合类型	次类型	知庄章	知庄章	见	字音举例					
		甲	乙	细	初	朱	斩	沾	居	鸡
分立型		tʂ	tʂ	tɕ	꜀tʂʰu	꜀tʂu	꜂tʂæ̃	꜀tʂæ̃	꜀tɕy	꜀tɕi
合流型	日照涛雒型	tʂ	ts	ts	꜀tʂʰu	꜀tsɥ	꜂tʂã	꜀tsã	꜀tsɥ	꜀tsɿ
	连云港型	tʂ	tɕ	tɕ	꜀tʂʰuʷ	꜀tʂuʷ	꜂tʂã	꜀tɕiẽ	꜀tɕʏᶣ	꜀tɕɿ
	泗水型	ts开口/tɕ撮口		tɕ	꜀tɕʰy	꜀tɕy	꜂tsæ̃	꜂tsæ̃	꜀tɕy	꜀tɕi

知庄章组与见晓组细音分合类型的地理分布如图 2-13 所示。

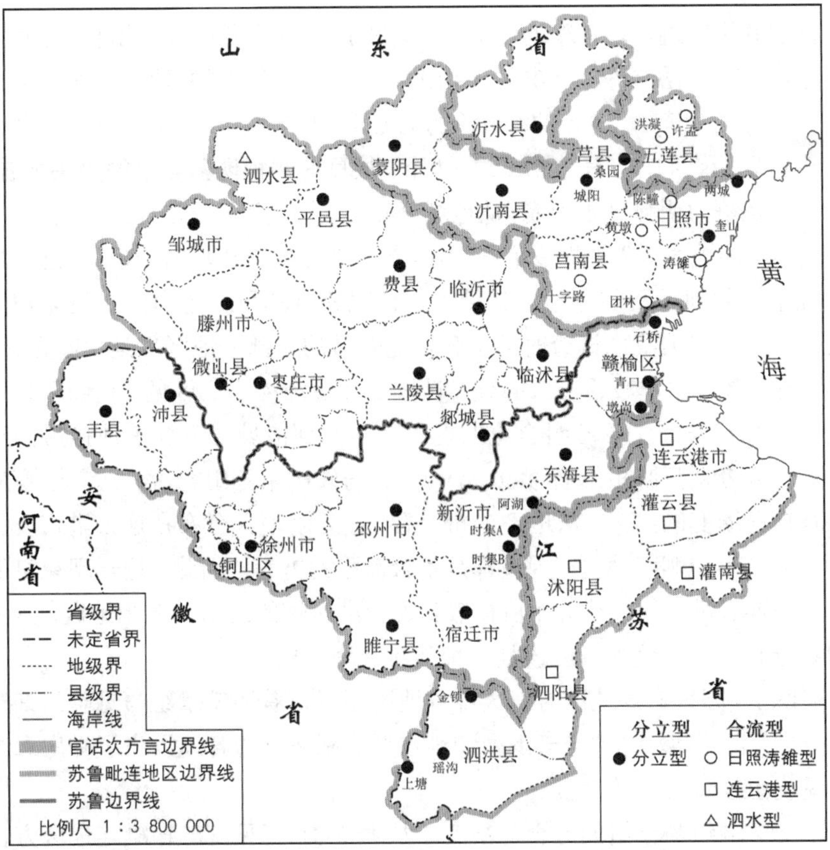

图 2-13 知庄章组与见晓组细音分合类型分布图

从图 2-13 可见，日照涛雒型分布范围局限于东北角的五莲、莒南以及日照的部分地区，连云港型局限于东南部的连云港、灌云、灌南、泗阳和沭阳地区，泗水型仅仅分布在泗水境内，其他地区都是分立型的势力范围。另外，日照两城、日照奎山 2 点也是分立型，与日照其他 3 个点不同。

如前文（2.3.1）所述，日照涛雒型见晓组细音发生了 kj k^{h}j xj→c c^h ç→tɕ tɕ^h ɕ→tʃ tʃ^h ʃ→ts ts^h s 的音变，从而与知庄章乙组合流为 tʃ tʃ^h ʃ 或 ts ts^h s，这一现象也是在北部诸城、五莲等地方言的影响下发生的。钱曾怡等（1984）指出，“咬舌音”现象主要分布在诸城、五莲两县境内，除东部向胶南等县略微延伸外，在北部、西部和南部的延伸差不多都是以两县境内的边区为尽头。岳立静（2005）指出：“日照当地人把中古知庄章组声母和见组声母混读成 tʃ tʃ^h ʃ 或 ts ts^h s 声母的发音方式叫‘咬舌音’。据一些现今已六七十岁的老人说，在 20 世纪五六十年代这种咬舌音现象在日照并不普遍，只有靠近莒南、莒县和五莲的日照西部、北部一小片地区这样说。”岳立静（2005）还指出：“在我们调查的日照 24 个方言点中，见组细音读 tɕ tɕ^{h} ɕ 的有 9 个方言点，知庄章乙类与见组细音合并读 tʃ tʃ^{h} ʃ 或 ts ts^{h} s 的方言点则多达 14 个。从目前两种现象竞争的势头来看，后者的竞争力明显强于前者，从地域分布上看，咬舌音仍在继续蚕食着‘非咬舌音’的地盘。”根据我们在 2013 年和 2018～2019 年的调查，这一音变几乎扩散到了日照全境，只剩下了日照两城和日照奎山两点尚未被波及。另外，根据我们调查时的了解，这两城的大部分地区也是“咬舌音”的分布范围，“非咬舌音”的分布范围还在逐渐缩小。可见，日照等地的见晓组细音与知庄章乙组合流的现象是与北部诸城、五莲等地接触的结果。连云港型见晓组细音读 tɕ tɕ^{h} ɕ，并与知庄章乙组合流，这一音变应该是自身演变的结果。从地理分布上看，连云港型只分布在连云港市及其所辖的县市和泗阳地区，周边都是不合流型的方言。因此，这一现象可能最先在连云港市区发生，而后扩散到连云港所辖的县市和泗阳地区。泗水型只分布在泗水境内，应该是一种创新音变现象。

综上，苏鲁毗连地区方言大部分地区还保留着知庄章组与见晓组细音的分立，日照涛雒型、连云港型和泗水型分别在周边各地发生了知庄章组与见晓组细音合流的音变。

（3）端组与精组的分合与演变。从表 2-31 可见，苏鲁毗连地区方言中，端组与精组合流的方言点只有 4 个：五莲洪凝、日照陈疃、日照黄墩和五莲许孟。其中，五莲洪凝、日照陈疃、五莲许孟 3 个点端组逢今齐齿韵母与精组逢今齐撮韵母合流，端组逢今开合韵母与精组逢今开合韵母合流；日照黄墩只有端组逢今齐齿韵母与精组逢今齐撮韵母合流。本书 2.1.1.2、2.1.3.1 论述了日照方言端组腭化与精组塞化、腭化的动因是与北部诸城、五莲等地方言的接触造成的，这里不再赘述。

（4）精组与见晓组的分合与演变。苏鲁毗连地区方言精组与见晓组的分合只涉及精组逢今齐撮韵母与见晓组细音的分合关系，即俗称尖团音的分合问题。苏鲁毗连地区方言有分尖团和不分尖团两种类型，其中，分尖团型还可以分为 9 种读音类型：赣榆青口型 ts ts^{h} s：k k^{h} x、沂南型 ts ts^{h} s：tɕ tɕ^{h} ɕ、临沂型 tθ tθ^{h} θ：tɕ tɕ^{h} ɕ、莒南团林型 tθ tθ^{h} θ：tʃ tʃ^{h} ʃ、日照陈疃型 ȶ ȶ^{h} θ：tʃ tʃ^{h} ʃ、日照涛雒型 ȶ ȶ^{h} θ：ts ts^{h} s、五莲许孟型 t t^{h} θ/tθ tθ^{h} θ$_{\text{止开三}}$：tʃ tʃ^{h} ʃ、蒙阴型 z ts^{h} s：tɕ tɕ^{h} ɕ、赣榆墩尚型 ts ts^{h} s：c c^{h} ç。不分尖团类型只有一种读音：tɕ tɕ^{h} ɕ。分尖团的方言点有 21 个，其中，属于沂南型的方言点有 5 个：莒县城阳、沂南、郯城、兰陵、临沭；属于临沂型的方言点有 4 个：日照奎山、赣榆石桥、日照两城、临沂；属于日照陈疃型、蒙阴型的方言点各有 3 个：五莲洪凝、日照陈疃、日照黄墩，沂水、莒县桑园、蒙阴；属于五莲许孟型的方言点有 2 个：五莲许孟、莒南十字路；属于赣榆青口型、莒南团林型、日照涛雒型、赣榆墩尚型的方言点都只有 1 个。不分尖团的方言点有 26 个：丰县、沛县、徐州、铜山、连云港、灌云、灌南、沭阳、宿迁、新沂时集 A、新沂时集 B、新沂阿湖、东海、睢宁、邹城、微山、枣庄、滕州、费县、邳州、平邑、泗水、泗阳、泗洪瑶沟、泗洪金锁、泗洪上塘。

尖团音的分合类型及例字如表 2-35 所示。

表 2-35　尖团音分合类型例字表

分合类型	读音类型	酒	久	焦	交	尖	减	精	京
不分尖团	徐州	ᶜtɕiou	ᶜtɕiou	꜀tɕiɔ	꜀tɕiɔ	꜀tɕiæ̃	꜀tɕiæ̃	꜀tɕiŋ	꜀tɕiŋ
	邳州	ᶜtɕiəu	ᶜtɕiəu	꜀tɕiɔ	꜀tɕiɔ	꜀tɕiæ̃	ᶜtɕiæ̃	꜀tɕiŋ	꜀tɕiŋ
	宿迁	ᶜtɕiəu	ᶜtɕiəu	꜀tɕiɔ	꜀tɕiɔ	꜀tɕiã	ᶜtɕiã	꜀tɕiŋ	꜀tɕiŋ
分尖团	赣榆青口	ᶜtsiəu	ᶜkiəu	꜀tsiɑu	꜀kiɑu	꜀tsian	ᶜkian	꜀tsiŋ	꜀kiŋ
	沂南	ᶜtsiəu	ᶜtɕiəu	꜀tsiɔ	꜀tɕiɔ	꜀tsiæ̃	ᶜtɕiæ̃	꜀tsiŋ	꜀tɕiŋ
	临沂	ᶜtθiou	ᶜtɕiou	꜀tθiɔ	꜀tɕiɔ	꜀tθiã	ᶜtɕiã	꜀tθiə̃	꜀tɕiə̃
	莒南团林	ᶜtθiou	ᶜtʃou	꜀tθiɔ	꜀tʃɔ	꜀tθiæ̃	ᶜtʃæ̃	꜀tθiŋ	꜀tʃəŋ
	日照陈疃	ᶜȶiou	ᶜtʃou	꜀ȶiɔ	꜀tʃɔ	꜀ȶiã	ᶜtʃã	꜀ȶiŋ	꜀tʃəŋ
	日照涛雒	ᶜȶiou	ᶜtsou	꜀ȶiɔ	꜀tsɔ	꜀ȶiã	ᶜtsã	꜀ȶiŋ	꜀tsəŋ
	五莲许孟	ᶜtɕiou	ᶜʒou	꜀tɕiɔ	꜀ʒɔ	꜀tɕiã	ᶜʒã	꜀tɕiŋ	꜀ʒəŋ
	蒙阴	ᶜziou	ᶜtɕiou	꜀ziɔ	꜀tɕiɔ	꜀ziã	ᶜtɕiã	꜀ziŋ	꜀tɕiŋ
	赣榆墩尚	ᶜtsiəu	ᶜciəu	꜀tsiɔ	꜀ciɔ	꜀tsian	ᶜcian	꜀tsiŋ	꜀ciŋ

尖团音分合类型的地理分布如图 2-14 所示。

从图 2-14 可见，分尖团型集中分布在鲁南中部、东部以及苏北东北角的赣榆地区，其他地区都是不分尖团型的分布范围。从分合上看，分尖团型属于存古的类型，但从读音上看，分尖团型方言的精组逢今齐撮韵母和见晓组细音各自发生音变的情况很复杂，使得分尖团型有 9 种不同的读音类型。

综上，苏鲁毗连地区方言知庄章和端精见晓共有 5 种一级分合类型，19 种次级分合类型和 33 种读音类型。从地理分布上看，知庄章、端精见

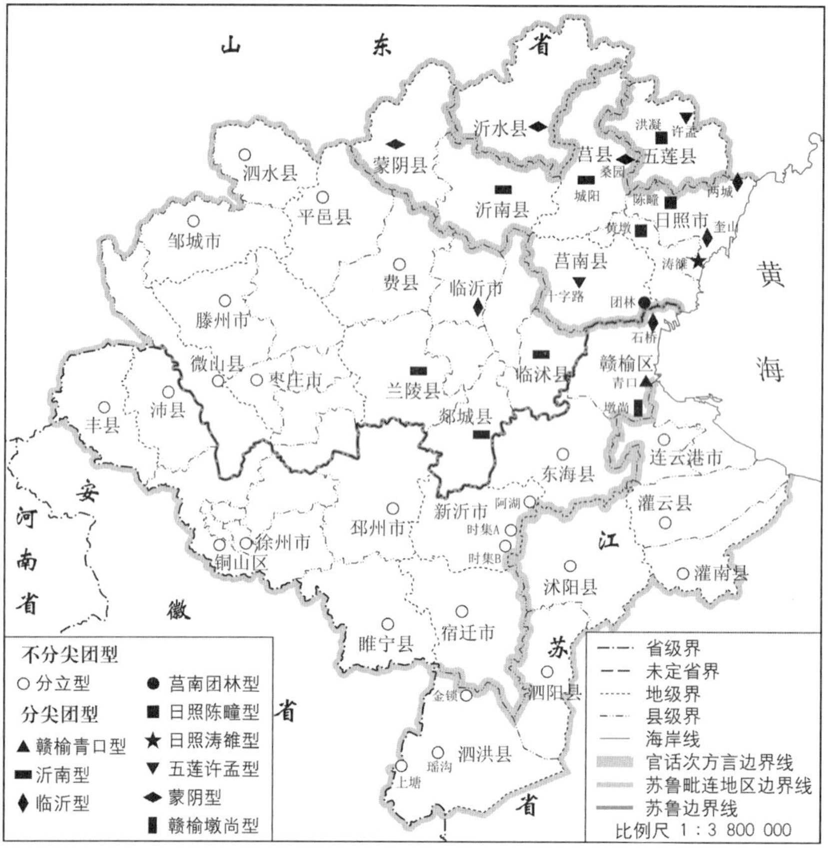

图 2-14 尖团音分合类型分布图

晓类型最多样的地区集中在鲁南东部的日照、莒南和五莲等地，造成该地区类型多样的原因，一是多数方言知庄章组分为甲乙两类，精组逢今开合/齐撮韵母二分，端组逢今齐齿/开合韵母二分；二是知庄章组、端精见晓组声母之间有或分或混的多种关系。这与当地特殊地理位置，以及经济文化中心的转移有关（参见 2.1.1.2），这里不再赘述。

2.4.2.3 知庄章和端精见晓分合类型之间的演变关系

（1）昌徐①型知庄章和端精见晓的次级分合类型之间的演变关系如下：

莒赣型 → 莒南团林型 → 日照涛雒型 ①
莒赣型 → 莒南团林型 → 日照黄墩型 → 五莲洪凝型 ②
莒赣型 → 莒南十字路型 → 五莲许孟型 ③
莒赣型 → 沂南型、日照两城型、莒沂型、丰县型 ④

莒赣型里的读音类型赣榆青口型的读音较为古老，可以作为讨论次级分合类型各组声母之间分合与演变关系的起点。

①莒赣型→莒南团林型→日照涛雒型。在莒赣型的基础上，见晓组细音变成舌叶音（k k^h x→c c^h ç→tɕ tɕ^h ɕ→tʃ tʃ^h ʃ），然后与知庄章乙组合并，即成莒南团林型。在莒南团林型的基础上，日照涛雒型端组逢今齐齿韵母的音变为t t^h→tɕ tɕ^h，知庄章乙组、见晓组细音都在舌叶音的基础上进一步变成舌尖前音（tʃ tʃ^h ʃ→ʦ ʦ^h s）。

②莒赣型→莒南团林型→日照黄墩型→五莲洪凝型。莒赣型→莒南团林型的演变与①相同，然后在莒南团林型的基础上，端组逢今齐齿韵母腭化（t t^h→ȶ ȶ^h），精组逢今齐撮韵母先是齿间化（ʦ ʦ^h s→tθ tθ^h θ），接着腭化、塞化（tθ tθ^h θ→ȶ ȶ^h θ），最后端组逢今齐齿韵母与精组逢今齐撮韵母合并，完成后即成日照黄墩型。在日照黄墩型的基础上，精组逢今开合韵母塞化（tθ tθ^h θ→t t^h），并与端组逢今开合韵母合并后即成五莲洪凝型。

③莒赣型→莒南十字路型→五莲许孟型。在莒赣型的基础上，见晓组细音变成舌叶音（k k^h x→c c^h ç→tɕ tɕ^h ɕ→tʃ tʃ^h ʃ），然后与知庄章乙组合并。精组逢今开合韵母齿间化（ʦ ʦ^h s→tθ tθ^h θ），精组逢今齐撮韵母腭化（ʦ ʦ^h s→ts tɕ^h s）后与精组逢今开合/齐撮韵母分立，即成莒南十字路型。在莒南十字路型的基础上，精组逢今开合韵母齿间化后又经历了塞化音变（tθ tθ^h θ→t t^h θ，精组止开三保持齿间音不变），端组逢今齐齿韵母腭化（t t^h→tɕ tɕ^h），然后，精组逢今开合/齐撮韵母分别与端组逢今开合/齐齿韵母合并，即成五莲许孟型。

④莒赣型→沂南型、莒赣型→日照两城型、莒赣型→莒沂型、莒赣型→丰县型。沂南型是在莒赣型的基础上精组逢今开合韵母发生了齿间化的音变（精组逢深臻开三阳声韵除外），从而精组逢开合/齐撮韵母分立。精组深臻开三阳声韵字韵母在精组逢其他韵母齿间化后发生了介音脱落的音变，然后与知庄章乙组合并在一起。日照两城型在莒赣型的基础上端组逢今齐齿韵母发生了腭化的音变，从而与见晓组细音合并。莒沂型是在莒赣型的基础上知庄章甲组发生了平舌化的音变，然后与精组逢今齐撮韵母、精组逢深臻开三阳声韵合并在一起。丰县型是莒赣型的基础上精组逢今齐撮韵母腭化，知庄章甲组平舌化后与精组逢今开合韵母合并的结果。

（2）昌徐③型知庄章和端精见晓的次级分合类型之间的演变关系如下：沭阳型→连云港型。连云港型是在沭阳型的基础上，精组逢今开合韵母发生了翘舌化的音变，然后与知庄章甲组合并。

（3）济南型知庄章和端精见晓的次级分合类型之间的演变关系如下：①临赣型→蒙临型→宿迁型→费邳型→枣邹型→泗水型。蒙临型是在临赣型的基础上，精组逢今齐撮韵母与精组逢今开合韵母分立后形成的；宿迁型是在蒙临型的基础上，精组逢今齐撮韵母与见晓组细音合流后形成的；费邳型是在宿迁型的基础上，知庄章以今韵母开合为条件再次分化后形成的；枣邹型是在费邳型的基础上，知庄章逢今开（或合）口韵母与精组逢今开合韵母合流后形成的；泗水型是在枣邹型（实际上是在邹城型这一读音类型）的基础上，知庄章、精合流后（限于塞音和塞擦音，读为平舌音 ts ts^h）再以开/合韵母为条件分化后形成的。

（4）南京型里的泗阳型和泗洪瑶沟型只在知庄章分合上有演变关系（见 2.2.1.2.1），而精端组、见晓组细音的情况一致。

2.4.3　知庄章和端精见晓的分合与制约关系

语音的演变与自身的结构系统有关，各组声母的演变不会是孤立进行的，会受到其他声母乃至声母系统的制约。苏鲁毗连地区方言各组声母之间的分合关系非常复杂，演变过程中存在着相互制约的关系，下面进行个案分析。

2.4.3.1　昌徐型①知庄章和端精见晓的分合与制约关系

赣榆青口知庄章和端精见晓的分合类型属于莒赣型，读音类型属于赣榆青口型，知庄章和端精见晓的读音和分合关系属于较为古老的方言：端组逢今开合韵母 t t^h=端组逢今齐齿韵母 t t^h≠精组逢今开合韵母 ts ts^h s=精组逢今齐撮韵母 ts ts^h s≠知庄章甲组 tʂ $tʂ^h$ ʂ≠知庄章乙组 tʃ $tʃ^h$ ʃ≠见组细音 k k^h x，可以作为讨论昌徐型①各方言点的分合与演变的出发点。

（1）日照涛雒

日照涛雒知庄章和端精见晓之间的分合与制约关系如图 2-15 所示。

日照涛雒声母经历了两次重要变化：一次是腭化（包括见晓组逢细音、精组逢今齐撮韵母、端组逢今齐齿韵母）；一次是舌尖化（包括变为舌叶音的见晓组细音和知庄章乙类）和卷舌化（知庄章甲类）。端组逢今齐齿韵母、精组逢今齐撮韵母以及见晓组细音的腭化在涛雒方言里不是同时的，而是有一个先后的顺序。端组逢今齐齿韵母的腭化应该是最晚启动的，否则，端组逢今齐齿韵母要么会与随后腭化而来的舌面音（tɕ $tɕ^h$ ɕ：见晓组细音或精组逢今齐撮韵母变来）合流，要么会受到随后腭化而来的舌面音

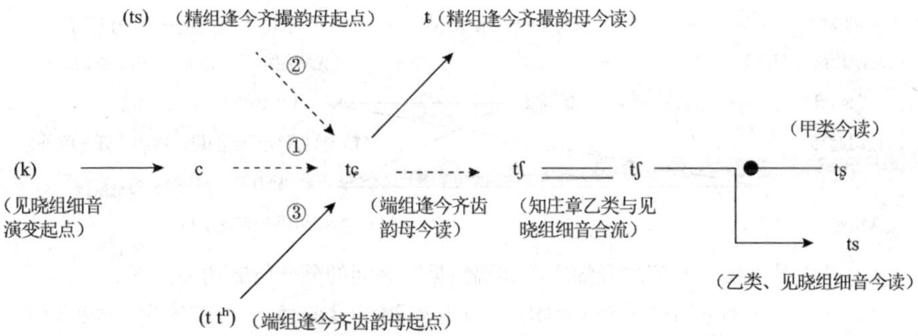

图 2-15 日照涛雒知庄章和端精见晓之间的分合与制约关系图

说明：（t）、（k）、（ts）分别代表端组逢今齐齿韵母、见晓组细音以及精组逢今齐撮韵母演变的起点；“=”表示不久前存在的见晓组细音与知庄章乙类声母的合流；“- - - - ➤”表示历史上曾经有过的演变，“⟶”表示最近发生的或者正在发生的演变；“●——”表示知庄章甲类对知庄章乙类的阻碍作用；①②③表示腭化的先后次序；上图没有反映知庄章的历史演变过程，只表现了涛雒方言知庄章最近的音变。

的推动变为其他的音，而不会出现今读为 tɕ tɕʰ ɕ 的情况。所以日照涛雒声母的腭化存在两种可能性：一是见晓组细音腭化在前，精组逢今齐撮韵母的腭化尾随在后，端组逢今齐齿韵母的腭化最晚启动；一是精组逢今齐撮韵母腭化在前，见晓组细音的腭化尾随在后，端组逢今齐齿韵母的腭化最晚启动。从日照周边方言精、见晓组腭化（如莒县、莒南、即墨、安丘、沂水等地方言精组逢今齐撮韵母都是舌尖前音 ts tsʰ s，见晓组细音今读舌面音为 tɕ tɕʰ ɕ）的一般情况来看，第一种可能性比较大。

日照涛雒知庄章和端精见晓的演变过程可以这样来描述：①见晓组细音由于 i 的同化最先启动经过了舌面中音的阶段，继而变为舌面音，即 k kʰ x→c cʰ ç→tɕ tɕʰ ɕ。②变为舌面音的见晓组细音尚未站稳脚跟，精组逢今齐撮韵母也由于同样的原因开始腭化：ts tsʰ s→tθ tθʰ θ→tɕ tɕʰ θ，腭化的结果是推动见晓组细音继续前进（舌叶化）：tɕ tɕʰ ɕ→tʃ tʃʰ ʃ，使得分尖团的特征得以保存。③第二波腭化也许才刚刚结束，端组逢今齐齿韵母的腭化（t tʰ→tɕ tɕʰ）就启动了。已经变为舌面音的精组逢今齐撮韵母此时可谓是“前有强敌”（见晓组细音），“后有追兵”（端组逢今齐齿韵母），为了维持独立性只好选择了一条对汉语方言声母的演变来说少见的“边道”，走上了塞化的道路（tɕ tɕʰ θ→ȶ ȶʰ θ）。④见晓组细音舌叶化后与知庄章乙类声母合流，并裹挟着知庄章乙类继续前化，从而完成了平舌化的过程。

（2）五莲洪凝

五莲洪凝知庄章和端精见晓之间的分合与制约关系如图 2-16 所示。

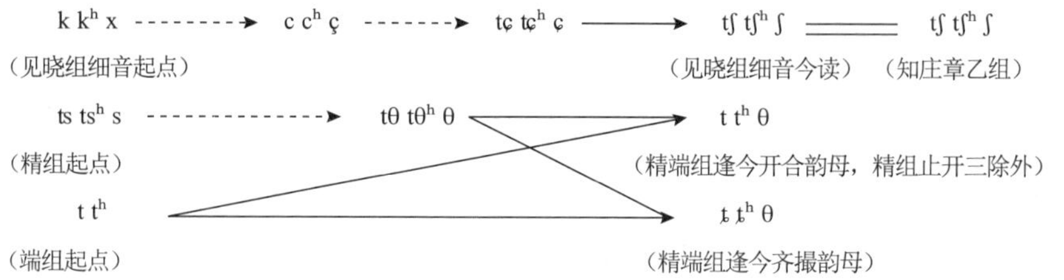

图 2-16　五莲洪凝知庄章和端精见晓之间的分合与制约关系图

说明："="表示不久前存在的见晓组细音与知庄章乙类声母的合流；"----➤"表示历史上曾经有过的演变，"⟶"表示最近发生的或者正在发生的演变，上图没有反映知庄章的历史演变过程，只表现了知庄章乙组最近的音变。

见晓组细音 k k^h x 由于 i（-）的同化最先启动，经过了舌面中音 c c^h ç 的阶段，接着腭化为 tɕ $tɕ^h$ ɕ，然后继续舌叶化为 tʃ $tʃ^h$ ʃ，最终与知庄章乙组合并。精组无论逢今开合/齐撮韵母都发生了齿间化的音变：ts ts^h s→tθ $tθ^h$ θ，然后精组逢今开合韵母塞化为 t t^h θ（tθ $tθ^h$ θ→t t^h θ），精组逢今齐撮韵母腭化、塞化为 ȶ $ȶ^h$ θ（tθ $tθ^h$ θ→ȶ $ȶ^h$ θ）。端组逢今开合韵母不变，端组逢今齐齿韵母发生了腭化的音变 t t^h→ȶ $ȶ^h$。最后，端组逢今开合韵母与精组逢今开合韵母合并，精组逢今齐撮韵母与端组逢今齐齿韵母合并。

（3）五莲许孟

五莲许孟知庄章和端精见晓之间的分合与制约关系如图 2-17 所示。

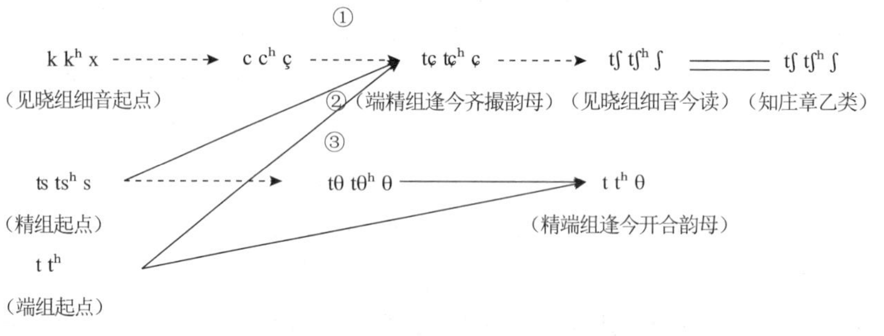

图 2-17　五莲许孟知庄章和端精见晓之间的分合与制约关系图

说明："="表示不久前存在的见晓组细音与知庄章乙类声母的合流；"----➤"表示历史上曾经有过的演变，"⟶"表示最近发生的或者正在发生的演变；①②③表示腭化的先后次序；上图没有反映知庄章的历史演变过程，只表现了知庄章最近的音变。

五莲许孟①见晓组细音 k k^h x 由于 i（-）的同化最先启动，经过了舌面中音 c c^h ç 的阶段，然后变为舌面音 tɕ $tɕ^h$ ɕ。②变为舌面音的见晓组尚未站稳脚跟，精组逢今齐撮韵母也由于同样的原因开始腭化，腭化的结果是推动见晓组继续前进（舌叶化：tɕ $tɕ^h$ ɕ→tʃ $tʃ^h$ ʃ），从而与知庄章乙类（tʃ $tʃ^h$ ʃ）合并，分尖团的特征也得以保存。③第二波腭化（精组逢今齐撮韵母）结束后，端组逢今齐齿韵母的腭化也开始了，结果是腭化的端组被精组逢今齐撮韵母接受，精组逢今齐撮韵母与端组逢今齐齿韵母合并。④精组逢今开合韵母先是发生了齿间化（ts ts^h s→tθ tθ^h θ），而后塞化（tθ tθ^h θ→t t^h θ），最终与端组逢今开合韵母合并。

（4）莒南十字路

莒南十字路知庄章和端精见晓之间的分合与制约如图 2-18 所示。

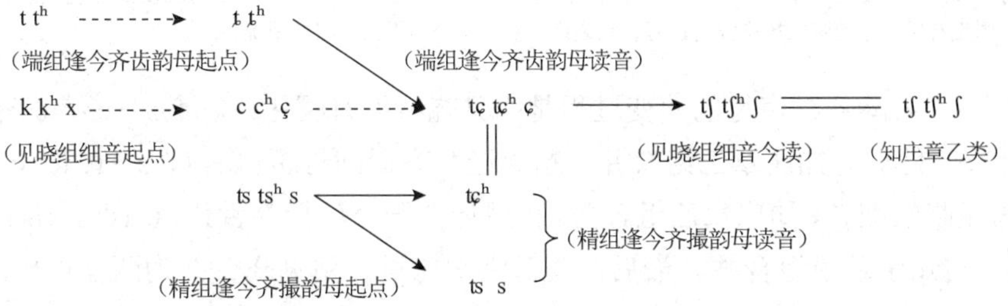

图 2-18　莒南十字路知庄章和端精见晓之间的分合与制约关系图

说明：“=”表示不久前存在的见晓组细音与知庄章乙类声母的合流；“- - - - ->”表示历史上曾经有过的演变，“——>”表示最近发生的或者正在发生的演变；上图没有反映知庄章的历史演变过程，只表现了知庄章最近的音变。

莒南十字路各组声母的演变过程是：①见晓组细音首先腭化：k k^h x→c c^h ç→tɕ tɕ^h ɕ；②端组逢今齐齿韵母发生腭化、塞擦化的音变：t t^h→ȶ ȶ^h→tɕ tɕ^h，在端组逢今齐齿韵母腭化音变的推动下，见晓组细音进一步发生了舌叶化（tɕ tɕ^h ɕ→tʃ tʃ^h ʃ）音变，结果是与知三章（tʃ tʃ^h ʃ）合并；③最后是精组（送气塞擦音：ts^h）逢今齐撮韵母发生了腭化音变，并与端组逢今齐齿韵母变来的 tɕ^{h}合并。

莒南十字路经历了两种重要变化：一是见晓组细音、精组逢今齐撮韵母（ts^h）以及端组逢今齐齿韵母的腭化；一是见晓组细音的舌叶化。端组逢今齐齿韵母、精组逢今齐撮韵母以及见晓组细音的腭化在莒南方言里不是同步进行的，而是有一个先后的顺序：见晓组细音的腭化最早（否则会与端组腭化而来的舌面音合并，就不会有其后的 tɕ tɕ^h ɕ→tʃ tʃ^h ʃ 音变），接下来的腭化应该是端组逢今齐齿韵母，而精组逢今齐撮韵母最晚，因为精组的腭化至今还没有结束，只有送气塞擦音发生了腭化，并与端组逢今齐齿韵母变来的送气舌面前塞擦音合并。

2.4.3.2　昌徐型③的次级分合类型知庄章和精见晓的分合与制约关系

连云港知庄章、精见晓的分合与相互制约如图 2-19 所示。

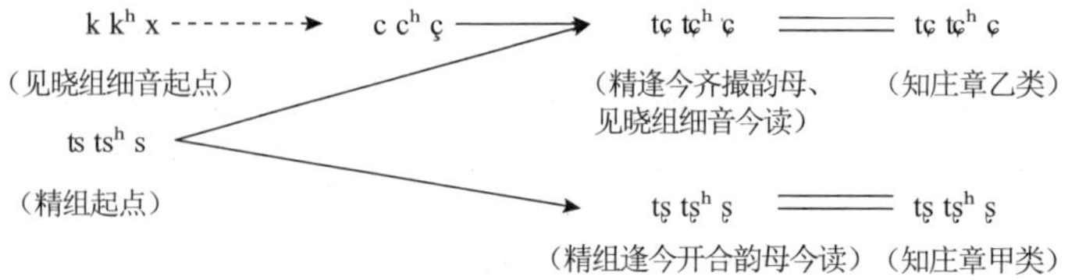

图 2-19 连云港知庄章和精见晓的分合与制约关系图

说明："="表示精组逢今齐撮韵母、见晓组细音与知庄章乙类声母的合流，以及精组逢今开合韵母与知庄章甲组的合流；"- - -►"表示历史上曾经有过的演变，"──►"表示最近发生的演变；上图没有反映知庄章的历史演变过程，只表现了知庄章分为甲乙两组的情况。

连云港各组声母的演变过程是：见晓组细音腭化：k k^h x→c c^h ç→tɕ $tɕ^h$ ɕ，然后与知庄章乙组合并。精组逢今齐撮韵母腭化 ts ts^h s→tɕ $tɕ^h$ ɕ，与见晓组细音、知庄章乙组合并。精组逢今开合韵母卷舌化：ts ts^h s→tʂ $tʂ^h$ ʂ，与知庄章甲组合并。最后，连云港知庄章、精见晓合并为两套声母：tɕ $tɕ^h$ ɕ 和 tʂ $tʂ^h$ ʂ。

2.4.3.3 济南型知庄章和精见晓的分合与制约关系

泗水知庄章、精见晓的分合与相互制约如图 2-20 所示。

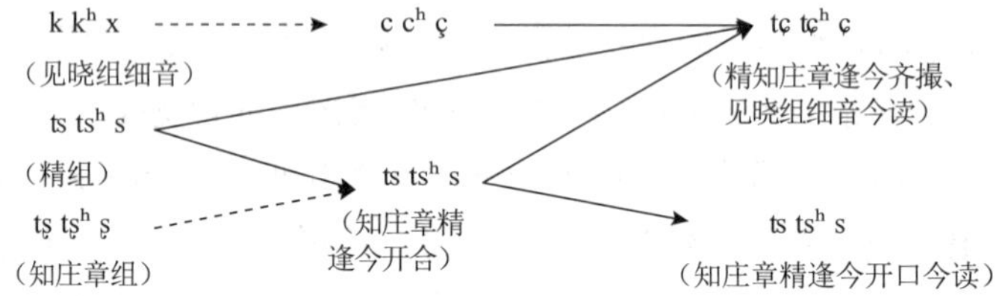

图 2-20 泗水知庄章和精见晓的分合与制约关系图

泗水①见晓组细音发生了腭化音变：k k^h x→c c^h ç→tɕ $tɕ^h$ ɕ；②精组逢齐撮韵母随后发生腭化音变：ts ts^h s→tʃ $tʃ^h$ ʃ→tɕ $tɕ^h$ ɕ；③知庄章平舌化：tʂ $tʂ^h$ ʂ→ts ts^h s，然后与精组逢今开合韵母合并为 ts ts^h s；④知庄章组与精组依开合分化：逢合口韵母发生腭化音变，同时韵母合口变撮口：tsu-→tɕy-；而逢开口韵母保持平舌音不变。

泗水声母经历了两种重要音变：一是平舌化，指的是知庄章的平舌化；一是腭化，包括见晓组细音、精组逢今齐撮韵母、知庄章组与精组逢开合韵母合流而成的平舌音声母的腭化。

与其他方言相比，泗水的特点是见晓组细音、精组逢今齐撮韵母的腭化完成后，还发生了知庄章组和精组声母逢今合口韵母腭化的音变。根据调查时的了解，知庄章和精逢合口韵母的 tsu（-）→tɕy（-）音变分布在泗水的西南部地区。值得注意的是，与泗水西南部相接的费县和平邑等地区也曾经发生了 tsu（-）→tɕy（-）的音变。但与泗水不同的是，费县、平邑等地平舌音声母只来源于精组声母。可以推测，泗水应该是费县、平邑等方言里的 tsu（-）→tɕy（-）扩散的结果，但当这一音变规律扩散到泗水境内时，知庄章已经完成了平舌化的过程，然后，知庄章、精逢合口韵母一起发生了腭化音变。

第三章　韵母

3.1　阴声韵

3.1.1　果摄一等的读音类型与分布

中古果摄一等在苏鲁毗连地区方言里的读音分为两种类型（“他、大、哪、那”等字多读为 a、ɑ 等韵母，应该是古音的遗留。“朒、馃、踒、涴”等字部分方言点没有调查到。由于语料不能对齐，下文的讨论不涉及这些字）：一是部分合流型，是指果开一见系字韵母与果合一见系字韵母对立，其他声母字韵母合流。属于这一类型的方言点有 37 个：邳州、郯城、泗洪瑶沟、泗洪金锁、泗洪上塘、泗水、蒙阴、睢宁、枣庄、铜山、滕州、宿迁、新沂时集 A、新沂时集 B、新沂阿湖、日照涛雒、日照奎山、日照两城、日照陈疃、日照黄墩、丰县、临沭、沂南、邹城、东海、赣榆石桥、赣榆青口、赣榆墩尚、徐州、兰陵、费县、莒南十字路、莒南团林、临沂、沛县、平邑、微山。二是完全合流型，是指无论见系还是其他声母字韵母均合流。从果摄一等字韵母主元音的音值上看，完全合流型的方言里又有两种情况：①圆唇，②不圆唇。属于圆唇、不圆唇的方言点各有 5 个：灌南、连云港、沭阳、泗阳、灌云，莒县桑园、莒县城阳、沂水、五莲洪凝、五莲许孟。

需要说明的是，部分合流型方言有比较一致的例外，如邳州方言“我 ꜂uə、饿 uə꜄（果开一见系字韵母今读合口）；讹꜁ə、课 kʰə꜄、和꜁xə、禾꜁xə（果合一见系字韵母今读开口）。例外原因还需要进一步探讨。

果摄一等读音类型及例字如表 3-1 所示。

表 3-1　果摄一等读音类型例字表

		多开端	朵合端	罗开来	骡合来	左开精	坐合从	歌开见	锅合见
完全合流型	灌南	꜀tʊ	꜂tʊ	꜁lʊ	꜁lʊ	꜂tʂʊ	tʂʊ꜄	꜀kʊ	꜀kʊ
	沭阳	꜀to	꜂to	꜁lo	꜁lo	꜂tso	tso꜄	꜀ko	꜀ko
	连云港	꜀to	꜂to	꜁lo	꜁lo	꜂tʂo	tʂo꜄	꜀ko	꜀ko
	沂水	꜀tuə	꜀tuə	꜁luə	꜁luə	ðuə꜄	ðuə꜄	꜀kə/꜀kuə	꜀kuə
	莒县城阳	꜀tuɤ	꜀tuɤ	꜁luɤ	꜁luɤ	tsuɤ꜄	tsuɤ꜄	꜀kɤ	꜀kɤ
	五莲许孟	꜀tuə	꜂tuə	꜁luə	꜁luə	꜂tuə	tuə꜄	꜀kuə	꜀kuə

续表

		多$_{\text{开端}}$	朵$_{\text{合端}}$	罗$_{\text{开来}}$	骡$_{\text{合来}}$	左$_{\text{开精}}$	坐$_{\text{合从}}$	歌$_{\text{开见}}$	锅$_{\text{合见}}$
部分合流型	东海	꜀tuə	꜂tuə	꜁luə	꜁luə	꜂tsuə	tsuə꜄	꜀kə	꜀kuə
	赣榆青口	꜀tuɤ	꜂tuɤ	꜁luɤ	꜁luɤ	꜂tsuɤ	tsuɤ꜄	꜀kɤ	꜀kuɤ
	邳州	꜀tuə	꜂tuə	꜁luə	꜁luə	꜂tɕyə	tɕyə꜄	꜀kə	꜀kuə
	徐州	꜀tuə	꜂tuə	꜁luə	꜁luə	꜂tsuə	tsuə꜄	꜀kə	꜀kuə
	日照两城	꜀tuə	꜂tuə	꜁luə	꜁luə	tθuə꜄	tθuə꜄	꜀kə	꜀kuə
	泗洪瑶沟	꜀tuə	꜂tuə	꜁luə	꜁luə	꜂tsuə	tsuə꜄	꜀kə	꜀kuə
	蒙阴	꜀tuə	꜂tuə	꜁luə	꜁luə	ðuə꜄	ðuə꜄	꜀kə	꜀kuə

果摄一等读音类型的地理分布如图 3-1 所示。

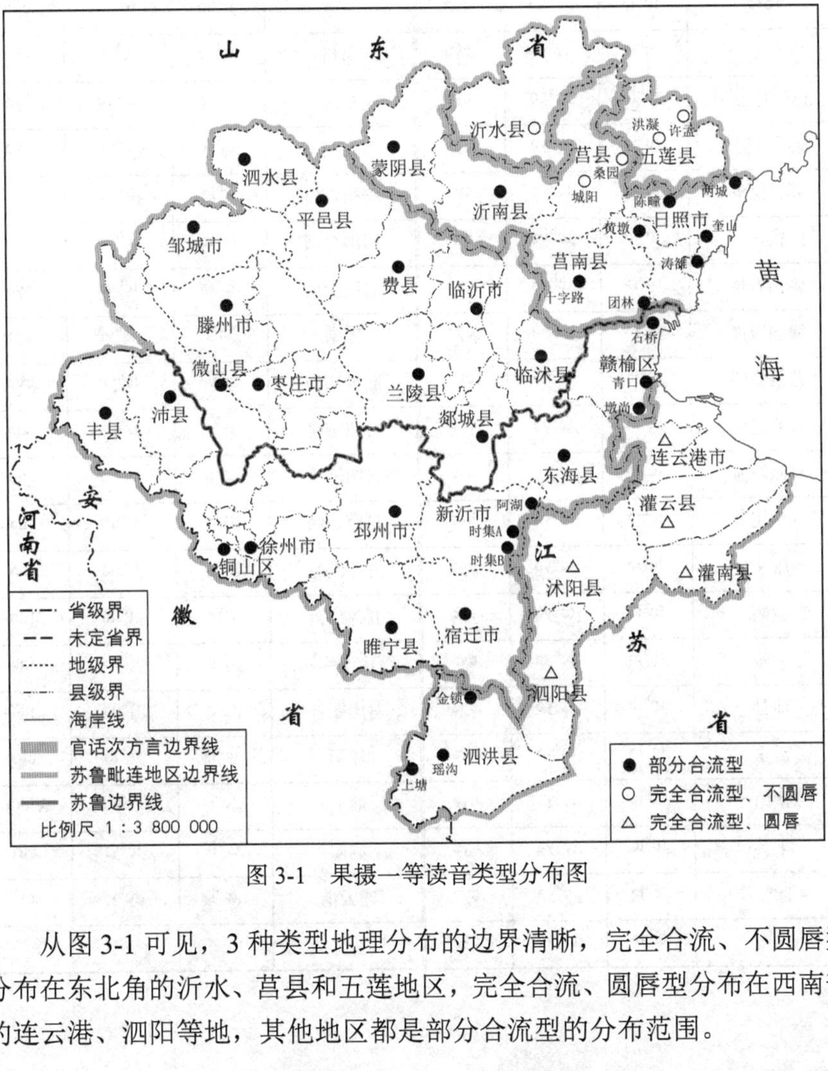

图 3-1 果摄一等读音类型分布图

从图 3-1 可见，3 种类型地理分布的边界清晰，完全合流、不圆唇型分布在东北角的沂水、莒县和五莲地区，完全合流、圆唇型分布在西南部的连云港、泗阳等地，其他地区都是部分合流型的分布范围。

3.1.2 果摄三等的读音类型、分布与演变

《方言调查字表》只收 4 个果摄三等字，“肥”字口语里一般不用，因此下面只就“茄瘸靴”进行分析。3 个果摄三等字在苏鲁毗连地区 47 个方言中的读音如表 3-2 所示。

表 3-2 果摄三等字音表

	茄开	瘸合	靴合		茄开	瘸合	靴合
邹城	꜁tɕʰiə	꜁tɕʰyə	꜀ɕyə	徐州	꜁tɕʰiə	꜁tɕʰyə	꜀ɕyə
沂南	꜁tɕʰiə	꜁tɕʰyə	꜀ɕyə	临沂	꜁tɕʰiə	꜁tɕʰyə	꜀ɕyə
临沭	꜁tɕʰiə	꜁tɕʰyə	꜀ɕyə	费县	꜁tɕʰiə	꜁tɕʰyə	꜀ɕyə
郯城	꜁tɕʰiə	꜁tɕʰyə	꜀ɕyə	平邑	꜁tɕʰiə	꜁tɕʰyə	꜀ɕyə
泗水	꜁tɕʰiə	꜁tɕʰyə	꜀ɕyə	邳州	꜁tɕʰiə	꜁tɕʰyə	꜀ɕyə
新沂时集 A	꜁tɕʰiə	꜁tɕʰyə	꜀ɕyə	东海	꜁tɕʰiə	꜁tɕʰyə	꜀ɕyə
新沂时集 B	꜁tɕʰiə	꜁tɕʰyə	꜀ɕyə	莒县城阳	꜁tɕʰie	꜁tɕʰye	꜀ɕye
新沂阿湖	꜁tɕʰiə	꜁tɕʰyə	꜀ɕyə	赣榆青口	꜁kʰie	꜁kʰyɤ	꜀xyɤ
宿迁	꜁tɕʰiə	꜁tɕʰyə	꜀ɕyə	泗洪金锁	꜁tɕʰiə	꜁tɕʰyə	꜀ɕyə
赣榆石桥	꜁tɕʰiə	꜁tɕʰyə	꜀ɕyə	泗洪上塘	꜁tɕʰiə	꜁tɕʰyə	꜀ɕyə
赣榆墩尚	꜁tɕʰiə	꜁tɕʰyə	꜀ɕyə	灌南	꜁tɕʰɪ	꜁tɕʰyɪ	꜀ɕyɪ
莒县桑园	꜁tɕʰiə	꜁tɕʰyə	꜀ɕyə	泗洪瑶沟	꜁tɕʰye	꜁tɕʰye	꜀ɕye
日照奎山	꜁tɕʰiə	꜁tɕʰyə	꜀ɕyə	日照涛雒	꜁tsʰə	꜁tsʰuə	꜀suə
日照两城	꜁tɕʰiə	꜁tɕʰyə	꜀ɕyə	日照陈疃	꜁tsʰə	꜁tsʰuə	꜀suə
枣庄	꜁tɕʰiə	꜁tɕʰyə	꜀ɕyə	日照黄墩	꜁tʃʰə	꜁tʃʰuə	꜀ʃuə
睢宁	꜁tɕʰiə	꜁tɕʰyə	꜀ɕyə	五莲洪凝	꜁tʃʰə	꜁tʃʰuə	꜀ʃuə
蒙阴	꜁tɕʰiə	꜁tɕʰyə	꜀ɕyə	五莲许孟	꜁tʃʰə	꜁tʃʰuə	꜀ʃuə
兰陵	꜁tɕʰiə	꜁tɕʰyə	꜀ɕyə	莒南十字路	꜁tʃʰə	꜁tʃʰuə	꜀ʃuə
沛县	꜁tɕʰiə	꜁tɕʰyə	꜀ɕyə	莒南团林	꜁tʃʰə	꜁tʃʰuə	꜀ʃuə
沂水	꜁tɕʰiə	꜁tɕʰyə	꜀ɕyə	沭阳	꜁tɕʰiɪ	꜁tɕʰio	꜀ɕio
微山	꜁tɕʰiə	꜁tɕʰyə	꜀ɕyə	灌云	꜁tɕʰɪ	꜁tɕʰiəɯ	꜀ɕiəɯ
丰县	꜁tɕʰiə	꜁tɕʰyə	꜀ɕyə	泗阳	꜁tɕʰiɪ	꜁tɕʰyɪ	꜀ɕio
滕州	꜁tɕʰiə	꜁tɕʰyə	꜀ɕyə	连云港	꜁tɕʰi	꜁tɕʰy	꜀ɕy
铜山	꜁tɕʰiə	꜁tɕʰyə	꜀ɕyə				

从表 3-2 可以看出，果摄三等开口的读音有 7 个：iə、ie、ye、ə、i、ɪ、iɪ；果摄三等合口的读音有 8 个：yə、ye、yɤ、uə、io、iəɯ、yɪ、y。

根据果摄三等韵母主元音的异同，苏鲁毗连地区方言可以分为两种类型：相同型和不同型。相同型果摄三等韵母又有以下 3 种次类型：一是果摄开/合三等韵母主要元音相同，但介音上有 i/y 的对立。属于这一次类型的方言点有 35 个：邹城、沂南、临沭、丰县、新沂时集 A、新沂时集 B、新沂阿湖、宿迁、滕州、铜山、枣庄、睢宁、蒙阴、泗水、临沂、郯城、徐州、兰陵、费县、沛县、平邑、沂水、邳州、微山、东海、灌南、赣榆石桥、赣榆青口、赣榆墩尚、莒县城阳、莒县桑园、日照奎山、日照两城、泗洪金锁、泗洪上塘，为了方便讨论，简称之为徐州型。需要说明的是，赣榆青口果摄三等开、合韵母主元音分别为 e、ɤ，但没有对立，因此把赣榆青口归入相同型。二是开/合口主要元音相同，但介音上是 Ø/u 的对立，属于这一次类型的方言点有 7 个：日照涛雒、日照陈疃、日照黄墩、五莲许孟、五莲洪凝、莒南十字路、莒南团林，这一类型简称为日照涛雒型。三是开/合口主要元音相同，介音上也没有对立，都是 y 介音，这一类型简称为泗洪瑶沟型，属于这一次类型的方言点只有 1 个：泗洪瑶沟。属于不同型的方言有 4 个：连云港、灌云、沭阳、泗阳。四个方言点果摄三等开口韵母主要元音为 i、ɪ，果摄三等合口韵母主要元音为 y、ə、o、ɪ。

果摄三等读音类型可以简化为表 3-3（徐州型、日照型分别以徐州、日照涛雒为例）。

表 3-3　果摄三等读音类型今读情况表

分合类型	方言点	茄开	瘸合	靴合
相同型	徐州型	iə	yə	yə
	日照涛雒型	ə	uə	uə
	泗洪瑶沟	ye	ye	ye
不同型	连云港	i	y	y
	灌云	ɪ	iəɯ	iəɯ
	沭阳	iɪ	io	io
	泗阳	iɪ	yɪ	io

果摄三等读音类型的地理分布如图 3-2 所示。

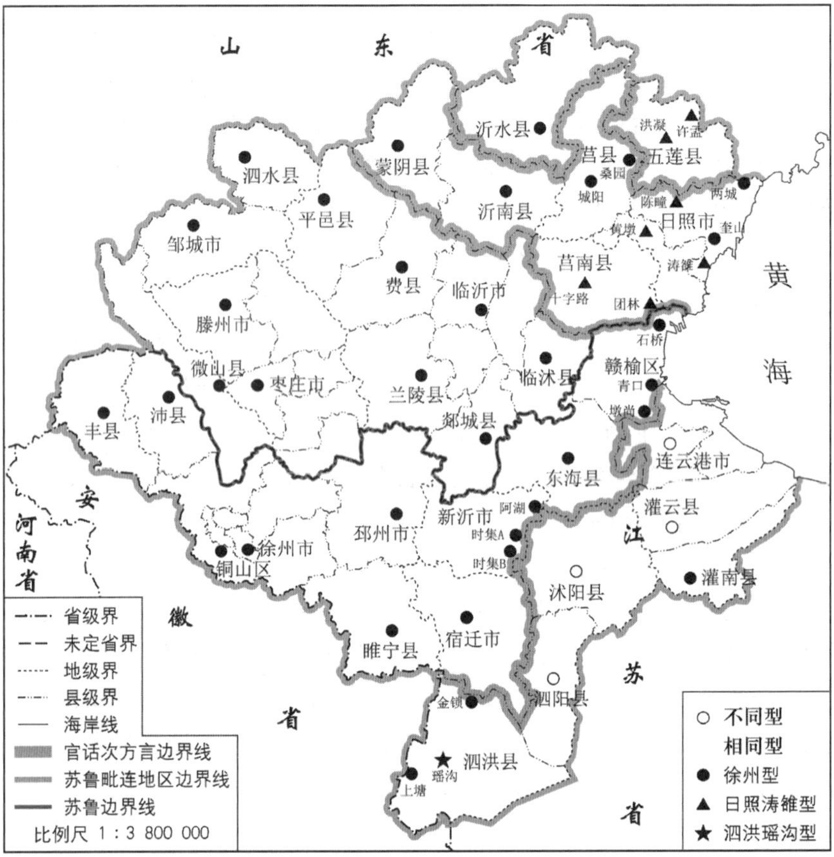

图 3-2 果摄三等读音类型分布图

从图 3-2 可见，不同型分布在东南部的连云港、灌云、沭阳、泗阳地区，其他地区都是相同型的分布范围，东南部的灌南也属于相同型。就相同型的 3 种次类型来说，日照涛雒型分布在日照、莒南和五莲地区，但日照境内的日照奎山和日照两城两个点是徐州型。泗洪瑶沟型只有泗洪境内的瑶沟一个方言点。其他地区都是徐州型的分布范围。

根据薛凤生（1999），等韵时期果摄主要元音为后低的元音 ɑ，果开三韵母为*iɑ，果合三韵母为*iuɑ。以等韵音系果摄三等韵母音值为起点，参照徐州型、日照涛雒型和泗洪瑶沟型的读音，可以把相同型方言果摄三等演变的过程拟测如下：

*iɑ → *ia → ie → iə → ə

↓

*iuɑ → *ya → ye → yə → uə

相同型的 3 个次类型代表了果摄三等不同的演变阶段：泗洪瑶沟型果摄三等韵主要元音 ɑ 应该先是前化为 a，然后高化为 e，最后果摄三等开口韵母衍生 u 介音，与合口韵母合流。徐州型果摄三等韵主元音 ɑ 也先后经历了前化与高化的音变，然后弱化为 ə，开合口韵母始终保持着对立。在徐州型基础上，日照涛雒型果摄三等字声母发生了舌叶化或平舌化（如日照涛雒见效组细音：tɕi tɕ^{h}i ɕi→ts ts^h s，五莲许孟见效组细音：tɕi tɕ^{h}i ɕi→tʃ tʃ^h ʃ）的音变，果摄三等韵母相应地失去了 i 介音，结果是果摄三等开口韵变为 ə，而果摄三等合口韵变为 uə。

以等韵音系果摄三等韵母音值为起点，参照连云港、灌云、沭阳和泗阳的读音，可以把不同型方言果摄三等韵母演变的过程拟测如下（用【】标记的音值是方言中没有发现但应该存在过的读音形式）：

					↗	ɪ	→	i		
*iɑ	→	*ia	→	*ie	→	iɪ	→	i		
*iuɑ	→	*iuɒ	→	*iɒ	→	io	→	【iu】	→	iəɯ
	↘	*ya	→	*ye	→	yɪ			↘	y

不同型方言开/合口韵母主元音有别，说明果摄三等开/合口韵母主元音的演变路径不同。

先看开口韵母。不同型方言与相同型方言一样，果开三韵母（*iɑ）主元音 ɑ 应该也经历了前化为 a、高化为 e 的阶段。此后，高化分为两条路径：一是主元音继续高化，韵母 ie 变为 iɪ（沭阳、泗阳），最后单元音化为 i 韵母；二是韵母 ie 单元音化为 ɪ（灌云），最后高化为 i 韵母。可见，连云港果开三 i 韵母的高化过程有两种可能的路径，但殊途同归，结果都是变为 i 韵母。

再看合口韵母。果合三的高化过程一开始就走了不同路径：①如果泗阳方言的"瘸"是自身的演变，那么果合三韵母主要元音先前化，可能经过 a 的阶段而后高化为 e（泗洪瑶沟），再高化至 ɪ（泗阳）。②果合三主元音 ɑ 没有前化，而是先圆唇化为 ɒ，在此过程中介音的合口成分丢失。然后继续高化为 o，果合三韵变为 io（沭阳、泗阳）。

灌云方言果合三今读 iəɯ，并与流开三合流。冯青青（2013）通过比较苏北泗阳众兴、滨海陈涛、连云港新浦和灌云伊山的差异，拟测了果合三、流开三合流的演变：io→iu→iəu→iəɯ，并从音理上做了解释：iu 韵母主要元音先裂化变为 iəu 韵母，然后在介音的影响下韵尾展唇化，最后变为 iəɯ 韵母。我们认为，灌云方言果合三的演变也应该经历了这一过程。

连云港方言果合三与流开三也合流了，但与灌云不同，今读为 y。考虑到①不同型的四个方言点（连云港、灌云、沭阳和泗阳）在地理上呈连续分布（见图 3-2）；②经济文化中心地区（连云港）与周边地区方言（灌云、沭阳和泗阳）往往有演变上的先后快慢关系，推测果合三经历了如下音变过程：io→iu→iəu→iəɯ→y（与流开三合流，然后又与流开三一起发生了单元音化、高化音变）。但 iəɯ→y 这一音变阶段的具体过程怎样还需要进一步考察。

通过相同型与不同型方言果摄三等的读音及演变可以看出，相同型的演变特点是果摄三等开/合口韵主元音都经历了前化过程，而不同型方言则是开口韵经历了前化过程，但合口韵没有经过前化音变（泗阳方言的“瘸”例外）。需要说明的是，泗阳“瘸靴”两字韵母的不同，造成这一现象的原因需要进一步考察。

3.1.3 元音高化

3.1.3.1 蟹止开三四、假开三的高化

（1）高化类型

根据元音高化涉及的韵摄和声母范围的大小可以把苏鲁毗连地区方言分为 5 种类型：一是赣榆青口型，是指止开三精庄章组字韵母高化为舌尖音；二是徐州型，是指在赣榆型的基础上，止开三知组字、蟹开三知章组字韵母也高化为舌尖音；三是灌南型，是指在徐州型的基础上，蟹止开三四帮精组、见系字韵母高化为舌尖音，假开三非章组字韵母高化为 i；四是连云港型，是指在灌南型的基础上，蟹止开三四端泥组字韵母也都高化为舌尖音；五是日照涛雒型，是指在徐州型元音高化的基础上，蟹止开三四见晓组字韵母还发生了舌尖化的音变。

苏鲁毗连地区方言中，属于徐州型的方言点有 37 个：宿迁、邳州、临沭、睢宁、郯城、新沂时集 A、新沂时集 B、新沂阿湖、平邑、费县、临沂、东海、兰陵、微山、枣庄、泗水、邹城、滕州、蒙阴、沂南、沂水、莒县城阳、莒县桑园、徐州、铜山、丰县、沛县、泗洪瑶沟、泗洪金锁、泗洪上塘、沭阳、泗阳、灌云、日照奎山、日照两城、赣榆石桥、赣榆墩尚；属于日照涛雒型的方言点有 7 个：五莲许孟、五莲洪凝、日照涛雒、日照陈疃、日照黄墩、莒南十字路、莒南团林；属于赣榆青口型、灌南型和连云港型的方言点都只有 1 个。

蟹止开三四、假开三高化类型及例字如表 3-4 所示。

表 3-4 蟹止开三四、假开三高化类型例字表

	弟蟹开四定	批蟹开四滂	鸡蟹开四见	制蟹开三章	资止开三精	师止开三生	支止开三章	姐假开三精
赣榆青口	ti꜄	꜀pʰi	꜀ki	tʃi꜄	꜀tsɿ	꜀ʂʅ	꜀tʂʅ	꜂tsie
邳州	ti꜄	꜀pʰi	꜀tɕi	tʂʅ꜄	꜀tsɿ	꜀ʂʅ	꜀tʂʅ	꜂tɕiə
宿迁	ti꜄	꜀pʰi	꜀tɕi	tʂʅ꜄	꜀tsɿ	꜀ʂʅ	꜀tʂʅ	꜂tɕiɛ
枣庄	ti꜄	꜀pʰi	꜀tɕi	tsɿ꜄	꜀tsɿ	꜀sɿ	꜀tsɿ	꜂tɕiə
沂南	ti꜄	꜀pʰi	꜀tɕi	tʃɿ꜄	꜀tθɿ	꜀ʂʅ	꜀tʂʅ	꜂tsiə
徐州	ti꜄	꜀pʰi	꜀tɕi	tʂʅ꜄	꜀tsɿ	꜀sɿ	꜀tsɿ	꜂tɕiə
泗洪瑶沟	ti꜄	꜀pʰi	꜀tɕi	tʂʅ꜄	꜀tsɿ	꜀sɿ	꜀tʂʅ	꜂tɕie
沭阳	tiˀ꜄	꜀pʰiˀ	꜀tɕiˀ	tʂʅ꜄	꜀tsɿ	꜀ʂʅ	꜀tʂʅ	꜂tɕiɪ
灌南	tɪ꜄	꜀pʰɿ	꜀tɕɿ	tʂʅ꜄	꜀tʂʅ	꜀ʂʅ	꜀tʂʅ	꜂tɕi
连云港	tɿ꜄	꜀pʰɿ	꜀tɕɿ	tʂʅ꜄	꜀tʂʅ	꜀ʂʅ	꜀tʂʅ	꜂tɕi
日照涛雒	tɕi꜄	꜀pʰi	꜀tsɿ	tsɿ꜄	꜀tθɿ	꜀ʂʅ	꜀tʂʅ	꜂ȶiə

蟹止开三四、假开三高化类型的地理分布如图 3-3 所示。

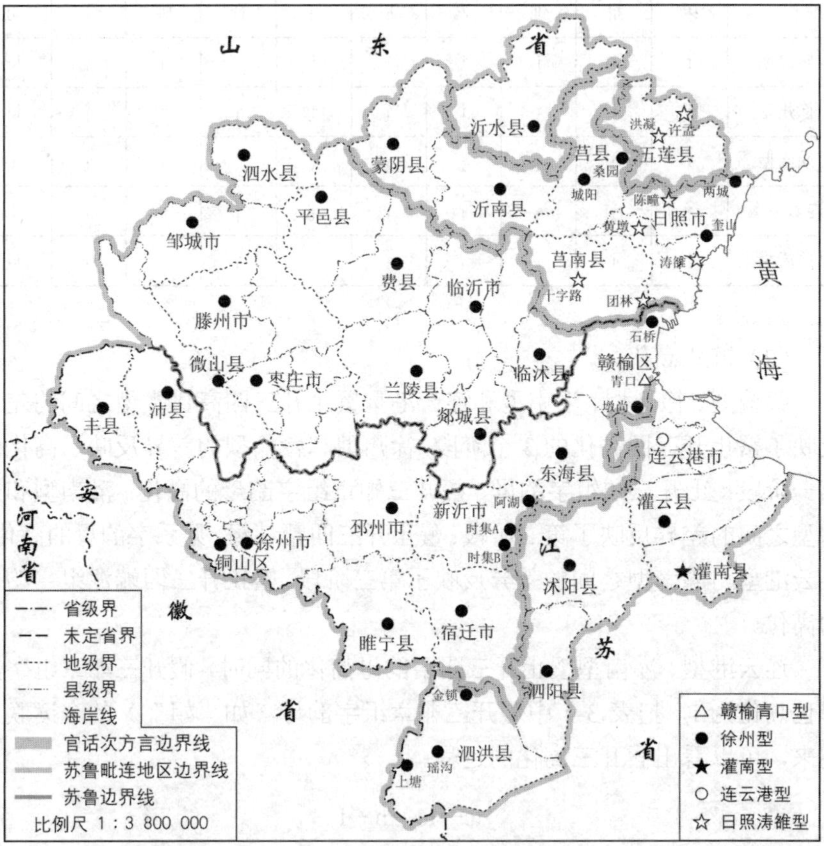

图 3-3 蟹止开三四、假开三高化类型分布图

从图 3-3 可见，灌南型、连云港型、赣榆青口型都只有一个点，分布在灌南、连云港和赣榆境内，日照涛雒型分布在日照、五莲和莒南地区，其他地区都是徐州型的分布范围。日照境内的日照两城、日照奎山两点与其他点不同，也是徐州型。

从赣榆型、徐州型、灌南型到连云港型，元音高化涉及的韵摄、声母的范围逐渐扩大，如表 3-5 所示（分别以赣榆青口、徐州、灌南、连云港为例）。日照涛雒型（以日照涛雒为例）蟹止开三四见晓组字韵母的舌尖化的原因与其他类型的元音高化不同，是见晓组字声母的舌叶化/舌尖化音变（tɕ tɕʰ ɕ→tʃ tʃʰ ʃ/ts tsʰ s）引起的，因此在最后一行单列。

表 3-5　蟹止开三四、假开三高化类型比较表

	蟹止	蟹止	蟹	蟹止	蟹	止	止	止	止	假
	端泥组	帮组	精组	见系	知章组	知组	精组	庄组	章组	非章组
	弟	批	细	鸡	制	知	资	师	支	姐
赣榆型	i	i	i	i	i	i	ɿ	ʅ	ʅ	ie
徐州型	i	i	i	i	ʅ	ʅ	ɿ	ɿ	ɿ	iə
灌南型	ɪ	ɿ	ɿ	ɿ	ʅ	ʅ	ʅ	ʅ	ʅ	i
连云港型	ɿ	ɿ	ɿ	ɿ	ʅ	ʅ	ɿ	ʅ	ʅ	i
日照涛雒型	i	i	i	ɿ	ɿ	ɿ	ɿ	ʅ	ʅ	iə

（2）链式高化

赣榆型、徐州型、灌南型和连云港型蟹止开三四高化类型之间的差异反映了蟹止开三四高化的 3 个阶段。徐州型和赣榆型的差异反映了高化的第一阶段：止开三知组字韵母、蟹开三知章组字韵母的高化；灌南型和徐州型之间的差异反映了第二阶段：蟹止开三四帮精组、见系字韵母的高化；连云港型与灌南型之间的差异反映了第三阶段：蟹止开三四端泥组字韵母的高化。

连云港型、灌南型蟹止开三四字韵母高化的同时，假开三非章组字韵母也高化为 i，把表 3-4 中假开三非章组字韵母（如“姐”）的今读联系起来，可以看出假开三高化的过程：

iɛ→ie→iɪ→i

iɛ 可以看作假开三高化的起点（宿迁），然后经过 ie（赣榆青口等）、iɪ（沭阳），最终高化为 i（灌南等）。

如果把蟹止开三四、假开三的读音联系起来，可以看到两者之间有高化关系：

i→ɿ
↑
iɛ→ie→iɪ→ɪ→i

“→”表示高化，“⟶”表示蟹止开三四、假开三之间的高化关系。可以看出，假开三高化为舌面音 i 时，蟹止开三四在假开三高化的影响下从 i 高化为 ɿ。

值得一提的是，灌南型在蟹止开三四高化为舌尖音的过程中，蟹止开三四端泥组字韵母没有与蟹止开三四其他声母字韵母一起高化，而是与高化后的假开三合并，例如：爹꜀ti＝低꜀ti。这一现象表现了元音高化的声母次序，也是一种音类分化后又与别的音类合并的实例。另外，连云港方言口语常用字“你”脱离所在音类（蟹止开三四）元音高化的队伍，加入另一个音类（假开三）：你 n̩i≠李 n̩ɿ。孙宜志（2006）也指出了安徽江淮官话中的这一现象：“口语使用频率高的字往往会保留早先的读音不变，‘你’‘里’在所有高化的方言中基本上韵母不高化。例如无为：你 li，里 li。”

日照涛雒型除了和徐州型一样，止开三知组字、蟹开三知章组字韵母高化为舌尖音之外，蟹止开三四见晓组字韵母也变成了舌尖音 ɿ，但与灌南型、连云港型蟹止开三四的高化有着本质的不同：前者是声母引发了韵母的舌尖化，后者是元音的链式高化。理由有以下三点：①与灌南型和连云港型不同，日照涛雒型蟹止开三四见晓组字声母发生了 tɕ tɕʰ ɕ→tʃ tʃʰ ʃ/ts tsʰ s 的音变（莒南团林、五莲洪凝、日照陈疃、日照黄墩、五莲许孟、莒南十字路变成了 tʃ tʃʰ ʃ，日照涛雒变成了 ts tsʰ s），然后蟹止开三四见晓组字韵母在声母（tʃ tʃʰ ʃ/ts tsʰ s）的影响下发生了 i→ɿ 的音变。②与灌南型和连云港型不同，蟹止开三四影组字韵母没有发生高化音变，这是因为影组字声母今读零声母而不读 tʃ tʃʰ ʃ/ts tsʰ s，蟹止开三四影组字韵母失去声母（tʃ tʃʰ ʃ/ts tsʰ s）的条件，因此也就没有发生 i→ɿ 的音变。③与灌南型和连云港型不同，日照型假开三没有发生元音高化的现象，因此，日照涛雒型蟹止开三四见晓组字韵母的高化是受到了声母（tʃ tʃʰ ʃ/ts tsʰ s）的影响，而没有造成假开三的链式音变。

根据孙宜志（2006）、冯青青（2013），元音高化是江淮官话里常见的语音现象。从图 3-3 蟹止开三四、假开三高化类型的地理分布上看，元音高化程度最大的连云港型与高化程度次之的灌南型并没有地理上的连续性，这说明连云港型的元音高化是自身的创新音变，与灌南型以及其他地区江淮官话的元音高化没有接触关系。可以预见，连云港型元音高化现象会逐渐向四周所辖的县（市）地区扩散，最终扩散到连云港及其所辖县市全境。

3.1.3.2　果开合一，遇合一、遇合三（帮知系），流开一（非帮组）、流开三（知系）的高化

（1）高化类型

按照果开合一，遇合一、遇合三（帮知系），流开一（非帮组）、流开三（知系）读音的不同，可以把苏鲁毗连地区方言分为五种类型：一是连云港型，果开合一今读 ʊ，遇合一、遇合三（帮知系）今读 əuʷ，流开一（非帮组）、流开三（知系）今读 ɵ。二是灌南型，果开合一今读 ʊ，遇合一、遇合三（帮知系）今读 uʷ，流开一（非帮组）、流开三（知系）今读 ɤɯ。三是沭阳型，果开合一今读 o，遇合一、遇合三（帮知系）今读 uʷ，流开一（非帮组）、流开三（知系）今读 əɯ。四是泗阳型，果开合一今读 o，遇合一、遇合三（帮知系）今读 u，流开一（非帮组）、流开三（知系）今读 əɯ。五是徐州型，果开合一今读 uə ə/uɤ ɤ，遇合一、遇合三（帮知系）今读 u ɥ y，流开一（非帮组）、流开三（知系）今读 ou/əu。需要说明的是，属于徐州型的赣榆青口遇合三（知章组）今读 y，属于一种存古现象，属于徐州型的日照黄墩等方言遇合三（知章见晓组）今读 ɥ，这是由于知章见晓组声母（tʃ tʃʰ ʃ/ts tsʰ s）的影响造成的，属于一种创新音变，以上两种情况不纳入讨论范围。

苏鲁毗连地区方言中，属于徐州型的有 42 个：枣庄、莒县、日照奎山、日照两城、日照陈疃、日照黄墩、日照涛雒、五莲洪凝、莒县桑园、莒县城阳、五莲许孟、莒南十字路、莒南团林、临沭、微山、费县、平邑、沛县、兰陵、沂水、徐州、蒙阴、滕州、邹城、新沂时集 A、新沂时集 B、新沂阿湖、临沂、赣榆青口、赣榆墩尚、邳州、宿迁、铜山、郯城、睢宁、泗洪瑶沟、泗洪金锁、泗洪上塘、沂南、东海、丰县、泗水；属于泗阳型的有两个方言点：泗阳、灌云；属于连云港型、灌南型和沭阳型都只有一个方言点。如表 3-6 所示。

表 3-6　果开合一，遇合一、遇合三（帮知系），流开一（非帮组）、流开三（知系）高化类型例字表

	多 果开一端	歌 果开一见	锅 果合一见	布 遇合一帮	土 遇合一透	诸 遇合三初	兜 流开一端	周 流开三章
连云港	꜀tʊ	꜀kʊ	꜀kʊ	puʷ꜄	꜂tʰəuʷ	꜀tʂəuʷ	꜀təuʷ	꜀tʂəuʷ
灌南	꜀tʊ	꜀kʊ	꜀kʊ	puʷ꜄	꜂tʰuʷ	꜀tʂuʷ	꜀tɤɯ	꜀tʂɤɯ
沭阳	꜀to	꜀ko	꜀ko	puʷ꜄	꜂tʰuʷ	꜀tʂuʷ	꜀təɯ	꜀tʂəɯ
泗阳	꜀to	꜀ko	꜀ko	pu꜄	꜂tʰu	꜀tʂu	꜀təɯ	꜀tʂəɯ
徐州	꜀tuə	꜀kə	꜀kuə	pu꜄	꜂tʰu	꜀tʂu	꜀tou	꜀tʂou
赣榆青口	꜀tuɤ	꜀kɤ	꜀kuɤ	pu꜄	꜂tʰu	꜀tʃy	꜀təu	꜀tʃiəu
日照黄墩	꜀tuə	꜀kə	꜀kuə	pu꜄	꜂tʰu	tʃʮ꜄	꜀tou	꜀tʃou
邳州	꜀tuə	꜀kə	꜀kuə	pu꜄	꜂tʰu	꜀tʂu	꜀təu	꜀tʂəu

果开合一，遇合一、遇合三（帮知系），流开一（非帮组）、流开三（知系）高化类型的地理分布如图 3-4 所示。

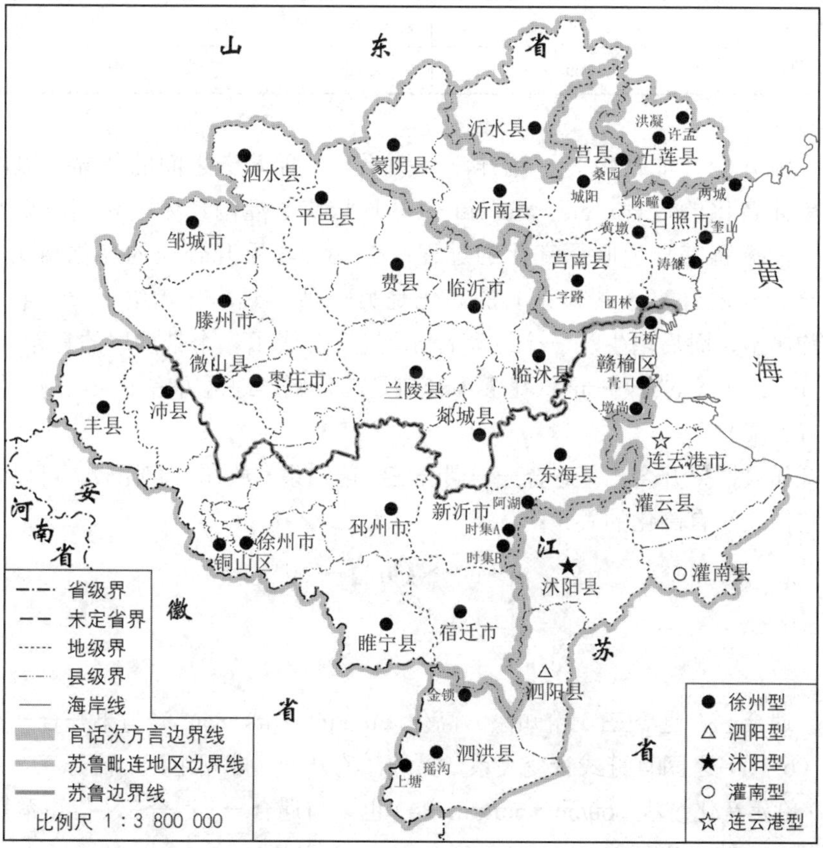

图 3-4　果开合一，遇合一、遇合三（帮知系），流开一（非帮组）、流开三（知系）高化类型分布图

从图 3-4 可见，灌南型、泗阳型、连云港型和沭阳型都分布在东南部地区，其他地区都是徐州型的分布范围。

（2）链式高化

果开合一，遇合一、遇合三（帮知系），流开一（非帮组）、流开三（知系）高化的五种类型之间的差异反映了元音高化的过程，如表 3-7 所示。

表 3-7　果开合一，遇合一、遇合三（帮知系），流开一（非帮组）、流开三（知系）高化过程展示表

	流开一（非帮组） 流开三（知系）	果开合一	遇合一 遇合三（帮知系）
连云港	ɵ	ʊ	əu^{w}
灌南	ɤɯ	ʊ	u^{w}
沭阳	əɯ	o	u^{w}
泗阳	əɯ	o	u
邳州	əu	uə	u

流开一（非帮组）、流开三（知系）5 种读音之间的差异可以看出单元音化的过程：əu→əɯ/ɤɯ→ɵ。连云港、灌南、沭阳和泗阳果开合一的读音差异反映了高化的过程：o→ʊ。与果开合一的高化相比，遇合一、遇合三（帮知系）的高化是另一种形式：先增生了一个半元音韵尾 w，而后增生了一个过渡音 ə，最后变成了一个带韵尾的复元音，即 u→u^{w}→【^{ə}u^{w}】→əu^{w}（【】中音值是苏鲁毗连地区方言中未出现过的语音形式）。

如果把果开合一，遇合一、遇合三（帮知系）放在一起比较，可以看到它们之间有高化的关系：

u→u^{w}→【^{ə}u^{w}】→əu^{w}
↑
o→ʊ

遇合一、遇合三（帮知系）高化（u→u^{w}→^{ə}u^{w}→əu^{w}）与果开合一高化（o→ʊ）之间有链式音变关系，另外，流开一（非帮组）、流开三（知系）单元音化过程（ou/əu→əɯ/ɤɯ→ɵ）也许与遇合一、遇合三（帮知系），果开合一的高化有关。

3.2 阳声韵

3.2.1 山合一、二的分合类型与分布

按照山摄合一、二等是否有别，可以把苏鲁毗连地区方言分为两种类型：一是有别型，属于这一类型的方言点有 6 个：灌南、连云港、灌云、泗阳、泗洪瑶沟、沭阳；二是无别型，属于这一类型的方言点有 41 个：五莲洪凝、五莲许孟、铜山、枣庄、滕州、日照奎山、日照涛雒、日照陈疃、日照黄墩、日照两城、邹城、泗水、郯城、睢宁、泗洪金锁、泗洪上塘、蒙阴、沂南、临沭、丰县、新沂时集 A、新沂时集 B、新沂阿湖、宿迁、赣榆青口、赣榆石桥、赣榆墩尚、徐州、兰陵、费县、莒南十字路、莒南团林、莒县城阳、莒县桑园、临沂、沛县、平邑、沂水、邳州、微山、东海。

有别型山合一二的读音都有例外。灌南山合一今读 ʊ̃，山合二今读（u）æ̃，例外字：攒ᶜtʂæ̃、玩꜁uæ̃（山合一）；篡 tʂʰʊ̃ᵓ（山合二）。连云港山合一今读 õ，山合二今读（u）ã，例外字：攒ᶜtʂã、皖ᶜuã（山合一）；篡 tʂʰʊ̃ᵓ（山合二）。沭阳山合一今读 õ，山合二今读（u）æ̃，例外字：攒ᶜtsæ̃、绊 pæ̃ᵓ、玩꜁uæ̃（山合一）；篡 tsʰõᵓ、患 xõᵓ、宦 xõᵓ（山合二）。泗阳山合一今读 õ，山合二今读（u）aŋ，例外字：纂ᶜtsuaŋ、缓ᶜxuaŋ、皖ᶜuaŋ、漫 maŋᵓ、幔 maŋᵓ、玩꜁uaŋ（山合一）；幻 xõᵓ、篡 tsʰõᵓ（山合二）。灌云山合一今读 õ，山合二今读（u）ã，例外字：绊 pãᵓ/pʰãᵓ、攒ᶜtʂã、欢꜀xuã（山合一）；篡 tsʰõᵓ、患 xõᵓ、宦 xõᵓ（山合二）。泗洪瑶沟山合一今读 uɐ̃，山合二今读（u）æ̃，例外较多：般꜀pæ̃、潘꜀pʰæ̃、攒ᶜtsæ̃、半 pæ̃ᵓ、绊 pæ̃ᵓ、判 pʰæ̃ᵓ、漫 mæ̃ᵓ、幔 mæ̃ᵓ、贯 kuæ̃ᵓ、观寺~kuæ̃ᵓ、观寺~꜀kuæ̃、冠衣~꜀kuæ̃、冠~军kuæ̃ᵓ、桓꜁xuæ̃、玩꜁uæ̃、腕 uæ̃ᵓ（山合一）；幻 xuɐ̃ᵓ、患 xuɐ̃ᵓ、宦 xuɐ̃ᵓ、撰 tʂuɐ̃ᵓ、篡 tsʰuɐ̃ᵓ、栓꜀ʂuɐ̃、闩꜀ʂuɐ̃（山合二）。以上 6 个方言点有一致的例外字音，如攒、玩（山合一）；篡、患、宦（山合二）等。

山合一、二分合类型例字如表 3-8 所示。

表 3-8 山合一、二分合类型例字表

		搬山合一	官山合一	宽山合一	换山合一	碗山合一	关山合二	环山合二	栓山合二	弯山合二
有别型	灌南	꜀pʊ̃	꜀kʊ̃	꜀kʰʊ̃	xʊ̃ᵓ	ᶜʊ̃	꜀kuæ̃	꜁kʰuæ̃	꜀ʂuæ̃	꜀uæ̃
	连云港	꜀põ	꜀kõ	꜀kʰõ	xõᵓ	ᶜõ	꜀kuã	꜁xuã	꜀ʂuã	꜀uã
	沭阳	꜀põ	꜀kõ	꜀kʰõ	xõᵓ	ᶜõ	꜀kuæ̃	꜁xuæ̃	꜀ʂuæ̃	꜀uæ̃
	泗阳	꜀põ	꜀kõ	꜀kʰõ	xõᵓ	ᶜõ	꜀kuaŋ	꜁xuaŋ	꜀ʂuaŋ	꜀uaŋ
	泗洪瑶沟	꜀puɐ̃	꜀kuɐ̃	꜀kʰuɐ̃	xuɐ̃ᵓ	ᶜuɐ̃	꜀kuæ̃	꜁xuæ̃	꜀ʂuɐ̃	꜀uæ̃

续表

		搬山合一	官山合一	宽山合一	换山合一	碗山合一	关山合二	环山合二	栓山合二	弯山合二
无别型	东海	꜀pæ̃	꜀kuæ̃	꜀kʰuæ̃	xuæ̃꜄	꜂uæ̃	꜀kuæ̃	꜁xuæ̃	꜀ʂuæ̃	꜀væ̃
	邳州	꜀pæ̃	꜀kuæ̃	꜀kʰuæ̃	xuæ̃꜄	꜂uæ̃	꜀kuæ̃	꜁xuæ̃	꜀fæ̃	꜀uæ̃
	沂南	꜀pæ̃	꜀kuæ̃	꜀kʰuæ̃	xuæ̃꜄	꜂uæ̃	꜀kuæ̃	꜁xuæ̃	꜀ʂuæ̃	꜀uæ̃
	五莲许孟	꜀pã	꜀kuã	꜀kuã	xuã꜄	꜂vã	꜀kuã	꜁xuã	꜀ʂuã	꜀vã
	赣榆青口	꜀pan	꜀kuan	꜀kʰuan	xuan꜄	꜂uan	꜀kuan	꜁xuan	꜀ʂuan	꜀uan

山合一、二分合类型的地理分布如图 3-5 所示。

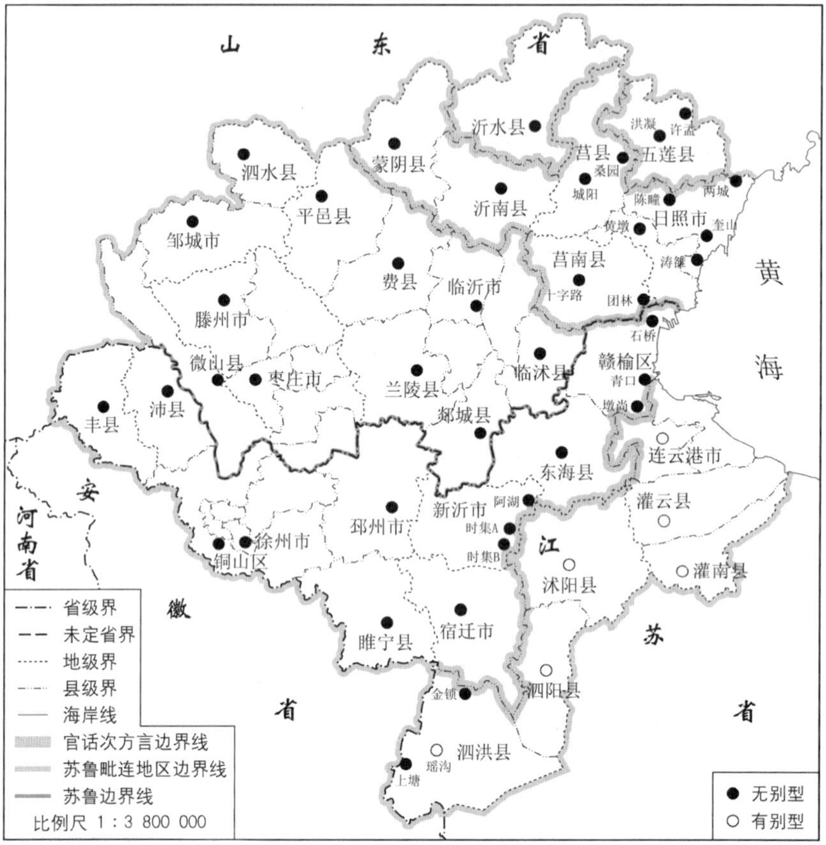

图 3-5 山合一、二分合类型分布图

从图 3-5 可见，有别型分布在东南部的连云港、灌南、灌云、沭阳、泗阳和泗洪（部分地区），其他地区都是徐州型的分布范围。

3.2.2 咸山开二（见系）、开三四的分合类型与分布

按照咸山开二（见系）、开三四的分合，可以把苏鲁毗连地区方言分为两种类型：一是有别型，属于这一类型的方言点有 5 个：灌南、连云港、灌云、泗阳、沭阳；二是无别型，属于这一类型的方言点有 42 个：泗洪瑶沟、泗洪上塘、泗洪金锁、五莲洪凝、五莲许孟、铜山、枣庄、滕州、日照涛雒、日照奎山、日照两城、日照陈疃、日照黄墩、邹城、泗水、郯城、睢宁、蒙阴、沂南、临沭、丰县、新沂时集 A、新沂时集 B、新沂阿湖、宿迁、赣榆石桥、赣榆青口、赣榆墩尚、徐州、兰陵、费县、莒南十字路、莒南团林、莒县城阳、莒县桑园、临沂、沛县、平邑、沂水、邳州、微山、东海。

灌南咸山开二（见系）今读（i）æ̃，咸山开三四今读 ĩĩ，例外字：岩꜁ĩĩ（咸山开二）、瞻꜀tʂæ̃、占~卜꜀tʂæ̃、蟾꜁tʂʰæ̃、淹꜀æ̃（咸山开三四）。连云港咸山开二（见系）今读（i）ã，咸山开三四今读 iẽ，例外字：颜꜁iẽ、晏 iẽᵓ（咸山开二）；淹꜀iã、阉꜀iã、陕ᶜʂã、闪ᶜʂã、展ᶜtʂã、膻 ʂãᵓ、蝉꜁tʂʰã、禅꜁tʂʰã/ʂãᵓ、战 tʂãᵓ、颤 tʂʰãᵓ（咸山开三四）。沭阳咸山开二（见系）今读（i）æ̃，咸山开三四今读 ĩĩ，例外字：岩꜁ĩĩ（咸山开二）；淹꜀iæ̃、沾꜀tʂæ̃、瞻꜀tʂæ̃、蟾꜁tʂʰæ̃、陕ᶜʂæ̃、占 tʂæ̃ᵓ、毡꜀tʂæ̃、蝉꜁tʂʰæ̃、禅꜁tʂʰæ̃、战 tʂæ̃ᵓ、年꜁niæ̃、怜꜁liæ̃、莲꜁liæ̃、撵ᶜniæ̃、捻ᶜniæ̃、练 liæ̃ᵓ、炼 liæ̃ᵓ（咸山开三四）。泗阳咸山开二（见系）今读（i）aŋ，咸山开三四今读 iẽ，例外字：岩꜁iẽ（咸山开二见系）；沾꜀tʂaŋ、粘꜀tʂaŋ、瞻꜀tʂaŋ、占꜀tʂaŋ、蟾꜁tʂʰaŋ、淹꜀iaŋ、展ᶜtʂaŋ、禅꜁tʂʰaŋ、蝉꜁tʂʰaŋ、战 tʂaŋᵓ、颤 tʂaŋᵓ、膳 ʂaŋᵓ、单 ʂaŋᵓ、禅~让 ʂaŋᵓ、然꜁ʐaŋ、羡 ɕyaŋᵓ、轩꜀ɕyaŋ、茧ᶜtɕiaŋ、弦꜁ɕyaŋ（咸山开三四）。灌云咸山开二（见系）今读（i）ã，咸山开三四今读 iẽ，例外字：꜀淹 iã（咸山开三四）。以上方言点中的例外字，咸山开三知章组声母字较多，其中的一些字还有文白异读。

咸山开二（见系）、开三四分合类型例字表如表 3-9 所示。

表 3-9 咸山开二（见系）、开三四分合类型例字表

		间山开二	肩山开四	颜山开二	严咸开三	雁山开二	燕山开四	咸咸开二	嫌咸开四
有别型	灌南	꜀tɕiæ̃/꜀kæ̃	꜀tɕĩĩ	꜁æ̃	꜀ĩĩ	æ̃ᵓ	ĩĩᵓ	꜁xæ̃	꜁ɕĩĩ
	连云港	꜀tɕiã	꜀tɕiẽ	꜁iẽ	꜁iẽ	iãᵓ	iẽᵓ	꜁ɕiã	꜁ɕiẽ
	灌云	꜀tɕiã	꜀tɕiẽ	꜁iẽ	꜁iẽ	iãᵓ	iẽᵓ	꜁ɕiã	꜁ɕiẽ
	泗阳	꜀tɕiã	꜀tɕiẽ	꜁iã	꜁iẽ	iãᵓ	iẽᵓ	꜁ɕiã	꜁ɕiẽ
	沭阳	꜀tɕiæ̃	꜀tɕĩĩ	꜁iæ̃	꜀ĩĩ	iæ̃ᵓ	ĩĩᵓ	꜁ɕiæ̃	꜁ɕĩĩ

续表

		间山开二	肩山开四	颜山开二	严咸开三	雁山开二	燕山开四	咸咸开二	嫌咸开四
无别型	泗洪瑶沟	꜀tɕiæ̃	꜀tɕiæ̃	꜁iæ̃	꜁iæ̃	iæ̃꜄	iæ̃꜄	꜁ɕiæ̃	꜁ɕiæ̃
	五莲许孟	꜀ʒã	꜀tɕiã	꜁iã	꜁iã	iã꜄	iã꜄	꜁ʃã	꜁ʃã
	沂南	꜀tɕiæ̃	꜀tɕiæ̃	꜁iæ̃	꜁iæ̃	iæ̃꜄	iæ̃꜄	꜁ɕiæ̃	꜁ɕiæ̃
	邳州	꜀tɕiæ̃	꜀tɕiæ̃	꜁iæ̃	꜁iæ̃	iæ̃꜄	iæ̃꜄	꜁ɕiæ̃	꜁ɕiæ̃
	赣榆青口	꜀kian	꜀kian	꜁ian	꜁ian	ian꜄	ian꜄	꜁xian	꜁xian

咸山开二（见系）、开三四分合类型的地理分布如图 3-6 所示。

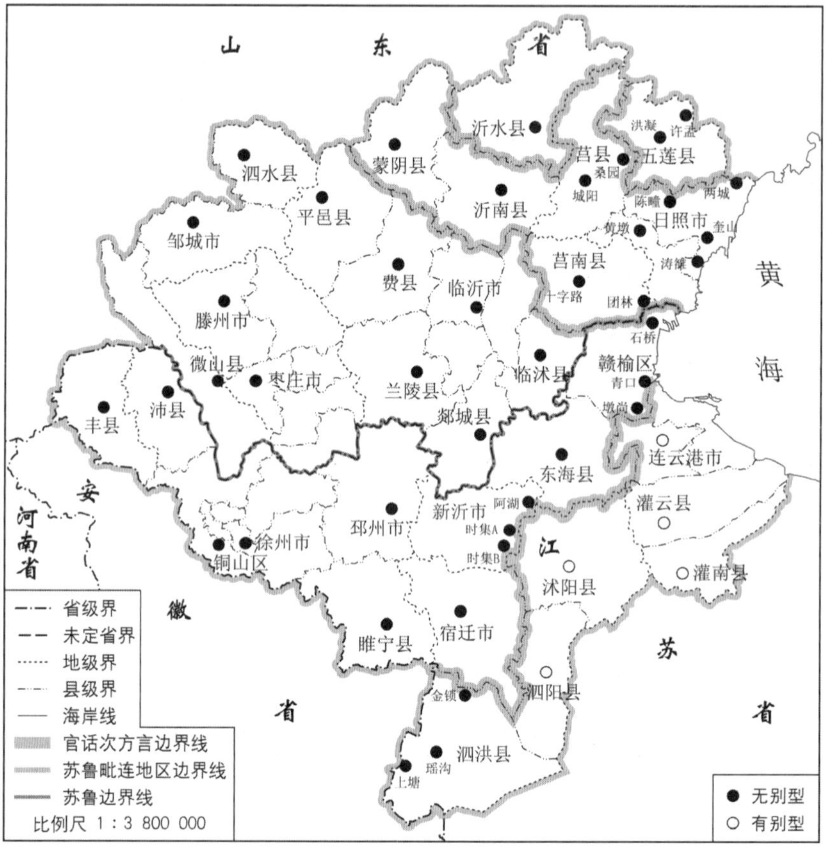

图 3-6 咸山开二（见系）、开三四分合类型分布图

从图 3-6 可见，有别型分布在东南部的连云港、灌南、灌云、沭阳和泗阳地区，其他地区都是徐州型的分布范围。

3.2.3 深臻开三阳声韵字 i 介音消失的类型和过程

3.2.3.1 深臻开三阳声韵字 i 介音消失的类型

按照深臻开三阳声韵字 i 介音消失的古声类条件、今声母条件，分别可以把苏鲁毗连地区方言分为 7 种、20 种类型。其中，i 介音消失 7 种类型的古声类条件如下：①赣榆青口型，是指深臻开三阳声韵庄组字 i 介音消失，其他声母 i 介音保留。②莒县城阳型，是指深臻开三阳声韵知庄章组字 i 介音消失，其他声母 i 介音保留。③五莲洪凝型，是指深臻开三阳声韵知庄章组、见晓组（除疑母）字 i 介音消失，其他声母 i 介音保留。④徐州型，是指深臻开三阳声韵知系字 i 介音消失，其他声母 i 介音保留。⑤蒙阴型，是指深臻开三阳声韵知庄章组、泥组字 i 介音消失，其他声母 i 介音保留。⑥沂水型，是指深臻开三阳声韵帮、泥、精、知庄章组字 i 介音消失，日母、见系字 i 介音保留。⑦日照涛雒型，是指深臻开三阳声韵帮、泥、精、知庄章、见晓组（除疑母）字 i 介音消失，日母、疑母、云以母字 i 介音保留。另外，深臻开三阳声韵字 i 介音消失的今声母条件的 20 种类型和 i 介音消失的具体情况如表 3-10 所示。

表 3-10 深臻开三阳声韵字 i 介音消失类型

介音消失的古声类条件类型	介音消失的今声母条件类型	tʂ tʂʰ ʂ	tʃ tʃʰ ʃ	n l	p pʰ m	tθ tθʰ θ	ts tsʰ s	tɕ tɕʰ ɕ ȶ ȶʰ θ	Ø
赣榆青口	赣榆青口	—	+	+	+		+		+
莒县城阳	莒县城阳	—		+	+	—	+	+	+
	莒县桑园	—		+	+		+ —	+	+
	莒南十字路	—	—	+	+			+	+
	赣榆石桥	—		+	+	+		+	+
	赣榆墩尚	—		+	+		+	+	+
五莲洪凝	五莲洪凝	—	—	+	+			+	+
	莒南团林	—	—	+	+	+		+	+
徐州	邳州	—		+	+			+	+
	临沂		—	+	+			+	+
	兰陵		—	+	+		+	+	+
蒙阴	徐州	—		+	+.		—	+	+
	费县		—	—	+			+	+
	蒙阴		—	—	+		+	+	+

续表

介音消失的古声类条件类型	介音消失的今声母条件类型	tʂ tʂʰ ʂ	tʃ tʃʰ ʃ	n l	p pʰ m	tθ tθʰ θ	ts tsʰ s	tɕ tɕʰ ɕ ȶ ȶʰ θ	ø
沂水	沂水	—		—	—		—	+	+
	临沭		—	—	—	—		+	+
	沂南	—	—	—	—			+	+
	日照奎山	—		—	—	—	—	+	+
五莲许孟	五莲许孟	—	—	—	—	—		+	+
	日照涛雒	—		—	—	—	—	+	+

注：①“+”表示深臻开三阳声韵 i 介音保留，“—”表示深臻开三阳声韵 i 介音消失，空白表示不与深臻开三阳声韵相拼。②邳州型的邹城、滕州、微山、枣庄 4 个方言点知庄章组声母经历了从卷舌到平舌的音变，音变之前与邳州型的其他方言相同，因此归纳到邳州型。③日照涛雒、日照陈疃、日照黄墩、五莲洪凝 4 个方言点精组逢今齐撮韵母今读 ȶ ȶʰ θ。

苏鲁毗连地区方言 i 介音消失的今声母条件类型中，属于邳州型的方言点有 16 个：邳州、灌南、沭阳、泗阳、睢宁、邹城、滕州、微山、枣庄、宿迁、连云港、新沂时集 A、新沂时集 B、新沂阿湖、灌云、东海；属于徐州型的方言点有 7 个：丰县、沛县、铜山、徐州、泗洪瑶沟、泗洪金锁、泗洪上塘；属于五莲洪凝型、莒南团林型、临沂型、兰陵型、费县型、日照奎山型的方言点各有两个：五莲洪凝、日照陈疃，莒南团林、日照黄墩，泗水、临沂，兰陵、郯城，费县、平邑，日照奎山、日照两城；属于赣榆青口型、莒县城阳型、莒县桑园型、莒南十字路型、赣榆石桥型、赣榆墩尚型、蒙阴型、沂水型、临沭型、沂南型、五莲许孟型、日照涛雒型的方言点都只有 1 个。

如表 3-11 所示。

表 3-11　深臻开三阳声韵字 i 介音消失类型例字表

	泥组		帮组			精组			
	恁	林	宾	品	民	进	亲~戚	心	珍
赣榆青口	—	꜁lin	꜀pin	꜂pʰin	꜁min	tsin꜄	꜀tsʰin	꜀sin	꜀tʃin
莒县城阳	—	꜁lin	꜀pin	꜂pʰin	꜁min	tsin꜄	꜀tsʰin	꜀sin	꜀tθən
莒县桑园	—	꜁liẽ	꜀piẽ	꜂pʰiẽ	꜁miẽ	ziẽ꜄	꜀tsʰiẽ	꜀siẽ	꜂zẽ
莒南十字路	—	꜁liẽ	꜀piẽ	꜂pʰiẽ	꜁miẽ	tsiẽ꜄	꜀tɕʰiẽ	꜀siẽ	꜀tʃẽ
赣榆石桥	—	꜁liẽ	꜀piẽ	꜂pʰiẽ	꜁miẽ	tθiẽ꜄	꜀tθʰiẽ	꜀θiẽ	꜂tʂẽ
赣榆墩尚	—	꜁lin	꜀pin	꜂pʰin	꜁min	tsin꜄	꜀tsʰin	꜀sin	꜀tʂẽ

续表

	泥组		帮组			精组			
	赁	林	宾	品	民	进	亲~戚	心	珍
五莲洪凝	—	꜁liẽ	꜀piẽ	꜂pʰiẽ	꜁miẽ	ȶiẽ꜄	꜀ȶʰiẽ	꜀θiẽ	꜂tʃẽ
莒南团林	—	꜁liẽ	꜀piẽ	꜂pʰiẽ	꜁miẽ	tθiẽ꜄	꜀tθʰiẽ	꜀θiẽ	꜁tʃẽ
邳州	꜂nə̃	꜁liə̃	꜀piə̃	꜂pʰiə̃	꜁miə̃	tɕiə̃꜄	꜀tɕʰiə̃	꜀ɕiə̃	꜀tʂə̃
临沂	꜂nẽ	꜁liẽ	꜀piẽ	꜂pʰiẽ	꜁miẽ	tɕiẽ꜄	꜀tɕʰiẽ	꜀ɕiẽ	꜂tʃẽ
徐州	꜂nə̃	꜁lə̃	꜀piə̃	꜂pʰiə̃	꜁miə̃	tɕiə̃꜄	꜀tɕʰiə̃	꜀ɕiə̃	꜀tʂə̃
兰陵	꜂nẽ	꜁liẽ	꜀piẽ	꜂pʰiẽ	꜁miẽ	tsiẽ꜄	꜀tsʰiẽ	꜀siẽ	꜂tʃẽ
费县	—	꜁lẽ	꜀piẽ	꜂pʰiẽ	꜁miẽ	tɕiẽ꜄	꜀tɕʰiẽ	꜀ɕiẽ	꜀tʃẽ
蒙阴	—	꜁lə̃	꜀piə̃	꜂pʰiə̃	꜁miə̃	ziə̃꜄	꜀tsʰiə̃	꜀ʃə̃	꜀tʃə̃
沂水	꜂nə̃	꜁lə̃	꜀pə̃	꜂pʰə̃	꜁mə̃	zə̃꜄	꜀tsʰə̃	꜀sə̃	꜂zə̃
临沭	꜂nẽ	꜁lẽ	꜀pẽ	꜂pʰẽ	꜁mẽ	tθẽ꜄	꜀tθʰẽ	꜀θẽ	꜀tʃẽ
沂南	—	꜁lə̃	꜀pə̃	꜂pʰə̃	꜁mə̃	tʃə̃꜄	꜀tʃʰə̃	꜀ʃə̃	꜀tʃə̃
日照奎山	—	꜁le	꜀pẽ	꜂pʰẽ	꜁mẽ	tθẽ꜄	꜀tθʰẽ	꜀θẽ	꜂tsẽ
五莲许孟	—	꜁lə̃	꜀pə̃	꜂pʰə̃	꜁mə̃	tʃə̃꜄	꜀tʰə̃	꜀θə̃	꜂tʃə̃
日照涛雒	—	꜁lẽ	꜀pẽ	꜂pʰẽ	꜁mẽ	tθẽ꜄	꜀tθʰẽ	꜀θẽ	꜀tsẽ

	知庄章		见晓组			日	疑	影	以
	衬	身	斤	琴	欣	人	银	音	殷
赣榆青口	tʂʰən꜄	꜀ʃin	꜀kin	꜁kʰin	꜀xin	꜁in	꜁in	꜀in	꜀in
莒县城阳	tʂʰən꜄	꜀θən	꜀tɕin	꜁tɕʰin	꜀ɕin	꜁in	꜁in	꜀in	꜀in
莒县桑园	tʂʰẽ꜄	꜀sẽ	꜀tɕiẽ	꜁tɕʰiẽ	꜀ɕiẽ	꜁iẽ	꜁iẽ	꜀iẽ	꜂iẽ
莒南十字路	tʃʰẽ꜄	꜀ʃẽ	꜀tɕiẽ	꜁tɕʰiẽ	꜀ɕiẽ	꜁iẽ	꜁iẽ	꜀iẽ	꜂iẽ
赣榆石桥	tʂʰẽ꜄	꜀ʂẽ	꜀tɕiẽ	꜁tɕʰiẽ	꜀ɕiẽ	꜁iẽ	꜁iẽ	꜀iẽ	꜀iẽ
赣榆墩尚	tʂʰẽ꜄	꜀ʂẽ	꜀cin	꜁cʰin	꜀çin	꜁in	꜁in	꜀in	꜀in
五莲洪凝	tʂʰẽ꜄	꜀ʃẽ	꜀tʃẽ	꜁tʃʰẽ	꜀ʃẽ	꜁iẽ	꜁iẽ	꜀iẽ	꜂iẽ
莒南团林	tʂʰẽ꜄	꜀ʃẽ	꜀tʃẽ	꜁tʃẽ	꜀ʃẽ	꜁iẽ	꜁iẽ	꜀iẽ	꜂iẽ
邳州	tʂʰə̃꜄	꜀ʂə̃	꜀tɕiə̃	꜁tɕʰiə̃	꜀ɕiə̃	꜁ʐə̃	꜁iə̃	꜀iə̃	꜀iə̃
临沂	tʃʰẽ꜄	꜀ʃẽ	꜀tɕiẽ	꜁tɕʰiẽ	꜀ɕiẽ	꜁ʒẽ	꜁iẽ	꜀iẽ	꜀iẽ
徐州	tsʰə̃꜄	꜀ʂə̃	꜀tɕiə̃	꜁tɕʰiə̃	꜀ɕiə̃	꜁ʐə̃	꜁iə̃	꜀iə̃	꜀iə̃
兰陵	tʃʰẽ꜄	꜀ʃẽ	꜀tɕiẽ	꜁tɕʰiẽ	꜀ɕiẽ	꜁ʒẽ	꜁iẽ	꜀iẽ	꜀iẽ
费县	tʃʰẽ꜄	꜀ʃẽ	꜀tɕiẽ	꜁tɕʰiẽ	꜀ɕiẽ	꜁ʒẽ	꜁iẽ	꜀iẽ	꜀iẽ

续表

	知庄章		见晓组			日	疑	影	以
	衬	身	斤	琴	欣	人	银	音	殷
蒙阴	tʃʰə̃꜄	ʃə̃	꜀tɕiə̃	꜁tɕʰiə̃	꜀ɕiə̃	꜁iə̃	꜁iə̃	꜀iə̃	꜀iə̃
沂水	tʂʰə̃꜄	꜀sə̃	꜀tɕiə̃	꜁tɕʰiə̃	꜀ɕiə̃	꜁iə̃	꜁iə̃	꜀iə̃	꜀iə̃
临沭	tʃʰẽ꜄	ʃẽ	꜀tɕiẽ	꜁tɕʰiẽ	꜀ɕiẽ	꜁iẽ	꜁iẽ	꜀iẽ	꜀iẽ
沂南	tʂʰə̃꜄	ʃə̃	꜀tɕiə̃	꜁tɕʰiə̃	꜀ɕiə̃	꜁iə̃	꜁iə̃	꜀iə̃	꜀iə̃
日照奎山	tʂʰẽ꜄	꜀sẽ	꜀tɕiẽ	꜁tɕʰiẽ	꜀ɕiẽ	꜁iẽ	꜁iẽ	꜀iẽ	꜂iẽ
五莲许孟	tʂʰə̃꜄	ʃə̃	꜀tʃə̃	꜁tʃʰə̃	ʃə̃	꜁iə̃	꜁iə̃	꜀iə̃	꜂iə̃
日照涛雒	tʂʰẽ	꜀sẽ	꜀tsẽ	꜁tsʰẽ	꜀sẽ	꜁iẽ	꜁iẽ	꜀iẽ	iẽ꜄

深臻开三阳声韵字 i 介音消失的古声类条件类型的地理分布如图 3-7 所示。

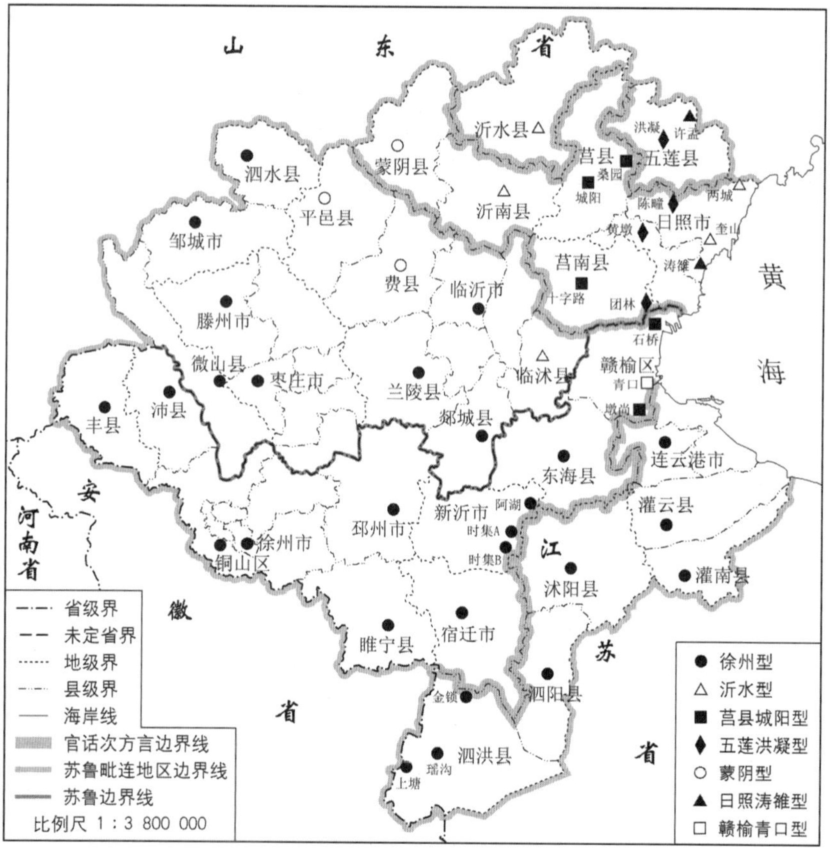

图 3-7 深臻开三阳声韵字 i 介音消失的古声类条件类型分布图

从图 3-7 可见，日照涛雒型、五莲洪凝型、沂水型、莒县型基本分布在鲁南东部，蒙阴型分布在鲁南中部的蒙阴、平邑和费县 3 点，赣榆青口型只有 1 个点，其他地区都是徐州型的分布范围。

3.2.3.2 深臻开三阳声韵字 i 介音消失的过程及其与声母的关系

张光宇（2011）总结了滋丝音（sibilant）声母与韵母的搭配关系，“ts 洪细皆宜，tʂ 宜洪不宜细，tʃ 洪细皆宜，tɕ 宜细不宜洪”。无论舌尖还是舌面音，“凡偏前的洪细皆宜，凡偏后仅宜一方”。这里引用张光宇（2011）“滋丝音声母与韵母搭配关系表”（加减符号表示宜与不宜），见表 3-12。

表 3-12 滋丝音声母与韵母搭配关系表

滋丝音	ts	tʂ	tʃ	tɕ
洪音	+	+	+	—
细音	+	—	+	+

从表 3-10 可以看出深臻开三阳声韵与今声母的拼合关系，如表 3-13 所示。

表 3-13 深臻开三阳声韵字声韵搭配关系表

	tʂ tʂʰ ʂ	tʃ tʃʰ ʃ	n l	p pʰ m	tθ tθʰ θ	ts tsʰ s	tɕ tɕʰ ɕ	∅
洪音	+	+	+	+	+	+	—	—
细音	—	+	+	+	+	+	+	+

ts、tʂ、tʃ、tɕ 四组声母与深臻开三阳声韵的搭配关系符合张光宇（2011）的结论。ts 组与细音相拼的现象如赣榆青口：进 tsin꜄、亲~戚꜀tsʰin、心꜀sin，与洪音相拼的如沂水：进 zə̃꜄、亲~戚꜀tsʰə̃、心꜀sə̃；tʂ 组与洪音相拼的现象如邳州：珍꜀tʂə̃、衬 tʂʰə̃꜄、身꜀ʂə̃；tʃ 组与细音相拼的现象如赣榆青口：珍꜀tʃin、身꜀ʃin，与洪音相拼的现象如沂南：进 tʃə̃꜄、亲~戚꜀tʃʰə̃、心꜀ʃə̃；tɕ 组与细音相拼的现象如沂水：斤꜀tɕiə̃、琴꜁tɕʰiə̃、欣꜀ɕiə̃。

深臻开三阳声韵字 i 介音的消失有声母条件，tʂ tʂʰ ʂ 洪细皆宜，tɕ tɕʰ ɕ 宜细不宜洪，∅ 声母也是与细音相拼，这三组声母没有争议，而 tʃ tʃʰ ʃ、ts tsʰ s、tθ tθʰ θ 可以进一步讨论。从苏鲁毗连地区方言的情况看，tʃ 组与细音相拼的现象只出现在赣榆青口一个方言点，可以推测，tʃ 组更倾向于和洪音韵母相拼。张光宇（2011）指出，“滋丝音声母与韵母的搭配关系常可提供音变讨论的基准”。如《中原音韵》止摄知母字读音 tɕi 到《李氏音鉴》的读音 tʂʅ 的演变过程是：tɕi＞tʃi＞tʃɿ＞tʂʅ，“tɕi＞tʃi 是元音使声母变化，tʃi＞tʃɿ 是声母使元音变化，tʃɿ＞tʂʅ 是元音使声母变化。”这种前后“异动”的过程即是“滋丝音声母与韵母的搭配关系”制约的结果。就深臻开三阳声韵字 i 介音的消失来看，其演变过程应该是：tɕ^{h}i-→tʃ^{h}i-→tʃ^h-→tʂ^h-，当舌面音 tɕ 在向舌叶音 tʃ 变化之初，介音 i 还得以保留，当发音部位逐渐前化时，舌叶声母由于声韵拼合的协和作用使得韵母发生变化，结果是前高的 i 介音消失，齐齿韵母因而变成了开口韵母。最后，声母 tʃ 会继续前移，同时舌面与上颚摩擦面减少，最后终于变成了卷舌音声母 tʂ。tθ tθ^h θ 更倾向于和洪音韵母相拼，在讨论精组声母今读为齿间音的问题时（见 2.4.2.1）发现，精组 ts ts^h s 逢今开合韵母发生齿间化（ts ts^h s→tθ tθ^h θ）的音变有 17 个方言点，但逢今齐撮韵母时齿间化的方言点只有 9 个，精组 ts ts^h s 逢洪音比逢细音更容易发生齿间化的音变，即 tθ tθ^h θ 与洪音韵母相拼时会更协和。从汉语语音史的角度看，精组声母 ts ts^h s 与细音相拼属于存古，后来，大部分官话方言中精组的腭化音变属于创新，因此 ts ts^h s 洪细皆宜，从苏鲁毗连地区方言来看，倾向于与细音相拼。

综上，深臻开三阳声韵字 i 介音的消失既有声母条件，又有声母次序：tʂ tʂ^h ʂ＞tʃ tʃ^h ʃ＞n l＞p p^h m＞ts ts^h s、tθ tθ^h θ＞tɕ tɕ^h ɕ、Ø。

3.2.4 深臻、曾梗阳声韵的分合类型和分布

按照深臻、曾梗阳声韵韵尾是否相同，可以把苏鲁毗连地区方言分为 3 种类型：一是不同型，是指深臻阳声韵韵尾是前鼻音韵尾或韵母主元音为鼻化音，曾梗阳声韵韵尾是后鼻音韵尾。二是部分相同型，是指曾梗合口阳声韵、曾梗开一二阳声韵（帮组）韵尾是后鼻韵尾，深臻阳声韵、曾梗开口一二阳声韵（非帮组）、曾梗开口三四阳声韵韵尾是前鼻韵尾。三是完全相同型，是指深臻阳声韵韵尾与曾梗阳声韵韵尾都是前鼻韵尾或者后鼻韵尾。

苏鲁毗连地区方言中，属于不同型的方言点有 38 个：赣榆青口、赣榆石桥、赣榆墩尚、莒南十字路、莒南团林、五莲许孟、五莲洪凝、日照涛雒、日照奎山、日照两城、日照陈疃、日照黄墩、临沂、沂水、蒙阴、沂南、郯城、临沭、莒县城阳、莒县桑园、徐州、宿迁、新沂时集 A、新沂时集 B、新沂阿湖、丰县、泗水、铜山、睢宁、微山、沛县、滕州、邳州、平邑、枣庄、邹城、费县、兰陵；属于完全相同型的方言点有 8 个：

沭阳、泗洪瑶沟、泗洪金锁、泗洪上塘、泗阳、东海、灌云、连云港；属于部分相同型的方言点只有 1 个：灌南。

需要说明的是，临沂深臻、曾梗阳声韵韵母主元音都是鼻化音，两者的区别是主元音的不同：e/ə o，如针꜀tʃẽ、新꜀ɕiẽ、吞꜀tʰuẽ、群꜁tɕʰyẽ，声꜀ʃə̃、冰꜀piə̃、宏꜁xõ、兄꜀ɕiõ。灌南曾梗合口阳声韵、曾梗开一二阳声韵（帮组）字音有例外：崩꜀pən、朋꜁pʰən、烹꜀pʰən、顷꜂tɕʰin、萤꜁in、营꜁in、颖꜁in。

深臻、曾梗阳声韵分合类型例字如表 3-14 所示。

表 3-14　深臻、曾梗阳声韵分合类型例字表

	宾	冰	心	星	真	征	音	英	熏	兄
	臻开三帮	曾开三帮	深开三心	梗开四心	臻开三章	梗开三章	深开三影	梗开三影	臻合三晓	梗合三晓
连云港	꜀piŋ	꜀piŋ	꜀ɕiŋ	꜀ɕiŋ	꜀tʂəŋ	꜀tʂəŋ	꜀iŋ	꜀iŋ	꜀ɕioŋ	꜀ɕioŋ
泗阳	꜀pin	꜀pin	꜀ɕin	꜀ɕin	꜀tʂən	꜀tʂən	꜀in	꜀in	꜀ɕioŋ	꜀ɕioŋ
东海	꜀piŋ	꜀piŋ	꜀ɕiŋ	꜀ɕiŋ	꜀tʂəŋ	꜀tʂəŋ	꜀iŋ	꜀iŋ	꜀ɕioŋ	꜀ɕioŋ
灌云	꜀piŋ	꜀piŋ	꜀ɕiŋ	꜀ɕiŋ	꜀tʂəŋ	꜀tʂəŋ	꜀iŋ	꜀iŋ	꜀ɕioŋ	꜀ɕioŋ
泗洪瑶沟	꜀piŋ	꜀piŋ	꜀ɕiŋ	꜀ɕiŋ	꜀tʂəŋ	꜀tʂəŋ	꜀iŋ	꜀iŋ	꜀ɕioŋ	꜀ɕioŋ
沭阳	꜀piŋ	꜀piŋ	꜀ɕiŋ	꜀ɕiŋ	꜀tʂəŋ	꜀tʂəŋ	꜀iŋ	꜀iŋ	꜀ɕioŋ	꜀ɕioŋ
灌南	꜀pin	꜀pin	꜀ɕin	꜀ɕin	꜀tʂən	꜀tʂən	꜀in	꜀in	꜀ɕyn	꜀ɕioŋ
邳州	꜀piə̃	꜀piŋ	꜀ɕiə̃	꜀ɕiŋ	꜀tʂə̃	꜀tʂəŋ	꜀iə̃	꜀iŋ	꜀ɕyə̃	꜀ɕyŋ
日照涛雒	꜀pẽ	꜀piŋ	꜀θẽ	꜀θiŋ	꜀tsẽ	꜀tsəŋ	꜀iẽ	꜀iŋ	꜀suẽ	꜀soŋ
沂南	꜀pə̃	꜀piŋ	꜀ʃə̃	꜀siŋ	꜀tʃə̃	꜀tʃəŋ	꜀iə̃	꜀iŋ	꜀ɕyə̃	꜀ɕyŋ
蒙阴	꜀piə̃	꜀piŋ	꜀ʃə̃	꜀siŋ	꜀tʃə̃	꜀tʃəŋ	꜀iə̃	꜀iŋ	꜀ɕyə̃	꜀ɕyŋ
宿迁	꜀piə̃	꜀piŋ	꜀ɕiə̃	꜀ɕiŋ	꜀tʂə̃	꜀tʂəŋ	꜀iə̃	꜀iŋ	꜀ɕyə̃	꜀ɕyŋ

深臻、曾梗阳声韵分合类型的地理分布如图 3-8 所示。

从图 3-8 可见，部分相同型分布在灌南一点，完全相同型分布在东南部地区，其他地区都是不同型的分布范围。

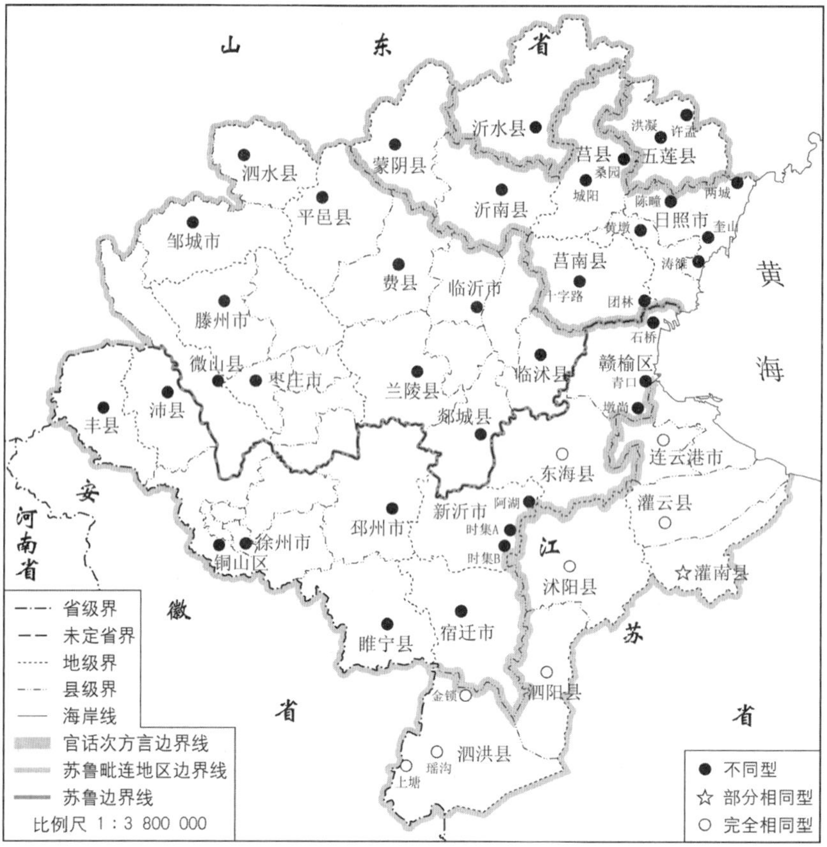

图 3-8　深臻、曾梗阳声韵分合类型分布图

3.2.5　通摄阳声韵（非帮系、非知庄章组）的类型、分布与演变

3.2.5.1　通摄阳声韵（非帮系、非知庄章组）的类型、分布

根据通摄阳声韵（非帮系、非知庄章组）是否与曾梗摄开口阳声韵合流，可以把苏鲁毗连地区方言分为两种类型：一是合流型，是指通摄阳声韵（非帮系、非知庄章组）u 介音或介音中合口成分消失，与曾梗摄开口阳声韵合流的类型。二是分立型，是指通摄阳声韵（非帮系、非知庄章组）u 介音或介音中合口成分保留，与曾梗摄开口阳声韵保持分立的类型。

苏鲁毗连地区方言中，属于合流型的方言点有 6 个：五莲许孟、五莲洪凝、日照奎山、日照两城、日照陈疃、赣榆石桥；属于分立型的方言点有 41 个：赣榆青口、赣榆墩尚、莒南十字路、莒南团林、日照涛雒、日照黄墩、临沂、沂水、蒙阴、沂南、郯城、临沭、莒县城阳、莒县桑园、徐州、宿迁、新沂时集 A、新沂时集 B、新沂阿湖、丰县、泗水、铜山、睢宁、微山、沛县、滕州、邳州、平邑、枣庄、邹城、费县、兰陵、沭阳、泗洪瑶沟、泗洪金锁、泗洪上塘、泗阳、东海、灌云、连云港、灌南。

表 3-15　通摄阳声韵（非帮系、非知庄章组）类型例字表

	登曾开一	蒸曾开三	耕梗开二	丁梗开四	冬通合一	孔通合一	龙通合三	颂通合三	用通合三
五莲许孟	꜀təŋ	꜀tʃəŋ	꜀tʃəŋ	꜀tɕiŋ	꜀təŋ	ᶜkʰəŋ	꜁ləŋ	꜀tʂəŋ	iŋᵓ
日照奎山	꜀təŋ	꜀tsəŋ	꜀kəŋ	꜀tiŋ	꜀təŋ	ᶜkʰəŋ	꜁ləŋ	θəŋᵓ	iŋᵓ
赣榆石桥	꜀təŋ	꜀tʂəŋ	꜀kəŋ	꜀tiŋ	꜀təŋ	ᶜkʰəŋ	꜁ləŋ	θəŋᵓ	iŋᵓ
连云港	꜀təŋ	꜀tʂəŋ	꜀kəŋ	꜀tiŋ	꜀toŋ	ᶜkʰoŋ	꜁loŋ	꜀tʂoŋ	ioŋᵓ
沂南	꜀təŋ	꜀tʃəŋ	꜀kəŋ	꜀tiŋ	꜀tuŋ	ᶜkʰuŋ	꜁luŋ	꜀tʂuŋ	yŋᵓ
邳州	꜀təŋ	꜀tʂəŋ	꜀kəŋ	꜀tiŋ	꜀tuŋ	ᶜkʰuŋ	꜁luŋ	꜀tʂuŋ	yŋᵓ
泗阳	꜀təŋ	꜀tʂəŋ	꜀kəŋ	꜀tiŋ	꜀toŋ	ᶜkʰoŋ	꜁loŋ	꜀tʂoŋ	ioŋᵓ
泗洪上塘	꜀təŋ	꜀tʂəŋ	꜀kəŋ	꜀tiŋ	꜀tuŋ	ᶜkʰuŋ	꜁luŋ	suŋᵓ	yŋᵓ
日照涛雒	꜀təŋ	꜀tsəŋ	꜀tsəŋ	꜀tɕiŋ	꜀toŋ	ᶜkʰoŋ	꜁loŋ	꜀tʂoŋ	ioŋᵓ
蒙阴	꜀təŋ	꜀tʃəŋ	꜀kəŋ	꜀tiŋ	꜀tuŋ	ᶜkʰuŋ	꜁luŋ	꜀tʃuŋ	yŋᵓ
宿迁	꜀təŋ	꜀tʂəŋ	꜀kəŋ	꜀tiŋ	꜀tuŋ	ᶜkʰuŋ	꜁luŋ	꜀tʂuŋ	yŋᵓ
睢宁	꜀təŋ	꜀tʂəŋ	꜀kəŋ	꜀tiŋ	꜀tuŋ	ᶜkʰuŋ	꜁luŋ	꜀tʂuŋ	yŋᵓ

通摄阳声韵（非帮系、非知庄章组）类型的地理分布如图 3-9 所示。

从图 3-9 可见，合流型分布在东北部的五莲地区、日照东北部的 3 个方言点和赣榆北部的 1 个方言点，其他地区都是分立型的分布范围。

根据钱曾怡（2001：71），通摄阳声韵（非帮系、非知庄章组）u 介音或介音中合口成分消失的现象在山东东区东潍片中并不少见，“东潍片的青岛、城阳、即墨、平度、胶州、胶南、诸城、安丘、高密、五莲等县市区将这三个摄（曾梗通）字的韵母按照洪音、细音分别合并在一起，如：东＝灯、脓＝能、拥＝英。具体读法各地略有不同，如：青岛市区以及安丘市等读 oŋ、ioŋ，‘红灯’说成꜁xoŋ ꜁toŋ，‘性情’说成 sioŋᵓ tɕʰioŋᵓ；诸城、胶南、胶州等地读 əŋ、iəŋ，‘公众’说成꜀kəŋ tθəŋᵓ。平度的读音略有特殊，舌根音声母后，曾梗二摄的读音跟通摄有分别，其余声母后面一般混读。”诸城、青岛等地通摄、曾梗摄阳声韵合并现象的字音如表 3-16 所示[平度、即墨、青岛、诸城、胶南方言的材料转引自钱曾怡（2001）]。

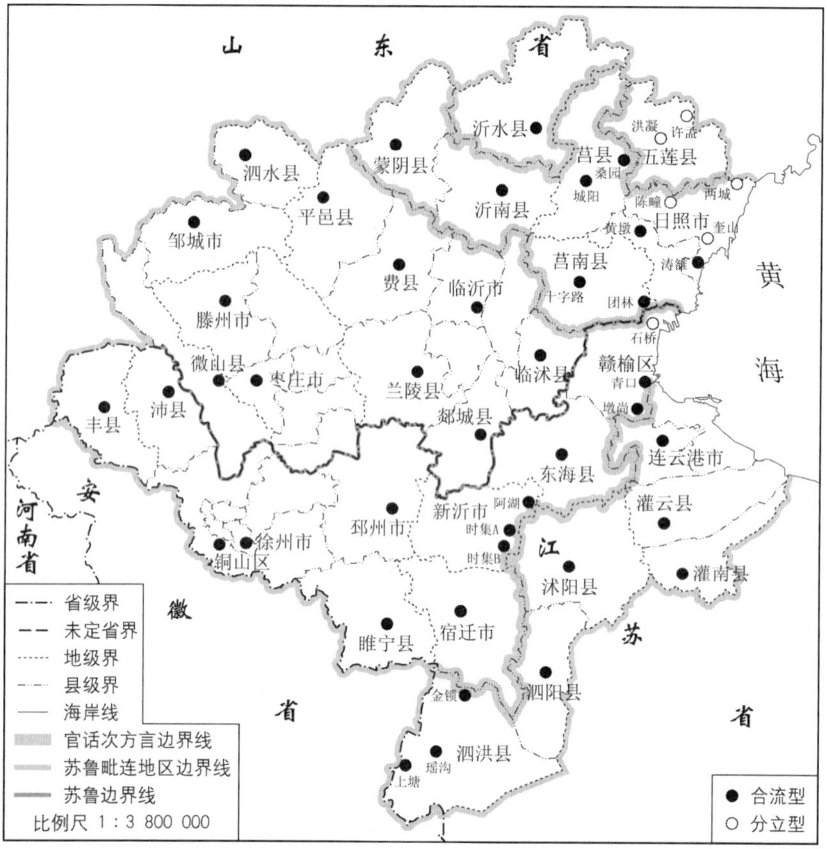

图 3-9 通摄阳声韵（非帮系、非知庄章组）类型分布图

表 3-16 通、曾梗阳声韵合并现象字音表

	冬	登	宗	增	拥	婴	翁
诸城	təŋ	təŋ	tθəŋ	tθəŋ	iəŋ	iəŋ	vəŋ
平度	təŋ	təŋ	tsəŋ	tsəŋ	iəŋ	iəŋ	uŋ
胶南	təŋ	təŋ	tθəŋ	tθəŋ	iəŋ	iəŋ	əŋ
即墨	toŋ	toŋ	tθoŋ	tθoŋ	ioŋ	ioŋ	oŋ
青岛	toŋ	toŋ	tsoŋ	tsoŋ	ioŋ	ioŋ	oŋ

3.2.5.2 通摄阳声韵（非帮系、非知庄章组）的演变

合流型通摄阳声韵（非帮系、非知庄章组）经历了开口/齐齿化的过程：

uŋ → uəŋ → uəŋ → vəŋ / əŋ

iuŋ → iuəŋ → iuəŋ → iəŋ → iŋ

可见，合流型通摄阳声韵（非帮系、非知庄章组）字介音的合口成分消失了。值得一提的是，五莲许孟、日照陈疃还发生了 Ø→v 的音变（如“翁”：uŋ→vəŋ），两个音变有先后次序：即 Ø→v 的音变在前，之后才发生了 uəŋ→əŋ 的音变。

合流型通摄阳声韵（非帮系、非知庄章组）字 u 介音或介音中合口成分消失的音变，与蟹合一三四、止合三、臻合一端系字 u 介音脱落的音变（参见 3.4.1）不同之处有二：一是蟹合一三四、止合三、臻合一端系字合口介音的消失有一定声母次序，而通摄阳声韵（非帮系、非知庄章组）字还没有发现依各组声母次序音变的现象：通摄阳声韵（非帮系、非知庄章组）各组声母字的 u 介音或介音中合口成分一起消失。二是通摄阳声韵（非帮系、非知庄章组）合口成分消失的结果是通摄阳声韵与曾梗摄阳声韵的合并，合并的方向既有通摄阳声韵向曾梗摄阳声韵的合并（如五莲、诸城、平度、胶南），也有曾梗摄阳声韵向通摄阳声韵的合并（如青岛、即墨）。青岛、即墨方言通摄阳声韵的合口成分并没有消失，反倒是曾梗摄开口阳声韵衍生出了合口成分。根据 3.4.1 的分析，蟹合一三四、止合三、臻合一端系字合口介音消失是由声韵协和发音的要求导致的，而通摄阳声韵合口成分的消失大概跟韵母系统的简化有关，音变的结果使得曾梗通 3 摄阳声韵合流。

3.3　入声韵

3.3.1　入声韵的读音类型、分布和演变

3.3.1.1　入声韵的读音类型与分布

苏鲁毗连地区方言入声韵的读音情况如表 3-17 所示。

表 3-17　入声韵的读音情况

方言	组数	个数	读音				
灌南	五组型	14	ʊ iɪ yɪ	ɐ iɐ uɐ	ɪl əl uəl	ɑ ie uo	o io
泗阳	四组型	11	iʔ uʔ ioʔ	aʔ iɐ uaʔ	iəʔ uəʔ yəʔ	əʔ oʔ	—
灌云	三组型	10	iɪ uɷ yɷ	ɐ iɐ uɐ	ə iə uə yə	—	—
沭阳	三组型	10	iɪ ʊ iʊ	a ia ua	ə iə uə yə	—	—
泗洪金锁	三组型	10	i u y	a ia ua	ə iə uə yə	—	—
东海	三组型	8	iɪʔ uɷʔ yɤʔ	ɐʔ iɐʔ uɐʔ yɐʔ	əʔ	—	—

续表

方言	组数	个数	读音				
泗洪瑶沟	三组型	8	ɪ ʊ ye	ɐ(ʔ)	ə iə(ʔ) uə(ʔ) yə(ʔ)	—	—
泗洪上塘	三组型	8	i u y	ɐ	ə iə uə yə	—	—
连云港	三组型	6	iɪ uʊ yʊ	ɐ	ə iə	—	—
新沂时集 B	三组型	11	ʅ i u y	a ia ua	ə iə uə yə	—	—
赣榆石桥	四组型	13	ɿ i u (ʮ) y	a ia ua	ə iə uə yə	ei uei	—
邳州	四组型（舒）	13	ɿ i u y	a ia ua	ə iə uə yə	e ue	—
五莲许孟	四组型（舒）	13	ɿ i u (ʮ) y	ɑ iɑ uɑ	ə iə uə yə	ei uei	—
五莲洪凝	四组型（舒）	13	ɿ i u (ʮ) y	ɑ iɑ uɑ	ə iə uə yə	ei uei	—
日照奎山	四组型（舒）	13	ɿ i u y	ɑ iɑ uɑ	ə iə uə yə	e ue	—
日照两城	四组型（舒）	13	ɿ i u y	ɑ iɑ uɑ	ə iə uə yə	ei uei	—
日照陈疃	四组型（舒）	13	ɿ i u(ʮ) y	ɑ iɑ uɑ	ə iə uə yə	ei uei	—
赣榆青口	四组型（舒）	13	i u y	ɑ iɑ uɑ	ɤ iɤ uɤ yɤ	ei uei	—
赣榆墩尚	四组型（舒）	13	ʅ i u y	a ia ua	ə iə uə yə	e ue	—
莒南十字路	四组型（舒）	13	ɿ i u(ʮ) y	ɑ iɑ uɑ	ə iə uə yə	ei uei	—
莒南团林	四组型（舒）	13	ɿ i u(ʮ) y	ɑ iɑ uɑ	ə iə uə yə	e ue	—
日照涛雒	四组型（舒）	13	ɿ i u(ʮ) y	ɑ iɑ uɑ	ə iə uə yə	ei uei	—
日照黄墩	四组型（舒）	13	ɿ i u(ʮ) y	ɑ iɑ uɑ	ə iə uə yə	e ue	—
临沂	四组型（舒）	13	ʅ i u y	a ia ua	ə iə uə yə	e ue	—
沂水	四组型（舒）	13	ɿ i u(ʮ) y	ɑ iɑ uɑ	ə iə uə yə	ei uei	—
蒙阴	四组型（舒）	13	ɿ i u y	ᴀ iᴀ uᴀ	ə iə uə yə	ei uei	—
沂南	四组型（舒）	13	ʅ i u(ʮ) y	a ia ua	ə iə uə yə	e ue	—
郯城	四组型（舒）	13	ʅ i u y	a ia ua	ə iə uə yə	ei uei	—
临沭	四组型（舒）	13	ʅ i u y	a ia ua	ə iə uə yə	ei uei	—
莒县城阳	四组型（舒）	13	ɿ i u y	a ia ua	ɤ iɤ uɤ yɤ	ei uei	—
莒县桑园	四组型（舒）	13	ɿ i u(ʮ) y	ɑ iɑ uɑ	ə iə uə yə	ei uei	—
徐州	四组型（舒）	13	ʅ i u y	ɑ iɑ uɑ	ə iə uə yə	e ue	—
宿迁	四组型（舒）	13	ʅ i u y	a ia ua	ə iə uə yə	e ue	—
新沂时集 A	四组型（舒）	13	ʅ i u y	a ia ua	ə iə uə yə	ei uei	—
新沂阿湖	四组型（舒）	13	ʅ i u y	a ia ua	ə iə uə yə	e ue	—
丰县	四组型（舒）	13	ʅ i u y	a ia ua	ə iə uə yə	e ue	—

续表

方言	组数	个数	读音				
泗水	四组型（舒）	13	ɿ i u y	a ia ua	ə iə uə yə	ei uei	—
铜山	四组型（舒）	13	ʅ i u y	a ia ua	ə iə uə yə	e ue	—
睢宁	四组型（舒）	13	ʅ i u y	a ia ua	ə iə uə yə	ei uei	—
微山	四组型（舒）	13	ɿ i u y	a ia ua	ə iə uə yə	ei uei	—
沛县	四组型（舒）	13	ʅ i u y	ɑ iɑ uɑ	ə iə uə yə	e ue	—
滕州	四组型（舒）	13	ɿ i u y	a ia ua	ə iə uə yə	ei uei	—
平邑	四组型（舒）	13	ʅ i u y	a ia ua	ə iə uə yə	ei uei	—
枣庄	四组型（舒）	13	ɿ i u y	a ia ua	ə iə uə yə	e ue	—
邹城	四组型（舒）	13	ɿ i u y	a ia ua	ə iə uə yə	ei uei	—
费县	四组型（舒）	13	ʅ i u y	a ia ua	ə iə uə yə	ei uei	—
兰陵	四组型（舒）	13	ʅ i u y	ɑ iɑ uɑ	ə iə uə yə	ei uei	—

注：①第一组韵母主元音为高元音；第二组韵母主元音为低元音；第三组主要为央元音，但五组型央元音组中有一个高元音韵母 ɪl，之所以把它归入央元音组，是因为 ɪl 与 əl uəl 古韵摄来源相同。②第四组和第五组韵母主要是半高元音，但为了下文讨论的方便，根据古韵摄来源的不同把五组型的 ɑ ie uo 分出为第四组并与第五组并列，把四组型方言的 oʔ分出为第四组。③ʮ 是 u 的条件变体，u 与 tʃ tʃ^{h} ʃ、ts ts^{h} s 相拼有时读 ʮ。

根据入声的有无，苏鲁毗连地区方言可以分为两种类型：有入声型，该类型的方言保留入声，有入声韵或舒化入声韵；无入声型，该类型入声韵舒化，与阴声韵合并（见 4.3.1）。有入声型还可以根据入声韵组数的不同分为三种类型：五组型、四组型、三组型。无入声型入声韵今读的组数都是四组，为了方便讨论，把有入声的四组型称为四组型，把无入声的四组型称为四组（舒）型。根据入声韵的今读组数和韵母个数，入声韵的今读分为 8 种类型：五组型 14 个韵母型、四组 13 个韵母型、四组 11 个韵母型、三组 11 个韵母型、三组 10 个韵母型、三组 8 个韵母型、三组 6 个韵母型、四组（舒）13 个韵母型。

苏鲁毗连地区方言中，属于四组（舒）13 个韵母型的方言点有 36 个：邳州、五莲许孟、五莲洪凝、日照奎山、日照两城、日照陈疃、赣榆青口、赣榆墩尚、莒南十字路、莒南团林、日照涛雒、日照黄墩、临沂、沂水、蒙阴、沂南、郯城、临沭、莒县城阳、莒县桑园、徐州、宿迁、新沂时集 A、新沂阿湖、丰县、泗水、铜山、睢宁、微山、沛县、滕州、平邑、枣庄、邹城、费县、兰陵；三组 10 个韵母型和三组 8 个韵母型的方言点都有 3 个：灌云、沭阳、泗洪金锁，东海、泗洪瑶沟、泗洪上塘；五组 14 个韵母型、四组 13 个韵母型、四组 11 个韵母型、三组 11 个韵母型、三组 6 个韵母型的方言点都只有 1 个：灌南、赣榆石桥、泗阳、新沂时集 B、连云港。

入声韵的读音类型如表 3-18 所示。

表 3-18　入声韵的读音类型

韵母组数	韵母个数	读音					代表点
五组	14	ʊ iɪ yɪ	ɐ iɐ uɐ	ɪl əl uəl	ɑ ie uo	o io	灌南
四组	13	ɿ i u (ʮ) y	a ia ua	ə iə uə yə	ei uei	—	赣榆石桥
	11	iʔ uʔ ioʔ	aʔ iɐ uaʔ	əʔ iəʔ uəʔ yəʔ	oʔ	—	泗阳
三组	11	ʅ i u y	a ia ua	ə iə uə yə	—	—	新沂时集 B
	10	iɪ uɷ yɷ	ɐ iɐ uɐ	ə iə uə yə	—	—	沭阳
	8	iɪʔ uɷʔ yʏʔ	ɐʔ iɐʔ uɐʔ yɐʔ	əʔ	—	—	东海
	6	iɪ uʊ yʊ	ɐ	ə iə	—	—	连云港
四组（舒）	13	ʅ i u y	ɑ iɑ uɑ	ə iə uə yə	e ue	—	徐州

入声韵读音类型的地理分布如图 3-10 所示。

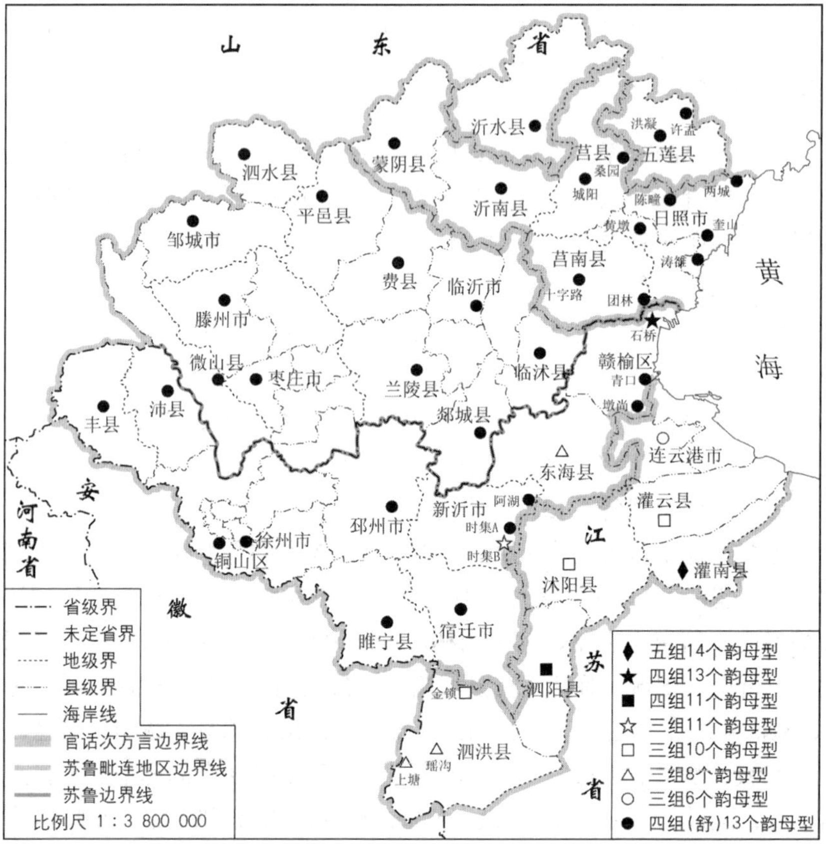

图 3-10　入声韵读音类型分布图

从图 3-10 可见，苏鲁毗连地区北部、中部的大部分地区入声已经消失，有入声的方言分布在南部的泗洪、泗阳和东南部的连云港、灌南、灌云等地区。值得注意的是，赣榆南部的赣榆墩尚、赣榆青口两个点入声消失，而东北角的赣榆石桥还保留入声。苏北境内有、无入声方言大致形成了一条自东北角的赣榆向西南延伸到泗洪境内的边界线。

苏鲁毗连地区方言入声韵的 8 种读音类型主要是入声韵分合的差异造成的，下面列表展示五组 14 个韵母型（灌南）、四组 13 个韵母型（赣榆石桥）、四组 11 个韵母型（泗阳）、三组 11 个韵母型（新沂时集 B）、三组 10 个韵母型（沭阳）、三组 8 个韵母型（泗洪上塘）、四组（舒）13 个韵母型（徐州）入声韵的分合情况如表 3-19 至表 3-24 所示。需要说明的是，①三组 8 个韵母型中的泗洪上塘单列展示（与同属于三组 8 个韵母型的东海、泗洪瑶沟相比，入声韵分合有自己的特点）。②属于三组 10 个韵母型的灌云、泗洪金锁入声韵的分合与沭阳基本一致，属于三组 8 个韵母型的东海、泗洪瑶沟，以及三组 6 个韵母型（连云港）是在三组 10 个韵母型基础上的演变（见 3.3.1.2.3），因此，这里以灌南、赣榆石桥、泗阳、新沂时集 B、沭阳、泗洪上塘、徐州为代表点。

（1）五组 14 个韵母型（灌南）

五组 14 个韵母型（灌南）入声韵的分合特点如表 3-19 所示：①咸山分化为 ɐ i ɐ uɐ、ʊ iɪ yɪ、o。今读 ɐ iɐ uɐ 的韵摄：咸山开一端组、咸山开二、山合二、咸山合三非组；今读 ʊ iɪ yɪ 的韵摄：咸山开一见系、山合一除帮组、咸山开三四、山合三除非组；今读 o 的韵摄：山合三帮组。②江开二知庄组与宕开三知章组有别，江开二知庄组韵母衍生 u 介音，且仅与宕合一合流成为一个韵母 uo。③深臻曾梗主要合并为一组带边音韵尾的入声韵母 əl ɪl uəl。④曾梗、山、臻与通的合并。山合一帮组、曾开一帮组、梗开二帮组、曾合一、梗合二和通合一、通合三除见系合流为 o。臻合三精见组、曾合三和通合三见系合流为 io。⑤入声韵分合基本上呈现为咸山（部分，主要是一二等）—咸山（部分，主要是三四等）—宕江—深臻曾梗—通五组分立的格局，咸山和宕江之间界线分明，没有跨界分合的情况。

表 3-19 五组 14 个韵母型（灌南）入声韵分合情况

韵母	摄	开合	等	声母	例字
ɐ	咸山	开	一	端系	答踏纳达辣擦
			二	除见系	眨插闸八察铡
		合	三	非敷奉母	法发伐罚

续表

韵母	摄	开合	等	声母	例字
iɐ	咸山	开	二	见系	甲匣辖
uɐ	山	合	二		滑挖刷
			三	微母	袜
ʊ	咸山	开	一	见系	鸽盒割渴
	山	合	一	除帮组	脱括豁活
			三	章组	说
iɪ	咸山	开	三		接涉叶灭列哲
			四		叠协憋铁截结
	山	合	三	泥组	劣
yɪ	山	合	三四	精组见系	绝阅掘月
ɑ	宕	开	一		薄托落各
	江	开	二	帮组	剥
	宕	开	三	知章组日母	着勺弱
	宕	合	三	非敷奉母	缚
uo	宕	合	一		郭廓
	江	开	二	知庄组	桌戳捉
ie	宕	开	三	除知章组	雀脚约
	江	开	二	见系	觉确岳
əl	深臻曾梗	开	三	知系	十失直支
	臻	合	三	非敷奉母	佛
	曾	开	一	除帮组	得则黑
	梗	开	二	除帮组	泽窄格摘
ɪl	深臻曾梗	开	三	除知系	立七力碧
	梗	开	四		壁滴溺激
		合	三		疫
uəl	臻	合	一		不骨忽
			三	非组知系	物蟀出

续表

韵母	摄	开合	等	声母	例字
o	山	合	一	帮组	拨泼
	通	合	一		木秃族谷
			三	除见系	福目竹叔
	曾	开	一	帮组	北墨
	梗	开	二	帮组	百白麦
	曾	合	一		国或惑
	梗	合	二		获
io	臻	合	三	端见系[1]	橘屈
	曾	合	三		域
	通	合	三	见系	菊育局欲

注：归纳入声韵的分合情况时忽略了舒化字和例外字。舒化字的情况见本书 4.3.3.1。例外字如下：缉~鞋口 tɕʰiɪ꜇、辑 tɕʰiɪ꜇、蛰 tɕiɪ꜇、给 kəl꜇、勃 pʰo꜇、突 tʰəl꜇、率 lil꜇、律 lil꜇、倔 tɕyɪ꜇。

（2）四组 13 个韵母型（赣榆石桥）

四组 13 个韵母型（赣榆石桥）的分合特点如表 3-20 所示：①咸山分化以及与宕江的合并。咸山分化为 a ia ua、ə iə uə yə 两组韵母；宕江与咸山（部分）合流为 əʔ uəʔ yəʔ。②深臻曾梗的分化以及与通的合并。深臻曾梗分化为 i u/ɥ y、ei uei 两组韵母，并与通摄合并为 u/ɥ y 韵母。③入声韵的分合基本上呈现为咸山（部分，主要是一二等）—咸山（部分，主要是三四等）、宕江—深臻曾梗（部分）—深臻曾梗（部分）、通四组分立的格局。

表 3-20 四组 13 个韵母型（赣榆石桥）入声韵分合情况

韵母	摄	开合	等	声母	例字
a	咸山	开	一		答拉踏辣鸽合盒渴
	咸山	开	二	除见系	眨插闸八察杀
	咸山	合	三	非敷奉母	法乏发伐罚
ia	咸山	开	二	见系	夹掐恰瞎
ua	山	合	二		滑挖刷刮
	山	合	三	微母	袜

① 有例外：律率。

续表

韵母	摄	开合	等	声母	例字
ə	咸山	开	三	知系	折哲
	山	合	一	帮组	拨泼
	宕	开	一	帮组见系	博薄
	江	开	二	帮组	剥朴
iə	咸山	开	三	除知系	涉叶灭列
	咸山	开	四	泥组	叠协憋铁节结
	山	合	三		劣
uə	山	合	一	除帮组	脱括豁
	山	合	三	章组	说
	宕	开	一	端系	托落作各
	宕	合	一		郭
	宕	开	三	知章组日母	着勺弱
	江	开	二	知庄组	桌戳
yə	山	合	三四	精组见系	绝阅掘月
	宕	开	三	除知章组	略雀脚
	江	开	二	见系	觉学
ʅ	深臻曾梗	开	三	知章组	十失直支
i	深臻曾梗	开	三	除知系	立七力碧
	梗	开	四		壁滴击
	梗	合	三		疫
u/ʮ	臻	合	一		不突卒骨
	臻	合	三	非组知章组	物出述秫
	通	合	一		木秃族谷毒
	通	合	三	除见系	福肃竹叔
y	臻	合	三	精见系	律
	曾	合	三		域
	通	合	三	见系	菊育玉欲
ei	曾 梗 深臻曾	开 开 开	一 二 三		北得则黑 白窄格客 涩
uei	曾	合	一		国或获
	梗	合	二		

（3）四组 11 个韵母型（泗阳）

四组 11 个韵母型（泗阳）的分合特点如表 3-21 所示：①咸山分化以及与宕江的合并。咸山分化为 aʔ iaʔ uaʔ、iəʔ uəʔ yəʔ、oʔ；宕江（除开口帮组）与咸山（部分）合流为 iəʔ uəʔ yəʔ。主要是宕开一端见系、宕开三江开二知系、宕合一与山合一除帮组、山合三章组合并；宕开三除知章组、江开二见系与山合三四精组见系合并。②深臻曾梗的分化以及与通的合并。深臻曾梗分化为 əʔ、iʔ uʔ ioʔ、oʔ三组，并与通合并为 əʔ uʔ ioʔ三个韵母。③跨界分化、合并现象突出。分化现象主要表现为咸山、深臻曾梗的分化；合并现象主要表现为咸山（部分）宕江与深臻曾梗的合并，以及深臻曾梗与通的合并。

表 3-21　四组 11 个韵母型（泗阳）入声韵分合情况

韵母	摄	开合	等	声母	例字
aʔ	咸山	开	一	端系	答拉杂达辣擦
	咸山	开	二	除见系	眨插闸八察
	咸山	合	三	非敷奉母	法乏发伐罚
iaʔ	咸	开	二	见系	甲匣
uaʔ	山	合	二		滑挖刷刮
	山	合	三	微母	袜
əʔ	深臻曾梗	开	三	知系	十 失直支
	曾	开	一		得肋则黑北
	梗	开	二		拆窄格百拍
	臻	合	一	帮组	不
	臻	合	三	敷奉母	佛
	通	合	三	非组	目
	通	合	一	帮组	木
iəʔ	咸山	开	三		叶业列杰 褶哲舌设
	咸山	开	四		跌叠协憋铁结
	山	合	三	泥组	劣
uəʔ	山	合	一	除帮组	夺括阔豁
	山	合	三	章组	拙说
	宕	开	一	端见系	各胳鹤　讬诺错索
	宕	开	三	知章日组	着酌勺若
	宕	合	一		郭霍
	江	开	二	知庄组	桌戳捉

续表

韵母	摄	开合	等	声母	例字
yəʔ	山	合	三四	精组见系	绝雪月 决缺穴
	宕	开	三	除知章组	略掠爵雀脚约
	江	开	二	见系	觉确岳学
iʔ	深臻曾梗	开	三	除知系	立七力碧
	梗	开	四		壁滴笛析吃
	梗	合	三		疫役
uʔ	臻	合	一	除帮组	突卒骨
	臻	合	三	知章组微母	物出述秫
	通	合	一	除帮组	鹿谷毒
	通	合	三	除见系非组	肃竹叔
ioʔ	臻	合	三	端见系	律橘
	曾	合	三		域
	通	合	三	见系	菊郁育曲玉
oʔ	咸山	开	一	见系	鸽合盒渴葛
	宕	开	一	帮组	博薄膜
	江	开	二	帮组	剥驳
	山	合	一	帮组	拨泼
	曾	合	一		国或
	梗	合	二		获

（4）三组 11 个韵母型（新沂时集 B）

三组 11 个韵母型（新沂时集 B）的分合特点如表 3-22 所示：①咸山分化为 a ia ua、iə uə yə 两组韵母，然后咸山（部分）与宕江合流为 ə uə yə 三个韵母。②深臻曾梗今读 ʅ i u y 四个韵母，并与通合并为 u y 两个韵母。③入声韵分合基本上呈现为咸山（部分，主要是一二等）—咸山（部分，主要是三四等）、宕江—深臻曾梗通三组分立的格局。

表 3-22 三组 11 个韵母型（新沂时集 B）入声韵分合情况

韵母	摄	开合	等	声母	例字
a	咸山	开	一	端系	答拉踏辣擦撒
	咸山	开	二	除见系	眨插闸八察杀
	咸山	合	三	非敷奉母	法乏发伐罚
ia	咸山	开	二	见系	夹掐恰瞎

续表

韵母	摄	开合	等	声母	例字
ua	山	合	二		滑挖刷刮
	山	合	三	微母	袜
ə	咸山	开	一	见系	鸽合盒渴葛
	咸山	开	三	知系	折哲
	山	合	一	帮组	拨泼
	宕	开	一	帮组见系	博薄
	江	开	二	帮组	剥朴
	曾	开	一		北得则黑
	梗	开	二		白泽窄革
iə	咸山	开	三	除知系	涉叶灭列
	咸山	开	四		叠协憋铁节结
	山	合	三	泥组	劣
uə	山	合	一	除帮组	脱括豁
	山	合	三	章组	说
	宕	开	一	端系	托落作各
	宕	合	一		郭
	宕	开	三	知章组日母	着勺弱
	江	开	二	知庄组	桌戳
yə	山	合	三四	精组见系	绝阅掘月
	宕	开	三	除知章组	略雀脚
	江	开	二	见系	觉学
ʅ	深臻曾梗	开	三	知系	十失直支
i	深臻曾梗	开	三	除知系	立七力碧
	梗	开	四		壁滴击
	梗	合	三		疫
u	臻	合	一		突骨忽不没
	臻	合	三	非组知章组	物出佛
	通	合	一		秃谷毒酷
	通	合	三	除见系	福肃竹叔烛
	曾	合	一		国
	梗	合	二		获

续表

韵母	摄	开合	等	声母	例字
y	臻	合	三	精见系	律
	曾	合	三		域
	通	合	三	见系	菊育玉欲

（5）三组 10 个韵母型（沭阳）

三组 10 个韵母型（沭阳）的分合特点如表 3-23 所示：①咸山分化以及与宕江的合并。咸山分化为 a ia ua、ə iə uə yə 两组韵母，并与宕江合流为 ə uə yə。②深臻曾梗分化为 iɪ ʊ iʊ、ə 两组韵母，并与通摄合并为韵母 ʊ iʊ ə。③跨界分化、合并现象较为突出。分化现象主要表现为咸山、深臻曾梗通的分化；合并现象主要表现为咸山（部分）宕江与深臻曾梗的合并，以及深臻曾梗与通的合并。

表 3-23　三组 10 个韵母型（沭阳）入声韵分合情况

韵母	摄	开合	等	声母	例字
a	咸山	开	一	端系	答拉踏辣擦撒
	咸山	开	二	除见系	眨插闸八察杀
	咸山	合	三	非敷奉母	法乏发伐罚
ia	咸山	开	二	见系	夹掐恰瞎
ua	山	合	二		滑挖刷刮
	山	合	三	微母	袜
ə	山	合	一	帮组	拨泼
	宕	开	一	帮组	博薄
	江	开	二	帮组	剥朴
	深臻曾梗	开	三	知系	十失直支
	曾	开	一		北得则黑
	梗	开	二		白泽窄革
	臻	合	一	帮组	不没
	臻	合	三	敷奉母	佛
	通	合	一	帮组	扑木
	通	合	三	非组	福目
iə	咸山	开	三		褶涉叶灭列哲
	咸山	开	四		叠协憋铁节结

续表

韵母	摄	开合	等	声母	例字
	山	合	三	泥组	劣
uə	咸山	开	一	见系	鸽合盒渴葛
	山	合	一	除帮组	脱括豁
	山	合	三	章组	说
	宕	开	一	除帮组	托落作各
	宕	合	一		郭
	宕	开	三	知章组日母	着勺弱
	江	开	二	知庄组	桌戳
yə	山	合	三四	精组见系	绝阅掘月
	宕	开	三	除知章组	略雀脚
	江	开	二	见系	觉学
iɪ	深臻曾梗	开	三	除知系	立七力碧
	梗	开	四		壁滴击
	梗	合	三		疫
ʊ	臻	合	一	除帮组	突骨忽
	臻	合	三	知章组微母	物出
	通	合	一	除帮组	秃谷毒酷
	通	合	三	除见系非组	竹叔烛
	曾	合	一		国
	梗	合	二		获
iʊ	臻	合	三	端见系	律
	曾	合	三		域
	通	合	三	见系	菊育玉欲

（6）三组 8 个韵母型（泗洪上塘）

三组 8 个韵母型（泗洪上塘）的分合特点如表 3-24 所示：①咸山分化，咸山（小部分）独立，咸山（大部分）与宕江合并。②深臻曾梗分化，深臻曾梗（大部分）与通合并，深臻曾梗（小部分）与咸山宕江合并。

表 3-24 三组 8 个韵母型（泗洪上塘）入声韵分合情况

韵母	摄	开合	等	声母	例字
ɐ	咸山	开	一		鸽合渴答拉踏辣擦撒
	咸山	开	二	除见系	眨插闸八察杀
	咸山	合	三	非敷奉母	法乏发伐罚
ə	咸山	开	三	知系	折哲
	山	合	一	帮组	拨泼
	宕	开	一	帮组见系	博薄各
	江	开	二	帮组	剥朴
	深臻曾梗	开	三	知系	十失直支
	曾	开	一		北得则黑
	梗	开	二		白泽窄革
iə	咸山	开	二	见系	夹掐恰瞎
	咸山	开	三	除知系	涉叶灭列
	咸山	开	四		叠协憋铁节结
	山	合	三	泥组	劣
uə	山	合	二		滑挖刷刮
	山	合	三	微母	袜
	山	合	一	除帮组	脱括豁
	山	合	三	章组	说
	宕	开	一	端系	托落作各
	宕	合	一		郭
	宕	开	三	知章组日母	着勺弱
	江	开	二	知庄组	桌戳
yə	山	合	三四	精组见系	绝阅掘月
	宕	开	三	除知章组日母	略雀脚
	江	开	二	见系	觉学
i	深臻曾梗	开	三	除知系	立七力碧
	梗	开	四		壁滴击
	梗	合	三		疫

续表

上塘	摄	开合	等	声母	例字
u	臻	合	一	帮组	不没
	臻	合	三	敷奉母	佛
	通	合	一	帮组	扑木
	通	合	三	非组	福目
	臻	合	一	除帮组	突骨忽
	臻	合	三	知章组微母	物出
	通	合	一	除帮组	秃谷毒酷
	通	合	三	除见系非组	竹叔烛
	曾	合	一		国
	梗	合	二		获
y	臻	合	三	精见系	律
	曾	合	三		域
	通	合	三	见系	菊育玉欲

（7）四组（舒）13 个韵母型（徐州）

四组（舒）13 个韵母型（徐州）入声韵的分合与四组 13 个韵母型（赣榆石桥）基本一致，不同仅在于：咸山开一以“见系 / 端系”条件分化为 ɑ / ə，而四组 13 个韵母型（赣榆石桥）咸山开一没有分化，都读 a。如表 3-25 所示。

表 3-25 四组（舒）13 个韵母型（徐州）入声韵分合情况

韵母	韵摄	开合	等	声母	例字
ɑ	咸山	开	一	端系	答拉踏辣擦撒
	咸山	开	二	除见系	眨插闸八察杀
	咸山	合	三	非敷奉母	法乏发伐罚
iɑ	咸山	开	二	见系	夹掐恰瞎
uɑ	山	合	二		滑挖刷刮
	山	合	三	微母	袜
ə	咸山	开	一	见系	鸽合盒渴葛割
	咸山	开	三	知章组日母	折褶涉哲舌设
	山	合	一	帮组	拨泼
	宕	开	一	帮组见系	薄各胳鹤
	江	开	二	帮组	剥驳

续表

韵母	韵摄	开合	等	声母	例字
iə	咸山	开	三	除知系	接叶业灭列杰
	咸山	开	四		叠碟协憋铁结
	山	合	三	泥组	劣
uə	山	合	一	除帮组	夺括阔豁
	山	合	三	章组	拙说
	宕	开	一	端系	讬诺错索
	宕	开	三	知章组	着酌勺若
	宕	合	一		郭霍
	江	开	二	知庄组	桌戳捉
yə	山	合	三四	精组见系	绝雪月越决缺穴略掠
	宕	开	三	除知章组	爵雀嚼脚约
	江	开	二	见系	觉确岳学
ʅ	深臻曾梗	开	三	知章组	十失直支赤
i	深臻曾梗	开	三	除知系	立七逼碧
	梗	开	四		壁滴笛析吃
	梗	合	三		疫役
u	臻	合	一		不突卒骨
	臻	合	三	非组知章组	物出述秫
	通	合	一		木秃族谷毒
	通	合	三	除见系	福肃竹叔
y	臻	合	三	精见组	律橘
	曾	合	三		域
	通	合	三	见系	菊畜郁育曲玉
e	曾	开	一		北得肋则黑
	深臻曾	开	三	庄组	涩瑟色
	梗	开	二		百拍拆窄格
ue	曾	合	一		国或
	梗	合	二		获
uɛ	臻	合	三	庄组	率蟀

3.3.1.2 入声韵读音类型的演变

本节先把五组 14 个韵母型（灌南）、四组 11 个韵母型（泗阳）、三组 10 个韵母型（以沭阳为代表，灌云、泗洪金锁与沭阳进行内部比较）、三组 8 个韵母型（以东海为代表，泗洪瑶沟与东海内部比较）、三组 6 个韵母型（连云港）进行两两比较，以考察入声韵读音类型之间的演变及其趋势。然后，把三组 11 个韵母型（新沂时集 B）、三组 8 个韵母型（泗洪上塘）与四组 13 个韵母型（赣榆石桥）、三组 10 个韵母型（沭阳）放在一起比较，以考察三组 11 个韵母型（新沂时集 B）、三组 8 个韵母型（泗洪上塘）入声韵分合的特点。

3.3.1.2.1 五组 14 个韵母型（灌南）与四组 11 个韵母型（泗阳）的比较

五组 14 个韵母型（灌南）与四组 11 个韵母型（泗阳）入声韵分合的比较如表 3-26 所示。

表 3-26 五组 14 个韵母型（灌南）与四组 11 个韵母型（泗阳）入声韵分合的比较

<table>
<tr><th colspan="2">灌南</th><th colspan="2">泗阳</th><th rowspan="2">例字</th></tr>
<tr><th>韵母</th><th>古音条件</th><th>古音条件</th><th>韵母</th></tr>
<tr><td>ɐ</td><td>咸山开一端系
咸山开二除见系
咸山合三非敷奉母</td><td>咸山开一端系
咸山开二除见系
咸山合三非敷奉母</td><td>aʔ</td><td>答拉杂达辣擦
眨插闸八察
法乏发伐罚</td></tr>
<tr><td>iɐ</td><td>咸开二见系</td><td>咸开二见系</td><td>iaʔ</td><td>甲匣</td></tr>
<tr><td>uɐ</td><td>山合二
山合三微母</td><td>山合二
山合三微母</td><td>uaʔ</td><td>滑挖刷刮
袜</td></tr>
<tr><td rowspan="2">ʊ</td><td rowspan="2">咸山开一见系
山合一除帮组
山合三章组</td><td>咸山开一见系</td><td>oʔ</td><td>鸽合盒渴葛</td></tr>
<tr><td>山合一除帮组
山合三章组</td><td>uəʔ</td><td>夺括阔豁
拙说</td></tr>
<tr><td>iɪ</td><td>咸山开三除知系
咸山开四
山合三泥组
咸山开三知章组日母</td><td>咸山开三除知系
咸山开四
山合三泥组
咸山开三知章组日母</td><td>iəʔ</td><td>叶业折灭列杰
跌叠协憋铁结
劣
折褶哲舌设</td></tr>
<tr><td>yɪ</td><td>山合三、四精组见系</td><td>山合三、四精组见系</td><td>yəʔ</td><td>绝雪月 决缺穴</td></tr>
<tr><td rowspan="4">ɑ</td><td rowspan="2">宕开一</td><td>宕开一帮组</td><td>oʔ</td><td>博薄膜</td></tr>
<tr><td>宕开一除帮组</td><td>uəʔ</td><td>各胳鹤 讬诺错</td></tr>
<tr><td rowspan="2">江开二帮组
宕开三知章日组</td><td>江开二帮组</td><td>oʔ</td><td>剥驳</td></tr>
<tr><td>宕开三知章日组</td><td>uəʔ</td><td>着酌勺若</td></tr>
</table>

续表

灌南		泗阳		例字
韵母	古音条件	古音条件	韵母	
uo	宕合一 江开二知庄组	宕合一 江开二知庄组	uəʔ	郭霍 桌戳捉
ie	宕开三除知章组 江开二见系	宕开三除知章组 江开二见系	yəʔ	略掠爵雀脚约 觉确岳学
əl	深臻曾梗开三知系 曾开一除帮组 梗开二除帮组	深臻曾梗开三知系 曾开一除帮组 梗开二除帮组	əʔ	十 失直支 得肋则黑 拆窄格
ɪl	深臻曾梗开三除知系 梗开四 梗合三	深臻曾梗开三除知系 梗开四 梗合三	iʔ	立七力碧 壁滴笛析吃 疫役
uəl	臻合一	臻合一帮组	əʔ	不
	臻合三非知章组	臻合一除帮组 臻合三知章组微母	uʔ	突卒骨 物出述秫
		臻合三敷奉母	əʔ	佛
	臻合三庄组	臻合三庄组	—[1]	蟀
o	山合一帮组 通合一	山合一帮组	oʔ	拨泼
		通合一帮组	əʔ	木
		通合一除帮组	uʔ	鹿谷毒
	通合三除见系	通合三非组	əʔ	目
		通合三除见系非组	uʔ	肃竹叔
	曾开一帮组 梗开二帮组	曾开一帮组 梗开二帮组	əʔ	北 百拍
	曾合一 梗合二	曾合一 梗合二	oʔ	国或 获
io	臻合三精见组[2] 曾合三 通合三见系	臻合三精见组 曾合三 通合三见系	ioʔ	律橘 域 菊郁育曲玉

① 泗阳方言臻合三庄组字入声舒化，不纳入讨论。

② 有例外：律率。

五组 14 个韵母型（灌南）与四组 11 个韵母型（泗阳）入声韵分合的差异：①五组 14 个韵母型（灌南）咸山、宕江分立，四组 11 个韵母型（泗阳）咸山分化，咸山（部分）与宕江合并。具体来说，四组 11 个韵母型（泗阳）咸山分化为 aʔ iaʔ uaʔ、iəʔ uəʔ yəʔ、oʔ三组韵母，然后与宕江合并为韵母 oʔ uəʔ yəʔ。②五组 14 个韵母型（灌南）与四组 11 个韵母型（泗阳）o（或 oʔ）的古韵摄来源差异较大。五组 14 个韵母型（灌南）的 o 对应于四组 11 个韵母型（泗阳）的 oʔ əʔ uʔ，即五组 14 个韵母型（灌南）山合一帮组、曾开一帮组、梗开二帮组连同曾合一、梗合二和通合一、通合三（除见系）合并，今读为 o；而以上韵摄在四组 11 个韵母型（泗阳）中分化为 oʔ uʔ əʔ 三个韵母。另外，四组 11 个韵母型（泗阳）əʔ的古韵摄来源较为复杂：通合一三帮系，曾开一帮组、梗开二帮组，臻合一三帮系，深臻曾梗开三知系，曾开一除帮组、梗开二除帮组。

总起来看，五组 14 个韵母型（灌南）入声韵的分合基本上呈现为咸山（部分，主要是一二等）—咸山（部分，主要是三四等）—宕江—深臻曾梗—通五组分立的格局，四组 11 个韵母型（泗阳）则是发生了咸山（部分）与宕江的合并，因此韵母组数少了一组，韵母个数减少了 3 个。

3.3.1.2.2　三组 10 个韵母型（沭阳）与四组 11 个韵母型（泗阳）的比较

三组 10 个韵母型的灌云、沭阳、泗洪金锁三个方言点入声韵分合的差异不大，区别在于以下 3 个方面：①咸山开一、宕开一是否以“见系”为条件读合口韵母（uə）而不是开口韵母（ə）；②山合一、宕开一、江开二是否以“帮组”为条件读合口韵母（uə）而不是开口韵母（ə）；③咸山开三是否以“知章组声母”为条件读齐齿韵母（iə）而不是开口韵母（ə）。以上 3 个方面都是入声韵以声母为条件而发生的音变现象。其中，灌云符合①②③，沭阳符合①③，②读开口韵母（ə），泗洪金锁都不符合，①②③读开口韵母（ə）。

下面以沭阳为三组 10 个韵母型的代表，与四组 11 个韵母型（泗阳）进行入声韵分合的比较，如表 3-27 所示。

表 3-27　三组 10 个韵母型（沭阳）与四组 11 个韵母型（泗阳）入声韵分合的比较

泗阳		沭阳		例字
韵母	古音条件	古音条件	韵母	
aʔ	咸山开一端系 咸山开二除见系 咸山合三非敷奉母	咸山开一端系 咸山开二除见系 咸山合三非敷奉母	a	答拉踏辣擦撒 眨插闸八察杀 法乏发伐罚

续表

泗阳		沭阳		例字
韵母	古音条件	古音条件	韵母	
iaʔ	咸山开二见系	咸山开二见系	ia	夹掐恰瞎
uaʔ	山合二	山合二	ua	滑挖刷刮
	山合三微母	山合三微母		袜
oʔ	咸山开一见系	咸山开一见系	uə	鸽合盒渴葛
	山合一帮组	山合一帮组	ə	拨泼
	宕开一帮组	宕开一帮组		博薄
	江开二帮组	江开二帮组		剥朴
	曾合一	曾合一	ʊ	国
	梗合二	梗合二		获
əʔ	深臻曾梗开三知系	深臻曾梗开三知系	ə	十失直支
	曾开一	曾开一		北得则黑
	梗开二	梗开二		白泽窄革
	臻合一帮组	臻合一帮组		不没
	臻合三非敷奉母	臻合三敷奉母		佛
	通合一帮组	通合一帮组		扑木
	通合三非组	通合三非组		福目
iəʔ	咸山开三	咸山开三	iə	褶涉叶灭列哲
	咸山开四	咸山开四		叠协憋铁节结
	山合三泥组	山合三泥组		劣
uəʔ	山合一除帮组	山合一除帮组	uə	脱括豁
	山合三章组	山合三章组		说
	宕开一除帮组	宕开一除帮组		托落作各
	宕合一	宕合一		郭
	宕开三知章组日母	宕开三知章组日母		着勺弱
	江开二知庄组	江开二知庄组		桌戳
yəʔ	山合三四精组见系	山合三四精组见系	yə	绝阅掘月
	宕开三除知章组	宕开三除知章组		略雀脚
	江开二见系	江开二见系		觉学
iʔ	深臻曾梗开三除知系	深臻曾梗开三除知系	iɪ	立七力碧
	梗开四	梗开四		壁滴击
	梗合三	梗合三		疫
uʔ	臻合一除帮组	臻合一除帮组	ʊ	突骨忽
	臻合三知章组微母	臻合三知章组微母		物出
	通合一除帮组	通合一除帮组		秃谷毒酷
	通合三除见系非组	通合三除见系非组		竹叔烛

续表

泗阳		沭阳		例字
韵母	古音条件	古音条件	韵母	
ioʔ	臻合三精见组 曾合三 通合三见系	臻合三精见组 曾合三 通合三见系	iʊ	律 域 菊育玉欲
uɛʔ	臻合三庄组	臻合三庄组	uɛ	蟀

三组 10 个韵母型（沭阳）与四组 11 个韵母型（泗阳）入声韵分合的不同仅在于：oʔ在泗阳方言里独立为一个韵母，而在沭阳方言里今读 oʔ的韵摄分别与今读 ə、uə、ʊ 的韵摄合流，因此沭阳比泗阳少了一个韵母 oʔ，具体情况如表 3-28 所示。

表 3-28　三组 10 个韵母型（沭阳）与四组 11 个韵母型（泗阳）入声韵分合的差异

沭阳	泗阳	古音来源
ə	əʔ	深臻曾梗开三知系、曾开一、梗开二、臻合一帮组、臻合三非敷奉母、通合一帮组、通合三非组
	oʔ	山合一帮组、宕开一帮组、江开二帮组
uə	uəʔ	山合一除帮组、山合三章组、宕开一除帮组、宕合一、宕开三知章日母、江开二知庄组
	oʔ	咸山开一见系
ʊ	uʔ	臻合一除帮组、臻合三知章组微母、通合一除帮组、通合三除见系非组
	oʔ	曾合一、梗合二

3.3.1.2.3　三组 8 个韵母型（东海）与三组 10 个韵母型（沭阳）的比较

首先讨论属于三组 8 个韵母型的泗洪瑶沟、东海入声韵分合的差异（泗洪上塘见 3.3.1.2.5），如表 3-29 所示。

表 3-29　泗洪瑶沟与东海入声韵分合的比较

泗洪瑶沟		东海		例字
韵母	古音条件	古音条件	韵母	
ɐ(ʔ)	咸山开一 咸山开二除见系 咸山合三非敷奉母 咸山开三知章组日母 宕开一非端系 山合一帮组 江开二帮组	咸山开一 咸山开二除见系 咸山合三非敷奉母 咸山开三知章组日母 宕开一非端系 山合一帮组 江开二帮组	ɐʔ	答踏杂鸽达辣擦渴 眨插闸八察杀 法乏发伐罚 折褶涉哲彻舌热 博薄膜各 拨泼 朴

续表

泗洪瑶沟		东海		例字
韵母	古音条件	古音条件	韵母	
əʔ	深臻曾梗开三知系	深臻曾梗开三知系	əʔ	执十秩失织支
	臻合一帮组	臻合一帮组		不
	臻合三敷奉母	臻合三敷奉母		佛
	曾开一	曾开一		北得肋则黑
	梗开二	梗开二		百拍拆窄格
	通合一帮组	通合一帮组		扑仆木
	通合三非组	通合三非组		福服目
iə(ʔ)	咸山开二见系	咸山开二见系	iɐʔ	夹掐恰瞎
	咸山开三除知系	咸山开三除知系		猎接叶业
	咸山开四	咸山开四		跌叠碟协
	山合三泥组	山合三泥组		劣
uə(ʔ)	山合一除帮组	山合一除帮组	uɐʔ	夺括阔
	山合二	山合二	(u)ɐʔ	滑挖
	山合三微母	山合三微母	ɐʔ	袜
	山合三章组	山合三章组	uɐʔ	拙说
	宕开一端系	宕开一端系		讬诺错索
	宕开三知章组	宕开三知章组		着酌勺若
	宕合一	宕合一		郭霍
	江开二知庄组	江开二知庄组		桌戳捉
yə(ʔ)	山合三、四精组见系	山合三、四精组见系	yɐʔ	绝雪月越决缺穴
	宕开三除知章组	宕开三除知章组		略掠爵雀嚼脚约
	江开二见系	江开二见系		觉确岳学
i	深臻曾梗开三除知系	深臻曾梗开三除知系	iɪʔ	立七力碧
	梗开四	梗开四		壁滴笛析吃
	梗合三	梗合三	i	疫役
ʊ	曾合一	曾合一	uʊʔ	国或
	臻合一除帮组	臻合一除帮组		突卒骨
	臻合三知章组微母	臻合三知章组		出述秫
		臻合三微母	əʔ	物
	通合一除帮组	通合一除帮组影母	uʊʔ	速谷
		通合一影母	əʔ	屋
	通合三除帮组见系	通合三除帮组见系	uʊʔ	竹叔
	梗合二	梗合二		获
ye	臻合三精见组	臻合三精见组	yʏʔ	律橘
	曾合三	曾合三		域
	通合三见系	通合三见系		菊曲玉局

泗洪瑶沟与东海入声韵的分合差异有二：东海①梗合三入声韵舒化后并入阴声韵；②发生了 uʊʔ→vəʔ（臻合三微母、通合一影母）、uɐʔ→vɐʔ（山合三微母、山合二影母）的音变。如果忽略这两个由于新近音变导致的分合差异，那么两个方言的不同只是表现在读音上，如表 3-30 所示。

表 3-30 泗洪瑶沟与东海入声韵读音比较表

方言	高	低	央
东海	iɪʔ uʊʔ yʏʔ	ɐʔ iɐʔ uɐʔ yɐʔ	əʔ
泗洪瑶沟	ɪʔ ʊʔ yeʔ	ɐ(ʔ)	əʔ iə(ʔ) uə(ʔ) yə(ʔ)

从表 3-30 可见，泗洪瑶沟、东海入声韵读音上的不同有二：一是东海今读为 iɐʔ uɐʔ yɐʔ，而泗洪瑶沟今读为 iə（ʔ） uə（ʔ） yə（ʔ）（中古韵摄来源见表 3−29）；二是泗洪瑶沟入声分阴阳两调，其中 ɐ iə uə yə 分为两套：ɐ iə uə yə、ɐʔ iəʔ uəʔ yəʔ，而 əʔ ɪʔ ʊʔ yeʔ 只有一套（具体讨论见 4.3.2.2）。

为了便于讨论，下面以东海为三组 8 个韵母型的代表，与三组 10 个韵母型（沭阳）进行入声韵分合的比较，如表 3-31 所示。

表 3-31 三组 8 个韵母型（东海）与三组 10 个韵母型（沭阳）入声韵分合的比较

沭阳		东海		例字
韵母	古音条件	古音条件	韵母	
ɐ	咸山开一端系	咸山开一端系	ɐʔ	答踏杂达辣擦
	咸山开二除见系	咸山开二除见系		眨插闸八察杀
	咸山合三非敷奉母	咸山合三非敷奉母		法乏发伐罚
iɐ	咸山开二见系	咸山开二见系	iɐʔ	夹掐恰瞎
ua	山合二	山合二	(u)ɐʔ	滑挖
	山合三微母	山合三微母		袜
ə	山合一帮组	山合一帮组	ɐʔ	拨泼
	宕开一帮组	宕开一帮组	ɐʔ	博薄膜
	江开二帮组	江开二帮组		剥驳
	深臻曾梗开三知系	深臻曾梗开三知系	əʔ	执十秩失织支
	臻合一帮组	臻合一帮组		不
	曾开一	曾开一		北得肋则黑
	梗开二	梗开二		百拍拆窄格
	通合一帮组	通合一帮组		扑仆木
	通合三帮组	通合三帮组		福服目

续表

沭阳		东海		例字
韵母	古音条件	古音条件	韵母	
iə	咸山开三	咸山开三知章组日母	ɐʔ	折褶涉哲彻舌热
	咸山开四 山合三泥组	咸山开三除知系 咸山开四 山合三泥组	iɐʔ	猎接叶业 跌叠碟协 劣
uə	咸山开一见系 山合一除帮组 山合三章组 宕开一端系见系	咸山开一见系	ɐʔ	鸽合盒磕渴葛
		山合一除帮组 山合三章组 宕开一端系	uɐʔ	夺括阔 拙说 讬诺错索
		宕开一见系	ɐʔ	各
	宕开三知章组 宕合一 江开二知庄组	宕开三知章组 宕合一 江开二知庄组	uɐʔ	着酌勺若 郭霍 桌戳捉
yə	山合三、四精组见系 宕开三除知章组 江开二见系	山合三、四精组见系 宕开三除知章组 江开二见系	yɐʔ	绝雪月越决缺穴 略掠爵雀嚼脚约 觉确岳学
iɪ	深臻曾梗开三除知系 梗开四 梗合三	深臻曾梗开三除知系 梗开四 梗合三	iɪʔ	立七力碧 壁滴笛析吃 疫役
ʊ	曾合一 臻合一除帮组 臻合三非知章组	曾合一 臻合一除帮组 臻合三知章组	uʊʔ	国或 突卒骨 出述秫
		臻合三非组	əʔ	佛物
	通合一除帮组 通合三除帮组见系 梗合二	通合一除帮组 通合三除帮组见系 梗合二	uʊʔ	速谷 竹叔 获
iʊ	臻合三精见组 曾合三 通合三见系	臻合三精见组 曾合三 通合三见系	yʏʔ	律橘 域 菊曲玉局
uɛ	臻合三庄组	臻合三庄组	uɛ	率蟀

从三组 10 个韵母型（沭阳）到三组 8 个韵母型（东海），入声韵的演变趋势是合并，具体情况见表 3-32 所示。

表 3-32 三组 8 个韵母型（东海）与三组 10 个韵母型（沭阳）入声韵分合的差异

东海	沭阳	古音来源
iɐʔ	ia	咸山开二见系
	iə	咸山开三除知系、咸山开四、山合三泥组
uɐʔ	ua	山合二
	uə	山合一除帮组、山合三章组、宕开一端系、宕开三知章组、江开二知庄组
ɐʔ	a	咸山开一端系、咸山开二除见系、咸山合三非组
	ə	山合一帮组、宕开一帮组、江开二帮组
	iə	咸山开三知章组日母
	uə	咸山开一见系、宕开一见系

从表 3-32 可见，①东海咸山开二见系和咸山开三除知系、咸山开四、山合三泥组合并为 iɐʔ，而沭阳分立为 ia、iə；②东海山合二和山合一除帮组、山合三章组、宕开一端系、宕开三知章组、江开二知庄组合并为 uɐʔ，而沭阳分立为 ua、uə。③东海山合一帮组、宕开一帮组、江开二帮组、咸山开三知章组日母、咸山开一见系、宕开一见系和咸山开一端系、咸山开二除见系、咸山合三非组合并为 ɐʔ，而沭阳分立为 a、ə、iə、uə 四个韵母。

实际上，东海方言咸山开一见系 ɐʔ与沭阳方言的 uə 是不同的分合造成的：沭阳咸山开一以“见系／非见系”分化，咸山开一见系字衍生 u 介音，与山合一除帮组、山合三章组以及宕合一等韵摄合并为一个韵母 uə，而东海方言没有分化，因此咸山开一今读为 ɐʔ。

3.3.1.2.4 三组 6 个韵母型（连云港）与三组 8 个韵母型（东海）的比较

三组 6 个韵母型（连云港）与三组 8 个韵母型（东海）入声韵分合的比较如表 3-33 所示。

表 3-33 三组 6 个韵母型（连云港）与三组 8 个韵母型（东海）入声韵分合的比较

东海		连云港		例字
韵母	古音条件	古音条件	韵母	
ɐʔ	咸山开一 咸山开二除见系	咸山开一 咸山开二除见系	ɐ	答踏杂鸽达辣擦渴 眨插闸八察杀
	咸山合三非敷奉母	咸山合三非敷奉母	uʊ	法乏发伐罚
	咸山开三知章组日母 宕开一非端系 山合一帮组 江开二帮组	咸山开三知章组日母 宕开一非端系 山合一帮组 江开二帮组	ɐ	折褶涉哲彻舌热 博薄膜各 拨泼 朴

续表

东海		连云港		例字
韵母	古音条件	古音条件	韵母	
əʔ	深臻曾梗开三知系 臻合一帮组	深臻曾梗开三知系 臻合一帮组	ə	执十秩失织支 不
	臻合三敷奉母	臻合三敷奉母	uʊ	佛
	曾开一 梗开二 通合一帮组	曾开一 梗开二 通合一帮组	ə	北得肋则黑 百拍拆窄格 扑仆木
	通合三非组	通合三非组	uʊ	福服目
iɐʔ	咸山开二见系 咸山开三除知系 咸山开四 山合三泥组	咸山开二见系 咸山开三除知系 咸山开四 山合三泥组	iə	夹掐恰瞎 猎接叶业 跌叠碟协 劣
uɐʔ	山合一除帮组 山合二 山合三微母 山合三章组 宕开一端系 宕开三知章组 宕合一 江开二知庄组	山合一除帮组 山合二 山合三微母 山合三章组 宕开一端系 宕开三知章组 宕合一 江开二知庄组	uʊ	夺括阔 滑挖 袜 拙说 托诺错索 着酌勺若 郭霍 桌戳捉
yɐʔ	山合三、四精组见系 宕开三除知章组 江开二见系	山合三、四精组见系 宕开三除知章组 江开二见系	yʊ	绝雪月越决缺穴 略掠爵雀嚼脚约 觉确岳学
iɪʔ	深臻曾梗开三除知系 梗开四 梗合三	深臻曾梗开三除知系 梗开四 梗合三	iɪ	立七力碧 壁滴笛析吃 疫役
uʊʔ	曾合一 臻合一除帮组 臻合三知章组微母 通合一除帮组 通合三除帮组见系 梗合二	曾合一 臻合一除帮组 臻合三知章组微母 通合一除帮组 通合三除帮组见系 梗合二	uʊ	国或 突卒骨 出述秫物 速谷屋 竹叔 获
yʏʔ	臻合三精见组 曾合三 通合三见系	臻合三精见组 曾合三 通合三见系	yʊ	律橘 域 菊曲玉局

从表 3-33 可见，三组 6 个韵母型（连云港）是在三组 8 个韵母型（东

海）入声韵分合基础上的进一步合并，东海读 uɐʔ、uʊʔ的韵摄在连云港方言中合并，今读为 uʊ，东海读 yɐʔ、yʏʔ的韵摄在连云港方言中合并，今读为 yʊ。另外，连云港咸山合三非敷奉母、臻合三敷奉母字韵母由于声母 f→x 的音变而衍生出 u 介音，先变为 uɐ，再变为 uə，然后与 uʊ 合并。

3.3.1.2.5 三组 11 个韵母型（新沂时集 B）、三组 8 个韵母型（泗洪上塘）与四组 13 个韵母型（赣榆石桥）、三组 10 个韵母型（沭阳）的比较

三组 11 个韵母型（新沂时集 B）、三组 8 个韵母型（泗洪上塘）入声的分合与四组 13 个韵母型（赣榆石桥）、三组 10 个韵母型（沭阳）的比较如表 3-34 所示。

表 3-34 三组 11 个韵母型（新沂时集 B）、三组 8 个韵母型（泗洪上塘）等四种类型入声韵分合的比较

<table>
<tr><th colspan="2">赣榆石桥</th><th colspan="2">新沂时集 B</th><th colspan="2">泗洪上塘</th><th colspan="2">沭阳</th></tr>
<tr><th>韵母</th><th>古音条件</th><th>韵母</th><th>古音条件</th><th>韵母</th><th>古音条件</th><th>韵母</th><th>古音条件</th></tr>
<tr><td>ɑ</td><td>咸山开一端系
咸山开二除见系
咸山合三非敷奉母</td><td>a</td><td>咸山开一端系
咸山开二除见系
咸山合三非敷奉母</td><td>ɐ</td><td>咸山开一端系
咸山开二除见系
咸山合三非敷奉母</td><td>a</td><td>咸山开一端系
咸山开二除见系
咸山合三非敷奉母</td></tr>
<tr><td>iɑ</td><td>咸山开二见系</td><td>ia</td><td>咸山开二见系</td><td>iə</td><td>咸山开二见系</td><td>ia</td><td>咸山开二见系</td></tr>
<tr><td>uɑ</td><td>山合二
山合三微母</td><td>ua</td><td>山合二
山合三微母</td><td>uə</td><td>山合二
山合三微母</td><td>ua</td><td>山合二
山合三微母</td></tr>
<tr><td rowspan="5">ə</td><td rowspan="5">咸山开一见系
咸山开三知系
山合一帮组
宕开一帮组
宕开一见系
江开二帮组</td><td rowspan="6">ə</td><td rowspan="6">咸山开一见系
咸山开三知系
山合一帮组
宕开一帮组
宕开一见系
江开二帮组
曾开一
梗开二</td><td>ɐ</td><td>咸山开一见系</td><td>uə</td><td>咸山开一见系</td></tr>
<tr><td rowspan="5">ə</td><td rowspan="5">咸山开三知系
山合一帮组
宕开一帮组
宕开一见系
江开二帮组
曾开一
梗开二</td><td>iə</td><td>咸山开三知系</td></tr>
<tr><td>ə</td><td>山合一帮组
宕开一帮组</td></tr>
<tr><td>uə</td><td>宕开一见系</td></tr>
<tr><td rowspan="2">ə</td><td rowspan="2">江开二帮组
曾开一
梗开二</td></tr>
<tr><td>e</td><td>曾开一
梗开二</td></tr>
<tr><td>iə</td><td>咸山开三除知系
咸山开四
山合三泥组</td><td>iə</td><td>咸山开三除知系
咸山开四
山合三泥组</td><td>iə</td><td>咸山开三除知系
咸山开四
山合三泥组</td><td>iə</td><td>咸山开三除知系
咸山开四
山合三泥组</td></tr>
<tr><td>uə</td><td>山合一除帮组
山合三章组
宕开一端系
宕合一
宕开三知章组日母
江开二知庄组</td><td>uə</td><td>山合一除帮组
山合三章组
宕开一端系
宕合一
宕开三知章组日母
江开二知庄组</td><td>uə</td><td>山合一除帮组
山合三章组
宕开一端系
宕合一
宕开三知章组日母
江开二知庄组</td><td>uə</td><td>山合一除帮组
山合三章组
宕开一端系
宕合一
宕开三知章组日母
江开二知庄组</td></tr>
<tr><td>yə</td><td>山合三四精组见系
宕开三除知章组
江开二见系</td><td>yə</td><td>山合三四精组见系
宕开三除知章组日母
江开二见系</td><td>yə</td><td>山合三四精组见系
宕开三除知章组日母
江开二见系</td><td>yə</td><td>山合三四精组见系
宕开三除知章组
江开二见系</td></tr>
</table>

续表

<table>
<tr><th colspan="2">赣榆石桥</th><th colspan="2">新沂时集 B</th><th colspan="2">泗洪上塘</th><th colspan="2">沭阳</th></tr>
<tr><th>韵母</th><th>古音条件</th><th>韵母</th><th>古音条件</th><th>韵母</th><th>古音条件</th><th>韵母</th><th>古音条件</th></tr>
<tr><td>ʅ</td><td>深臻曾梗开三知系</td><td>ʅ</td><td>深臻曾梗开三知系</td><td>ə</td><td>深臻曾梗开三知系</td><td>ə</td><td>深臻曾梗开三知系</td></tr>
<tr><td>i</td><td>深臻曾梗开三除知系
梗开四
梗合三</td><td>i</td><td>深臻曾梗开三除知系
梗开四
梗合三</td><td>i</td><td>深臻曾梗开三除知系
梗开四
梗合三</td><td>iɪ</td><td>深臻曾梗开三除知系
梗开四
梗合三</td></tr>
<tr><td rowspan="4">u</td><td rowspan="4">臻合一帮组
臻合一除帮组
臻合三非组知章组
通合一帮组
通合三帮组
通合一除帮组
通合三除帮组见系</td><td rowspan="5">u</td><td rowspan="5">臻合一帮组
臻合一除帮组
臻合三非组知章组
通合一帮组
通合三帮组
通合一除帮组
通合三除帮组见系
曾合一
梗合二</td><td rowspan="5">u</td><td rowspan="5">臻合一帮组
臻合一除帮组
臻合三非组知章组
通合一帮组
通合三帮组
通合一除帮组
通合三除帮组见系
曾合一
梗合二</td><td>ə</td><td>臻合一帮组</td></tr>
<tr><td>ʊ</td><td>臻合一除帮组
臻合三非组知章组</td></tr>
<tr><td>ə</td><td>通合一帮组
通合三帮组</td></tr>
<tr><td rowspan="2">ʊ</td><td rowspan="2">通合一除帮组
通合三除帮组见系
曾合一
梗合二</td></tr>
<tr><td>ue</td><td>曾合一
梗合二</td></tr>
<tr><td>y</td><td>臻合三精见系
曾合三
通合三见系</td><td>y</td><td>臻合三精见系
曾合三
通合三见系</td><td>y</td><td>臻合三精见系
曾合三
通合三见系</td><td>y</td><td>臻合三精见系
曾合三
通合三见系</td></tr>
</table>

从表 3-34 可见，三组 11 个韵母型（新沂时集 B）等 4 个方言点的不同主要表现在以下 3 组韵摄：①曾开一、梗开二、曾合一、梗合二；②深臻曾梗开三知系；③臻合一帮组、通合一帮组、通合三帮组，具体情况如表 3-35 所示。

表 3-35　三组 11 个韵母型（新沂时集 B）、三组 8 个韵母型（泗洪上塘）等 4 种类型入声韵分合的差异

	曾开一、梗开二、曾合一、梗合二	深臻曾梗开三知系	臻合一帮组、通合一帮组、通合三帮组
	独立为半高元音组（+）/分别归到中元音组、高元音组（－）	独立为高元音 ʅ（+）/归到中元音组（－）	归到高元音（+）/归到中元音组（－）
徐州	+	+	+
赣榆石桥	+	+	+
新沂时集 B	—	+	+
泗洪上塘	—	—	+
沭阳	–	–	–

注：前文（3.3.1.1）指出，四组（舒）13 个韵母型（徐州）与四组 13 个韵母型（赣榆石桥）入声韵的分合基本一致，为了便于比较，也把四组（舒）13 个韵母型（徐州）列入表内。

从表 3-35 可见，三组 11 个韵母型（新沂时集 B）、三组 8 个韵母型（泗洪上塘）入声韵的分合兼有四组 13 个韵母型（赣榆石桥）[也即四组（舒）

13 个韵母型（徐州）]和三组 10 个韵母型（沭阳）的特点。更进一步说，三组 11 个韵母型（新沂时集 B）入声韵的分合更接近于四组 13 个韵母型（赣榆石桥），而三组 8 个韵母型（泗洪上塘）更接近于三组 10 个韵母型（沭阳）。

3.3.1.2.6 入声韵读音类型的演变过程与趋势

上文比较了不同读音类型之间的差异，从中可以看出入声韵有分化也有合并，但演变的趋势是合并，下面以灌南、泗阳、沭阳、东海、连云港为例讨论五组 14 个韵母型、四组 11 个韵母型、三组 10/8/6 个韵母型之间的演变。灌南咸山分化，宕江、深臻曾梗与通摄分立，五组入声韵大致表现了“咸山（部分，主要是一二等）：咸山（部分，主要是三四等）：宕江：深臻曾梗：通”之别。泗阳则是在灌南的基础上发生了宕江（除帮组）和咸山（主要是三四等）的合并，因此韵母组数由 5 组变为 4 组，韵母个数也少了 3 个。沭阳方言在泗阳的基础上进一步合并：oʔ在泗阳方言中独立为一个韵母，而在沭阳方言中今读 oʔ的韵摄分别与 ə、uə、ʊ 的韵摄合流，因此少了一个韵母 oʔ。从沭阳到东海再到连云港，韵母组数不变，但韵母个数从 10 个减少到 6 个，具体的合并过程是：沭阳方言的 ia 与 iə、ua 与 uə 在东海方言里分别合流为 iɐ、uɐ，因此韵母个数变成了 8 个；连云港比东海更进一步，uɐʔ、uʊʔ在连云港方言中合并为 uʊ，yɐʔ、yɤʔ在连云港方言中合并为 yʊ，因此韵母个数变成了 6 个。灌南方言的 əl uəl 组韵母、泗阳方言的 oʔ组韵母、东海方言的 əʔ组韵母，以及连云港方言的 ɐ、ə iə 两组韵母都是不整齐的，由于“音系协和”（陈保亚，1989）的要求，这些方言的入声韵母系统会发生分合和读音上的变化，从而达到一种音系协和的状态。朱贵达（2006）曾对海州入声韵的使用现状进行研究，发现中、青年已将老派口中 9 个入声韵中的 5 个分别向其他 4 个归并：ɐ→ə、iɪ→iə、uʊ→uə、uɐ→uə、yʊ→yə，其中 iɪ→iə、uʊ→uə、yʊ→yə 的合并已经接近完成。当合并完成后，连云港方言的入声韵只有一组韵母：ə iə uə yə。

3.3.2 咸山、曾梗等入声韵的类型、分布与演变

3.3.2.1 咸山开一入声韵的分化

苏鲁毗连地区的 47 个方言点都发生了咸山入声韵的分化现象。其中，五组 14 个韵母型灌南分化为 a ia ua、ʊ iɪ yɪ、o 三组韵母，四组 11 个韵母型泗阳分化为 aʔ iaʔ uaʔ、iəʔ uəʔ yəʔ、oʔ三组韵母，其他 45 个方言点都分化为低元音、中元音两组，如徐州 ɑ iɑ uɑ、ə iə uə yə。需要说明的是，东海咸山合并为一组韵母：ɐʔ iɐʔ uɐʔ yɐʔ，连云港咸山今读低中高三组韵母：ɐ uʊ yʊ iə，是在咸山分化为两组后再次音变的结果。五组 14 个韵母型灌南山合三帮组与其他韵摄（曾开一帮组、梗开二帮组、通合一、通合三除见系、曾合一、梗合二）共为一韵 o。四组 11 个韵母型泗阳咸山开一见系、山合一帮组与其他韵摄（江开二帮组、宕开一帮组、曾合一、梗合一）共为一韵 oʔ。

按照咸山开一入声韵是否以“见系 / 非见系”分化，可以把苏鲁毗连地区方言分为两种类型：分化型和不分化型。属于分化型的方言点有 20 个：灌南、泗阳、沭阳、灌云、枣庄、宿迁、泗洪金锁、新沂时集 A、新沂时集 B、新沂阿湖、滕州、邹城、丰县、郯城、睢宁、临沭、徐州、铜山、沛县、微山；属于不分化型的方言点有 27 个：连云港、东海、五莲许孟、五莲洪凝、赣榆石桥、赣榆青口、赣榆墩尚、邳州、泗洪瑶沟、泗洪上塘、日照涛雒、日照奎山、日照两城、日照陈疃、日照黄墩、沂南、蒙阴、莒南十字路、莒南团林、临沂、莒县城阳、莒县桑园、沂水、泗水、平邑、费县、兰陵。

咸山开一入声韵分合类型的地理分布如图 3-11 所示。

图 3-11　咸山开一入声韵分合类型分布图

从图 3-11 可见，分化型主要分布在西南部地区，但泗洪瑶沟和泗洪上塘两点也是分化型；不分化型主要分布在东北部地区。

咸山入声韵分化语音上的条件值得讨论。以徐州方言为例，咸山今读 ɑ iɑ uɑ 的韵摄有：咸山开一入声韵端组、咸山开二、山合二；今读 ə iə uə yə 的韵摄有：咸山开一入声韵见系、山合一、咸山开三四、山合三。可见，徐州方言入声韵今读 ɑ iɑ uɑ 的条件是开口一二等，今读 ə iə uə yə 的条件是开口三四等与合口，但山合二入声韵今读 uɑ，咸山开一入声韵以“见系／非见系”分化，见系今读 ə。从音理上看，一二等韵没有 i 介音，主要元音为低元音，三四等韵有 i 介音，因此介音使得主元音高化为 ə。至于山摄合口一、二等韵主元音分别是中、低元音的原因，薛凤生（1985，1999）等韵音系拟音（山摄一等韵主元音为后低元音*ɔ，山摄二等韵主元音为中低元音*a）可以提供线索：山合一韵主元音 ɔ 由于 u 介音的影响而高化为 ə，而山合二韵主元音由于不是后元音，因此没有受到 u 介音的影响而高化，仍然是一个低元音 a。

3.3.2.2　曾梗开口一二等入声韵的读音类型与分布

按照曾梗开口一二等入声韵主元音的不同可以把苏鲁毗连地区方言分为三种类型：一是灌南型，曾梗开口一二等入声韵主元音有两个：ə、o。属于这一类型的方言点只有灌南 1 个；二是连云港型，曾梗开口一二等入声韵主元音读为 ə。属于这一类型的方言点有 9 个：连云港、灌云、沭阳、东海、泗洪瑶沟、泗洪金锁、泗洪上塘、泗阳、新沂时集 B；三是徐州型，曾梗开口一二等入声韵主元音读为 e/ei。属于这一类型的方言点有 37 个：费县、邳州、丰县、郯城、邹城、泗水、睢宁、微山、铜山、费县、临沂、宿迁、新沂时集 A、新沂阿湖、平邑、沛县、枣庄、兰陵、徐州、赣榆青口、赣榆石桥、赣榆墩尚、莒南十字路、莒南团林、蒙阴、沂水、临沭、日照涛雒、日照奎山、日照两城、日照陈疃、日照黄墩、五莲洪凝、五莲许孟、莒县桑园、莒县城阳、沂南。需要说明的是，保留入声的方言中存在或多或少的入声舒化现象，如泗洪：北꜀pei、麦꜀mei 等，在归纳曾梗开口一二等入声韵的读音类型时不考虑入声舒化的字。如表 3-36 所示。

表 3-36　曾梗开口一二等入声韵读音类型例字表

	北曾开一帮	得曾开一端	则曾开一精	黑曾开一晓	麦梗开二明	泽梗开二澄	策梗开二初	客梗开二溪
灌南	po꜆	təl꜆	tʂəl꜆	xəl꜆	mo꜆	tʂəl꜆	$tʂ^həl$꜆	$k^həl$꜆
连云港	pə꜆	tə꜆	tʂə꜆	xə꜆	mə꜆	tʂə꜆	$tʂ^hə$꜆	$k^hə$꜆
沭阳	pə꜆	tə꜆	tsə꜆	xə꜆	mə꜆	tʂə꜆	$tʂ^hə$꜆	$k^hə$꜆

续表

	北曾开一帮	得曾开一端	则曾开一精	黑曾开一晓	麦梗开二明	泽梗开二澄	策梗开二初	客梗开二溪
泗阳	pəʔ꜆	təʔ꜆	tsəʔ꜆	xəʔ꜆	məʔ꜆	tʂəʔ꜆	tsʰəʔ꜆	kʰəʔ꜆
泗洪瑶沟	꜀pei	təʔ꜇	tsəʔ꜇	xəʔ꜇	꜀mei	tsəʔ꜇	tsʰəʔ꜇	kʰəʔ꜇
五莲许孟	꜀pei	꜂tei	꜂tei	꜂xei	mei꜄	꜁tʂei	꜂tʂʰei	꜂kʰei
日照涛雒	꜀pei	꜀tei	꜀tθei	꜀xei	mei꜄	꜁tʂei	꜀tʂʰei	꜀kʰei
蒙阴	꜀pei	꜀tei	꜀ðei	꜀xei	mei꜄	꜁tʃei	꜀tʃʰei	꜀kʰei
沂南	꜀pe	꜀te	꜀tθe	꜀xe	me꜄	꜁tʂe	꜀tʃʰei	꜀kʰe
泗水	꜀pei	꜀tei	꜀tʃei	꜀xei	꜀mei	꜁tʃei	꜀tʃʰe	꜀kʰei
邳州	꜀pe	꜀te	꜀tse	꜀xe	꜀mə̃	꜁tʂe	꜀tʂʰe	꜀kʰe
滕州	꜀pei	꜀tei	꜀tsei	꜀xei	꜀mei	꜁tsei	꜀tsʰei	꜀kʰei
临沭	꜀pei	꜀tei	꜀tθei	꜀xei	꜀mei	꜁tʃei	꜀tʃʰei	꜀kʰei
宿迁	꜀pe	꜀te	꜀tse	꜀xe	꜀me	꜁tʂe	꜀tsʰe	꜀kʰe
郯城	꜀pe	꜀te	꜀tse	꜀xe	꜀me	꜁tʂe	꜀tʂʰe	꜀kʰe

曾梗开口一二等入声韵读音类型的地理分布如图 3-12 所示。

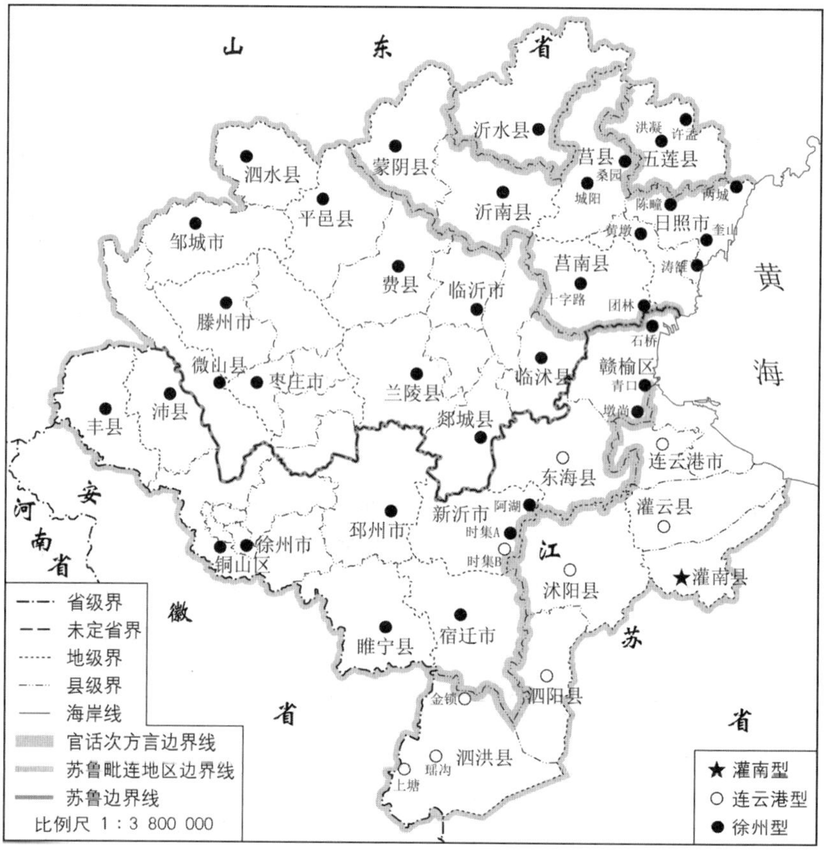

图 3-12　曾梗开口一二等入声韵读音类型分布图

从图 3-12 可见，灌南型、连云港型分布在东南部地区，其余都是徐州型的分布范围。

3.3.2.3　曾梗臻的开、合分化及归并的方向

入声韵开、合一二等韵母多数是开合口的区别，而主元音是相同的，但臻合一、曾合一、梗合二往往不符合这一情况。“臻开一没有入声韵，臻合一并不必然与曾梗摄一二等的开口呼韵母构成开合两呼的情况，也往往与深臻摄三等开口呼韵母今读的主要元音不同，而是往往与通摄合并。”（孙宜志，2006：97）

苏鲁毗连地区的 47 个方言点中，只有灌南臻合一入声韵与曾梗开口一二等入声韵主元音相同，只有开合口不同（曾梗开一二帮组除外），其他的方言点都是与通摄合流。如表 3-37 所示。

表 3-37　曾梗臻开、合分化与归并情况例字表

	不臻合一帮	骨臻合一见	木通合一明	哭通合一溪	笔臻开三帮	吉臻开三见	墨曾开一明	客梗开二溪
灌南	puəl꜆	kuəl꜆	mo꜆	kʰo꜆	pɪl꜆	tɕɪl꜆	mo꜆	kʰəl꜆
泗阳	pəʔ꜆	kuʔ꜆	məʔ꜆	kʰuʔ꜆	piʔ꜆	tɕiʔ꜆	məʔ꜆	kʰəʔ꜆
沭阳	pə꜆	kʊ꜆	mə꜆	kʰʊ꜆	piɪ꜆	tɕiɪ꜆	mə꜆	kʰə꜆
泗洪瑶沟	pəʔ꜇	kʊʔ꜇	məʔ꜇	kʰʊʔ꜇	piʔ꜇	tɕiʔ꜇	məʔ꜇	kʰəʔ꜇
东海	pəʔ꜆	kuʊʔ꜆	məʔ꜆	kʰuʊʔ꜆	piɪʔ꜆	tɕiɪʔ꜆	məʔ꜆	kʰəʔ꜆
连云港	pə꜆	kuʊ꜆	mə꜆	kʰuʊ꜆	piɪ꜆	tɕiɪ꜆	mə꜆	kʰə꜆
邳州	꜀pu	꜀ku	꜀mu	꜀kʰu	꜀pe	꜀tɕi	꜀me	꜀kʰe
宿迁	꜀pu	꜀ku	꜀mu	꜀kʰu	꜀pe	꜀tɕi	꜀me	꜀kʰe
徐州	꜀pu	꜀ku	꜀mu	꜀kʰu	꜀pe	꜀tɕi	꜀me	꜀kʰe
沂南	꜀pu	꜀ku	꜀mu	꜀kʰu	꜀pe	꜀tɕi	꜀me	꜀kʰe
五莲许孟	꜂pə	꜂ku	mu꜄	꜀kʰu	꜂pi	꜂tʃʅ	mei꜄	꜂kʰei

曾合一、梗合二入声韵在苏鲁毗连地区方言中的今读相同，但与其他韵摄往往有复杂的分合关系，可以分为 4 种类型：

一是灌南型，是指曾合一、梗合二入声韵与山合一帮组、通合一、通合三除见系、曾开一帮组、梗开二帮组合并，属于这一类型的方言点只有 1 个；二是徐州型，是指曾合一、梗合二入声韵与深臻曾开一、梗开二、深臻曾开三庄组入声韵今读主元音相同，开合口对立，属于这一类型的方

言点有 17 个：徐州、邳州、新沂阿湖、泗水、蒙阴、睢宁、郯城、丰县、滕州、沂南、日照涛雒、日照陈疃、兰陵、莒南十字路、莒县城阳、沂水、临沂；三是连云港型，是指曾合一、梗合二入声韵与通摄合流，即与通合一除帮组、通合三除帮组见系合并，属于这一类型的方言点有 13 个：新沂时集 A、新沂时集 B、宿迁、东海、赣榆青口、赣榆墩尚、赣榆石桥、灌云、沭阳、泗洪瑶沟、泗洪金锁、泗洪上塘、连云港；四是枣庄型，是指曾合一、梗合二入声韵不和通摄合流，而是与咸山宕江等摄合并，属于这一类型的方言点有 16 个：泗阳、枣庄、铜山、临沭、邹城、微山、费县、沛县、五莲许孟、五莲洪凝、莒县桑园、莒南团林、日照奎山、日照两城、日照黄墩、平邑。如表 3-38 所示。

表 3-38 曾合一、梗合二入声韵归并情况例字表

	国曾合一见	获梗合二匣	哭通合一溪	竹通合三知	北曾开一帮	隔梗开二见	泼山合一帮	郭宕合一见
灌南	ko꜆	xo꜆	kʰo꜆	tʂo꜆	po꜆	kəl꜆	pʰo꜆	kuo꜆
连云港	kuʊ꜆	xuʊ꜆	kʰuʊ꜆	tʂuʊ꜆	pə꜆	kə꜆	pɐ꜆	kɐ꜆
沭阳	kʊ꜆	xo꜆	kʰʊ꜆	tʂʊ꜆	pə꜆	kə꜆	pʰə꜆	kuə꜆
东海	kuʊʔ꜆	xu꜄	kʰuʊʔ꜆	tʂuʊʔ꜆	꜀pei	kəʔ꜆	pʰɐʔ꜆	꜀kuə
泗洪瑶沟	kʊ꜆	xʊ꜆	kʊ꜆	tʂʊ꜆	꜀pei	kə꜆	pʰɐ꜆	kuə꜆
新沂时集 A	꜀ku	xu꜄	꜀kʰu	꜀tʂu	꜀pe	꜀ke	꜀pʰə	꜀kuə
徐州	꜀kue	꜀xuə/꜂xue	꜀kʰu	꜀tʂu	꜀pe	꜀ke	꜀pʰə	꜀kuə
郯城	꜀kuei/꜀kuə	꜂xue /꜀xuə	꜀kʰu	꜀tʃu	꜀pe	꜀ke/꜀kə	꜀pʰə	꜀kuə
邳州	꜀kue	꜂xue	꜀kʰu	꜀tʂu	꜀pe	꜀ke	꜀pʰə	꜀kuə
五莲许孟	꜂kuə	xu꜄	꜂kʰu	꜂tʂu	꜀pei	꜀kei	꜂pʰə	꜁kuə
泗阳	koʔ꜆	xoʔ꜆	kʰuʔ꜆	tʂuʔ꜆	pəʔ꜆	kəʔ꜆	pʰoʔ꜆	kuəʔ꜆
邹城	꜀kuə	꜂xuə	꜀kʰu	꜀tʂu	꜀pei	꜀kei	꜀pʰə	꜀kuə

注：梗合二入声韵字韵母“获”在临沂、日照涛雒、五莲许孟等地区读 u，与曾合一入声韵不同。

曾合一、梗合二入声韵归并类型的地理分布如图 3-13 所示。

从图 3-13 可见，灌南型、连云港型分布在苏北东南部地区，但处于苏北南部的泗阳属于枣庄型。徐州型、枣庄型混杂分布在其他地区。

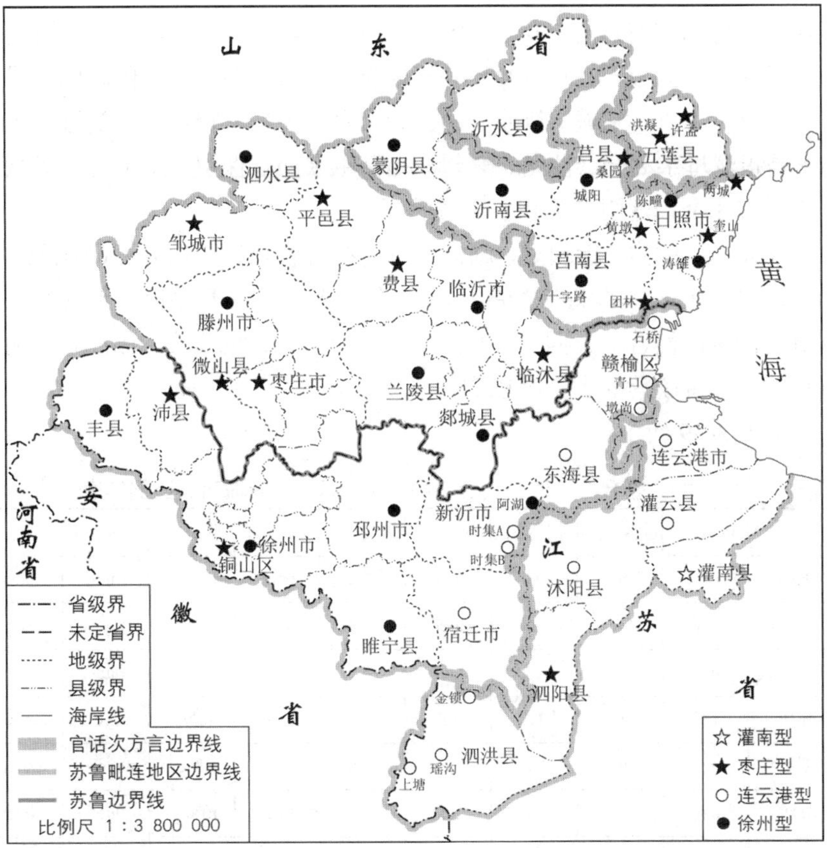

图 3-13 曾合一、梗合二入声韵归并类型分布图

3.4 专题讨论

3.4.1 蟹合一三四、止合三、臻合一端系字 u 介音脱落的类型与演变

3.4.1.1 蟹合一三四、止合三端系字 u 介音脱落的类型、分布和演变

根据蟹合一三四、止合三端系字 u 介音保留还是脱落的情况，可以把苏鲁毗连地区方言分为以下四种类型：一是连云港型，是指蟹合一三四、止合三端系字 u 介音全部脱落，属于这一类型的方言点有 19 个：连云港、宿迁、灌云、灌南、赣榆青口、赣榆石桥、赣榆墩尚、莒南十字路、莒南团林、沭阳、泗阳、泗洪瑶沟、泗洪金锁、泗洪上塘、东海、新沂时集 A、新沂时集 B、新沂阿湖、睢宁；二是临沂型，是指泥端组字 u 介音脱落，精组字介音保留，属于这一类型的方言点有 5 个：邳州、临沭、临沂、兰陵、郯城；三是徐州型，是指泥组字 u 介音脱落，端精组字介音保留，属

于这一类型的方言点有 20 个：徐州、铜山、丰县、沛县、微山、沂南、五莲洪凝、莒县桑园、莒县城阳、日照奎山、日照两城、日照陈疃、日照黄墩、日照涛雒、邹城、泗水、枣庄、费县、平邑、滕州；四是五莲许孟型，是指泥母字 u 介音脱落，来母、端精组字介音保留，属于这一类型的方言点有 3 个：蒙阴、沂水、五莲许孟。

需要说明的是，徐州型、临沂型里有些方言点有文白异读的现象，如沂南：泪 leᵓ/lueᵓ，郯城：对 teiᵓ/tueiᵓ、兑 teiᵓ/tueiᵓ；莒县桑园：泪 leiᵓ/lueiᵓ。本节旨在探讨蟹合一三四、止合三端系字介音脱落的音变，因此，归纳该方言的 u 介音脱落的类型时以白读音为准。

如表 3-39 所示。

表 3-39　蟹合一三四、止合三端系字韵母 u 介音脱落类型例字表

	内蟹合一泥	雷蟹合一来	泪止合三来	对蟹合一端	腿蟹合一透	最蟹合一精	脆蟹合三清	岁蟹合三心	虽止合三心
蒙阴	neiᵓ	꜁luei	lueiᵓ	tueiᵓ	ᶜtʰuei	ðueiᵓ	tθʰueiᵓ	θueiᵓ	꜀θuei
沂水	neiᵓ	꜁luei	lueiᵓ	tueiᵓ	ᶜtʰuei	ðueiᵓ	tθʰueiᵓ	θueiᵓ	꜀θuei
五莲许孟	neiᵓ	꜁luei	lueiᵓ	tueiᵓ	ᶜtʰuei	tueiᵓ	tʰueiᵓ	θueiᵓ	꜀θuei
邳州	neᵓ	꜁le	leᵓ	teᵓ	ᶜtʰe	tɕyeᵓ	tɕʰyeᵓ	ɕyeᵓ	꜀ɕye
郯城	neiᵓ	꜁lei	leiᵓ	teiᵓ/tueiᵓ	ᶜtʰei	tsueiᵓ	tsʰueiᵓ	sueiᵓ	꜀suei
临沭	neiᵓ	꜁lei	leiᵓ	teiᵓ	ᶜtʰei	tθueiᵓ	tθʰueiᵓ	θueiᵓ	꜀θuei
日照涛雒	neiᵓ	꜁lei	leiᵓ	tueiᵓ	ᶜtʰuei	tθueiᵓ	tθʰueiᵓ	θueiᵓ	꜀θuei
日照两城	neiᵓ	꜁lei	leiᵓ	tueiᵓ	ᶜtʰuei	tθueiᵓ	tθʰueiᵓ	θueiᵓ	꜀θuei
徐州	neᵓ	꜁le	leᵓ	tueᵓ	ᶜtʰue	tsueᵓ	tsʰueᵓ	sueᵓ	꜀sue
沂南	neᵓ	꜁le	leᵓ	tueᵓ	ᶜtʰue	tsueᵓ	tθʰueᵓ	θueᵓ	꜀θue
连云港	leiᵓ	꜁lei	leiᵓ	teiᵓ	ᶜtʰei	tʂeiᵓ	tʂʰeiᵓ	ʂeiᵓ	꜀ʂei
泗阳	leiᵓ	꜁lei	leiᵓ	teiᵓ	ᶜtʰei	tseiᵓ	tsʰeiᵓ	seiᵓ	꜀sei
宿迁	neᵓ	꜁le	leᵓ	teᵓ	ᶜtʰe	tseᵓ	tsʰeᵓ	seᵓ	꜀se

苏鲁毗连地区方言蟹合一三四、止合三端系字 u 介音脱落类型的地理分布如图 3-14 所示。

从图 3-14 可见，连云港型主要分布在苏北中部和东部地区，莒南境内两点也属于这一类型。五莲许孟型分布在鲁南东北部五莲许孟、沂水和蒙阴 3 点。临沂型分布在苏鲁毗连地区中部邳州、临沂等 5 点，其他地区都是徐州型的分布范围。

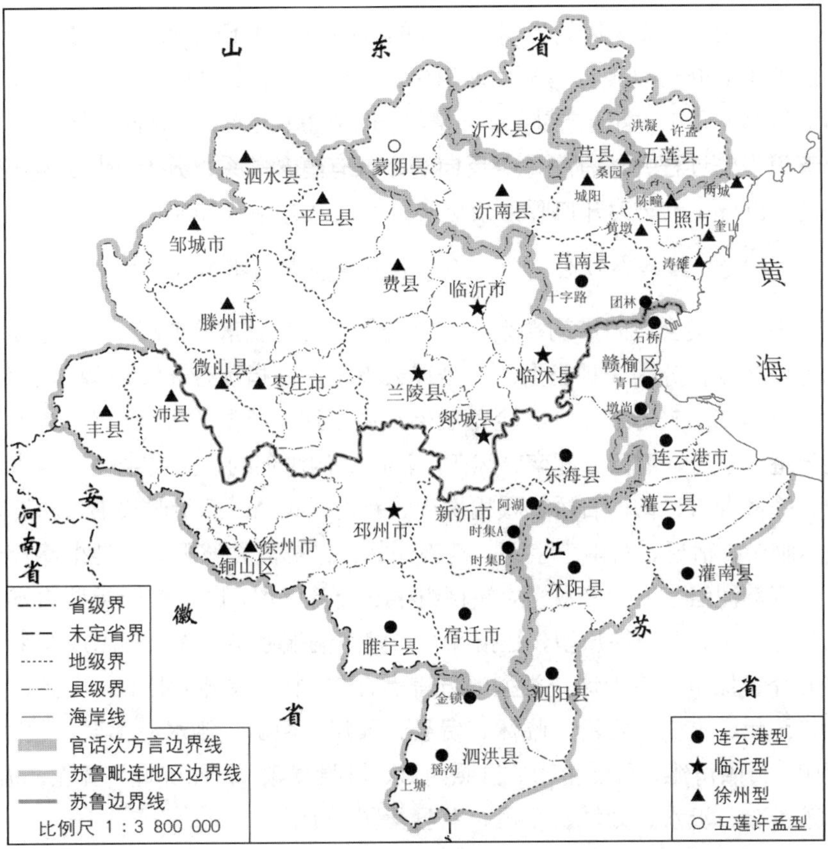

图 3-14　蟹合一三四、止合三端系字 u 介音脱落类型分布图

五莲许孟型、徐州型、临沂型、连云港型自北向南呈连续性分布，这说明 4 种类型之间可能有演变上的关系，4 种类型之间的差异反映了蟹合一三四、止合三端系字 u 介音脱落的过程（五莲许孟型、徐州型、临沂型、连云港型分别以蒙阴、徐州、郯城、泗阳为例）。

如表 3-40 所示。

表 3-40　蟹合一三四、止合三端系字 u 介音脱落过程展示表

阶段	方言点	泥母	来母	端透定	精组
1	蒙阴	ei	uei	uei	uei
2	徐州	e	e	ue	ue
3	郯城	ei	ei	ei	uei
4	泗阳	ei	ei	ei	ei

表 3-40 把开合口分为两大区块，左边区块显示开口呼的范围由上到

下逐渐扩大，右边区块则说明合口呼的范围由上到下逐渐缩小。该表直观地反映出 u 介音以声母为条件而消失的阶段性：u 介音消失始于泥母 n，然后遵循来母 l＞端透定母 t tʰ＞精组 tθ tθʰ θ/ts tsʰ s 的方向推展。由于介音消失的过程井然有序，“反向观之就有蕴含关系：凡 ts tsʰ s 读开口呼的，t tʰ n l 也必读开口呼，余可类推”（张光宇，2006：349）。

3.4.1.2　臻摄合口阳声韵端系字 u 介音脱落的类型、分布与演变

根据臻摄合口阳声韵端系字 u 介音保留还是脱落的情况，可以把苏鲁毗连地区方言分为 3 种类型：一是连云港型，是指臻合一阳声韵端系字、臻合三阳声韵来母字 u 介音全部脱落，属于这一类型的方言点有 19 个：连云港、东海、灌云、灌南、沭阳、泗阳、泗洪瑶沟、泗洪金锁、泗洪上塘、赣榆青口、赣榆石桥、赣榆墩尚、新沂时集 A、新沂时集 B、新沂阿湖、睢宁、宿迁、莒南十字路、莒南团林。二是莒县城阳型，是指臻合一三阳声韵泥组字 u 介音脱落，端精组字 u 介音保留，属于这一类型的方言点只有 1 个。三是徐州型，是指臻合一阳声韵端系字、臻合三阳声韵来母字 u 介音保留，属于这一类型的方言点有 27 个：徐州、铜山、丰县、沛县、邳州、枣庄、临沂、临沭、费县、滕州、微山、泗水、邹城、兰陵、蒙阴、日照涛雒、日照奎山、日照两城、日照黄墩、日照陈疃、五莲许孟、五莲洪凝、沂水、郯城、平邑、莒县桑园、沂南。

需要说明的是，徐州型里的日照涛雒、日照奎山、日照黄墩、五莲洪凝、莒县桑园、沂南、日照陈疃这 7 个方言点“嫩”（臻合一阳声韵泥母）u 介音脱落。但由于只是个别字，因此当作例外字处理。

如表 3-41 所示。

表 3-41　臻摄合口阳声韵端系字 u 介音脱落类型例字表

	顿臻合一端	豚臻合一定	嫩臻合一泥	论臻合一来	村臻合一清	孙臻合一心	伦臻合三来	轮臻合三来
连云港	təŋ꜄	꜁tʰəŋ	ləŋ꜄	ləŋ꜄	꜀tʂʰəŋ	꜀ʂəŋ	꜁ləŋ	꜁ləŋ
灌南	tən꜄	꜁tʰən	lən꜄	lən꜄	꜀tʂʰən	꜀ʂən	꜁lən	꜁lən
泗阳	tən꜄	꜁tʰən	lən꜄	lən꜄	꜀tsʰən	꜀sən	꜁lən	꜁lən
宿迁	tə̃꜄	꜁tʰə̃	nə̃꜄	lə̃꜄	꜀tsʰə̃	꜀sə̃	꜁lə̃	꜁lə̃
莒县城阳	tun꜄	꜁tʰun	lən꜄	lən꜄	꜀tsʰun	꜀sun	꜁lun	꜁lun
邳州	tuə̃꜄	꜁tʰuə̃	luə̃꜄	luə̃꜄	꜀tsʰuə̃	꜀suə̃	꜁luə̃	꜁luə̃
蒙阴	tuə̃꜄	꜁tʰuə̃	luə̃꜄	luə̃꜄	꜀tθʰuə̃	꜀θuə̃	꜁luə̃	꜁luə̃
徐州	tuə̃꜄	꜁tʰuə̃	luə̃꜄	luə̃꜄	꜀tsʰuə̃	꜀suə̃	꜁luə̃	꜁luə̃
临沭	tuẽ꜄	꜁tʰuẽ	luẽ꜄	luẽ꜄	꜀tθʰuẽ	꜀θuẽ	꜁luẽ	꜁luẽ

臻摄合口阳声韵端系字 u 介音脱落类型的地理分布如图 3-15 所示。

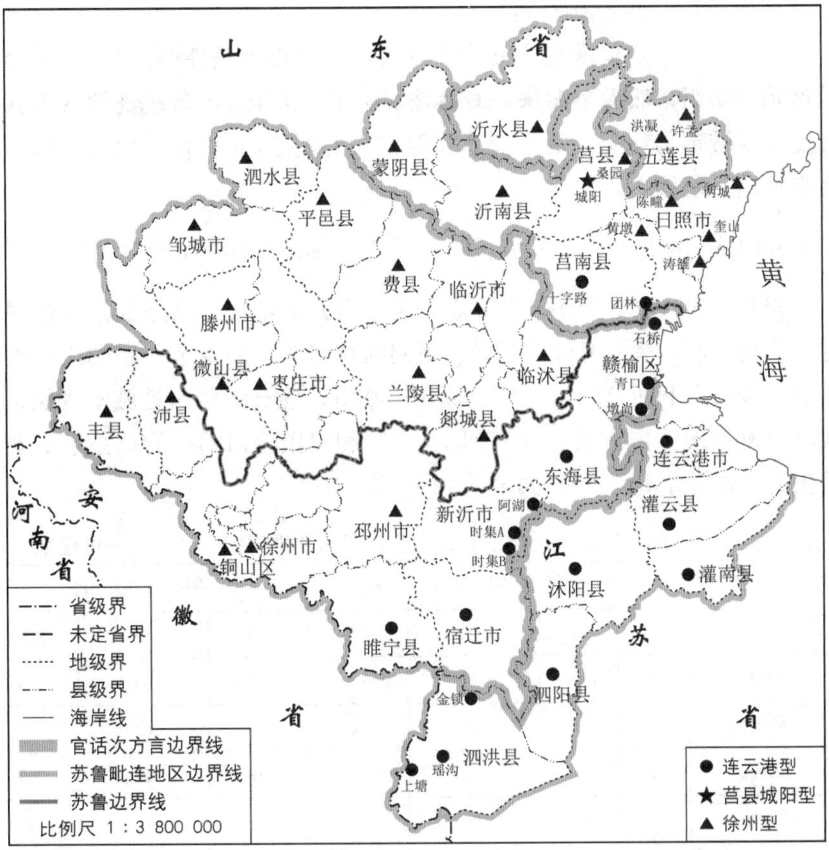

图 3-15　臻摄合口阳声韵端系字 u 介音脱落类型分布图

从图 3-15 可见，苏北境内基本上是连云港型的分布范围，不过，苏北西北角的徐州、铜山、丰县和沛县 4 点属于徐州型。在鲁南境内，与赣榆相邻的莒南地区也是连云港的分布范围，莒县城阳型只有莒县城关镇 1 个点，其他地区都是徐州型的分布范围。

苏鲁毗连地区方言臻摄合口阳声韵端系字 u 介音脱落的 3 种类型实际上反映了 u 介音脱落的过程，如表 3-42 所示（为了便于讨论，表中列出了

表 3-42　臻摄合口阳声韵端系字韵母 u 介音脱落过程展示表

阶段	方言点	帮组	泥来	端透定	精组
1	徐州	ə̃	uə̃	uə̃	uə̃
2	莒县城阳	ən	ən	un	un
3	连云港	əŋ	əŋ	əŋ	əŋ

臻摄合口阳声韵帮组字做比较。徐州型、莒县城阳型和连云港型分别以徐州、莒县城阳、连云港为例）。

臻摄合口阳声韵端系字 u 介音的脱落以声母为条件渐次进行：u 介音脱落始于帮组，然后是泥来，最后是端透定、精组。苏鲁毗连地区方言没有发现端透定与精组之后 u 介音次第消失的现象，也许通过更密集的调查会弥补这一阶段。

3.4.1.3 臻摄合口阳声韵与蟹合一三四、止合三端系字 u 介音消失过程比较

张光宇（2006）指出："汉语方言合口介音依声母次序的消失循序渐进，秩然不紊。除了声母次序外，不同的合口韵之间也依一定的次序逐渐丢失介音。"下面分别以蒙阴、徐州、临沂、连云港和莒县城阳为例，观察苏鲁毗连地区方言蟹合一三四、止合三和臻摄合口阳声韵端系字 u 介音消失的声母、韵母次序，如表 3-43 所示。

表 3-43 蟹合一三四、止合三和臻摄合口阳声韵端系字 u 介音消失过程表

	蟹合一三四、止合三				臻摄合口阳声韵		
	泥	来	端透定	精组	泥来	端透定	精组
蒙阴	ei	uei	uei	uei	uə̃	uə̃	uə̃
徐州	e	e	ue	ue	uə̃	uə̃	uə̃
临沂	e	e	e	ue	uẽ	uẽ	uẽ
连云港	ei	ei	ei	ei	əŋ	əŋ	əŋ
莒县城阳	ei	ei	uei	uei	ən	un	un

字音对照如表 3-44 所示。

表 3-44 蟹合一三四、止合三和臻摄合口阳声韵端系字例字表

方言点	内	雷	对	罪	论	顿	孙
蒙阴	nei꜄	꜁luei	tuei꜄	ðuei꜄	luə̃꜄	tuə̃꜄	꜀θuə̃
徐州	ne꜄	꜁le	tue꜄	tsue꜄	luə̃꜄	tuə̃꜄	꜀suə̃
临沂	ne꜄	꜁le	te꜄	tsue꜄	luẽ꜄	tuẽ꜄	꜀θuẽ
连云港	lei꜄	꜁lei	tei꜄	tʂei꜄	ləŋ꜄	təŋ꜄	꜀ʂəŋ
莒县	nei꜄	lei꜄	tuei꜄	tsuei꜄	lən꜄	tun꜄	꜀sun

通过蒙阴、徐州、临沂和连云港方言的比较可以看出，蟹合一三四、止合三韵母 u 介音消失的声母次序是：泥＞来＞端透定＞精组。通过临沂、

莒县、连云港方言的比较可以看出，臻摄合口阳声韵端系字韵母 u 介音消失的声母次序是：泥来＞端透定、精组。张光宇（2006：351）从音理上解释了端系合口介音消失的声母次序，“决定合口介音去留的关键在声母发音时舌体后部是否隆起以及隆起程度；隆起程度越高合口介音越能获得保存”，“t 组之内，鼻音的成阻部位最前，其次是边音、塞音。成阻部位越前，舌体距离舌根发音越远，也越不利于保存合口介音”。正是由于舌尖声母发音时舌体下垂与微扬的差异导致塞擦音声母比塞音声母在保存合口介音上更有利，而塞音声母又比鼻音、边音声母在保存合口介音上更有利。

通过蒙阴、徐州、临沂和连云港方言的比较还可以看出不同韵母 u 介音消失的次序，即韵母次序：蟹合一三四、止合三韵母＞臻摄合口阳声韵。关于韵母次序。张光宇（2006：355）做出了解释：“从主要元音上看，凡主要元音偏前的，合口介音越容易丢失。即 uən、uei 比 uan、uaŋ 要早丢失合口介音成分。从韵尾的发音部位来看，则是韵尾部位偏前的比较倾向于合口成分消失，即 uən 比 uei 早而 uan 比 uaŋ 要早。”莒县方言蟹合一三四、止合三和臻摄合口阳声韵泥组（n l）字 u 介音都消失了，端精组字介音则保留，即莒县方言蟹合一三四、止合三端系字和臻摄合口阳声韵端系字 u 介音脱落的步骤一致，没有表现出按照韵母的次序进行。

3.4.2 精组字韵母的合/撮类型、分布与演变

3.4.2.1 精组字韵母的合/撮类型与分布

为了便于讨论，今读合/撮的精组字所牵涉的古韵摄可以分为 A B C D 四组，A 组包括：果开合一、遇合一、蟹合一三、止合三、山合一、臻合一、臻合三小部分、通合一三；B 组包括：臻合三大部分、山合三、宕开三入；C 组包括：遇合三鱼韵；D 组包括：遇合三虞韵。

按照以上 4 组精组字韵母合/撮的不同可以把该地区方言分为 5 种类型：一是徐州型，是指 A 组精组字韵母今读合口，B C D 组精组字韵母今读撮口，属于这一类型的方言点有 37 个：宿迁、新沂时集 A、新沂时集 B、新沂阿湖、丰县、徐州、沭阳、泗洪瑶沟、泗洪金锁、泗洪上塘、东海、沛县、莒县城阳、莒县桑园、灌云、连云港、灌南、莒南十字路、莒南团林、费县、临沂、日照涛雒、日照陈疃、日照黄墩、临沭、沂南、蒙阴、沂水、五莲许孟、五莲洪凝、泗阳、睢宁、微山、铜山、郯城、兰陵、赣榆石桥。二是赣榆青口型，是指 A B 组精组字韵母今读合口，C D 组精

组字韵母今读撮口，属于这一类型的方言点有 4 个：赣榆青口、赣榆墩尚、日照两城、日照奎山。三是邳州型，是指 A D 组精组字韵母今读撮口，B C 组精组字韵母今读合口，属于这一类型的方言点只有 1 个：邳州。四是平邑型，是指 A C D 组精组字韵母今读撮口，B 组精组字韵母今读合口，属于这一类型的方言点只有 1 个：平邑。五是枣庄型，是指 A B C D 组精组字韵母今读都是撮口，属于这一类型的方言点有 4 个：枣庄、滕州、邹城、泗水。

精组字韵母的合/撮类型及例字如表 3-45 所示。

表 3-45 精组字韵母的合/撮类型例字表

	搓果开一	坐果合一	粗遇合一	蛆遇合三鱼	娶遇合三虞	碎蟹合一	脆蟹合三
徐州	꜀tsʰuə	tsuə꜄	꜀tsʰu	꜀tɕʰy	꜂tɕʰy	sue꜄	tsʰue꜄
日照陈疃	꜀tʰuə	tuə꜄	꜀tʰu	꜀ȶʰy	꜂ȶʰy	θuei꜄	tʰuei꜄
泗洪上塘	꜀tsʰuə	tsuə꜄	꜀tsʰu	꜀tɕʰy	꜂tɕʰy	se꜄	tsʰe꜄
枣庄	꜀tɕʰyə	tɕyə꜄	꜀tɕʰy	꜀tɕʰy	꜂tɕʰy	ɕye꜄	tɕʰye꜄
滕州	꜀tɕʰyə	tɕyə꜄	꜀tɕʰy	꜀tɕʰy	꜂tɕʰy	ɕyei꜄	tɕʰyei꜄
赣榆	꜀tsʰuɤ	tsuɤ꜄	꜀tsʰu	꜀tsʰy	꜂tsʰy	sei꜄	tsʰe꜄
日照两城	꜀tθʰuə	tθuə꜄	꜀tθʰu	꜀tθʰy	꜂tθʰy	θuei꜄	tθʰuei꜄
平邑	꜀tɕʰyə	tɕyə꜄	꜀tɕʰy	꜀tɕʰy	꜂tɕʰy	ɕyei꜄	tɕʰyei꜄
邳州	꜀tɕʰyə	tɕyə꜄	꜀tɕʰy	꜀tsʰu	꜂tɕʰy	ɕye꜄	tɕʰye꜄
	嘴止合三	酸山合一	孙臻合一	旬臻合三	松通合三	选山合三	嚼宕开三入
徐州	꜂tsue	꜀suæ̃	꜀suə̃	꜁ɕyə̃	꜀suŋ	꜂ɕyæ̃	꜁tɕyə
日照陈疃	꜂tuei	꜀θuã	꜀θuə̃	꜁θyə̃	꜀θəŋ	꜂θyã	꜁ȶyə
泗洪上塘	꜂tse	꜀suæ̃	꜀səŋ	꜁ɕyŋ	꜀suŋ	꜂suæ̃	꜁tɕyə
枣庄	꜂tɕye	꜀ɕyæ̃	꜀ɕyẽ	꜁ɕyẽ	꜀ɕyŋ	꜂ɕyæ̃	꜁tɕyə
滕州	꜂tɕyei	꜀ɕyæ	꜀ɕyə̃	꜁ɕyə	꜀ɕyŋ	꜂ɕyæ̃	꜁tɕyə
赣榆	꜂tsei	꜀suan	꜀sən	꜁suən	꜀suŋ	꜂suan	꜁tsuɤ
日照两城	꜂tθuei	꜀θuã	꜀θuẽ	꜁θuẽ	꜀θəŋ	꜂θyã	꜁tθyə
平邑	꜂tɕyei	꜀ɕyan	꜀ɕyən	꜁ɕyən	꜀ɕyŋ	꜂suan	꜁tsuə
邳州	꜂tɕye	꜀ɕyæ̃	꜀ɕyə̃	꜁ɕyə̃	꜀ɕyəŋ	꜂suæ̃	꜁tsuə

苏鲁毗连地区方言精组字韵母的合/撮类型的地理分布如图 3-16 所示。

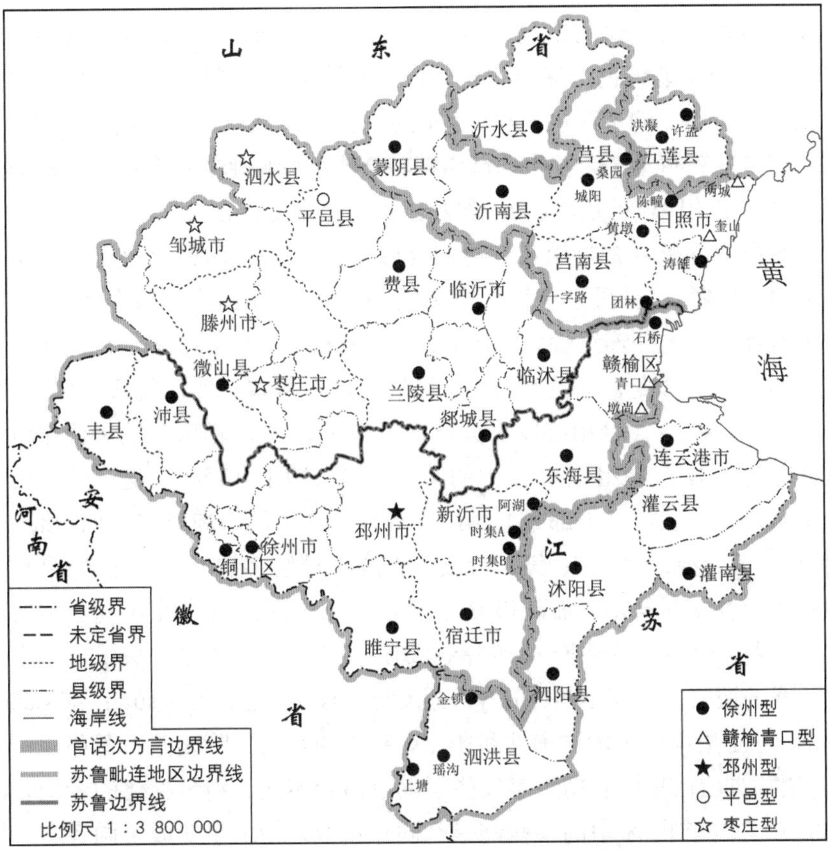

图 3-16 精组字韵母的合/撮类型分布图

从图 3-16 可见，枣庄型、平邑型分布在鲁南西部的枣庄、平邑、泗水等 5 个方言点，邳州型只有邳州 1 点，分布在苏北境内，毗邻枣庄型和平邑型的 5 个方言点，赣榆青口型分布在赣榆境内，其他地区都是徐州型的分布范围。

3.4.2.2 精组字韵母合/撮类型的演变

徐州型精组字韵母今读撮口的来源于韵摄 B C D，除了宕开三入都是来源于合口三等韵，值得注意的是，韵摄 A 中的合口三等韵（蟹止合三、通合三）精组字韵母今读却为合口，由此可以推知，合口三等精组字在徐州型方言中经历了两次音变，先是韵摄 A 精组字韵母由撮变合，如松 sy-→su-，然后韵摄 B C D（连同宕开三入，宕开三入精组字韵母先是经历了由开转撮的音变）精组字声母腭化为 tɕ tɕʰ ɕ，如宣 sy-→ɕy-。赣榆青口型和徐州型的不同在于韵摄 B 精组字韵母是合口呼，可能的演变是，赣榆青口型方言不仅韵摄 A 中合口三等精组字韵母从撮口变为合口，韵摄 B 的精组字韵母也由撮口变为合口，而韵摄 C D 精组字韵母保持撮口呼不变，与撮口韵母相拼的声母腭化为舌面音。从徐州型、赣榆青口型可知，合口三等精组字会发生韵母由撮转合或声母腭化的音变；从徐州型与赣榆青口型的比较可知，合口三等精组字韵母由撮转合有先后次序：A＞B。

平邑型韵摄 A B 精组字韵母的合撮与徐州型相反，邳州型除了韵摄 A B，韵摄 C 精组字韵母也和徐州型相反，而枣庄型精组字韵母今都读撮口。基于地理分布上的连续性，平邑型、邳州型和枣庄型应该都是在徐州型基础上的进一步音变。平邑型与邳州型音变路径基本一致，就邳州型来说，第一阶段，韵摄 A 精组字韵母读合口，韵摄 B C D 精组字韵母读撮口，这样，韵摄 B C 精组字与 A 中的某些韵摄（即果开合一、遇合一、山合一、臻合一、臻合三小部分）精组字形成声介上的双向对立，如蛆꜀tɕʰy：粗꜀tsʰu、宣꜀ɕyæ̃：酸꜀suæ̃；第二阶段，韵摄 A 精组字韵母合口介音撮口化，同时声母也逐渐腭化，而韵摄 B C 精组字为了保持与韵摄 A 精组字的对立（即为了避免同音冲撞），声韵被迫产生变化，结果是完成了一次字音对换式的演变，如粗꜀tsʰu→꜀tɕʰy：蛆꜀tɕʰy→꜀tsʰu、宣꜀ɕyæ̃→꜀suæ̃：酸꜀suæ̃→꜀ɕyæ̃。枣庄型第一阶段同前两种类型，有趣的是第二阶段并不避讳同音字的产生，即当韵摄 A 精组字发生了韵母由合转撮、声母腭化的音变时，韵摄 B C 与韵摄 A 中的某些韵摄（同邳州型）精组字变成了同音字，如蛆꜀tɕʰy＝粗꜀tɕʰy、宣꜀ɕyæ̃＝酸꜀ɕyæ̃。从平邑型、邳州型可知，精组字韵母会发生由合转撮的变化。从枣庄型与平邑型、邳州型的比较可知，面对同音冲撞，避免还是接受，不同方言会有不同选择。

第四章　声调

4.1　声调概况

苏鲁毗连地区方言的声调数量从 4 个到 6 个，声调调值差别较大，具体情况如表 4-1 所示。

表 4-1　调类、调值情况表

<table>
<tr><th rowspan="2"></th><th colspan="2">平</th><th colspan="3">上</th><th colspan="2">去</th><th colspan="3">入</th></tr>
<tr><th>清</th><th>浊</th><th>清</th><th>次浊</th><th>全浊</th><th>清</th><th>浊</th><th>清</th><th>次浊</th><th>全浊</th></tr>
<tr><td>灌南</td><td>阴平 41</td><td>阳平 24</td><td colspan="2">上声 21</td><td colspan="3">去声 55</td><td colspan="3">入声 35</td></tr>
<tr><td>连云港</td><td>阴平 313</td><td>阳平 24</td><td colspan="2">上声 41</td><td colspan="3">去声 55</td><td colspan="3">入声 34</td></tr>
<tr><td>沭阳</td><td>阴平 313</td><td>阳平 24</td><td colspan="2">上声 41</td><td colspan="3">去声 55</td><td colspan="3">入声 23</td></tr>
<tr><td>灌云</td><td>阴平 214</td><td>阳平 35</td><td colspan="2">上声 41</td><td colspan="3">去声 55</td><td colspan="3">入声 24</td></tr>
<tr><td>泗阳</td><td>阴平 31</td><td>阳平 35</td><td colspan="2">上声 13</td><td colspan="3">去声 55</td><td colspan="3">入声 5</td></tr>
<tr><td>泗洪金锁</td><td>阴平 212</td><td>阳平 35</td><td colspan="2">上声 13</td><td colspan="3">去声 51</td><td colspan="3">入声 45</td></tr>
<tr><td>新沂时集 B</td><td>阴平 212</td><td>阳平 55</td><td colspan="2">上声 24</td><td colspan="3">去声 51</td><td colspan="3">入声 5</td></tr>
<tr><td>东海</td><td>阴平 213</td><td>阳平 55</td><td colspan="2">上声 35</td><td colspan="3">去声 41</td><td colspan="3">入声 5</td></tr>
<tr><td>泗洪瑶沟</td><td>阴平 313</td><td>阳平 55</td><td colspan="2">上声 224</td><td colspan="3">去声 51</td><td colspan="2">入声 A 13 / 入声 B 5</td><td>入声 B5</td></tr>
<tr><td>泗洪上塘</td><td>阴平 213</td><td>阳平 55</td><td colspan="2">上声 24</td><td colspan="3">去声 51</td><td colspan="2">入声 13</td><td>阳平 55</td></tr>
<tr><td>赣榆石桥</td><td>阴平 412</td><td>阳平 54</td><td colspan="2">上声 45</td><td colspan="3">去声 51</td><td colspan="2">入声 24</td><td>阳平 54</td></tr>
<tr><td>新沂阿湖</td><td>阴平 212</td><td>阳平 45</td><td colspan="2">上声 224</td><td colspan="3">去声 51</td><td colspan="2">阴平 212</td><td>阳平 35</td></tr>
<tr><td>赣榆青口</td><td>阴平 213</td><td>阳平 55</td><td colspan="2">上声 324</td><td colspan="3">去声 51</td><td colspan="2">阴平 213</td><td>阳平 55</td></tr>
<tr><td>徐州</td><td>阴平 213</td><td>阳平 55</td><td colspan="2">上声 35</td><td colspan="3">去声 42</td><td colspan="2">阴平 213</td><td>阳平 55</td></tr>
<tr><td>沛县</td><td>阴平 213</td><td>阳平 55</td><td colspan="2">上声 35</td><td colspan="3">去声 42</td><td colspan="2">阴平 213</td><td>阳平 55</td></tr>
<tr><td>微山</td><td>阴平 213</td><td>阳平 55</td><td colspan="2">上声 24</td><td colspan="3">去声 51</td><td colspan="2">阴平 213</td><td>阳平 55</td></tr>
<tr><td>邳州</td><td>阴平 213</td><td>阳平 55</td><td colspan="2">上声 24</td><td colspan="3">去声 51</td><td colspan="2">阴平 213</td><td>阳平 55</td></tr>
<tr><td>滕州</td><td>阴平 213</td><td>阳平 55</td><td colspan="2">上声 35</td><td colspan="3">去声 51</td><td colspan="2">阴平 213</td><td>阳平 55</td></tr>
<tr><td>睢宁</td><td>阴平 212</td><td>阳平 55</td><td colspan="2">上声 24</td><td colspan="3">去声 51</td><td colspan="2">阴平 212</td><td>阳平 55</td></tr>
<tr><td>铜山</td><td>阴平 213</td><td>阳平 55</td><td colspan="2">上声 24</td><td colspan="3">去声 51</td><td colspan="2">阴平 212</td><td>阳平 55</td></tr>
</table>

续表

<table>
<tr><th rowspan="2"></th><th colspan="2">平</th><th colspan="3">上</th><th colspan="2">去</th><th colspan="4">入</th></tr>
<tr><th>清</th><th>浊</th><th>清</th><th>次浊</th><th>全浊</th><th>清</th><th>浊</th><th colspan="2">清</th><th>次浊</th><th>全浊</th></tr>
<tr><td>新沂时集 A</td><td>阴平 213</td><td>阳平 55</td><td colspan="2">上声 24</td><td colspan="3">去声 51</td><td colspan="3">阴平 213</td><td>阳平 55</td></tr>
<tr><td>宿迁</td><td>阴平 213</td><td>阳平 55</td><td colspan="2">上声 24</td><td colspan="3">去声 51</td><td colspan="3">阴平 213</td><td>阳平 55</td></tr>
<tr><td>枣庄</td><td>阴平 213</td><td>阳平 55</td><td colspan="2">上声 24</td><td colspan="3">去声 51</td><td colspan="3">阴平 213</td><td>阳平 55</td></tr>
<tr><td>赣榆墩尚</td><td>阴平 213</td><td>阳平 55</td><td colspan="2">上声 24</td><td colspan="3">去声 51</td><td colspan="3">上声 24 / 阴平 213</td><td>阳平 55</td></tr>
<tr><td>丰县</td><td>阴平 223</td><td>阳平 54</td><td colspan="2">上声 45</td><td colspan="3">去声 41</td><td colspan="3">阴平 223</td><td>阳平 54</td></tr>
<tr><td>兰陵</td><td>阴平 214</td><td>阳平 53</td><td colspan="2">上声 55</td><td colspan="3">去声 31 / 阳平 53 少</td><td colspan="3">阴平 214</td><td>阳平 53</td></tr>
<tr><td>临沂</td><td>阴平 213</td><td>阳平 53</td><td colspan="2">上声 44</td><td colspan="3">去声 312 / 阳平 53 少</td><td colspan="3">阴平 213</td><td>阳平 53</td></tr>
<tr><td>郯城</td><td>阴平 214</td><td>阳平 53</td><td colspan="2">上声 55</td><td colspan="3">去声 312 / 阳平 53 少</td><td colspan="3">阴平 214</td><td>阳平 53</td></tr>
<tr><td>临沭</td><td>阴平 13</td><td>阳平 53</td><td colspan="2">上声 55</td><td colspan="3">去声 312 / 阳平 53 少</td><td colspan="3">阴平 13</td><td>阳平 53</td></tr>
<tr><td>邹城</td><td>阴平 224</td><td>阳平 53</td><td colspan="2">上声 55</td><td colspan="3">去声 312 / 阳平 53 少</td><td colspan="3">阴平 224</td><td>阳平 53</td></tr>
<tr><td>泗水</td><td>阴平 24</td><td>阳平 53</td><td colspan="2">上声 55</td><td colspan="3">去声 312 / 阳平 53 少</td><td colspan="3">阴平 24</td><td>阳平 53</td></tr>
<tr><td>费县</td><td>阴平 213</td><td>阳平 53</td><td colspan="2">上声 55</td><td colspan="3">去声 312 / 阳平 53 少</td><td colspan="2">阴平 213</td><td>去声 312</td><td>阳平 53</td></tr>
<tr><td>平邑</td><td>阴平 213</td><td>阳平 53</td><td colspan="2">上声 33</td><td colspan="3">去声 312 / 阳平 53 少</td><td colspan="2">阴平 213</td><td>去声 312</td><td>阳平 53</td></tr>
<tr><td>沂南</td><td>阴平 213</td><td>阳平 53</td><td colspan="2">上声 35</td><td colspan="3">去声 31 / 阳平 53 少</td><td colspan="2">阴平 213</td><td>去声 31</td><td>阳平 53</td></tr>
<tr><td>日照涛雒</td><td>阴平 214</td><td>阳平 53</td><td colspan="2">上声 55</td><td colspan="3">去声 31 / 阳平 53 少</td><td colspan="2">阴平 214</td><td>去声 31</td><td>阳平 53</td></tr>
<tr><td>日照奎山</td><td>阴平 214</td><td>阳平 53</td><td colspan="2">上声 55</td><td colspan="3">去声 31 / 阳平 53 少</td><td colspan="2">阴平 214</td><td>去声 31</td><td>阳平 53</td></tr>
<tr><td>日照陈疃</td><td>阴平 214</td><td>阳平 53</td><td colspan="2">上声 55</td><td colspan="3">去声 31 / 阳平 53 少</td><td colspan="2">阴平 214</td><td>去声 31</td><td>阳平 53</td></tr>
<tr><td>莒南十字路</td><td>阴平 214</td><td>阳平 53</td><td colspan="2">上声 55</td><td colspan="3">去声 31 / 阳平 53 少</td><td colspan="2">阴平 214</td><td>去声 31</td><td>阳平 53</td></tr>
<tr><td>莒南团林</td><td>阴平 214</td><td>阳平 53</td><td colspan="2">上声 55</td><td colspan="3">去声 31 / 阳平 53 少</td><td colspan="2">阴平 214</td><td>去声 31</td><td>阳平 53</td></tr>
<tr><td>蒙阴</td><td>阴平 214</td><td>阳平 54</td><td colspan="2">上声 35</td><td colspan="3">去声 31 / 阳平 54 少</td><td colspan="2">阴平 214</td><td>去声 31</td><td>阳平 54</td></tr>
<tr><td>莒县城阳</td><td>阴平 13</td><td>阳平 53</td><td colspan="2">上声 55</td><td colspan="3">去声 31 / 阳平 53 少</td><td>阴平 13</td><td>上声 55</td><td>去声 31</td><td>阳平 53</td></tr>
<tr><td>日照黄墩</td><td>阴平 214</td><td>阳平 53</td><td colspan="2">上声 55</td><td colspan="3">去声 31 / 阳平 53 少</td><td>阴平 214</td><td>上声 55</td><td>去声 31</td><td>阳平 53</td></tr>
<tr><td>莒县桑园</td><td>阴平 13</td><td>阳平 53</td><td colspan="2">上声 55</td><td colspan="3">去声 31 / 阳平 53 少</td><td colspan="2">上声 55</td><td>去声 31</td><td>阳平 53</td></tr>
<tr><td>五莲许孟</td><td>阴平 214</td><td>阳平 53</td><td colspan="2">上声 55</td><td colspan="3">去声 31 / 阳平 53 少</td><td colspan="2">上声 55</td><td>去声 31</td><td>阳平 53</td></tr>
<tr><td>沂水</td><td>阴平 214</td><td>阳平 53</td><td colspan="2">上声 55</td><td colspan="3">去声 31 / 阳平 53 少</td><td colspan="2">上声 55</td><td>去声 31</td><td>阳平 53</td></tr>
<tr><td>五莲洪凝</td><td>阴平 213</td><td>阳平 53</td><td colspan="2">上声 55</td><td colspan="3">去声 31</td><td colspan="2">上声 55</td><td>去声 31</td><td>阳平 53</td></tr>
<tr><td>日照两城</td><td>阴平 214</td><td>阳平 53</td><td colspan="2">上声 55</td><td colspan="3">去声 31 / 阳平 53 少</td><td colspan="2">上声 55</td><td>去声 31</td><td>阳平 53</td></tr>
</table>

苏鲁毗连地区方言声调今读情况可以概括如下：从调类的情况来看，有入声的方言大多是阴平、阳平、上声、去声、入声 5 个调，只有泗洪瑶沟是阴平、阳平、上声、去声、入声 A、入声 B 六个调；没有入声的方言都是阴平、阳平、上声、去声 4 个调。从调型、调值的情况来看，阴平、阳平、上声、去声分别有 3 或 4 种调型，调值多样；入声有长、短之别，调值不一。

从古今对应的情况来看，古平声、上声、去声的今读较为一致：古平声按声母的清浊分为两类，清声母平声今读阴平调，浊声母平声今读阳平调；古上声按声母的清浊也分为两类，清声母和次浊声母上声今读上声，全浊声母上声今读去声；古去声不论清浊基本读为去声，但鲁南一些方言点有少量古去声读阳平的现象。古入声的今读存在较大的分歧：36 个方言点入声调已消失，入声分派情况多样；11 个方言点保留入声调，其中，泗洪上塘、赣榆石桥全浊入声今读阳平，清入、次浊入仍读入声。泗洪瑶沟分化为 A、B 两个入声调。保留入声调的方言都有入声舒化的现象。

4.2 舒 声 调

4.2.1 舒声调调型的比较

苏鲁毗连地区方言的阴平调有降、降升、升 3 种调型。属于降调型的方言点有 2 个：灌南、泗阳；属于降升调型的方言点有 40 个：连云港、沭阳、灌云、泗洪金锁、新沂时集 B、东海、泗洪瑶沟、泗洪上塘、赣榆石桥、赣榆青口、徐州、沛县、微山、邳州、滕州、睢宁、铜山、新沂时集 A、宿迁、枣庄、兰陵、临沂、郯城、新沂阿湖、赣榆墩尚、日照黄墩、五莲许孟、沂水、五莲洪凝、日照两城、费县、平邑、沂南、日照涛雒、日照奎山、日照陈疃、莒南十字路、莒南团林、蒙阴；属于升调型的方言点有 6 个：莒县城阳、莒县桑园、丰县、临沭、泗水、邹城。

从图 4-1 可见，降调型仅分布在东南部的灌南和泗阳两点，升调型分布在西部的丰县、泗水、邹城 3 点，另外，东北部的莒县两点和中部的临沭也是升调型，其他地区都是降升调型的分布范围。

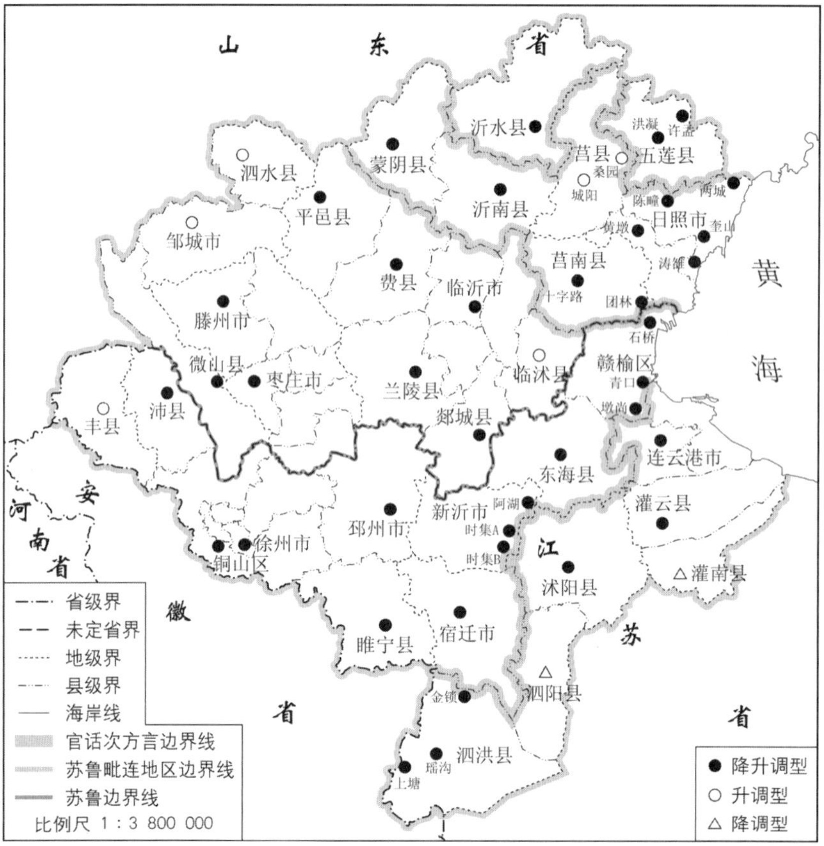

图 4-1 阴平调调型类型分布图

阳平调有升、高平、高降 3 种调型。属于升调型的方言点有 7 个：灌南、连云港、沭阳、灌云、泗阳、泗洪金锁、新沂阿湖；属于高平型的方言点有 16 个：新沂时集 B、东海、泗洪瑶沟、泗洪上塘、赣榆青口、徐州、沛县、微山、邳州、滕州、睢宁、铜山、新沂时集 A、宿迁、枣庄、赣榆墩尚；属于高降型的方言点有 24 个：赣榆石桥、丰县、兰陵、临沂、郯城、临沭、邹城、泗水、费县、平邑、沂南、日照涛雒、日照奎山、日照陈疃、莒南十字路、莒南团林、蒙阴、莒县城阳、日照黄墩、莒县桑园、五莲许孟、沂水、五莲洪凝、日照两城。

从图 4-2 可见，升调型分布在东南部、南部的连云港、沭阳、泗阳、泗洪等地区，高降调型分布在鲁南的除滕州、枣庄和微山之外的地区，其他地区都是高平调型的分布范围。

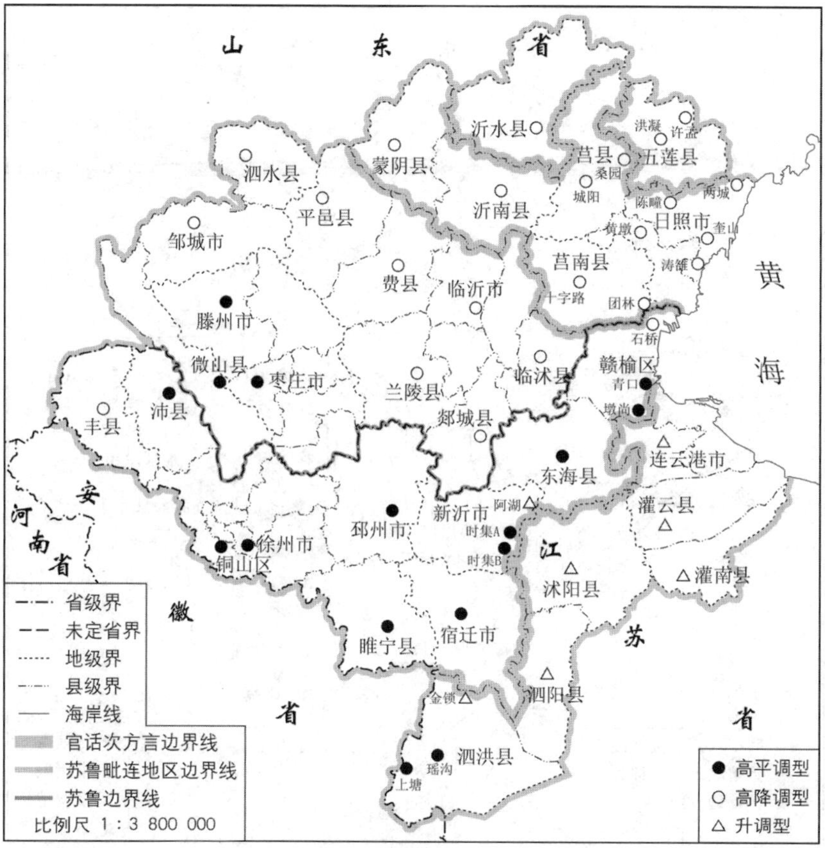

图 4-2　阳平调调型类型分布图

上声调有降、升、平、降升 4 种调型。属于降调型的方言点有 4 个：灌南、连云港、沭阳、灌云；属于升调型的方言点有 22 个：泗阳、泗洪金锁、新沂时集 B、东海、泗洪瑶沟、泗洪上塘、赣榆石桥、新沂阿湖、徐州、沛县、微山、邳州、滕州、睢宁、铜山、新沂时集 A、宿迁、枣庄、赣榆墩尚、丰县、沂南、蒙阴；属于平调型的方言点有 20 个：兰陵、临沂、郯城、临沭、邹城、泗水、费县、平邑、日照涛雒、日照奎山、日照陈疃、莒南十字路、莒南团林、莒县城阳、日照黄墩、莒县桑园、五莲许孟、沂水、五莲洪凝、日照两城；属于降升调型的方言点只有 1 个：赣榆青口。

从图 4-3 可见，降调型分布在东南部的连云港、灌南、灌云和沭阳 4 点，平调型分布在鲁南的除西部滕州、枣庄、微山以及中北部沂南、蒙阴 5 点以外的地区，其他地区都是升调型的分布范围。

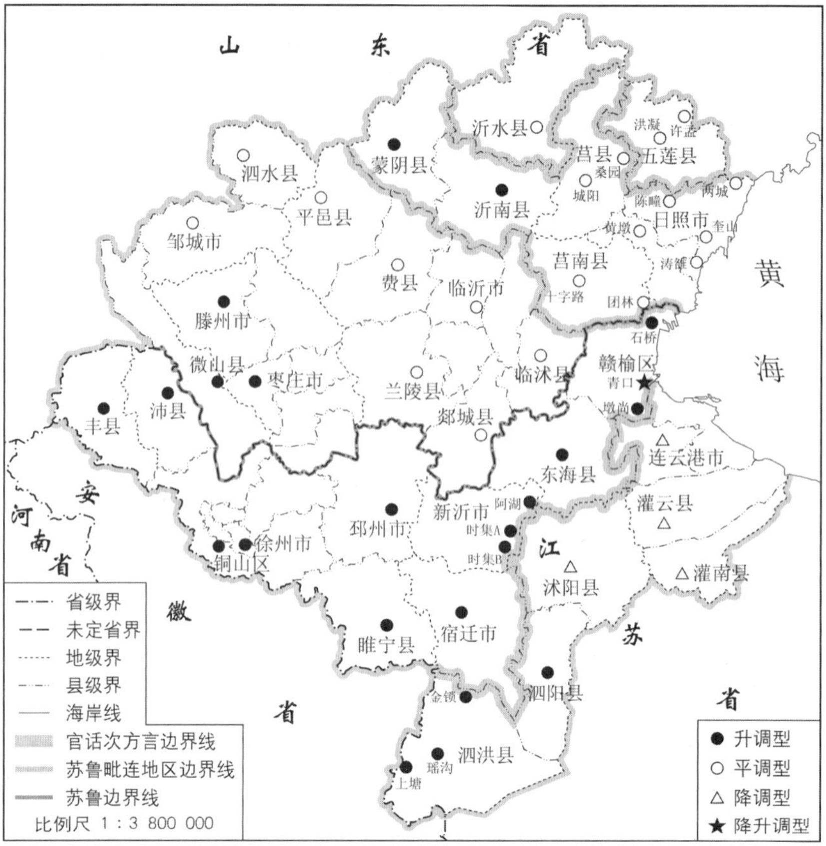

图 4-3　上声调调型类型分布图

去声有高平、高降、低降、降升 4 种调型。属于高平调型的方言点有 5 个：灌南、连云港、沭阳、灌云、泗阳；属于高降调型的方言点有 20 个：泗洪金锁、新沂时集 B、东海、泗洪瑶沟、泗洪上塘、赣榆石桥、新沂阿湖、赣榆青口、徐州、沛县、微山、邳州、滕州、睢宁、铜山、新沂时集 A、宿迁、枣庄、赣榆墩尚、丰县；属于低降调型的方言点有 15 个：兰陵、沂南、日照涛雒、日照奎山、日照陈疃、莒南十字路、莒南团林、蒙阴、莒县城阳、日照黄墩、莒县桑园、五莲许孟、沂水、五莲洪凝、日照两城；属于降升调型的方言点有 7 个：临沂、郯城、临沭、邹城、泗水、费县、平邑。

从图 4-4 可见，高平调型分布在东南部的连云港、灌南、灌云、沭阳和泗阳 5 点，低降调型分布在东北部地区，降升调型分布在中部和西北部地区，其他地区都是高降调型的分布范围。

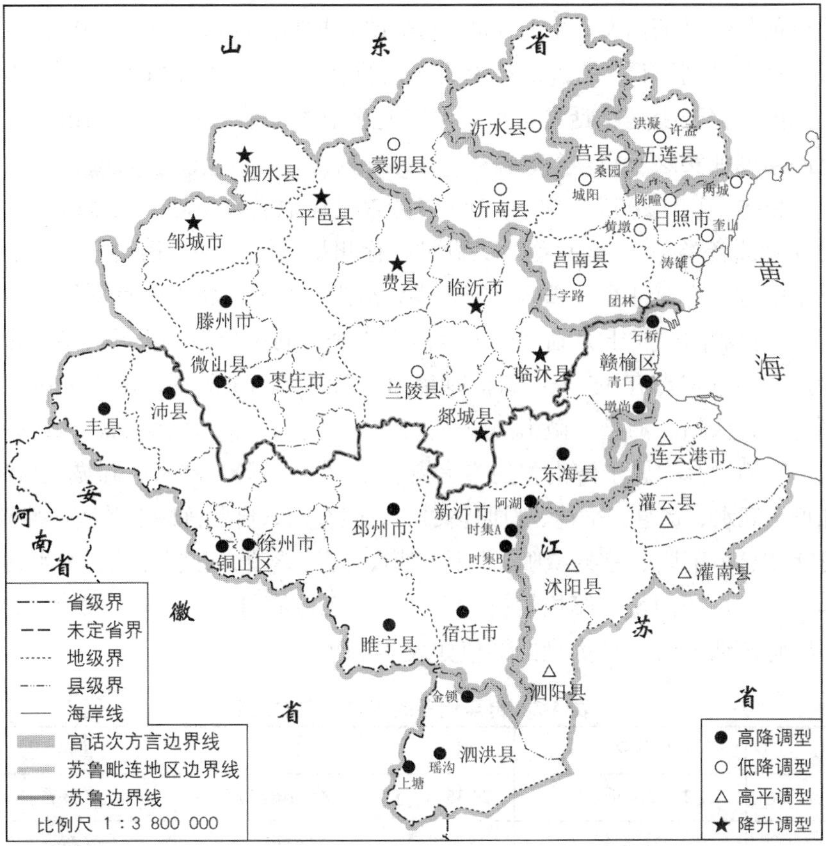

图 4-4　去声调调型类型分布图

通过四幅图的比较可以看出，舒声调型的特点有四：①阴平以降升调为主，共有 40 个方言点，而其他两种类别的分布范围很小，降调只有两个点，升调只有 6 个点；②阳平—高平、去声—高降、上声—升调这三种关联都分布在中部、西部地区，分布范围基本一致；③阳平—高降、上声—平调、去声—低降、降升这三种关联分布在中部、北部地区，分布范围基本一致；④阳平—升调、上声—降调、去声—高平调这三种关联只出现在东南部地区，分布范围也相差不大。

4.2.2　舒声调系统的类型、分布与演变

平山久雄（2005：220～221、289～290）[①]指出，“调值变化环流”是为声调调值历时演变的主要途径所假设的一种环形模式，即“一个调位

---

① 日本学者平山久雄有关声调调值变化的论文自 1975 年以来登载在各种学术刊物上，本书引用都依据〔日〕平山久雄：《平山久雄语言学论文集》，北京，商务印书馆，2005 年，第 1 版。

的调值从高平调出发，经过降调、低平调（或低凹调）、升调（或中平调），最后又回到高平调”的调值环流式变化的过程。岩田礼（2009）认为，“环流式的变化至少是官话方言声调调值变化中的一个主流”，并从语言地理学的角度证实这一点。

依据平山（2005：198～208），苏鲁毗连地区方言舒声调系统可以分为5种读音类型[①]：南京型、芜湖型、徐州型、济南型、扬州型。属于扬州型的方言点有4个：灌南、连云港、沭阳、灌云；属于南京型的方言点有1个：泗阳；属于芜湖型的方言点有2个：泗洪金锁、新沂阿湖；属于徐州型的方言点有15个：新沂时集B、东海、泗洪瑶沟、泗洪上塘、赣榆青口、徐州、沛县、微山、滕州、睢宁、铜山、新沂时集A、宿迁、枣庄、赣榆墩尚；属于济南型的方言点有25个：兰陵、临沂、郯城、临沭、邹城、泗水、费县、平邑、日照涛雒、日照奎山、日照陈疃、莒南十字路、莒南团林、蒙阴、莒县城阳、日照黄墩、莒县桑园、五莲许孟、沂水、五莲洪凝、日照两城、赣榆石桥、丰县、沂南、蒙阴。

舒声调系统5种类型的调值如表4-2所示。

表4-2　舒声调系统5种类型的调值

	阴平	阳平	上声	去声
扬州型	41/313/214 低（降）	24/35 升	***21/41（低）降***	***55 高平***
南京型	31 低降	35 高升	***13 低升***	***55 高平***
芜湖型	212 低	45 高升	224/13 低升	***51 高降***
徐州型	212/213/313/412/31 低(降)	***55 高平***	35/24/324/224 升	51/41/42 高降
济南型	412/213/214/323/312/223/224/13/24 低（升）	***54/53 高降***	***45/35/44/55/33 平（高升）***	51/41/412/31/312（高）降

说明：①表中的斜线用于区分调值；②加括号表示该调值属少数；③加粗且斜体用于突出各类型的鉴别性特征。

从图4-5可见，扬州型分布在东南角的连云港、灌南、灌云和沭阳4点。南京型只有南部的泗阳1点，芜湖型分布在泗洪和新沂境内（恰好处于中原官话和江淮官话的分界线上）。徐州型、济南型基本分布在苏北、鲁南境内，但处于苏鲁交界线上苏北的丰县和赣榆石桥两点属于济南型，处于苏鲁交界线上鲁南的枣庄、微山和滕州3点属于徐州型。

---

① 环流之说一般不提起入声调值的变化，因为入声调值的变化途径与舒声不同。

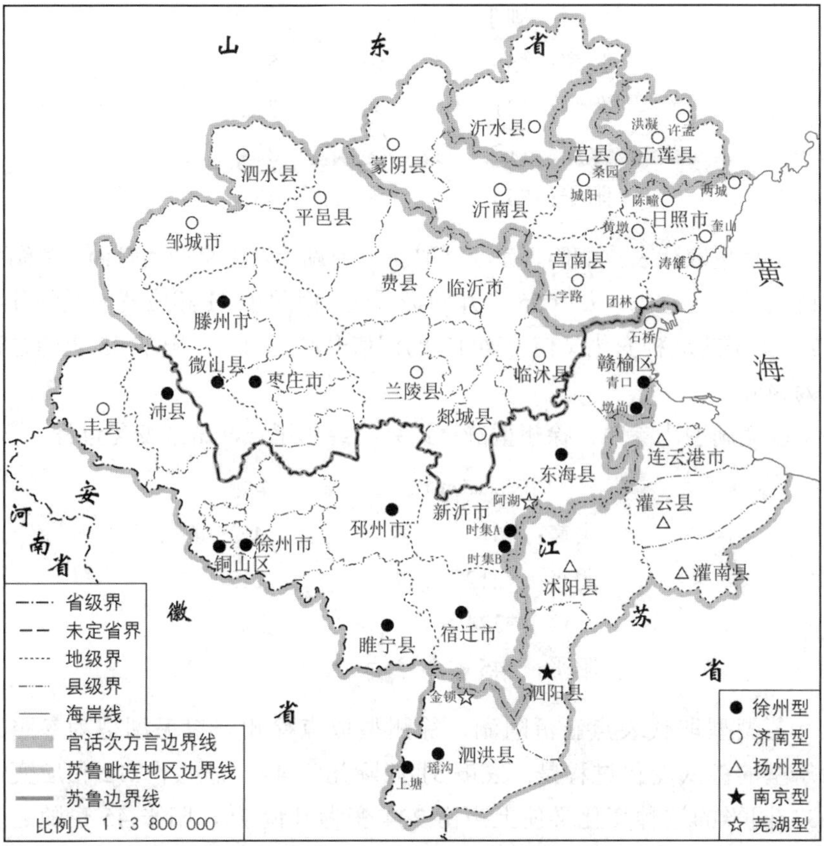

图 4-5　舒声调系统类型分布图

岩田礼（2009）根据南京、徐州、济南 3 种类型在苏北、鲁南、河北东北部以及天津等地区的 ABCBA 式分布，认为三者之间的差异反映了声调系统的“环流式”变化，其中，南京型最古老，徐州型次之，济南型则是最为新兴的类型。从图 4-5 可见，济南型、徐州型、芜湖型、南京型自西部、北部向东南呈连续型分布，而且这 4 种类型之间合乎一种链式的变化，因此，苏鲁毗连地区方言舒声调系统之间经历了如下演变关系：南京型→芜湖型→徐州型→济南型。扬州型在地理分布上偏于一隅，其舒声调系统的变化应该是内部自立的变化，与其他类型没有演变上的关系。

下面从调值出发讨论舒声调系统的链式变化的问题，具体表现在以下两个方面。

一是四种声调系统类型内部各调类之间的链式变化。如果以南京型声调系统为参照，芜湖型舒声调系统经历了一次链式变化过程。

	泗阳		新沂阿湖
去声：	*55	>	51
阴平：	*31	>	212
上声：	*13	>	224
阳平：	*35	>	45

南京型取代表点泗阳，芜湖型取新沂阿湖。以南京型为参照，芜湖型的链式变化过程为：去声 55 先开始降调化，而阴平 31 相应变为低降升调 212；阴平的这种变化又使上声 13 的调值升高为 224，阳平 35 也随之升高为 45。

以芜湖型为参照，徐州型舒声调系统经历了一次链式变化过程。

	新沂阿湖		徐州
去声：	*51	>	42
阴平：	*212	>	213
上声：	*224	>	35
阳平：	*45	>	55

芜湖型取代表点新沂阿湖，徐州型取点徐州。以芜湖型为参照，徐州型的链式变化过程是：去声 51 低降化为 42，而阴平 212 相应变为 213，阴平的这种变化又使上声由 224 变为升调 35，阳平 45 也随之变为高平调 55。

以徐州型为参照，济南型舒声调系统经历了一次链式变化过程。

	徐州		泗水
去声：	*42	>	312
阴平：	*213	>	24
上声：	*35	>	55
阳平：	*55	>	53

徐州型取代表点徐州，济南型取点泗水。以徐州型为参照，济南型的链式变化过程是：去声 42 低降化为 312，而阴平 213 相应变为低升调 224，阴平的这种变化又使上声由升调 35 变为高平调 55，阳平 55 也随之变为高降调 53。

二是四种类型方言之间各调类的链式变化。

南京型、芜湖型、徐州型和济南型的去声、阴平、上声、阳平的调值都发生了链式的变化。

	泗阳		新沂阿湖		徐州		泗水
去声：	55	>	51	>	42	>	312
阴平：	31	>	212	>	213	>	24
上声：	13	>	224	>	35	>	55
阳平：	35	>	45	>	55	>	53

南京型、芜湖型、徐州型和济南型仍选取泗阳、新沂阿湖、徐州和泗水 4 个方言点，4 种类型的差异反映了各调类的链式变化：去声：55>51>42>312、阴平：31>212>213>24、上声：13> 224>35>55，阳平：35>45>55>53。

如果把更多的方言拿来比较，可以更清晰地表现出舒声调系统类型之间的链式变化，如表 4-3 所示。

表 4-3 舒声调系统类型各调类之间的链式变化

类型	南京型	芜湖型	徐州型					济南型	
方言点	泗阳	新沂阿湖	赣榆青口	邳州	徐州	丰县	蒙阴	临沭	泗水
去声	55	51	51	51	42	31	31	312	312
阴平	31	21	213	213	213	214	214	13	24
上声	213	324	324	24	35	35	45	55	55
阳平	35	45	55	55	55	54	53	53	53

从表 4-3 可见，9 个方言点调值系统内部各调类之间的链式变化为：当去声调值由 55（泗阳）变为 51（新沂阿湖、赣榆青口、邳州），42（徐州），31（丰县）、312（临沭、泗水）时，阴平调值则由 31（泗阳）变为 21（新沂阿湖）、213（赣榆青口、邳州、徐州）、214（丰县、蒙阴）、13（临沭）、24（泗水）；上声调值则相应地由 213（泗阳）变为 324（新沂阿湖、赣榆青口）、24（邳州）、35（徐州、丰县）、45（蒙阴）、55（临沭、泗水）；阳平调值则相应地由 35（泗水）变为 45（新沂阿湖）、55（赣榆青口、邳州、徐州）、54（丰县）、53（蒙阴、临沭、泗水）。

换个角度观察，从左列的南京型到右列的济南型，9 个方言点之间各调类的链式变化为：去声调值链式变化过程为 55>51>42>31>312；阴平调值链式变化过程为 31>21>213>214>13>24；上声调值链式变化过程为 213>324>24>35>45>55；阳平调值链式变化过程为 35>45>55>54>53。

4.3 古入声

4.3.1 古入声的读音类型与分布

按照古入声的有无可以把苏鲁毗连地区方言分为有入声、无入声两大类，根据古入声的今读可以把有入声方言分为4个次读音类型：江淮（古）型、江淮（新A）型、江淮（新B）型、中原（古）型；无入声方言分为6个次读音类型：中原（新A）型、中原（新B）型、中原-冀鲁过渡型、冀鲁型、冀鲁-胶辽过渡型、胶辽型。属于江淮（古）型的方言点有3个：泗阳、新沂时集B、东海；属于江淮（新A）型的方言点有5个：泗洪金锁、灌南、连云港、沭阳、灌云；属于江淮（新B）型的方言点有1个：泗洪瑶沟；属于中原（古）型的方言点有2个：泗洪上塘、赣榆石桥；属于中原（新A）型的方言点有19个：赣榆青口、睢宁、兰陵、邳州、宿迁、沛县、枣庄、新沂时集A、新沂阿湖、临沂、邹城、铜山、滕州、丰县、微山、徐州、临沭、泗水、郯城；属于中原（新B）型的方言点有1个：赣榆墩尚；属于中原-冀鲁过渡型的方言点有1个：费县；属于冀鲁型的方言点有8个：平邑、沂南、蒙阴、日照涛雒、日照奎山、日照陈疃、莒南团林、莒南十字路；属于冀鲁-胶辽过渡型的方言点有2个：莒县城阳、日照黄墩；属于胶辽型的方言点有5个：沂水、莒县桑园、五莲许孟、五莲洪凝、日照两城。

古入声读音类型如表4-4所示。

表4-4　古入声读音类型

有无入声	读音类型	入声今读的特征
有入声	江淮（古）型	一个入声调：高短
	江淮（新A）型	一个入声调：低升
	江淮（新B）型	A、B两个入声调
	中原（古）型	清、次浊入声保留、全浊入=阳平
无入声	中原（新A）型	清、次浊入=阴平、全浊入=阳平
	中原（新B）型	清、次浊入=上声/阴平、全浊入=阳平
	中原-冀鲁过渡型	清入＝阴平、次浊入＝阴平/去声、全浊入＝阳平
	冀鲁型	清入＝阴平、次浊入＝去声、全浊入＝阳平
	冀鲁-胶辽过渡型	清入＝阴平/上声、次浊入＝去声、全浊入＝阳平
	胶辽型	清入＝上声、次浊入＝去声、全浊入＝阳平

从图 4-6 可见，有入声的方言分布在东南部地区，其他地区都是无入声方言的分布范围。就有入声方言来说，江淮（古）型、江淮（新 B）型都分布在有无入声的分界线上，江淮（新 A）型分布在距离交界线较远的灌南、灌云等地区，中原（古）型分布在赣榆北部的石桥一点。就无入声方言来说，中原型分布在中西部地区，冀鲁型、胶辽型都分布在鲁南中东部地区。其中，中原（新 B）型分布在赣榆南部的墩尚一点，正好处于有无入声的交界线上。中原-冀鲁过渡型（费县）处于中原官话（如兰陵、枣庄等）与冀鲁官话（如沂南、蒙阴等）方言点之间，而冀鲁-胶辽过渡型（莒县城阳、日照黄墩）处于冀鲁官话（如沂南、日照等）与胶辽官话（如沂水、五莲等）方言点之间。

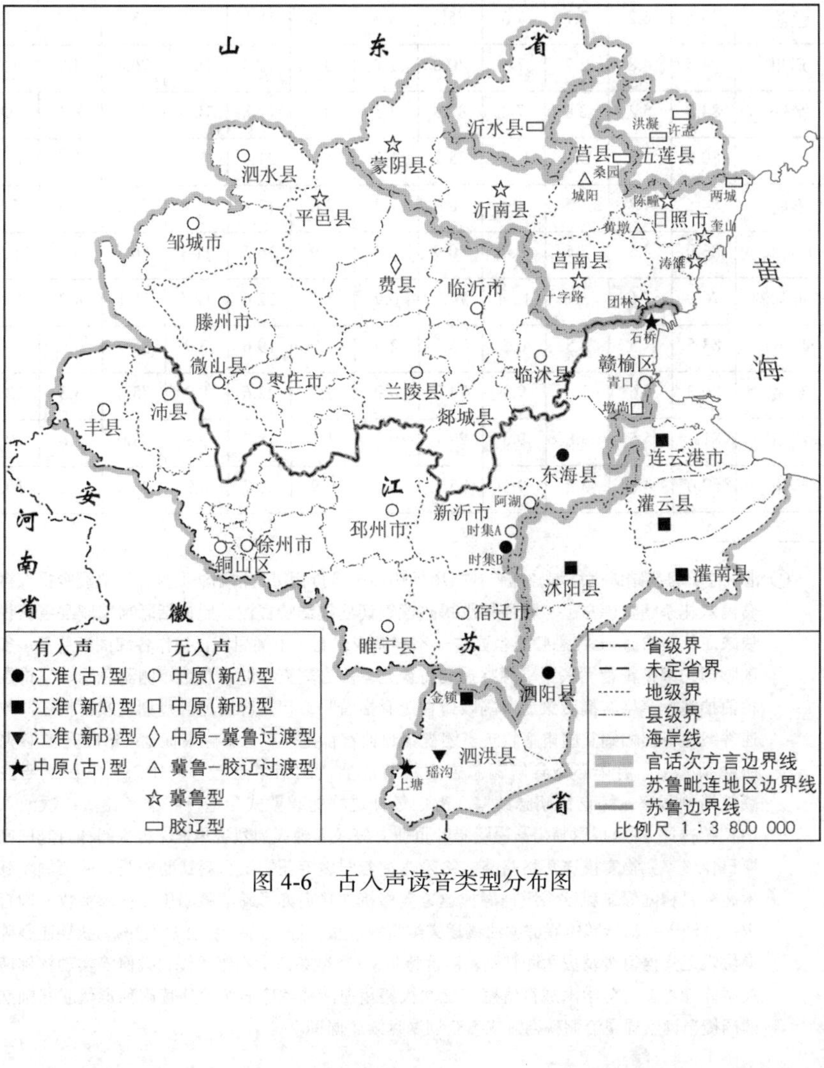

图 4-6　古入声读音类型分布图

4.3.2 古入声读音类型的演变

4.3.2.1 无入声方言的入声归派类型与演变

以《方言调查字表》中约500多个常用入声字[①]为考察对象，清声母、次浊声母、全浊声母入声字在无入声方言中的归派情况如表4-5所示。

表4-5 古入声分派比例（%）对照表

	清				次浊				全浊			
	阴平	阳平	上声	去声	阴平	阳平	上声	去声	阴平	阳平	上声	去声
赣榆青口	88.6	3.8	2.4	5.1	80.9	5.2	0.8	13.0	13.0	74.0	8.1	4.9
睢宁	84.1	5.5	2.4	8.0	79.1	1.7	0.9	18.7	10.6	74.8	6.5	8.1
兰陵	83.5	6.2	2.7	7.6	75.2	3.4	2.6	18.8	9.8	78.0	4.9	7.3
邳州	84.5	4.8	2.7	7.6	80.0	1.7	0.1	17.4	10.6	76.4	4.9	8.1
宿迁	84.8	5.2	2.8	7.2	82.6	3.5	0.9	14.8	10.6	76.4	3.3	9.8
沛县	80.6	5.5	3.1	10.7	75.2	1.7	1.7	21.4	5.7	80.5	1.6	12.2
枣庄	84.5	4.8	3.5	6.9	78.3	1.7	2.6	17.4	11.4	78.4	3.3	7.3
新沂时集A	83.0	4.5	3.5	9.0	80.9	3.5	0.9	16.5	11.3	76.4	4.1	8.1
新沂阿湖	76.9	7.6	3.1	12.4	74.8	0.9	1.7	22.6	12.5	71.1	4.7	11.7
临沂	83.5	4.5	5.5	6.5	75.5	2.9	2.0	19.6	3.9	86.7	5.5	4.7
邹城	80.3	6.6	3.8	9.3	74.8	0.9	1.7	22.6	8.9	75.6	3.3	12.2
铜山	81.7	5.5	3.8	9.0	79.1	0.9	1.7	18.7	9.8	78.0	1.6	10.6
滕州	82.0	4.8	3.8	9.3	75.7	1.7	0.9	21.7	8.9	78.0	2.4	10.6

① 清入字：答搭踏鸽喝塌溻磕插夹裌掐甲胛鸭押压接折褶摄跌帖贴法涩执汁湿级濕吸揖擦撒割葛渴八札杀瞎鳖薛蜇蝎子~人设浙揭歇蝎憋撇铁切屑楔结噎拨泼钵脱撮括聒豁挖刷刮雪索说发诀缺血笔匹缉~鞋口七漆悉膝质室虱失一不猝窟戌忽畜~生出橘屈博讬托作各郭阁搁胳恶善~雀鹊削脚却约廓扩霍藿剥驳桌卓琢啄握北得德则塞瓶~逼刻克黑即鲫息熄媳侧测色织职识饰国百柏伯拍魄拆窄格客摘责策册革隔戟僻积迹脊惜昔只赤尺适释劈的滴踢剔绩戚锡析击激吃扑速谷哭屋督福幅蝠复腹肃宿竹筑畜缩祝粥叔曲蓄郁足促粟烛嘱触束捉觉知~角确壳彻撤秃劫胁给别区~卒兵~爵毕必戳骨嫡锔急吉察哲节洁拙决酌菊塔眨郝朴饺仆乙乞卜榻恰妾怯泣萨轧泄恤阔率~领蟀讫错朔瑟绰塞~外啬忆亿抑迫栅扼碧璧式斥壁赫吓酷炙益沃；次浊入：纳拉捺抹抹~桌子捏捋篾腊蜡聂镊蹑猎叶页业立笠粒入辣灭列烈裂热末沫劣悦阅袜月越曰密蜜栗日律没率速~物寞摸诺落烙骆酪洛络乐略掠若弱虐疟药钥跃岳墨默肋勒匿力域陌额麦脉觅木鹿禄目穆陆绿录狱欲浴膜抹辱拽逸幕翼粤杌勿莫逆亦译易液腋溺历疫役孽鄂牧六肉育褥玉；全浊入：泊涉鹤辑屐辟夕浊镯遂突缚雹寂淑蛰惊~沓一~纸杂十拾合盒闸炸用油~狭峡匣叠碟蝶谍协穴乏集侄习袭及拔达铡辖别离~辙舌特折弄~了杰截夺活滑猾绝伐筏罚掘橛疾实勃核佛薄铎踱凿昨嚼着睡~勺芍学术贼直值殖植食蚀极籍藉白泽择宅席石笛敌狄犊族独毒伏服秫轴熟俗赎局捷帛读牍蜀属洽弼秩剧射或惑获划瀑曝续述倔掷。

续表

	清				次浊				全浊			
	阴平	阳平	上声	去声	阴平	阳平	上声	去声	阴平	阳平	上声	去声
丰县	81.4	5.5	3.8	9.3	77.4	2.6	1.7	18.3	9.8	77.2	4.9	8.1
微山	83.7	4.5	3.8	8.0	76.5	1.7	0.9	20.9	9.8	76.4	3.3	10.6
徐州	84.5	4.5	3.8	6.9	75.7	2.6	0.1	20.9	12.2	75.6	3.3	8.9
临沭	76.1	6.2	5.9	11.8	66.1	0.9	2.6	30.4	7.3	75.6	4.9	12.2
泗水	78.3	6.9	6.2	8.6	70.7	3.5	0.9	18.7	7.3	75.6	5.7	11.3
郯城	79.4	6.2	6.9	7.6	73.9	5.2	0.9	18.7	11.3	74.8	7.3	6.5
费县	68.4	6.5	6.2	18.9	33.9	1.7	2.6	61.7	6.5	76.4	4.1	13.0
平邑	68.4	8.9	6.2	16.4	20.9	23.5	4.3	51.3	4.0	90.2	2.4	3.3
沂南	76.6	6.2	3.9	9.7	17.4	2.6	2.6	77.4	4.9	72.4	10.6	12.2
蒙阴	76.6	5.8	5.2	12.4	14.8	3.5	1.7	80.0	10.6	78.9	3.3	7.3
日照涛雒	69.2	6.2	13.1	11.4	7.0	2.6	3.5	87.0	13.0	68.3	6.5	12.2
日照奎山	69.1	6.3	7.6	17.0	9.6	2.6	0.9	87.0	13.3	68.8	4.7	13.3
日照陈疃	71.2	6.6	9.4	12.8	11.2	2.6	1.7	84.5	10.9	67.4	3.9	17.8
莒南团林	72.4	6.2	4.1	17.2	7.7	3.4	3.4	85.5	9.4	74.2	2.3	14.1
莒南十字路	69.4	6.2	13.1	11.3	8.7	2.6	2.6	86.1	6.5	72.3	2.4	18.7
莒县城阳	51.6	3.9	36.4	8.1	12.0	6.5	3.7	77.8	11.9	74.6	5.1	8.5
日照黄墩	39.6	6.9	38.2	15.3	0.9	2.6	9.5	87.1	7.6	65.6	12.2	14.5
沂水	12.2	10.5	66.1	11.1	0.9	8.7	7.8	82.6	2.4	74.8	12.1	10.6
莒县桑园	8.6	4.8	70.2	16.4	0.0	0.9	12.1	87.0	4.7	70.3	14.1	10.9
五莲许孟	4.9	5.6	78.5	11.1	0.9	1.7	7.8	89.6	1.6	71.0	16.1	11.3
五莲洪凝	5.8	8.2	61.8	24.2	0.0	2.5	10.1	87.4	1.7	68.1	12.6	17.6
日照两城	9.8	5.1	66.8	18.3	0.0	3.4	8.6	87.9	3.9	70.3	10.2	15.6
赣榆墩尚	22.2	6.5	59.7	11.6	27.6	3.4	44.0	25.0	4.7	75.2	12.4	7.8

说明：①由于语料所限，莒县方言考察了 484 个入声字，其中清声母入声字 258 个，次浊入声字 108 个，全浊入声字 118 个。②由于一些方言点入声字有异读情况，使得清声母字的个数稍有出入：从 289 到 295 不等。例如，沂水方言清声母入声字个数为 295 个，次浊入声字个数为 118 个，总数为 534 个。③临沂、五莲洪凝摘自《临沂（罗庄）方言初探》（孙号龙，2008）、《五莲方言语音研究》（于丹，2015）的统计结果。④赣榆墩尚文白异读较多，统计时只考虑白读音。

从定性的角度看，中原（新 A）型清入、次浊声母入声字主要归入阴平，全浊声母入声字主要归入阳平。其中，清入归阴平的比例从 76.1%到 88.6%不等，即使是比例最小的临沭（76.1%），也超过了四分之三。次浊入声字归入阴平的比例从 66.1%到 82.6%不等，即使是比例最小的临沭方言（66.1%），也达到了三分之二。全浊入声字归入阳平的比例从 71.1%

到 80.5%不等，即使是比例最小的新沂阿湖（71.1%），比例也基本达到了四分之三。冀鲁型清声母入声字主要归入阴平，次浊声母入声字主要归入去声，全浊声母入声字主要归入阳平。其中，清入归阴平的比例从 68.4%到 76.6%不等，即使是比例最小的平邑（68.4%），也达到了三分之二。次浊声母字归入去声的比例除了平邑，其他方言点从 77.4%到 87.0%不等。值得注意的是，平邑次浊声母入声字除了 51.3%归入去声、20.9%归入阴平之外，还有 23.5%归入阳平。实际上，这是平邑的“去声部分字今读阳平”导致的：平邑去声今读阳平的字大多数是次浊入声字（见 4.4）。如果把这些字放到去声字重新计算次浊入声字归入去声的比例，就会发现平邑与其他 7 个方言点无异。全浊入声字归入阳平的比例从 67.4%到 90.2%不等，即使是比例最小的日照陈疃（67.4%），也达到了三分之二。胶辽型清声母入声字主要归入上声，次浊声母入声字主要归入去声，全浊声母入声字主要归入阳平。其中，清声母入声字归入上声的比例从 61.8%到 78.5%不等；次浊声母入声字归入去声的比例从 82.6%到 89.6%不等；全浊声母入声字归入阳平的比例也分别达到了 70.3%、74.8%不等。中原-冀鲁过渡型（费县 1 个点），次浊入声字 61.7%归入去声，33.9%归入阴平。冀鲁-胶辽过渡型（莒县城阳、日照黄墩），清入字分别有 51.6%、39.6%归入阴平，36.4%、38.2%归入上声。中原 C 型清入、次浊入 22.2%、27.6%归入阴平，59.7%、44.0%归入上声，全浊入 75.2%归入阳平。

从定量的角度可以看到两个有趣的现象：一是清、次浊入声字分派的地理渐变性。我们自西向东选取邳州、郯城、临沭、莒南十字路、莒县城阳和五莲许孟 6 个方言点来观察清入字、次浊入字分派到阴平和去声的情况，可以看出，从邳州到五莲许孟，清入字归入阴平的比例呈渐减的趋势：84.5%＞79.4%＞76.1%＞69.4%＞51.6%＞4.9%，与清入字相反的是，次浊入声字归入去声的比例呈渐增的趋势：17.4%＜18.7%＜30.4%＜86.1%、77.8%＜89.6%。二是入声字分派比例的波动跟普通话的影响程度也有关系。例如全浊入声字归入阳平的比例在表 4-6 的 36 个方言点尽管没有地理上的渐变性，但不同方言点之间还是有一定的差异：从 65.6%到 90.2%不等，这一比例的波动与归入去声的比例呈反比关系。实际上，这是由于普通话影响导致的，普通影响越大，全浊声母入声字归入去声的比例越高，归入阳平的比例也就越低，反之亦然。

下面，从入声分派的 6 种类型中各选代表点把入声字的分派情况列表展示出来，如表 4-6 至 4-11 所示。

表 4-6　中原（新 A）型（邳州）入声分派情况表

邳州	阴平	阳平	上声	去声
清声母	答搭踏鸽喝塔榻塌溻磕插夹裌恰掐察甲胛鸭押压接折褶摄跌帖贴法涩汁湿级濕吸揖擦撤割葛渴八札杀瞎鳖薛蜇蝎子~人设哲浙揭歇蝎憋撇铁节切屑楔结洁噎拨泼钵脱酌卓琢啄撮括聒阔豁挖刷刮雪拙索说发决诀缺血笔匹缉~鞋口七漆悉膝质室吉泣虱乙失一乞不猝窟戌骨恤忽扑畜~生出橘屈博讬托作各郭阁搁胳恶善~雀鹊削绰脚却约廓扩霍剥驳桌捉觉知~角确壳握北得德则塞瓶~刻克黑即尺赤侧测彻撤瑟色啬织息益熄媳急职识饰国百柏伯迫拍魄拆窄格客赫摘责策册革隔戟僻积迹脊惜昔支适释劈的滴踢剔绩戚锡析击激吃卜秃速屋沃谷哭酷督福蝠复腹宿竹祝筑缩幅肃畜~牧蓄粥曲郁足促烛嘱触束叔	劫胁给别区~卒兵~爵戳嫡逼必熟锔	执眨毕郝朴饺仆菊	妾怯萨轧泄率~领蟀错朔塞~外鲫忆亿抑栅扼碧璧式斥壁粟
次浊声母	纳拉捺抹~桌子捏若陌捋篾额腊蜡聂镊蹑猎叶页业立笠粒入辣灭列烈裂热孽末沫劣悦阅袜月越曰粤密蜜栗日律率速~杌物勿莫寞摸诺落烙骆鄂酪洛络乐略掠弱虐疟药钥跃岳墨默肋勒力域麦脉觅溺木鹿禄目穆陆绿录辱狱欲浴	逆膜	抹	拽逸幕匿翼亦译易历疫役没牧六肉育褥玉液腋
全浊声母	洽泊涉鹤辑屐辟夕掷逐突雹淑	沓一~纸杂十拾合盒闸炸用油~狭峡匣捷叠碟蝶谍协掘穴乏集籍藉侄习蛰惊~及拔达铡辖倔别离~辙舌特折弄~了杰截夺活滑猾绝伐筏罚橛疾实勃核佛薄铎凿昨嚼着睡~勺芍浊镯学术述贼直值殖植食蚀极白泽择宅席石笛敌狄犊族独毒服秫伏轴俗赎蜀属局	帛或惑袭读渎	弼秩寂剧射获划瀑曝续

表 4-7　中原-冀鲁过渡型（费县）入声分派情况表

费县	阴平	阳平	上声	去声
清声母	答搭鸽喝榻塌溻磕插裌掐察鸭押压接折褶摄跌帖贴法涩汁湿级濕吸揖擦撤割葛渴八札杀瞎鳖薛蜇蝎子~人浙揭歇蝎憋撇铁节切楔结洁噎拨泼钵脱酌卓琢啄撮括聒豁挖刷刮雪拙说发决诀缺血笔匹缉~鞋口七漆悉膝室吉虱失逼乞不猝窟戌骨恤忽扑出橘讬托作各郭阁搁胳恶善~雀鹊削绰脚却约廓扩剥桌捉觉知~角确壳北得德则塞瓶~黑尺侧测瑟色啬织息益熄媳百柏伯拍拆窄格客摘责策册革隔僻积脊惜昔支劈踢剔戚锡析击激吃卜秃屋谷哭督福蝠腹宿竹祝筑缩幅肃畜~牧粥郁足促烛嘱束叔	劫胁十拾执职给别区~卒兵~爵戳嫡熟锔博急菊驳哲	眨郝朴的夹滴饺仆乙一索甲胛塔戟屈曲国	踏妾怯萨轧赤泄率~领蟀错朔塞~外鲫忆质识泣设恰绩畜~生迹毕必迫魄即复饰亿彻屑阔刻赫克撤抑速栅扼霍碧适释酷璧握触式斥壁粟蓄沃

续表

费县	阴平	阳平	上声	去声
次浊声母	纳拉捺抹抹~桌子捏陌篾额聂镊蹑叶页业灭热沫袜密率速~杌莫寞摸落掠疟药钥跃肋勒域麦脉鹿禄绿录	膜鄂	抹捋辱	拽逸幕匿翼亦译蜜力栗腊列劣猎虐烈裂蜡立岳月笠悦阅越曰粤墨乐默粒烙骆略酪洛络律觅逆孽辣诺易若弱末日木目穆历狱入溺疫物勿陆役没牧六肉育褥玉液腋欲浴
全浊声母	泊辑屐夕掷突雹淑	沓一~纸杂十拾合盒闸炸用油~狭峡匣捷帛叠碟蝶谍协掘穴乏集籍藉侄习袭蛰惊~及拔达铡辖倔别离~辙舌折弄~了杰截夺活滑猾绝伐筏罚橛疾实勃核佛逐薄铎凿昨嚼着睡~勺芍浊镯学述贼直值殖植食蚀极白泽择宅席石笛敌狄犊族独毒服秫伏轴俗赎蜀局	或惑读牍属	弼秩寂剧辟洽射获划鹤术涉瀑曝续特

表 4-8 冀鲁型（日照涛雒）入声分派情况表

日照涛雒	阴平	阳平	上声	去声
清声母	踏喝塔榻塌溻磕插夹袂恰掐鸭押接折褶劫跌帖贴法涩执汁湿急级给濕吸揖擦撒割葛渴八札杀瞎鳖薛蜇蝎子~人设揭歇蝎憋撇铁节切屑楔结噎钵拨泼脱撮括聒阔豁挖刷刮雪拙说发决诀缺血笔匹七漆悉膝质室吉乙一乞不猝戌恤屈博讬托作各阁搁胳恶善~雀鹊削绰脚却约廓扩霍剥驳桌捉觉知~角确壳握北得德则塞瓶~刻克黑即鲫侧测色啬织职识式饰百柏伯迫拍魄拆窄格客赫摘责策册革隔戟僻积迹脊惜昔支适释劈踢剔绩戚锡析击激吃卜速屋督福蝠复腹宿竹筑缩粥曲郁足促烛嘱触束叔	胁察别区~哲浙洁卒兵~爵酌卓琢啄戳逼熟锅	答搭鸽眨甲胛毕必虱失骨窟忽出橘索郝郭朴朔饺息熄媳的滴嫡国尺扑仆秃谷哭酷菊畜~牧蓄	压妾摄怯缉~鞋口泣萨轧泄彻撤瑟率~领蟀错塞~外忆亿抑栅扼碧璧赤斥益壁沃幅肃畜~生祝粟

续表

日照涛雒	阴平	阳平	上声	去声
次浊声母	纳拉蹑入抹~桌子捏若陌	篾额逆	抹捋液腋	腊蜡聂镊猎叶页业立笠粒捺辣灭列烈裂热孽拽末沫劣悦阅袜月越曰粤密蜜栗日逸没杌律率速~物勿莫膜幕寞摸诺落烙骆酪洛络乐鄂略掠弱虐疟药钥跃岳墨默肋勒匿力翼域麦脉亦译易觅溺历疫役木鹿禄目穆牧六陆肉育绿录辱褥玉狱欲浴
全浊声母	洽掘穴倔泊鹤帛辟屐籍藉夕掷寂逐淑	杂合十拾盒闸炸用油~狭峡匣捷叠碟蝶谍协乏集辑习袭蛰惊~及拔铡辖别离~辙舌折弄~了杰截夺活滑猾绝伐筏罚橛疾实勃核佛薄铎凿昨嚼着睡~勺芍浊镯学贼直值食蚀极或惑白泽择宅席石笛敌狄犊族独毒服伏轴俗赎蜀属局	沓一~纸达突秫雹瀑读牍	涉弼侄秩术述特殖植剧射获划曝续

表 4-9　胶辽型（五莲许孟）入声分派情况表

五莲许孟	阴平	阳平	上声	去声
清声母	踏级泣吸揖鳖钵豁拙匹一霍督粥	鸽劫胁察屑悉给别区~卒兵~酌戳逼熟锔	答搭喝塔塌溻磕眨插夹袷恰掐甲胛鸭押设毕骨窟橘索朴饺劈国扑仆菊接妾折褶怯跌帖贴法缉~鞋口涩执汁急濕擦撒萨割葛渴八札杀瞎薛哲蜇蝎子~人浙揭歇蝎憋撇铁节切楔结洁噎拨泼脱撮括聒阔挖刷刮雪说发决诀缺血笔七漆膝虱乞质失室吉乙不猝忽恤出屈博讬托作各阁搁胳郝恶善~爵雀鹊削绰脚却约郭廓扩剥驳桌卓琢啄捉觉知~角确壳握北得德则塞瓶~刻克黑即鲫息熄媳侧测色啬织职识式饰百柏伯迫拍拆窄格客赫摘责策册革隔戟积迹脊惜昔支赤斥尺适释的滴嫡踢剔绩戚锡析击激吃秃速谷哭屋福幅蝠复腹宿竹畜~生缩祝曲畜~牧蓄郁足促烛嘱触束叔	榻压摄轧泄彻撤戌必瑟率~领蟀错朔塞~外忆亿抑魄栅扼碧璧僻益壁卜酷沃肃筑粟

续表

五连许孟	阴平	阳平	上声	去声
次浊声母	溺	没逆	纳拉聂蹑抹~桌子掠捋劣额	腊蜡镊猎叶页业立笠粒入捺辣灭列烈裂热孽拽篾捏末沫抹悦阅袜月越曰粤密蜜栗日逸杌律率速~物勿莫膜幕寞摸诺落烙骆酪洛络乐鄂略若弱虐疟药钥跃岳墨默肋勒匿力域陌翼麦脉亦译易液腋觅历疫役木鹿禄目穆牧六陆肉育绿录辱褥玉狱欲浴
全浊声母	鹤夕	沓一~纸杂十拾合盒炸用油~狭峡匣捷叠碟蝶谍协乏集辑习袭蛰惊~拔铡辖别离~辙舌折弄~了杰截夺活滑猾绝伐筏罚倔掘橛穴疾侄实核雹薄铎凿嚼着睡~勺芍浊镯学特贼直值食蚀殖植或白泽择宅屐辟席石笛敌狄独族犊毒服伏轴俗赎蜀属局	闸洽湿及达勃泊秫佛昨帛突极籍藉寂读牍逐淑	涉弼秩术述惑剧掷射获划瀑曝续

表 4-10 冀鲁-胶辽过渡型（莒县城阳）入声分派情况表

莒县城阳	阴平	阳平	上声	去声
清声母	塔榻溻恰鸭接帖贴法涩执汁急级给濕吸揖鳖憋撇节噎钵撮阔豁挖拙说发决诀血笔匹七漆悉膝质室吉鸽乙一乞不戌恤博绰怯扩桌捉握北爵德黑侧测色啬卓职国识式百伯格客赫责酌隔戟积迹脊惜昔支适绩戚锡析激速屋督福蝠复腹宿竹缩粥郁足促烛嘱祝触哭赤尺失叔缉~鞋口息熄革媳忽锔泣扑骨谷窟酷沃肃粟菊橘察萨仆	胁洁卒兵~啄戳逼熟抑	答搭眨甲胛毕必虱出索揭郭泄朔泼括缺劫结薛饺屈跌觉知~切雪作却壳铁歇脚削蝎瑟确曲雀鹊蜇蝎子~人拨的扼脱廓浙设约塞瓶~掐滴哲得折褶窄则拆嫡托刻克策册秃摘摄屑畜刷迫拍夹袂~牧蓄刮押织吃撒湿僻劈踢剔八剥擦葛渴插杀割喝	压妾轧彻撤率~领蟀错塞~外亿碧璧斥益壁畜~生即饰筑束猝

续表

莒县城阳	阴平	阳平	上声	去声
次浊声母	纳拉蹑捏聂莫膜腋诺烙液曰额	逆亦疫役络勿逸	抹掠捋抹抹~桌子	腊蜡镊猎叶页业立笠粒捺辣灭列烈裂热孽拽末沫劣悦阅袜月越粤密蜜栗日杌律陌率速~物幕寞篾入落骆洛乐略弱虐疟药钥跃岳墨默肋勒匿力域麦脉译易觅溺历木鹿禄目穆牧六陆肉育绿辱褥玉狱欲浴
全浊声母	掘倔泊鹤帛屐籍藉淑夕寂逐咋涉	杂合十拾盒闸炸用油~狭峡匣捷叠碟蝶穴谍协乏集辑习蛰惊~洽及拔铡辖别离~辙舌秫折弄~了杰截夺滑猾绝伐筏罚疾实勃核佛薄铎凿嚼着睡~勺芍浊镯学贼直值食蚀极白泽特择宅席石笛敌狄犊族独毒服伏轴俗赎蜀沓一~纸属局殖植侄述达	突雹读惑牍掷	弼剧射获划曝续辟瀑或

表 4-11 中原（新 B）型（赣榆墩尚）入声分派情况表

赣榆墩尚	阴平	阳平	上声	去声
清声母	鸽掐接褶摄鳖蜇蝎子~人浙设憋节切屑楔噎钵猝拨泼撮括阔豁挖忽匹室戌出削约郭廓扩剥卓琢啄觉知~握得德则塞瓶~赫戟的戚秃屋速福幅肃宿筑畜~生粥畜~牧蓄束缉~鞋口涩葛级	劫急眨胁酌戳逼锔爵毕佛仿~赤斥卒兵~即赤嫡菊烛	答搭踏喝塔榻塌溻磕插甲胛鸭押压夹恰怯跌帖贴法执汁湿吸擦撒割渴八札察杀瞎薛哲彻湿折揭歇蝎撇铁结洁脱刷刮雪拙说发决诀缺血笔必七漆悉膝虱质失吉一乙乞不骨窟橘屈博托作索各阁搁胳郝恶善~雀鹊绰脚却霍驳朴桌捉角饺确北刻克黑鲫息熄媳侧测色织职识式饰国百柏伯迫拍魄拆窄格客摘责策册革隔积迹脊惜昔只尺适释劈滴踢剔绩锡析击激吃卜扑仆谷哭督酷沃蝠复竹缩祝叔足促嘱触曲壳腹揖钵职	榻妾轧怯给泣萨泄撤瑟恤讫率~领蟀藿错朔塞~外忆亿抑扼碧璧僻益壁粟啬吓斥郁栅恤

续表

赣榆墩尚	阴平	阳平	上声	去声
次浊声母	拉叶页业立笠粒入灭列热孽悦阅月曰密栗没杌物洛若弱疟药岳脉木目穆褥	溺膜疫役	纳聂蹑镊猎腊蜡捏抹~桌子日捋劣捺辣烈裂篾末沫袜越粤蜜律率速~莫摸落烙络乐略掠虐钥墨默力域额麦译陆绿录辱狱欲浴肋勒	拽抹逸勿幕寞诺骆酪鄂匿翼逆液腋觅溺历鹿禄亦易牧六肉育玉跃陌
全浊声母	涉夕鹤雹逐淑	沓一~纸杂十拾合盒闸炸用油~狭峡别区~匣捷迭碟蝶谍协乏集辑习达蛰惊~及拔铡辖别离~辙舌折弄~了杰截勃夺穴活滑猾绝伐筏罚橛疾侄实核铎踱凿嚼着睡~术述秫勺芍薄缚浊镯学特贼直值食蚀殖植白泽择宅籍藉极屐席石笛敌狄独犊毒服伏俗熟局轴蜀赎属	洽袭泊佛昨帛突掘倔秩或惑辟读牍族	弼剧掷射获划瀑曝续寂

4.3.2.2 江淮型之间的演变关系

江淮（古）型、江淮（新 A）型、江淮（新 B）型之间的演变关系如下：

江淮（古）型 → 江淮（新 A）型（调值）

江淮（古）型 → 江淮（新 B）型（调类、调值）

江淮（古）型到江淮（新 A）型是调值上的变化，由短促的高调变为低升调：5>45/13/34/35，5 为高短调，45 调值略升，时长稍长，13/34/35 调值为升调，时长更长一些。从 5 变为 45 再变为 13/34/35，这是入声舒化的一种方式。

江淮（古）型到江淮（新 B）型兼具调类和调值的变化。据《江苏省志·方言志》（1998：28）："泗洪的古入声字有 150 个左右脱离入声，调值由 5 变为 13，向阴平调靠拢，形成一个过渡性调类。"伍巍（2006）、冯青青（2013）都赞同这一观点。冯（2013）还认为这个过渡性调类最终会归入阴平调。我们可以把江淮（新 B）型的两个入声调称为入声 A 和入声 B，A 是舒调，B 是促调。下面穷举泗洪瑶沟 A B 两个入声的辖字，如表 4-12 所示。

表 4-12 江淮（新 B）型入声分化情况表

		入声 A -∅	入声 B -ʔ
ɐ	清	答搭踏合十~一升鸽喝塔榻塌溻磕眨插折褶法擦割葛渴八札察杀哲彻撤浙设泼发各胳恶善~剥驳壳	蜇~人
	次浊	纳腊蜡捺辣瘌抹热沫抹莫寞	
	全浊	沓杂涉达伐筏	合盒闸炸用油~匣乏蛰拔铡辙舌活罚博鹤
iə	清	裌甲胛鸭押压摄跌贴帖瞎鳖揭歇蝎憋撇铁节切结噎接妾	夹劫别区~结吃
	次浊	叶页业灭列烈裂孽篾捏劣聂镊蹑猎	
	全浊		叠碟牒蝶谍辖别离~杰截嚼捷
uə	清	脱括聒阔刷刮~风托讬作索绰郭廓扩桌卓戳	豁挖酌藿霍琢啄捉
	次浊	袜落烙骆酪洛络乐略掠若弱	
	全浊		夺滑猾铎凿着勺镯
yə	清	屑雪拙说哕缺血雀鹊削脚却约觉角确岳乐音~	薛决诀爵
	次浊	悦阅月越曰粤疟虐药钥	
	全浊		绝橛穴学
ə	清		涩执汁湿给虱质失室不佛泊阁搁朴得德则塞刻克黑侧测色啬织职认式饰伯迫拍魄拆窄格客赫摘责策侧革隔只赤尺适释卜扑仆福幅蝠复腹覆
	次浊		入日膜墨默额木目穆牧
	全浊		十拾秩实勃饽薄特直值食蚀殖植泽择宅核石服伏
i	清		协缉急级吸揖笔毕必匹七漆悉膝吉乙一逼即鲫息熄媳碧璧僻积迹脊惜昔益壁劈滴嫡的目~踢剔绩戚锡析激击
	次浊		立笠粒密蜜栗逸匿力亦译觅疫役
	全浊		集辑习袭及弼疾极辟籍藉席夕笛敌狄寂
ʊ	清		卒猝骨窟忽出国或惑秃速谷哭屋笃督酷肃竹筑畜缩祝粥叔足促粟烛嘱触束
	次浊	机物	鹿禄陆绿录辱褥
	全浊		突核术白~述术秫浊获独读牍犊族毒逐轴熟淑俗赎属
ye	清		戌橘曲宿菊曲蓄郁锔
	次浊		域育狱欲浴
	全浊		掘倔局

江淮（新 B）型入声字的韵母分成两类：ɐ iə uə yə 为一类，ə i ʊ ye 为一类。为了称述方便，分别叫做甲类韵母和乙类韵母。甲类韵母为低元音 ɐ 或有介音的央元音 ə，乙类韵母为高元音或没有介音的央元音 ə。虽然从今音的角度看，甲类韵母和乙类韵母似乎出现了部分重叠（即央元音 ə），不过从古音来源看，iə uə yə 来源于咸山宕江四摄，ə 来源于深臻曾梗四摄。

从表 4-12 可见，甲类韵母次浊入字都归在入声 A；清入字既归入声 A 也归入声 B，以归入声 A 为主；全浊入字 iə uə yə 归入声 B，ɐ 既归入声 A，也归入声 B，以归入声 B 为主。乙类韵母除 ʊ 韵母有两个次浊入声字归入入声 A 外其他都归入入声 B。可见，江淮（新 B）型入声 A 是自身舒化演变的结果，江淮（新 B）型原来只有一个带喉塞尾的入声调，后来有部分字舒化成了另一个调。这种舒化是一种正在进行中的音变，并且有明显的语音条件：一是韵母条件，即甲类韵母大部分字都已舒化，而乙类韵母只有个别字发生了舒化；二是声母条件，从古音的条件看，甲类韵母的次浊声母字都发生了舒化，乙类韵母发生舒化的个别字也是次浊声母字。这种正在进行中的由多重条件控制的入声舒化现象，在汉语方言里还是不多见的，值得进一步调查研究。

4.3.2.3 中原型之间的演变关系

中原型方言入声的演变关系如下：

【清、次浊入与全浊入两分】→中原（古）型 → 中原（新 A）型 / 中原（新 B）型

首先说明两点：①【】中的古入声读音类型是指未在苏鲁毗连地区的 47 个方言中出现的语音表现，是中原型演变的起点。②中原（古）型中的赣榆石桥阴平调（412）与入声调（24）正在急剧的合流中，合流的方向是阴平调向入声调合并，具体表现为：大多数阴平字都有阴平、入声两个读音，即同一个阴平字在有的词中读阴平调，在有的词中读入声调，如：加 tɕia^{24}~减/tɕia^{412}~起来、苏 θu^{412}姓~/θu^{24}~醒；在有的词中则是自由变读，既可以读阴平调，也可以读入声调，如：居 tɕy^{412}/tɕy^{24}、东 təŋ^{412}/təŋ^{24}。所有的入声字都只有 24 这一个入声读音。

由清、次浊入与全浊入两分变为中原（古）型，再变为中原（新 A）型或中原（新 B）型反映了古入声消失的过程：全浊入先行归入阳平，随后清、次浊入归入阴平或部分归阴平、部分归上声。中原（新 B）型入声消失，但清、次浊入的归派方式比较特殊，大多数字阴平与上声自由变读，

少部分字只有阴平或上声一种读音。这种情况是古入声在舒化时与阴平、上声调值上的接近形成的。苏晓青（2011）调查了罗阳、太平两镇的方言：老派入声、阴平和上声三分，古入声字今读的结果稳定；中派口里的阴入字部分或全部归入上声或阴平，呈摇摆状态；新派则入声消失，以归入阴平为多。苏（2011）还用实验方法比较了罗阳、太平两地老派发音人口中的阴平、入声和上声的调值。如图 4-7 至图 4-9 所示。

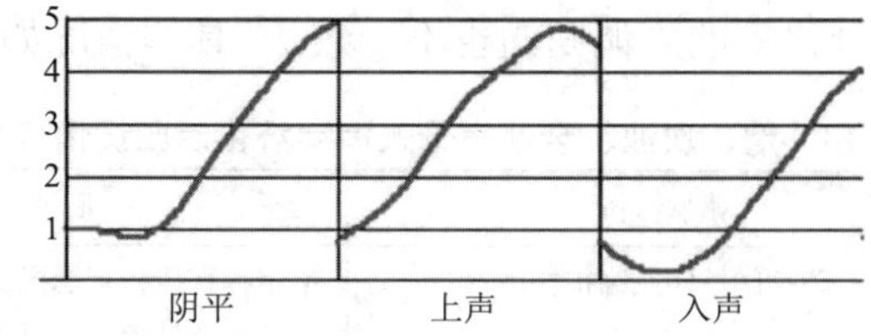

图 4-7　罗阳阴平、上声、入声基频图

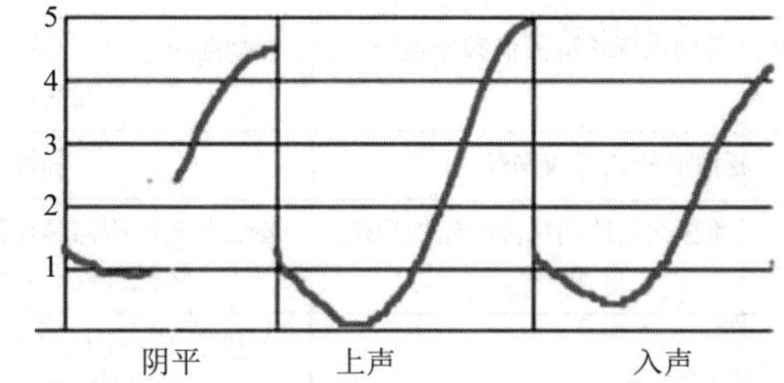

图 4-8　太平阴平、上声、入声基频图

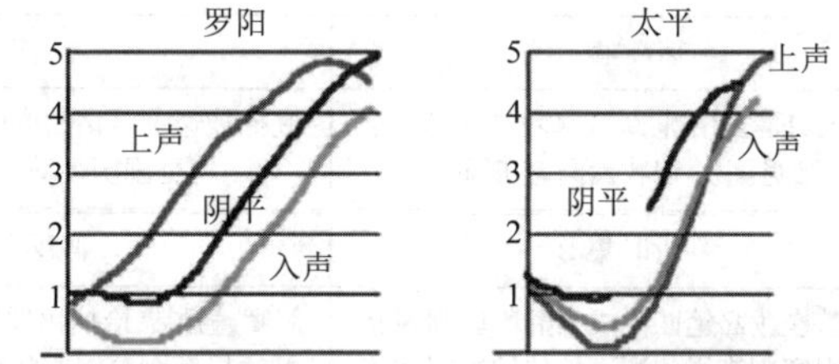

图 4-9　罗阳、太平两地阴平、上声、入声的基频重叠对比图

从图 4-9 可见，罗阳方言、太平方言入声调值与阴平、上声调的调值非常接近，这是入声舒化后部分归入阴平调、部分归入上声调的音值上的条件。另外，老中新三派的差异反映了罗阳、太平方言阴入词汇扩散式派入阴平或上声直至消失的过程。

我们的调查点赣榆墩尚（刁疃村）在原来的罗阳乡境内（现在罗阳与墩尚两个乡镇合并为墩尚镇），与苏（2011）的调查点的直线距离不到 2 公里。根据笔者的听感，中原（新 B）型（赣榆墩尚）阴平和上声的调值很近似，因此，可以推测本书的调查点老派也是保留入声调，后来由于这个入声调与阴平、上声的调值接近，使得入声归入阴平和上声两个调，且形成了大多数的入声字两个声调自由变读的情况。

4.3.3 入声舒化

4.3.3.1 入声舒化后的声调归向

苏鲁毗连地区有入声的 11 个方言点都存在入声舒化的现象，舒化的字数不等，入声舒化后的声调归向也不一致。①具体情况如表 4-13 所示。

表 4-13 清、次浊、全浊声母入声字舒化后归调情况表

		赣榆石桥	泗洪上塘
清	阴平	萨括阔挖匹虱廓扩扑肃	恰甲鸭押压折褶瑟揖葛哲蜇彻撤折褶*设拨泼聒挖匹密蜜*乙乞戌博泊托各阁恶善~廓劓剥驳握北塞*黑百柏伯拍窄戟惜益壁锡析笃督郁嘱触曲
	阳平	恰胁设爵酌卓琢啄戳逼亿碧赤烛给	胛劫胁缉急给笔必毕卒搁爵卓琢啄戳逼的滴嫡粥菊
	上声	眨撮必毕乙郝饺国酷*甲	郝饺叔
	去声	妾轧压撤彻瑟讫错绰朔忆抑吓栅扼斥沃*畜*塞	妾怯萨轧泄掇豁瑟讫猝恤率蟀错霍藿朔忆亿抑魄扼碧壁斥酷沃粟
次浊	阴平		拉*热孽末沫捋杌率律物莫寞摸默肋勒域额麦脉疫辱褥狱欲浴
	阳平	逸没膜疫役	没膜
	上声	抹额*穆	抹
	去声	孽拽杌勿幕寞诺鄂*跃匿翼陌逆亦译易液腋觅溺历*穆牧六肉育玉*狱	笠捺拽逸勿幕诺酪鄂匿翼陌逆译易液腋觅溺历役穆牧六肉育玉
		新沂时集 B	泗洪金锁
清	阴平	涩揖鳖楔拨豁笔匹不戌索郝削郭廓劓北得德则塞刻克黑侧测百柏伯拍拆窄客摘责策册革隔	鸽喝磕插*夹恰掐鸭押压接折褶摄怯跌贴帖法揖萨割葛渴八扎察撒杀瞎托作索恶善~雀鹊削绰脚却约郭廓扩剥驳桌握北德塞*黑百柏伯戟
	阳平	劫胁执汁拙决卒橘博爵酌戳菊曲	胁博戳
	上声	眨褶撒~种呖乙乞朴迫戟	塔榻塌眨甲胛撒~种郝
	去声	恰妾摄怯泣萨轧泄屑阔瑟讫恤率蟀错恶善~绰霍藿朔握鲫色啬式饰忆亿抑魄赫吓栅扼碧壁僻斥适释益壁酷沃肃宿畜粥蓄郁粟	妾泣轧错霍藿朔鲫啬式饰忆亿抑壁斥壁剔郁

① 入声基础字共 579 个。选取标准是以《汉语方言调查字表》所收 608 入声字为基础，减去各方言点之间语料对不齐的靥、茶、柞等 29 个入声字。

续表

		新沂时集 B	泗洪金锁
次浊	阴平	拉末捋袜略墨默肋勒陌麦脉	拉腊蜡聂镊蹑猎叶页业辣抹~布莫摸落烙骆洛络乐略掠若弱虐疟药钥跃岳乐音~墨默肋麦脉
	阳平	膜褥	膜额
	上声	抹掠辱	纳捺
	去声	聂蹑孽拽沫阅越曰粤杌莫幕寞诺酪鄂匿域逆亦译易液腋觅溺历疫役穆牧六肉育玉狱欲浴	幕寞诺酪鄂翼陌易液腋溺历牧六肉玉
全浊	阴平	雹屐	涉鹤雹屐
	阳平	狭峡匣捷协集辑习袭辖舌杰截夺活滑猾绝掘橛穴侄勃佛倔薄泊铎踱嚼着勺芍药镯特贼极白泽择宅核审~籍藉席夕笛敌狄	合盒叠碟牒蝶谍协乏蛰拔铡薄浊镯贼白
	上声	帛属蜀	
	去声	洽涉弼秩鹤跃翼或惑剧掷寂获划曝瀑续	洽踱缚剧射寂获划瀑曝续
		东海	泗洪
清	阴平	拨*剥驳一*拆*窄北*刻*得督掐萨*歇博郭廓塞~进去握百柏伯*索*嚇彻	百握柏北塞~进去戟掐楔
	阳平	琢胁鄂镯*戳给*跌	
	上声	*撇眨刮*撮撒*迫卜扼饺	撒刮刮~胡子乞郝饺
	去声	亿错忆碧轧炙*撤	式忆亿抑扼怯恰轧错瑟率~领蟀恤泄泣栅斥
次浊	阴平	*墨摸拉麦脉*篾*勒捋杌额	拉捋麦脉摸
	阳平	*落遗漏	
	上声	*抹	
	去声	*液*肉*没~有翼役狱玉疫*译溺历易	没律率速~幕溺历液腋六肉逆匿陌翼易沃玉诺勿鄂跃
全浊	阴平	屐	雹屐
	阳平	沓杂*宅合昨凿峡狭叠*碟*牒*蝶*谍闸炸铡匣乏穴*薄*截嚼橛学特白贼*别白核勺蛰辖辙舌*折*活伐筏阀罚*石*习*袭*熟着*夺洽轴协	协罚狭峡贼白犊侄
	上声		蜀帛
	去声	雹剧获划续	曝划瀑剧萨昨射掷续洽

续表

		连云港	灌云	灌南	沭阳	泗阳
清	阴平	萨塞~进去	戟萨	豁戌栅	栅塞~进去	屑塞~进去
	阳平		眨	眨		
	上声	饺眨刮用刀~	撮饺	饺	眨萨撒饺	眨索郝饺
	去声	率~领蟀错忆亿剔	忆亿错率~领*蟀	错率~领忆亿轧朔	忆亿轧错率~领蟀	忆栅亿抑率~领蟀
次浊	阴平	拉捋摸	拉捋*摸陌	拉捋	纳拉捋	
	上声		抹			
	去声	六肉易玉	*六*肉幕跃玉	幕易溺玉肉	幕跃易肉玉	默幕跃六肉浴亦
全浊	阴平	雹屐	屐	屐	屐	屐
	阳平	活干~铎昨贼	昨*雹贼	昨贼	贼	昨贼
	去声	翼剧曝续	翼易剧曝瀑	剧掷射曝瀑划	率~领剧掷射	射曝续

注：①带*的字有入声又读；②赣榆石桥、泗洪上塘全浊入完全舒化，所以表中只列出清入、次浊入的舒化情况。

为了比较舒化后的声调归向，我们统计了清、次浊、全浊入声舒化的总字数及舒化后归入各舒声调的字数和比例（%），如表 4-14 所示。

表 4-14 入声舒化及舒声调归向字数和比例（%）

	赣榆石桥		泗洪上塘	
	清	次浊	清	次浊
阴平	18.5（10）	0.0（0）	52.3（58）	46.4（26）
阳平	27.8（15）	13.9（5）	19.8（22）	3.6（2）
上声	18.5（10）	8.3（3）	2.7（3）	1.8（1）
去声	35.2（19）	77.8（28）	25.2（28）	48.2（27）
	54	36	111	56
	90		167	

	新沂时集 B			泗洪金锁		
	清	次浊	全浊	清	次浊	全浊
阴平	34.2（39）	21.8（12）	2.8（2）	65.1（56）	64.3（36）	12.5（4）
阳平	12.3（14）	3.6（2）	69.4（50）	3.5（3）	3.6（2）	53.1（17）
上声	7.9（9）	5.5（3）	4.2（3）	9.3（8）	3.6（2）	0.0（0）
去声	45.6（52）	69.1（38）	23.6（17）	22.1（19）	28.6（16）	34.3（11）
	114	55	72	86	56	32
	241			174		

续表

	东海			泗洪		
	清	次浊	全浊	清	次浊	全浊
阴平	52.2（24）	41.7（10）	1.8（1）	26.7（8）	19.2（5）	9.1（2）
阳平	15.2（7）	4.2（1）	89.1（49）	0.0（0）	0.0（0）	36.4（8）
上声	17.4（8）	4.2（1）	0.0（0）	16.7（5）	0.0（0）	9.1（2）
去声	15.2（7）	50.0（12）	9.1（5）	56.7（17）	80.8（21）	45.5（10）
	46	24	55	30	26	22
	125			78		

	连云港			灌云		
	清	次浊	全浊	清	次浊	全浊
阴平	18.2（2）	37.5（3）	22.2（2）	20.0（2）	40.0（4）	11.1（1）
阳平	0.0（0）	0.0（0）	44.4（4）	10.0（1）	0.0（0）	33.3（3）
上声	27.3（3）	0.0（0）	0.0（0）	20.0（2）	10.0（1）	0.0（0）
去声	54.5（6）	62.5（5）	33.3（3）	50.0（5）	50.0（5）	55.6（5）
	11	8	9	10	10	9
	28			29		

	灌南			沭阳			泗阳		
	清	次浊	全浊	清	次浊	全浊	清	次浊	全浊
阴平	27.3（3）	28.6（2）	11.1（1）	16.7（2）	37.5（3）	12.5(1)	16.7（2）	0.0（0）	16.7（1）
阳平	9.1（1）	0.0（0）	22.2（2）	0.0（0）	0.0（0）	25.0(2)	0.0（0）	0.0（0）	33.3（2）
上声	9.1（1）	0.0（0）	0.0（0）	33.3（4）	0.0（0）	0.0（0）	33.3（4）	0.0（0）	0.0（0）
去声	54.5（6）	71.4（5）	66.7（6）	50.0（6）	72.5（5）	62.5(5)	50.0（6）	100.0（7）	50.0（3）
	11	7	9	12	8	8	12	7	6
	27			28			26		

4.3.3.2 入声舒化后归调的方式

苏鲁毗连地区有入声的 11 个方言点入声舒化后的归调有以下两种情况。

（1）如果被影响方言与接触方言（统一以中原官话宿迁为例[①]）舒声调调类相同，调值基本一致，那么，舒化后与接触方言调类一致，调值也基本一致。属于这一情况的有东海、泗洪瑶沟、泗洪上塘、新沂时集 B 四个点。东海等四点与接触方言（宿迁）入声归调的比较如表 4-15 所示。

① 入声归派类型中的中原型清、次浊、全浊入归派到舒声调的比例基本一致，舒声调调值也相差不大，为了方便比较，这里统一以靠近中原—江淮分界线的宿迁方言为例。

表 4-15 东海等四点与接触方言（宿迁）入声归调情况比较表

	清				次浊				全浊			
	阴平	阳平	上声	去声	阴平	阳平	上声	去声	阴平	阳平	上声	去声
东海	52.2	15.2	17.4	15.2	41.7	4.2	4.2	50.0	1.8	89.1	0.0	9.1
宿迁	66.0	8.5	12.8	12.8	51.2	4.1	4.1	37.5	0.0	88.7	1.9	9.4
泗洪上塘	52.7	20.0	2.7	24.5	30.2	4.7	2.3	62.8	—	—	—	—
宿迁	66.4	10.0	5.5	18.2	39.5	9.3	2.3	48.8	—	—	—	—
泗洪瑶沟	25.8	0.0	12.8	58.6	19.2	0.0	0.0	80.8	9.5	38.1	9.5	42.9
宿迁	32.3	0.0	12.8	51.6	38.5	3.8	0.0	57.7	14.3	47.6	4.8	33.3
新沂时集 B	34.2	12.3	7.9	45.6	21.4	5.4	5.4	67.9	2.8	69.1	4.2	23.9
宿迁	62.3	5.3	6.1	26.3	57.1	3.6	3.6	35.7	5.6	71.8	2.8	19.7

从表 4-15 可以看出，东海、泗洪上塘入声舒化后的归调趋势与宿迁基本一致：清入字主要归入阴平；次浊入声字主要归入阴平和去声，全浊入基本上归入阳平（只有东海 1 个点，泗洪上塘全浊入声字全部舒化）。泗洪瑶沟与宿迁相比也相差不大：清入字主要归入去声，归入阴平的也有一定比例；次浊入声字主要归入去声，全浊入声字主要归入阳平和去声。新沂时集 B 与宿迁相比全浊入声字基本一致，差别体现在清、次浊入声字上：新沂时集 B 主要归派到去声，宿迁主要归派到阴平。从入声字舒化后的声调归派可见，东海等四个方言点的入声舒化主要是与宿迁的接触造成的。不过，东海等四点与接触方言（宿迁）的归调情况相比也有一定的差异：东海、泗洪上塘清、次浊、全浊入声字舒化后声调的归派与宿迁相比都相差了 10 个左右的百分点；泗洪瑶沟与宿迁相比有 10 到 20 个百分点；新沂时集 B 清、次浊入声字与宿迁相比则达到 20 到 30 个百分点。

为了找到东海等四点和接触方言入声舒化后存在的归调比例差别的原因，需要对归调不同的字进行具体分析。东海等四点与接触方言入声舒化后归调不同的字如表 4-16 所示。

表 4-16 东海等四点与接触方言入声舒化后归调差别比较表

		东海	宿迁
清	阴平	拨*剥驳一*拆*窄北*刻*得督掐萨*歇博郭廓塞~子握百柏伯*索*嚇彻	拨*剥驳一*拆*窄北*刻*得督掐萨*歇博郭廓塞~子握百柏伯*索*嚇彻琢鄂跌*撇撮卜撤
	阳平	琢胁鄂镯*戳给*跌	胁镯*戳给*
	上声	*撇眨刮*撮撒*迫 卜扼饺	眨刮*撒*迫扼饺
	去声	亿错忆碧轧炙*撤	亿错忆碧轧炙*

续表

		东海	宿迁
次浊	阴平	*墨摸拉麦脉*篾*勒捋机额	墨摸拉麦脉*篾*勒捋机额***狱役疫***
	阳平	*落$_{遗漏}$	*落$_{遗漏}$
	上声	*抹	*抹
	去声	*液*肉*没$_{\sim有}$翼***役狱***玉***疫****译溺历易	*液*肉玉*译溺历易没$_{\sim有}$翼
全浊	阳平	沓杂*宅合咋凿峡狭叠*碟*牒*蝶*谍闸炸铡匣乏穴*薄*截嚼橛学特$_{白}$贼**别白核勺蛰辖辙舌*折*活伐筏阀罚*石*习****袭***熟着*夺***洽***轴协	沓杂*宅合咋凿峡狭叠*碟*牒*蝶*谍闸炸铡匣乏穴*薄*截嚼橛学特$_{白}$贼*别白核勺蛰辖辙舌*折*活伐筏阀罚*石*习*熟着*夺轴协
	上声		***袭***
	去声	***雹***剧获划续	剧获划续***洽***
		泗洪上塘	宿迁
清	阴平	恰甲鸭押压折褶瑟揖葛哲蜇彻撤折褶*设拨泼聒挖匹密蜜*乙乞戌博泊托各阁恶$_{善\sim}$廓剫剥驳握北塞*黑百柏伯拍窄戟惜益***壁***锡析笃督郁嘱触曲	恰甲鸭押压折褶瑟揖葛哲蜇彻撤折褶*设拨泼聒挖匹密蜜*乙乞戌博泊托各阁恶$_{善\sim}$廓剫剥驳握北塞*黑百柏伯拍窄戟惜益锡析笃督郁嘱触曲***缉急笔卓琢啄滴粥叔萨掇豁霍藿酷沃***
	阳平	***胛***劫胁***缉急***给***笔***必毕卒搁爵***卓琢啄***戳逼的***滴***嫡***粥菊***	劫胁必毕卒搁爵戳逼的嫡
	上声	郝饺***叔***	***胛菊***郝饺***魄扼***
	去声	妾怯***萨***轧泄***掇***瑟讫猝恤率蟀错朔忆亿抑***魄扼***碧璧斥***酷沃***	***壁***妾怯轧泄瑟讫猝恤率蟀错朔忆亿抑碧璧斥***沃***
次浊	阴平	拉*热孽末沫捋机拉*热孽末沫捋机疫辱***褥***狱欲浴	拉*热孽末沫捋机拉*热孽末沫捋机疫辱狱欲浴***笠捺陌穆***
	阳平	没膜	没膜***逸逆***
	上声	抹	抹
	去声	***笠捺***拽***逸***勿幕诺酪鄂匿翼***陌逆***译易液腋觅溺历役***穆***牧六肉育玉	***褥***
		泗洪瑶沟	宿迁
清	阴平	百握柏北塞$_{\sim进去}$戟掐楔	百握柏北塞$_{\sim进去}$戟掐楔***恰恤***
	上声	撒刮$_{刮\sim胡子}$乞郝饺	撒刮$_{刮\sim胡子}$乞郝饺
	去声	式忆亿抑扼怯***恰***轧错瑟率$_{\sim领}$蟀***恤***泄泣栅斥	式忆亿抑扼怯轧错瑟率$_{\sim领}$蟀泄泣栅斥
次浊	阴平	拉捋麦脉摸	拉捋麦脉摸***律率***$_{速\sim}$***陌沃勿***
	阳平		***逆***
	去声	没***律率***$_{速\sim}$幕溺历液腋六肉***逆***匿***陌***翼易***沃***玉诺***勿***鄂跃	没幕溺历液腋六肉匿翼易玉诺鄂跃
全浊	阴平	雹屐	雹屐***掷***
	阳平	协罚狭峡贼白犊侄	协罚狭峡贼白犊侄***蜀昨***
	上声	***蜀***帛	帛
	去声	曝划瀑剧***昨***射***掷***续洽	曝划瀑剧射续洽

续表

		新沂时集 B	宿迁
清	阴平	涩揖鳖楔拨豁笔匹不戌索郝削郭廓劐北得德则塞刻克黑侧测百柏伯拍拆窄客摘责策册革隔	涩揖鳖楔拨豁笔匹不戌索郝削郭廓劐北得德则塞刻克黑侧测百柏伯拍拆窄客摘责策册革隔***执汁拙决橘博曲褶乙戟恰摄萨屑恶***$_{善\sim}$***绰霍藿握色饰赫适释益酷沃肃宿粥蓄郁***
	阳平	劫胁***执汁拙决***卒***橘博***爵酌戳***菊曲***	劫胁卒爵酌戳
	上声	眨***褶***撒$_{种\sim}$唠乙乞朴迫***戟***	***菊***眨撒$_{种\sim}$唠乞朴迫
	去声	***恰***妾***摄***怯泣***萨***轧泄***屑***阔瑟讫恤率蟀错***恶***$_{善\sim}$***绰霍藿***朔***握***鲫***色***啬式***饰***忆亿抑魄***赫***吓栅扼碧璧僻斥***适释益***壁***酷沃肃宿***畜***粥蓄郁***粟	妾怯泣轧泄阔瑟讫恤率蟀错朔鲫啬式忆亿抑魄吓栅扼碧璧僻斥壁畜粟
次浊	阴平	拉末捋袜略墨默肋勒陌麦脉	拉末捋袜略墨默肋勒陌麦脉***辱聂蹑孽沫阅越曰粤杌莫寞诺域亦穆狱欲浴药***
	阳平	膜***褥药***	膜***逆***
	上声	抹掠***辱***	抹掠
	去声	***聂蹑孽***拽***沫阅越曰粤杌莫***幕***寞诺***酪鄂匿***域逆亦***译易液腋觅溺历疫役***穆牧***六肉育玉***狱欲浴***	***褥***拽幕酪鄂匿译易液腋觅溺历疫役牧六肉育玉
全浊	阴平	雹屐	雹屐***辑泊***
	阳平	狭峡匣捷协集***辑***习***袭***辖舌杰截夺活滑猾绝掘橛穴侄勃佛倔薄***泊***铎踱嚼着勺芍镯特贼极白泽择宅核$_{审\sim}$籍藉席夕笛敌狄	狭峡匣捷协集习辖舌杰截夺活滑猾绝掘橛穴侄勃佛倔薄铎踱嚼着勺芍镯特贼极白泽择宅核$_{审\sim}$籍藉席夕笛敌狄***属蜀涉鹤寂***
	上声	帛***属蜀***	帛***袭***
	去声	洽***涉***弼秩***鹤***跃翼或惑剧掷***寂***获划曝瀑续	洽弼秩跃翼或惑剧掷获划曝瀑续

表中加粗斜体的是入声舒化后与接触方言归调不同的字，下面考察这些字舒化后是否与普通话一致，统计结果如下（与通语归调相同的字和与通语不同的字用"："分开，然后分别计算百分比）。东海：琢撇撤役狱疫袭（53.8%）：撮卜鄂跌洽雹（46.2%）；泗洪上塘：壁急卓琢啄菊萨魄扼酷沃笠捺逸陌逆穆（68%）：胛缉笔滴粥叔掇褥（32%）；泗洪瑶沟：恰恤律率$_{速\sim}$逆陌沃勿蜀掷（90.9%）：昨（9.1%）；新沂时集 B：执决橘博菊褶乙戟恰摄萨屑恶$_{善\sim}$绰霍藿握色饰赫适释益酷沃肃宿蓄郁辱聂蹑孽沫阅越曰粤杌莫寞诺域逆亦穆狱欲浴辑袭泊属蜀涉鹤寂（90.5%）：汁拙曲粥褥药（9.5%）。在东海等四个方言中，入声舒化后归调不同的字超过半数与通语的归调情况一致，有的甚至超过 90.0%。由此可见，入声舒化在受到接触方言影响的同时，还在一定程度上受到了通语的影响。

下面考察入声舒化后的今读调值情况。东海等四点入声舒化后调值与接触方言调值的比较如表 4-17 所示。

表 4-17　东海等四点与接触方言调值比较表

方言点	阴平	阳平	上声	去声	入声	
东海	213	55	35	41	5	
泗洪上塘	213	55	24	51	13	
新沂时集 B	212	55	24	51	5	
泗洪瑶沟	313	55	224	51	13	5
宿迁	213	55	24	51	—	

从表 4-17 可以看出，东海等 4 个方言点入声（5/13/13）舒化后并没有按照调值相近的原则归到相似调值（阳平调 55 或阴平调 213/212/313）中，而是与接触方言一致，分别归到舒声调各调类中，今读调类的调值也与接触方言的调值基本一致。比如，东海方言入声（5）舒化后并没有按照调值相近的原则全都归到相似调值（阳平调 55）中，而是与接触方言一致，分别归到阴平（213）、阳平（55）和去声（41）等调类中，与接触方言的调值也基本一致。

（2）如果被影响方言与接触方言的舒声调只是调类相同，调值不同，那么，舒化后调类归向与接触方言一致，而调值不同。属于这一情况的有赣榆石桥、泗洪金锁、连云港、灌云、灌南、沭阳、泗阳 7 个点。赣榆石桥的接触方言选择莒南团林，其他 6 点的接触方言选择宿迁，赣榆石桥等 7 点与接触方言（莒南团林、宿迁）入声归调的比较如表 4-18 所示。

表 4-18　赣榆石桥等 7 点与接触方言入声归调情况比较表

	清				次浊				全浊			
	阴平	阳平	上声	去声	阴平	阳平	上声	去声	阴平	阳平	上声	去声
赣榆石桥	18.5	27.8	18.5	35.2	0.0	14.3	5.7	80.0	—	—	—	—
莒南团林	29.6	16.7	7.4	46.3	0.0	2.9	2.9	94.3	—	—	—	—
泗洪金锁	65.1	3.5	9.3	22.1	64.3	3.6	3.6	28.6	12.5	53.1	0.0	34.4
宿迁	79.1	2.3	2.3	16.3	73.1	1.8	1.8	23.2	15.6	56.3	0.0	28.1
连云港	18.1	0.0	27.3	54.5	42.3	0.0	0.0	57.1	20.0	40.0	0.0	40.0
宿迁	27.3	0.0	27.3	45.5	42.3	0.0	0.0	57.1	20.0	40.0	0.0	40.0
灌云	20.0	10.0	20.0	50.0	40.0	0.0	10.0	50.0	11.1	33.3	0.0	55.6

续表

	清				次浊				全浊			
	阴平	阳平	上声	去声	阴平	阳平	上声	去声	阴平	阳平	上声	去声
宿迁	33.3	0.0	11.1	55.6	40.0	0.0	10.0	50.0	11.1	33.3	0.0	55.6
灌南	27.3	9.1	9.1	54.5	28.6	0.0	0.0	71.4	11.1	22.2	0.0	66.7
宿迁	18.2	0.0	18.2	63.6	28.6	0.0	0.0	71.4	22.2	22.2	0.0	55.6
沭阳	16. 7	0.0	33.3	50.0	37.5	0.0	0.0	62.5	14.3	14.3	0.0	71.4
宿迁	20. 0	0.0	30.0	50.0	37.5	0.0	0.0	62.5	28.6	14.3	0.0	57.1
泗阳	16.7	0.0	33.3	50.0	0.0	0.0	0.0	100.0	16.7	33.3	0.0	50.0
宿迁	33.3	0.0	22.2	44.4	14.3	0.0	0.0	85.7	0.0	25.0	0.0	75.0

从表 4-18 可以看出，连云港、灌南、沭阳入声舒化后的归调比例与宿迁基本一致，相差都低于 10 个百分点，泗洪金锁、灌云、泗阳的归调比例与宿迁也相差不多，都低于 15 个百分点，有的比例甚至完全相同。赣榆石桥入声舒化的归调比例与莒南团林相比，也都低于 15 个百分点。可见，赣榆石桥等 7 点入声舒化后的归调主要是方言接触造成的。

赣榆石桥等 7 个方言点与莒南团林、宿迁的归调相比也有差异。为了找到入声舒化后归调不同的原因，我们对归调不同的字进行具体分析，赣榆石桥等 7 点入声舒化后归调与接触方言不同的字如表 4-19 所示。

表 4-19 赣榆石桥等 7 点与接触方言入声舒化后归调差别比较表

		赣榆石桥	莒南团林
清	阴平	***萨***括阔挖匹虱***廓***扩扑***肃***	括阔挖匹虱扩扩扑***恰设卓琢啄国撮乙***
	阳平	***恰***胁***设***爵酌***卓琢啄***戳逼***亿碧赤***烛给	胁爵酌戳逼烛给***必毕***
	上声	眨***撮必毕乙***郝饺***国醋****甲	眨郝饺甲
	去声	妾轧压撤彻瑟讫错绰朔忆抑吓栅扼斥沃*畜	***萨廓肃亿碧赤醋***妾轧压撤彻瑟讫错绰朔忆抑吓栅扼斥沃畜
次浊	阴平		
	阳平	***逸没***膜***疫役***	***额***
	上声	抹***额*穆***	抹
	去声	孽拽杌勿幕寞诺鄂*跃匿翼陌逆亦译易液腋觅溺历*穆牧六肉育玉*狱	***逸没疫役穆***孽拽杌勿幕寞诺鄂跃匿翼陌逆亦译易液腋觅溺历穆牧六肉育玉狱

续表

		泗洪金锁	宿迁
清	阴平	鸽喝磕插*夹恰掐鸭押压接折褶摄怯跌贴帖法揖萨割葛渴八扎察撒杀瞎托作索恶善~雀鹊削绰脚却约郭廓扩剥驳桌握北德塞*黑百柏伯戟	鸽喝磕插*夹恰掐鸭押压接折褶摄怯跌贴帖法揖萨割葛渴八扎察撒杀瞎托作索恶善~雀鹊削绰脚却约郭廓扩剥驳桌握北德塞*黑百柏伯戟***博塔榻塌甲胛郝霍藿饰剔郁额***
	阳平	胁***博***戳	胁戳
	上声	***塔榻塌***眨***甲胛***撒~种***郝***	眨撒~种
	去声	妾泣轧错***霍藿***朔鲫啬式***饰***忆亿抑璧斥壁***剔郁***	妾泣轧错朔鲫啬式忆亿抑璧斥壁
次浊	阴平	拉腊蜡聂镊蹑猎叶页业辣抹~布莫摸落烙骆洛络乐略***掠***若弱虐疟药钥跃岳乐音~墨默肋麦脉	拉腊蜡聂镊蹑猎叶页业辣抹~布莫摸落烙骆洛络乐略若弱虐疟药钥跃岳乐音~墨默肋麦脉***纳捺寞诺陌***
	阳平	膜***额***	膜
	上声	***纳捺***	***掠***
	去声	幕***寞诺***酪鄂翼***陌***易液腋溺历牧六肉玉	幕酪鄂翼易液腋溺历牧六肉玉
全浊	阴平	涉鹤雹屐	涉鹤雹屐***寂***
	阳平	合盒叠碟牒蝶谍协乏蛰拔铡薄浊镯贼白	合盒叠碟牒蝶谍协乏蛰拔铡薄浊镯贼白***腋***
	上声		
	去声	洽***腋***缚剧射***寂***获划瀑曝续	洽缚剧射获划瀑曝续

		连云港	宿迁	灌云	宿迁	泗阳	宿迁
清	阴平	萨塞~进去	萨塞~进去***剔***	戟萨	戟萨***撮***	屑塞~进去	屑塞~进去***索***
	阳平			***眨***			
	上声	饺眨刮用刀~	饺眨刮用刀~	***撮***饺	***眨***	眨***索***郝饺	眨郝
	去声	率~领蟀错忆亿***剔***	率~领蟀错忆亿	忆亿错率~领*蟀	忆亿错率~领*蟀	忆栅亿抑率~领蟀	忆栅亿抑
次浊	阴平	拉捋摸	拉捋摸	拉捋*摸陌	拉捋*摸陌		***浴***
	上声			抹	抹		
	去声	六肉易玉	六肉易玉	*六*肉幕跃玉	*六*肉幕跃玉	默幕跃六肉***浴***亦	默幕跃六肉亦
全浊	阴平	雹屐	雹屐	屐	屐***雹***		
	阳平	活干~铎昨贼	活干~铎昨贼	昨****雹***贼	昨*贼	昨	昨
	去声	翼剧曝续	翼剧曝续	翼易剧曝瀑	翼易剧曝瀑	射曝续	射曝续

续表

		灌南	宿迁	沭阳	宿迁
清	阴平	豁戌***栅***	豁戌	***栅***塞~进去	塞~进去***萨***
	阳平	***眨***			
	上声	饺	***眨***饺	眨***萨***撒饺	眨撒饺
	去声	错率~领忆亿轧朔	***栅***错率~领忆亿轧朔	忆亿轧错率~领蟀	***栅***忆亿轧错
次浊	阴平	拉捋	拉捋	纳拉捋	纳拉捋
	去声	幕易溺玉	幕易溺玉肉	幕跃易肉玉	幕跃易肉玉
全浊	阴平	屐	屐***掷***	屐	屐***掷***
	阳平	昨贼	昨贼	贼	贼
	去声	剧***掷***射曝瀑划	剧射曝瀑划	率~领蟀剧***掷***射	率~领蟀剧射

表 4-19 中加粗斜体的是入声舒化后与接触方言归调不同的字，下面考察这些字舒化后是否与普通话一致，统计结果如下（与通语归调相同的字和与通语不同的字用“：”分开，然后分别计算百分比）。赣榆石桥：卓琢啄乙（17.4%）：萨廓肃恰设亿碧赤撮必毕国酷逸没疫役额穆（82.6%）；泗洪金锁：博塔甲胛郝霍藿饰剔郁额寞诺陌寂（71.4%）：榻塌掠纳捺踱（28.6%）；灌云：撮雹（66.7%）：眨（33.3%）；灌南：掷（33.3%）：栅眨（66.7%）；沭阳：掷（33.3%）：栅萨（66.7%）；连云港：剔（与通语归调相同）；泗阳：索浴（与通语归调相同）。在赣榆石桥等 7 个方言点中，泗洪金锁、灌云、连云港、泗阳方言入声舒化后归调不同的字 70%以上都与通语的归调情况一致。灌南、沭阳方言 3 个字中有两个字与普通话不同。可见，赣榆石桥等 7 点入声舒化在受到接触方言影响的同时，还在一定程度上受到了通语的影响。需要说明的是，赣榆石桥比较特殊，有不少的字与接触方言和通语的归调情况都不一样，具体原因需要进一步探讨。

下面考察入声舒化后的今读调值情况。赣榆石桥等 7 点入声舒化后调值与接触方言调值的比较如表 4-20 所示。

表 4-20　赣榆石桥等 7 点与接触方言调值比较表

方言点	阴平	阳平	上声	去声	入声
赣榆石桥	412	54	45	51	24
莒南团林	214	53	55	31	—

续表

方言点	阴平	阳平	上声	去声	入声
泗洪金锁	212	35	13	51	$\underline{45}$
灌南	41	24	21	55	$\underline{35}$
泗阳	31	35	13	55	5
连云港	313	24	41	55	$\underline{34}$
沭阳	313	24	41	55	$\underline{23}$
灌云	214	35	41	55	24
宿迁	213	55	24	51	—

赣榆石桥等 7 点入声舒化后并没有按照调值相近的原则全都归入到调值相近的调类中，而是在接触方言的影响下，归到相应的舒声调类中。比如，连云港方言的入声（调值为 $\underline{34}$）舒化后没有归到 24（阳平）调中，而是与接触方言一致，主要归到阴平、阳平和去声中。

4.3.3.3　入声舒化的动因

王福堂（1999：19）指出："方言的语音变化可以分成两种，一种是原发性的音变，一种是由语言接触引发的音变，前一种音变是纵向的，即音类的早期形式向近期形式的演变，后一种音变是横向的，即这一方言的语音形式向另一方言语音形式的转变。这后一种语音变化在形成汉语方言语音纷繁复杂的局面中所起的作用不可低估。"从上文的分析可以看出，苏鲁毗连地区有入声方言的入声舒化不是原发性的音变，而是由方言接触引发的音变。理由可以总结如下：（1）有入声方言的入声舒化没有明显的语音条件，即其入声舒化后并不按清浊分别归入不同的调类。（2）入声舒化后也不遵循调值相近的原则归入相应的舒声调类，而是与接触方言或通语有调类或调值上的对应。（3）舒化的字往往还有入声的读法，例如东海方言：窄꜀tʂei / tʂəʔ꜆、戳꜁tʂʰuə / tʂʰuɐʔ꜆戳子、亿 i꜄ / iɪʔ꜆、薄꜁puə / pɐʔ꜆姓、勒꜀lei~死 / ləʔ꜆、石꜁ʂʅ / ʂəʔ꜆、习꜁ɕi / ɕiɪʔ꜆、摸꜀muə / mɐʔ꜆、塞꜀sɛ / səʔ꜆。

4.4　去声小部分字今读阳平的现象

鲁南地区 22 个方言点里有小部分去声字今读阳平的现象，具体情况如表 4-21 所示。

表 4-21 去声小部分字今读阳平情况表

方言	字数	去声今读为阳平的字
日照涛雒	29	簸꜁pə、亚꜁iɑ、砑꜁iɑ、互꜁xu、絮꜁θy、亥꜁xɛ、骇꜁xɛ、谜꜁mi、肄꜁i、置꜁tsʅ、遂隧꜁θuei、浩耗꜁xɔ、漂꜁pʰiɔ、绕~线꜁iɔ、馏꜁liou、廖姓꜁liɔ、撼憾꜁xã、焰꜁iã、枕动꜁tsʰẽ、眩꜁suæ̃、讯~问꜁suẽ（讯通~ suẽ˞）、趁꜁tsẽ、酿꜁liɑŋ、望~着꜁vɑŋ、或惑꜁xuei
莒县桑园	28	唾꜁tʰuə、菜꜁tθʰai、贝꜁pei、械꜁ɕiə、箅꜁pi、砌꜁tsʰiə、佩꜁pʰei、块꜁kʰuai、荔꜁li、刺꜁tθʰʅ、媚꜁mei、腻꜁ni、肄꜁i、厕꜁tθʰə、异꜁i、毅꜁i、伪꜁uei、遂隧꜁θuei、耗꜁xɔ、绕꜁iɔ、滥꜁lã、怯꜁tɕʰiə、趁꜁tsʰẽ、讫迄꜁tɕʰi、罄꜁tɕʰiŋ、绰꜁tʂʰuə
沂水	27	纳呐那꜁nɑ、榨꜁tʂɑ、置꜁zʅ、氏꜁ʂʅ、疫役꜁i、赴附腹꜁fu、妒꜁tu、裕꜁y、巨距꜁tɕy、亥骇꜁xɛ、媚꜁mei、遂隧꜁θuei、惑꜁xuei、浩耗꜁xɔ、谚 ꜁iã、趁꜁tsʰə̃、瞬꜁suə̃
郯城	25	赴附꜁fu、裕꜁y、亥꜁xɛ、递꜁ti、济꜁tsi、荠꜁tsi、溃꜁kʰue、媚꜁mei、伺꜁tsʰʅ、异꜁i、遂隧꜁suei、浩꜁xɔ、绕~线꜁zɔ、鹞꜁iɔ、负꜁fu、廖姓꜁liɔ、憾꜁xã、范꜁fã、窨꜁in、亲꜁tsʰiŋ、逸꜁i、逆꜁i、亦꜁i
泗水	23	簸꜁pə、唾꜁tʰuə、摞꜁luə、诈榨꜁tsa、砑꜁iɑ、剂꜁zi、契꜁tɕʰi、媚寐꜁mei、痔置꜁tsʅ、毅꜁i、遂隧꜁ɕyei、焰谚꜁iæ̃、犯꜁fæ̃、翼꜁i、或꜁xuei、译꜁i、斥꜁tsʰʅ、疫꜁i
平邑	20	秩꜁tʃʅ、敝弊币毙碧弼꜁pi、曝瀑꜁pʰu、墨꜁mə、魄꜁pʰə、色瑟啬꜁sə、射꜁ʃə、饿꜁ɤ、获꜁xuə、劣猎꜁liə、妾꜁tɕʰiə
日照黄墩	21	唾꜁tʰuə、摞꜁luə、爸꜁pɑ、榨꜁tʂɑ、互꜁xu、芋裕꜁y、涕꜁ti、弃꜁tʃʰʅ、置꜁tʃʅ、遂隧꜁θue、耗꜁xɔ、绕꜁iɔ、泛꜁fæ̃、殉꜁θyẽ、或惑꜁xuə、赤斥 tʃʰʅ、寞꜁mə
沂南	19	亥꜁xɛ、骇꜁xɛ、尬꜁ka、溃꜁kʰue、氏꜁ʂʅ、肄꜁i、遂隧꜁θue、绕~线꜁iɔ、候꜁xəu、占꜁tʃæ̃、彻꜁tʃə、旋~床꜁syæ̃、眩꜁ɕyæ̃、吝꜁lə̃、秩꜁tʃʅ、讫꜁tɕʰi、逆꜁i、疫꜁i
日照陈疃	19	摞꜁luə、爸꜁pɑ、夜꜁iə、隧遂꜁θuei、绕꜁iɔ、候꜁xou、枕动词꜁tʃə、疝꜁ʂã、篡꜁tʰuã、论꜁luə̃、谤꜁pɑŋ、映꜁iŋ、雀鹊꜁tyə、绰꜁tʃuə、赤斥꜁tʃʰʅ、鄂꜁ŋə
兰陵	17	置꜁tʃʅ、滞꜁tʃʰʅ、毙꜁pi、逸疫꜁i、附꜁fu、唾꜁tʰu、惑꜁xu、寓꜁y、摞꜁luə、遂隧꜁suei、耗꜁xɔ、范师~ ꜁fã、撼憾꜁xã、焰꜁iã
临沂	17	荠꜁tθʰi、逸꜁i、毅꜁i、付赴꜁fu、芋愉逾꜁y、鄂꜁ə、褯꜁tɕiə、媚寐꜁mei、遂隧꜁θue、队꜁te、浩耗꜁xɔ
日照两城	16	簸꜁pə、唾꜁tʰuə、爸꜁pɑ、炸꜁tsɑ、遂隧꜁θuei、耗꜁xɔ、廖꜁liɔ、柚釉꜁iou、泛꜁fã、斥赤꜁tsʰʅ、匿溺꜁ni、秩꜁tsʅ
临沭	13	砑꜁iɑ、瓦动词꜁ua、附꜁fu、芋裕꜁y、亥꜁xɛ、骇꜁xɛ、尬꜁ka、置꜁tʃʅ、遂隧꜁θue、耗꜁xɔ、亲~家꜁tsʰiŋ
蒙阴	13	糯꜁nuə、摞꜁luə、亥꜁xɛ、剂꜁zi、媚꜁mei、毅꜁i、遂 ꜁θuei、撤꜁tʃə、蹭磨~꜁tθʰəŋ、兴高~꜁ɕiŋ、或惑꜁xuei
莒南团林	14	榨꜁tʂɑ、次꜁tθʰʅ、自꜁tθʅ、置꜁tʃʅ、遂隧꜁θe、韶꜁ʃɔ、绕꜁iɔ、廖꜁liɔ、占꜁tʃæ̃、浙꜁tʃə、赤꜁tʃʰʅ、液腋꜁iə
莒县城阳	13	厕꜁tsʰʅ、氏꜁ʂʅ、递꜁ti、逆亦役疫逸抑 ꜁i、惰꜁tuɤ、媚꜁mei、范师~ ꜁fan
五莲许孟	12	帕꜁pʰɑ、付꜁fu、趣趣꜁tɕʰy、芋喻꜁y、遂隧꜁θuei、候꜁xəu、眩꜁ɕyæ̃、趁꜁tsẽ、逆꜁i
日照奎山	9	簸~箕꜁pə、爸꜁pɑ、榨꜁tʂɑ、肄꜁i、耗꜁xɔ、柚釉꜁iou、单꜁ɕiæ̃、殉꜁θuẽ
五莲洪凝	9	次꜁tθʰʅ、爸꜁pɑ、榨꜁tʂɑ、磨~面꜁mə、摞꜁luə、绕꜁iɔ、廖꜁liɔ、耀꜁iɔ、论꜁luẽ
邹城	8	亥꜁xɛ、骇꜁xɛ、媚꜁mei、毅꜁i、遂隧꜁suei、眩꜁ɕyã、横蛮横꜁xəŋ
费县	7	亥꜁xɛ、骇꜁xɛ、遂隧꜁θuei、廖꜁liɔ、候꜁xəu、范师~ ꜁fan
莒南十字路	6	遂隧꜁θue、芋愉逾喻꜁y

从表 4-21 可以看出，小部分去声字今读阳平的现象出现在鲁南地区的 22 个方言点，字数从日照涛雒 29 个到莒南十字路 2 个不等。哪些去声字读阳平并无明显规律。值得注意的是，这些字虽然也包括了个别口语用字在内，但多数是非口语用字。我们认为这些去声字读阳平调是普通话影响的结果，是在普通话影响下出现的调类误归（普通话的去声是高降调，以上方言点阳平调是高降调，去声调是低降调）。

第五章　方言地理

5.1　语音特征分布

5.1.1　语音特征分布图

第二、三、四章分别选取苏鲁毗连地区方言中有特点的语音现象，归纳其分合、读音等类型，绘制了36幅语音特征分布图，具体如下：

*（1）端组逢今齐齿韵母读音类型分布图（图2-1）

*（2）泥来母分混类型分布图（图2-2）

*（3）精组逢今齐撮韵母读音类型分布图（图2-3）

*（4）精组逢今开合韵母读音类型分布图（图2-4）

*（5）知庄章分合类型分布图（图2-5）

（6）止摄开口日母读音类型分布图（图2-6）

*（7）止摄开口以外日母读音类型分布图（图2-7）

*（8）见晓组逢细音读音类型分布图（图2-8）

*（9）影疑母逢今开口韵母读音类型分布图（图2-9）

（10）精组逢今开合/齐撮韵母类型分布图（图2-10）

（11）精组是否齿间化类型分布图（图2-11）

（12）知庄章组与精组分合类型分布图（图2-12）

（13）知庄章组与见晓组细音分合类型分布图（图2−13）

（14）尖团音分合类型分布图（图2-14）

*（15）果摄一等读音类型分布图（图3-1）

*（16）果摄三等读音类型分布图（图3-2）

*（17）蟹止开三四、假开三高化类型分布图（图3-3）

*（18）果开合一，遇合一、遇合三（帮知系），流开一（非帮组）、流开三（知系）高化类型分布图（图3-4）

*（19）山合一、二分合类型分布图（图3-5）

*（20）咸山开二（见系）、开三四分合类型分布图（图3-6）

（21）深臻开三阳声韵i介音消失的古声类条件类型分布图（图3-7）

*（22）深臻、曾梗阳声韵分合类型分布图（图3-8）

（23）通摄阳声韵（非帮系、非知庄章组）类型分布图（图 3-9）
（24）入声韵读音类型分布图（图 3-10）
（25）咸山开一分合类型分布图（图 3-11）
*（26）曾梗开口一二等入声韵读音类型分布图（图 3-12）
（27）曾合一、梗合二入声韵归并类型分布图（图 3-13）
*（28）蟹合一三四、止合三端系字 u 介音脱落类型分布图（图 3-14）
*（29）臻摄合口阳声韵端系字 u 介音脱落类型分布图（图 3-15）
*（30）精组字韵母的合/撮类型分布图（图 3-16）
（31）阴平调调型类型分布图（图 4-1）
*（32）阳平调调型类型分布图（图 4-2）
*（33）上声调调型类型分布图（图 4-3）
*（34）去声调调型类型分布图（图 4-4）
*（35）舒声调系统类型分布图（图 4-5）
*（36）古入声读音类型分布图（图 4-6）

5.1.2　同言线与同言线束

以上 36 幅语音特征分布图可以分为两类，前加“*”的 24 幅特征地图所反映的语音特征分布有一致之处，根据其地理分布划定的同言线可以聚集成束。其他 12 幅特征地图所反映的语音特征分布大小不一，根据其地理分布划定的同言线不能聚集成束。

第一类地图包含声母条目 8 个，韵母条目 11 个，声调条目 5 个，现对 24 个语音条目同言线的划定简要说明如下：

（1）端组逢今齐齿韵母读音类型分布图（图 2-1）：端组逢今齐齿韵母的读音有 3 种类型：t t^{h}型、ȶ ȶ^{h}型和 tɕ tɕ^{h}型。同言线根据 t t^{h}型与 ȶ ȶ^{h}型、tɕ tɕ^{h}型之间的区别划定。

（2）泥来母分混类型分布图（图 2-2）：泥来母有相混和不混两种类型。同言线根据相混型与不混型的区别划定。

（3）精组逢今齐撮韵母读音类型分布图（图 2-3）：精组逢今齐撮韵母[i（-）、y（-）]有 7 种读音类型：徐州型 tɕ tɕ^h ɕ；赣榆青口型 ts ts^h s；日照奎山型 tθ tθ^h θ；日照涛雒型 ȶ ȶ^h θ；蒙阴型 z ts^h s；莒南十字路型 ts tɕ^h s；临沂型 tθ tθ^h θ/tɕ tɕ^h ɕ（精组逢今齐撮韵母无条件分化为两类：tθ tθ^h θ/tɕ tɕ^h ɕ）。同言线根据日照奎山、日照涛雒与其他类型的区别划定。

（4）精组逢今开合韵母读音类型分布图（图 2-4）：精组逢今开合韵母的读音有 3 个大类：一是徐宿型，保持 ts ts^h s 不变；二是连灌型，卷舌化为 tʂ tʂʰ ʂ；三是沂蒙型，发生了齿间化的音变。同言线根据 3 个类型之间的区别划定。

（5）知庄章分合类型分布图（图 2-5）：知庄章有 8 种次级分合类型：泗阳型、泗洪型、日赣型、徐铜型、连灌型、赣榆石桥型、枣邳型、临宿型。同言线根据连灌型、日赣型或枣邳型分别与其他类型的区别划定。

（7）止摄开口以外日母读音类型分布图（图 2-7）：止摄开口以外日母读音有徐宿、连灌、沂蒙三种类型，按照日母字声母读音的不同徐宿型分为两种次类型：ʐ（z、ʒ）-v-Ø 声母型、ʐ（z、ʒ）-Ø 声母型。同言线根据 3 种类型之间以及徐宿型两种次类型之间的区别划定。

（8）见晓组逢细音读音类型分布图（图 2-8）：见晓组逢细音共有 6 种读音类型：徐州型 tɕ tɕʰ ɕ、赣榆青口型 k kʰ x、五莲洪凝型 tʃ tʃʰ ʃ、五莲许孟型 ʒ tʃʰ ʃ、日照涛雒型 ts tsʰ s，赣榆墩尚型 c cʰ ç。同言线根据日照涛雒、五莲洪凝两种类型与其他类型的区别划定。

（9）影疑母逢今开口韵母读音类型分布图（图 2-9）：影疑母逢今开口韵母的读音有 3 种类型：ŋ 声母型、ɣ 声母型和 Ø 声母型。同言线根据 ŋ 声母型与其他两种类型的区别划定。

（15）果摄一等读音类型分布图（图 3-1）：果摄一等有部分合流、完全合流两种读音类型。从果摄一等字韵母主元音的音值上看，完全合流型的方言里又有两种次类型：①圆唇、②不圆唇。同言线根据 3 者之间的区别划定。

（16）果摄三等读音类型分布图（图 3-2）：根据主元音的同异，果摄三等字韵母分为两种类型：相同型和不同型。相同型果摄三等字韵母又有以下 3 种次类型：徐州型、日照涛雒型、泗洪瑶沟型。同言线根据日照涛雒型与其他类型之间的区别划定。

（17）蟹止开三四、假开三高化类型分布图（图 3-3）：根据元音高化涉及的韵摄和声母范围的大小可以把苏鲁毗连地区方言分为 5 种类型：赣榆青口型、徐州型、灌南型、连云港型、日照涛雒型。同言线根据日照涛雒型与其他类型之间的区别划定。

（18）果开合一，遇合一、遇合三（帮知系），流开一（非帮组）、流开三（知系）高化类型分布图（图 3-4）：按照果开合一，遇合一、遇合三（帮知系），流开一（非帮组）、流开三（知系）读音的不同可以把苏鲁毗连地区方言分为五种类型：连云港型、灌南型、沭阳型、泗阳型、徐州型。同言线根据徐州型与其他类型之间的区别划定。

（19）山合一、二分合类型分布图（图 3-5）：按照山摄合一二等是否有别，可以把苏鲁毗连地区方言分为两种类型：有别型、无别型。同言线根据两种类型之间的区别划定。

（20）咸山开二（见系）、开三四分合类型分布图（图 3-6）：按照咸山开二（见系）、开三四的分合，可以把苏鲁毗连地区方言分为两种类型：有别型、无别型。同言线根据两种类型之间的区别划定。

（22）深臻、曾梗阳声韵分合类型分布图（图 3-8）：按照深臻、曾梗阳声韵韵尾是否相同，可以把苏鲁毗连地区方言分为三种类型：不同型、部分相同型、完全相同型。同言线根据不同型与其他两种类型之间的区别划定。

（26）曾梗开口一二等入声韵读音类型分布图（图 3-12）：按照曾梗开口一二等入声韵主元音的不同可以把苏鲁毗连地区方言分为三种类型：灌南型、连云港型、徐州型。同言线根据徐州型与其他两种类型之间的区别划定。

（28）蟹合一三四、止合三端系字 u 介音脱落类型分布图（图 3-14）：蟹合一三四、止合三端系字 u 介音脱落有 4 种类型：连云港型、临沂型、徐州型和五莲许孟型。同言线束根据连云港型与其他 3 种类型之间的区别划定。

（29）臻摄合口阳声韵端系字 u 介音脱落类型分布图（图 3-15）：臻摄合口阳声韵端系字 u 介音脱落有 3 种类型：连云港型、莒县城阳型和徐州型。同言线束根据连云港型与其他两种类型之间的区别划定。

（30）精组字韵母的合/撮类型分布图（图 3-16）：精组字韵母的合/撮有 5 种类型：徐州型、赣榆青口型、邳州型、平邑型、枣庄型。同言线根据平邑型、邳州型、枣庄型与其他两种类型之间的区别划定。

（32）阳平调调型类型分布图（图 4-2）：阳平调有升、高平、高降 3 种调型。同言线根据升调型与其他两种类型之间的区别划定。

（33）上声调调型类型分布图（图 4-3）：上声调有降、升、平、降升 4 种调型。同言线根据降调型与其他 3 种类型之间的区别划定。

（34）去声调调型类型分布图（图 4-4）：去声有高平、高降、低降、降升 4 种调型。同言线根据高平调型或低降调型分别与其他 3 种类型之间的区别划定。

（35）舒声调系统类型分布图（图 4-5）：舒声调系统可以分为 5 种类型：南京型、芜湖型、徐州型、济南型、扬州型。同言线根据济南型与其他类型之间的区别划定。

（36）古入声读音类型分布图（图 4-6）：按照入声的有无可以把苏鲁毗连地区方言分为有入声、无入声两大类。根据古入声的今读，有入声方言分为 4 个次类型：江淮（古）型、江淮（新 A）型、江淮（新 B）型、中原（古）型；无入声方言分为 6 个次类型：中原（新 A）型、中原（新 B）型、中原-冀鲁过渡型、冀鲁型、冀鲁-胶辽过渡型、胶辽型。同言线分别根据江淮型和中原型、冀鲁型和胶辽型、冀鲁型和中原型之间的区别划定。

根据以上 24 个语音条目的特征分布可以形成 6 条同言线束和 5 条同言线。同言线束 I：江淮-中原分界型；同言线束 II：中原-冀鲁分界型；同言线束 III：冀鲁-胶辽分界型；同言线束 IV：日照型；同言线束 V：邳泗型；同言线束 VI：连沭型。同言线如下：连灌型、徐州型、泗洪型、连宿型、临日型。

同言线束与同言线的情况分别如图 5-1 至图 5-11 所示。

同言线束 I 集中了 11 条同言线：（2）泥来母分混类型（同言线根据相混型与不混型的区别划定）；（7）止摄开口以外日母读音类型（同言线根据连灌型与其他类型的区别划定）；（15）果摄一等读音类型（同言线根据圆唇这一次类型与其他类型的区别划定）；（18）果开合一，遇合一、遇合三（帮知系），流开一（非帮组）、流开三（知系）的高化类型（同言线根据徐州型与其他类型之间的区别划定）；（19）山合一、二分合类型（同言线根据有别型、无别型之间的区别划定）；（20）咸山开二（见系）、开三四分合类型（同言线根据有别型、无别型之间的区别划定）；（22）深臻、曾梗阳声韵分合类型（同言线根据不同型与其他两种类型之间的区别划定）；（26）曾梗开口一二等入声韵读音类型（同言线根据徐州型与其他两种类型之间的区别划定）；（32）阳平调调型类型（同言线根据升调型与其他两种类型之间的区别划定）；（34）去声调调型类型（同言线根据高平调型与其他 3 种类型之间的区别划定）；（36）古入声读音类型（同言线根据江淮型与中原型之间的区别划定）。

从图 5-1 可见，同言线束 I：江淮—中原分界型中间一段完全重合，而在东海地区分为两束，其中一束聚集的同言线（9 条）远多于另一束（2 条）；在泗洪地区主要分为两束，其中一束聚集的同言线（6 条）多于另一束（3 条）。另外，泗洪境内还分布着两条同言线，新沂东部地区也有两条同言线穿过。

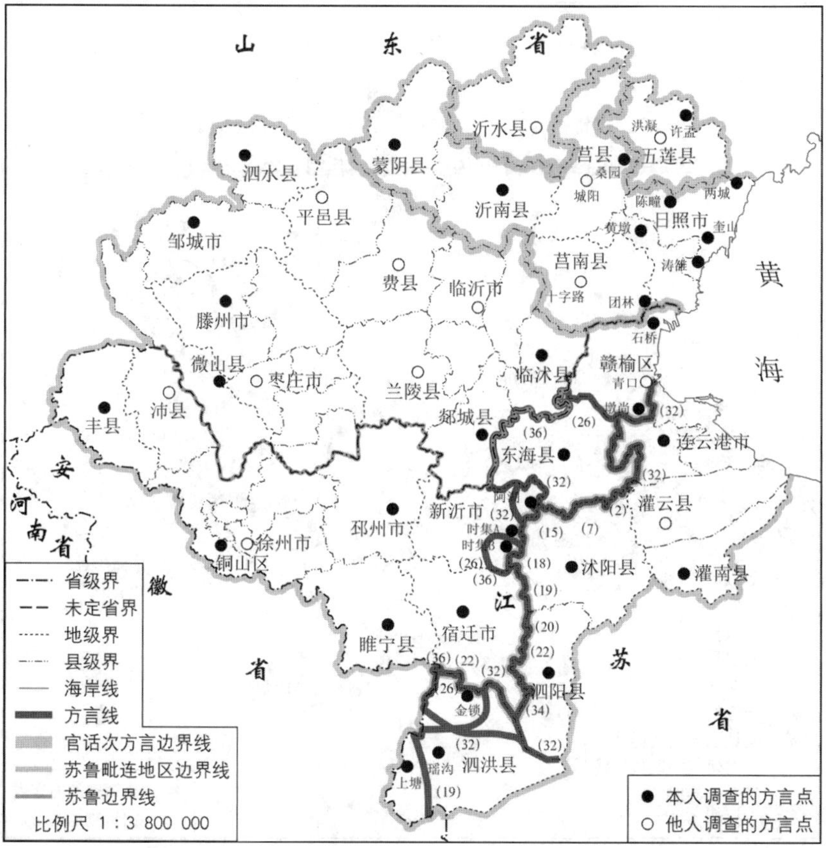

图 5-1　同言线束 I：江淮-中原分界型

同言线束 II 集中了 5 条同言线：（5）知庄章分合类型（同言线根据日赣型与其他类型之间的区别划定）；（7）止摄开口以外日母读音类型（同言线根据沂蒙型与其他类型之间的区别划定）；（9）影疑母逢今开口韵母读音类型（同言线根据 ŋ 声母型与其他两种类型的区别划定）；（34）去声调调型类型（同言线根据低降调型与其他 3 种类型之间的区别划定）；（36）古入声读音类型（同言线根据冀鲁型、胶辽型与其他类型之间的区别划定）。

从图 5-2 可见，同言线束 II 中间一段完全重合，同言线束两端都有一定幅度：平邑、蒙阴、赣榆 3 地都被同言线包裹，莒南境内有同言线从中穿过。

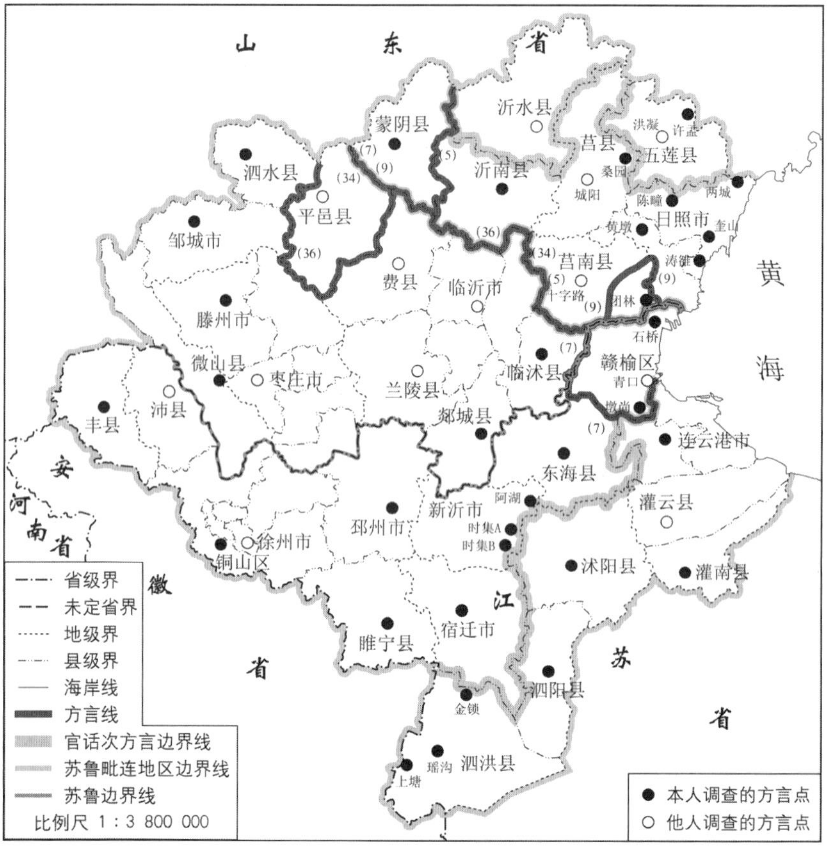

图 5-2 同言线束 II：中原-冀鲁分界型

同言线束 III 集中了 2 条同言线：（15）果摄一等读音类型（同言线根据不圆唇这一次类型与其他类型的区别划定）；（36）古入声读音类型（同言线根据胶辽型与其他类型之间的区别划定）。

从图 5-3 可见，两条同言线大部分重合，但在莒县境内分离，围出了莒县城阳 1 个点，在五莲、日照的行政边界线上分离，同言线（36）向南多围出了日照两城 1 点。

同言线束 IV 集中了 3 条同言线：（1）端组逢今齐齿韵母读音类型（同言线根据 t t^h型与 ȶ $ȶ^h$、tɕ $tɕ^h$两种类型之间的区别划定）；（3）精组逢今齐撮韵母读音类型（同言线根据日照奎山、日照涛雒两个类型与其他类型的区别划定）；（8）见晓组逢细音读音类型（同言线根据日照涛雒、五莲洪凝与其他类型的区别划定）。

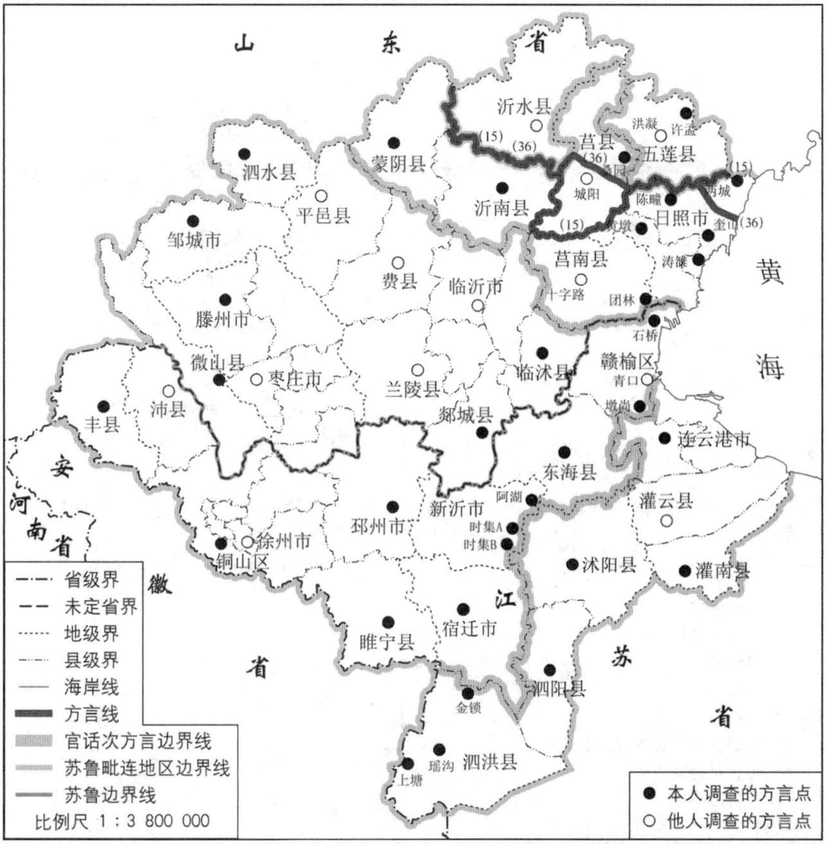

图 5-3 同言线束 III：冀鲁-胶辽分界型

从图 5-4 可见，虽然同言线束大部分线段都有一定的宽幅，但还是有部分线段完全重合。除了赣榆石桥，同言线束和同言线都分布在日照市的范围内（或者日照市与其他地区的行政边界线上），同言线束围成了一个近似的椭圆形，因此，这 3 项语音特征可能是创新音变，在向四周扩散的时候步调不一致，使得边缘重合度较差。但也应看到，同言线束在日照境内围出了一个核心区域，这一区域内的五莲洪凝、日照涛雒等 5 个方言点在 3 项语音特征上表现一致。

同言线束 V 集中了 3 条同言线：（5）知庄章分合类型（同言线根据枣邳型与其他类型之间的区别划定）；（7）止摄开口以外日母读音类型[同言线根据 ʐ（z、ʒ）-v-∅ 声母型与其他类型之间的区别划定]；（30）精组字韵母的合/撮类型（同言线根据平邑、邳州、枣庄 3 种类型与其他两种类型之间的区别划定）。

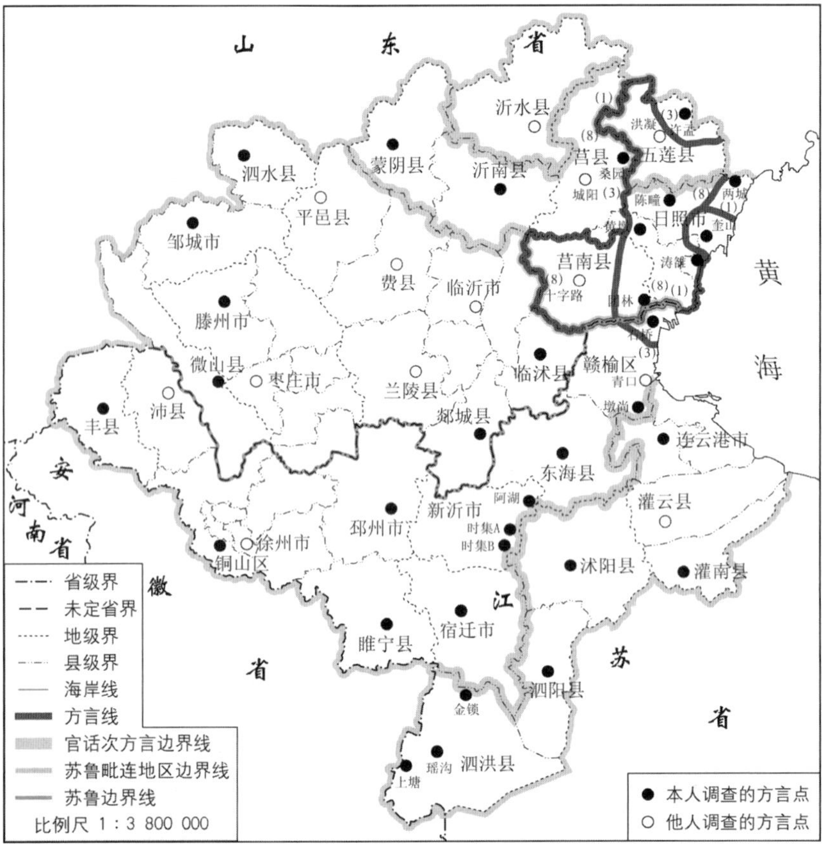

图 5-4　同言线束 IV：日照型

从图 5-5 可见，同言线束大部分线段都有一定的宽幅，同言线束围成了一个近似的圆形，因此，这三项语音特征可能是创新音变，但在向四周扩散的时候受到的约束性不够强，步调不一，使得边缘重合度差。但也应看到，同言线束在鲁南西部地区围出了一个核心区域，这一区域内的泗水、邳州等 5 个方言点在 3 项语音特征上表现一致。

同言线束 VI 集中了 2 条同言线：（5）知庄章分合类型（同言线根据连灌型与其他类型的区别划定）；（33）上声调调型类型（同言线根据降调型与其他 3 种类型之间的区别划定）。如图 5-6 所示。

同言线：连灌型：（4）精组逢今开合韵母读音类型（同言线根据连灌型与其他类型之间的区别划定）。如图 5-7 所示。

同言线：徐州型：（5）知庄章分合类型（同言线根据徐铜型与其他类型之间的区别划定）。如图 5-8 所示。

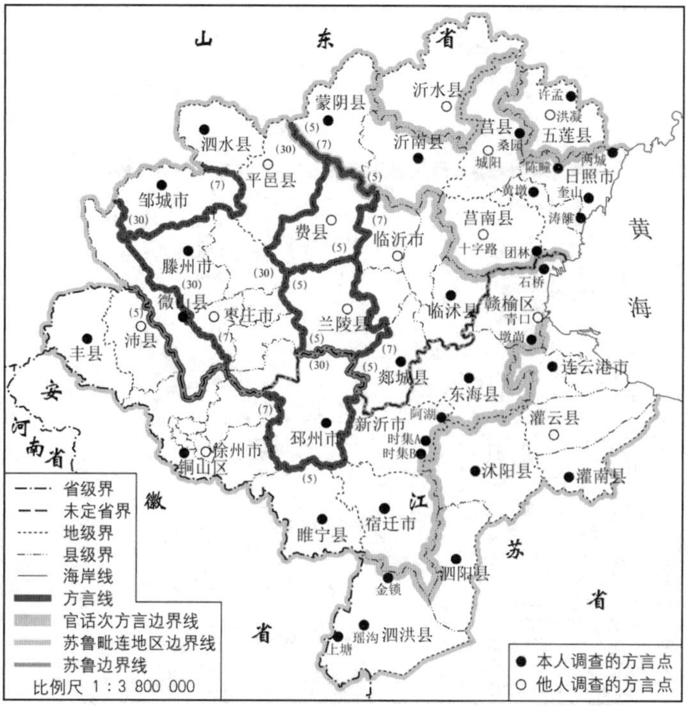

图 5-5　同言线束 V：邳泗型

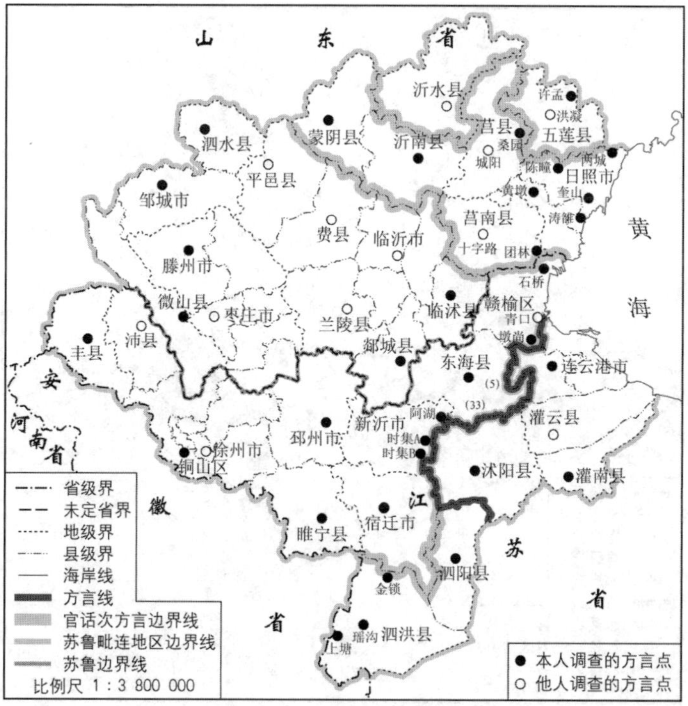

图 5-6　同言线束 VI：连沭型

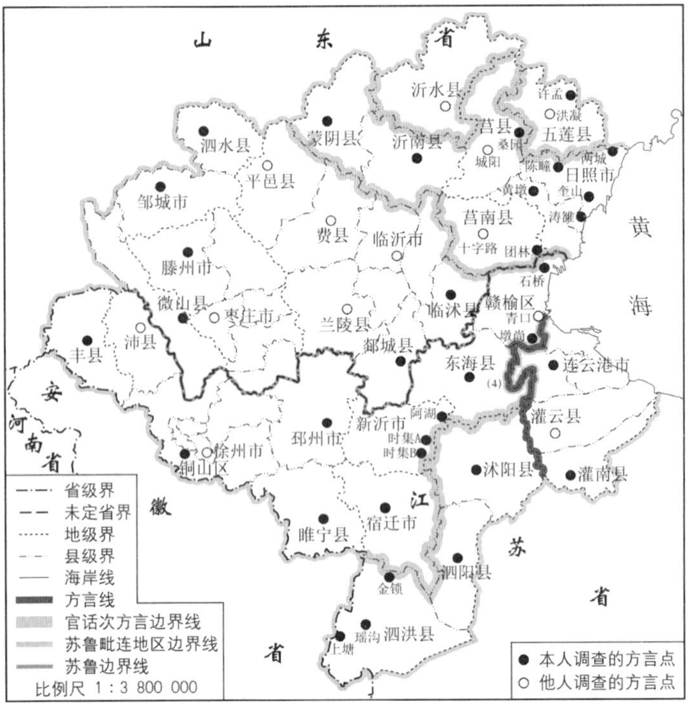

图 5-7 同言线：连灌型

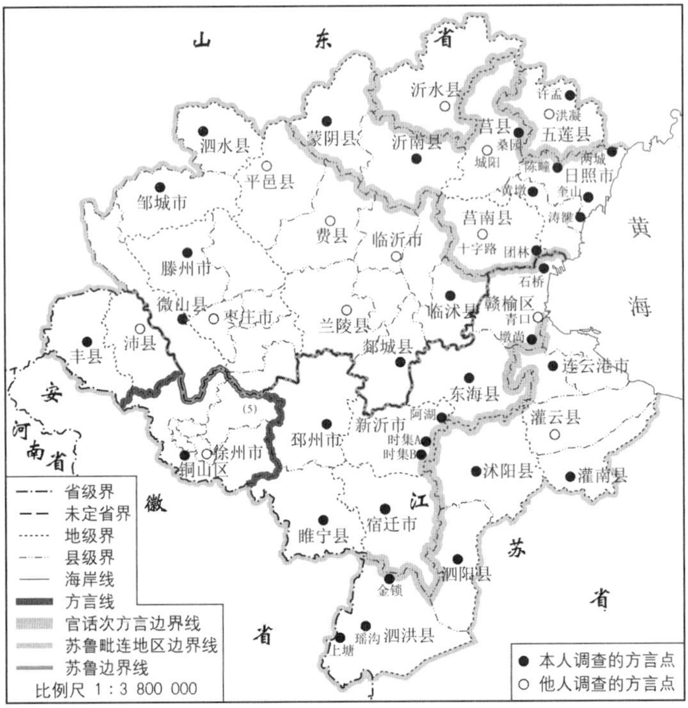

图 5-8 同言线：徐州型

同言线：泗洪型：（5）知庄章分合类型（同言线根据泗洪型与其他类型之间的区别划定）。如图 5-9 所示。

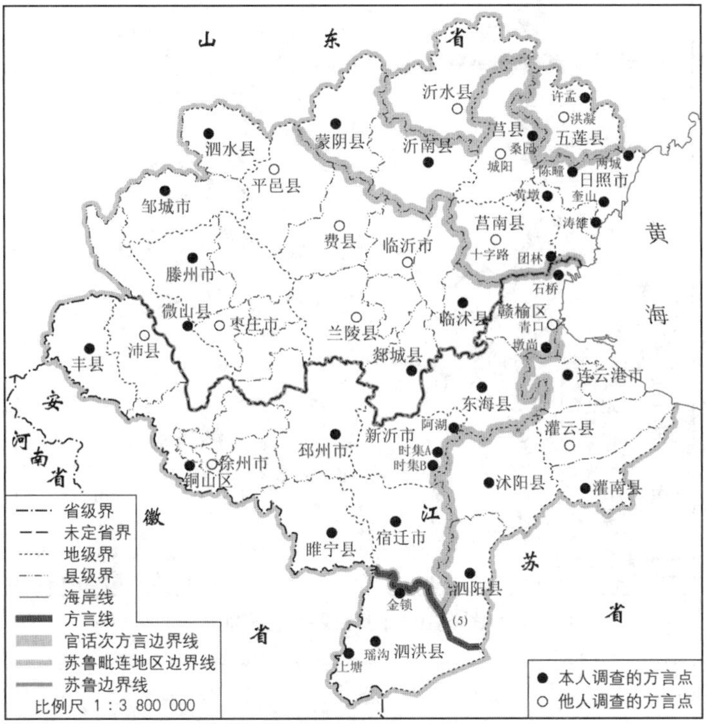

图 5-9　同言线：泗洪型

同言线：连宿型：（28）蟹合一三四、止合三端系字 u 介音脱落类型（同言线根据连云港型与其他类型之间的区别划定）；（29）臻摄合口阳声韵端系字 u 介音脱落类型（同言线根据连云港型与其他类型之间的区别划定）。实际上，以上两个语音条目反映的是同一个语音演变现象，两个条目的同言线完全一致，可以看作是一条同言线。如图 5-10 所示。

同言线：临日型：（35）舒声调系统类型（同言线根据济南型与其他类型之间的区别划定）。如图 5-11 所示。

综合起来看，以上 6 条同言线束有 4 个特点：

（1）同言线束大多有一定的宽幅。苏鲁毗连地区分布着众多的语音同言线，这些同言线聚集成多条有一定宽幅的同言线束，这是由于音变的先后不一及其向外扩散的步调不一造成的。

（2）同言线束所包含的同言线的条数不一，重要程度也不一样。从同言线束 I 到同言线束 VI，同言线的条数从 11 条减少到 2 条，所切分出的方言之间的差异越来越小，因此对划分方言区的重要程度也越来越低。

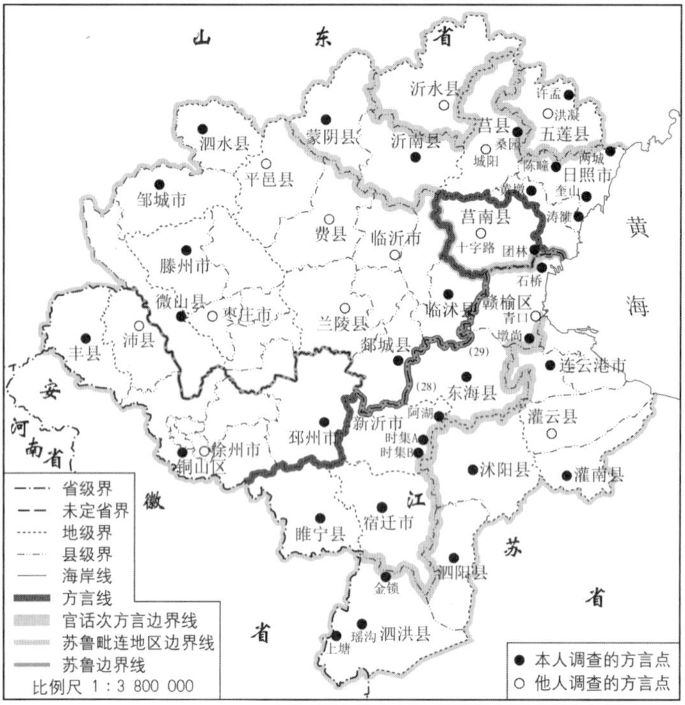

图 5-10　同言线：连宿型

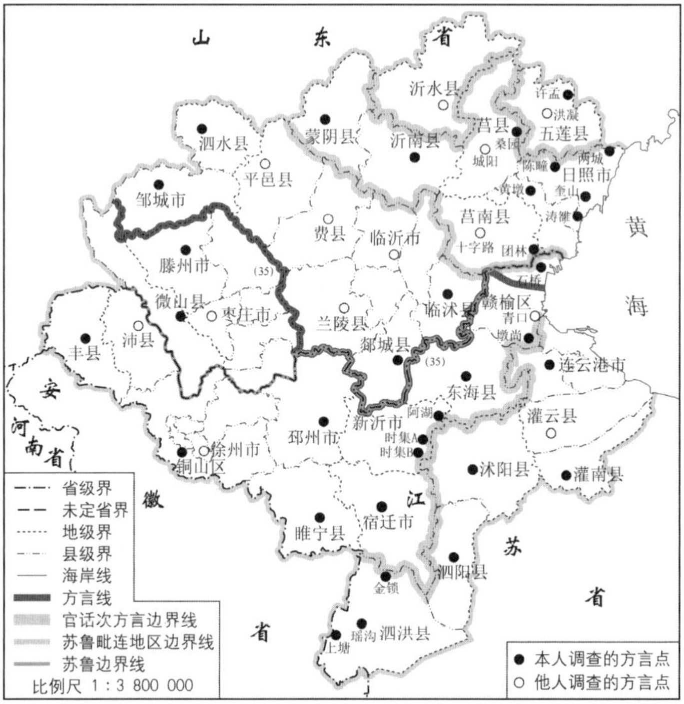

图 5-11　同言线：临日型

（3）东海、泗洪两地方言的过渡性。东海、泗洪被众多的同言线束包围，泗洪境内还分布着同言线，这种情况说明两地方言语音有很强的过渡性。正因为如此，学者们在泗洪、东海方言的归属问题上存有不同的看法。

（4）同言线束是可以走动的。强势方言会对弱势方言产生影响，使得边界线上属于弱势方言的语音特征逐渐减少，属于强势方言的语音特征逐渐增多，最终被同化为强势方言。当这种同化完成后，强势方言的同言线就相应地向弱势方言移动。可以推测，苏北、鲁南境内同言线束 VI、同言线束 III 分别是同言线束 I、同言线束 II 自西向东走动的结果。

5.2 内部分区及其与《中国语言地图集》分区的比较

5.2.1 内部分区

根据以下两条标准：①同言线束比单条的同言线重要；②包含同言线条数多的同言线束（包括整束的同言线束及整束同言线束里的同言线束）比包含同言线条数少的同言线束重要，我们选取了同言线束 I、II、III，把苏鲁毗连地区方言分成连泗、徐宿、蒙日、沂莲四个区，具体情况如图 5-12 所示。

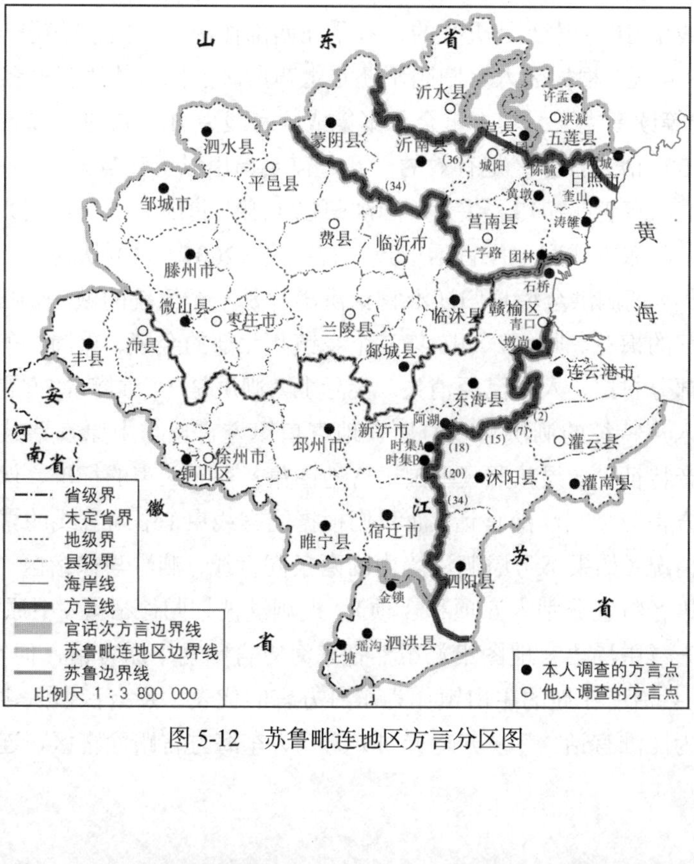

图 5-12 苏鲁毗连地区方言分区图

需要说明的是，同言线束 III：日照型、同言线束 IV：邳泗型都包含了 3 条同言线，但这两条同言线束所包含的 6 项语音特征是新近的语音演变造成的，而且同言线之间的重合度比较低，因此没有把这两条同言线束作为分区的标准。另外，在根据同言线束 VI 确定蒙日区和沂莲区的分界线时，把同言线（36）作为分区依据，主要考虑到同言线（36）涉及的字数多，而同言线（15）涉及的字数少得多。

5.2.2 与《中国语言地图集》分区的比较

比较图 5-4 和图 1-1 可知，我们划分出的连泗、徐宿、蒙日、沂莲四个区分别与《中国语言地图集》的江淮官话洪巢片，中原官话兖菏片和徐淮片，冀鲁官话石济片聊泰小片、沧惠片莒照小片，胶辽官话青莱片、青莲小片基本一致。差别在于：泗洪归到徐宿区，而《中国语言地图集》归到江淮官话；莒县桑园归到沂莲区，而《中国语言地图集》归到冀鲁官话。

《中国语言地图集》是根据古入声的今读来给官话方言分区的。从图 5-1 可见，根据入声的有无所画的同言线与同言线束 I 主体上是重合的，只是在两端多围出了东海和泗洪两个县，在新沂境内多围出了新沂时集 B 一个点；从图 5-2 可见，根据古次浊入声字归阴平还是去声所画的同言线跟同言线束 II 主体上是重叠的，只是在西部往南多围出了平邑一个县；从图 5-3 可见，根据清入字归阴平还是上声所画的同言线跟另一条同言线（果摄一等读音类型）基本重合，聚集成同言线束 III。可见，以古入声的今读来给官话方言分区是有效的。不过需要指出以下三点。

（1）冯青青（2013）认为，泗洪归仁（泗洪北部的一个乡镇）的入声已消失，归派方式跟中原官话一致。石绍浪（2001：11）认为，《中国语言地图集》把泗洪全境划归江淮官话洪巢片是一个笼统的做法，泗洪县境内西北部的梅花、归仁、西陈集三个乡镇和北部的金锁、重岗、车门三个乡镇的部分村组，入声已经消失。实际上，泗洪是一个过渡性方言，即使是保留入声特征的泗洪县政府所在地青口镇方言也与中原官话共享有更多的语音特征。如果按照《中国语言地图集》有无入声的标准，保留入声的泗洪方言应划归江淮官话，而我们根据同言线束 I 中同言线的聚集成束的具体情况（如果不考虑泗洪境内的两条同言线，泗洪与徐宿区、连泗区共享的语音特征分别为 6 项和 3 项），把泗洪被划归徐宿区（中原官话）。

（2）《中国语言地图集》虽然把东海方言归为中原官话，但实际上，“如果以县治所在地的牛山镇作为东海方言的代表，那么保留入声的东海应该划为江淮官话。”（苏晓青 1997：4）东海方言跟徐宿区、连泗区共享的语音特征分别有 8 项和 3 项（包括有入声），所以我们把东海划为徐宿区（中原官话）。

（3）蒙日区（冀鲁官话）、沂莲区（胶辽官话）的差异比较小。同言线束 I 包含的同言线条数最多，同言线束 II 次之，同言线束 III 最少，只包含了两条同言线，而且也不是完全重合。

综上可见，即使不用古入声的今读标准，也是可以找到有效的标准对官话方言进行次方言的划分。

5.3　语音特征的分布与扩散及其与明清行政区划的关系

5.3.1　语音特征的分布与扩散

前文（5.1）列出了 36 幅苏鲁毗连地区方言语音特征分布地图，并按照语音的特征分布情况分为两类，下面分别对两类地图所反映的语音特征的分布、扩散情况进行讨论。

第一类语音特征图（24 幅）：

（1）端组逢今齐齿韵母读音类型分布图（图 2-1）：端组逢今齐齿韵母的读音分为 3 种类型：t t^{h}型、ȶ ȶ^{h}型和 tɕ tɕ^{h}型。ȶ ȶ^{h}和 tɕ tɕ^{h}两种类型主要分布在日照境内，其他地区都是 t t^{h}型的分布范围。值得注意的有两点：一是莒南境内团林和十字路两点不同，分别是 ȶ ȶ^{h}型和 t t^{h}型；二是日照奎山是 t t^{h}型，与日照境内其他 4 点不同。端组逢今齐齿韵母读为 ȶ ȶ^{h}和 tɕ tɕ^{h}是一种创新音变，这一音变是与北部诸城、五莲等地方言的接触造成的，现几乎遍及日照全境，只有距离日照市区最近的日照奎山没发生这一音变。

（2）泥来母分混类型分布图（图 2-2）：泥来母的分合有相混和不混两种类型。相混型的 5 个点集中分布在东南部。相对于不混型来说，泥来母相混属于一项创新音变，扩散的范围限于连泗区。

（3）精组逢今齐撮韵母读音类型分布图（图 2-3）：精组逢今齐撮韵母[i(-)、y(-)]有 7 种读音类型：徐州型 tɕ tɕ^h ɕ；赣榆青口型 ts ts^h s；日照奎山型 tθ tθ^h θ；日照涛雒型 ȶ ȶ^h θ；蒙阴型 z ts^h s；莒南十字路型 ts tɕ^h s；临沂型 tθ tθ^h θ/tɕ tɕ^h ɕ（精组逢今齐撮韵母无条件分化为两类：tθ tθ^h θ/tɕ tɕ^h ɕ）。苏北地区除了赣榆境内 3 点，其他都是徐州型的势力范围，鲁南西部基本也是徐州型。其他 6 种类型集中在苏北赣榆地区和鲁南东部，其中，赣榆青口型分布在苏鲁交界线上，以及沂南和莒县南部。日照奎山型和日照涛雒型主要分布在日照及日照周边地区，蒙阴型分布在蒙阴、沂水和莒县地区。临沂型和莒南十字路型则仅存在于临沂和莒南西部地区。从 2.1.3.1 讨论可知，赣榆青口型精组逢今齐撮韵母的读音属于存古，其他类型分别经历了不同的音变过程。其中，日照奎山型、日照涛雒型、蒙阴型、莒南十字路型和临沂型集中在鲁南的中东部地区和苏北的赣榆地区，因此，这一区域精组逢今齐撮韵母读音类型多样，属于音变创新的区域。

（4）精组逢今开合韵母读音类型分布图（图 2-4）：精组逢今开合韵母的读音有 3 个大类：徐宿型、连灌型、沂蒙型。其中，沂蒙型还分为 6 个次类型：日照涛雒型 tθ $tθ^h$ θ；五莲许孟型 t t^h/tθ $tθ^h$ θ；莒县桑园型 ð $tθ^h$ θ；沂南型 tθ $tθ^h$ θ/tʃ $tʃ^h$ ʃ $_{深臻开三阳声韵}$；蒙阴型 ð $tθ^h$ θ/tʃ $tʃ^h$ ʃ $_{深臻开三阳声韵}$；沂水型 ð $tθ^h$ θ/z ts^h s $_{深臻开三阳声韵}$。连灌型分布在苏北东部的连云港地区（包括灌云和灌南），沂蒙型分布在鲁南中、东部的日照以及临沂的大部分地区，其他地区都是徐宿型的分布范围，值得注意的是，莒县城阳处于沂蒙型分布范围的中心地带，却是一个与周边方言点都不同的徐宿型。根据 2.1.3.2 的讨论，徐州型精组逢今开合韵母的读音属于存古，其他类型分别经历了不同的音变过程。从沂蒙型的各次类型在鲁南中东部的集中分布可以看出，这一区域精组逢今开合韵母读音类型多样，属于音变差异大的语音创新区域。另外，连灌型作为一个创新音变类型，音变创新应该首先发生在连云港地区，然后向周边的灌云、灌南等地区扩散。莒县城阳 1 点与周边方言不同，而是与徐州型相同，读音上属于存古的类型，没有受到周边方言的影响。

（5）知庄章分合类型分布图（图 2-5）：古知庄章组声母的分合涵盖熊正辉（1990）的 3 种类型。根据知庄章分合“韵摄等呼”的条件又可以分为 8 种次级分合类型：泗阳型、泗洪型、日赣型、徐铜型、连灌型、赣榆石桥型、枣邳型和临宿型。济南型分布在苏鲁毗连地区中部，周边被昌徐型和南京型包围，南京型分布在苏北南部的泗洪和泗阳两地，昌徐型的四种分合类型分布在东南、西部和东北部地区。从 2.2.1 的讨论可知，3 种类型之间有演变上的先后关系，南京型、昌徐型较之济南型更为古老，济南型是进一步演变的结果。从图 2-5 上看，昌徐型、南京型与济南型形成了典型的周圈式分布，这种周圈式分布模式也说明了三者之间的演变关系。

（7）止摄开口以外日母读音类型分布图（图 2-7）：止摄开口以外日母读音有三种类型：徐宿型、连灌型和沂蒙型，3 种类型各据一方，泾渭分明。沂蒙型分布在东北角的蒙阴和日照等地区，连灌型分布在东南角的连云港、灌南和灌云等地，其他地区都是徐宿型的势力范围。值得注意的情况有两点：一是苏北的赣榆地区属于沂蒙型。赣榆在苏北偏于一隅，又与日照相邻，因此，存古的读音得以保留。二是徐宿型的次类型 ʐ（z、ʒ）-Ø 声母型分布在 ʐ（z、ʒ）-v-Ø 声母型的周围，形成了典型的周圈式分布。实际上，次类型 ʐ（z、ʒ）-v-Ø 声母型是在 ʐ（z、ʒ）-Ø 声母型的基础上发生了 ʐ-→v-的创新演变，这一演变是 tʂ 组合口变 pf 组的一个组成部分（见 2.2.2.2）。

（8）见晓组细音读音类型分布图（图 2-8）：见晓组细音共有 6 种读音类型：徐州型 tɕ $tɕ^h$ ɕ、赣榆青口型 k k^h x、五莲洪凝型 tʃ $tʃ^h$ ʃ、五莲许孟型 ʒ $tʃ^h$ ʃ、日照涛雒型 ts ts^h s，赣榆墩尚型 c c^h ç。五莲洪凝型、赣榆青口型、赣榆墩尚型、日照涛雒型和五莲许孟型集中分布在东北角的赣榆、日照、五莲和莒南地区，其他地区都是徐州型的势力范围。另外，东北角的赣榆石桥、日照奎山和日照两城 3 个方言点也是徐州型。赣榆地区（赣榆青口型、赣榆墩尚型）见晓组细音的今读属于存古，而日照、莒南、五莲等地方言（五莲洪凝型、五莲许孟型、日照涛雒型）却是经历了较为复杂的音变过程（k k^h x→tɕ $tɕ^h$ ɕ→tʃ $tʃ^h$ ʃ→ts ts^h s）。可以推测，日照、莒南、五莲等地方言应该是在较短的时期内完成了上述音变，原因有二：①与日照等地毗邻的赣榆至今还保留着存古音值；②日照境内尚有日照奎山和日照两城属于徐州型，还没有发生舌叶化或平舌化的音变。

（9）影疑母逢今开口韵母读音类型分布图（图 2-9）：影疑母逢今开口韵母的读音有三种类型：ŋ 声母型、ɣ 声母型和 Ø 声母型。从前文（2.3.2）讨论上看，ŋ 声母型属于创新音变，分布限于蒙日区和沂莲区的范围内。Ø 声母型属于存古的音值，主要保留在连泗区的范围内，ɣ 声母型作为另一种创新音变，主要分布在徐宿区的范围内。值得注意的是，作为经济文化中心的三个地级市政府所在地的方言（徐州、临沂、枣庄）却属于 Ø 声母型，保留了存古音值。

（15）果摄一等读音类型分布图（图 3-1）：中古果摄一等读音分为两种类型：完全合流型和部分合流型。从果摄一等字韵母主元音的音值上看，完全合流型的方言里又有两种情况：①圆唇，②不圆唇。3 种类型地理分布的界限清晰，完全合流型、不圆唇分布在沂莲区，完全合流型、圆唇分布在连泗区，徐宿区和蒙日区都是部分合流型的分布范围。

（16）果摄三等读音类型分布图（图 3-2）：果摄三等韵母分为两种类型：相同型和不同型，相同型有 3 种次类型：徐州型、日照涛雒型、泗洪瑶沟型。不同型分布在东南部的连云港、灌云、沭阳、泗阳地区，其他地区都是相同型的分布范围。就相同型的 3 种次类型来说，日照涛雒型分布在日照、莒南和五莲地区（但日照境内的日照奎山和日照两城两个点是徐州型），泗洪型只有泗洪瑶沟 1 个点，其他地区都是徐州型的分布范围。日照涛雒型果摄三等韵母的今读是见晓组声母舌叶化或平舌化导致的，见晓组声母音变的讨论见 2.3.1。另外，不同型的语音变化与扩散限于连泗区的范围内。

（17）蟹止开三四、假开三高化类型分布图（图 3-3）：蟹止开三四、假开三高化分为 5 种类型：赣榆青口型、徐州型、灌南型、连云港型、日照涛雒型。其中，灌南型、连云港型、赣榆青口型都只有 1 个点，分布在灌南、连云港和赣榆境内，日照涛雒型分布在日照（除日照两城、日照奎山两点），五莲和莒南地区，其他地区都是徐州型的分布范围。从音变上看，赣榆型属于较为古老的音值，其他类型蟹止开三四、假开三经历了高化的音变，其中徐州型、灌南型和连云港型反映了在赣榆型基础上的元音高化的阶段性。日照涛雒型是在徐州型的基础上，由于声母的平舌化或舌叶化，使得除了止开三知组字、蟹开三知章组字韵母高化为舌尖音之外，蟹止开三四见晓组字韵母也变成了舌尖音 ɿ。从地理分布上看，赣榆型偏于一隅，分布在赣榆区政府所在地青口镇，灌南型和连云港型作为一种创新音变，还没有扩散到周边地区。日照涛雒型是在声母创新音变影响下的韵母高化现象，分布范围限于日照、五莲和莒南境内。

（18）果开合一，遇合一、遇合三（帮知系），流开一（非帮组）、流开三（知系）高化类型分布图（图 3-4）：果开合一，遇合一、遇合三（帮知系），流开一（非帮组）、流开三（知系）高化分为 5 种类型：连云港型、灌南型、沭阳型、泗阳型、徐州型。其中，灌南型、泗阳型、连云港型和沭阳型属于创新的音变，扩散范围限于连泗区的范围内。

（19）山合一、二分合类型分布图（图 3-5）：山合一、二有两种类型：有别型、无别型。有别型作为一种存古类型主要保留在连泗区的范围内，除了泗洪瑶沟，其他地区都是无别型的分布范围。

（20）咸山开二（见系）、开三四分合类型分布图（图 3-6）：咸山开二（见系）、开三四分为有别型、无别型两种类型。有别型作为一种存古类型保留在连泗区的范围内，其他地区都是无别型的分布范围。

（22）深臻、曾梗阳声韵分合类型分布图（图 3-8）：深臻、曾梗阳声韵的分合有 3 种类型：不同型、部分相同型、完全相同型。部分相同型、完全相同型作为一种创新类型，分布范围比连泗区稍大，与古入声读音类型里的江淮型的分布范围基本一致。

（26）曾梗开口一二等入声韵读音类型分布图（图 3-12）：曾梗开口一二等入声韵有 3 种类型：灌南型、连云港型、徐州型。灌南型、连云港型的分布范围比连泗区的范围略大，其他地区都是徐州型的分布范围。

（28）蟹合一三四、止合三端系字 u 介音脱落类型分布图（图 3-14）：蟹合一三四、止合三端系字 u 介音脱落分为以下 4 种类型：连云港型、临沂型、徐州型、五莲许孟型。连云港型主要分布在苏北的中部和东部地区，莒南境内两点也属于这一类型。五莲许孟型分布在鲁南东北部五莲许孟、沂水和蒙阴 3 点。临沂型分布在苏鲁毗连地区中部邳州、临沂等 5 点，其他地区都是徐州型的分布范围。从语音演变上看，u 介音保留的属于存古形式，u 介音脱落的属于创新形式，五莲许孟型、徐州型、临沂型、连云港型之间的差异反映了蟹合一三四、止合三端系字 u 介音脱落的过程，从地理分布上看，4 种类型自北向南呈连续性分布，因此，这一创新音变从东南部连云港地区开始，然后向北、向西扩散，逐渐形成了目前的分布状况。

（29）臻摄合口阳声韵端系字 u 介音脱落类型分布图（图 3-15）：臻摄合口阳声韵端系字 u 介音脱落分为 3 种类型：连云港型、莒县城阳型、徐州型。苏北境内基本上是连云港型的分布范围，不过，苏北西北角的徐州、铜山、丰县和沛县 4 点属于徐州型。在鲁南境内，与赣榆相邻的莒南地区也是连云港型的分布范围，莒县城阳型只有莒县城关镇 1 个点，其他地区都是徐州型的分布范围。从语音演变上看，u 介音保留的属于存古形式，u 介音脱落的属于创新形式，徐州型、莒县城阳型、连云港型之间的差异反映了臻摄合口阳声韵端系字 u 介音脱落的过程。从地理分布上看，三种类型自北向南呈连续性分布，因此，这一创新音变自东南部连云港地区开始，然后向北、向西扩散，逐渐形成了目前的分布状况。

（30）精组字韵母的合/撮类型分布图（图 3-16）：精组字韵母的合/撮有 5 种类型：徐州型、赣榆青口型、邳州型、平邑型、枣庄型。枣庄型、平邑型分布在鲁南西部的枣庄、平邑、泗水等 5 个方言点。邳州型只有邳州 1 点，分布在苏北境内，毗邻枣庄型和平邑型的 5 个方言点。赣榆青口型分布在赣榆境内，其他地区都是徐州型的分布范围。前文（3.4.2）已经指出，平邑型、邳州型是在枣庄型基础上的进一步演变，枣庄型是在徐州型基础上的进一步演变。基于周圈式的地理分布可以推测，枣庄地区应该是最先发生了精组字韵母由合到撮的音变创新，而后向四周扩散，最后扩散到平邑、邳州等地区。

（32）阳平调调型类型分布图（图 4-2）：阳平调有升、高平、高降 3 种调型。升调型分布在东南部以及南部的连云港、沭阳、泗阳、泗洪等地区，高降调型分布在鲁南的除滕州、枣庄和微山之外的地区，其他地区都是高平调型的分布范围。前文（4.2.2）认为，自东南向东北的升调型、高平调型、高降调型之间是一种链式音变过程，演变先是在西北开始，然后自西北向东南扩散，最终形成现在的分布状况。

（33）上声调调型类型分布图（图 4-3）：上声调有降、升、平、降升 4 种调型。降调型分布在东南部的连云港、灌南、灌云和沭阳 4 点，平调型分布在鲁南的除西部滕州、枣庄、微山以及中北部沂南、蒙阴 5 点以外的地区，其他地区都是升调型的分布范围。前文（4.2.2）认为，自东南向西北的降调型、降升调型、升调型、平调型之间是一种链式的音变过程，演变先是在西北部开始，然后自西北向东南扩散，最终形成现在的分布状况。

（34）去声调调型类型分布图（图 4-4）：去声有高平、高降、低降、降升 4 种调型。高平调型分布在东南部的连云港、灌南、灌云、沭阳和泗阳 5 点，低降调型分布在东北部地区，降升调型分布在中部和西北部地区，其他地区都是高降调型的分布范围。前文（4.2.2）认为，自东南向西北的高平、高降、低降、降升 4 种调型之间是一种链式的音变过程，演变先是在西北部开始，然后自西北向东南扩散，最终形成现在的分布状况。

（35）舒声调系统类型分布图（图 4-5）：舒声调系统可以分为 5 种类型：南京型、芜湖型、徐州型、济南型、扬州型。扬州型分布在东南角的连云港、灌南、灌云和沭阳 4 点。南京型只有南部的泗阳 1 点，芜湖型分布在泗洪和新沂境内，恰好处于中原官话和江淮官话的分界线上。徐州型和济南型基本分布在苏北和鲁南境内。前文（4.2.2）认为舒声调系统的演变过程如下：南京型→芜湖型→徐州型→济南型，4 种声调系统合乎环流式的变化。从地理分布上看，济南型、徐州型、芜湖型、南京型自西、北向东南呈连续性分布，可以推测，演变先是在西部、北部开始，然后向东南部扩散，最终形成现在的分布状况。

（36）古入声读音类型分布图（图 4-6）：按照古入声的有无可以把苏鲁毗连地区方言分为有入声、无入声两大类，根据古入声的今读可以把有入声方言分为 4 个次读音类型：江淮（古）型、江淮（新 A）型、江淮（新 B）型、中原（古）型；无入声方言分为 6 个次读音类型：中原（新 A）型、中原（新 B）型、中原-冀鲁过渡型、冀鲁型、冀鲁-胶辽过渡型、胶辽型。从地理分布来看（见 4.3.1），古入声读音类型的地理分布有两点值得注意：一是方言交界线上兼有存古和创新类型：中原（新 A）型、中原（新 B）型、江淮（古）型、江淮（新 A）、江淮（新 B）都集中分布在入声有无的交界线上。另外，作为创新型的中原-冀鲁、冀鲁-胶辽两种过渡型则分别处于中原-冀鲁、冀鲁-胶辽的分界线上。二是古入声读音类型在方言交界线地区的集中分布：仅赣榆、泗洪境内就分别有3种读音类型，新沂境内也有两种读音类型。岩田礼、苏晓青（2004）报告的矫枉过正现象，Iwata（2006）报告的混淆形式也都是方言边界线上发现的语音现象。那么，这些存古或创新现象为何恰恰保留在方言边界上？实际上，交界地区的方言兼具创新和保守两种特性：由于不断地受到邻接方言的影响，故总有变化的趋势（创新），但当发生变化时总有与此抵抗的力量起作用（保守）。古入声读音类型在交界线上的集中分布说明交界线上方言兼具创新和保守两种特性，而入声读音类型在泗洪、赣榆等边界地区的集中分布说明交界地区方言音变的剧烈性。

第二类语音特征图（12幅）：

（6）止摄开口日母读音类型分布图（图2-6）：止摄开口日母读音有两种读音类型：ɭ声母型和∅声母型。其中，∅声母型又可分为两个次类型：声化韵型和元音韵母型。大致以苏鲁两省的边界为界限，苏北地区主要为元音韵母型，鲁南地区主要为ɭ声母型和声化韵型。但是，与鲁南相邻的丰县、邳州、赣榆石桥和赣榆青口4个方言点是ɭ声母型，与苏北的沛县相邻的微山是元音韵母型，这应该是两省边界地区方言的相互影响造成的。

（10）精组逢今开合/齐撮韵母类型分布图（图2-10）：精组逢今开合/齐撮韵母有3种分合类型和11种读音类型：一是合一型，有2种读音类型：ts tsʰ s型和tθ tθʰ θ型。二是二分型，有6种读音类型：tθ tθʰ θ：ȶ ȶʰ θ型、tθ tθʰ θ：tɕ tɕʰ ɕ型、ð tθʰ θ：z tsʰ s（齐撮韵母、深臻开三阳声韵）型、ts tsʰ s：tɕ tɕʰ ɕ型、tʂ tʂʰ ʂ：tɕ tɕʰ ɕ型、tθ tθʰ θ：ts tsʰ s型。三是三分型，有3种读音类型：t tʰ/tθ tθʰ止开三 θ：ȶ ȶʰ θ型、tθ tθʰ θ/tʃ tʃʰ ʃ深臻开三阳声韵：ts tsʰ s型、ð tθʰ θ/tʃ tʃʰ ʃ深臻开三阳声韵：z tsʰ s型。从地理分布上看，合一型和三分型主要分布在东北部地区，其他地区主要是二分型的势力范围。精组类型的多样性主要表现在鲁南中东部地区，主要是精组逢今齐撮韵母、开合韵母今读的复杂性造成的。精组逢今齐撮韵母、开合韵母的音变及扩散情况参见2.1.3。

（11）精组是否齿间化类型分布图（图2-11）：精组是否齿间化分为三种类型：日照奎山型、五莲许孟型、徐州型。日照奎山型只分布在日照、五莲、莒南等地以及与日照相邻的赣榆北部地区。五莲许孟型则是分布在五莲和莒南等地区以及日照、五莲和莒南的周边地区。其他地区都是徐州型的势力范围。有意思的是，属于徐州型的莒县城阳分布在日照奎山型和五莲许孟型的中心，形成了一个引人注目的孤岛。五莲许孟型精组声母的齿间化（逢今开合韵母）应该是在日照奎山型（精组逢今开合/齐撮韵母都齿间化）的影响下发生的，然后扩散到了日照、五莲等的周边地区，反之则不好解释。另外，莒县城阳精组逢今开合、齐撮韵母时都没有齿间化，而知庄章乙组却发生了齿间化的音变，这一音变如何解释有待进一步探讨。

（12）知庄章组与精组分合类型分布图（图 2-12）：知庄章组与精组的分合分为两种类型：一是分立型，二是合流型。合流型分为 7 种次类型：沂南型、沂水型、莒县桑园型、徐州型、连云港型、邹城型、泗阳型。合流型与分立型的地理分布呈现包围和被包围的态势，分立型分布在中部地区，合流型分布在周边地区，其中，连云港型分布在东南部的连云港等地区，徐州型分布在西南部的泗洪和西部的徐州一带，邹城型分布在西北部地区，泗阳型只分布在泗阳地区，沂水型和沂南型分布在东北部地区，莒县桑园型分布在莒县和沭阳两地。从语音的演变上看，分立型属于较为古老的类型，而合流型则是在分立型的基础上，在周边各地发生了创新的音变。另外，莒县桑园和沭阳并没有地理上的连续型，两者的演变应该没有接触关系，属于音变上的偶然相似。

（13）知庄章组与见晓组细音分合类型分布图（图 2-13）：知庄章组与见晓组细音的分合有 2 种类型：分立型和合流型。合流型分为 3 种类型：日照涛雒型、连云港型、泗水型。日照涛雒型的分布范围局限于东北角的五莲、莒南以及日照的部分地区，连云港型局限于东南部的连云港、灌云、灌南、泗阳和沭阳地区，泗水型仅仅分布在泗水境内，其他地区都是分立型的势力范围。另外，日照两城、日照奎山 2 点也是分立型，与日照其他 3 个点不同。日照涛雒型见晓组细音发生了 kj k^hj xj→c c^h ç→tɕ $tɕ^h$ ɕ→tʃ $tʃ^h$ ʃ→ts ts^h s 的音变，从而与知庄章乙组合流为 tʃ $tʃ^h$ ʃ 或 ts ts^h s，这一现象也是在北部诸城、五莲等地方言的影响下发生的（参见 2.3.1）。连云港型只分布在连云港市及其所辖的县市和泗阳地区，周边都是不合流型的方言。因此，这一现象可能最先在连云港市区发生，而后扩散到连云港所辖县市和泗阳地区。泗水型只分布在泗水境内，应该是一种创新音变现象。苏鲁毗连地区方言大部分地区还保留着知庄章组与见晓组细音的分立，日照涛雒型、连云港型和泗水型分别在周边各地发生了知庄章组与见晓组细音合流的音变。

（14）尖团音分合类型分布图（图 2-14）：苏鲁毗连地区方言有分尖团和不分尖团两种类型，其中，不分尖团的方言还可以分为 9 种读音类型：赣榆青口型 ts ts^h s：k k^h x、沂南型 ts ts^h s：tɕ $tɕ^h$ ɕ、临沂型 tθ $tθ^h$ θ：tɕ $tɕ^h$ ɕ、莒南团林型 tθ $tθ^h$ θ：tʃ $tʃ^h$ ʃ、日照陈疃型 ȶ $ȶ^h$ θ：tʃ $tʃ^h$ ʃ、日照涛雒型 ȶ $ȶ^h$ θ：ts ts^h s、五莲许孟型 t t^h θ/tθ $tθ^h$ $θ_{止开三}$：tʃ $tʃ^h$ ʃ、蒙阴型 z ts^h s：tɕ $tɕ^h$ ɕ、赣榆墩尚型 ts ts^h s：c c^h ç。分尖团型集中分布在鲁南中部、东部以及苏北东北角的赣榆地区，其他地区都是不分尖团型的分布范围。从分合上看，分尖团型属于存古的类型，但从读音上看，分尖团型方言的精组逢今齐撮韵母和见晓组细音各自发生音变的情况很复杂，使得分尖团型有 9 种不同的读音类型（见 2.1.3.1、2.3.1）。

（21）深臻开三阳声韵 i 介音消失的古声类条件类型分布图（图 3-7）：深臻开三阳声韵字 i 介音消失的古声类条件类型有 7 种：赣榆青口型、莒县城阳型、五莲洪凝型、徐州型、蒙阴型、沂水型、日照涛雒型。日照涛雒型、五莲洪凝型、沂水型、莒县型基本分布在鲁南东部，蒙阴型分布在鲁南中部的蒙阴、平邑和费县 3 点，赣榆青口型只有 1 个点，其他地区都是徐州型的分布范围。

（23）通摄阳声韵（非帮系、非知庄章组）类型分布图（图 3-9）：根据通摄阳声韵（非帮系、非知庄章组）是否与曾梗摄开口阳声韵合流，可以把苏鲁毗连地区方言分为两种类型：合流型、分立型。合流型分布在东北部的五莲地区、日照东北部的 3 个方言点和赣榆北部的 1 个方言点，其他地区都是分立型的分布范围。合流型作为一种创新类型，集中出现在日照等音变剧烈的地区。

（24）入声韵读音类型分布图（图 3-10）：根据入声的有无，苏鲁毗连地区方言分为两种类型：有入声型和无入声型。根据入声韵的组数和韵母个数，可以把苏鲁毗连地区方言入声韵的读音分为 8 种类型：五组 14 个韵母型、四组 13 个韵母型、四组 11 个韵母型、三组 11 个韵母型、三组 10 个韵母型、三组 8 个韵母型、三组 6 个韵母型、四组（舒）13 个韵母型。入声韵的演变既有分化也有合并，但总的趋势是合并：入声韵类的组数、个数都逐渐减少，结果可能会减少为一组：ə iə uə yə（见 3.3.1.2.5）。从地理分布上看，五组 14 个韵母型（灌南）距离入声有无的交界线最远，四组 13 个韵母型（泗阳）距离边界线稍近，三组 10 个韵母型（沭阳等）距离交界线最近，而交界线上的方言不但组数减少到 3 组，韵母个数也从 10 个减少到了 8 个或 6 个不等。总体来说，距离边界线越近，入声韵母的个数越少。有三个方言点值得注意：一是四组 13 个韵母型（赣榆石桥）入声韵的组数和个数与周边四组（舒）13 个韵母型完全一致，但由于地理上偏于一隅，入声得以保留。二是处于交界线上的三组 11 个韵母型（新沂时集 B）虽然与沭阳、连云港、东海等方言一样，入声韵组数还是 3 组，但入声韵个数却增加到 11 个。三是三组 8 个韵母型（泗洪上塘），这一方言点与三组 11 个韵母型（新沂时集 B）都处于处于交界线上，其入声韵的分合兼有四组 13 个韵母型（赣榆石桥）[也即四组（舒）13 个韵母型（徐州）]和三组 10 个韵母型（沭阳）的特点，这说明了交界线上方言的入声韵分合的过渡性。

（25）咸山开一入声韵分合类型分布图（图 3-11）：按照咸山开一入声韵是否以“见系/非见系”分化，可以把苏鲁毗连地区方言分为两种类型：分化型和不分化型。分化型主要分布在西南部地区，但泗洪瑶沟和泗洪上塘两点也是分化型；不分化型主要分布在东北部地区。分化型作为一种创新类型，现正呈扩散的趋势，几乎扩散到了整个西南部地区。

（27）曾合一、梗合二入声韵归并类型分布图（图 3-13）：曾合一、梗合二入声韵与其他韵摄的分合分为四种类型：灌南型、徐州型、连云港型、枣庄型。灌南型、连云港型分布在苏北东南部地区，但处于苏北南部的泗阳属于枣庄型。徐州型、枣庄型混杂分布在其他地区。

（31）阴平调调型类型分布图（图 4-1）：阴平调有降、降升、升 3 种调型。降调型仅分布在东南部的灌南和泗阳两点，升调型分布在西部的丰县、泗水、邹城 3 点，另外，东北部的莒县两点和中部的临沭也是升调型，其他地区都是降升调型的分布范围。前文（4.2.2）认为，自东南向西北的降调型、降升调型、升调型三种类型之间是一种链式音变过程，演变先是在西北部开始，然后自西北向东南扩散，最终形成现在的分布状况。

把以上 36 幅地图的音变及其扩散的情况综合起来看，可以得出以下 3 点结论：

（1）语音特征的扩散

一是苏北境内同言线束 I、同言线束 VI 的走向都是自西南向东北的斜线，鲁南境内同言线束 II、同言线束 III 的走向也基本一致，都是自西北到东南的斜线。如果结合起来看，四条同言线束就形成了一个以西部某一点为圆心的近似的半圆。可以设想，这个半圆形是同言线束所包含的语音特征在中原地区某一点发生了创新音变后，然后向周边呈周圈式扩散所留下的印迹。苏北境内的同言线束 I、同言线束 VI 自身的宽幅以及两条同言线束之间的距离就是不同语音特征的音变先后不一及其向外扩散的步调不一造成的，鲁南境内的同言线束 II、同言线束 III 也是如此。

二是日照等地的音变创新与扩散。同言线束 IV 表现了日照、五莲、莒南等地语音创新的区域与扩散范围。同言线束 IV 包含了三项语音特征同言线，这三条同言线聚集成束，并在日照等地围出了一个核心区域，区域内的五莲洪凝、日照涛雒等 5 个方言点在三项语音特征上表现一致。但也应看到，同言线束 IV 有一定的宽幅，这是由于三项创新音变在核心区域发生的先后不一及其向外扩散的步调不一造成的。

三是鲁南西北部的音变创新与扩散。同言线束 V 表现了邳州、泗水等地语音创新的区域与扩散范围。同言线束 V 包含了三项语音特征同言线，这三条同言线聚集成束，并在鲁南西部地区围成了一个核心区域，区域内的泗水、邳州等 5 个方言点在三项语音特征上表现一致。但也应看到，同言线束 V 有一定的宽幅，这是由于三项创新音变在核心区域发生的先后不一及其向外扩散的步调不一造成的。

四是蟹合一三四、止合三端系字 u 介音脱落，臻摄合口阳声韵端系字 u 介音脱落的创新音变都是从东南部连云港等地开始，然后向北、向西扩散，逐渐形成了目前的分布格局。

（2）方言边界线上的存古与创新

前文（5.3.1）认为：①入声有无的交界线上集中分布着古入声读音的存古和创新类型，另外，属于创新类型的中原-冀鲁、冀鲁-胶辽两种过渡型也分别处于中原-冀鲁、冀鲁-胶辽的分界线上，以上情况说明交界线上方言兼具创新和保守两种特性；②古入声读音类型集中分布在交界地区：仅赣榆、泗洪境内就分别有 3 种类型，新沂境内也有两种类型，这说明了交界地区方言音变的剧烈性。③前文（3.3.1.2）认为：五组 14 个韵母型（灌南）距离入声有无的交界线最远，四组 13 个韵母型（泗阳）距离边界线稍近，三组 10 个韵母型（沭阳等）距离交界线最近，而交界线上的方言不但组数减到三组，韵母个数也从 10 个减少到了 8 个或 6 个不等。总的来说，距离边界线越近，入声韵母的个数越少。因此，入声有无交界线上方言的入声韵经历了较为剧烈的合并和音变过程。交界线上还分布着三组 11 个韵母型（新沂时集 B）、三组 8 个韵母型（泗洪上塘）等过渡型的方言。以上两点情况都说明了交界地区方言的创新性。

（3）存古语音特征的保留

从整体上看，胶辽官话比冀鲁官话存古特征保留得多，冀鲁官话比中原官话存古特征保留得多，而江淮官话的存古特征最多，这主要是由于苏鲁毗连地区方言语音特征产生的先后不一以及自西北向东南扩散的步调不一造成的。另外，苏北东北角的赣榆地区由于偏于一隅，得以保留较多的存古语音特征，如分尖团、知庄章分为甲乙两组、止摄开口以外日母今读为 ∅ 声母等。灌南处于东南部一角，也保留着较多的存古语音特征，如入声韵分合类型属于最复杂的五组 14 个韵母型等。

5.3.2　语音特征的分布、扩散与明清行政区划的关系

根据《中国历史地图集》第 7 册的“山东一”“南京（南直隶）”以及第 8 册的“江苏”“山东”四幅地图可以绘制明清时期行政区划示意图，分别如图 5-13、5-14 所示。

明清行政区划与苏鲁毗连地区方言语音特征分布有显著的一致性，具体表现在以下 5 个方面：①同言线束 II 的主体部分与明代青州府、兖州府的府界完全重合；②同言线束 I 西南段的主体部分和清代徐州府、海州的界线完全重合，和泗州、淮安府的界线也完全重合。③同言线束 VI 的西南段和清代徐州、淮安府与海州府的界限完全重合。④同言线束 I 所包含的同言线在南部圈出的泗洪县在明代属于凤阳府的范围，在清代属于泗州的范围。同言线束 I 与同言线束 VI 圈出的泗阳在清代属于淮安府的范围。⑤同言线束 II 包含的同言线（7）在东南端向南多围出了赣榆的范围。同言线束 IV 包含的同言线（3）在南端向南多围出了赣榆石桥的范围。同言线束 V 包含的同言线（5）（7）（30）在南部多围出了邳州的范围。根据赣榆县县志编纂委员会（1997：121）《赣榆县志》和邳州市地方志编纂委员会（1995：61-62）《邳县志》，赣榆东北部的个别乡镇曾划归为日照，邳州北部的个别乡镇曾划归为兰陵。以上的一致性表明行政区划格局对语音特征的分布与扩散有一定的影响。

苏鲁毗连地区自明清延续至今的省级边界线与同言线束的走向完全不同，两者的位置及走向都相差甚远：同言线束的走向多为西北至东南（鲁南境内）或东北至西南（苏北境内）走向，而省级边界线是东西走向的。语音特征分布与明清行政区划的一致性表明行政区划对语音特征的分布与扩散有一定的影响，但为什么比府、州级边界线更重要的省级边界线却没有产生作用呢？实际上，行政区划等因素能否影响方言语音的特征分布还需要考虑到语音特征扩散的方向，如果行政区划界线与方言语音特征的扩散方向一致，就不会对语音特征的扩散产生作用。张树铮（2007）考察了山东方言 13 项语音特征扩散的方向，结论是大多数的语音特征呈现出自西向东扩散的趋势（少数语音特征从西南向北推进）。苏鲁毗连地区方言同言线束 I、II、III、VI 所包括的语音特征都是西部某一点发生了创新音变后周圈式扩散的结果，以上语音特征的扩散方向与苏鲁省级行政边界线的走向一致，因此省级行政边界线没有起到南北阻隔的作用。

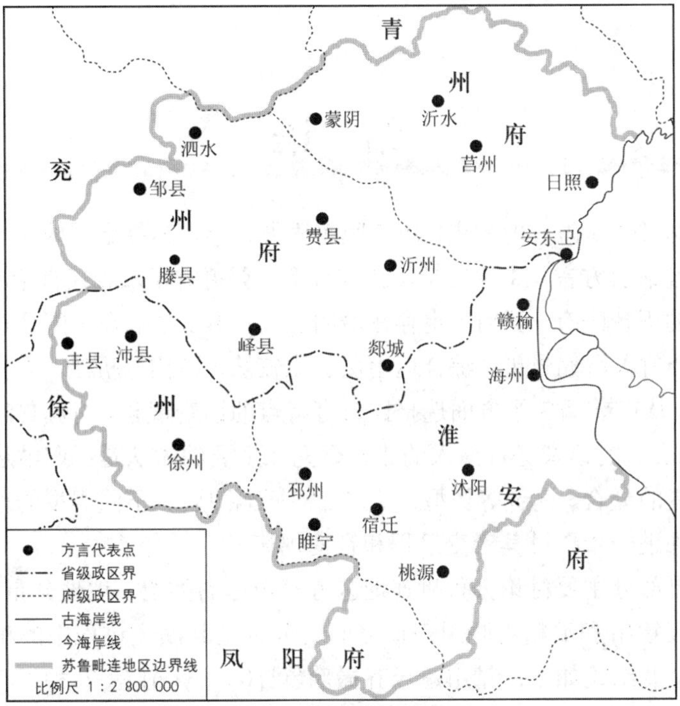

图 5-13 明代行政区划示意图

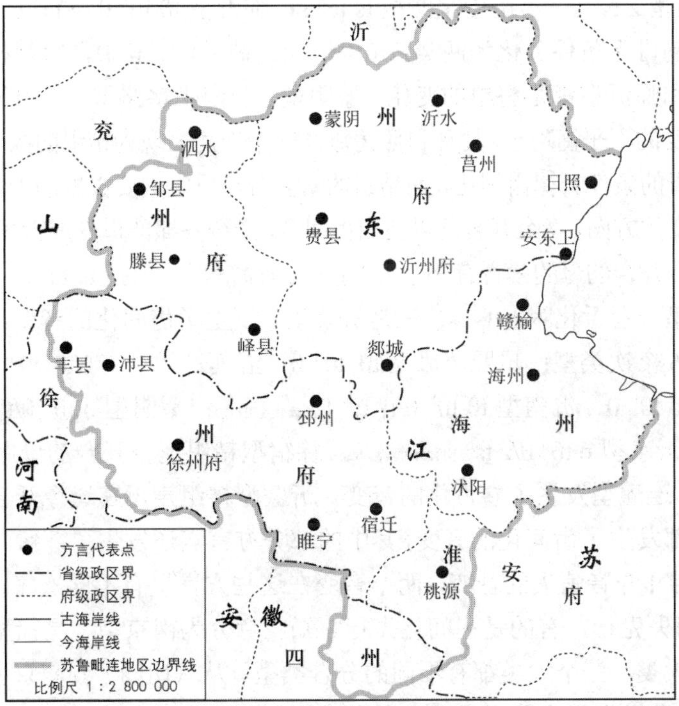

图 5-14 清代行政区划示意图

结　语

根据《中国语言地图集》第 2 版汉语方言卷，苏鲁毗连地区方言分属于 4 种官话次方言（中原官话、江淮官话、冀鲁官话、胶辽官话）。不同方言点的语音既有一致性，也存在着明显的差异。本书在田野调查的基础上，结合前人研究成果，综合运用历史比较法、结构分析法、方言地理学等方法，从声韵调 3 个方面选择比较有特点的语音现象，对苏鲁毗连地区 47 个方言点的语音进行深入的比较研究。主要的做法是：归纳这一区域方言语音的分合、读音等类型，以方言特征地图展示不同类型的地理分布情况，并进一步探讨其音变过程和音变规律。

声母部分主要讨论苏鲁毗连地区方言声母的类型、地理分布和演变，以及知庄章组和端精见晓组声母之间的分合及其演变过程中的相互制约关系。主要结论如下：精组逢今齐撮韵母[i(-)、y(-)]有 7 种读音类型：徐州型 tɕ tɕ^{h} ɕ；赣榆青口型 ts ts^{h} s；日照奎山型 tθ tθ^{h} θ；日照涛雒型 ȶ ȶ^{h} θ；蒙阴型 z ts^{h} s；莒南十字路型 ts tɕ^{h} s；临沂型 tθ tθ^{h} θ/tɕ tɕ^{h} ɕ（精组逢今齐撮韵母无条件分化为两类：tθ tθ^{h} θ/tɕ tɕ^{h} ɕ）。其中，徐州型、日照奎山型和临沂型都是整组的变化，蒙阴型、莒南十字路型、日照涛雒型都存在演变的不平衡现象，比如日照涛雒型的不平衡表现为精组的擦音声母字不论韵母的条件一律齿间化，而精组的塞擦音声母字则要根据韵母的条件来决定演变的方向，逢今开合韵母变成齿间音，逢今齐撮韵母变成舌面前塞音。精组逢今开合韵母的读音有 3 个大类：一是徐宿型，保持 ts ts^{h} s 不变；二是连灌型，卷舌化为 tʂ tʂ^{h} ʂ；三是沂蒙型，发生了齿间化的音变。沂蒙型还分为 6 个次类型：日照涛雒型 tθ tθ^{h} θ；五莲许孟型 t t^{h}/tθ tθ^{h} θ；莒县桑园型 ð tθ^{h} θ；沂南型 tθ tθ^{h} θ/tʃ tʃ^{h} ʃ 深臻开三阳声韵；蒙阴型 ð tθ^{h} θ/tʃ tʃ^{h} ʃ 深臻开三阳声韵；沂水型 ð tθ^{h} θ/z ts^{h} s 深臻开三阳声韵。徐宿型精组逢今开合韵母保持 ts ts^{h} s 不变，连灌型发生了卷舌化的音变，沂蒙型精组声母在逢今开合韵母的条件下都发生了齿间化的音变，其中的部分方言点还发生了深臻开三阳声韵精组字 i 介音消失的音变，两个音变在这些方言里有不同次序，有的是 i 介音消失先行，有的是齿间化先行。知庄章分为南京型、昌徐型、济南型 3 个大类，三个大类都有不同的分合类型。从《切韵》到南京型、昌徐型，知庄章组声母经历了庄三字介音脱落之后与庄二合并，然后知二入庄、知三入章，形成了知二庄、知三章两分格局的演变过程。南京型随后又经历了①知二庄依主元音的高低分化为甲、乙两组这一阶段，而后②知三章向知二庄乙组合并。昌徐型没有发生知二庄分化的演变，而是开始了知三章向知二庄合并的过程，其 4 个次级分合类型之间的差异反映了知三章向知二庄合并的阶段性。济南型的 2 个次级分合类型分别是昌徐型知三章、知二庄合一及合一之后依开合再次分化的结果。从南京话知二庄的分化及昌徐型知三章向知二庄的合并过程可以看出，韵母的开合及主元音的高低会影响知庄章组字声母分化与合并的进程，其实质是韵母的开合及主元音的高低会影响卷舌音的形成与保存。知庄章和端精见晓之间的分合关系非常复杂，读音类型多样，演变过程中存在着相互制约的关系。

韵母部分主要讨论苏鲁毗连地区方言韵母的类型、分布和演变情况，包括果摄一三等、山合一、二，咸山开二（见系）、开三四，深臻、曾梗阳声韵，通摄阳声韵（非帮系、非知庄章组），入声韵的类型、分布和演变；蟹止开三四、假开三，果开合一，遇合一、遇合三（帮知系），流开一（非帮组）、流开三（知系）的高化类型与演变；深臻开三阳声韵字 i 介音消失的类型和演变；蟹合一三四、止合三、臻合一端系字 u 介音脱落，以及精组字合 / 撮的专题讨论。主要结论如下：入声韵的读音分为 8 种类型：五组型 14 个韵母型、四组 13 个韵母型、四组 11 个韵母型、三组 11 个韵母型、三组 10 个韵母型、三组 8 个韵母型、三组 6 个韵母型、四组（舒）13 个韵母型。入声韵演变既有分化也有合并，但总的趋势是合并：入声韵类组数、个数都逐渐减少，结果可能会减少为一组：ə iə uə yə。从地理分布上看，距离边界线越近，入声韵母的个数越少，但交界线上方言入声韵的个数增加了。蟹合一三四、止合三端系字以及臻摄合口阳声韵端系字合口介音消失类型之间的差异反映了合口介音脱落的过程，合口介音的脱落既有韵母次序：蟹合一三四、止合三韵母＞臻摄合口阳声韵，也有声母次序：泥母＞来母＞端透定母＞精组（蟹合一三四、止合三）、泥来母＞端透定母、精组（臻摄合口阳声韵）。精组字今读合/撮的情况有 5 种类型：徐州型、赣榆青口型、邳州型、平邑型、枣庄型。从徐州型、赣榆青口型可知，合口三等精组字会发生韵母由撮转合或声母腭化的音变；从徐州型与赣榆青口型的比较可知，合口三等精组字韵母由撮转合有先后次序：A＞B。从平邑型、邳州型可知，精组字韵母会发生由合转撮的变化。从枣庄型与平邑型、邳州型的比较可知，面对同音冲撞，避免还是接受，不同方言会有不同选择。

声调部分主要讨论舒声调、入声调的类型、分布与演变，以及入声舒化、古去声今读阳平的问题。舒声调系统可以分为 5 种类型：南京型、芜湖型、徐州型、济南型、扬州型。南京型、芜湖型、徐州型、济南型自东南向西、向北呈连续性分布，四种声调系统合乎一种链式的变化。古入声的今读有 10 种类型：江淮（古）型、江淮（新 A）型、江淮（新 B）型、中原（古）型、中原（新 A）型、中原（新 B）型、中原-冀鲁过渡型、冀鲁型、冀鲁-胶辽过渡型、胶辽型。其中，江淮（新 B）型入声 A 是自身舒化演变的结果，江淮（新 B）型原来只有一个带喉塞尾的入声调，后来有部分字舒化成了另一个调。这种舒化是一种正在进行中的音变，并且有明显的语音条件：一是韵母条件，即甲类韵母大部分字都已舒化，而乙类韵母只有个别字发生了舒化；二是声母条件，从古音的条件看，甲类韵母的次浊声母字都发生了舒化，乙类韵母发生舒化的个别字也是次浊声母字。有入声方言里入声舒化的字数从 241 到 26 个不等，舒化的归向也不一致。入声舒化后的归调有两种情况：①如果被影响方言与接触方言舒声调调类相同，调值基本一致，那么，舒化后与接触方言调类一致，调值也基本一致。②如果被影响方言与接触方言的舒声调只是调类相同，调值不同，那么，舒化后调类归向与接触方言一致，而调值不同。有入声方言的入声舒化不是原发性的音变，而是由方言接触引发的音变。

方言地理部分是对全书地图的总结，主要根据语音特征图和同言线束图讨论苏鲁毗连地区方言的分区及语音特征的分布与扩散情况。结论有：根据 24 个语音条目的特征分布可以形成 6 条同言线束，从同言线束可以得出：①同言线束往往有一定的宽幅。②同言线束的走向。四条同言线束形成了一个以西部某一点为圆心的近似的半圆，这个半圆形是同言线束所包含的语音特征在中原地区某一点发生了创新音变后，然后由西向东呈周圈式扩散所留下的印迹。③同言线束所包含的同言线的条数不一，重要程度也不一样。④东海、泗洪两地方言的过渡性。⑤同言线束是可以走动的。苏鲁毗连地区方言分成沂莲、蒙日、徐宿、连泗四个区，与《中国语言地图集》相比主要有两点不同：①把泗洪划为徐宿区（中原官话）。②把东海划为徐宿区（中原官话）。本书的研究说明，即使不用古入声的今读标准，也是可以找到有效的标准对官话方言进行次方言的划分。

本书的研究特点有三。一是音类与音值并重，即归纳类型时首先考虑音类分合，然后才考虑音值差异。理清古今音类的分合关系，可以让我们看到分化的起点与结果，从而推测演变的过程；讨论音变时注重音值上的条件，并进行音理上的分析。二是着重于结构对方言语音演变的制约作用。方言语音现象的形成不仅与语音的历时演变有关，还与自身的结构系统有关。因此，我们也从结构的角度去分析音变发生的过程及其原因。三是方言地图的使用。方言地理学方法的精髓主要在于方言地图的绘制和解释。本书以方言地图直观呈现有关语音特征的地理分布情形，根据语音特征的地理分布确定同言线，并根据同言线束讨论方言语音的分区。本书研究存在着一些不足之处，如调查点稍显稀疏、音理上的分析带有一定的主观性、没有使用实验语音学的方法等，在以后的研究中弥补这些缺憾将是我努力的方向。

参考文献

一、专著

鲍明炜主编：《江苏省志·方言志》，南京，南京大学出版社，1998年，第1版。

北京大学中国语言文学系语言学教研室编：《汉语方音字汇》，北京，文字改革出版社，1962年，第1版。

北京大学中国语言文学系语言学教研室编、王福堂修订：《汉语方音字汇》，北京，语文出版社，2003年，第2版。

陈保亚：《语言演变的结构基础》，严家炎、袁行霈主编：《缀玉集》，北京，北京大学出版社，1990年，第1版。

陈章太、李行健：《普通话基础方言基本词汇集》，北京，语文出版社，1996年，第1版。

丁邦新：《论官话方言研究中的几个问题》，"中央研究院"历史语言研究所编：《历史语言研究所集刊》（第五十八本第四分），北京，中华书局，1987年，第1版。

丁邦新：《十七世纪以来北方官话之演变》，"中央研究院"近代史研究所编：《近代中国区域史研讨会论文集》，台北，"中央研究院"近代史研究所，1986年，第1版。

顾黔：《通泰方言音韵研究》，南京，南京大学出版社，2001年，第1版。

韩沛玲：《山西方言音韵研究》，北京，商务印书馆，2012年，第1版。

何大安：《规律与方向：变迁中的音韵结构》，北京，北京大学出版社，2004年，第1版。

胡士云：《涟水方言研究》，北京，中华书局，2011年，第1版。

季华权主编：《江苏方言总汇》，北京，中国文联出版公司，1998年，第1版。

江苏省和上海市方言调查指导组编：《江苏省和上海市方言概况》，南京，江苏人民出版社，1960年，第1版。

蒋希文：《赣榆方言的韵母》，江苏省语言学会主编：《语言研究集刊》第二辑，南京，江苏教育出版社，1988年，第1版。

蒋希文：《汉语音韵方言论文集》，贵阳，贵州人民出版社，2005

年，第 1 版。
李荣：《切韵音系》，北京，中国科学院印行，1952 年，第 1 版。
李如龙：《汉语方言的比较研究》，北京，商务印书馆，2001 年，第 1 版。
李申：《徐州方言志》，北京，语文出版社，1985 年，第 1 版。
李思敬：《汉语“儿”[ɚ]音史研究》，北京，商务印书馆，1986 年，第 1 版。
刘传贤：《赣榆方言志》，北京，中华书局，2001 年，第 1 版。
刘丹青：《南京话音档》，上海，上海教育出版社，1999 年，第 1 版。
刘俐李等：《江淮方言声调实验研究和折度分析》，成都，巴蜀书社，2007 年，第 1 版。
娄华荣：《日照方言研究》，香港，香港教育出版社，2004 年，第 1 版。
鲁国尧：《鲁国尧语言学论文集》，南京，江苏教育出版社，2003 年，第 1 版。
鲁国尧：《鲁国尧自选集》，郑州，河南教育出版社，1994 年，第 1 版。
马凤如：《金乡方言志》，济南，齐鲁书社，2000 年，第 1 版。
马静、吴永焕：《临沂方言志》，济南，齐鲁书社，2003 年，第 1 版。
莫超、朱富林：《二声调红古话音系研究》，郭锡良、鲁国尧主编《中国语言学》第三辑，北京，北京大学出版社，2009 年，第 1 版。
莫超：《白龙江流域汉语方言语法研究》，北京，中国社会科学出版社，2004 年，第 1 版。
南京师范学院方言调查工作组编：《新海连人学习普通话手册》，南京，江苏人民出版社，1959 年，第 1 版。
南京师范学院方言调查工作组编：《徐州人学习普通话手册》，南京，江苏人民出版社，1959 年，第 1 版。
钱曾怡、曹志耘、罗福腾：《诸城方言志》，长春，吉林人民出版社，2002 年，第 1 版。
钱曾怡：《汉语方言研究的方法与实践》，北京，商务印书馆，2002 年，第 1 版。
钱曾怡：《山东方言研究》，济南，齐鲁书社，2001 年，第 1 版。
钱曾怡主编：《汉语官话方言研究》，济南，齐鲁书社，2010 年，第 1 版。
邵燕梅：《郯城方言志》，济南，齐鲁书社，2005 年，第 1 版。
史素芬、李奇：《武乡方言志》，太原，山西高校联合出版社，1990

年，第 1 版。

侍建国：《历史语言学：方音比较与层次》，北京，中国社会科学出版社，2011 年，第 1 版。

苏晓青、吕永卫：《徐州方言词典》，南京，江苏教育出版社，1996 年，第 1 版。

苏晓青、万连增：《赣榆方言研究》，北京，中华书局，2011 年，第 1 版。

苏晓青：《东海方言的内部差异》，江苏省语言学会主编：《语言研究集刊》第六辑，南京，江苏教育出版社，1999 年，第 1 版。

苏晓青：《东海方言研究》，乌鲁木齐，新疆大学出版社，1997 年，第 1 版。

孙宜志：《安徽江淮官话语音研究》，合肥，黄山书社，2006 年，第 1 版。

王福堂：《汉语方言论集》，北京，商务印书馆，2010 年，第 1 版。

王福堂：《汉语方言语音的演变和层次》，北京，语文出版社，1999 年，第 1 版。

王福堂：《汉语方言语音的演变和层次》（修订本），北京，语文出版社，2005 年，第 2 版。

王福堂：《汉语方言语音中的层次》，《语言学论丛》第二十七辑，北京，商务印书馆，2003 年，第 1 版。

王力：《汉语史稿》（重排本），北京，中华书局，1980 年，第 1 版/2004 年，第 2 版。

王力：《汉语语音史》，北京，商务印书馆，2008 年，第 1 版。

王士元：《词汇扩散理论：回顾与前瞻》，《中国语言学论丛》第一辑，北京语言文化大学出版社，1997 年。

项梦冰、曹晖：《汉语方言地理学——入门与实践》，北京，中国文史出版社，2005 年，第 1 版。

谢留文：《客家方言语音研究》，北京，中国社会科学出版社，2003 年，第 1 版。

徐世荣：《普通话语音知识》，北京，文字改革出版社，1980 年，第 1 版。

徐通锵：《历史语言学》，北京，商务印书馆，1991 年，第 1 版/2008 年，第 2 版。

薛凤生：《汉语音韵史十讲》，北京，华语教学出版社，1999 年，第 1 版。

岩田礼、苏晓青：《江苏省连云港地区方言的语言地理学研究概要》，江蓝生、侯精一主编：《汉语现状与历史研究——首届汉语语言学国际研讨会论文集》，北京，中国社会科学出版社，1999年，第1版。

岩田礼：《声调调值演变的微观探讨：以江苏东北角的方言为例》，郑锦全主编：《语言时空变异微观——〈语言暨语言学〉专刊系列之四十九》，台北，“中研院”语言所，2009年，第1版。

张凯、杨晓红等：《枣庄方言研究（丛书）》（包括《枣庄方言志》《枣庄方言语音研究》《枣庄方言词汇研究》《枣庄方言语法研究》4册），济南，山东人民出版社，2011年，第1版。

张树铮：《方言历史探索》，呼和浩特，内蒙古人民出版社，1999年，第1版。

张树铮：《冀鲁官话清入归派的内部差异及历史层次——兼论北京官话的清入散归四声和冀鲁官话的特点》，《中国语言学报》第13期，北京，商务印书馆，2006年，第1版。

张树铮：《清代山东方言语音研究》，济南，山东大学出版社，2005年，第1版。

张廷兴：《沂水方言志》，北京，语文出版社，1999年，第1版。

颜景常、鲍明炜：《江淮方言北沿的入声——兼论北方话入声消失过程》，江苏省语言学会主编《语言研究集刊》第二辑，南京，江苏教育出版社，1988年，第1版。

中国社会科学院、澳大利亚人文科学院：《中国语言地图集》，香港，朗文出版（远东）有限公司，1987年，第1版。

中国社会科学院主办、谭其骧主编：《中国历史地图集》，北京，中国地图出版社，1982年，第1版。

〔日〕平山久雄：《平山久雄语言学论文集》，北京，商务印书馆，2005年，第1版。

二、期刊论文及相关文章

柏莹：《扬州方言轻声音高模式探赜》，《扬州教育学院学报》2009年第1期。

鲍明炜：《江淮方言的特点》《南京大学学报》（哲学·人文·社会科学）1993年第4期。

鲍明炜、颜景常：《苏北江淮话与北方话的分界》，《方言》1985年第2期。

曹志耘：《地理语言学及其在中国的发展》，《中国方言学报》2006年第1期。

陈建伟：《临沂方言尖团音研究》，《苏州教育学院学报》2009年第3期。

陈天白：《苏北人学习北京语音应该注意的几点》，《江苏教育》1956

年第15、16期。

杜兆金：《郑曹片枣庄方言与普通话接触的语音变异规律研究》，《农业考古》2010年第6期。

冯青青：《论马公话的归属与泗洪话的性质》，《连云港师范高等专科学校学报》2010年第1期。

冯青青：《论马公话的归属》，《延边大学学报》（社会科学版）2010年第3期。

冯青青：《江苏邳州方言来自古庄章组的f声母，《齐齐哈尔大学学报》（哲学社会科学版）2015年第3期。

冯青青：《江苏泗洪方言的入声两调》，《语言研究集刊》2017年第2期。

高志用、徐铁生：《对〈江苏人怎样学习北京语音〉的意见》，《中国语文》1957第3期。

顾劲松：《苏北江淮官话古阳声韵字收-m尾现象考察》，《语言科学》2011年第4期。

郝红艳：《江淮官话入声韵的现状》，《殷都学刊》2003年第1期。

韩沛玲：《山西方言中的非常态舌尖元音韵母》，《语言科学》2009年第4期。

贺巍：《河南山东皖北苏北的官话（稿）》，《方言》1985年第3期。

贺巍：《中原官话分区（稿）》，《方言》2005年第2期。

胡士云：《涟水方言同音字汇》，《方言》1989年第2期。

黄怡平：《赣榆方言语音与普通话语音辨正》，《连云港教育学院学报》1999年第4期。

蒋希文：《赣榆方言的声母》，《中国语文》1961年第9期。

蒋希文：《赣榆方言韵母》，《语言科学》2004年第6期。

力量：《宿迁人怎样辨认古入声字》，《淮阴师专学报》1981年第2期。

李荣：《官话方言的分区》，《方言》1985年第1期。

李荣：《汉语方言的分区》，《方言》1989年第4期。

李申：《徐州音和北京音的异同》，《徐州师范学院学报》1978年第4期。

李申：《徐州方言的儿化研究》，《徐州师范学院学报》（哲学社会科学版）1983年第4期。

李申：《徐州方言的语音变化》，《徐州师范学院学报》（哲学社会科学版）1985年第4期。

李申：《徐州〈十三韵〉与徐州方言研究》，《中国语言学报》2018年第18期。

刘斌：《赣榆（刘沟）方言同音字汇》，《方言》1990年第1期。

刘家斌：《连云港方音与北京语音的比较》，《连云港教育学院学报》1998 年第 4 期。

刘俐李：《江淮方言入声时长变异实验研究》，《第九届中国语音学学术会议论文集》2010 年。

刘丽丽：《山东平邑方言音系研究》，《牡丹江师范学院学报》2012 年第 4 期。

刘淑学、燕宪俊：《论古知庄章三组声母在〈徐州十三韵〉中的读音分合》，《语文研究》2007 年第 4 期。

刘祥柏：《江淮官话的分区（稿）》，《方言》2007 年第 4 期。

刘晓晔：《连云港市灌南县百禄镇方言声调实验研究》，《文教资料》2017 年第 Z1 期。

鲁国尧：《论“历史文献考证法”与“历史比较法”的结合——兼议汉语研究中的“犬马鬼魅法则”》，《古汉语研究》2003 年第 1 期。

陆尧：《山东蒙阴方言声调声学研究》，《临沂大学学报》2018 年第 6 期。

马静：《临沂方言的轻声》，《临沂师范学院学报》2003 年第 4 期。

马静：《临沂方言影响下的方言语调的语音状态》，《临沂师范学院学报》2009 年第 1 期。

毛洪波：《徐州话儿化现象的特征几何分析》，《徐州师范大学学报》（哲学社会科学版）2003 年第 3 期。

明茂修：《山东费县（刘庄）方言音系》，《毕节学院学报》2011 年第 5 期。

明茂修：《山东费县（刘庄）方言两字组连读变调》，《临沂大学学报》2016 年第 1 期。

亓海峰：《山东莒县方言尖团音的社会地理语言学研究》，《语言研究集刊》2019 年第 1 期。

钱文晋：《沭阳方言考》，《国立中央大学半月刊》1930 年第 6 期。

钱曾怡：《山东方言的分区》，《方言》1985 年第 4 期。

钱曾怡：《古知庄章声母在山东方言中的分化及其跟精见组的关系》，《中国语文》2004 年第 6 期。

钱曾怡、罗福腾、曹志耘：《山东诸城、五莲方言的声韵特点》，《中国语文》1984 年第 3 期。

乔秋颖：《徐州方言的音韵学价值》，《徐州师范大学学报》（哲学社会科学版）1999 年第 3 期。

乔秋颖：《试析徐州方言中特殊的鼻化韵字和后鼻音韵尾字》，《河池学院学报》2006 年第 4 期。

桑宇红：《知、照组声母合一与知二庄、知三章对立——兼论〈中原音韵〉知庄章声母的分合》，《语文研究》2008 年第 3 期。

侍建国：《官话德陌麦三韵入声字音变》，《方言》1996 年第 3 期。

侍建国：《官话语音的地域层次及其历史因素》，《历史语言研究所集刊》（第六十九本第二分），1998 年。

苏晓青：《徐州方言的连读变调》，《徐州师范学院学报》（哲学社会科学版）1985 年第 1 期。

苏晓青：《海州方言同音字汇》，《方言》1990 年第 2 期。

苏晓青：《东海方言声韵与北京声韵的比较》，《徐州师范大学学报》（哲学社会科学版）1997 年第 4 期。

苏晓青：《赣榆（青口）方言的音变》，《连云港教育学院学报》1997 年第 4 期。

苏晓青、刘磊：《徐州方言向普通话靠拢趋势的考察——新老派语音差异及变化特点分析》，《徐州师范大学学报》（哲学社会科学版）2002 年第 4 期。

苏晓青、佟秋妹：《徐州市区与周边乡镇语言现状的对比考察——徐州方言向普通话靠拢趋势考察之三》，《徐州工程学院学报》2005 年第 2 期。

苏晓青、佟秋妹：《从一家祖孙三代的语言差异看语言变化——徐州方言向普通话靠拢趋势考察之四》，《徐州师范大学学报》（哲学社会科学版）2005 年第 3 期。

苏晓青、吴继光、王珏、耿超英：《赣榆（青口）方言见晓组逢细音变化的探讨》，《徐州师范学院学报》（哲学社会科学版）1985 年第 4 期。

苏晓青、吴继光、王珏、耿超英：《赣榆（青口）方言的连读变调》，《徐州师范学院学报》（哲学社会科学版）1988 年第 1 期。

苏晓青、岩田礼：《方言边界线上的存古现象：以江苏连云港地区的入声为例》，《开篇》2008 年第 27 期。

苏晓青、许井岗、张春秀：《徐州方言民俗的特征分布和内部分区》，《徐州工程学院学报》（社会科学版）2019 年第 5 期。

万连增：《赣榆方言研究综览及展望》，《湖北第二师范学院学报》2008 年第 1 期。

王博：《浅谈沛县大屯镇地区方言和普通话的替换现象》，《汉字文化》2019 年第 2 期。

王海燕：《借助母语方言判定古入声字——以徐州话为例》，《安徽农业大学学报》（社会科学版）2011 年第 5 期。

王洪君：《入声韵在山西方言中的演变》，《语文研究》1990 年第 1 期。

王洪君：《中原音韵》知庄章声母的分合及其在山西方言中的演变，《语文研究》2007 年第 1 期。

王开扬：《沭阳方言里的入声》，《淮阴师专学报》（哲学社会科学版）1980 年第 1 期。

王觅：《沂水方言中的三音节词研究》，《汉字文化》2018 年第 9 期。

王萍：《连云港方言语音研究》，《连云港职业技术学院学报》2008 年第 4 期。

王仁法：《析徐州方言入声字的文白异读格局——以曾摄开一、梗摄开二入声字为例》，《徐州师范大学学报》（哲学社会科学版）2006 年第 6 期。

王玉梅：《泗阳方言里的合音现象》，《淮阴师范学院学报》（哲学社会科学版）2008 年第 5 期。

王正英：《济宁话辨析》，《山东教育学院学报》2001 年第 3 期。

吴波：《江淮方言的边音韵尾》，《语言研究》2007 年第 1 期。

伍巍：《江淮官话入声发展演变的轨迹》，《中国语言学报》2006 年第 1 期。

肖婉莹：《山东临沂方言对英语语音习得的影响及对策研究》，《临沂大学学报》2017 年第 6 期。

项梦冰：《客家话古日母字的今读——兼论切韵日母的音值及北方方言日母的音变历程》，《广西师范学院学报》（哲学社会科学版）2006 年第 1 期。

熊正辉：《官话方言分 ts tʂ 的类型》，《方言》1990 年第 1 期。

徐海霞：《幼师生英语辅音发音质量调查——以江苏连云港方言为例》，《内蒙古教育》（职教版）2016 年第 2 期。

许井岗：《入声舒化的方言与动因——以江苏北部两市有入声方言为例》，《常熟理工学院学报》2016 年第 1 期。

许井岗：《苏鲁毗连地区方言精组字的读音类型、分布与演变》，《语文研究》2018 年第 1 期。

薛凤生：《试论等韵学之原理与内外转之含义》，《语言研究》1985 年第 1 期。

颜景常：《淮沭话方音辨正》，《淮阴师专学报》1979 年第 1 期。

颜景常：《正在向中原官话发展的泗洪方言》，《江淮方言研究论文集》，汉语方言学会第六届年会，1991 年。

岩田礼：《连云港市方言的连读变调》，《方言》1982 年第 4 期。

岩田礼：《赣榆·青口方言声母近几十年的语音变化》，《中国语学》1983 年第 230 期。

岩田礼：《赣榆县·石桥乡方言的声调（初探）》，《开篇》1987 年第 4 期。

岩田礼：《赣榆县·罗阳乡方言的入声——兼论赣榆方言入声的历时演变》，《中国语学》1992 年第 239 期。

岩田礼、苏晓青：《矫枉过正在语音变化中的作用》，《语言教学与研究》2004年第5期。

颜逸明、蒋冰冰：《江苏方言研究的世纪硕果——评《江苏省志·方言志》》，《江苏地方志》2001年第4期。

杨慧真：《山东泗水方音与普通话声母系统的差异及其历史渊源》，《济宁师专学报》2001年第6期。

杨静：《连云港人学习普通话语音难点分析》，《连云港师范高等专科学校学报》2001年第2期。

杨田芳：《SPSS软件辅助下的莒南方言塞音声学实验研究》，《文教资料》2017年第Z1期。

岳立静：《日照方言知庄章和端精见晓的读音类型》，《方言》2005年第3期。

岳立静：《日照方言语音的内部差异及其社会历史原因》，《民俗研究》2008年第1期。

张成福：《沛县话的声调改读问题》，《徐州师范大学学报》（哲学社会科学版）2003年第4期。

张芳元：《从〈广韵〉精组声母的分化看枣庄方言同普通话的区别》，《枣庄师专学报》1989年第3期。

张光宇：《汉语方言合口介音消失的阶段性》，《中国语文》2006年第4期。

张光宇：《汉语方言的鲁奇规律》：现代篇，《语言研究》2008年第2期。

张光宇：《汉语方言边音的音韵行为》，《汉藏语学报》2009年第3期。

张光宇：《语言的连续性》，《汉藏语学报》2011年第5期。

张凯：《枣庄方言儿化读音探究》，《枣庄学院学报》2012年第1期。

张拱贵：《江苏人怎样学习北京语音》，《中国语文》1956年第6期。

张拱贵：江苏人怎样学习普通话，《江苏教育》1956年13、14期合刊。

张全真：临沂方言音系，《山东大学学报》（社科版）1998年第3期。

张树铮：《山东方言“日”母字研究》，《语言研究》1994年第3期。

张树铮：《山东方言历史鸟瞰》，《古汉语研究》1996年第2、3期。

张树铮：《山东方言语音特征的扩散方向和历史层次》，《山东大学学报》（哲学社会科学版）2007年第5期。

张莹：《徐州方言声调实验构想》，《牡丹江教育学院学报》2011年第3期。

张瀛：《山东滕州的声调变异——边界方言的演化动因》，《东方语言学》2015年第1期。

张志静、丁振芳：《曲阜方言志》，《山东史志丛刊》1992年增刊。

赵爱敏、翟红华：《新派临沂方言单字调的实验语音研究》，《龙岩学院学报》2017 第 3 期。

赵昌：《滨海方言二字连续变调》，《淮阴师专学报》（哲学社会科学版）1991 年第 2 期。

赵敏：《沂水方言的语音特点》，《中山大学研究生学刊》（社会科学学版）2007 第 1 期。

赵日新：《汉语方言中的[i]→[ɿ]》，《中国语文》2007 年第 1 期。

周慎钦：《海泗话和两淮话的分界线》，《江淮方言研究论文集》，汉语方言学会第六届年会，1991。

〔日〕平山久雄：《江淮方言祖调值构拟和北方方言祖调值初案》，《语言研究》1984 年第 1 期。

〔日〕平山久雄：《官话和晋语方言中“上上变调”的类型及其成因》，《平山久雄先生语言学论文集》，北京，商务印书馆，2005 年，第 1 版。

Iwata, Ray(岩田礼), 2006: “Homonymic and synonymic collisions in the northeastern Jiangsu dialect: on the formation of geographically complementary distributions”, *Linguistic Studies in Chinese and Neighboring Languages: Festschrift in Honor of Professor Pang-Hsin Ting on his 70th Birthday*, ed. by Dah-an Ho, H. Samuel Cheung, Wuyun Pan & Fuxiang Wu, Taipei, Institute of Linguistics, “Academia Sinica”.

三、学位论文

白静茹：《吕梁方言语音研究》，北京大学博士学位论文，2009 年。

陈建伟：《临沂方言和普通话的接触研究》，苏州大学博士学位论文，2008 年。

冯青青：《苏北方言语音研究》，北京大学博士学位论文，2013 年。

傅林：《变调的成因和变异》，北京大学硕士学位论文，2006 年。

贡贵训：《安徽淮河流域方言语音比较研究》，河北大学博士学位论文，2011 年。

李芳：《日照方言辅音实验语音学研究》，上海大学硕士学位论文，2015 年。

李晓雨：《山东莒县尖团音语音变异研究》，上海外国语大学硕士学位论文，2019 年。

李旭：《河北省中部南部方言语音研究》，山东大学博士学位论文，2008 年。

刘进：《苍山方言连读变调研究》，河北大学硕士学位论文，2003 年。

刘若男：《苏北官话交界地区入声的变异研究》，上海师范大学硕士学位论文，2019年。

栗华益：《汉语方言入声韵尾演变研究》，北京语言大学博士研究生学位论文，2011年。

牟海霞：《日照方言调查报告》，陕西师范大学硕士学位论文，2010年。

亓元婧：《山东境内中原官话语言研究》，山东大学博士学位论文，2019年。

石绍浪：《江淮官话入声研究》，北京语言大学博士研究生学位论文，2007年。

孙号龙：《临沂（罗庄）方言初探》，苏州大学硕士学位论文，2008年。

王海燕：《江苏省北部中原官话和江淮官话的分界再论》，苏州大学博士学位论文，2007年。

吴波：《江淮官话语音研究》，复旦大学博士学位论文，2007年。

吴秀玲：《日照方言研究》，南京林业大学硕士学位论文，2011年。

项梦冰：《客话音韵论》，北京大学博士研究生学位论文，2005年。

许璇：《泗洪方言六十年语音演变研究》，北京外国语大学硕士学位论文，2019年。

颜峰：《郯城（重坊）方言研究》，苏州大学硕士学位论文，2003年。

于丹：《五莲方言语音研究》，山东大学硕士学位论文，2015年。

张伟静：《山东费县方言声调实验研究》，云南师范大学硕士学位论文，2009年。

张伟静：《山东费县方言语音研究》，山东大学博士学位论文，2014年。

张磊：《蒙阴方言语音研究》，辽宁师范大学硕士学位论文，2019年。

赵学玲：《山东方言音韵研究》，北京大学博士研究生学位论文，2008年。

朱蓓蕾：《基于社会因素的泗洪方言变异研究》，浙江财经大学硕士学位论文，2016年。

附录一　发音人信息表

方言点	姓名	性别	年龄	职业	教育程度	原籍
五莲许孟	陈战池	男	58	退休村干部	初中	五莲县许孟镇许孟村三组
郯城	王永信	男	65	退休村干部	初小	郯城沙墩办事处沙墩村三组
蒙阴	公维庆	男	70	退休教师	中师	蒙阴县坦埠镇故县村七组
沂南	黄生家	男	62	退休职工	初中	沂南大庄镇河村二组
日照涛雒	庄建禄	男	62	退休小学教师	大专	日照国际海洋城涛雒镇涛雒三村
日照陈疃	张永培	男	69	退休村干部	中专	日照陈疃镇东陈疃村
日照黄墩	张希传	男	65	退休中学教师	大专	日照黄墩镇孙蒲汪村
日照奎山	魏茂平	男	66	退休小学教师	中师	日照经济开发区奎山街道
日照两城	王茂明	男	54	村干部	中专	日照两城街道殷家庙村
莒县桑园	陈欣成	男	66	退休小学教师	中师	莒县桑园镇桥头河村
莒南团林	李相收	男	53	中学教师	本科	莒南团林镇团林村
临沭	李云夫	男	56	小学教师	大专	临沭青云镇韩村居委会
滕州	朱传栋	男	68	农民	高中	滕州市东戈镇楼里村二组
宿迁	朱淑启	男	66	农民	初中	宿迁市开发区双河庭院（小区）
新沂	石云禄	男	75	农民	初中	新沂市时集镇时集村 2 组
丰县	陈启华	男	64	教师	大专	丰县梁寨镇小王楼村蒋楼西队
泗洪瑶沟	陆玉广	男	63	退休小学教师	中师	泗洪县瑶沟镇胡三村六组
泗洪金锁	石志国	男	64	务农	高中	泗洪县金锁镇沈庄村七组
泗洪上塘	殷之培	男	69	退休小学教师	中师	泗洪上塘向阳村
沭阳	周祖训	男	58	农民	高中	沭阳县扎下镇分水村五组
灌南	周德举	男	64	退休职工	初中	灌南新安镇镇中村七组
连云港	金新培	男	56	退休职工	初中	连云港开发区猴嘴街道新南街
铜山	王凤梅	女	42	初中教师	本科	徐州铜山新区二堡镇武村一组
邳州	许信三	男	73	务农	初小	邳州市陈楼镇圈子村三组
睢宁	乔锋	男	49	自由职业	中专	睢宁睢城镇石土庙村（金城社区）
泗阳	李永祥	男	49	个体户	初中	泗阳县众兴镇城厢居委会

续表

方言点	姓名	性别	年龄	职业	教育程度	原籍
泗水	梁承刚	男	54	农民	初中	泗水圣水裕镇西裕村
邹城	李文民	男	43	个体户	初中	邹城市北徐镇小北村六组
丰县	陈启华	男	64	教师	大专	丰县梁寨镇小王楼村蒋楼西队
微山	李文华	男	60	务农	初中	微山县经济开发区夏镇街道
赣榆墩尚	仲崇荣	男	56	自由职业	初中	赣榆区墩尚镇王疃村
赣榆石桥	陈永奎	男	67	中学教师	本科	赣榆区石桥镇石东村
新沂阿湖	任太磊	男	34	事业单位	大专	新沂阿湖镇鸣九村
新沂时集 B	季正	男	54	自由职业	初中	新沂时集镇白科村欢墩组

附录二　33 个点方言音系

一、连云港方言音系

1. 声母：17 个

p	布别八变	p^h	怕盘皮排	m	门米模买				
t	道夺打都	t^h	太同土天					l	路年立内
tʂ	租招增之	tʂ^h	除曹从沉			ʂ	苏烧产丝	ʐ	日软让人
tɕ	精举加节	tɕ^h	秋去旗全			ɕ	休玄心星		
k	共贵果高	k^h	开葵狂苦			x	话虎飞发房		
ø	而运午延								

说明：① tʂ tʂ^h ʂ 发音部位偏前，近于 ʦ ʦ^h s；② l 略带鼻化色彩。

2. 韵母：41 个

ɿ	屁米提里西艺	i	你姐写夜	u^w	补书如	ʏ^ʯ	驴居去玉
ʅ	知自死时			ʊ	波母拖锁歌我	y	流久修有靴瘸
ᴀ	爬大拿查二	iᴀ	家丫下	uᴀ	抓挂花瓦		
ɛ	买来才开而	iɛ	街鞋介	uɛ	帅怪怀歪		
ɔ	跑套曹袄敲	iɔ	标描聊小咬				
ei	杯美退者随			uei	吹回味亏		
ɵ	收口欧楼头						
əu^w	卢苦户						
ã	班贪南三敢	iã	间眼咸铅	uã	玩凡删		
		iẽ	边天年先盐				
õ	般满乱算官完					yõ	全喧远
ɑŋ	帮狼让抗行	iɑŋ	良想样	uɑŋ	庄爽放王		
əŋ	本冷人跟恩	iŋ	品定另井音	uŋ	分丰凤		
oŋ	东笼充公同	ioŋ	俊胸云				
ɐ	八答纳插鸽恶	iɐ	峡轧	uɐ	法		
ə	百得只刻日黑	iə	灭聂切鸭页				
		iɪ	鼻笛立七液	uʊ	夺落刷国屋滑	yʊ	律绝确月

说明：① ʅ 摩擦色彩较标准的 ʅ 轻；② uo yo 两个韵母实际音值是 uoə yoə。

3. 声调：5个

阴平	313	衣诗高边开天婚三
阳平	24	移时穷才寒神鹅人
上声	41	以使古口好五女老
去声	45	意是社盖怕放共岸
入声	34	一识秃黑尺局合舌

二、灌南方言音系

1. 声母：18个（包括零声母）

p	布帮别	pʰ	怕叛扑	m	马门忙	f	夫飞分发		
t	到动得	tʰ	太同铁					l	兰路连
tʂ	祖招责	tʂʰ	曹昌册			ʂ	苏师生	ʐ	绕认若
tɕ	佳精结	tɕʰ	启秋切			ɕ	修玄息		
k	哥贵国	kʰ	开康哭			x	灰红胡		
ø	岸严围								

说明：ʂ 的实际音值是 s，tʂ tʂʰ偏前。

2. 韵母：47个

ʅ	资知死池	ʅ	米鸡西亿尾尾巴	uʷ	补土鲁书无	ʰʮ	雨驴居玉
ᴀ	爬拿傻昨	iᴀ	架下牙	uᴀ	瓜花蛙		
æ	来盖耳带	iæ	介谐街	uæ	块坏揣外		
ɪ	低李你蛇夜					yɪ	瘸靴哕
ɔ	包吵高袄	iɔ	条标交要				
ʊ	河果窝母豁						
ᴇi	倍非推嘴			uᴇi	追桂回喂		
ɤɯ	斗榴口周			iɯ	酒有修		
æ̃	凡胆慢岩	iæ̃	艰陷良样	uæ̃	关幻疝		
		ĩ	甜尖烟战			yĩ	全卷圆
ʊ̃	盘端官换						
ən	针跟更本	in	冰近心英	uən	春困温	yn	君训韵
aŋ	帮唐商抗			uaŋ	床光网		

oŋ	东松容风	ioŋ	胸用容				
ʊ	活拙夺鸽	iɪ	秕舌毕匿溺列			yɪ	月绝阅
ɐ	辣八杂鸭	iɐ	耶甲匣	uɐ	刮挖刷		
əl	德直给黑	ɪl	笔踢立急一	uəl	出入物		
ɑ	各博落薄薄荷	ie	确药峡	uo	郭桌		
o	北木获鹿国末					io	欲菊宿

说明：① iæ̃中的 æ 实际音值为 ɛ；② u^{w}只在与 p p^{h} m 相拼时音值是 u^{w}，与零声母相拼时实际音值是 $əu^{w}$，与其他的声母相拼时前面有过渡音 ə，音值为 $^{ə}u^{w}$；③ in 与 p p^{h} m f、t t^{h} l 相拼时实际音值为 ɪən；④入声韵母 ɑ 有动程，实际音值为 ɑo；⑤ o 发音部位略低。

3. 声调：5 个

阴平	42	低抽三安
阳平	24	平床寒文
上声	21	比草老有
去声	55	对坐送望
入声	35	百纳食一

三、沭阳方言音系

1. 声母：21 个

p	布别八变	p^{h}	怕盘皮排	m	门米模买	f	法方风夫		
t	道夺打都	t^{h}	太同土天					l	路年立内
ts	资总早阻	ts^{h}	初村菜锉			s	岁丝苏松		
tʂ	找支正桌	$tʂ^{h}$	尺吹丑超			ʂ	蛇水双生	ʐ	纫绕让入
tɕ	精举加节	$tɕ^{h}$	秋去旗全			ɕ	休玄心星		
k	共贵果高	k^{h}	开葵狂苦			x	好话虎房		
ø	儿热眼无								

说明：声母 l 略带鼻化。

2. 韵母：43 个

ɿ	资次丝子	$i^{ɿ}$	你李以体	u^{w}	补五书苦户
ʅ	知施世纸	$i^{ʯ}$	驴居去玉		
ᴀ	爬大拿查二	iᴀ	家牙下	uᴀ	抓挂花瓦
ɛ	买来才开	iɛ	街鞋介	uɛ	帅怪怀歪

		iɪ	茄也姐者				
ɔ	跑套曹袄敲	iɔ	标描小咬				
o	模母罗所左	io	瘸靴				
ei	爹杯美者新			uei	吹回味亏		
əɯ	口欧楼头柳			iəɯ	久修有纠		
æ̃	班贪南三安	iæ̃	间眼咸淹	uæ̃	玩赚删疝		
		ĩ	天连闪染				
õ	满乱算官完	iõ	全远喧				
ɑŋ	帮狼让抗	iɑŋ	良想江样	uɑŋ	庄爽放光王		
əŋ	本真根分蓬	iŋ	品定另井音				
oŋ	东空春文	ioŋ	俊用训兄				
ɐ	八答纳杀割	iɐ	夹狭鸭	uɐ	刷刮滑袜		
ə	百得直刻	iə	别聂接热	uə	夺落说各	yə	药绝略学
iɪ	鼻笛力荔液	ɷ	读鹿竹国	iɷ	律曲宿狱		

说明：① u^w只在与 p p^h m 相拼时音值是 u^w，与零声母相拼时实际音值是 $əu^w$，与其他的声母相拼时前面有过渡音 ə，音值为 $^əu^w$；②əŋ iŋ 鼻音韵尾发音部位偏前。

3. 声调：5 个

阴平	313	衣诗高边开天婚三
阳平	24	移时穷才寒神鹅人
上声	41	以使古口好五女老
去声	45	意是社盖怕放共岸
入声	23	一识秃黑尺局合舌

四、泗阳方言音系

1. 声母：21 个

p	布八	p^h	盘皮	m	门买	f	方风		
t	道夺打都	t^h	太同土天					l	奶立
ts	资总争	ts^h	初村才			s	丝死瘦		
tʂ	支正	$tʂ^h$	尺丑			ʂ	少说	ʐ	让入
tɕ	精加	$tɕ^h$	秋去			ɕ	休星		
k	共贵	k^h	葵苦			x	好话		
∅	儿安								

2. 韵母：39 个

ɿ	资子	iʅ	里鸡	u	阻湖		
ʅ	知视						
a	把茶	ia	家下	ua	瓜花		
ɛ	爱带	iɛ	界街	uɛ	外卦话		
				iɪ	姐遮	yɪ	瘸
ɔ	高找包	iɔ	表轿要				
o	果墓母	io	靴女鱼				
ei	杯累回			uei	脆水桂		
õ	般官专	iẽ	尖变			yõ	元渊
ɑŋ	感班帮刚	iɑŋ	眼减江羊	uɑŋ	万王关光		
əŋ	婶生	iŋ	阴英	oŋ	温洪崇	ioŋ	兄雄
ɐʔ	八发	iɐʔ	鸭瞎	uɐʔ	滑袜		
əʔ	十得格	iəʔ	叶舌劣	uəʔ	夺说各	yəʔ	雪决
oʔ	薄驳鸽						
		iʔ	立吃疫	uʔ	竹叔	ioʔ	律域玉

说明：ɑŋ iɑŋ uɑŋ、əŋ iŋ 中的 ŋ 偏前。

3. 声调：5 个

阴平	31	衣高边开天
阳平	35	时穷才寒神
上声	21	古口好五女
去声	55	是社盖放共
入声	5	一识尺局舌

说明：21 有时读为 213。

五、泗洪金锁方言音系

1. 声母：22 个

p	布别八变	p^h	怕盘皮排	m	门米模买	f	法方风夫		
t	道夺打都	t^h	太同土天	n	奶怒弄纳			l	路年立内
ts	资总早争	ts^h	初村才族			s	事丝松瘦		
tʂ	找支正桌	$tʂ^h$	尺吹丑超			ʂ	少筛说山	ʐ	纫绕让入
tɕ	精举加节	$tɕ^h$	秋去旗全			ɕ	休玄心星		
k	共贵果敲	k^h	开葵狂苦			x	好话虎蟹		
ø	儿眼无安								

2. 韵母：32 个

ɿ	资次师事	i	你李椅体比	u	补五书除	y	女举渔
ʅ	知施世纸						
a	爬大拿查二	ia	家牙下	ua	抓挂花瓦		
ɛ	买来才	iɛ	皆介	uɛ	帅怪怀歪		
ə	遮惹个瑟	iə	也姐爹液鞋懈	uə	帛婆多咋过	yə	茄靴瘸怯
ɔ	跑套曹袄	iɔ	标描小咬				
e	白麦堆雷岁			ue	吹回味亏		
ou	口欧楼头			iou	久修有牛		
ã	班南安闪	iã	边点尖线	uã	玩关搬观宦	yã	全癣选远
aŋ	帮狼让抗	iaŋ	良想江样	uaŋ	双光王		
əŋ	本真根分蓬	iŋ	品定另音	uŋ	东空春文	yŋ	俊用训兄

说明：①əŋ 中的 ə 偏前；②i u y a ia ua ə iə uə yə 既可以配舒声调，也可以配入声调。

3. 声调：5 个

阴平	212	衣诗高边天
阳平	35	移时才神人
上声	13	使古口五女
去声	51	意是社盖怕
入	45	腊各绝学穴

六、泗洪上塘方言音系

1. 声母：22 个

p	布别八变	p^h	怕盘皮排	m	门米模买	f	法方风夫		
t	道夺打都	t^h	太同土天	n	奶怒弄纳			l	路年立内
ts	资总早争	ts^h	初村才族			s	事丝松瘦		
tʂ	找支正桌	$tʂ^h$	尺吹丑超			ʂ	少筛说山	ʐ	纫绕让入
tɕ	精举加节	$tɕ^h$	秋去旗全			ɕ	休玄心星		
k	共贵果敲	k^h	开葵狂苦			x	好话虎蟹	ɣ	鹅袄安
∅	矮云润								

2. 韵母：32 个

ɿ	资次师事	i	你李椅体	u	补五书除	y	女举渔
ʅ	知施世纸						
a	爬大拿查	ia	家牙下	ua	抓挂花瓦		
ɛ	买来才	iɛ	皆介	uɛ	帅怪怀歪		
ə	遮惹个	iə	也姐爹液鞋	uə	帛婆多过	yə	茄靴瘸
ɔ	跑套曹袄	iɔ	标描小咬				
e	白麦堆雷岁			ue	吹回味亏		
ou	口欧楼头			iou	久修有牛		
æ̃	班南安闪	iæ̃	边点尖线	uæ̃	玩关搬观宦	yæ̃	全癣选远
aŋ	帮狼让抗	iaŋ	良想江样	uaŋ	双光王		
əŋ	本真根分蓬	iŋ	品定另音	uŋ	东空春文	yŋ	俊用训兄
ɐ	插擦						
ə	湿刻	iə	铁接	uə	脱捉	yə	月确
		i	昔力	u	目祝	y	宿蓄

说明：①合口呼零声母字有时读为唇齿音声母 v；② i u y ə iə uə yə 既可以配舒声调，也可以配入声调。

3. 声调：5 个

阴平	213	衣高边天蜜
阳平	55	移时才神昨
上声	24	使古口五女
去声	51	意是社盖斥
入	13	湿脱目力月

七、泗洪瑶沟方言音系

1. 声母：22 个

p	布别八变	pʰ	怕盘皮排	m	门米模买	f	法方风夫		
t	道夺打都	tʰ	太同土天	n	奶怒弄纳			l	路年立内
ts	资总早争	tsʰ	初村才族			s	事丝松瘦		
tʂ	找支正桌	tʂʰ	尺吹丑超			ʂ	少筛说山	ʐ	纫绕让入
tɕ	精举加节	tɕʰ	秋去旗全			ɕ	休玄心星		
k	共贵果敲	kʰ	开葵狂苦			x	好话虎蟹		
ø	儿眼无安								

说明：① tʂ tʂʰ ʂ 有人发音部位偏前，近于 ts tsʰ s；② l 略带鼻化色彩。

2. 韵母：46个

ɿ	资次师事	i	你李椅体比	u	补五书除	y	女举渔
ʅ	知施世纸						
a	爬大拿查二	ia	家牙下	ua	抓挂花瓦		
ɛ	买来才解	iɛ	皆介	uɛ	帅怪怀歪		
ə	遮惹个瑟	iə	也姐爹鞋懈	uə	帛婆多昨过	yə	茄靴瘸怯
ɔ	跑套曹袄敲	iɔ	标描小咬				
ei	白麦堆雷岁			uei	吹回味亏		
əɯ	口欧楼头			iəɯ	久修有牛		
æ̃	班贪南三安	iæ̃	边点尖线	uæ̃	玩关弯观	yæ̃	全癣选远
ɛ̃	展陕闪			uɛ̃	搬盘宦算		
ɑŋ	帮狼让抗	iɑŋ	良想江样	uɑŋ	双光王		
əŋ	本真根分蓬	iŋ	品定另音				
oŋ	东空春文	ioŋ	俊用训兄				
		ɪʔ	鼻密力一	ɷʔ	读鹿粥国	yeʔ	掘菊宿育
ɐ	八纳腊各						
ɐʔ	博闸活鹤						
		iə	鳖灭烈甲鸭	uə	脱落说袜	yə	脚雀雪药
əʔ	不复则给	iəʔ	别叠杰辖	uəʔ	夺捉勺挖	yəʔ	绝决学穴

说明：iə、yə 中的 ə 实际音值为 e。

3. 声调：6个

阴平	213	衣诗高边天
阳平	45	移时才神人
上声	224	使古口五女
去声	51	意是社盖怕
入声 A	13	甲鸭八腊各
入声 B	5	一绝学穴

八、赣榆墩尚方言音系

1. 声母：25个

p	布班白病	pʰ	怕盘平跑	m	门明米民	f	发飞书税	v	微闻荣软
t	到大夺端	tʰ	头太同趟	n	南能内			l	路嫩兰

ts	资咱杂增	ts^h	瓷仓蚕层	s	三选雪学		
tʂ	知张站争	$tʂ^h$	吃查成册	ʂ	上山身色	ʐ	芮
tɕ	几讲井叫	$tɕ^h$	清齐抢俏	ɕ	西想算先		
c	哥跪刚干	c^h	看糠葵宽	ç	喝海盒唤	ɣ	鹅袄安
∅	云矮润						

说明：c cʰ ç 发音时舌位稍微靠前，塞音略带摩擦，有舌面前色彩，部分字中实际发音为 tɕ $tɕ^h$ ɕ。

2. 韵母37个

ɿ	子次四期						
ʅ	支只时至	i	比米地第	u	不读书路	y	于女须取
ɚ	二儿耳						
a	八大杂扎	ia	俩牙丫	ua	抓刷瓜花		
ə	波折哥	iə	灭贴列接	uə	多捉郭	yə	虐薛雀药
ɛ	奶代开外	iɛ	挨崖矮	uɛ	拽揣怪怀		
e	北德摘雷推			ue	锐规吹		
ɔ	包早找好	iɔ	表苗刁要				
əu	豆楼走后	iəu	丢又酒修				
an	办慢玩间	ian	边天连千	uan	端钻专万	yan	全选员远
ən	本林根恩	in	因印人阴	uən	轮村春棍	yən	云允晕韵
ɑŋ	方当仓王	iɑŋ	娘两将抢	uɑŋ	庄窗双光		
əŋ	崩登声翁	iŋ	兵丁英精	uŋ	东丛钟哄	yŋ	用容永

说明：①iə 中的 ə 实际读音为 e；②合口呼零声母字有时读为唇齿音声母 v。

3. 声调4个

阴平	213	西锅叶列
阳平	55	徐才雷达
上声	24	果准减渴
去声	51	个段闹六

说明：①上声 24 有时读为曲折调 324；②清、次浊入的归派方式比较特殊，大多数字阴平与上声自由变读，如：密 mi^{24}/mi^{213}、鹤 $xə^{24}/xə^{213}$ 等，少部分字有阴平或上声一种读音，如略 $luə^{24}$、织 $tʂʅ^{24}$、郭 $kuə^{213}$、戚 $tɕ^hi^{213}$。

九、赣榆石桥方言音系

1. 声母26个

p	本步别	p^h	怕盘朋	m	马美门	f	飞冯符
tθ	尊疾姐	$tθ^h$	全抢青			θ	送桑徐

T	灯道地	t^h	太汤田	n	难怒女					l	兰路吕
tʃ	周知沾	$tʃ^h$	车除承			ʃ	手烧升				
tʂ	臻斋争	$tʂ^h$	吹床虫			ʂ	梳水是	ʐ	蕊芮	ɭ	儿耳二
tɕ	交决局	$tɕ^h$	琴权掐			ɕ	协咸乡				
K	高歌贵	k^h	开科刻			x	红胡灰				
ø	日远样忧										

2. 韵母 36 个

ɿ/ʅ	资知/支师					ʮ	猪书
ɚ	二儿耳						
		i	比你集	u	铺初古	y	吕徐玉
ɛ	排太在	iɛ	介矮	uɛ	怪帅快		
ə	波者耳	iə	灭接夜	uə	多桌说	yə	略雪药
a	八法杀	Ia	鸭家下	ua	花瓜挖		
ɔ	保刀烧	iɔ	表鸟小				
e	杯类黑			ue	追归围		
əu	头搜狗	iəu	流修忧				
æ̃	班参山	iæ̃	变尖现	uæ̃	短酸完	yæ̃	全元选
ẽ	宾心恩	iẽ	今音	uẽ	吞孙文	yẽ	均云
ɑŋ	帮汤昌	iɑŋ	良抢样	uɑŋ	庄双王		
əŋ	朋东空	iŋ	冰定用	uəŋ	翁		

说明：①合口呼零声母字有时读为唇齿音声母 v；② ɿ i u ʮ y a ia ua ə iə uə yə e ue 既可以配舒声调，也可以配入声调。

3. 声调 5 个

阴平	412	班灾杀多
阳平	54	留绝杂滑
上声	45	满点土锁
去声	51	够闹列窍
入声	24	铁失黑目

说明：赣榆石桥阴平调（412）与入声调（24）正在急剧的合流中，合流的方向是阴平调向入声调合并，具体表现为：大多数阴平字都有阴平、入声两个读音，即同一个阴平字在有的词中读阴平调，在有的词中读入声调，如：加 tɕia^{24}~减/tɕia^{412}~起来、苏 θu^{412}姓~/θu^{24}~醒；在有的词中则是自由变读，既可以读阴平调，也可以读入声调，如：居 tɕy^{412}/tɕy^{24}、东 təŋ^{412}/təŋ^{24}。所有的入声字都只有 24 这一个入声读音。

十、铜山方言音系

1. 声母：24个

p	布班白病	p^h	怕盘平跑	m	门明米民	f	发飞饭		
t	到大夺端	t^h	头太同趟	l	路嫩兰	n	南能内		
ts	资咱杂茶	ts^h	瓷仓层拆			s	四岁山色		
tʂ	猪缀针竹	$tʂ^h$	迟抽窗车	ɭ	而二耳儿	ʂ	世说双叔	ʐ	日热让荣
tɕ	西几讲叫	$tɕ^h$	清齐抢俏			ɕ	西想先学		
k	哥跪刚干	k^h	看糠葵宽			x	喝海盒唤	ɣ	鹅袄安
∅	云矮润								

说明：n 在今齐齿、撮口韵母前实际音值为ȵ。

2. 韵母：共36个

ɿ	自此四师	i	题米你鸡	u	书读某苏	y	鱼虚女律
ʅ	知迟世食						
a	八大割擦	ia	家虾掐佳	ua	瓜夸抓花		
ɛ	摆才孩挨	iɛ	涯街鞋矮	uɛ	怪快坏揣		
ə	鹅歌波色	iə	叶姐爹接	uə	果作郭	yə	月学药
e	对泪麦水			ue	未醉或堆		
ɔ	高否刀招	iɔ	焦妖挑				
ou	斗够楼做	iou	酒秋丢六				
æ̃	盘凡担干	iæ̃	天怜颠煎	uæ̃	端关钻酸	yæ̃	权卷元
ə̃	根恩狠怎	iə̃	银民心林	uə̃	温坤伦俊	yə̃	运闰军熏
aŋ	帮汤赃缸	iaŋ	羊凉将想	uaŋ	王筐慌光		
əŋ	碰争登曾	iŋ	赢平丁井	uŋ	翁哄通工	yŋ	永穷凶窘

说明：ou iou 动程不明显。

3. 声调：4个

阴平	213	山月天差
阳平	55	穷陈床镯
上声	24	闪古手展
去声	51	近厚靠玉

十一、微山方言音系

1. 声母：20 个

p	布班白病	p^h	怕盘平跑	m	门明米民	f	发飞饭		
t	到大夺端	t^h	头太同趟	n	南能内			l	路嫩兰
ts	猪资咱茶针	ts^h	瓷迟仓拆			s	四世岁山说	z	日热让荣
tɕ	西几讲叫	tɕ^h	清齐抢俏			ɕ	西想先学		
k	哥跪刚干	k^h	看糠葵宽			x	喝海盒唤	ɣ	鹅袄安
ø	云矮润								

说明：① n 在今齐齿、撮口韵母前实际音值为 ȵ；② ɣ 摩擦色彩不强；③ ts ts^h s 偏后。

2. 韵母：共 35 个

ʅ	自此知师日食	i	题米你鸡	u	书读某苏	y	鱼虚女律
a	八大割擦	ia	家虾掐佳	ua	瓜夸抓花		
ɛ	摆才孩挨	iɛ	涯街鞋矮	uɛ	怪快坏揣		
ə	鹅歌波色	iə	叶姐爹接	uə	果作郭	yə	月学药
ei	杯泪麦			uei	未醉或堆		
ɔ	高否刀招	iɔ	焦妖挑				
ou	斗够楼做	iou	酒秋丢六				
ã	盘凡担干	iã	天怜颠煎	uã	端关钻酸	yã	权卷元
ə̃	根恩狠怎	iə̃	银民心林	uə̃	温坤伦俊	yə̃	运闰军熏
aŋ	帮汤赃缸	iaŋ	羊凉将想	uaŋ	王筐慌光		
əŋ	碰争登曾	iŋ	赢平丁井	uŋ	翁哄通用	yŋ	永穷凶窘

3. 声调：4 个

阴平	213	山月天差
阳平	55	穷陈床镯
上声	24	闪古手展
去声	51	近厚靠玉

十二、邹城方言音系

1. 声母：20 个

p	布班白病	p^h	怕盘平跑	m	门明米民	f	发飞饭		
t	到大夺端	t^h	头太同趟	n	南能内			l	路嫩兰

ts	猪资咱茶针	ts^h	瓷迟仓拆	s	四世岁山说	z	日热让荣
tɕ	西几讲叫	$tɕ^h$	清齐抢俏	ɕ	西想先学		
k	哥跪刚干	k^h	看糠葵宽	x	喝海盒唤	ɣ	鹅袄安
∅	云矮润						

说明：① n 在今齐齿、撮口韵母前实际音值为 ȵ；② ʅ 自成音节；③ ɣ 稍有摩擦。

2. 韵母：共 37 个

ʅ	自此知师日食	i	题米你鸡	u	书读某苏	y	鱼虚女律
a	八大割擦	ia	家虾掐佳	ua	瓜夸抓花		
ɛ	摆才孩挨	iɛ	涯街鞋矮	uɛ	怪快坏揣		
ə	鹅歌波色	iə	叶姐爹接	uə	果作郭	yə	月学药
ei	杯泪麦			uei	未醉或堆		
ɔ	高否刀招	iɔ	焦妖挑				
ou	斗够楼做	iou	酒秋丢六				
ã	盘凡担干	iã	天怜颠煎	uã	端关钻酸	yã	权卷元
ẽ	根恩狠怎	iẽ	银民心林	uẽ	温坤伦俊	yẽ	运闰军熏
aŋ	帮汤赃缸	iaŋ	羊凉将想	uaŋ	王篁慌光		
əŋ	碰争登曾	iŋ	赢平丁井	uŋ	翁哄通用	yŋ	永穷凶窘

3. 声调：4 个

阴平	213	山月天差
阳平	55	穷陈床镯
上声	24	闪古手展
去声	51	近厚靠玉

十三、睢宁方言音系

1. 声母：24 个

p	布白病	p^h	怕盘平跑	m	买门明	f	发飞	v	五挖晚
t	到夺端	t^h	头太同	n	南能内			l	路嫩兰
ts	资咱杂	ts^h	催仓层			s	丝三扫		
tʂ	知张站	$tʂ^h$	查成册			ʂ	山身色	ʐ	日让扔
tɕ	几讲井	$tɕ^h$	清齐俏			ɕ	西想算		
k	哥跪干	k^h	看糠宽			x	喝海父饭	ɣ	鹅安
∅	以二鸭								

2. 韵母：共 36 个

ɿ	思子	i	题米你鸡	u	书读母	y	鱼虚局
ʅ	侄吃食						
a	八大擦	ia	家掐佳	ua	瓜夸滑		
ɛ	摆孩派	iɛ	街鞋	uɛ	怪快坏		
ə	鹅波各	iə	叶爹接	uə	果过豁	yə	月学
ei	对泪嘴危			uei	未亏或		
ɔ	高刀招	iɔ	焦妖挑				
əu	斗够楼	iəu	酒秋丢				
æ̃	凡担干	iæ̃	天怜煎	uæ̃	端关钻	yæ̃	权卷原
ə̃	根狠村问	iə̃	民心林	uə̃	温坤俊	yə̃	运闰军
aŋ	帮缸王	iaŋ	羊凉想	uaŋ	筐慌双		
əŋ	争登曾	iŋ	平丁井	uŋ	哄通工	yŋ	永穷用

说明：ə iə uə yə 中的 ə 偏低；（u）ei 稍有动程。

3. 声调：4 个

阴平	212	山月天捉
阳平	55	穷陈床才
上声	24	闪古展手
去声	51	近厚靠助

十四、新沂阿湖方言音系

1. 声母：24 个

p	布白病	p^h	怕盘平跑	m	买门明	f	发飞	v	五挖晚
t	到夺端	t^h	头太同	n	南能内			l	路嫩兰
ts	资咱杂	ts^h	催仓层			s	丝三扫		
tʂ	知张站	$tʂ^h$	查成册			ʂ	山身色	ʐ	日让扔
tɕ	几讲井	$tɕ^h$	清齐俏			ɕ	西想算		
k	哥跪干	k^h	看糠宽			x	喝海父饭	ɣ	鹅安
ø	以二鸭								

说明：ts ts^h s 偏前。

2. 韵母：共 37 个

ɿ	思子	i	题米你鸡	u	书读母	y	鱼虚局
ʅ	侄吃食						
a	八大擦	ia	家掐佳	ua	瓜夸滑		
ɛ	摆孩派	iɛ	街鞋	uɛ	怪快坏		
ə	鹅波各	iə	叶爹接	uə	果过豁	yə	月学
e	对泪嘴危			ue	未亏或		
ɔ	高刀招	iɔ	焦妖挑				
ou	斗够楼	iou	酒秋丢				
ã	凡担干	iã	天怜煎	uã	端关钻	yã	权卷原
ẽ	根狠村问	iẽ	民心林	uẽ	温坤俊	yẽ	运闰军
aŋ	帮缸王	iaŋ	羊凉想	uaŋ	筐慌双		
əŋ	争登曾	iŋ	平丁井	uŋ	哄通工	yŋ	永穷用

说明：ə iə uə yə 中的 ə 偏低；（u）ei 稍有动程。

3. 声调：4 个

阴平	212	山月天捉
阳平	45	穷陈床才
上声	224	闪古展手
去声	51	近厚靠助

十五、新沂时集 A 方言音系

1. 声母：24 个

p	布白病	pʰ	怕盘平跑	m	买门明	f	发飞	v	五挖晚
t	到夺端	tʰ	头太同	n	南能内			l	路嫩兰
ts	资咱杂	tsʰ	催仓层			s	丝三扫		
tʂ	知张站	tʂʰ	查成册			ʂ	山身色	ʐ	日让扔
tɕ	几讲井	tɕʰ	清齐俏			ɕ	西想算		
k	哥跪干	kʰ	看糠宽			x	喝海父饭	ɣ	鹅安
∅	以二鸭								

说明：ts tsʰ s 偏前。

2. 韵母：共 37 个

ɿ	思子	i	题米你鸡	u	书读母	y	鱼虚局
ʅ	侄吃食						
a	八大擦	ia	家掐佳	ua	瓜夸滑		
ɛ	摆孩派	iɛ	街鞋	uɛ	怪快坏		
ə	鹅波各	iə	叶爹接	uə	果过豁	yə	月学
ei	对泪嘴危			uei	未亏或		
ɔ	高刀招	iɔ	焦妖挑				
ou	斗够楼	iou	酒秋丢				
ã	凡担干	iã	天怜煎	uã	端关钻	yã	权卷原
ẽ	根狠村问	iẽ	民心林	uẽ	温坤俊	yẽ	运闰军
aŋ	帮缸王	iaŋ	羊凉想	uaŋ	筐慌双		
əŋ	争登曾	iŋ	平丁井	uŋ	哄通工	yŋ	永穷用

说明：ə iə uə yə 中的 ə 偏低；（u）ei 稍有动程。

3. 声调：4 个

阴平	213	山月天捉
阳平	55	穷陈床才
上声	24	闪古展手
去声	51	近厚靠助

十六、新沂时集 B 方言音系

1. 声母：24 个

p	布白病	pʰ	怕盘平跑	m	买门明	f	发飞	v	五挖晚
t	到夺端	tʰ	头太同	n	南能内			l	路嫩兰
ts	资咱杂	tsʰ	催仓层			s	丝三扫		
tʂ	知张站	tʂʰ	查成册			ʂ	山身色	ʐ	日让扔
tɕ	几讲井	tɕʰ	清齐俏			ɕ	西想算		
k	哥跪干	kʰ	看糠宽			x	喝海父饭	ɣ	鹅安
∅	以二鸭								

说明：ts tsʰ s 偏前。

2. 韵母：共 48 个

ɿ	思子	i	题米你鸡	u	补五书除	y	女举渔
ʅ	侄吃						
ɚ	儿耳						
a	爬大拿查	ia	家牙下	ua	抓挂花瓦		
ɛ	买来才	iɛ	街鞋	uɛ	怪快坏		
ə	遮惹个	iə	也姐爹	uə	帛婆多	yə	靴
e	对泪嘴危			ue	未亏吹回		
ɔ	高刀招	iɔ	标描小				
ou	口欧楼头	iou	久修有牛				
an	凡担干	ian	天怜煎	uan	端关钻	yan	权卷原
en	根狠村问	in	民心林	uen	温坤俊	yn	运闰军
aŋ	帮缸王	iaŋ	羊凉想	uaŋ	筐慌双		
əŋ	争登曾	iŋ	平丁井	uŋ	哄通工	yŋ	永穷用
ʅʔ	十直	iʔ	立击	uʔ	不出秃国	yʔ	律域玉
aʔ	答八法	iaʔ	掐瞎	uaʔ	滑袜		
əʔ	折泼博北	iəʔ	叶铁劣	uəʔ	脱各弱桌	yəʔ	月脚学

说明：合口呼零声母字有时读为唇齿音声母 v。

3. 声调：4 个

阴平	212	山月天捉街
阳平	55	穷陈床才来
上声	24	闪古展手有
去声	51	近厚靠助泪
入声	5	十答折叶学

说明：①阴平 213 有时读为 21；②阳平 55 实际音值接近 45。

十七、泗水方言音系

1. 声母：23 个

p	布班白病	p^h	怕盘平跑	m	门明米民	f	发飞书税	v	如软
t	到大夺端	t^h	头太同趟	l	狼路嫩兰	n	南能囊内		
tʃ	资知争	$tʃ^h$	瓷查成册	ɭ	而二耳儿	ʃ	三上色	ʒ	惹
tɕ	猪讲清	$tɕ^h$	清锤齐抢			ɕ	西想算先	ʑ	锐蕊
k	哥跪刚	k^h	看糠葵宽			x	喝海盒唤	ɣ	鹅袄安
∅	云以润								

2. 韵母：共36个

ɿ	子知室是式	i	题米你鸡	u	读吕某	y	鱼书苏女
a	八大割擦	ia	家虾掐佳	ua	瓜夸花		
ɛ	摆才孩派	iɛ	涯挨街鞋	uɛ	怪快坏		
ə	鹅歌波色	iə	叶姐爹接	uə	果棵觉	yə	搓月说学
ei	对泪麦水			uei	未或堆	yei	岁随追
ɔ	高否刀招	iɔ	焦妖挑				
əu	斗够楼做	iəu	酒秋丢六				
æ̃	盘凡担干	iæ̃	天怜颠煎	uæ̃	端关钻	yæ̃	权卷专
ə̃	根恩狠怎	iə̃	银民心林	uə̃	温坤伦	yə̃	运军春
aŋ	帮汤赃	iaŋ	羊凉将想	uaŋ	王慌光		
əŋ	碰争登	iŋ	平丁井	uŋ	哄通工	yŋ	永穷崇

说明：（i）əu、（u）ei 稍有动程。

3. 声调：4个

阴平	24	山月天关药
阳平	53	穷陈床才镯
上声	55	闪古手口展
去声	312	近厚靠助肉

十八、邳州方言音系

1. 声母：25个

p	布班白病	pʰ	怕盘平跑	m	门明米民	f	发飞书税	v	如荣软
t	到大夺端	tʰ	头太同趟	n	南能内			l	路嫩兰
ts	资咱杂增	tsʰ	瓷仓蚕层			s	三选雪学		
tʂ	知张站争	tʂʰ	吃查成册	ɭ	而二耳儿	ʂ	上山身色	ʐ	日热让扔
tɕ	几讲井叫	tɕʰ	清齐抢俏			ɕ	西想算先		
k	哥跪刚干	kʰ	看糠葵宽			x	喝海盒唤	ɣ	鹅袄安
∅	云矮润								

说明：n 在今齐齿、撮口韵母前实际音值为 ȵ。

2. 韵母：共 37 个

ɿ	自此思死	i	题米你鸡	u	书读吕某	y	鱼虚苏女
ʅ	侄吃食日						
a	八大割擦	ia	家虾掐佳	ua	瓜夸抓花		
ɛ	摆才孩派	iɛ	涯挨街鞋	uɛ	怪快坏揣		
ə	鹅歌波色	iə	叶姐爹接	uə	果棵作	yə	月学药
e	对泪麦水			ue	未亏或堆	ye	嘴催岁随
ɔ	高否刀招	iɔ	焦妖挑撂				
əu	斗够楼做	iəu	酒秋丢六				
æ̃	盘凡担干	iæ̃	天怜颠煎	uæ̃	端关钻文选	yæ̃	权卷酸钻白
ə̃	根恩狠怎	iə̃	银民心林	uə̃	温坤伦俊	yə̃	运闰军熏
aŋ	帮汤赃缸	iaŋ	羊凉将想	uaŋ	王筐慌光		
əŋ	碰争登曾	iŋ	赢平丁井	uŋ	翁哄通工	yŋ	永穷凶窘

说明：① ye 韵只出现在老派的嘴里，新派该韵已消失，归入 ue 韵；② əu 动程不明显；③ aŋ iaŋ uaŋ、əŋ iŋ uŋ yŋ 两组韵母的主元音都有鼻化色彩，其中，uŋ yŋ 韵母主元音的鼻化色彩更浓。

3. 声调：4 个

阴平	213	山月天差
阳平	55	穷陈床镯
上声	35	闪古手展
去声	51	近厚靠玉

说明：上声调值有时为 324。

十九、滕州方言音系

1. 声母：24 个

p	布班白	p^h	怕盘平	m	门明米	f	发飞书	v	如荣软
t	到夺端	t^h	头太同	n	南能内			l	路嫩兰
ts	资杂知	ts^h	仓层查	ɭ	而二耳儿	s	三山身	z	日热让
pf	烛主	pf^h	床出						
tɕ	几讲井叫	$tɕ^h$	清齐抢俏			ɕ	西想算先		
k	哥跪刚	k^h	看糠宽			x	喝海盒	ɣ	鹅袄安
ø	云润用								

2. 韵母：共 36 个

ɿ	自思日知	i	题米你鸡	u	书读吕某	y	鱼苏女
a	八大割擦	ia	家虾掐佳	ua	瓜夸抓花		
ɛ	摆才孩派	iɛ	涯挨街鞋	uɛ	怪快坏揣		
ə	鹅拙	iə	叶姐	uə	果郭	yə	雪脚学
ei	泪麦水			uei	未亏或	yei	嘴催岁
ɔ	高刀招	iɔ	焦妖挑				
ou	斗够楼	iou	酒秋丢				
æ̃	凡担专	iæ̃	天怜煎	uæ̃	端关	yæ̃	卷酸钻
ə̃	根狠	iə̃	银民心	uə̃	温伦	yə̃	运闰军
aŋ	帮汤缸	iaŋ	凉将想	uaŋ	王筐慌		
əŋ	碰争中	iŋ	平丁井	uŋ	哄通工	yŋ	永穷凶送

3. 声调：4 个

阴平	213	山月天说
阳平	55	穷陈床戳
上声	35	闪古展手
去声	51	近厚靠玉

二十、临沭方言音系

1. 声母：27 个

p	布白病	p^h	怕平跑	m	门明米	f	发飞		
t	到大夺	t^h	头太同	n	南能内			l	路嫩兰
tθ	坐嘴进	$tθ^h$	脆寸寝			θ	赛心送		
ts	子将	ts^h	瓷全			s	小雪		
tʃ	知张站争	$tʃ^h$	吃查成册	ɭ	而二耳儿	ʃ	上山身色	ʒ	如热让
tɕ	几讲叫	$tɕ^h$	起群勤			ɕ	希香兄		
k	哥跪刚	k^h	看糠宽			x	喝海盒	ɣ	袄安
ø	云元润								

说明：ɣ 摩擦色彩较弱。

2. 韵母：共 35 个

ʅ	自死侄吃	i	题鸡息	u	书无读	y	鱼虚苏女
a	八大割擦	ia	家虾掐佳	ua	瓜夸抓花		
ɛ	摆才孩	iɛ	挨街鞋	uɛ	怪快坏		
ə	鹅歌波	iə	叶姐接	uə	果作郭	yə	月学药
ei	对泪麦			uei	未亏堆		
ɔ	高刀招	iɔ	焦妖挑				
əu	斗够楼	iəu	酒秋丢				
æ̃	盘凡担干	iæ̃	天怜颠煎	uæ̃	端关钻官	yæ̃	权卷
ẽ	根恩心	iẽ	银巾	uẽ	温坤伦	yẽ	运闰军
ɑŋ	帮汤赃	iɑŋ	凉将想	uɑŋ	王筐光		
əŋ	碰争登	iŋ	平丁井	uŋ	哄通工	yŋ	永穷凶

说明：ə iə uə yə 中的 ə 偏低。

3. 声调：4 个

阴平	13	山月天说
阳平	53	穷陈床戳
上声	55	闪古展手
去声	312	近厚靠玉

二十一、宿迁方言音系

1. 声母：22 个

p	布白病	pʰ	怕盘平跑	m	门明				
t	到夺端	tʰ	头太同	n	南能内			l	路嫩兰
ts	资咱杂	tsʰ	催仓层			s	三扫		
tʂ	知张站	tʂʰ	查成册			ʂ	山身色	ʐ	日让扔
tɕ	几讲井	tɕʰ	清齐俏			ɕ	西想算		
k	哥跪干	kʰ	看糠宽			x	海唤飞	ɣ	鹅安
ø	以二鸭王								

2. 韵母：共 36 个

ɿ	思子	i	题米你鸡	u	书读母	y	鱼虚局
ʅ	侄吃食						
a	八大擦	ia	家掐佳	ua	瓜夸滑		
ɛ	摆孩派	iɛ	街鞋	uɛ	怪快坏		
ə	鹅波各	iə	叶爹接	uə	果觉作	yə	月学
e	对泪嘴			ue	未亏飞		
ɔ	高刀招	iɔ	焦妖挑				
əu	斗够楼	iəu	酒秋丢				
ã	凡担干	iã	天怜煎	uã	端关钻翻	yã	权卷
ẽ	根狠村问	iẽ	民心林	uẽ	温坤俊逢	yẽ	运闰军
aŋ	帮缸	iaŋ	羊凉想	uaŋ	筐慌双方		
əŋ	争登曾	iŋ	平丁井	uŋ	哄通工	yŋ	永穷用

3. 声调：4 个

阴平	213	山月天说
阳平	55	穷陈床戳
上声	24	闪古展手
去声	51	近厚靠玉

二十二、丰县方言音系

1. 声母：24 个

p	布白病	pʰ	怕盘平	m	门明	f	发飞		
t	到大夺	tʰ	头同趟	n	南能内			l	路嫩兰
ts	资咱站	tsʰ	瓷蚕吹			s	四伞双		
tʂ	遮知竹	tʂʰ	成上尺	ɭ	而二耳儿	ʂ	书上世	ʐ	让荣软
tɕ	几讲井叫	tɕʰ	清齐抢俏			ɕ	西想算先		
k	哥跪刚	kʰ	看糠宽			x	喝海唤	ɣ	袄安
ø	云以润								

2. 韵母：共36个

ɿ	自此师之	i	题你鸡	u	初读绿	y	鱼女律
ʅ	世知日汁						
a	八大擦	ia	家虾掐	ua	瓜夸抓		
ɛ	摆才孩	iɛ	挨街鞋	uɛ	怪快坏		
ə	鹅歌波	iə	叶姐爹接	uə	果作郭	yə	月学
e	泪麦隔			ue	未或堆岁		
ɔ	高否刀	iɔ	焦妖挑				
əu	斗够楼	iəu	酒秋六				
æ̃	盘担干	iæ̃	天怜煎	uæ̃	端关钻	yæ̃	权卷选
ə̃	根恩狠	iə̃	民心林	uə̃	温坤伦	yə̃	运闰军
aŋ	帮汤缸	iaŋ	羊凉将想	uaŋ	王筐慌光		
əŋ	碰争登	iŋ	平丁井	uŋ	哄通工	yŋ	永穷凶

3. 声调：4个

阴平	223	山月天捉
阳平	54	穷陈床才
上声	45	闪古展手
去声	41	近厚靠助

二十三、郯城方言音系

1. 声母：24个

p	布白病	p^h	怕盘跑	m	明米民	f	非饭		
t	到夺端	t^h	太同趟	n	南能内			l	路嫩兰
ts	资杂焦	ts^h	瓷蚕切			s	丝三新		
tʂ	知张争	$tʂ^h$	吃成册	ɭ	二耳儿	ʂ	上身色	ʐ	日热让软
tɕ	几交经	$tɕ^h$	奇去群			ɕ	下形歇		
k	哥跪刚	k^h	看糠宽			x	喝海盒	ɣ	鹅袄安
ø	矮云润								

说明：① tʂ $tʂ^h$ ʂ 发音部位偏后，有舌叶音色彩；② ts ts^h s 与合口韵母相拼时偏前。

2. 韵母：共 37 个

ɿ	自此思死	i	题米你鸡	u	书读吕绿	y	鱼虚女
ʅ	侄吃食日						
a	八大割擦	ia	家虾掐佳	ua	瓜夸抓花		
ɛ	摆才孩	iɛ	挨街鞋	uɛ	怪快坏		
ə	各歌波	iə	叶姐接	uə	果作郭	yə	月学药
e	对泪麦			ue	未亏堆		
ɔ	高刀茂	iɔ	焦妖挑				
əu	斗够楼	iəu	酒秋六				
ã	凡担干	iã	天怜煎	uã	端关钻	yã	权卷选
ẽ	根恩狠	iẽ	民心林	uẽ	温坤伦	yẽ	运闰军
aŋ	帮汤赃缸	iaŋ	羊凉将想	uaŋ	王筐慌光		
əŋ	碰争登曾	iŋ	赢平丁井	uŋ	翁哄通工	yŋ	永穷凶

说明：（i）əu 动程不明显。

3. 声调：4 个

阴平	214	山月天捉
阳平	53	穷陈床才
上声	55	闪古展手
去声	312	近厚靠助

说明：214 有时读为 24。

二十四、莒南团林方言音系

1. 声母 26 个

p	本步别	pʰ	怕盘朋	m	马美门	f	飞冯符						
tθ	尊酒灾	tθʰ	迁撮抢			θ	松桑徐						
t	灯道夺	tʰ	太汤同	n	难怒女							l	兰路吕
tʂ	臻斋斩	tʂʰ	产床虫			ʂ	梳水捎	ʐ	锐芮			ɭ	儿耳二
ʧ	交征猪	ʧʰ	区期沉			ʃ	身书烧						
ȶ	丢颠掉	ȶʰ	听全田										
k	高歌贵	kʰ	开科刻			x	红胡灰						
∅	日岸鹅远												

说明：① tθ 有时读为 ð，ʧ 有时读为 ʒ；② tθ tθʰ摩擦色彩较弱；③ ʧ ʧʰ ʃ 舌叶色彩较弱。

2. 韵母 37 个

ɿ	资次					ʮ	猪区
ʅ	支师	i	比你集	u	铺苏梳	y	率徐玉
ɛ	排太开	iɛ	挨	uɛ	怪帅快		
ə	波浙耳	iə	灭接夜	uə	托作学	yə	略雪药
ɑ	八法家	iɑ	鸭牙亚	uɑ	花抓挖		
ɔ	保桃交	iɔ	表鸟小				
e	杯对宅			ue	追归围		
ou	头周够	iou	流修忧				
æ̃	班参山	iæ̃	变连严	uæ̃	短酸完	yæ̃	全元
ẽ	本很村	iẽ	宾心林今	uẽ	纯困问	yẽ	寻韵
ɑŋ	帮汤乡	iɑŋ	良抢样	uɑŋ	庄双王		
əŋ	朋猛争	iŋ	冰定星	uŋ	东送虫	yŋ	用荣

说明：①合口呼零声母字有时读为唇齿声母。②uŋ 为零声母时，实际读音为 vəŋ。

3. 声调 4 个

阴平	214	灾分周班
阳平	53	凡冯全舌
上声	55	短永老朗
去声	31	胖率桂树

说明：①阳平调值降幅比 53 略小，上声实际读为略升的调值。②去声的起点音高值略高于 3 度。

二十五、日照陈疃方言音系

1. 声母：27 个

p	边	p^{h}	怕	m	麻	f	夫	v	王		
t	当走	t^{h}	推草	n	怒					l	路
tθ	子	tθ^{h}	词			θ	三苏星雪				
tʃ	战见	tʃ‘	缠乾			ʃ	声兴				
tʂ	站	tʂ‘	馋			ʂ	生	ʐ	芮	ɭ	儿
ȶ	地焦	ȶ‘	提妻								
k	高	k‘	开	ŋ	爱	x	寒				
ø	烟冤无日										

说明：① ȶ ȶ^{h}有时读为 tɕ tɕ^{h}；② tʃ 有时读为 ʒ；③ t t^{h}有时读为 tθ tθ^{h}；④ v 发音时上齿与下唇只是有轻微的接触，唇齿色彩较弱。

2. 韵母：35 个

ɿ	资知鸡					ʮ	猪
ʅ	支	i	衣日	u	乌居	y	鱼乳
ɑ	妈傻加挖	iɑ	牙	uɑ	瓜		
ə	波车	iə	夜热	uə	多河说确	yə	月弱
ɛ	耐街外	iɛ	矮	uɛ	怪		
ei	悲威			uei	对随		
ɔ	包招交	iɔ	标扰				
ou	斗肘久	iou	丢柔				
ã	班沾兼完	iã	边然	uã	端船拳	yã	元软
ə̃	贫根针金温	iə̃	音人	uə̃	顿准	yə̃	云闰
ɑŋ	帮掌讲王	iɑŋ	枪让	uɑŋ	庄		
əŋ	登东翁绳形熊	iŋ	丁影用荣				

说明：① ə iə uə 中的 ə 偏低；② y 有时读为 yə。

3. 声调：4 个

阴平	214	山月天捉
阳平	53	穷陈床才
上声	55	闪古展手
去声	31	近厚靠助

说明：① 214 有时为 24。

二十六、日照奎山方言音系

1. 声母 26 个

p	本步别	pʰ	怕盘朋	m	马美门	f	飞冯符				
tθ	尊疾姐	tθʰ	全抢青			θ	送桑徐				
Ts	周知沾	tsʰ	车除承			s	手烧升				
t	灯道地	tʰ	太汤田	n	难怒女					l	兰路吕
tʂ	臻斋争	tʂʰ	吹床虫			ʂ	梳水是	ʐ	锐芮	ɭ	儿耳二
tɕ	交决局	tɕʰ	琴权掐			ɕ	协咸乡				
k	高歌贵	kʰ	开科刻			x	红胡灰				
Ø	日远样忧										

说明：① tθ tθʰ摩擦色彩较弱；② ts tsʰ s 略有舌叶色彩，特别是与 ɿ ʮ 相拼时。

2. 韵母 37 个

ɿ/ʅ	资知/支师					ʮ	猪书
		i	比你集	u	铺初古	y	吕徐玉
ɛ	排太在	iɛ	介矮	uɛ	怪帅快		
ə	波者耳	iə	灭接夜	uə	多桌说	yə	略雪药
ɑ	八法杀	iɑ	鸭家下	uɑ	花瓜挖		
ɔ	保刀烧	iɔ	表鸟小				
e	杯类黑			ue	追归围		
ou	头搜狗	iou	流修忧				
æ̃	班参山	iæ̃	变尖现	uæ̃	短酸完	yæ̃	全元选
ẽ	宾心恩	iẽ	今音	uẽ	吞孙文	yẽ	均云
ɑŋ	帮汤昌	iɑŋ	良抢样	uɑŋ	庄双王		
əŋ	朋东空	iŋ	冰定用	uəŋ	翁		

说明：① 合口呼零声母字有时读为唇齿音声母 v。② əŋ 有时读为 uŋ。

3. 声调 4 个

阴平	214	班灾杀多
阳平	53	留绝杂滑
上声	55	满点土锁
去声	31	够闹列窍

二十七、日照黄墩方言音系

1. 声母：27 个

p	边	p^h	怕	m	麻	f	夫				
t	当	t^h	推	n	怒					l	路
tθ	子走	$tθ^h$	词草			θ	三苏星雪				
tʃ	战见	tʃ‘	缠乾			ʃ	声兴				
tʂ	站	tʂ‘	馋			ʂ	生	ʐ	芮	ɭ	儿
ȶ	地焦	ȶ‘	提妻								
k	高	k‘	开	ŋ	爱	x	寒				
ø	烟冤无日										

说明：① tʃ $tʃ^h$ ʃ 接近舌面音；② tθ $tθ^h$ θ 摩擦色彩较弱。

2. 韵母：37个

ɿ	资知鸡					ʮ	猪
ʅ	支	i	衣日	u	乌居	y	鱼乳
ɑ	妈傻加挖	iɑ	牙	uɑ	瓜		
ə	波车	iə	夜热	uə	多河说确	yə	月弱
ɛ	耐街外	iɛ	矮	uɛ	怪		
e	悲威			ue	对随		
ɔ	包招交	iɔ	标扰				
ou	斗肘久	iou	丢柔				
æ̃	班沾兼完	iæ̃	边然	uæ̃	端船拳	yæ̃	元软
ẽ	贫根针金温	iẽ	音人	uẽ	顿准	yẽ	云闰
ɑŋ	帮掌讲王	iɑŋ	枪让	uɑŋ	庄		
əŋ	登东翁绳形熊	iŋ	丁影用荣	uŋ	东从钟宏	yŋ	用容永

3. 声调：4个

阴平	214	山月天捉
阳平	53	穷陈床才
上声	55	闪古展手
去声	31	社寨换育

说明：①214 有时为 24。

二十八、日照涛雒方言音系

1. 声母：28个（包括零声母）

p	巴壁边步	pʰ	怕婆偏扑	m	麻米门麦	f	夫肥法饭	v	文外王		
t	多到当达	tʰ	推掏汤脱	n	怒难脑纳					l	路连老落
tθ	租坐尊昨	tθʰ	仓粗曹村			θ	苏送新雪				
ts	专遮家军	tsʰ	车出昌潮			s	湿书扇声				
ȶ	足聚挤情	ȶʰ	取挤全枪								
tʂ	桌支种竹	tʂʻ	叉齿巢床			ʂ	沙诗生水			ɭ	儿耳二
tɕ	点掉叠停	tɕʻ	低跳天铁								
k	高跪割共	kʻ	开葵口抗	ŋ	爱袄安鹅	x	寒好厚黑				
ø	严有让日										

说明：① ts tsʰ s 略带舌叶音色彩，只拼开口呼和合口呼韵母；② θ 拼齐齿呼和撮口呼韵母时，也可以读为 ɕ；③ tθ tθʰ θ 发音时舌头抵在齿间，舌尖不伸出齿外；④个别精组细音字与端组逢今齐齿韵母字相混（如“井 tɕiŋ55＝顶 tɕiŋ55”“荠 tɕi31＝地 tɕi31”），这些相混字的字通常既可以读 ȶ- ȶʰ-，又可以读 tɕ- tɕʰ-；⑤ ȶ ȶʰ与撮口呼韵母相拼时略有塞擦音色彩，但仍与塞擦音 tɕ tɕʰ有别。

2. 韵母：37 个

ɿ	子次四期					ʮ	朱主居书
ʅ	支只时至	i	比米地第	u	不读书路	y	于女须取
ɑ	八大杂扎	iɑ	俩牙丫	uɑ	抓刷瓜花		
ə	波耳折哥	iə	灭贴列接	uə	多捉郭握	yə	虐薛雀药
ɛ	奶代开外	iɛ	挨崖矮	uɛ	拽揣怪怀		
ei	北德摘雷			uei	推锐规吹		
ɔ	包早找好	iɔ	表苗刁要				
ou	豆楼走后	iou	丢又酒修				
ã	办慢玩间	iã	边天连千	uã	端钻专万	yã	全选员远
ẽ	本林根恩	iẽ	因印人阴	uẽ	轮村春棍	yẽ	云允晕韵
ɑŋ	方当仓王	iɑŋ	娘两将抢	uɑŋ	庄窗双光		
əŋ	崩登声翁	iŋ	兵丁英精	oŋ	东丛钟哄	ioŋ	用容永

说明：①韵母 ã与 ts ts^h s 相拼时，鼻化色彩有时比较弱，接近于非鼻化元音 a；②(u)ei 的动程不明显；③ ẽ iẽ uẽ yẽ中的 e 舌位略低。

3. 声调：4 个

阴平	214	巴烹抹方摊镶猪穿敲
阳平	53	拔朋麻防坛祥轴船桥
上声	55	靶捧马访毯想主喘巧
去声	31	耙碰骂放炭象住串窍

说明：阴平调值有时读曲折调 214，有时读成升调 24。

二十九、蒙阴方言音系

1. 声母：27 个

p	布帮别	p^h	怕撇盘	m	米毛闷	f	飞符凤				
t	到敌读	t^h	太秃提	n	怒内兰					l	辣吕
ð	子葬凿	$t\theta^h$	醋仓曹			θ	四苏随				
z	酒精	ts^h	妻钱			s	薛星				
ʧ	知真桩	ʧ‘	初缀衬			ʃ	沙双	ʒ	锐	ɭ	儿耳二
ʨ	鸡见妗	ʨ‘	牵丘旗			ç	休训闲				
k	贵改跪	k‘	开看葵	ŋ	爱昂恩	x	黑胡恨				
ø	延武雨热										

2. 韵母：35个

ʅ	子世十	i	米几力	u	不读路	y	女吕玉
ᴀ	八大杂	iᴀ	架加掐	uᴀ	抓刷瓜花		
ə	波哥耳折	iə	灭列揭	uə	多左捉握	yə	虐决学药
ɛ	奶代改	iɛ	街鞋挨	uɛ	拽怪外		
ei	被飞北			uei	推锐卫		
ɔ	包刀找	iɔ	苗刁交				
ou	楼走后	iou	休丢又				
ã	办反干	iã	边连千言	uã	端团专万	yã	卷玄远
ə̃	本林根	iə̃	金欣因	uə̃	轮村春文	yə̃	军云训
ɑŋ	方仓钢	iɑŋ	娘两江乡	uɑŋ	窗双王		
əŋ	崩声亨	iŋ	丁兴英	uŋ	东丛工	yŋ	龙从兄用容

说明：① （-）ə 偏低。② （u）ei 的动程不太明显。

3. 声调：4个

阴平	214	巴抹方飞
阳平	54	朋麻祥船
上声	35	毯想主巧
去声	31	碰骂炭住

三十、沂南方言音系

1. 声母：30个

p	巴壁边步	pʰ	怕婆偏扑	m	麻米门麦	f	夫肥法饭						
t	多到当达	tʰ	推掏汤脱	n	怒难脑纳							l	路连老落
tθ	租尊昨僧	tθʰ	仓粗曹村			θ	苏桑送孙						
ts	精足聚纵	tsʰ	取妻齐切			s	须线松俗						
ʧ	遮章蒸进	ʧʰ	尺出昌潮			ʃ	湿书扇声						
tʂ	桌支竹庄	tʂʰ	叉齿初巢			ʂ	沙诗生水	ʐ	芮			ɭ	儿耳二而
tɕ	久轻结急	tɕʰ	丘旗去权			ɕ	享休歇胸						
k	高跪割共	kʰ	开葵口抗	ŋ	爱袄安鹅	x	寒好厚黑						
ø	严有让日												

2. 韵母：37个

ɿ	子次四					ɥ	朱主厨殊书树
ʅ	之尺世	i	米地理几	u	不读书没路	y	于女吕居虚
ɑ	八大杂扎哈	iɑ	架俩加牙掐	uɑ	抓刷瓜花		
ə	波耳折哥可	iə	灭贴列些揭	uə	多左捉郭握	yə	虐略决学药
ɛ	奶别代甩改	iɛ	街鞋懈挨崖	uɛ	拽揣怪怀外		
e	北墨德摘雷			ue	推崔锐规卫		
ɔ	包刀早找好	iɔ	表苗刁交要				
əu	豆楼走后偶	iəu	休丢谬九又				
æ̃	办反慢干按	iæ̃	边天连千言	uæ̃	端团钻专万	yæ̃	卷权玄员远
ə̃	本抿林根恩	iə̃	金钦欣因印	uə̃	轮村春棍文	yə̃	军群云允训
ɑŋ	方当仓昌钢	iɑŋ	娘两江强乡	uɑŋ	庄窗双光王		
əŋ	崩登声侦亨	iŋ	兵丁拎兴英	uŋ	东丛钟工翁	yŋ	龙从兄用容

说明：① ɥ 只拼舌叶音 ʧ ʧʻ ʃ；②uŋ 与零声母相拼时读为 uəŋ，介音 u 有唇齿化色彩。

3. 声调：4个

阴平	213	巴抹方飞
阳平	53	朋麻祥船
上声	55	毯想主巧
去声	31	碰骂炭住

三十一、五莲许孟方言音系

1. 声母：28个

p	边	pʰ	怕	m	麻	f	夫	v	王		
t	当走	tʰ	推草	n	怒					l	路
tθ	子	tθʰ	词			θ	三苏				
ʒ	战见	ʧʻ	缠乾			ʃ	声兴				
tʂ	站	tʂʻ	馋			ʂ	生	ʐ	芮	ɭ	儿
tɕ	地焦	tɕʻ	提妻			ɕ	星雪				
k	高	kʻ	开	ŋ	爱	x	寒				
ø	烟冤无日										

说明：①tɕ tɕʰ发音部位偏前，擦音色彩较弱，有时读为ȶ ȶʰ；②ʒ 有时读为ʧ；③v 发音时上齿与下唇只是有轻微的接触，唇齿色彩较弱。

2. 韵母：35 个

ɿ	资知鸡					ʮ	猪
ʅ	支	i	衣日	u	乌居	y	鱼乳
ɑ	妈傻加挖	iɑ	牙	uɑ	瓜		
ə	波车	iə	夜热	uə	多河说确	yə	月弱
ɛ	耐街外	iɛ	矮	uɛ	怪		
ei	悲威			uei	对		
ɔ	包招交	iɔ	标扰				
ou	斗肘久	iou	丢柔				
ã	班沾兼完	iã	边然	uã	端船拳	yã	元软
ə̃	贫根针金温	iə̃	音人	uə̃	顿准	yə̃	云闰
ɑŋ	帮掌讲王	iɑŋ	枪让	uɑŋ	庄		
əŋ	登东翁绳形熊	iŋ	丁影用荣				

说明：① ə iə uə 中的 ə 偏低；② y 有时读为 yə。

3. 声调：4 个

阴平	214	山月天捉
阳平	53	穷陈床才
上声	44	闪古展手
去声	31	近厚靠助

说明：① 214 有时为 24；② 44 有时读为 24。

三十二、日照两城方言音系

1. 声母 26 个

P	本步别	p^h	怕盘朋	m	马美门	f	飞冯符				
tθ	尊疾姐	tθ^h	全抢青			θ	松桑徐				
Ts	周知沾	ts^h	车除承			s	手烧升				
t	灯道夺	t^h	太汤同	n	难怒女					l	兰路吕
tʂ	臻斋争	tʂ^h	吹床虫			ʂ	梳水是	ʐ	锐芮	ɭ	儿耳二
tɕ	交决地	tɕ^h	琴权田			ɕ	协咸乡				
K	高歌贵	k^h	开科刻			x	红胡灰				
ø	日远样忧										

说明：①tθ tθ^{h}摩擦色彩较弱；②ts ts^h s 略有舌叶色彩。

2. 韵母 37 个

ɿ/ʅ	资知/支师	i	比你集	u	铺初猪	y	率效~徐玉
ɛ	排太在	iɛ	挨介	uɛ	怪帅快		
ə	波哥耳	iə	灭接夜	uə	托作说	yə	略雪药
ɑ	八法杀	iɑ	鸭家下	uɑ	花抓挖		
ɔ	保桃抄	iɔ	表鸟小				
ei	杯类客			uei	追归围		
ou	头周够	iou	流修忧				
ã	班参山	iã	变尖现	uã	短酸完	yã	全元选
ẽ	宾心恩	iẽ	今音	uẽ	吞孙文	yẽ	均韵
ɑŋ	帮汤昌	iɑŋ	良抢样	uɑŋ	庄双王		
əŋ	朋东空	iŋ	冰定用	uəŋ	翁		

说明：① 合口呼零声母字实际读为唇齿音声母 v。

3. 声调 4 个

阴平	214	西锅庄瓜
阳平	53	徐才雷猾
上声	55	果准暖减
去声	31	段闹训象

三十三、莒县桑园方言音系

1. 声母：27 个

p	边比步	pʰ	怕鹏	m	麻米	f	夫逢		
t	低度	tʰ	题图	n	怒女			l	路里
ð	租昨	tθʰ	错才			θ	苏三		
z	集遮	ts‘	车齐			s	细声		
tʂ	桌站	tʂ‘	产初			ʂ	梳生	ɭ	儿二
tɕ	教鸡	tɕʰ	其去			ɕ	虚喜		
k	高古	k‘	开哭	ŋ	爱熬	x	寒很		
ø	烟冤无日								

说明：①浊擦音 ð z 有时读成 ʤ ʥ，或读成 tθ ts；② z tsʰ s 拼细音时有舌面色彩。

2. 韵母：37个

ɿ	资知					ʮ	猪树
ʅ	支师	i	衣日	u	乌古	y	鱼取驴
ɑ	八拿茶	iɑ	牙架	uɑ	瓜挖		
ə	波车个	iə	跌姐谢	uə	多河桌	yə	学月
ai	太柴筛	iai	矮鞋	uai	怪坏		
ei	悲类			uei	对随亏		
ɔ	包超早	iɔ	标要小				
ou	头搜狗	iou	丢柔				
ã	班蓝敢	iã	边然见	uã	段关万	yã	全元圈
ẽ	本分肯	iẽ	临琴音	uẽ	盾村困	yẽ	熏韵
ɑŋ	帮章抗	iɑŋ	亮相让	uɑŋ	庄双王		
əŋ	逢等省	iŋ	并请应	uŋ	东送空	yŋ	兄用

说明：①ɑŋ uɑŋ 中的 ɑ 较圆，并有鼻化色彩；② ẽ uẽ中的 e 较低，实际读音为 æ。

3. 声调：4个

阴平	214	猜家丁山
阳平	53	蓝停头碟
上声	55	矮找走伞
去声	31	界罩奏战

说明：214 有时读为 24。

附录三　33 个点方言字音对照表

（1）本表的收字参考《汉语官话方言研究》附录“官话方言 8 区 42 片 1026 个音系基础字字音对照表”，有个别字的增删，共收录了苏鲁毗连地区 17 个方言点的 1024 个例字。例字按照《方言调查字表》的顺序排列，每个例字都注明中古音地位。

（2）声调只标调类，不标调值；调类用发圈法记录，如阴平 ꜀□、阳平 ꜁□、上声 ꜂□、去声 □꜄、入声 □꜆。

（3）如果某字有又读或文白异读等现象，表中不标出“又读”或“文读”“白读”等字，而是用“／”将不同读音隔开；属于文白异读的字先列白读后列文读，白读下划单线，文读下划双线。

（4）表格中用双线分开的 33 个方言点被划归为江淮、胶辽、冀鲁、中原四个官话次方言（根据《中国语言地图集》第 2 版汉语方言卷）。

（5）没有调查到的字音在对应的空格内加“－”。

	多	拖	驼	大小	挪	罗	搓	左	歌	个
	果开一歌平端	果开一歌平透	果开一歌平定	果开一箇去定	果开一歌平泥	果开一歌平罗	果开一歌平清	果开一哿上精	果开一歌平见	果开一箇去见
连云港	꜀tʊ	꜀tʰʊ	꜁tʰʊ	ta꜄	꜁lʊ	꜁lʊ	꜀tṣʰʊ	꜂tṣʊ	꜀kʊ	kʊ꜄
灌南	꜀tʊ	꜀tʰʊ	꜁tʰʊ	tA꜄	꜁lʊ	꜁lʊ	꜀tṣʰʊ	꜂tṣʊ	꜀kʊ	kʊ꜄
沭阳	꜀to	꜀tʰo	꜁tʰo	tA꜄	꜁lo	꜁lo	꜀tsʰo	꜂tso	꜀ko	ko꜄
泗阳	꜀to	꜀tʰo	꜁tʰo	ta꜄	꜁lo	꜁lo	꜀tsʰo	꜂tso	꜀ko	ko꜄
泗洪金锁	꜀tuə	꜀tʰuə	꜁tʰuə	ta꜄	꜁nuə	꜁luə	꜀tsʰuə	꜂tsuə	꜀kə	kə꜄
泗洪上塘	꜀tuə	꜀tʰuə	꜁tʰuə	ta꜄	꜁nuə	꜁luə	꜀tsʰuə	꜂tsuə	꜀kə	kə꜄
泗洪瑶沟	꜀tuə	꜀tʰuə	꜁tʰuə	ta꜄	꜁nuə	꜁luə	꜀tsʰuə	꜂tsuə	꜀kə	kə꜄
赣榆墩尚	꜀tuə	꜀tʰuə	꜁tʰuə	ta꜄	꜁nuə	꜁luə	꜀tsʰuə	꜂tsʰuə	꜀kə	kə꜄
赣榆石桥	꜀tuə	꜀tʰuə/ tʰuə꜄	꜁tʰuə	ta꜄	꜁nuə	꜁luə	꜀tsʰuə	tθʰuə꜄	꜀kə	kə꜄
铜山	꜀tuə	꜀tʰuə	꜁tʰuə	ta꜄	꜁nuə	꜁luə	꜀tsʰuə	꜂tsuə	꜀kə	kə꜄
微山	꜀tuə	꜀tʰuə	꜁tʰuə	ta꜄	꜁nuə	꜁luə	꜀tsʰuə	꜂tsuə	꜀kə	kə꜄
邹城	꜀tuə	꜀tʰuə	꜁tʰuə	ta꜄	꜁nuə	꜁luə	꜀tsʰuə	꜂tsuə	꜀kə	kə꜄
睢宁	꜀tuə	꜀tʰuə	꜁tʰuə	ta꜄	꜁nuə	꜁luə	꜀tsʰuə	꜂tsuə	꜀kə	kə꜄
新沂阿湖	꜀tuə	꜀tʰuə	꜁tʰuə	ta꜄	꜁nuə	꜁luə	꜀tsʰuə	꜂tsuə	꜀kə	kə꜄
新沂时集 A	꜀tuə	꜀tʰuə	꜁tʰuə	ta꜄	꜁nuə	꜁luə	꜀tsʰuə	꜂tsuə	꜀kə	kə꜄
新沂时集 B	꜀tuə	꜀tʰuə	꜁tʰuə	ta꜄	꜁nuə	꜁luə	꜀tsʰuə	꜂tsuə	꜀kə	kə꜄
泗水	꜀tuə	꜀tʰuə	꜁tʰuə	ta꜄	꜁nuə	꜁luə	꜀tɕʰyə	꜂tɕyə	꜀kə	kə꜄
邳州	꜀tuə	꜀tʰuə	꜁tʰuə	ta꜄	꜁nuə	꜁luə	꜀tɕʰyə	꜂tɕyə	꜀kə	kə꜄
滕州	꜀tuə	꜀tʰuə	꜁tʰuə	ta꜄	꜁nuə	꜁luə	꜀tɕʰyə	꜂tɕyə	꜀kə	kə꜄
临沭	꜀tuə	꜀tʰuə	꜁tʰuə	ta꜄	꜁nuə	꜁luə	꜀tθʰuə	꜂tθuə	꜀kə	kə꜄
宿迁	꜀tuə	꜀tʰuə	꜁tʰuə	ta꜄	꜁nuə	꜁luə	꜀tsʰuə	꜂tsuə	꜀kə	kə꜄
丰县	꜀tuə	꜀tʰuə	꜁tʰuə	ta꜄	꜁nuə	꜁luə	꜀tsʰuə	꜂tsuə	꜀kə	kə꜄
郯城	꜀tuə	꜀tʰuə	꜁tʰuə	ta꜄	꜁nuə	꜁luə	꜀tsʰuə	꜂tsuə	꜀kə	kə꜄
莒南团林	꜀tuə	꜀tʰuə	꜁tʰuə	tɑ꜄	꜁nuə	꜁luə	꜀tθʰuə	tθuə꜄	꜀kə	kə꜄
日照陈疃	꜀tuə	꜀tʰuə	꜁tʰuə	tɑ꜄	꜁nuə	꜁luə	꜀tʰuə	tuə꜄	꜀kə	kə꜄
日照奎山	꜀tuə	꜀tʰuə	꜁tʰuə	tɑ꜄	꜁nuə	꜁luə	꜀tθʰuə	tθuə꜄	꜀kə	kə꜄
日照黄墩	꜀tuə	꜀tʰuə	꜁tʰuə	tɑ꜄	꜁nuə	꜁luə	꜀tθʰuə	tθuə꜄	꜀kə	kə꜄
日照涛雒	꜀tuə	꜀tʰuə	꜁tʰuə	tɑ꜄	꜁nuə	꜁luə	꜀tθʰuə	tθuə꜄	꜀kə	kə꜄
蒙阴	꜀tuə	꜀tʰuə	꜁tʰuə	tA꜄	꜁nuə	꜁luə	꜀tθʰuə	ðuə꜄	꜀kə	kə꜄
沂南	꜀tuə	꜀tʰuə	꜁tʰuə	ta꜄	꜁nuə	꜁luə	꜀tθʰuə	tθuə꜄	꜀kə	kə꜄
五莲许孟	꜀tuə	꜀tʰuə	꜁tʰuə	tɑ꜄	꜁nuə	꜁luɔ	꜀tʰuə	tuə꜄	꜀kuə	kuə꜄
日照两城	꜀tuə	꜀tʰuə	꜁tʰuə	tɑ꜄	꜁nuə	꜁luə	꜀tθʰuə	tθuə꜄	꜀kə	kə꜄
莒县桑园	꜀tuə	꜀tʰuə	꜁tʰuə	tɑ꜄	꜁nuə	꜁luə	꜀tθʰuə	ðuə꜄	꜀kə	kə꜄

续表

	我	饿	河	贺	茄	波	破	婆	磨~刀	躲
	果开一 哿上疑	果开一 箇去疑	果开一 歌平匣	果开一 箇去匣	果开三 戈平群	果合一 戈平帮	果合一 过去滂	果合一 戈平並	果合一 戈平明	果合一 果上端
连云港	ᶜʊ	ʊᵓ	꜁xʊ	xʊᵓ	꜁tɕʰi	꜀pʊ	pʰʊᵓ	꜁pʰʊ	꜁mʊ	ᶜtʊ
灌南	ᶜʊ	ʊᵓ	꜁xʊ	xʊᵓ	꜁tɕʰɪ	꜀pʊ	pʰʊᵓ	꜁pʰʊ	꜁mʊ	ᶜtʊ
沭阳	ᶜo	oᵓ	꜁xo	xoᵓ	꜁tɕʰiɪ	꜀po	pʰoᵓ	꜁pʰo	꜁mo	ᶜto
泗阳	ᶜo	oᵓ	꜁xo	xoᵓ	꜁tɕʰiɪ	꜀po	pʰoˊ	꜁pʰo	꜁mo	ᶜto
泗洪金锁	ᶜuə	uəᵓ	꜁xə	xəᵓ	꜁tɕʰiə	꜀pə	pʰəᵓ	꜁pʰə	꜁mə	ᶜtuə
泗洪上塘	ᶜuə	uəᵓ	꜁xə	xəᵓ	꜁tɕʰiə	꜀pə	pʰəᵓ	꜁pʰə	꜁mə	ᶜtuə
泗洪瑶沟	ᶜuə	uəᵓ	꜁xə	xuəᵓ	꜁tɕʰyə	꜀puə	pʰuəᵓ	꜁pʰuə	꜁muə	ᶜtuə
赣榆墩尚	ᶜuə	uəᵓ	꜁xə	xəᵓ	꜁cʰiə	꜀pə	pʰəᵓ	꜁pʰə	꜁mə	ᶜtuə
赣榆石桥	ᶜuə	uəᵓ	꜁xuə	xəᵓ	꜁tɕʰiə	꜀pə/pə꜄	pʰəᵓ	꜁pʰə	꜁mə	ᶜtuə
铜山	ᶜuə	ɣəᵓ	꜁xə	xəᵓ	꜁tɕʰiə	꜀pə	pʰəᵓ	꜁pʰə	꜁mə	ᶜtuə
微山	ᶜuə	uəᵓ	꜁xə	xəᵓ	꜁tɕʰiə	꜀pə	pʰəᵓ	꜁pʰə	꜁mə	ᶜtuə
邹城	ᶜuə	uəᵓ	꜁xə	xəᵓ	꜁tɕʰiə	꜀pə	pʰəᵓ	꜁pʰə	꜁mə	ᶜtuə
睢宁	ᶜvə	vəᵓ	꜁xə	xəᵓ	꜁tɕʰiə	꜀pə	pʰəᵓ	꜁pʰə	꜁mə	ᶜtuə
新沂阿湖	ᶜvə	vəᵓ	꜁xə	xəᵓ	꜁tɕʰiə	꜀pə	pʰəᵓ	꜁pʰə	꜁mə	ᶜtuə
新沂时集 A	ᶜvə	vəᵓ	꜁xə	xəᵓ	꜁tɕʰiə	꜀pə	pʰəᵓ	꜁pʰə	꜁mə	ᶜtuə
新沂时集 B	ᶜvə	vəᵓ	꜁xə	xəᵓ	꜁tɕʰiə	꜀pə	pʰəᵓ	꜁pʰə	꜁mə	ᶜtuə
泗水	ᶜuə	ɣəᵓ	꜁xə	xəᵓ	꜁tɕʰiə	꜀pə	pʰəᵓ	꜁pʰə	꜁mə	ᶜtuə
邳州	ᶜuə	uəᵓ	꜁xə	xəᵓ	꜁tɕʰiə	꜀pə	pʰəᵓ	꜁pʰə	꜁mə	ᶜtuə
滕州	ᶜuə	ɣəᵓ	꜁xə	xəᵓ	꜁tɕʰiə	꜀pə	pʰəᵓ	꜁pʰə	꜁mə	ᶜtuə
临沭	ᶜuə	uəᵓ	꜁xə	xəᵓ	꜁tɕʰiə	꜀pə	pʰəᵓ	꜁pʰə	꜁mə	ᶜtuə
宿迁	ᶜuə	uəᵓ	꜁xə	xəᵓ	꜁tɕʰiə	꜀pə	pʰəᵓ	꜁pʰə	꜁mə	ᶜtuə
丰县	ᶜuə	ɣəᵓ	꜁xə	xəᵓ	꜁tɕʰiə	꜀pə	pʰəᵓ	꜁pʰə	꜁mə	ᶜtuə
郯城	ᶜuə	uəᵓ	꜁xə	xəᵓ	꜁tɕʰiə	꜀pə	pʰəᵓ	꜁pʰə	꜁mə	ᶜtuə
莒南团林	ᶜuə	uəᵓ	ᶜxə	xəᵓ	ᶜtʃʰə	꜀pə	pʰəᵓ	꜁pʰə	꜁mə	ᶜtuə
日照陈疃	ᶜuə	uəᵓ	꜁xə	꜁xə	꜁tʃʰə	꜀pə	pʰəᵓ	꜁pʰə	꜁mə	ᶜtuə
日照奎山	ᶜuə	uəᵓ	꜁xuə	꜁xə	꜁tɕʰiə	꜀pə	pʰəᵓ	꜁pʰə	꜁mə	꜀tuə
日照黄墩	ᶜuə	ŋəᵓ	꜁xə	꜁xə	꜁tʃʰə	꜀pə	pʰəᵓ	꜁pʰə	꜁mə	ᶜtuə
日照涛雒	ᶜuə	uəᵓ	꜁xə	xəᵓ	꜁tsʰə	꜀pə	pʰəᵓ	꜁pʰə	꜁mə	ᶜtuə
蒙阴	ᶜuə	uəᵓ	꜁xə	xəᵓ	꜁tɕʰiə	꜀pə	pʰəᵓ	꜁pʰə	꜁mə	ᶜtuə
沂南	ᶜuə	uəᵓ	꜁xə	xəᵓ	꜁tɕʰiə	꜀pə	pʰəᵓ	꜁pʰə	꜁mə	ᶜtuə
五莲许孟	ᶜuə	uəᵓ	꜁xuə	xuəᵓ	꜁tʃʰə	꜀pə	pʰəᵓ	꜁pʰə	꜁mə	ᶜtuə
日照两城	ᶜuə	uəᵓ	꜁xə	xəᵓ	꜁tɕʰiə	꜀pə	pʰəᵓ	꜁pʰə	꜁mə	ᶜtuə
莒县桑园	ᶜuə	ŋəᵓ	꜁xə	꜁xə	꜁tɕʰiə	꜀pə	pʰəᵓ	꜁pʰə	꜁mə	ᶜtuə

续表

	惰	糯	螺	坐	锁	果	过	科	课	火
	果合一 果上定	果合一 果上泥	果合一 戈平来	果合一 果上从	果合一 果上心	果合一 果上见	果合一 果去见	果合一 戈平溪	果合一 过去溪	果合一 果上晓
连云港	tʊᵓ	luʊ꜆	꜁lʊ	tʂʊᵓ	ᶜʊ	ᶜkʊ	kʊᵓ	kʰʊᵓ	kʰʊᵓ	ᶜxʊ
灌南	tʊᵓ	lo꜆	꜁lʊ	tʂʊᵓ	ᶜʊ	ᶜkʊ	kʊᵓ	kʰʊᵓ	kʰʊᵓ	ᶜxʊ
沭阳	toᵓ	꜁ʐo	꜁lo	tsoᵓ	ᶜso	ᶜko	koᵓ	kʰoᵓ	kʰoᵓ	ᶜxo
泗阳	toᵓ	loᵓ	꜁lo	tsoᵓ	ᶜso	ᶜko	koᵓ	kʰoᵓ	kʰoᵓ	ᶜxo
泗洪金锁	tuəᵓ	nuəᵓ	꜁luə	tsuəᵓ	ᶜsuə	ᶜkuə	kuəᵓ	꜀kʰə	kʰəᵓ	ᶜxuə
泗洪上塘	tuəᵓ	nuəᵓ	꜁luə	tsuəᵓ	ᶜsuə	ᶜkuə	kuəᵓ	꜀kʰə	kʰəᵓ	ᶜxuə
泗洪瑶沟	tuəᵓ	nuəᵓ	꜁luə	tsuəᵓ	ᶜsuə	ᶜkuə	kuəᵓ	꜀kʰə	kʰəᵓ	ᶜxuə
赣榆墩尚	tuəᵓ	nuəᵓ	꜁luə	tsuəᵓ	ᶜsuə	ᶜkuə	kuəᵓ	꜀kʰə	kʰəᵓ	ᶜxuə
赣榆石桥	tuəᵓ	nuəᵓ	꜁luə	tθuəᵓ	ᶜθuə	ᶜkuə	kuəᵓ	꜀kʰə/ ꜀kʰə꜆	kʰəᵓ	ᶜxuə
铜山	tuəᵓ	nuəᵓ	꜁luə	tsuəᵓ	ᶜsuə	ᶜkuə	kuəᵓ	꜀kʰuə/ ꜀kʰə	kʰəᵓ	ᶜxuə
微山	tuəᵓ	nuəᵓ	꜁luə	tsuəᵓ	ᶜsuə	ᶜkuə	kuəᵓ	꜀kʰə	kʰəᵓ	ᶜxuə
邹城	tuəᵓ	nuəᵓ	꜁luə	tsuəᵓ	ᶜsuə	ᶜkuə	kuəᵓ	꜀kʰə	kʰəᵓ	ᶜxuə
睢宁	tuəᵓ	nuəᵓ	꜁luə	tsuəᵓ	ᶜsuə	ᶜkuə	kuəᵓ	꜀kʰə	kʰəᵓ	ᶜxuə
新沂阿湖	tuəᵓ	nuəᵓ	꜁luə	tsuəᵓ	ᶜsuə	ᶜkuə	kuəᵓ	꜀kʰə	kʰəᵓ	ᶜxuə
新沂时集 A	tuəᵓ	nuəᵓ	꜁luə	tsuəᵓ	ᶜsuə	ᶜkuə	kuəᵓ	꜀kʰuə/ ꜀kʰə	kʰəᵓ	ᶜxuə
新沂时集 B	tuəᵓ	nuəᵓ	꜁luə	tsuəᵓ	ᶜsuə	ᶜkuə	kuəᵓ	꜀kʰə	kʰəᵓ	ᶜxuə
泗水	tuəᵓ	nuəᵓ	꜁luə	tɕyəᵓ	ᶜɕyə	ᶜkuə	kuəᵓ	꜀kʰuə	kʰəᵓ	ᶜxuə
邳州	tuəᵓ	nuəᵓ	꜁luə	tɕyəᵓ	ᶜɕyə	ᶜkuə	kuəᵓ	꜀kʰuə/ ꜀kʰə	kʰəᵓ	ᶜxuə
滕州	tuəᵓ	nuəᵓ	꜁luə	tɕyəᵓ	ᶜɕyə	ᶜkuə	kuəᵓ	꜀kʰuə/ ꜀kʰə	kʰuəᵓ	ᶜxuə
临沭	tuəᵓ	nuəᵓ	꜁luə	tθuəᵓ	ᶜθuə	ᶜkuə	kuəᵓ	꜀kʰə	kʰəᵓ	ᶜxuə
宿迁	tuəᵓ	nuəᵓ	꜁luə	tsuəᵓ	ᶜsuə	ᶜkuə	kuəᵓ	꜀kʰuə/ ꜀kʰə	kʰəᵓ	ᶜxuə
丰县	tuəᵓ	nuəᵓ	꜁luə	tsuəᵓ	ᶜsuə	ᶜkuə	kuəᵓ	꜀kʰuə/ ꜀kʰə	kʰuəᵓ	ᶜxuə
郯城	tuəᵓ	nuəᵓ	꜁luə	tɕyəᵓ	ᶜɕyə	ᶜkuə	kuəᵓ	꜀kʰuə/ ꜀kʰə	kʰəᵓ	ᶜxuə
莒南团林	꜁tuə	nuəᵓ	꜁luə	tθuəᵓ	ᶜθuə	ᶜkuə	kuəᵓ	꜀kʰə	kʰəᵓ	ᶜxuə
日照陈疃	tuəᵓ	nuəᵓ	꜁luə	tuəᵓ	ᶜθuə	ᶜkuə	kuəᵓ	꜀kʰə	kʰəᵓ	ᶜxuə
日照奎山	tuəᵓ	nuəᵓ	꜁luə	tθuəᵓ	ᶜθuə	꜀kuə	kuəᵓ	꜀kʰə	kʰəᵓ	ᶜxuə
日照黄墩	꜁tuə	nuəᵓ	꜁luə	tθuəᵓ	ᶜθuə	ᶜkuə	kuəᵓ	꜀kʰuə	kʰəᵓ	ᶜxuə
日照涛雒	tuəᵓ	nuəᵓ	꜁luə	tθuəᵓ	ᶜθuə	ᶜkuə	kuəᵓ	꜀kʰə	kʰəᵓ	ᶜxuə
蒙阴	tuəᵓ	nuəᵓ	꜁luə	ðuəᵓ	ᶜθuə	ᶜkuə	kuəᵓ	꜀kʰə	kʰəᵓ	ᶜxuə
沂南	tuəᵓ	nuəᵓ	꜁luə	tθuəᵓ	ᶜθuə	ᶜkuə	kuəᵓ	꜀kʰə	kʰəᵓ	ᶜxuə
五莲许孟	tuəᵓ	nuəᵓ	꜁luə	tuəᵓ	ᶜθuə	ᶜkuə	kuəᵓ	꜀kʰuə	kʰuəᵓ	ᶜxuə
日照两城	꜁tuə	nuəᵓ	꜁luə	tθuəᵓ	ᶜθuə	ᶜkuə	kuəᵓ	꜀kʰə	kʰəᵓ	ᶜxuə
莒县桑园	tuəᵓ	nuəᵓ	꜁luə	ðuəᵓ	ᶜθuə	ᶜkuə	kuəᵓ	꜀kʰuə	kʰəᵓ	ᶜxuə

续表

	和	靴	爬	马	拿	茶	查调~	沙	加	价
	果合一戈平匣	果合三戈平晓	假开二麻平並	假开二马上明	假开二麻平泥	假开二麻平澄	假开二麻平崇	假开二麻平生	假开二麻平见	假开二祃去见
连云港	꜁xʊ	꜀ɕy	꜁pʰA	꜂mA	꜁lA	꜁tʂʰA	꜁tʂʰA	꜀ʂA	꜀tɕiA	tɕiA꜄
灌南	꜁xʊ	꜀ɕyɪ	꜁pʰA	꜂mA	꜁lA	꜁tʂʰA	꜁tʂʰA	꜀ʂA	꜀tɕiA	tɕiA꜄
沭阳	꜁xo	꜀ɕio	꜁pʰA	꜂mA	꜁lA	꜁tʂʰA	꜁tʂʰA	꜀ʂA	꜀tɕiA	tɕiA꜄
泗阳	꜁xo	꜀ɕio	꜁pʰa	꜂ma	꜁la	꜁tʂʰa	꜁tʂʰa	꜀ʂa	꜀tɕia	tɕia꜄
泗洪金锁	꜁xə	꜀ɕyə	꜁pʰa	꜂ma	꜁na	꜁tʂʰa	꜁tʂʰa	꜀ʂa	꜀tɕia	tɕia꜄
泗洪上塘	꜁xə	꜀ɕyə	꜁pʰa	꜂ma	꜁na	꜁tʂʰa	꜁tʂʰa	꜀ʂa	꜀tɕia	tɕia꜄
泗洪瑶沟	꜁xuə	꜀ɕyə	꜁pʰa	꜂ma	꜁na	꜁tʂʰa	꜁tʂʰa	꜀ʂa	꜀tɕia	tɕia꜄
赣榆墩尚	꜁xə	꜀çyə	꜁pʰa	꜂ma	꜁na	꜁tʂʰa	꜁tʂʰa	꜀ʂa	꜀cia	cia꜄
赣榆石桥	꜁xə	꜀ɕyə	꜁pʰa	꜂ma	꜁na	꜁tʂʰa	꜁tsʰa	꜀ʂa/ʂa꜆	꜀tɕia/tɕia꜆①	tɕia꜄
铜山	꜁xə	꜀ɕyə	꜁pʰa	꜂ma	꜁na	꜁tsʰa	꜁tsʰa	꜀sa	꜀tɕia	tɕia꜄
微山	꜁xə	꜀ɕyə	꜁pʰa	꜂ma	꜁na	꜁tsʰa	꜁tsʰa	꜀sa	꜀tɕia	tɕia꜄
邹城	꜁xə	꜀ɕyə	꜁pʰa	꜂ma	꜁na	꜁tsʰa	꜁tsʰa	꜀sa	꜀tɕia	tɕia꜄
睢宁	꜁xə	꜀ɕyə	꜁pʰa	꜂ma	꜁na	꜁tʂʰa	꜁tʂʰa	꜀ʂa	꜀tɕia	tɕia꜄
新沂阿湖	꜁xə	꜀ɕyə	꜁pʰa	꜂ma	꜁na	꜁tʂʰa	꜁tʂʰa	꜀ʂa	꜀tɕia	tɕia꜄
新沂时集 A	꜁xə	꜀ɕyə	꜁pʰa	꜂ma	꜁na	꜁tʂʰa	꜁tʂʰa	꜀ʂa	꜀tɕia	tɕia꜄
新沂时集 B	꜁xə	꜀ɕyə	꜁pʰa	꜂ma	꜁na	꜁tʂʰa	꜁tʂʰa	꜀ʂa	꜀tɕia	tɕia꜄
泗水	꜁xə	꜀ɕyə	꜁pʰa	꜂ma	꜁na	꜁tʃʰa	꜁tʃʰa	ʃa	꜀tɕia	tɕia꜄
邳州	꜁xə	꜀ɕyə	꜁pʰa	꜂ma	꜁na	꜁tʂʰa	꜁tʂʰa	꜀ʂa	꜀tɕia	tɕia꜄
滕州	꜁xə	꜀suə	꜁pʰa	꜂ma	꜁na	꜁tsʰa	꜁tsʰa	꜀sa	꜀tɕia	tɕia꜄
临沭	꜁xə	꜀ɕyə	꜁pʰa	꜂ma	꜁na	꜁tʃʰa	꜁tʃʰa	ʃa	꜀tɕia	tɕia꜄
宿迁	꜁xə	꜀ɕyə	꜁pʰa	꜂ma	꜁na	꜁tʂʰa	꜁tʂʰa	꜀ʂa	꜀tɕia	tɕia꜄
丰县	꜁xuə	꜀ɕyə	꜁pʰa	꜂ma	꜁na	꜁tsʰa	꜁tsʰa	꜀sa	꜀tɕia	tɕia꜄
郯城	꜁xə	꜀ɕyə	꜁pʰa	꜂ma	꜁na	꜁tʂʰa	꜁tʂʰa	꜀ʂa	꜀tɕia	tɕia꜄
莒南团林	꜁xə	꜀ʃuə	꜁pʰɑ	꜂mɑ	꜁nɑ	꜁tʂʰɑ	꜁tʂʰɑ	꜀ʂɑ	꜀tʃɑ	tʃɑ꜄
日照陈疃	꜁xə	꜀ʃuə	꜁pʰɑ	꜂mɑ	꜁nɑ	꜁tʂʰɑ	꜁tʂʰɑ	꜀ʂɑ	꜀tʃɑ	tʃɑ꜄
日照奎山	꜁xə	꜀ɕyə	꜁pʰɑ	꜂mɑ	꜁nɑ	꜁tʂʰɑ	꜁tʂʰɑ	꜀ʂɑ	꜀tɕiɑ	tɕiɑ꜄
日照黄墩	꜁xə	꜀ʃuə	꜁pʰɑ	꜂mɑ	꜁nɑ	꜁tʂʰɑ	꜁tʂʰɑ	꜀ʂɑ	꜀tʃɑ	tʃɑ꜄
日照涛雒	꜁xə	꜀suə	꜁pʰɑ	꜂mɑ	꜁nɑ	꜁tʂʰɑ	꜁tʂʰɑ	꜀ʂɑ	꜀tsɑ	tsɑ꜄
蒙阴	꜁xə	꜀ɕyə	꜁pʰa	꜂ma	꜁na	꜁tʂʰa	꜀tʂʰa	꜀ʂa	꜀tɕia	tɕia꜄
沂南	꜁xə	꜀ɕyə	꜁pʰA	꜂mA	꜁nA	꜁tʃʰA	꜀tʃʰA	ʃA	꜀tɕiA	tɕiA꜄
五莲许孟	꜁xuə	꜀ʃuə	꜁pʰɑ	꜂mɑ	꜁nɑ	꜁tʂʰɑ	꜁tʂʰɑ	꜀ʂɑ	꜀tʃɑ	tʃɑ꜄
日照两城	꜁xə	꜀ɕyə	꜁pʰɑ	꜂mɑ	꜁nɑ	꜁tʂʰɑ	꜁tʂʰɑ	꜀ʂɑ	꜀tɕiɑ	tɕiɑ꜄
莒县桑园	꜁xə	꜀ɕyə	꜁pʰɑ	꜂mɑ	꜁nɑ	꜁tʂʰɑ	꜁tʂʰɑ	꜀ʂɑ	꜀tɕiɑ	tɕiɑ꜄

① 加 tɕia^{24}~减/tɕia^{412}~起来。

续表

	牙	虾	夏~天	哑~巴	借	写	谢	爹	遮	车
	假开二麻平疑	假开二麻平晓	假开二祃去匣	假开二马上影	假开三祃去精	假开三马上心	假开三祃去邪	假开三麻平知	假开三麻平章	假开三麻平昌
连云港	꜁iᴀ	꜀çiᴀ	çiᴀ꜄	꜂iᴀ	tçi꜄	꜂çi	çi꜄	꜀ti	꜀tçi	꜀tʂʰei/꜀tçʰi
灌南	꜁iᴀ	꜀çiᴀ	çiᴀ꜄	꜂iᴀ	tçɪ꜄	꜂çɪ	çɪ꜄	꜀tɪ	꜀tçɪ	꜀tʂʰᴇi
沭阳	꜁iᴀ	꜀çiᴀ	çiᴀ꜄	꜂iᴀ	tçiɪ꜄	꜂çiɪ	çiɪ꜄	꜀tei	꜀tçiɪ	꜀tʂʰei/꜀tçʰiɪ
泗阳	꜁ia	꜀çia	çia꜄	꜂ia	tçiɪ꜄	꜂çiɪ	çiɪ꜄	꜀tiɪ	꜀tçiɪ	꜀tʂʰɛ
泗洪金锁	꜁ia	꜀çia	çia꜄	꜂ia	tçiə꜄	꜂çiə	çiə꜄	꜀tiə	꜀tʂə	꜀tʂʰə
泗洪上塘	꜁ia	꜀çia	çia꜄	꜂ia	tçiə꜄	꜂çiə	çiə꜄	꜀tiə	꜀tʂə	꜀tʂʰə
泗洪瑶沟	꜁ia	꜀çia	çia꜄	꜂ia	tçiə꜄	꜂çiə	çiə꜄	꜀tiə	꜀tʂə	꜀tʂʰə
赣榆墩尚	꜁ia	꜀çia	çia꜄	꜂ia	tsiə꜄	꜂siə	siə꜄	꜀tiə	꜀tʂə	꜀tʂʰə
赣榆石桥	꜁ia	꜀çia/çia꜆	çia꜄	꜂ia	tθiə꜄	꜂θiə	θiə꜄	꜀tiə	tʃə꜆	꜀tʃʰə
铜山	꜁ia	꜀çia	çia꜄	꜂ia	tçiə꜄	꜂çiə	çiə꜄	꜀tiə	꜀tʂə	꜀tʂʰə
微山	꜁ia	꜀çia	çia꜄	꜂ia	tçiə꜄	꜂çiə	çiə꜄	꜀tiə	꜀tsə	꜀tsʰə
邹城	꜁ia	꜀çia	çia꜄	꜂ia	tçiə꜄	꜂çiə	çiə꜄	꜀tiə	꜀tsə	꜀tsʰə
睢宁	꜁ia	꜀çia	çia꜄	꜂ia	tçiə꜄	꜂çiə	çiə꜄	꜀tiə	꜀tʂə	꜀tʂʰə
新沂阿湖	꜁ia	꜀çia	çia꜄	꜂ia	tçiə꜄	꜂çiə	çiə꜄	꜀tiə	꜀tʂə	꜀tʂʰə
新沂时集 A	꜁ia	꜀çia	çia꜄	꜂ia	tçiə꜄	꜂çiə	çiə꜄	꜀tiə	꜀tʂə	꜀tʂʰə
新沂时集 B	꜁ia	꜀çia	çia꜄	꜂ia	tçiə꜄	꜂çiə	çiə꜄	꜀tiə	꜀tʂə	꜀tʂʰə
泗水	꜁ia	꜀çia	çia꜄	꜂ia	tçiə꜄	꜂çiə	çiə꜄	꜀tiə	꜀tʃə	꜀tʃʰə
邳州	꜁ia	꜀çia	çia꜄	꜂ia	tçiə꜄	꜂çiə	çiə꜄	꜀tiə	꜀tʂə	꜀tʂʰə
滕州	꜁ia	꜀çia	çia꜄	꜂ia	tçiə꜄	꜂çiə	çiə꜄	꜀tiə	꜀tsə	꜀tsʰə
临沭	꜁ia	꜀çia	çia꜄	꜂ia	tsiə꜄	꜂siə	siə꜄	꜀tiə	꜀tʃə	꜀tʃʰə
宿迁	꜁ia	꜀çia	çia꜄	꜂ia	tçiə꜄	꜂çiə	çiə꜄	꜀tiə	꜀tʂə	꜀tʂʰə
丰县	꜁ia	꜀çia	çia꜄	꜂ia	tçiə꜄	꜂çiə	çiə꜄	꜀tiə	꜀tʂə	꜀tʂʰə
郯城	꜁ia	꜀çia	çia꜄	꜂ia	tsiə꜄	꜂siə	siə꜄	꜀tiə	꜀tʂə	꜀tʂʰə
莒南团林	꜁iɑ	꜀ʃɑ	ʃɑ꜄	꜂iɑ	tθiə꜄	꜂θiə	θiə꜄	꜀ȶiə	꜀tʃə	꜀tʃʰə
日照陈疃	꜁iɑ	꜀ʃɑ	ʃɑ꜄	꜂iɑ	ȶiə꜄	꜂θiə	θiə꜄	꜀ȶiə	꜀tʃə	꜀tʃʰə
日照奎山	꜁iɑ	꜀çiɑ	çiɑ꜄	꜀iɑ	tθiə꜄	꜀θiə	θiə꜄	꜀tiə	꜀tsə	꜀tsʰə
日照黄墩	꜁iɑ	꜀ʃɑ	ʃɑ꜄	꜂iɑ	ȶiə꜄	꜂θiə	θiə꜄	꜀ȶiə	꜀tʃə	꜀tʃʰə
日照涛雒	꜁iɑ	꜀sɑ	sɑ꜄	꜂iɑ	ȶiə꜄	꜂θiə	θiə꜄	꜀ȶiə	꜀tsə	꜀tsʰə
蒙阴	꜁ia	꜀çia	çia꜄	꜂ia	tsiə꜄	꜂siə	siə꜄	꜀tiə	꜀tʃə	꜀tʃʰə
沂南	꜁iᴀ	꜀çiᴀ	çiᴀ꜄	꜂iᴀ	ziə꜄	꜂siə	siə꜄	꜀tiə	꜀tʃə	꜀tʃʰə
五莲许孟	꜁iɑ	꜀ʃɑ	ʃɑ꜄	꜂iɑ	tçiə꜄	꜂çiə	çiə꜄	꜀tçiə	꜀tʃə	꜀tʃʰə
日照两城	꜁iɑ	꜀çiɑ	çiɑ꜄	꜂iɑ	tθiə꜄	꜀θiə	θiə꜄	꜀tçiə	꜀tsə	꜀tsʰə
莒县桑园	꜁iɑ	꜀çiɑ	çiɑ꜄	꜂iɑ	ziə꜄	꜂siə	siə꜄	꜀tiə	꜀zə	꜀tsʰə

续表

	蛇	社	惹	爷	傻	瓜	瓦名	花	蛙	谱
	假开三 麻平船	假开三 马上禅	假开三 马上日	假开三 麻平以	假合二 马上生	假合二 麻平见	假合二 马上疑	假合二 麻平晓	假合二 麻平影	遇合一 姥上帮
连云港	꜁ɕi	ʂɛ꜄	꜂i	꜁i	꜂ʂA	꜀kuA	꜂uA	꜀xuA	꜁ua	꜂pʰuʷ
灌南	꜁ɕɪ	ɕɪ꜄	꜂ɪ	꜁ɪ	꜂ʂA	꜀kuA	꜂uA	꜀xuA	꜀ua	꜂pʰuʷ
沭阳	꜁tʂʰei/ ꜁ɕiɪ	ʂei꜄/ ɕiɪ꜄	꜂ʐei/꜂iɪ	꜁iɪ	꜂ʂA	꜀kuA	꜂uA	꜀xuA	꜀uA	꜂pʰuʷ
泗阳	꜁ɕiɪ	ɕiɪ꜄	꜂iɪ	꜁iɪ	꜂ʂa	꜀kua	꜂ua	꜀xua	ua꜄	꜂pʰu
泗洪金锁	꜁sə	ʂə꜄	꜂ʐə	꜀iə	꜂ʂa	꜀kua	꜂ua	꜀xua	꜁ua	꜂pʰu
泗洪上塘	꜁ʂə	ʂə꜄	꜂ʐə	꜁iə	꜂ʂa	꜀kua	꜂ua	꜀xua	꜁ua	꜂pʰu
泗洪瑶沟	꜁ʂə	ʂə꜄	꜂ʐə	꜁iə	꜂ʂa	꜀kua	꜂ua	꜀xua	꜁ua	꜂pʰu
赣榆墩尚	꜁ʂə	ʂə꜄	꜂ʐə	꜁iə	꜂ʂa	꜀kua	꜂ua	꜀xua	꜁ua	꜂pʰu
赣榆石桥	꜁ʃə	ʃə꜄	꜂iə	꜁iə	꜂ʂa	꜀kua	꜂ua	꜀xua	꜁ua	꜂pʰu
铜山	꜁ʂə	ʂə꜄	꜂ʐə	꜁iə	꜂ʂa	꜀kua	꜂ua	꜀xua	꜀ua	꜂pʰu
微山	꜁sə	sə꜄	꜂zə	꜁iə	꜂sa	꜀kua	꜂ua	꜀xua	꜁ua	꜂pʰu
邹城	꜁sə	sə꜄	꜂zə	꜁iə	꜂sa	꜀kua	꜂ua	꜀xua	꜁ua	꜂pʰu
睢宁	꜁ʂə	ʂə꜄	꜂ʐə	꜁iə	꜂ʂa	꜀kua	꜂va	꜀xua	꜁va	꜂pʰu
新沂阿湖	꜁sə	ʂə꜄	꜂ʐə	꜀iə	꜂ʂa	꜀kua	꜂va	꜀xua	꜁va	꜂pʰu
新沂时集 A	꜁ʂə	ʂə꜄	꜂ʐə	꜁iə	꜂ʂa	꜀kua	꜂va	꜀xua	꜁va	꜂pʰu
新沂时集 B	꜁sə	ʂə꜄	꜂ʐə	꜀iə	꜂ʂa	꜀kua	꜂va	꜀xua	꜁va	꜂pʰu
泗水	꜁ʃə	ʃə꜄	꜂ʒə	꜁iə	꜂ʃa	꜀kua	꜂ua	꜀xua	꜁ua	꜂pʰu
邳州	꜁ʂə	ʂə꜄	꜂ʐə	꜁iə	꜂ʂa	꜀kua	꜂ua	꜀xua	꜁ua	꜂pʰu
滕州	꜁sa	sə꜄	꜂zə	꜁iə	꜂sa	꜀kua	꜂ua	꜀xua	꜀ua	꜂pʰu
临沭	꜁ʃə	ʃə꜄	꜂ʒə	꜁iə	꜂ʃa	꜀kua	꜂ua	꜀xua	꜁ua	꜂pʰu
宿迁	꜁ʂə	ʂə꜄	꜂ʐə	꜁iə	꜂ʂa	꜀kua	꜂ua	꜀xua	꜁ua	꜂pʰu
丰县	꜁ʂə	ʂə꜄	꜂ʐə	꜁iə	꜂ʂa	꜀kua	꜂ua	꜀xua	꜀ua	꜂pʰu
郯城	꜁ʂə	ʂə꜄	꜂ʐə	꜁iə	꜂ʂa	꜀kua	꜂ua	꜀xua	꜁ua	꜂pʰu
莒南团林	꜁ʃə	ʃə꜄	꜂iə	꜁iə	꜂ʃɑ	꜀kuɑ	꜂uɑ	꜀xuɑ	꜁uɑ	꜂pʰu
日照陈疃	꜁ʃə	ʃə꜄	꜂iə	꜁iə	꜂ʃɑ	꜀kuɑ	꜂vɑ	꜀xuɑ	꜁vɑ	꜂pʰu
日照奎山	꜁sə	sə꜄	꜀iə	꜁iə	꜀ʂɑ	꜀kuɑ	꜂uɑ	꜀xuɑ	uɑ꜄	꜂pʰu
日照黄墩	꜁ʃə	ʃə꜄	꜂iə	꜁iə	꜂ʂɑ	꜀kuɑ	꜂uɑ	꜀xuɑ	꜁uɑ	꜀pʰu
日照涛雒	꜁sə	sə꜄	꜂iə	꜁iə	꜂sɑ	꜀kuɑ	꜂vɑ	꜀xuɑ	꜁vɑ	꜂pʰu
蒙阴	꜁ʃə	ʃə꜄	꜂iə	꜁iə	꜂ʂa	꜀kua	꜂ua	꜀xua	꜁ua	꜂pʰu
沂南	꜁ʃə	ʃə꜄	꜂iə	꜁iə	꜂ʃA	꜀kuA	꜂uA	꜀xuA	꜁uA	꜂pʰu
五莲许孟	꜁ʃə	ʃə꜄	꜀iə	꜁iə	꜂ʃɑ	꜀kuɑ	꜂vɑ	꜀xuɑ	꜁vɑ	꜂pʰu
日照两城	꜁sə	sə꜄	꜀iə	꜁iə	꜀ʂɑ	꜀kuɑ	꜂uɑ	꜀xuɑ	꜁uɑ	꜂pʰu
莒县桑园	꜁sə	sə꜄	꜂iə	꜁iə	꜂sɑ	꜀kuɑ	꜂uɑ	꜀xuɑ	꜁uɑ	꜀pʰu

续表

	布	步	墓	肚猪~	肚~子	怒	路	租	做	粗
	遇合一幕去帮	遇合一幕去並	遇合一幕去明	遇合一姥上端	遇合一姥上定	遇合一幕去泥	遇合一幕去来	遇合一模平精	遇合一幕去精	遇合一模平清
连云港	puʷᵓ	puʷᵓ	mʊᵓ	ᶜtəuʷ	təuʷᵓ	lʊᵓ	ləuʷᵓ	꜀tʂəuʷ	tʂʊᵓ	꜀tʂʰəuʷ
灌南	puʷᵓ	puʷᵓ	mʊᵓ	ᶜtuʷ	tuʷᵓ	lʊᵓ	luʷᵓ	꜀tʂuʷ	tʂʊᵓ	꜀tʂʰuʷ
沭阳	puʷᵓ	puʷᵓ	moᵓ	ᶜtuʷ	tuʷᵓ	loᵓ	luʷᵓ	꜀tsuʷ	tsoᵓ	꜀tsʰuʷ
泗阳	puᵓ	puᵓ	moᵓ	ᶜtu	tuᵓ	loᵓ	luᵓ	꜀tsu	tsoᵓ	꜀tsʰu
泗洪金锁	puᵓ	puᵓ	muᵓ	ᶜtu	tuᵓ	nuəᵓ	luᵓ	꜀tsu	tsuəᵓ	꜀tsʰu
泗洪上塘	puᵓ	puᵓ	muᵓ	ᶜtu	tuᵓ	nuŋᵓ	luᵓ	꜀tsu	tsuəᵓ	꜀tsʰu
泗洪瑶沟	puᵓ	puᵓ	muᵓ	ᶜtu	tuᵓ	nuᵓ	luᵓ	꜀tsu	tsuəᵓ	꜀tsʰu
赣榆墩尚	puᵓ	puᵓ	muᵓ	ᶜtu	tuᵓ	nuᵓ	luᵓ	꜀tsu	tsuəᵓ	꜀tsʰu
赣榆石桥	puᵓ	puᵓ	muᵓ	ᶜtu	tuᵓ	nuᵓ	luᵓ	꜀tθu/tθu꜁	tθuəᵓ	꜀tθʰu
铜山	puᵓ	puᵓ	muᵓ	ᶜtu	tuᵓ	nuᵓ	luᵓ	꜀tsu	tsuəᵓ	꜀tsʰu
微山	puᵓ	puᵓ	muᵓ	ᶜtu	tuᵓ	nuᵓ	luᵓ	꜀tsu	tsuəᵓ	꜀tsʰu
邹城	puᵓ	puᵓ	muᵓ	ᶜtu	tuᵓ	nuᵓ	luᵓ	꜀tsu	tsuəᵓ	꜀tsʰu
睢宁	puᵓ	puᵓ	muᵓ	ᶜtu	tuᵓ	nuᵓ	luᵓ	꜀tsu	tsuəᵓ	꜀tsʰu
新沂阿湖	puᵓ	puᵓ	muᵓ	ᶜtu	tuᵓ	nuᵓ	luᵓ	꜀tsu	tsuəᵓ	꜀tsʰu
新沂时集 A	puᵓ	puᵓ	muᵓ	ᶜtu	tuᵓ	nuᵓ	luᵓ	꜀tsu	tsuəᵓ	꜀tsʰu
新沂时集 B	puᵓ	puᵓ	muᵓ	ᶜtu	tuᵓ	nuᵓ	luᵓ	꜀tsu	tsuəᵓ	꜀tsʰu
泗水	puᵓ	puᵓ	muᵓ	ᶜtu	tuᵓ	nuᵓ	luᵓ	꜀tɕy	tɕyəᵓ	꜀tɕʰy
邳州	puᵓ	puᵓ	muᵓ	ᶜtu	tuᵓ	nuᵓ	luᵓ	꜀tɕy	tɕyəᵓ	꜀tɕʰy
滕州	puᵓ	puᵓ	muᵓ	ᶜtu	tuᵓ	nuŋᵓ	luᵓ	꜀tɕy/꜀tsu	tɕyəᵓ	꜀tɕʰy
临沭	puᵓ	puᵓ	muᵓ	ᶜtu	tuᵓ	nuᵓ	luᵓ	꜀tθu	tθuəᵓ	꜀tθʰu
宿迁	puᵓ	puᵓ	muᵓ	ᶜtu	tuᵓ	nuᵓ	luᵓ	꜀tsu	tsuəᵓ	꜀tsʰu
丰县	puᵓ	puᵓ	muᵓ	ᶜtu	tuᵓ	nuᵓ	luᵓ	꜀tsu	tsuəᵓ	꜀tsʰu
郯城	puᵓ	puᵓ	muᵓ	ᶜtu	tuᵓ	nuᵓ	luᵓ	꜀tsu	tsuəᵓ	꜀tsʰu
莒南团林	puᵓ	puᵓ	muᵓ	ᶜtu	tuᵓ	nuᵓ	luᵓ	ᶜtθu	tθuəᵓ	꜀tθʰu
日照陈疃	puᵓ	puᵓ	muᵓ	ᶜtu	tuᵓ	nuᵓ	luᵓ	꜀tu	tuəᵓ	꜀tʰu
日照奎山	puᵓ	puᵓ	muᵓ	ᶜtu	tuᵓ	nuᵓ	luᵓ	꜀tθu	tθuəᵓ	꜀tθʰu
日照黄墩	puᵓ	puᵓ	muᵓ	ᶜtu	tuᵓ	nuᵓ	luᵓ	꜀tθu	tθuəᵓ	꜀tθʰu
日照涛雒	puᵓ	puᵓ	muᵓ	ᶜtu	tuᵓ	nuᵓ	luᵓ	꜀tθu	tθuəᵓ	꜀tθʰu
蒙阴	puᵓ	puᵓ	muᵓ	ᶜtu	tuᵓ	nuᵓ	luᵓ	꜀tθu	ðuəᵓ	꜀tθʰu
沂南	puᵓ	puᵓ	muᵓ	ᶜtu	tuᵓ	nuᵓ	luᵓ	꜀ðu	tθuəᵓ	꜀tθʰu
五莲许孟	puᵓ	puᵓ	muᵓ	ᶜtu	tuᵓ	nuᵓ	luᵓ	꜀tu	tuəᵓ	꜀tʰu
日照两城	puᵓ	puᵓ	muᵓ	ᶜtu	tuᵓ	nuᵓ	luᵓ	꜀tθu	tθuəᵓ	꜀tθʰu
莒县桑园	puᵓ	puᵓ	muᵓ	ᶜtu	tuᵓ	nuᵓ	luᵓ	꜀ðu	ðuəᵓ	꜀tθʰu

续表

	错	苏	姑	裤	五	呼	湖	乌	女	旅
	遇合一 暮去清	遇合一 模平心	遇合一 模平见	遇合一 暮去溪	遇合一 姥上疑	遇合一 模平晓	遇合一 模平匣	遇合一 模平影	遇合三 语上泥	遇合三 语上来
连云港	tʂʰʊᵓ	꜀ʂəuʷ	꜀kəuʷ	kʰəuʷᵓ	ᶜəuʷ	꜀xəuʷ	꜁xəuʷ	꜀əuʷ	ᶜlʏɥ	ᶜlʏᶣ
灌南	tʂʰʊᵓ	꜀ʂuʷ	꜀kuʷ	kʰuʷᵓ	ᶜuʷ	꜀xuʷ	꜁xuʷ	꜀uʷ	ᶜlⁱɥ	ᶜlⁱɥ
沭阳	tsʰoᵓ	꜀suʷ	꜀kuʷ	kʰuʷᵓ	ᶜuʷ	꜀xuʷ	꜁xuʷ	꜀uʷ	ᶜliᶣ	ᶜliᶣ
泗阳	tsʰoᵓ	꜀su	꜀ku	kʰuᵓ	ᶜu	꜀xu	꜁xu	꜀u	ᶜlio	꜁lio
泗洪金锁	tsʰuəᵓ	꜀su	꜀ku	kʰuᵓ	ᶜu	꜀xu	꜁xu	꜀u	ᶜny	ᶜly
泗洪上塘	tsʰuəᵓ	꜀su	꜀ku	kʰuᵓ	ᶜu	꜀xu	꜁xu	꜀u	ᶜny	ᶜly
泗洪瑶沟	tsʰuəᵓ	꜀su	꜀ku	kʰuᵓ	ᶜu	꜀xu	꜁xu	꜀u	ᶜny	ᶜly
赣榆墩尚	tsʰuəᵓ	꜀su	꜀ku	kʰuᵓ	ᶜu	꜀xu	꜁xu	꜀u	ᶜny	ᶜly
赣榆石桥	tθʰuəᵓ	꜀θu/θu꜆①	꜀ku/ku꜆	kʰuᵓ	ᶜu	꜀xu/xu꜆	꜁xu	꜀u/u꜆	ᶜny	ᶜly
铜山	tθʰuəᵓ	꜀θu	꜀ku	kʰuᵓ	ᶜu	꜀xu	꜁xu	꜀u	ᶜny	ᶜly
微山	tsʰuəᵓ	꜀su	꜀ku	kʰuᵓ	ᶜu	꜀xu	꜁xu	꜀u	ᶜny	ᶜly
邹城	tsʰuəᵓ	꜀su	꜀ku	kʰuᵓ	ᶜu	꜀xu	꜁xu	꜀u	ᶜny	ᶜly
睢宁	tsʰuəᵓ	꜀su	꜀ku	kʰuᵓ	ᶜvu	꜀xu	꜁xu	꜀vu	ᶜny	ᶜly
新沂阿湖	tsʰuəᵓ	꜀su	꜀ku	kʰuᵓ	ᶜvu	꜀xu	꜁xu	꜀vu	ᶜny	ᶜly
新沂时集 A	tsʰuəᵓ	꜀su	꜀ku	kʰuᵓ	ᶜvu	꜀xu	꜁xu	꜀vu	ᶜny	ᶜly
新沂时集 B	tsʰuəᵓ	꜀su	꜀ku	kʰuᵓ	ᶜvu	꜀xu	꜁xu	꜀vu	ᶜny	ᶜly
泗水	tɕʰyəᵓ	꜀ɕy	꜀ku	kʰuᵓ	ᶜu	꜀xu	꜁xu	꜀u	ᶜny	ᶜly
邳州	tɕʰyəᵓ	꜀ɕy	꜀ku	kʰuᵓ	ᶜu	꜀xu	꜁xu	꜀u	ᶜny	ᶜly
滕州	tɕʰyəᵓ	꜀ɕy	꜀ku	kʰuᵓ	ᶜu	꜀xu	꜁xu	꜀u	ᶜny	ᶜlu
临沭	tθʰuəᵓ	꜀θu	꜀ku	kʰuᵓ	ᶜu	꜀xu	꜁xu	꜀u	ᶜny	ᶜly
宿迁	tsʰuəᵓ	꜀su	꜀ku	kʰuᵓ	ᶜu	꜀xu	꜁xu	꜀u	ᶜny	ᶜly
丰县	tsʰuəᵓ	꜀su	꜀ku	kʰuᵓ	ᶜu	꜀xu	꜁xu	꜀u	ᶜny	ᶜly
郯城	tsʰuəᵓ	꜀su	꜀ku	kʰuᵓ	ᶜu	꜀xu	꜁xu	꜀u	ᶜny	ᶜly
莒南团林	tθʰuəᵓ	꜀θu	꜀ku	kʰuᵓ	ᶜu	꜀xu	꜁xu	꜀u	ᶜny	ᶜly
日照陈疃	tʰuəᵓ	꜀θu	꜀ku	kʰuᵓ	ᶜvu	꜀xu	꜁xu	꜀vu	ᶜny	ᶜly
日照奎山	tθʰuəᵓ	꜀θu	꜀ku	kʰuᵓ	ᶜu	꜀xu	꜁xu	꜀u	ᶜny	ᶜly
日照黄墩	tʰuəᵓ	꜀θu	꜀ku	kʰuᵓ	ᶜu	꜀xu	꜁xu	꜀u	ᶜny	ᶜly
日照涛雒	tθʰuəᵓ	꜀θu	꜀ku	kʰuᵓ	ᶜu	꜀xu	꜁xu	꜀u	ᶜny	ᶜly
蒙阴	tθʰuəᵓ	꜀θu	꜀ku	kʰuᵓ	ᶜu	꜀xu	꜁xu	꜀u	ᶜny	ᶜly
沂南	tθʰuəᵓ	꜀θu	꜀ku	kʰuᵓ	ᶜu	꜀xu	꜁xu	꜀u	ᶜny	ᶜly
五莲许孟	tʰuəᵓ	꜀θu	꜀ku	kʰuᵓ	ᶜu	꜀xu	꜁xu	꜀u	ᶜny	ᶜly
日照两城	tθʰuəᵓ	꜀θu	꜀ku	kʰuᵓ	ᶜu	꜀xu	꜁xu	꜀u	ᶜny	ᶜly
莒县桑园	tθʰuəᵓ	꜀θu	꜀ku	kʰuᵓ	ᶜu	꜀xu	꜁xu	꜀u	ᶜny	ᶜly

① 苏 $θu^{412}{}_{姓\sim}$/$θu^{24}{}_{\sim醒}$。

续表

	蛆	徐	猪	除	锄	梳	所	诸	鼠	如
	遇合三鱼平清	遇合三鱼平邪	遇合三鱼平知	遇合三鱼平澄	遇合三鱼平崇	遇合三鱼平生	遇合三语上生	遇合三鱼平章	遇合三语上书	遇合三鱼平日
连云港	꜀tɕʰʏʮ	꜁tɕʰʏʮ	꜀tʂəuʷ	꜁tʂʰəuʷ	꜁tʂʰəuʷ	꜀ʂəuʷ	꜂ʂʊ	꜀tʂəuʷ	꜂ʂəuʷ	꜁ʐəuʷ
灌南	꜀tɕʰⁱʮ	꜁tɕʰⁱʮ	꜀tʂuʷ	꜁tʂʰuʷ	꜁tʂʰuʷ	꜀ʂuʷ	꜂ʂʊ	꜀tʂuʷ	꜂ʂuʷ	꜁ʐuʷ
沭阳	꜀tɕʰiʮ	꜁tɕʰiʮ	꜀tʂuʷ	꜁tʂʰuʷ	꜁tʂʰuʷ	꜀ʂuʷ	꜂ʂo	꜀tʂuʷ	꜂ʂuʷ	꜁ʐuʷ
泗阳	꜀tɕʰio	꜁tɕʰio	꜀tʂu	꜁tʂʰu	꜁tsʰu	꜀su	꜂so	꜀tʂu	꜁tʂʰu	꜁ʐu
泗洪金锁	꜀tɕy	꜁ɕy	꜀tʂu	꜁tʂʰu	꜁tʂʰu	꜀su	꜂suə	꜀tʂu	꜂ʂu	꜁ʐu
泗洪上塘	꜀tɕʰy	꜁ɕy	꜀tʂu	꜁tʂʰu	꜁tsʰu	꜀su	꜂suə	꜀tʂu	꜂tʂʰu	꜁ʐu
泗洪瑶沟	꜀tɕʰy	꜁tɕʰy	꜀tʂu	꜁tʂʰu	꜁tsʰu	꜀suə	꜂suə	꜀tʂu	꜂tʂʰu	꜁ʐu
赣榆墩尚	꜀tsʰy	꜁sy	꜀tʂu	꜁tʂʰu	꜁tʂʰu	꜀ʂu	꜂suə	꜀tʂu	꜂ʂu	꜁y
赣榆石桥	꜀tθʰy/tθʰy꜅	꜁θy	꜀tʃʮ	꜁tʃʰʮ	꜁tʂʰʮ	꜀ʂu	꜂ʂuə	꜀tʃʮ/tʃʮ꜅	꜂ʃʮ	꜁y
铜山	꜀tɕʰy	꜁ɕy	꜀tʂu	꜁tʂʰu	꜁tʂʰu	꜀ʂuə	꜂suə	tʂu꜄	꜂ʂu	꜁ʐu
微山	꜀tɕʰy	꜁ɕy	꜀tsu	꜁tsʰu	꜁tsʰu	꜀fu	꜂suə	꜀tsu	꜂fu	꜁zu
邹城	꜀tɕʰy	꜁ɕy	꜀tsu	꜁tsʰu	꜁tsʰu	꜀fu	꜂suə	꜀tsu	꜂fu	꜁zu
睢宁	꜀tɕʰy	꜁ɕy	꜀tʂu	꜁tʂʰu	꜁tʂʰu	꜀ʂu	꜂suə	꜀tʂu	꜂ʂu	꜁ʐu
新沂阿湖	꜀tɕʰy	꜁ɕy	꜀tʂu	꜁tʂʰu	꜁tʂʰu	꜀ʂu	꜂suə	꜀tʂu	꜂ʂu	꜁ʐu
新沂时集 A	꜀tɕʰy	꜁ɕy	꜀tʂu	꜁tʂʰu	꜁tʂʰu	꜀ʂu	꜂suə	꜀tʂu	꜂tʂʰu	꜁ʐu
新沂时集 B	꜀tɕʰy	꜁ɕy	꜀tʂu	꜁tʂʰu	꜁tʂʰu	꜀ʂu	꜂suə	꜀tʂu	꜂ʂu	꜁ʐu
泗水	꜀tɕʰy	꜁ɕy	꜀tɕy	꜁tɕʰy	꜁tɕʰy	꜀fu	꜂fə	꜀tɕy	꜂fu	꜁vu/꜁ʑy
邳州	꜀tɕʰy	꜁ɕy	꜀tʂu	꜁tʂʰu	꜁tʂʰu	꜀fu	꜂fə	꜀tʂu	꜂fu	꜁vu
滕州	꜀tɕʰy	꜁ɕy	꜀pfu	꜁pfʰu	꜁pfʰu	꜀fu	꜂fə	tsu꜄/꜀pfu	꜂fu	꜁zu
临沭	꜀tsʰy	꜁sy	꜀tʃu	꜁tʃʰu	꜁tʃʰu	꜀ʃu	꜂ʃuə	꜀tʃu	꜂ʂu	꜁u
宿迁	꜀tɕʰy	꜁ɕy	꜀tʂu	꜁tʂʰu	꜁tʂʰu	꜀ʂu	꜂suə	꜀tʂu	꜂tʂʰu	꜁ʒu
丰县	꜀tɕʰy	꜁ɕy	꜀tʂu	꜁tʂʰu	꜁tʂʰu	꜀ʂu	꜂suə	꜀tʂu	꜂tʂʰu	꜁ʐu
郯城	꜀tɕʰy	꜁ɕy	꜀tʂu	꜁tʂʰu	꜁tʂʰu	꜀ʂu	꜂ʂuə	꜀tʂu	꜂ʂu	꜁ʐu
莒南团林	꜀tθʰy	꜁θy	꜀tʃʮ	꜁tʃʰʮ	꜁tʂʰu	꜀ʂu	꜂ʂuə	꜂tʃʮ	꜂ʃʮ	꜁y
日照陈疃	꜀ȶʰy	꜁θy	꜀tʃʮ	꜁tʃʰʮ	꜁tʂʰu	꜀ʂu	꜂ʂuə	꜀tʃʮ	꜂ʃʮ	꜁y
日照奎山	꜀tθʰy	꜁θy	꜀tsʮ	꜁tsʰʮ	꜁tʂʰu	꜀ʂu	꜂ʂuə	꜀tsʮ	꜂sʮ	꜁y
日照黄墩	꜀ȶʰy	꜁θy	꜀tʃʮ	꜁tʃʰʮ	꜁tʂʰu	꜀ʂu	꜂ʂuə	tʃʮ꜄	꜂ʃʮ	꜁y
日照涛雒	꜀ȶʰy	꜁θy	꜀tsʮ	꜁tsʰʮ	꜁tsʰʮ	꜀ʂu	꜂ʂuə	꜀tsʮ	꜂sʮ	꜁y
蒙阴	꜀tsʰy	꜁sy	꜀tʃu	꜁tʃʰu	꜁tʃʰu	꜀ʃu	꜂ʃuə	꜀tʃu	꜂ʃu	꜁y
沂南	꜀tsʰy	꜁sy	꜀tʃʮ	꜁tʃʰʮ	꜁tʂʰu	꜀ʂu	꜂ʂuə	꜂tʃʮ	꜂ʃʮ	꜁y
五莲许孟	꜀tɕʰy	꜁ɕy	꜀tʃʮ	꜁tʃʰʮ	꜁tʂʰu	꜀ʂu	꜂ʂuə	꜀ʒʮ	꜂ʃʮ	꜁y
日照两城	꜀tθʰy	꜁θy	꜀tsʮ	꜁tsʰʮ	꜁tʂʰu	꜀ʂu	꜂ʂuə	꜀tsʮ	꜂su	꜁y
莒县桑园	꜀tsʰy	꜁sy	꜀zʮ	꜁tsʰʮ	꜁tʂʰu	꜀ʂu	꜂ʂuə	꜀tʂu	꜂sʮ	꜁y

续表

	居	锯	去	距	鱼	虚	余	夫	父	武
	遇合三鱼平见	遇合三御去见	遇合三御去溪	遇合三语上群	遇合三鱼平疑	遇合三鱼平晓	遇合三鱼平以	遇合三虞平非	遇合三虞上奉	遇合三虞上微
连云港	꜀tɕʏᶣ	tɕʏᶣ꜄	tɕʰʏᶣ꜄	tɕʏᶣ꜄	꜁ʏᶣ	꜀ɕʏᶣ	꜁ʏᶣ	꜀fuʷ	fuʷ꜄	꜂əuʷ
灌南	꜀tɕⁱɥ	tɕⁱɥ꜄	tɕʰⁱɥ꜄	tɕⁱɥ꜄	꜁ⁱɥ	꜀ɕⁱɥ	꜁ⁱɥ	꜀fuʷ	fuʷ꜄	꜂uʷ
沭阳	꜀tɕiᶣ	tɕiᶣ꜄	tɕʰiᶣ꜄	tɕiᶣ꜄	꜁iᶣ	꜀ɕiᶣ	꜁iᶣ	꜀fuʷ	fuʷ꜄	꜂uʷ
泗阳	꜀tɕio	tɕio꜄	tɕʰio꜄	tɕio꜄	꜁io	꜀ɕio	꜁io	꜀xu	xu꜄	꜂u
泗洪金锁	꜀tɕy	tɕy꜄	tɕʰy꜄	tɕy꜄	꜁y	꜀ɕy	꜁y	꜀fu	fu꜄	꜂u
泗洪上塘	꜀tɕy	tɕy꜄	tɕʰy꜄	tɕy꜄	꜁y	꜀ɕy	꜁y	꜀fu	fu꜄	꜂u
泗洪瑶沟	꜀tɕy	tɕy꜄	tɕʰy꜄	tɕy꜄	꜁y	꜀ɕy	꜁y	꜀fu	fu꜄	꜂u
赣榆墩尚	꜀cy	cy꜄	cʰy꜄	cy꜄	꜁y	꜀çy	꜁y	꜀fu	fu꜄	꜂vu
赣榆石桥	꜀tɕy/tɕy꜆	tɕy꜄	tɕʰy꜄	tɕy꜄	꜁y	꜀ɕy/ɕy꜆	꜁y	꜀fu	fu꜄	꜂u
铜山	꜀tɕy	tɕy꜄	tɕʰy꜄	tɕy꜄	꜁y	꜀ɕy	꜁y	꜀fu	fu꜄	꜂u
微山	꜀tɕy	tɕy꜄	tɕʰy꜄	tɕy꜄	꜁y	꜀ɕy	꜁y	꜀fu	fu꜄	꜂u
邹城	꜀tɕy	tɕy꜄	tɕʰy꜄	tɕy꜄	꜁y	꜀ɕy	꜁y	꜀fu	fu꜄	꜂u
睢宁	꜀tɕy	tɕy꜄	tɕʰy꜄	tɕy꜄	꜁y	꜀ɕy	꜁y	꜀fu	fu꜄	꜂vu
新沂阿湖	꜀tɕy	tɕy꜄	tɕʰy꜄	tɕy꜄	꜁y	꜀ɕy	꜁y	꜀fu	fu꜄	꜂vu
新沂时集 A	꜀tɕy	tɕy꜄	tɕʰy꜄	tɕy꜄	꜁y	꜀ɕy	꜁y	꜀fu	fu꜄	꜂vu
新沂时集 B	꜀tɕy	tɕy꜄	tɕʰy꜄	tɕy꜄	꜁y	꜀ɕy	꜁y	꜀fu	fu꜄	꜂vu
泗水	꜀tɕy	tɕy꜄	tɕʰy꜄	tɕy꜄	꜁y	꜀ɕy	꜁y	꜀fu	fu꜄	꜂u
邳州	꜀tɕy	tɕy꜄	tɕʰy꜄	tɕy꜄	꜁y	꜀ɕy	꜁y	꜀fu	fu꜄	꜂u
滕州	꜀tɕy	tɕy꜄	tɕʰy꜄	tɕy꜄	꜁y	꜀ɕy	꜁y	꜀fu	fu꜄	꜂u
临沭	꜀tɕy	tɕy꜄	tɕʰy꜄	tɕy꜄	꜁y	꜀ɕy	꜁y	꜀fu	fu꜄	꜂u
宿迁	꜀tɕy	tɕy꜄	tɕʰy꜄	tɕy꜄	꜁y	꜀ɕy	꜁y	꜀fu	xu꜄	꜂u
丰县	꜀tɕy	tɕy꜄	tɕʰy꜄	tɕy꜄	꜁y	꜀ɕy	꜁y	꜀fu	fu꜄	꜂u
郯城	꜀tɕy	tɕy꜄	tɕʰy꜄	tɕy꜄	꜁y	꜀ɕy	꜁y	꜀fu	fu꜄	꜂u
莒南团林	꜀tʃɥ	tʃɥ꜄	tʃʰɥ꜄	tʃɥ꜄	꜁y	ʃɥ	꜁y	꜀fu	fu꜄	꜂u
日照陈疃	꜀tʃɥ	tʃɥ꜄	tʃʰɥ꜄	tʃɥ꜄	꜁y	ʃɥ	꜁y	꜀fu	fu꜄	꜂vu
日照奎山	꜀tɕy	tɕy꜄	tɕʰy꜄	tɕy꜄	꜁y	꜀ɕy	꜁y	fu꜄	fu꜄	꜂u
日照黄墩	꜀tʃɥ	tʃɥ꜄	tʃʰɥ꜄	tʃɥ꜄	꜁y	ʃɥ	꜁y	꜀fu	fu꜄	꜂u
日照涛雒	꜀tsy	tsɥ꜄	tsʰɥ꜄	tsɥ꜄	꜁y	꜀sɥ	꜁y	꜀fu	fu꜄	꜂u
蒙阴	꜀tɕy	tɕy꜄	tɕʰy꜄	tɕy꜄	꜁y	꜀ɕy	꜁y	꜀fu	fu꜄	꜁u
沂南	꜀tɕy	tɕy꜄	tɕʰy꜄	tɕy꜄	꜁y	꜀ɕy	꜁y	꜀fu	fu꜄	꜂u
五莲许孟	꜀ʒɥ	ʒɥ꜄	tʃʰɥ꜄	ʒɥ꜄	꜁y	ʃɥ	꜁y	꜀fu	fu꜄	꜂u
日照两城	꜀tɕy	tɕy꜄	tɕʰy꜄	tɕy꜄	꜁y	꜀ɕy	꜁y	fu꜄	fu꜄	꜂u
莒县桑园	tɕy꜄	tɕy꜄	tɕʰy꜄	tɕy꜄	꜁y	꜀ɕy	꜁y	fu꜄	fu꜄	꜂u

续表

	屡	趣	聚	须	厨	住	雏	数动	主	树
	遇合三 遇去来	遇合三 遇去清	遇合三 虞上从	遇合三 虞平心	遇合三 虞平澄	遇合三 遇去澄	遇合三 虞去崇	遇合三 虞上生	遇合三 虞上章	遇合三 虞去禅
连云港	ᶜləuʷ	tɕʰʏʮ꜄	tɕʏʮ꜄	꜀ɕʏʮ	꜁tʂʰəuʷ	tʂəuʷ꜄	ᶜtʂʰəuʷ	ᶜʂəuʷ	ᶜtʂəuʷ	ʂəuʷ꜄
灌南	ᶜlⁱʮ	tɕʰⁱʮ꜄	tɕⁱʮ꜄	꜀ɕⁱʮ	꜁tʂʰuʷ	tʂuʷ꜄	ᶜtʂʰuʷ	ᶜʂuʷ	ᶜtʂuʷ	ʂuʷ꜄
沭阳	ᶜliʮ	tɕʰiʮ꜄	tɕiʮ꜄	꜀ɕiʮ	꜁tʂʰuʷ	tʂuʷ꜄	tʂʰəɯ꜄	ᶜʂuʷ	ᶜtʂuʷ	ʂuʷ꜄
泗阳	ᶜlio	tɕʰio꜄	tɕio꜄	꜀ɕio	꜁tʂʰu	tʂu꜄	—	ᶜsu	ᶜtʂu	ʂu꜄
泗洪金锁	ᶜly	tɕʰy꜄	tɕy꜄	꜀ɕy	꜀tʂʰu	tʂu꜄	꜁tʂʰu	ᶜsu	ᶜtʂu	ʂu꜄
泗洪上塘	ᶜly	tɕʰy꜄	tɕy꜄	꜀ɕy	꜁tʂʰu	tʂu꜄	tsʰu꜄	ᶜsu	ᶜtʂu	ʂu꜄
泗洪瑶沟	ᶜly	tɕʰy꜄	tɕy꜄	꜀ɕy	꜁tʂʰu	tʂu꜄	꜁tʂʰu	ᶜfu	ᶜtʂu	ʂu꜄
赣榆墩尚	ᶜly	tsʰy꜄	tsy꜄	꜀sy	꜁tʂʰu	tʂu꜄	ᶜtʂʰu	ᶜʂu	ᶜtʂu	ʂu꜄
赣榆石桥	ᶜly	tθʰy꜄	tθy꜄	꜀θy	꜁tʃʰɥ	tʃɥ꜄	꜁tʂʰu	ᶜʂu	ᶜtʃɥ	ʃɥ꜄
铜山	ᶜly	tɕʰy꜄	tɕy꜄	꜀ɕy	꜁tʂʰu	tʂu꜄	꜁tʂʰu	ᶜʂu	ᶜtʂu	ʂu꜄
微山	ᶜly	tɕʰy꜄	tɕy꜄	꜀ɕy	꜁tsʰu	tsu꜄	ᶜtsʰu	ᶜfu	ᶜtsu	fu꜄
邹城	ᶜly	tɕʰy꜄	tɕy꜄	꜀ɕy	꜁tsʰu	tsu꜄	ᶜtsʰu	ᶜfu	ᶜtsu	fu꜄
睢宁	ᶜlu	tɕʰy꜄	tɕy꜄	꜀ɕy	꜁tʂʰu	tʂu꜄	ᶜtʂʰu	ᶜʂu	ᶜtʂu	ʂu꜄
新沂阿湖	ᶜly	tɕʰy꜄	tɕy꜄	꜀ɕy	꜀tʂʰu	tʂu꜄	ᶜtʂʰu	ᶜʂu	ᶜtʂu	ʂu꜄
新沂时集 A	ᶜly	tɕʰy꜄	tɕy꜄	꜀ɕy	꜁tʂʰu	tʂu꜄	꜀tʂʰu	ᶜsu	ᶜtʂu	ʂu꜄
新沂时集 B	ᶜly	tɕʰy꜄	tɕy꜄	꜀ɕy	꜀tʂʰu	tʂu꜄	ᶜtʂʰu	ᶜʂu	ᶜtʂu	ʂu꜄
泗水	ᶜly	tɕʰy꜄	tɕy꜄	꜀ɕy	꜁tɕʰy	tɕy꜄	ᶜtɕʰy	ᶜfu	ᶜtɕy	fu꜄
邳州	ᶜlu	tɕʰy꜄	tɕy꜄	꜀ɕy	꜁tʂʰu	tʂu꜄	ᶜtʂʰu	ᶜfu	ᶜtʂu	fu꜄
滕州	ᶜlu	tɕʰy꜄	tɕy꜄	꜀ɕy	꜁pfʰu	pfu꜄	ᶜpfʰu	ᶜfu	ᶜtsu/ᶜpfu[1]	fu꜄
临沭	ᶜly	tsʰy꜄	tɕy꜄	꜀sy	꜁tʃʰu	tʃu꜄	ᶜtʃʰu	ᶜʃu	ᶜtʃu	ʃu꜄
宿迁	ᶜlu	tɕʰy꜄	tɕy꜄	꜀ɕy	꜁tʂʰu	tʂu꜄	ᶜtʂʰu	ᶜfu	ᶜtʂu	ʂu꜄
丰县	ᶜlu	tɕʰy꜄	tɕy꜄	꜀ɕy	꜁tʂʰu	tʂu꜄	꜁tʂʰu	ᶜʂuə	ᶜtʂu	ʂu꜄
郯城	ᶜly	tsʰy꜄	tɕy꜄	꜀sy	꜁tʂʰu	tʂu꜄	ᶜtʂʰu	ᶜʂu	ᶜtʂu	ʂu꜄
莒南团林	ᶜly	tθʰy꜄	tθy꜄	꜀θy	꜁tʃʰɥ	tʃɥ꜄	ᶜtʃʰu	ᶜʂu	ᶜtʃɥ	ʃɥ꜄
日照陈疃	ᶜly	ȶʰy꜄	ȶy꜄	꜀θy	꜁tʃʰɥ	tʃɥ꜄	꜁tʂʰu	ᶜʂu	ᶜtʃɥ	ʃɥ꜄
日照奎山	ᶜly	tθʰy꜄	tθy꜄	꜀θy	꜁tsʰɥ	tsɥ꜄	tʂʰu꜄	꜀ʂu	꜀tsɥ	sɥ꜄
日照黄墩	ᶜly	ȶʰy꜄	ȶy꜄	꜀θy	꜁tʃʰɥ	tʃɥ꜄	꜁tʂʰu	ᶜʂu	ᶜtʃɥ	ʃɥ꜄
日照涛雒	ᶜly	ȶʰy꜄	ȶy꜄	꜀θy	꜁tsʰɥ	tsɥ꜄	꜁tʂʰu	ᶜʂu	ᶜtsɥ	sɥ꜄
蒙阴	ᶜly	tsʰy꜄	zy꜄	꜀sy	꜁tʃʰu	tʃu꜄	ᶜtʃʰu	ᶜʃu	ᶜtʃu	ʃu꜄
沂南	ᶜly	tsʰy꜄	tsy꜄	꜀sy	꜁tʃʰɥ	tʃɥ꜄	꜁tʂʰu	ᶜʂu	ᶜtʃɥ	ʃɥ꜄
五莲许孟	ᶜly	tɕʰy꜄	tɕy꜄	꜀ɕy	꜁tʃʰɥ	ʒɥ꜄	꜁tʂʰu	ᶜʂu	ᶜʒɥ	ʃɥ꜄
日照两城	ᶜly	tθʰy꜄	tθy꜄	꜀θy	꜁tsʰɥ	tsɥ꜄	꜁tʂʰu	꜀ʂu	ᶜtsu	su꜄
莒县桑园	ᶜly	tsʰy꜄	zy꜄	꜀sy	꜁tsʰɥ	zɥ꜄	꜁tʂʰu	ᶜʂu	꜀zɥ	sɥ꜄

① 老派读为ᶜtsu，新派读为ᶜpfu。

续表

	乳	句	具	遇	雨	台舞～	代	耐	来	才
	遇合三虞上日	遇合三遇去见	遇合三遇去群	遇合三遇去疑	遇合三虞上云	蟹开一咍平定	蟹开一代去定	蟹开一代去泥	蟹开一咍平来	蟹开一咍平从
连云港	꜂ləuʷ	tɕʏᶣ꜄	tɕʏᶣ꜄	ʏᶣ꜄	꜂ʏᶣ	꜁tʰɛ	tɛ꜄	lɛ꜄	꜁lɛ	꜁tʂʰɛ
灌南	꜂luʷ	tɕⁱɥ꜄	tɕⁱɥ꜄	ⁱɥ꜄	꜂ⁱɥ	꜁tʰæ	tæ꜄	læ꜄	꜁læ	꜁tʂʰæ
沭阳	꜂ʐuʷ	tɕiᶣ꜄	tɕiᶣ꜄	iᶣ	꜂iᶣ	꜁tʰa	tɛ꜄	lɛ꜄	꜁lɛ	꜁tsʰɛ
泗阳	꜂ʐu	tɕio꜄	tɕio꜄	io꜄	꜂io	꜁tʰɛ	tɛ꜄	lɛ꜄	꜁lɛ	꜁tsʰɛ
泗洪金锁	꜂ʐu	tɕy꜄	tɕy꜄	y꜄	꜂y	꜁tʰɛ	tɛ꜄	nɛ꜄	꜁lɛ	꜁tsʰɛ
泗洪上塘	꜂ʐu	tɕy꜄	tɕy꜄	y꜄	꜂y	꜁tʰɛ	tɛ꜄	nɛ꜄	꜁lɛ	꜁tsʰɛ
泗洪瑶沟	꜂ʐu	tɕy꜄	tɕy꜄	y꜄	꜂y	꜁tʰɛ	tɛ꜄	nɛ꜄	꜁lɛ	꜁tsʰɛ
赣榆墩尚	꜂y	cy꜄	cy꜄	y꜄	꜂y	꜁tʰɛ	tɛ꜄	nɛ꜄	꜁lɛ	꜁tsʰɛ
赣榆石桥	꜂y	tɕy꜄	tɕy꜄	y꜄	꜂y	꜁tʰɛ	tɛ꜄	nɛ꜄	꜁lɛ	꜁tθʰɛ
铜山	꜂ʐu	tɕy꜄	tɕy꜄	y꜄	꜂y	꜁tʰɛ	tɛ꜄	nɛ꜄	꜁lɛ	꜁tsʰɛ
微山	꜂zu	tɕy꜄	tɕy꜄	y꜄	꜂y	꜁tʰɛ	tɛ꜄	nɛ꜄	꜁lɛ	꜁tsʰɛ
邹城	꜂zu	tɕy꜄	tɕy꜄	y꜄	꜂y	꜁tʰɛ	tɛ꜄	nɛ꜄	꜁lɛ	꜁tsʰɛ
睢宁	꜂ʐu	tɕy꜄	tɕy꜄	y꜄	꜂y	꜁tʰɛ	tɛ꜄	nɛ꜄	꜁lɛ	꜁tsʰɛ
新沂阿湖	꜂ʐu	tɕy꜄	tɕy꜄	y꜄	꜂y	꜁tʰɛ	tɛ꜄	nɛ꜄	꜁lɛ	꜁tsʰɛ
新沂时集 A	꜂ʐu	tɕy꜄	tɕy꜄	y꜄	꜂y	꜁tʰɛ	tɛ꜄	nɛ꜄	꜁lɛ	꜁tsʰɛ
新沂时集 B	꜂ʐu	tɕy꜄	tɕy꜄	y꜄	꜂y	꜁tʰɛ	tɛ꜄	nɛ꜄	꜁lɛ	꜁tsʰɛ
泗水	꜂lu/꜂vu	tɕy꜄	tɕy꜄	y꜄	꜂y	꜁tʰɛ	tɛ꜄	nɛ꜄	꜁lɛ	꜁tsʰɛ
邳州	꜂ʐu/꜂vu	tɕy꜄	tɕy꜄	y꜄	꜂y	꜁tʰɛ	tɛ꜄	nɛ꜄	꜁lɛ	꜁tsʰɛ
滕州	꜂zu	tɕy꜄	tɕy꜄	y꜄	꜂y	꜁tʰɛ	tɛ꜄	nɛ꜄	꜁lɛ	꜁tsʰɛ
临沭	꜂ʒu	tɕy꜄	tɕy꜄	y꜄	꜂y	꜁tʰɛ	tɛ꜄	nɛ꜄	꜁lɛ	꜁tθʰɛ
宿迁	꜂ʐu	tɕy꜄	tɕy꜄	y꜄	꜂y	꜁tʰɛ	tɛ꜄	nɛ꜄	꜁lɛ	꜁tsʰɛ
丰县	꜂ʐu	tɕy꜄	tɕy꜄	y꜄	꜂y	꜁tʰɛ	tɛ꜄	nɛ꜄	꜁lɛ	꜁tsʰɛ
郯城	꜂ʐu	tɕy꜄	tɕy꜄	y꜄	꜂y	꜁tʰɛ	tɛ꜄	nɛ꜄	꜁lɛ	꜁tsʰɛ
莒南团林	꜂y	tʃɥ꜄	tʃɥ꜄	y꜄	꜂y	꜁tʰɛ	tɛ꜄	nɛ꜄	꜁lɛ	꜁tθʰɛ
日照陈疃	꜀y	tʃɥ꜄	tʃɥ꜄	y꜄	꜂y	꜁tʰɛ	tɛ꜄	nɛ꜄	꜁lɛ	꜁tθʰɛ
日照奎山	꜀y	tɕy꜄	tɕy꜄	y꜄	꜂y	꜁tʰɛ	tɛ꜄	nɛ꜄	꜁lɛ	꜁tθʰɛ
日照黄墩	꜂y	tʃɥ꜄	tʃɥ꜄	y꜄	꜂y	꜁tʰɛ	tɛ꜄	nɛ꜄	꜁lɛ	꜁tθʰɛ
日照涛雒	꜀y	tsɥ꜄	tsɥ꜄	y꜄	꜂y	꜁tʰɛ	tɛ꜄	nɛ꜄	꜁lɛ	꜁tθʰɛ
蒙阴	꜂y	tɕy꜄	tɕy꜄	y꜄	꜂y	꜁tʰɛ	tɛ꜄	nɛ꜄	꜁lɛ	꜁tθʰɛ
沂南	꜀y	tɕy꜄	tɕy꜄	y꜄	꜂y	꜁tʰɛ	tɛ꜄	nɛ꜄	꜁lɛ	꜁tθʰɛ
五莲许孟	꜂y	ʒɥ꜄	ʒɥ꜄	y꜄	꜂y	꜁tʰɛ	tɛ꜄	nɛ꜄	꜁lɛ	꜁tʰɛ
日照两城	꜀y	tɕy꜄	tɕy꜄	y꜄	꜂y	꜁tʰɛ	tɛ꜄	nɛ꜄	꜁lɛ	꜁tθʰɛ
莒县桑园	꜀y	tɕy꜄	tɕy꜄	y꜄	꜂y	꜁tʰai	tai꜄	nai꜄	꜁lai	꜁tθʰai

续表

	在	赛	开	海	孩	爱	贝	带	蔡	艾
	蟹开一海上从	蟹开一代去心	蟹开一咍平溪	蟹开一海上晓	蟹开一咍平匣	蟹开一代去影	蟹开一泰去帮	蟹开一泰去端	蟹开一泰去清	蟹开一泰去疑
连云港	tʂɛ꜄	ʂɛ꜄	꜀kʰɛ	꜂xɛ	꜁xɛ	ɛ꜄	pei꜄	tɛ꜄	tʂʰɛ꜄	ɛ꜄
灌南	tʂæ꜄	ʂæ꜄	꜀kʰæ	꜂xæ	꜁xæ	æ꜄	pᴇi꜄	tæ꜄	tʂʰæ꜄	æ꜄
沭阳	tsɛ꜄	sɛ꜄	꜀kʰɛ	꜂xɛ	꜁xɛ	ɛ꜄	pei꜄	tɛ꜄	tsʰɛ꜄	ɛ꜄
泗阳	tsɛ꜄	sɛ꜄	꜀kʰɛ	꜂xɛ	꜁xɛ	ɛ꜄	pei꜄	tɛ꜄	tsʰɛ꜄	ɛ꜄
泗洪金锁	tsɛ꜄	sɛ꜄	꜀kʰɛ	꜂xɛ	꜁xɛ	ɛ꜄	pe꜄	tɛ꜄	tsʰɛ꜄	ɛ꜄
泗洪上塘	tsɛ꜄	sɛ꜄	꜀kʰɛ	꜂xɛ	꜁xɛ	ɣɛ꜄	pe꜄	tɛ꜄	tsʰɛ꜄	ɣɛ꜄
泗洪瑶沟	tsɛ꜄	sɛ꜄	꜀kʰɛ	꜂xɛ	꜁xɛ	ɛ꜄	pei꜄	tɛ꜄	tsʰɛ꜄	ɛ꜄
赣榆墩尚	tsɛ꜄	sɛ꜄	꜀kʰɛ	꜂xɛ	꜁xɛ	ɣɛ꜄	pe꜄	tɛ꜄	tsʰɛ꜄	ɣɛ꜄
赣榆石桥	tθɛ꜄	θɛ꜄	꜀kʰɛ/kʰɛ꜆	꜂xɛ	꜁xɛ	ɣɛ꜄	pei꜄	tɛ꜄	tθʰɛ꜄	ɣɛ꜄
铜山	tsɛ꜄	sɛ꜄	꜀kʰɛ	꜂xɛ	꜁xɛ	ɣɛ꜄	pe꜄	tɛ꜄	tsʰɛ꜄	ɣɛ꜄
微山	tsɛ꜄	sɛ꜄	꜀kʰɛ	꜂xɛ	꜁xɛ	ɣɛ꜄	pei꜄	tɛ꜄	tsʰɛ꜄	ɣɛ꜄
邹城	tsɛ꜄	sɛ꜄	꜀kʰɛ	꜂xɛ	꜁xɛ	ɣɛ꜄	pei꜄	tɛ꜄	tsʰɛ꜄	ɣɛ꜄
睢宁	tsɛ꜄	sɛ꜄	꜀kʰɛ	꜂xɛ	꜁xɛ	ɣɛ꜄	pei꜄	tɛ꜄	tsʰɛ꜄	ɣɛ꜄
新沂阿湖	tsɛ꜄	sɛ꜄	꜀kʰɛ	꜂xɛ	꜁xɛ	ɣɛ꜄	pe꜄	tɛ꜄	tsʰɛ꜄	ɣɛ꜄
新沂时集 A	tsɛ꜄	sɛ꜄	꜀kʰɛ	꜂xɛ	꜁xɛ	ɣɛ꜄	pei꜄	tɛ꜄	tsʰɛ꜄	ɣɛ꜄
新沂时集 B	tsɛ꜄	sɛ꜄	꜀kʰɛ	꜂xɛ	꜁xɛ	ɣɛ꜄	pe꜄	tɛ꜄	tsʰɛ꜄	ɣɛ꜄
泗水	tsɛ꜄	sɛ꜄	꜀kʰɛ	꜂xɛ	꜁xɛ	ɣɛ꜄	pe꜄	tɛ꜄	tsʰɛ꜄	ɣɛ꜄
邳州	tsɛ꜄	sɛ꜄	꜀kʰɛ	꜂xɛ	꜁xɛ	ɣɛ꜄	pe꜄	tɛ꜄	tsʰɛ꜄	ɣɛ꜄
滕州	tsɛ꜄	sɛ꜄	꜀kʰɛ	꜂xɛ	꜁xɛ	ɣɛ꜄	pe꜄	tɛ꜄	tsʰɛ꜄	ɣɛ꜄
临沭	tθɛ꜄	θɛ꜄	꜀kʰɛ	꜂xɛ	꜁xɛ	ɣɛ꜄	pei꜄	tɛ꜄	tθʰɛ꜄	ɣɛ꜄
宿迁	tsɛ꜄	sɛ꜄	꜀kʰɛ	꜂xɛ	꜁xɛ	ɣɛ꜄	pe꜄	tɛ꜄	tsʰɛ꜄	ɣɛ꜄
丰县	tsɛ꜄	sɛ꜄	꜀kʰɛ	꜂xɛ	꜁xɛ	ɣɛ꜄	pe꜄	tɛ꜄	tsʰɛ꜄	ɣɛ꜄
郯城	tsɛ꜄	sɛ꜄	꜀kʰɛ	꜂xɛ	꜁xɛ	ɣɛ꜄	pe꜄	tɛ꜄	tsʰɛ꜄	ɣɛ꜄
莒南团林	tθɛ꜄	θɛ꜄	꜀kʰɛ	꜂xɛ	꜁xɛ	ɛ꜄	pe꜄	tɛ꜄	tθʰɛ꜄	ɛ꜄
日照陈疃	tɛ꜄	θɛ꜄	꜀kʰɛ	꜂xɛ	꜁xɛ	ŋɛ꜄	pei꜄	tɛ꜄	tʰɛ꜄	ŋɛ꜄
日照奎山	tθɛ꜄	θɛ꜄	꜀kʰɛ	꜂xɛ	꜁xɛ	ŋɛ꜄	pe꜄	tɛ꜄	tθʰɛ꜄	ŋɛ꜄
日照黄墩	tθɛ꜄	θɛ꜄	꜀kʰɛ	꜂xɛ	꜁xɛ	ŋɛ꜄	pe꜄	tɛ꜄	tʰɛ꜄	ŋɛ꜄
日照涛雒	tθɛ꜄	θɛ꜄	꜀kʰɛ	꜂xɛ	꜁xɛ	ŋɛ꜄	pei꜄	tɛ꜄	tθʰɛ꜄	ŋɛ꜄
蒙阴	ðɛ꜄	θɛ꜄	꜀kʰɛ	꜂xɛ	꜁xɛ	ŋɛ꜄	pei꜄	tɛ꜄	tθʰɛ꜄	ŋɛ꜄
沂南	tθɛ꜄	θɛ꜄	꜀kʰɛ	꜂xɛ	꜁xɛ	ŋɛ꜄	pe꜄	tɛ꜄	tθʰɛ꜄	ŋɛ꜄
五莲许孟	tɛ꜄	θɛ꜄	꜀kʰɛ	꜂xɛ	꜁xɛ	ŋɛ꜄	pei꜄	tɛ꜄	tʰɛ꜄	ŋɛ꜄
日照两城	tθɛ꜄	θɛ꜄	꜀kʰɛ	꜂xɛ	꜁xɛ	ŋɛ꜄	pei꜄	tɛ꜄	tθʰɛ꜄	ŋɛ꜄
莒县桑园	ðai꜄	θai꜄	꜀kʰai	꜂xai	꜁xai	ŋai꜄	꜁pei	tai꜄	tθʰai꜄	ŋai꜄

续表

	害	拜	排	斋	豺	界	挨	派	牌	买
	蟹开一泰去匣	蟹开一怪去帮	蟹开一皆平並	蟹开一皆平庄	蟹开一皆平崇	蟹开一怪去见	蟹开一皆平影	蟹开二卦去滂	蟹开二佳平並	蟹开二蟹上明
连云港	xε꜄	pε꜄	꜁pʰε	꜀tʂε	꜁tʂʰε	tɕiε꜄	꜀ε	pʰε꜄	꜁pʰε	꜂mε
灌南	xæ꜄	pæ꜄	꜁pʰæ	꜀tʂæ	꜁tʂʰæ	tɕiæ꜄	꜀æ	pʰæ꜄	꜁pʰæ	꜂mæ
沭阳	xε꜄	pε꜄	꜁pʰε	꜀tʂε	꜁tʂʰε	tɕiε꜄	꜀ε	pʰε꜄	꜁pʰε	꜂mε
泗阳	xε꜄	pε꜄	꜁pʰε	꜀tʂε	꜁tsʰε	tɕiε꜄	꜀ε	pʰε꜄	꜁pʰε	꜂mε
泗洪金锁	xε꜄	pε꜄	꜁pʰε	꜀tʂε	꜁tʂʰε	tɕiε꜄	꜀ε	pʰε꜄	꜁pʰε	꜂mε
泗洪上塘	xε꜄	pε꜄	꜁pʰε	꜀tʂε	꜁tsʰε	tɕiε꜄	꜀ɣε	pʰε꜄	꜁pʰε	꜂mε
泗洪瑶沟	xε꜄	pε꜄	꜁pʰε	꜀tʂε	꜁tsʰε	tɕiε꜄	꜀ε	pʰε꜄	꜁pʰε	꜂mε
赣榆墩尚	xε꜄	pε꜄	꜁pʰε	꜀tʂε	꜁tʂʰε	tɕiε꜄	꜀iε	pʰε꜄	꜁pʰε	꜂mε
赣榆石桥	xε꜄	pε꜄	꜁pʰε	꜀tʂε/tʂε꜄	꜁tʂʰε	tɕiε꜄	꜀iε	pʰε꜄	꜁pʰε	꜂mε
铜山	xε꜄	pε꜄	꜁pʰε	꜀tsε	꜁tsʰε	tɕiε꜄	꜀ɣε	pʰε꜄	꜁pʰε	꜂mε
微山	xε꜄	pε꜄	꜁pʰε	꜀tsε	꜁tsʰε	tɕiε꜄	꜀iε	pʰε꜄	꜁pʰε	꜂mε
邹城	xε꜄	pε꜄	꜁pʰε	꜀tsε	꜁tsʰε	tɕiε꜄	꜀iε	pʰε꜄	꜁pʰε	꜂mε
睢宁	xε꜄	pε꜄	꜁pʰε	꜀tʂε	꜁tʂʰε	tɕiε꜄	꜀iε	pʰε꜄	꜁pʰε	꜂mε
新沂阿湖	xε꜄	pε꜄	꜁pʰε	꜀tʂε	꜁tʂʰε	tɕiε꜄	꜀ɣε	pʰε꜄	꜁pʰε	꜂mε
新沂时集A	xε꜄	pε꜄	꜁pʰε	꜀tʂε	꜁tʂʰε	tɕiε꜄	꜀iε	pʰε꜄	꜁pʰε	꜂mε
新沂时集B	xε꜄	pε꜄	꜁pʰε	꜀tʂε	꜁tʂʰε	tɕiε꜄	꜀ɣε	pʰε꜄	꜁pʰε	꜂mε
泗水	xε꜄	pε꜄	꜁pʰε	꜀tʃε	꜁tʃʰε	tɕiε꜄	꜀iε	pʰε꜄	꜁pʰε	꜂mε
邳州	xε꜄	pε꜄	꜁pʰε	꜀tʂε	꜁tʂʰε	tɕiε꜄	꜀iε	pʰε꜄	꜁pʰε	꜂mε
滕州	xε꜄	pε꜄	꜁pʰε	꜀tsε	꜁tsʰε	tɕiε꜄	꜀iε	pʰε꜄	꜁pʰε	꜂mε
临沭	xε꜄	pε꜄	꜁pʰε	꜀tʃε	꜁tʃʰε	tɕiε꜄	꜀iε	pʰε꜄	꜁pʰε	꜂mε
宿迁	xε꜄	pε꜄	꜁pʰε	꜀tʂε	꜁tʂʰε	tɕiε꜄	꜀ɣε	pʰε꜄	꜁pʰε	꜂mε
丰县	xε꜄	pε꜄	꜁pʰε	꜀tsε	꜁tsʰε	tɕiε꜄	꜀iε	pʰε꜄	꜁pʰε	꜂mε
郯城	xε꜄	pε꜄	꜁pʰε	꜀tʂε	꜁tʂʰε	tɕiε꜄	꜀iε	pʰε꜄	꜁pʰε	꜂mε
莒南团林	xε꜄	pε꜄	꜁pʰε	꜀tʂε	꜁tʂʰε	tʃε꜄	꜀iε	pʰε꜄	꜁pʰε	꜂mε
日照陈疃	xε꜄	pε꜄	꜁pʰε	꜀tʂε	꜁tʂʰε	tʃε꜄	꜀iε	pʰε꜄	꜁pʰε	꜂mε
日照奎山	xε꜄	pε꜄	꜁pʰε	꜀tʂε	꜁tʂʰε	tɕiε꜄	꜀iε	pʰε꜄	꜁pʰε	꜂mε
日照黄墩	xε꜄	pε꜄	꜁pʰε	꜀tʂε	꜁tʂʰε	tʃε꜄	꜀iε	pʰε꜄	꜁pʰε	꜂mε
日照涛雒	xε꜄	pε꜄	꜁pʰε	꜀tʂε	꜁tʂʰε	tsε꜄	꜀iε	pʰε꜄	꜁pʰε	꜂mε
蒙阴	xε꜄	pε꜄	꜁pʰε	꜀tʃε	꜁tʃʰε	tɕiε꜄	꜀iε	pʰε꜄	꜁pʰε	꜂mε
沂南	xε꜄	pε꜄	꜁pʰε	꜀tʂε	꜁tʂʰε	tɕiε꜄	꜀iε	pʰε꜄	꜁pʰε	꜂mε
五莲许孟	xε꜄	pε꜄	꜁pʰε	꜀tʂε	꜁tʂʰε	tʃε꜄	꜀iε	pʰε꜄	꜁pʰε	꜂mε
日照两城	xε꜄	pε꜄	꜁pʰε	꜀tʂε	꜁tʂʰε	ciε꜄	꜀iε	pʰε꜄	꜁pʰε	꜂mε
莒县桑园	xai꜄	pai꜄	꜁pʰai	꜀tʂai	꜁tʂʰai	tɕiai꜄	꜀iai	pʰai꜄	꜁pʰai	꜂mai

续表

	奶	柴	街	捱	鞋	矮	败	寨	弊	厉
	蟹开二 蟹上泥	蟹开二 佳平崇	蟹开二 佳平见	蟹开二 佳平疑	蟹开二 佳平匣	蟹开二 蟹上影	蟹开二 夬去並	蟹开二 夬去崇	蟹开三 祭去並	蟹开三 祭去来
连云港	꜂lɛ	꜁tʂʰɛ	꜀tɕiɛ	꜁ɛ	꜁ɕiɛ	꜂ɛ	pɛ꜄	tʂɛ꜄	pʅ꜄	lʅ꜄
灌南	꜂læ	꜁tʂʰæ	꜀tɕiæ	꜁æ	꜁ɕiæ	꜂æ	pæ꜄	tʂæ꜄	pʅ꜄	lʅ꜄
沭阳	꜀lɛ/꜂lɛ	꜁tʂʰɛ	꜀tɕiɛ	꜁ɛ	꜁ɕiɛ	꜂ɛ	pɛ꜄	tʂɛ꜄	pi꜅	li꜅
泗阳	꜂lɛ	꜁tʂʰɛ	꜀tɕiɛ	꜁ɛ	꜁ɕiɛ	꜂ɛ	pɛ꜄	tʂɛ꜄	pi꜅	li꜅
泗洪金锁	꜂nɛ	꜁tʂʰɛ	꜀tɕiɛ	꜁ɛ	꜁ɕiɛ	꜂ɛ	pɛ꜄	tʂɛ꜄	pi꜄	li꜄
泗洪上塘	꜂nɛ	꜁tʂʰɛ	꜀tɕiɛ/꜀kɛ	꜁ɣɛ	꜁ɕiɛ	꜂ɣɛ	pɛ꜄	tsɛ꜄	pi꜄	li꜄
泗洪瑶沟	꜂nɛ	꜁tʂʰɛ	꜀tɕiɛ	꜁ɛ	꜁ɕiɛ	꜂ɛ	pɛ꜄	tʂɛ꜄	pi꜄	li꜄
赣榆墩尚	꜂nɛ	꜁tʂʰɛ	꜀ciɛ	꜁iɛ	꜁çiɛ	꜂iɛ	pɛ꜄	tʂɛ꜄	pi꜄	li꜄
赣榆石桥	꜂nɛ	꜁tʂʰɛ	꜀tɕiɛ/tɕiɛ꜆	꜁iɛ	꜁ɕiɛ	꜂iɛ	pɛ꜄	tʂɛ꜄	pi꜄	li꜄
铜山	꜂nɛ	꜁tsʰɛ	꜀tɕiɛ	꜁iɛ	꜁ɕiɛ	꜂iɛ	pɛ꜄	tsɛ꜄	pi꜄	li꜄
微山	꜂nɛ	꜁tsʰɛ	꜀tɕiɛ	꜁iɛ	꜁ɕiɛ	꜂iɛ	pɛ꜄	tsɛ꜄	pi꜄	li꜄
邹城	꜂nɛ	꜁tsʰɛ	꜀tɕiɛ	꜁iɛ	꜁ɕiɛ	꜂iɛ	pɛ꜄	tsɛ꜄	pi꜄	li꜄
睢宁	꜂nɛ	꜁tʂʰɛ	꜀tɕiɛ	꜁iɛ	꜁ɕiɛ	꜂iɛ	pɛ꜄	tʂɛ꜄	pi꜄	li꜄
新沂阿湖	꜂nɛ	꜁tʂʰɛ	꜀tɕiɛ	꜁ɣɛ	꜁ɕiɛ	꜂ɣɛ	pɛ꜄	tʂɛ꜄	pi꜄	li꜄
新沂时集 A	꜂nɛ	꜁tʂʰɛ	꜀tɕiɛ	꜁ɣɛ	꜁ɕiɛ	꜂ɣɛ	pɛ꜄	tʂɛ꜄	pi꜄	li꜄
新沂时集 B	꜂nɛ	꜁tʂʰɛ	꜀tɕiɛ	꜁ɣɛ	꜁ɕiɛ	꜂ɣɛ	pɛ꜄	tʂɛ꜄	pi꜄	li꜄
日照涛雒	꜂nɛ	꜁tʂʰɛ	꜀tsɛ	꜁iɛ	꜁sɛ	꜂iɛ	pɛ꜄	tʂɛ꜄	pi꜄	li꜄
蒙阴	꜂nɛ	꜁tʃʰɛ	꜀tɕiɛ	꜁iɛ	꜁ɕiɛ	꜂iɛ	pɛ꜄	tʃɛ꜄	pi꜄	li꜄
沂南	꜂nɛ	꜁tʂʰɛ	꜀tɕiɛ	꜁iɛ	꜁ɕiɛ	꜂iɛ	pɛ꜄	tʂɛ꜄	pi꜄	li꜄
泗水	꜂nɛ	꜁tʃʰɛ	꜀tɕiɛ	꜁iɛ	꜁ɕiɛ	꜂iɛ	pɛ꜄	tʃɛ꜄	pi꜄	li꜄
邳州	꜂nɛ	꜁tʂʰɛ	꜀tɕiɛ	꜁iɛ	꜁ɕiɛ	꜂iɛ	pɛ꜄	tʂɛ꜄	pi꜄	li꜄
滕州	꜂nɛ	꜁tsʰɛ	꜀tɕiɛ	꜁iɛ	꜁ɕiɛ	꜂iɛ	pɛ꜄	tsɛ꜄	pi꜄	li꜄
临沭	꜂nɛ	꜁tʃʰɛ	꜀tɕiɛ	꜁iɛ	꜁ɕiɛ	꜂iɛ	pɛ꜄	tʃɛ꜄	pi꜄	li꜄
宿迁	꜂nɛ	꜁tʂʰɛ	꜀tɕiɛ	꜁ɣɛ	꜁ɕiɛ	꜂iɛ	pɛ꜄	tʂɛ꜄	pi꜄	li꜄
丰县	꜂nɛ	꜁tsʰɛ	꜀tɕiɛ	꜁iɛ	꜁ɕiɛ	꜂iɛ	pɛ꜄	tsɛ꜄	pi꜄	li꜄
郯城	꜂nɛ	꜁tʂʰɛ	꜀tɕiɛ	꜁iɛ	꜁ɕiɛ	꜂iɛ	pɛ꜄	tʂɛ꜄	pi꜄	li꜄
莒南团林	꜂nɛ	꜁tʂʰɛ	꜀tʃɛ	꜁iɛ	꜀ʃɛ	꜂iɛ	pɛ꜄	tʂɛ꜄	pi꜄	li꜄
日照陈疃	꜂nɛ	꜁tʂʰɛ	꜀tʃɛ	꜁iɛ	꜀ʃɛ	꜂iɛ	pɛ꜄	tʂɛ꜄	pi꜄	li꜄
日照奎山	꜂nɛ	꜁tʂʰɛ	꜀tɕiɛ	꜁iɛ	꜁ɕiɛ	꜂iɛ	pɛ꜄	tʂɛ꜄	pi꜄	li꜄
日照黄墩	꜂nɛ	꜁tʂʰɛ	꜀tʃɛ	꜁iɛ	꜀ʃɛ	꜂iɛ	pɛ꜄	tʂɛ꜄	pi꜄	li꜄
日照涛雒	꜂nɛ	꜁tʂʰɛ	꜀tsɛ	꜁iɛ	꜁sɛ	꜂iɛ	pɛ꜄	tʂɛ꜄	pi꜄	li꜄
蒙阴	꜂nɛ	꜁tʃʰɛ	꜀tɕiɛ	꜁iɛ	꜁ɕiɛ	꜂iɛ	pɛ꜄	tʃɛ꜄	pi꜄	li꜄
沂南	꜂nɛ	꜁tʂʰɛ	꜀tɕiɛ	꜁iɛ	꜁ɕiɛ	꜂iɛ	pɛ꜄	tʂɛ꜄	pi꜄	li꜄
五莲许孟	꜂nɛ	꜁tʂʰɛ	꜀tʃɛ	꜁iɛ	꜀ʃɛ	꜂iɛ	pɛ꜄	tʂɛ꜄	pi꜄	li꜄
日照两城	꜂nɛ	꜁tʂʰɛ	꜀tɕiɛ	꜁iɛ	꜁ɕiɛ	꜂iɛ	pɛ꜄	tʂɛ꜄	pi꜄	li꜄
莒县桑园	꜂nai	꜁tʂʰai	꜀tɕiai	꜁iai	꜁ɕiai	꜂iai	pai꜄	tʂai꜄	pi꜄	li꜄

续表

	祭	制	世	艺	米	帝	体	弟	第
	蟹开三 祭去精	蟹开三 祭去章	蟹开三 祭去书	蟹开三 祭去疑	蟹开四 荠上明	蟹开四 霁去端	蟹开四 荠上透	蟹开四 荠上定	蟹开四 霁去定
连云港	tɕʅᵓ	tʂʅᵓ	ʂʅᵓ	ʅᵓ	ᶜmʅ	tʅᵓ	ᶜtʰʅ	tʅᵓ	tʅᵓ
灌南	tɕʅᵓ	tʂʅᵓ	ʂʅᵓ	ʅᵓ	ᶜmʅ	tɪᵓ	ᶜtʰɪ	tɪᵓ	tɪᵓ
沭阳	tɕiɿᵓ	tʂʅᵓ	ʂʅᵓ	iɿᵓ	ᶜmiɿ	tiɿᵓ	ᶜtʰiɿ	tiɿᵓ	tiɿᵓ
泗阳	tɕiɿᵓ	tʂʅᵓ	ʂʅᵓ	iɿᵓ	ᶜmiɿ	tiɿᵓ	ᶜtʰiɿ	tiɿᵓ	tiɿᵓ
泗洪金锁	tɕiᵓ	tʂʅᵓ	ʂʅᵓ	iᵓ	ᶜmi	tiᵓ	ᶜtʰi	tiᵓ	tiᵓ
泗洪上塘	tɕiᵓ	tʂʅᵓ	ʂʅᵓ	iᵓ	ᶜmi	tiᵓ	ᶜtʰi	tiᵓ	tiᵓ
泗洪瑶沟	tɕiᵓ	tʂʅᵓ	ʂʅᵓ	iᵓ	ᶜmi	tiᵓ	ᶜtʰi	tiᵓ	tiᵓ
赣榆墩尚	tsiᵓ	tʂʅᵓ	ʂʅᵓ	iᵓ	ᶜmi	tiᵓ	ᶜtʰi	tiᵓ	tiᵓ
赣榆石桥	tθiᵓ	tʃʅᵓ	ʃʅᵓ	iᵓ	ᶜmi	tiᵓ	꜀tʰi	tiᵓ	tiᵓ
铜山	tɕiᵓ	tʂʅᵓ	ʂʅᵓ	iᵓ	ᶜmi	tiᵓ	ᶜtʰi	tiᵓ	tiᵓ
微山	tɕiᵓ	tsʅᵓ	sʅᵓ	iᵓ	ᶜmi	tiᵓ	ᶜtʰi	tiᵓ	tiᵓ
邹城	tɕiᵓ	tsʅᵓ	sʅᵓ	iᵓ	ᶜmi	tiᵓ	ᶜtʰi	tiᵓ	tiᵓ
睢宁	tɕiᵓ	tʂʅᵓ	ʂʅᵓ	iᵓ	ᶜmi	tiᵓ	ᶜtʰi	tiᵓ	tiᵓ
新沂阿湖	tɕiᵓ	tʂʅᵓ	ʂʅᵓ	iᵓ	ᶜmi	tiᵓ	ᶜtʰi	tiᵓ	tiᵓ
新沂时集 A	tɕiᵓ	tʂʅᵓ	ʂʅᵓ	iᵓ	ᶜmi	tiᵓ	ᶜtʰi	tiᵓ	tiᵓ
新沂时集 B	tɕiᵓ	tʂʅᵓ	ʂʅᵓ	iᵓ	ᶜmi	tiᵓ	ᶜtʰi	tiᵓ	tiᵓ
泗水	tɕiᵓ	tʃʅᵓ	ʃʅᵓ	iᵓ	ᶜmi	tiᵓ	ᶜtʰi	tiᵓ	tiᵓ
邳州	tɕiᵓ	tʂʅᵓ	ʂʅᵓ	iᵓ	ᶜmi	tiᵓ	ᶜtʰi	tiᵓ	tiᵓ
滕州	tɕiᵓ	tsʅᵓ	sʅᵓ	iᵓ	ᶜmi	tiᵓ	ᶜtʰi/꜀tʰi①	tiᵓ	tiᵓ
临沭	tsiᵓ	tʃʅᵓ	ʃʅᵓ	iᵓ	ᶜmi	tiᵓ	ᶜtʰi	tiᵓ	tiᵓ
宿迁	tɕiᵓ	tʂʅᵓ	ʂʅᵓ	iᵓ	ᶜmi	tiᵓ	ᶜtʰi	tiᵓ	tiᵓ
丰县	tɕiᵓ	tʂʅᵓ	ʂʅᵓ	iᵓ	ᶜmi	tiᵓ	ᶜtʰi	tiᵓ	tiᵓ
郯城	tsiᵓ	tʂʅᵓ	ʂʅᵓ	iᵓ	ᶜmi	tiᵓ	ᶜtʰi	tiᵓ	tiᵓ
莒南团林	tʃʅᵓ	tʃʅᵓ	ʃʅᵓ	iᵓ	ᶜmi	ȶiᵓ	ᶜȶʰi	ȶiᵓ	ȶiᵓ
日照陈疃	ȶiᵓ	tʃʅᵓ	ʃʅᵓ	iᵓ	ᶜmi	ȶiᵓ	꜀ȶʰi	ȶiᵓ	ȶiᵓ
日照奎山	tθiᵓ	tsʅᵓ	sʅᵓ	iᵓ	ᶜmi	tiᵓ	꜀tʰi	tiᵓ	tiᵓ
日照黄墩	ȶiᵓ	tʃʅᵓ	ʃʅᵓ	iᵓ	ᶜmi	ȶiᵓ	ᶜȶʰi	ȶiᵓ	ȶiᵓ
日照涛雒	ȶiᵓ	tsʅᵓ	sʅᵓ	iᵓ	ᶜmi	tɕiᵓ	ᶜtɕʰi	tɕiᵓ	tɕiᵓ
蒙阴	ziᵓ	tʃʅᵓ	ʃʅᵓ	iᵓ	ᶜmi	tiᵓ	ᶜtʰi	tiᵓ	tiᵓ
沂南	tsiᵓ	tʃʅᵓ	ʃʅᵓ	iᵓ	ᶜmi	tiᵓ	ᶜtʰi	tiᵓ	tiᵓ
五莲许孟	tɕiᵓ	tʃʅᵓ	ʃʅᵓ	iᵓ	ᶜmi	tɕiᵓ	ᶜtɕʰi	tɕiᵓ	tɕiᵓ
日照两城	tɕiᵓ	tsʅᵓ	sʅᵓ	iᵓ	ᶜmi	tɕiᵓ	꜀tɕʰi	tɕiᵓ	tɕiᵓ
莒县桑园	ziᵓ	zʅᵓ	sʅᵓ	iᵓ	ᶜmi	tiᵓ	ᶜtʰi	tiᵓ	tiᵓ

① ꜀tʰi：体育，ᶜtʰi：身体等。

续表

	泥	犁	丽	妻	齐	西	鸡	溪	倪	辈
	蟹开四齐平泥	蟹开四齐平来	蟹开四齐去来	蟹开四齐平清	蟹开四齐平清	蟹开四齐平心	蟹开四齐平见	蟹开四齐平溪	蟹开四齐平疑	蟹合一队去帮
连云港	꜁lʅ/꜁mʅ	꜁lʅ	lʅ꜄	꜀tɕʰʅ	꜁tɕʰʅ	꜀ɕʅ	꜀tɕʅ	꜁ɕʅ	꜁lʅ	pei꜄
灌南	꜁lɪ	꜁lɪ	lɪ꜄	꜀tɕʰʅ	꜁tɕʰʅ	꜀ɕʅ	꜀tɕʅ	꜁ɕʅ	꜁lɪ	pɛi꜄
沭阳	꜁liʅ/꜁miʅ	꜁liʅ	liʅ꜄	꜀tɕʰiʅ	꜁tɕʰiʅ	꜀ɕiʅ	꜀tɕiʅ	꜁ɕiʅ	꜁liʅ	pei꜄
泗阳	꜁liʅ/꜁miʅ	꜁liʅ	liʅ꜄	꜀tɕʰiʅ	꜁tɕʰiʅ	꜀ɕiʅ	꜀tɕiʅ	꜁ɕiʅ	꜁liʅ	pei꜄
泗洪金锁	꜁ni	꜁li	li꜄	꜀tɕʰi	꜁tɕʰi	꜀ɕi	꜀tɕi	꜁ɕi	꜁ni	pe꜄
泗洪上塘	꜁ni	꜁li	li꜄	꜀tɕʰi	꜁tɕʰi	꜀ɕi	꜀tɕi	꜁ɕi	꜁ni	pe꜄
泗洪瑶沟	꜁ni	꜁li	li꜄	꜀tɕʰi	꜁tɕʰi	꜀ɕi	꜀tɕi	꜁ɕi	꜁ni	pei꜄
赣榆墩尚	꜁ni	꜁li	li꜄	꜀tsʰi	꜁tsʰi	꜀si	꜀ci	꜁çi	꜁ni	pe꜄
赣榆石桥	꜁mi	꜁li	li꜄	꜀θi/θi꜅	꜁tθʰi	꜀θi/θi꜅	꜀tɕi/tɕi꜅	ɕi꜅	꜁mi	pei꜄
铜山	꜁ni	꜁li	li꜄	꜀tɕʰi	꜁tɕʰi	꜀ɕi	꜀tɕi	꜁ɕi	꜁ni	pe꜄
微山	꜁ni	꜁li	li꜄	꜀tɕʰi	꜁tɕʰi	꜀ɕi	꜀tɕi	꜁ɕi	꜁ni	pei꜄
邹城	꜁ni	꜁li	li꜄	꜀tɕʰi	꜁tɕʰi	꜀ɕi	꜀tɕi	꜁ɕi	꜁ni	pei꜄
睢宁	꜁ni	꜁li	li꜄	꜀tɕʰi	꜁tɕʰi	꜀ɕi	꜀tɕi	꜁ɕi	꜁ni	pei꜄
新沂阿湖	꜁ni	꜁li	li꜄	꜀tɕʰi	꜁tɕʰi	꜀ɕi	꜀tɕi	꜁ɕi	꜁ni	pe꜄
新沂时集 A	꜁ni	꜁li	li꜄	꜀tɕʰi	꜁tɕʰi	꜀ɕi	꜀tɕi	꜁ɕi	꜁ni	pei꜄
新沂时集 B	꜁ni	꜁li	li꜄	꜀tɕʰi	꜁tɕʰi	꜀ɕi	꜀tɕi	꜁ɕi	꜁ni	pe꜄
泗水	꜁ni	꜁li	li꜄	꜀tɕʰi	꜁tɕʰi	꜀ɕi	꜀tɕi	꜀ɕi	꜁ni	pei꜄
邳州	꜁ni	꜁li	li꜄	꜀tɕʰi	꜁tɕʰi	꜀ɕi	꜀tɕi	꜀ɕi	꜁ni	pe꜄
滕州	꜁ni	꜁li	li꜄	꜀tɕʰi	꜁tɕʰi	꜀ɕi	꜀tɕi	꜁ɕi	꜁i	pei꜄
临沭	꜁mi/꜁ni	꜁li	li꜄	꜀tsʰi	꜁tsʰi	꜀si	꜀tɕi	꜁ɕi	꜁ni	pe꜄
宿迁	꜁ni	꜁li	li꜄	꜀tɕʰi	꜁tɕʰi	꜀ɕi	꜀tɕi	꜁ɕi	꜁ni	pe꜄
丰县	꜁ni	꜁li	li꜄	꜀tɕʰi	꜁tɕʰi	꜀ɕi	꜀tɕi	꜁ɕi	꜁i	pe꜄
郯城	꜁mi/꜁ni	꜁li	li꜄	꜀tsʰi	꜁tsʰi	꜀si	꜀tɕi	꜁ɕi	꜁i	pe꜄
莒南团林	꜁ni	꜁li	li꜄	꜀θi	꜁tθʰi	꜀θi	꜀tʃʅ	꜁ʃʅ	꜁ni	pe꜄
日照陈疃	꜁ni	꜁li	li꜄	꜀ȶʰi	꜁ȶʰi	꜀θi	꜀tʃʅ	꜁ʃʅ	꜁ni	pei꜄
日照奎山	꜁ni	꜁li	li꜄	꜀tθʰi	꜁tθʰi	꜀θi	꜀tɕi	꜁ɕi	꜁ni	pe꜄
日照黄墩	꜁ni	꜁li	li꜄	꜀ȶʰi	꜁ȶʰi	꜀θi	꜀tʃʅ	꜁θi	꜁ni	pe꜄
日照涛雒	꜁mi/꜁ni	꜁li	li꜄	꜀ȶʰi	꜁ȶʰi	꜀θi	꜀tsʅ	꜁sʅ	꜁ni	pei꜄
蒙阴	꜁mi/꜁ni	꜁li	li꜄	꜀tsʰi	꜁tsʰi	꜀si	꜀tɕi	꜁ɕi	꜁ni	pei꜄
沂南	꜁mi/꜁ni	꜁li	li꜄	꜀tsʰi	꜁tsʰi	꜀si	꜀tɕi	꜁ɕi	꜀i	pe꜄
五莲许孟	꜁mi/꜁ni	꜁li	li꜄	꜀tɕʰi	꜁tɕʰi	꜀ɕi	꜀tʃʅ	꜁ɕi	꜁ni	pei꜄
日照两城	꜁ni	꜁li	li꜄	꜀tθʰi	꜁tθʰi	꜀θi	꜀tɕi	꜁ɕi	꜁ni	pei꜄
莒县桑园	꜁ni	꜁li	li꜄	꜀tɕʰi	꜁tsʰi	꜀si	꜀tɕi	꜁ɕi	꜁ni	pei꜄

续表

	赔	梅	堆	对	腿	队	内	雷	罪	碎
	蟹合一灰平並	蟹合一灰平明	蟹合一灰平端	蟹合一队去端	蟹合一贿上透	蟹合一队去定	蟹合一队去泥	蟹合一灰平来	蟹合一贿上从	蟹合一队去心
连云港	꜁pʰei	꜁mei	꜀tei	tei꜄	꜂tʰei	tei꜄	lei꜄	꜁lei	tʂei꜄	ʂei꜄
灌南	꜁pʰɛi	꜁mɛi	꜀tɛi	tɛi꜄	꜂tʰɛi	tɛi꜄	lɛi꜄	꜁lɛi	tʂɛi꜄	ʂɛi꜄
沭阳	꜁pʰei	꜁mei	꜀tei	tei꜄	꜂tʰei	tei꜄	lei꜄	꜁lei	tsei꜄	sei꜄
泗阳	꜁pʰei	꜁mei	꜀tei	tei꜄	꜂tʰei	tei꜄	lei꜄	꜁lei	tsei꜄	sei꜄
泗洪金锁	꜁pʰe	꜁me	꜀te	te꜄	꜂te	te꜄	ne꜄	꜁le	tse꜄	se꜄
泗洪上塘	꜁pʰe	꜁mei	꜀te	te꜄	꜂tʰe	te꜄	ne꜄	꜁le	tse꜄	se꜄
泗洪瑶沟	꜁pʰei	꜁mei	꜀tei	tei꜄	꜂tʰei	tei꜄	nei꜄	꜁lei	tsei꜄	sei꜄
赣榆墩尚	꜁pʰe	꜁me	꜀te	te꜄	꜂te	te꜄	ne꜄	꜁le	tse꜄	se꜄
赣榆石桥	꜁pʰei	꜁mei	꜀tei	tei꜄	꜂tʰei	tei꜄	nei꜄	꜁lei	tθei꜄	θei꜄
铜山	꜁pʰe	꜁me	꜀tsue	te꜄	꜂tʰue	te꜄	ne꜄	꜁le	tsue꜄	sue꜄
微山	꜁pʰei	꜁mei	꜀tuei	tuei꜄	꜂tʰuei	tuei꜄	nei꜄	꜁lei	tsuei꜄	suei꜄
邹城	꜁pʰei	꜁mei	꜀tuei	tuei꜄	꜂tʰuei	tuei꜄	nei꜄	꜁lei	tsuei꜄	suei꜄
睢宁	꜁pʰei	꜁mei	꜀tei/꜀tsuei	tei꜄	꜂tʰei	tei꜄	nei꜄	꜁lei	tsei꜄	sei꜄
新沂阿湖	꜁pʰe	꜁me	꜀te	te꜄	꜂te	te꜄	ne꜄	꜁le	tse꜄	se꜄
新沂时集 A	꜁pʰei	꜁mei	꜀tei	tei꜄	꜂tʰei	tei꜄	nei꜄	꜁lei	tsei꜄	sei꜄
新沂时集 B	꜁pʰe	꜁me	꜀te	te꜄	꜂te	te꜄	ne꜄	꜁le	tse꜄	se꜄
泗水	꜁pʰei	꜁mei	꜀tɕyei	tuei꜄	꜂tʰuei	tuei꜄	nei꜄	꜁lei	tɕyei꜄	ɕyei꜄
邳州	꜁pʰe	꜁mɔ̃	꜀tue/꜀tsue	te꜄	꜂tʰe	te꜄	nɔ̃꜄	꜁le	tɕye꜄	ɕye꜄
滕州	꜁pʰei	꜁mei	꜀tɕyei	tuei꜄	꜂tʰuei	tuei꜄	nei꜄	꜁lei	tɕyei꜄	ɕyei꜄
临沭	꜁pʰe	꜁mei	꜀tθuei	tei꜄	꜂tʰei	tei꜄	nei꜄	꜁lei	tθuei꜄	suei꜄
宿迁	꜁pʰe	꜁mei	꜀te	te꜄	꜂tʰe	te꜄	ne꜄	꜁le	tse꜄	se꜄
丰县	꜁pʰe	꜁me	꜀tue/꜀tsue	tue꜄	꜂tʰue	tue꜄	ne꜄	꜁le	tsue꜄	sue꜄
郯城	꜁pʰe	꜁me	꜀tsue	te꜄	꜂tʰe	te꜄	ne꜄	꜁le	tsue꜄	sue꜄
莒南团林	꜁pʰe	꜁me	꜀tθe	te꜄	꜂tʰe	te꜄	ne꜄	꜁le	tθe꜄	θe꜄
日照陈疃	꜁pʰe	꜁me	꜀tuei	tuei꜄	꜂tʰuei	tuei꜄	nei꜄	꜁lei	tuei꜄	θuei꜄
日照奎山	꜁pʰe	꜁me	꜀tθue	tue꜄	꜂tʰue	tue꜄	ne꜄	꜁le	tθue꜄	θue꜄
日照黄墩	꜁pʰe	꜁me	꜀tθue	tue꜄	꜂tʰue	tue꜄	ne꜄	꜁le	tθue꜄	θue꜄
日照涛雒	꜁pʰei	꜁mei	꜀tθuei	tuei꜄	꜂tʰuei	tuei꜄	nei꜄	꜁lei	tθuei꜄	θuei꜄
蒙阴	꜁pʰei	꜁mei	꜀ðuei	tuei꜄	꜂tʰuei	tuei꜄	nei꜄	꜁luei	ðuei꜄	θuei꜄
沂南	꜁pʰe	꜁me	꜀tθue	tue꜄	꜂tʰue	tue꜄	ne꜄	꜁le	tθue꜄	θue꜄
五莲许孟	꜁pʰei	꜁mei	꜀tuei	tuei꜄	꜂tʰuei	tuei꜄	nei꜄	꜁luei	tuei꜄	θuei꜄
日照两城	꜁pʰei	꜁mei	꜀tθuei	tuei꜄	꜂tʰuei	tuei꜄	nei꜄	꜁lei	tθuei꜄	θuei꜄
莒县桑园	꜁pʰei	꜁mei	꜀ðuei	tuei꜄	꜂tʰuei	tuei꜄	nei꜄	꜁lei	ðuei꜄	θuei꜄

续表

	块	灰	回	外	会	怪	坏	挂	歪	画
	蟹合一队去溪	蟹合一灰平晓	蟹合一灰平匣	蟹合一泰去疑	蟹合一泰去匣	蟹合二怪去见	蟹合二怪去匣	蟹合二卦去见	蟹合二佳平晓	蟹合二卦去匣
连云港	kʰuɛ꜄	꜀xuei	꜁xuei	uɛ꜄	xuei꜄	kuɛ꜄	xuɛ꜄	kuᴀ꜄	꜀uɛ	xuᴀ꜄
灌南	kʰuæ꜄	꜀xuᴇi	꜁xuᴇi	uæ꜄	xuᴇi꜄	kuæ꜄	xuæ꜄	kuᴀ꜄	꜀uæ	xuᴀ꜄
沭阳	kʰuɛ꜄	꜀xuei	꜁xuei	uɛ꜄	xuei꜄	kuɛ꜄	xuɛ꜄	kuᴀ꜄	꜀uɛ	xuᴀ꜄
泗阳	kʰuɛ꜄	꜀xuei	꜁xuei	uɛ꜄	xuei꜄	kuɛ꜄	xuɛ꜄	kua꜄	꜀uɛ	xua꜄
泗洪金锁	kʰuɛ꜄	꜀xue	꜁xue	uɛ꜄	xue꜄	kuɛ꜄	xuɛ꜄	kua꜄	꜀uɛ	xua꜄
泗洪上塘	kʰuɛ꜄	꜀xue	꜁xue	uɛ꜄	xue꜄	kuɛ꜄	xuɛ꜄	kua꜄	꜀uɛ	xua꜄
泗洪瑶沟	kʰuɛ꜄	꜀xuei	꜁xuei	uɛ꜄	xuei꜄	kuɛ꜄	xuɛ꜄	kua꜄	꜀uɛ	xua꜄
赣榆墩尚	kʰuɛ꜄	꜀xue	꜁xue	vɛ꜄	xue꜄	kuɛ꜄	xuɛ꜄	kua꜄	꜀vɛ	xua꜄
赣榆石桥	kʰuɛ꜄	꜀xuei	꜁xuei	uɛ꜄	xuei꜄	kuɛ꜄	xuɛ꜄	kua꜄	꜀uɛ	xua꜄
铜山	kʰuɛ꜄	꜀xue	꜁xue	uɛ꜄	xue꜄	kuɛ꜄	xuɛ꜄	kua꜄	꜀uɛ	xua꜄
微山	kʰuɛ꜄	꜀xuei	꜁xuei	uɛ꜄	xuei꜄	kuɛ꜄	xuɛ꜄	kua꜄	꜀uɛ	xua꜄
邹城	kʰuɛ꜄	꜀xuei	꜁xuei	uɛ꜄	xuei꜄	kuɛ꜄	xuɛ꜄	kua꜄	꜀uɛ	xua꜄
睢宁	kʰuɛ꜄	꜀xuei	꜁xuei	vɛ꜄	xuei꜄	kuɛ꜄	xuɛ꜄	kua꜄	꜀vɛ	xua꜄
新沂阿湖	kʰuɛ꜄	꜀xue	꜁xue	vɛ꜄	xue꜄	kuɛ꜄	xuɛ꜄	kua꜄	꜀vɛ	xua꜄
新沂时集 A	kʰuɛ꜄	꜀xuei	꜁xuei	vɛ꜄	xuei꜄	kuɛ꜄	xuɛ꜄	kua꜄	꜀vɛ	xua꜄
新沂时集 B	kʰuɛ꜄	꜀xue	꜁xue	vɛ꜄	xue꜄	kuɛ꜄	xuɛ꜄	kua꜄	꜀vɛ	xua꜄
泗水	kʰuɛ꜄	꜀xuei	꜁xuei	uɛ꜄	xuei꜄	kuɛ꜄	xuɛ꜄	kua꜄	꜀uɛ	xua꜄
邳州	kʰuɛ꜄	꜀xue	꜁xue	uɛ꜄	xue꜄	kuɛ꜄	xuɛ꜄	kua꜄	꜀uɛ	xua꜄
滕州	kʰuɛ꜄	꜀xuei	꜁xuei	uɛ꜄	xuei꜄	kuɛ꜄	xuɛ꜄	kua꜄	꜀uɛ	xua꜄
临沭	kʰuɛ꜄	꜀xuei	꜁xuei	uɛ꜄	xuei꜄	kuɛ꜄	xuɛ꜄	kua꜄	꜀uɛ	xua꜄
宿迁	kʰuɛ꜄	꜀xue	꜁xue	uɛ꜄	xue꜄	kuɛ꜄	xuɛ꜄	kua꜄	꜀uɛ	xua꜄
丰县	kʰuɛ꜄	꜀xue	꜁xue	uɛ꜄	xue꜄	kuɛ꜄	xuɛ꜄	kua꜄	꜀uɛ	xua꜄
郯城	kʰuɛ꜄	꜀xue	꜁xue	uɛ꜄	xue꜄	kuɛ꜄	xuɛ꜄	kua꜄	꜀uɛ	xua꜄
莒南团林	kʰuɛ꜄	꜀xue	꜁xue	uɛ꜄	xue꜄	kuɛ꜄	xuɛ꜄	kuɑ꜄	꜀uɛ	xuɑ꜄
日照陈疃	kʰuɛ꜄	꜀xuei	꜁xuei	vɛ꜄	xuei꜄	kuɛ꜄	xuɛ꜄	kuɑ꜄	꜀vɛ	xuɑ꜄
日照奎山	kʰuɛ꜄	꜀xue	꜁xue	uɛ꜄	xue꜄	kuɛ꜄	xuɛ꜄	kuɑ꜄	꜀uɛ	xuɑ꜄
日照黄墩	kʰuɛ꜄	꜀xue	꜁xue	uɛ꜄	xue꜄	kuɛ꜄	xuɛ꜄	kuɑ꜄	꜀uɛ	xuɑ꜄
日照涛雒	kʰuɛ꜄	꜀xuei	꜁xuei	vɛ꜄	xuei꜄	kuɛ꜄	xuɛ꜄	kuɑ꜄	꜀vɛ	xuɑ꜄
蒙阴	kʰuɛ꜄	꜀xuei	꜁xuei	uɛ꜄	xuei꜄	kuɛ꜄	xuɛ꜄	kuᴀ꜄	꜀uɛ	xuᴀ꜄
沂南	kʰuɛ꜄	꜀xue	꜁xue	uɛ꜄	xue꜄	kuɛ꜄	xuɛ꜄	kua꜄	꜀uɛ	xua꜄
五莲许孟	kʰuɛ꜄	꜀xuei	꜁xuei	vɛ꜄	xuei꜄	kuɛ꜄	xuɛ꜄	kuɑ꜄	꜀vɛ	xuɑ꜄
日照两城	kʰuɛ꜄	꜀xuei	꜁xuei	uɛ꜄	xuei꜄	kuɛ꜄	xuɛ꜄	kuɑ꜄	꜀uɛ	xuɑ꜄
莒县桑园	kʰuai꜄	꜀xuei	꜁xuei	uai꜄	xuei꜄	kuai꜄	xuai꜄	kuɑ꜄	꜀uai	xuɑ꜄

续表

	蛙	快	话	脆	岁	税	卫	锐	肺	闺
	蟹合二 佳平影	蟹合二 夬去溪	蟹合二 夬去匣	蟹合二 祭去清	蟹合三 祭去心	蟹合三 祭去书	蟹合三 祭去云	蟹合三 祭去以	蟹合三 废去敷	蟹合四 齐平见
连云港	꜀uA	kʰuɛ꜄	xuA꜄	tʂʰei꜄	ʂei꜄	ʂuei꜄	uei꜄	ʐuei꜄	xuei꜄	꜀kuei
灌南	꜀uA	kʰuæ꜄	xuA꜄	tʂʰEi꜄	ʂEi꜄	ʂuEi꜄	uEi꜄	ʐuEi꜄	fEi꜄	꜀kuEi
沭阳	꜀uA	kʰuɛ꜄	xuA꜄	tsʰei꜄	sei꜄	ʂuei꜄	uei꜄	ʐuei꜄	fei꜄	꜀kuei
泗阳	꜁ua	kʰuɛ꜄	xua꜄	tsʰei꜄	sei꜄	ʂuei꜄	uei꜄	ʐuei꜄	fei꜄	꜀kuei
泗洪金锁	꜁ua	kʰuɛ꜄	xua꜄	tsʰe꜄	se꜄	ʂue꜄	ue꜄	ʐue꜄	fe꜄	꜀kue
泗洪上塘	꜁ua	kʰuɛ꜄	xua꜄	tsʰe꜄	se꜄	ʂue꜄	ue꜄	ʐue꜄	fe꜄	꜀kue
泗洪瑶沟	꜁ua	kʰuɛ꜄	xua꜄	tsʰei꜄	sei꜄	ʂuei꜄	uei꜄	ʐuei꜄	fei꜄	꜀kuei
赣榆墩尚	꜁va	kʰuɛ꜄	xua꜄	tsʰe꜄	se꜄	ʂue꜄	ve꜄	ʐue꜄	fe꜄	꜀kue
赣榆石桥	꜁ua	kʰuɛ꜄	xua꜄	tθʰei꜄	θei꜄	ʂuei꜄	uei꜄	ʂuei꜄	fei꜄	꜀kuei/kuei꜆
铜山	꜀ua	kʰuɛ꜄	xua꜄	tsʰue꜄	sue꜄	ʂue꜄	ue꜄	ʐue꜄	fe꜄	꜀kuɔ̃
微山	꜁ua	kʰuɛ꜄	xua꜄	tsʰuei꜄	suei꜄	fei꜄	uei꜄	zuei꜄	fei꜄	꜀kuei
邹城	꜁ua	kʰuɛ꜄	xua꜄	tsʰuei꜄	suei꜄	fei꜄	uei꜄	zuei꜄	fei꜄	꜀kuei
睢宁	꜁va	kʰuɛ꜄	xua꜄	tsʰei꜄	sei꜄	ʂuei꜄	ve꜄	ʐuei꜄	fei꜄	꜀kuɔ̃
新沂阿湖	꜁va	kʰuɛ꜄	xua꜄	tsʰe꜄	se꜄	ʂue꜄	ve꜄	ʐue꜄	fe꜄	꜀kue
新沂时集 A	꜁ua	kʰuɛ꜄	xua꜄	tsʰei꜄	sei꜄	ʂuei꜄	vei꜄	ʐuei꜄	fei꜄	꜀kuei
新沂时集 B	꜁va	kʰuɛ꜄	xua꜄	tsʰe꜄	se꜄	ʂue꜄	ve꜄	ʐue꜄	fe꜄	꜀kue
泗水	꜀ua	kʰuɛ꜄	xua꜄	tɕʰyei꜄	ɕyei꜄	fi꜄/fei꜄	uei꜄	ʑyei꜄	fi꜄	꜀kuei
邳州	꜁ua	kʰuɛ꜄	xua꜄	tɕʰye꜄	ɕye꜄	fe꜄	ue꜄	ʐue꜄	fe꜄	꜀kuɔ̃
滕州	꜀ua	kʰuɛ꜄	xua꜄	tɕʰye꜄	ɕye꜄	fei꜄	uei꜄	zuei꜄	fei꜄	꜀kuei
临沭	꜁ua	kʰuɛ꜄	xua꜄	tθʰuei꜄	θuei꜄	ʃuei꜄	uei꜄	ʒuei꜄	fei꜄	꜀kuɔ̃
宿迁	꜁ua	kʰuɛ꜄	xua꜄	tsʰe꜄	se꜄	ʂue꜄	ue꜄	ʐue꜄	fe꜄	꜀kuei
丰县	꜁ua	kʰuɛ꜄	xua꜄	tsʰue꜄	sue꜄	sue꜄	ue꜄	ʐue꜄	fi꜄	꜀kue
郯城	꜁ua	kʰuɛ꜄	xua꜄	tsʰue꜄	sue꜄	ʂue꜄	ue꜄	ʐue꜄	fe꜄	꜀kue
莒南团林	꜁uɑ	kʰuɛ꜄	xuɑ꜄	tθʰe꜄	θe꜄	ʂue꜄	ue꜄	ʐue꜄	fe꜄	꜀kue
日照陈疃	꜁vɑ	kʰuɛ꜄	xuɑ꜄	tʰuci꜄	θuei꜄	ʂuei꜄	vei꜄	ʐuei꜄	fei꜄	꜀kuei
日照奎山	꜁uɑ	kʰuɛ꜄	xuɑ꜄	tθʰue꜄	θue꜄	ʂue꜄	ue꜄	ʐue꜄	fe꜄	kue꜄
日照黄墩	꜁uɑ	kʰuɛ꜄	xuɑ꜄	tθʰue꜄	θue꜄	ʂue꜄	ue꜄	lue꜄	fe꜄	꜀kue
日照涛雒	꜁uɑ	kʰuɛ꜄	xuɑ꜄	tθʰuei꜄	θuei꜄	ʂuei꜄	vei꜄	ʐuei꜄	fei꜄	꜀kuei
蒙阴	꜁uA	kʰuɛ꜄	xuA꜄	tθʰuei꜄	θuei꜄	ʃuei꜄	uei꜄	ʒuei꜄	fei꜄	꜀kuei
沂南	꜁ua	kʰuɛ꜄	xua꜄	tθʰue꜄	θue꜄	ʂue꜄	ue꜄	lue꜄	fe꜄	꜀kue
五莲许孟	꜁uɑ	kʰuɛ꜄	xuɑ꜄	tʰuei꜄	θuei꜄	ʂuei꜄	vei꜄	luei꜄	fei꜄	꜀kuei
日照两城	꜁uɑ	kʰuɛ꜄	xuɑ꜄	tθʰuei꜄	θuei꜄	ʂuei꜄	uei꜄	ʐuei꜄	fei꜄	kuei꜄
莒县桑园	꜁uɑ	kʰuai꜄	xuɑ꜄	tθʰuei꜄	θuei꜄	ʂuei꜄	uei꜄	luei꜄	fei꜄	kuei꜄

续表

	惠	碑	皮	避	离	刺	赐	知	池	枝
	蟹合四 霁去匣	止开三 支平帮	止开三 支平並	止开三 寘去並	止开三 支平来	止开三 寘去清	止开三 寘去心	止开三 支平知	止开三 支平澄	止开三 支平章
连云港	xuei꜄	꜀pei	꜁pʰɿ	pɿ꜄	꜁lɿ	tʂʰɿ꜄	tʂʰɿ꜄	꜀tʂʅ	꜁tʂʰʅ	꜀tʂʅ
灌南	xuᴇi꜄	꜀pᴇi	꜁pʰɿ	pɿ꜄	꜁lɪ	tʂʰɿ꜄	tʂʰɿ꜄	꜀tʂʅ	꜁tʂʰʅ	꜀tʂʅ
沭阳	xuei꜄	꜀pei	꜁pʰiɿ	piɿ꜄	꜁liɿ	tsʰiɿ꜄	tsʰiɿ꜄	꜀tʂʅ	꜁tʂʰʅ	꜀tʂʅ
泗阳	xuei꜄	꜀pei	꜁pʰiɿ	piɿ꜄	꜁liɿ	tsʰɿ꜄	tsʰɿ꜄	꜀tʂʅ	꜁tʂʰʅ	꜀tʂʅ
泗洪金锁	xue꜄	꜀pe	꜁pʰi	pi꜄	꜁li	tsʰɿ꜄	tsʰɿ꜄	꜀tʂʅ	꜁tʂʰʅ	꜀tʂʅ
泗洪上塘	xue꜄	꜀pe	꜁pʰi	pi꜄	꜁li	tsʰɿ꜄	tsʰɿ꜄	꜀tʂʅ	꜁tʂʰʅ	꜀tʂʅ
泗洪瑶沟	xuei꜄	꜀pei	꜁pʰi	pi꜄	꜁li	tsʰɿ꜄	tsʰɿ꜄	꜀tʂʅ	꜁tʂʰʅ	꜀tʂʅ
赣榆墩尚	xue꜄	꜀pe	꜁pʰi	pi꜄	꜁li	tsʰɿ꜄	tsʰɿ꜄	꜀tʂʅ	꜁tʂʰʅ	꜀tʂʅ
赣榆石桥	xuei꜄	꜀pei/pei꜆	꜁pʰi	pi꜄	꜁li	tθʰɿ꜄	tθʰɿ꜄	꜀tʃɿ	꜁tʃʰɿ	꜀tʃɿ/ tʃɿ꜆[①]
铜山	xue꜄	꜀pe	꜁pʰi	pi꜄	꜁li	tsʰɿ꜄	tsʰɿ꜄	꜀tʂʅ	꜁tʂʰʅ	꜀tsɿ
微山	xuei꜄	꜀pei	꜁pʰi	pi꜄	꜁li	tsʰɿ꜄	tsʰɿ꜄	꜀tsɿ	꜁tsʰɿ	꜀tsɿ
邹城	xuei꜄	꜀pei	꜁pʰi	pi꜄	꜁li	tsʰɿ꜄	tsʰɿ꜄	꜀tsɿ	꜁tsʰɿ	꜀tsɿ
睢宁	xuei꜄	꜀pei	꜁pʰi	pi꜄	꜁li	tsʰɿ꜄	tsʰɿ꜄	꜀tʂʅ	꜁tʂʰʅ	꜀tʂʅ
新沂阿湖	xue꜄	꜀pe	꜁pʰi	pi꜄	꜁li	tsʰɿ꜄	tsʰɿ꜄	꜀tʂʅ	꜁tʂʰʅ	꜀tʂʅ
新沂时集 A	xuei꜄	꜀pei	꜁pʰi	pi꜄	꜁li	tsʰɿ꜄	tsʰɿ꜄	꜀tʂʅ	꜁tʂʰʅ	꜀tʂʅ
新沂时集 B	xue꜄	꜀pe	꜁pʰi	pi꜄	꜁li	tsʰɿ꜄	tsʰɿ꜄	꜀tʂʅ	꜁tʂʰʅ	꜀tʂʅ
泗水	xuei꜄	꜀pei	꜁pʰi	pi꜄	꜁li	tʃʰɿ꜄	tʃʰɿ꜄	꜀tʃɿ	꜁tʃʰɿ	꜀tʃɿ
邳州	xue꜄	꜀pe	꜁pʰi	pi꜄	꜁li	tsʰɿ꜄	tsʰɿ꜄	꜀tʂʅ	꜁tʂʰʅ	꜀tʂʅ
滕州	xuei꜄	꜀pei	꜁pʰi	pi꜄	꜁li	tsʰɿ꜄	tsʰɿ꜄	꜀tsɿ	꜁tsʰɿ	꜀tsɿ
临沭	xuei꜄	꜀pei	꜁pʰi	pi꜄	꜁li	tθʰɿ꜄	tθʰɿ꜄	꜀tʃɿ	꜁tʃʰɿ	꜀tʃɿ
宿迁	xue꜄	꜀pe	꜁pʰi	pi꜄	꜁li	tsʰɿ꜄	tsʰɿ꜄	꜀tʂʅ	꜁tʂʰʅ	꜀tʂʅ
丰县	xue꜄	꜀pe	꜁pʰi	pi꜄	꜁li	tsʰɿ꜄	tsʰɿ꜄	꜀tʂʅ	꜁tʂʰʅ	꜀tsɿ
郯城	xue꜄	꜀pe	꜁pʰi	pi꜄	꜁li	tsʰɿ꜄	tsʰɿ꜄	꜀tʂʅ	꜁tʂʰʅ	꜀tʂʅ
莒南团林	xue꜄	꜀pe	꜁pʰi	pi꜄	꜁li	tθʰɿ꜄	tθʰɿ꜄	꜀tʃɿ	꜁tʃʰɿ	꜀tʂʅ
日照陈疃	xuei꜄	꜀pei	꜁pʰi	pi꜄	꜁li	tθʰɿ꜄	tθʰɿ꜄	꜀tʃɿ	꜁tʃʰɿ	꜀tʂʅ
日照奎山	xue꜄	꜀pe	꜁pʰi	pi꜄	꜁li	tθʰɿ꜄	tθʰɿ꜄	꜀tsɿ	꜁tsʰɿ	꜀tʂʅ
日照黄墩	xue꜄	꜀pe	꜁pʰi	pi꜄	꜁li	tθʰɿ꜄	tθʰɿ꜄	꜀tʃɿ	꜁tʃʰɿ	꜀tʂʅ
日照涛雒	xuei꜄	꜀pe	꜁pʰi	pi꜄	꜁li	tθʰɿ꜄	θɿ꜄	꜀tsɿ	꜁tsʰɿ	꜀tʂʅ
蒙阴	xuei꜄	꜀pei	꜁pʰi	pi꜄	꜁li	tθʰɿ꜄	tθʰɿ꜄	꜀tʃɿ	꜁tʃʰɿ	꜀tʃɿ
沂南	xue꜄	꜀pei	꜁pʰi	pi꜄	꜁li	tθʰɿ꜄	tθʰɿ꜄	꜀tʃɿ	꜁tʃʰɿ	꜀tʂʅ
五莲许孟	xuei꜄	꜀pei	꜁pʰi	pi꜄	꜁li	tθʰɿ꜄	tθʰɿ꜄	꜀ʒɿ	꜁tʃʰɿ	꜀tʂʅ
日照两城	xuei꜄	꜀pei	꜁pʰi	pi꜄	꜁li	tθʰɿ꜄	tθʰɿ꜄	꜀tsɿ	꜁tsʰɿ	꜀tʂʅ
莒县桑园	xuei꜄	꜀pei	꜁pʰi	pi꜄	꜁li	tθʰɿ꜄	tθʰɿ꜄	꜀zɿ	꜁tsʰɿ	꜀tʂʅ

① ꜀tʃɿ 多/ tʃɿ꜆少。

续表

	是	儿	奇	义	戏	椅	移	鼻	眉	美
	止开三 纸上禅	止开三 支平日	止开三 支平群	止开三 寘去疑	止开三 寘去晓	止开三 纸上影	止开三 支平以	止开三 至去並	止开三 脂平明	止开三 旨上明
连云港	ʂʅ꜄	꜁ɛ	꜁tɕʰɿ	ɿ꜄	ɕɿ꜄	꜂ɿ	꜁ɿ	pi꜅	꜁mei	꜂mei
灌南	ʂʅ꜄	꜁æ	꜁tɕʰɿ	ɿ꜄	ɕɿ꜄	꜂ɿ	꜁ɿ	pil꜅	꜁mᴇi	꜂mᴇi
沭阳	ʂʅ꜄	꜁ᴀ	꜁tɕʰiɿ	iɿ꜄	ɕiɿ꜄	꜂iɿ	꜁iɿ	piɪ꜅	꜁mei	꜂mei
泗阳	ʂʅ꜄	꜁ɛ	꜁tɕʰiɿ	iɿ꜄	ɕiɿ꜄	꜂iɿ	꜁iɿ	piʔ꜇	꜁mei	꜂mei
泗洪金锁	ʂʅ꜄	꜁ɛ	꜁tɕʰi	i꜄	ɕi꜄	꜂i	꜁i	꜁pi	꜁me	꜂me
泗洪上塘	ʂʅ꜄	꜁a	꜁tɕʰi	i꜄	ɕi꜄	꜂i	꜁i	piʔ꜇	꜁me	꜂me
泗洪瑶沟	ʂʅ꜄	꜁a	꜁tɕʰi	i꜄	ɕi꜄	꜂i	꜁i	piʔ꜇	꜁mei	꜂mei
赣榆墩尚	ʂʅ꜄	꜁ɚ	꜁tɕʰi	i꜄	ɕi꜄	꜂i	꜁i	꜁pi	꜁me	꜂me
赣榆石桥	ʂʅ꜄	꜂ɚ	꜁tɕʰi	i꜄	ɕi꜄	꜂i	꜁i	꜁pi	꜁mei	꜂mei
铜山	sɿ꜄	꜁ɭə	꜁tɕʰi	i꜄	ɕi꜄	꜂i	꜁i	꜁pi	꜁me	꜂me
微山	sɿ꜄	꜁ɚ	꜁tɕʰi	i꜄	ɕi꜄	꜂i	꜁i	꜁pi	꜁mei	꜂mei
邹城	sɿ꜄	꜁ɭ	꜁tɕʰi	i꜄	ɕi꜄	꜂i	꜁i	꜁pi	꜁mei	꜂mei
睢宁	ʂʅ꜄	꜁ɚ	꜁tɕʰi	i꜄	ɕi꜄	꜂i	꜁i	꜁pi	꜁mei	꜂mei
新沂阿湖	ʂʅ꜄	꜁ɚ	꜁tɕʰi	i꜄	ɕi꜄	꜂i	꜁i	꜁pi	꜁me	꜂me
新沂时集 A	ʂʅ꜄	꜁ər	꜁tɕʰi	i꜄	ɕi꜄	꜂i	꜁i	꜁pi	꜁mei	꜂mei
新沂时集 B	ʂʅ꜄	꜁ɚ	꜁tɕʰi	i꜄	ɕi꜄	꜂i	꜁i	꜁pi	꜁me	꜂me
泗水	ʃɿ꜄	꜁ər	꜁tɕʰi	i꜄	ɕi꜄	꜂i	꜁i	꜁pi	꜁mei	꜂mei
邳州	ʂʅ꜄	꜁ɭə	꜁tɕʰi	i꜄	ɕi꜄	꜂i	꜁i	꜁pi	꜁mə̃	꜂mə̃
滕州	sɿ꜄	꜁ɭə	꜁tɕʰi	i꜄	ɕi꜄	꜂i	꜁i	꜁pi	꜁mei	꜂mei
临沭	ʃɿ꜄	꜁ər	꜁tɕʰi	i꜄	ɕi꜄	꜂i	꜁i	꜁pi	꜁mei	꜂mei
宿迁	ʂʅ꜄	꜁ɭə	꜁tɕʰi	i꜄	ɕi꜄	꜂i	꜁i	꜁pi	꜁mə̃	꜂me
丰县	sɿ꜄	꜁ɭə	꜁tɕʰi	i꜄	ɕi꜄	꜂i	꜁i	꜁pi	꜁me	꜂me
郯城	ʂʅ꜄	꜁ɭə	꜁tɕʰi	i꜄	ɕi꜄	꜂i	꜁i	꜁pi	꜁mei	꜂mei
莒南团林	ʂʅ꜄	꜁ɭə	꜁tʃʰɿ	i꜄	ʃɿ꜄	꜂i	꜁i	꜁pi	꜁me	꜂me
日照陈疃	ʂʅ꜄	꜁ɭə	꜁tʃʰɿ	i꜄	ʃɿ꜄	꜀i	꜁i	꜁pi	꜁mei	꜂mei
日照奎山	ʂʅ꜄	꜁ɭə	꜁tɕʰi	i꜄	ɕi꜄	꜂i	꜁i	꜁pi	꜁me	꜂me
日照黄墩	ʂʅ꜄	꜁ɭə	꜁tʃʰɿ	i꜄	ʃɿ꜄	꜂i	꜁i	꜁pi	꜁me	꜂me
日照涛雒	ʂʅ꜄	꜁ɭə/꜁ər	꜁tsʰɿ	i꜄	sɿ꜄	꜀i	꜁i	꜁pi	꜁mei	꜂mei
蒙阴	ʃɿ꜄	꜁ɭə	꜁tɕʰi	i꜄	ɕi꜄	꜂i	꜁i	꜁pi	꜁mei	꜂mei
沂南	ʂʅ꜄	꜁ɭə	꜁tɕʰi	i꜄	ɕi꜄	꜂i	꜁i	꜁pi	꜁me	꜂me
五莲许孟	ʂʅ꜄	꜁ɭə	꜁tʃʰɿ	i꜄	ʃɿ꜄	꜂i	꜁i	꜁pi	꜁mei	꜂mei
日照两城	ʂʅ꜄	꜁ɭə	꜁tɕʰi	i꜄	ɕi꜄	꜂i	꜁i	꜁pi	꜁mei	꜂mei
莒县桑园	ʂʅ꜄	꜁ɭə	꜁tɕʰi	i꜄	ɕi꜄	꜂i	꜁i	꜁pi	꜁mei	꜂mei

续表

	尼	梨	资	自	四	迟	师	至	视	二
	止开三 脂平泥	止开三 脂平来	止开三 脂平精	止开三 至去从	止开三 至去心	止开三 脂平澄	止开三 脂平生	止开三 至去章	止开三 至去禅	止开三 至去日
连云港	꜁lɿ	꜁lɿ	꜀tʂʅ	tʂʅ꜄	ʂʅ꜄	꜁tʂʰʅ	꜀ʂʅ	tʂʅ꜄	ʂʅ꜄	ɛ꜄
灌南	꜁lɪ	꜁lɪ	꜀tʂʅ	tʂʅ꜄	ʂʅ꜄	꜁tʂʰʅ	꜀ʂʅ	tʂʅ꜄	ʂʅ꜄	æ꜄
沭阳	꜁liⁱ	꜁liⁱ	꜀tʂʅ	tʂʅ꜄	ʂʅ꜄	꜁tʂʰʅ	꜀ʂʅ	tʂʅ꜄	ʂʅ꜄	ᴀ꜄
泗阳	꜁liⁱ	꜁liⁱ	꜀tsɿ	tsɿ꜄	sɿ꜄	꜁tʂʰʅ	꜀sɿ	tʂʅ꜄	ʂʅ꜄	ɛ꜄
泗洪金锁	꜁ni	꜁li	꜀tsɿ	tsɿ꜄	sɿ꜄	꜁tʂʰʅ	꜀ʂʅ	tʂʅ꜄	ʂʅ꜄	ɛ꜄
泗洪上塘	꜁ni	꜁li	꜀tsɿ	tsɿ꜄	sɿ꜄	꜁tʂʰʅ	꜀sɿ	tʂʅ꜄	ʂʅ꜄	a꜄
泗洪瑶沟	꜁ni	꜁li	꜀tsɿ	tsɿ꜄	sɿ꜄	꜁tʂʰʅ	꜀sɿ	tʂʅ꜄	ʂʅ꜄	a꜄
赣榆墩尚	꜁ni	꜁li	꜀tsɿ	tsɿ꜄	sɿ꜄	꜁tʂʰʅ	꜀ʂʅ	tʂʅ꜄	ʂʅ꜄	ɚ꜄
赣榆石桥	꜁ni	꜁li	꜀tθɿ/tθɿ꜆	tθɿ꜄	θɿ꜄	꜁tʃʰɿ	꜀ʂʅ/ ʂʅ꜆	tʂʅ꜄	ʂʅ꜄	ɚ꜄
铜山	꜁ni	꜁li	꜀tsɿ	tsɿ꜄	sɿ꜄	꜁tʂʰʅ	꜀sɿ	tʂʅ꜄	sɿ꜄	ɭə꜄
微山	꜁ni	꜁li	꜀tsɿ	tsɿ꜄	sɿ꜄	꜁tsʰɿ	꜀sɿ	tsɿ꜄	sɿ꜄	ɚ꜄
邹城	꜁ni	꜁li	꜀tsɿ	tsɿ꜄	sɿ꜄	꜁tsʰɿ	꜀sɿ	tsɿ꜄	sɿ꜄	ɭ꜄
睢宁	꜁ni	꜁li	꜀tsɿ	tsɿ꜄	sɿ꜄	꜁tʂʰʅ	꜀ʂʅ	tʂʅ꜄	ʂʅ꜄	ɚ꜄
新沂阿湖	꜁ni	꜁li	꜀tsɿ	tsɿ꜄	sɿ꜄	꜁tʂʰʅ	꜀ʂʅ	tʂʅ꜄	ʂʅ꜄	ɚ꜄
新沂时集 A	꜁ni	꜁li	꜀tsɿ	tsɿ꜄	sɿ꜄	꜁tʂʰʅ	꜀ʂʅ	tʂʅ꜄	ʂʅ	ɚ꜄
新沂时集 B	꜁ni	꜁li	꜀tsɿ	tsɿ꜄	sɿ꜄	꜁tʂʰʅ	꜀ʂʅ	tʂʅ꜄	ʂʅ꜄	ɚ꜄
泗水	꜁ni	꜁li	꜀tʃɿ	tʃɿ꜄	ʃɿ꜄	꜁tʃʰɿ	꜀ʃɿ	tʃɿ꜄	ʃɿ꜄	ɭə꜄
邳州	꜁ni	꜁li	꜀tsɿ	tsɿ꜄	sɿ꜄	꜁tʂʰʅ	꜀ʂʅ	tʂʅ꜄	ʂʅ	ɭə꜄
滕州	꜁ni	꜁li	꜀tsɿ	tsɿ꜄	sɿ꜄	꜁tsʰɿ	꜀sɿ	tsɿ꜄	sɿ	ɭə꜄
临沭	꜁ni	꜁li	꜀tθɿ	tθɿ꜄	θɿ꜄	꜁tʃʰɿ	꜀ʃɿ	tʃɿ꜄	ʃɿ꜄	ɭə꜄
宿迁	꜁ni	꜁li	꜀tsɿ	tsɿ꜄	sɿ꜄	꜁tʂʰʅ	꜀ʂʅ	tʂʅ꜄	ʂʅ꜄	ər꜄
丰县	꜁ni	꜁li	꜀tsɿ	tsɿ꜄	sɿ꜄	꜁tʂʰʅ	꜀sɿ	tsɿ꜄	sɿ꜄	ɭə꜄
郯城	꜁ni	꜁li	꜀tsɿ	tsɿ꜄	sɿ꜄	꜁tʂʰʅ	꜀ʂʅ	tʂʅ꜄	ʂʅ꜄	ɭə꜄
莒南团林	꜁ni	꜁li	꜀tθɿ	tθɿ꜄	θɿ꜄	꜂tʃʰɿ	꜀ʂʅ	tʂʅ꜄	ʂʅ꜄	ɭə꜄
日照陈疃	꜁ni	꜁li	꜀tθɿ	tθɿ꜄	θɿ꜄	꜁tʃʰɿ	꜀ʂʅ	tʂʅ꜄	ʂʅ꜄	ɭə꜄
日照奎山	꜁ni	꜁li	꜀tθɿ	tθɿ꜄	θɿ꜄	꜂tsʰɿ	꜀ʂʅ	tʂʅ꜄	ʂʅ꜄	ɭə꜄
日照黄墩	꜁ni	꜁li	꜀tθɿ	tθɿ꜄	θɿ꜄	꜂tʃʰɿ	꜀ʂʅ	tʂʅ꜄	ʂʅ꜄	ɭə꜄
日照涛雒	꜁ni	꜁li	꜀tθɿ	tθɿ꜄	θɿ꜄	꜁tsʰɿ	꜀ʂʅ	tʂʅ꜄	ʂʅ꜄	ɭə꜄
蒙阴	꜁ni	꜁li	꜀ðɿ	ðɿ꜄	θɿ꜄	꜁tʃʰɿ	꜀ʃɿ	tʃɿ꜄	ʃɿ꜄	ɭə꜄
沂南	꜁ni	꜁li	꜀tθɿ	tθɿ꜄	θɿ꜄	꜁tʃʰɿ	꜀ʂʅ	tʂʅ꜄	ʂʅ꜄	ɭə꜄
五莲许孟	꜁ni	꜁li	꜀tθɿ	tθɿ꜄	θɿ꜄	꜂tʃʰɿ	꜀ʂʅ	tʂʅ꜄	ʂʅ꜄	ɭə꜄
日照两城	꜁ni	꜁li	꜀tθɿ	tθɿ꜄	θɿ꜄	꜁tsʰɿ	꜀ʂʅ	tʂʅ꜄	ʂʅ꜄	ɭə꜄
莒县桑园	꜁ni	꜁li	꜀ðɿ	ðɿ꜄	θɿ꜄	꜂tsʰɿ	꜀ʂʅ	tʂʅ꜄	ʂʅ꜄	ɭə꜄

续表

	饥	器	姨	你	里	子	字	词	置	治
	止开三 脂平见	止开三 至去溪	止开三 脂平以	止开三 止上泥	止开三 止上来	止开三 止上精	止开三 志去从	止开三 之平邪	止开三 志去知	止开三 志去崇
连云港	꜀tɕɿ	tɕʰɿ꜄	꜁ɿ	꜂li	꜂lɿ	꜂tʂʅ	tʂʅ꜄	꜁tʂʰʅ	tʂʅ꜄	tʂʅ꜄
灌南	꜀tɕɿ	tɕʰɿ꜄	꜁ɿ	꜂lɪ	꜂lɪ	꜂tʂʅ	tʂʅ꜄	꜁tʂʰʅ	tʂʅ꜄	tʂʅ꜄
沭阳	꜀tɕiɿ	tɕʰiɿ꜄	꜁iɿ	꜂liɿ	꜂liɿ	꜂tsɿ	tsɿ꜄	꜁tsʰɿ	tʂʅ꜄	tʂʅ꜄
泗阳	꜀tɕiɿ	tɕʰiɿ꜄	꜁iɿ	꜂liɿ	꜂liɿ	꜂tsɿ	tsɿ꜄	꜁tsʰɿ	tʂʅ꜄	tʂʅ꜄
泗洪金锁	꜀tɕi	tɕʰi꜄	꜁i	꜂ni	꜂li	꜂tsɿ	tsɿ꜄	꜁tsʰɿ	tʂʅ꜄	tʂʅ꜄
泗洪上塘	꜀tɕi	tɕʰi꜄	꜁i	꜂ni	꜂li	꜂tsɿ	tsɿ꜄	꜁tsʰɿ	tʂʅ꜄	tʂʅ꜄
泗洪瑶沟	꜀tɕi	tɕʰi꜄	꜁i	꜂ni	꜂li	꜂tsɿ	tsɿ꜄	꜁tsʰɿ	tʂəʔ꜇	tʂʅ꜄
赣榆墩尚	꜀ci	cʰi꜄	꜁i	꜂ni	꜂li	꜂tsɿ	tsɿ꜄	꜁tsʰɿ	tʂʅ꜄	tʂʅ꜄
赣榆石桥	꜂tɕi	tɕʰi꜄	꜁i	꜂ni	꜂li	꜂tθɿ	tθɿ꜄	꜁tθʰɿ	tʃɿ꜄	tʃɿ꜄
铜山	꜀tɕi	tɕʰi꜄	꜁i	꜂ni	꜂li	꜂tsɿ	tsɿ꜄	꜁tsʰɿ	꜁tʂʅ	tʂʅ꜄
微山	꜀tɕi	tɕʰi꜄	꜁i	꜂ni	꜂li	꜂tsɿ	tsɿ꜄	꜁tsʰɿ	꜁tsɿ	tsɿ꜄
邹城	꜀tɕi	tɕʰi꜄	꜁i	꜂ni	꜂li	꜂tsɿ	tsɿ꜄	꜁tsʰɿ	꜁tsɿ	tsɿ꜄
睢宁	꜀tɕi	tɕʰi꜄	꜁i	꜂ni	꜂li	꜂tsɿ	tsɿ꜄	꜁tsʰɿ	꜁tʂʅ	tʂʅ꜄
新沂阿湖	꜀tɕi	tɕʰi꜄	꜁i	꜂ni	꜂li	꜂tsɿ	tsɿ꜄	꜁tsʰɿ	tʂʅ꜄	tʂʅ꜄
新沂时集 A	꜀tɕi	tɕʰi꜄	꜁i	꜂ni	꜂li	꜂tsɿ	tsɿ꜄	꜁tsʰɿ	꜁tʂʅ	tʂʅ꜄
新沂时集 B	꜀tɕi	tɕʰi꜄	꜁i	꜂ni	꜂li	꜂tsɿ	tsɿ꜄	꜁tsʰɿ	tʂʅ꜄	tʂʅ꜄
泗水	꜀tɕi	tɕʰi꜄	꜁i	꜂ni	꜂li	꜂tʃɿ	tʃɿ꜄	꜁tʃʰɿ	꜁tʃɿ	tʃɿ꜄
邳州	꜀tɕi	tɕʰi꜄	꜁i	꜂ni	꜂li	꜂tsɿ	tsɿ꜄	꜁tsʰɿ	꜁tʂʅ	tʂʅ꜄
滕州	꜀tɕi	tɕʰi꜄	꜁i	꜂ni	꜂li	꜂tsɿ	tsɿ꜄	꜁tsʰɿ	꜁tsɿ	tsɿ꜄
临沭	꜀tɕi	tɕʰi꜄	꜁i	꜂ni	꜂li	꜂tθɿ	tθɿ꜄	꜁tθʰɿ	꜁tʃɿ	tʃɿ꜄
宿迁	꜀tɕi	tɕʰi꜄	꜁i	꜂ni	꜂li	꜂tsɿ	tsɿ꜄	꜁tsʰɿ	꜁tʂʅ	tʂʅ꜄
丰县	꜀tɕi	tɕʰi꜄	꜁i	꜂ni	꜂li	꜂tsɿ	tsɿ꜄	꜁tsʰɿ	tʂʅ꜄	tʂʅ꜄
郯城	꜀tɕi	tɕʰi꜄	꜁i	꜂ni	꜂li	꜂tsɿ	tsɿ꜄	꜁tsʰɿ	꜁tʂʅ	tʂʅ꜄
莒南团林	꜀tʃɿ	tʃʰɿ꜄	꜁i	꜂ni	꜂li	꜂tθɿ	tθɿ꜄	꜁tθʰɿ	꜁tʃɿ	tʃɿ꜄
日照陈疃	꜀tʃɿ	tʃʰɿ꜄	꜁i	꜂ni	꜂li	꜂tθɿ	tθɿ꜄	꜁tθʰɿ	tʃɿ꜄	tʃɿ꜄
日照奎山	꜀tɕi	tɕʰi꜄	꜁i	꜂ni	꜂li	꜂tθɿ	tθɿ꜄	꜁tθʰɿ	tsɿ꜄	tsɿ꜄
日照黄墩	꜀tʃɿ	tʃʰɿ꜄	꜁i	꜂ni	꜂li	꜂tθɿ	tθɿ꜄	꜁tθʰɿ	꜁tʃɿ	tʃɿ꜄
日照涛雒	꜀tsɿ	tsʰɿ꜄	꜁i	꜂ni	꜂li	꜂tθɿ	tθɿ꜄	꜁tθʰɿ	tsɿ꜄	tsɿ꜄
蒙阴	꜀tɕi	tɕʰi꜄	꜁i	꜂ni	꜂li	꜂ðɿ	ðɿ꜄	꜁tθʰɿ	tʃɿ꜄	tʃɿ꜄
沂南	꜀tɕi	tɕʰi꜄	꜁i	꜂ni	꜂li	꜂tθɿ	tθɿ꜄	꜁tθʰɿ	tʃɿ꜄	tʃɿ꜄
五莲许孟	꜀ʒɿ	tʃʰɿ꜄	꜁i	꜂ni	꜂li	꜂tθɿ	tθɿ꜄	꜁tθʰɿ	ʒɿ꜄	ʒɿ꜄
日照两城	꜀tɕi	tɕʰi꜄	꜁i	꜂ni	꜂li	꜂tθɿ	tθɿ꜄	꜁tθʰɿ	tsɿ꜄	tsɿ꜄
莒县桑园	꜀tɕi	tɕʰi꜄	꜁i	꜂ni	꜂li	꜂ðɿ	ðɿ꜄	꜁tθʰɿ	zɿ꜄	zɿ꜄

续表

	柿	事	齿	诗	时	耳	欺	忌	疑	医
	止开三止上崇	止开三志去崇	止开三止上昌	止开三之平书	止开三之平禅	止开三止上日	止开三之平溪	止开三志去群	止开三之平疑	止开三之平影
连云港	ʂʅ꜄	ʂʅ꜄	꜂tʂʰʅ	꜀ʂʅ	꜁ʂʅ	꜂ɛ	꜀tɕʰɿ	tɕɿ꜄	꜁ɿ	꜀ɿ
灌南	ʂʅ꜄	ʂʅ꜄	꜂tʂʰʅ	꜀ʂʅ	꜁ʂʅ	꜂æ	꜀tɕʰɿ	tɕɿ꜄	꜁ɿ	꜀ɿ
沭阳	ʂʅ꜄	ʂʅ꜄	꜂tʂʰʅ	꜀ʂʅ	꜁ʂʅ	꜂A	꜀tɕʰiɿ	tɕiɿ꜄	꜁iɿ	꜀iɿ
泗阳	ʂʅ꜄	ʂʅ꜄	꜂tʂʰʅ	꜀ʂʅ	꜁ʂʅ	꜂ɛ	꜀tɕʰiɿ	tɕiɿ꜄	꜁iɿ	꜀iɿ
泗洪金锁	ʂʅ꜄	ʂʅ꜄	꜂tʂʰʅ	꜀ʂʅ	꜁ʂʅ	꜂ɛ	꜀tɕʰi	tɕi꜄	꜁i	꜀i
泗洪上塘	ʂʅ꜄	sɿ꜄	꜂tʂʰʅ	꜀ʂʅ	꜁ʂʅ	꜂a	꜀tɕʰi	tɕi꜄	꜁i	꜀i
泗洪瑶沟	ʂʅ꜄	sɿ꜄	꜂tʂʰʅ	꜀ʂʅ	꜁ʂʅ	꜂a	꜀tɕʰi	tɕi꜄	꜁i	꜀i
赣榆墩尚	ʂʅ꜄	ʂʅ꜄	꜂tʂʰʅ	꜀ʂʅ	꜁ʂʅ	꜂ɚ	꜀cʰi	ci꜄	꜁i	꜀i
赣榆石桥	ʂʅ꜄	ʂʅ꜄	꜂tʂʰʅ	꜂ʂʅ	꜁ʂʅ	꜂ɚ	꜀tɕʰi/tɕʰi꜆	tɕi꜄	꜁i	꜀i/i꜆
铜山	sɿ꜄	sɿ꜄	꜂tsʰɿ	꜀sɿ	꜁sɿ	꜂ɭə	꜀tɕʰi	tɕi꜄	꜁i	꜀i
微山	sɿ꜄	sɿ꜄	꜂tsʰɿ	꜀sɿ	꜁sɿ	꜂ɚ	꜀tɕʰi	tɕi꜄	꜁i	꜀i
邹城	sɿ꜄	sɿ꜄	꜂tsʰɿ	꜀sɿ	꜁sɿ	꜂ɭ	꜀tɕʰi	tɕi꜄	꜁i	꜀i
睢宁	ʂʅ꜄	ʂʅ꜄	꜂tʂʰʅ	꜀ʂʅ	꜁ʂʅ	꜂ɚ	꜀tɕʰi	tɕi꜄	꜁i	꜀i
新沂阿湖	ʂʅ꜄	ʂʅ꜄	꜂tʂʰʅ	꜀ʂʅ	꜁ʂʅ	꜂ɚ	꜀tɕʰi	tɕi꜄	꜁i	꜀i
新沂时集 A	ʂʅ꜄	ʂʅ꜄	꜂tʂʰʅ	꜀ʂʅ	꜁ʂʅ	꜂ɭə	꜀tɕʰi	tɕi꜄	꜁i	꜀i
新沂时集 B	ʂʅ꜄	ʂʅ꜄	꜂tʂʰʅ	꜀ʂʅ	꜁ʂʅ	꜂ɚ	꜀tɕʰi	tɕi꜄	꜁i	꜀i
泗水	ʃʅ꜄	ʃʅ꜄	꜂tʃʰʅ	꜀ʃʅ	꜁ʃʅ	꜂ɭə	꜀tɕʰi	tɕi꜄	꜁i	꜀i
邳州	ʂʅ꜄	ʂʅ꜄	꜂tʂʰʅ	꜀ʂʅ	꜁ʂʅ	꜂ɭə	꜀tɕʰi	tɕi꜄	꜁i	꜀i
滕州	sɿ꜄	sɿ꜄	꜂tsʰɿ	꜀sɿ	꜁sɿ	꜂ɭə	꜀tɕʰi	tɕi꜄	꜁i	꜀i
临沭	ʃʅ꜄	ʃʅ꜄	꜂tʃʰʅ	꜀ʃʅ	꜁ʃʅ	꜂ɭə	꜀tɕʰi	tɕi꜄	꜁i	꜀i
宿迁	ʂʅ꜄	ʂʅ꜄	꜂tʂʰʅ	꜀ʂʅ	꜁ʂʅ	꜂ər	꜀tɕʰi	tɕi꜄	꜁i	꜀i
丰县	sɿ꜄	sɿ꜄	꜂tsʰɿ	꜀sɿ	꜁sɿ	꜂ɭə	꜀tɕʰi	tɕi꜄	꜁i	꜀i
郯城	ʂʅ꜄	ʂʅ꜄	꜂tʂʰʅ	꜀ʂʅ	꜁ʂʅ	꜂ɭə	꜀tɕʰi	tɕi꜄	꜁i	꜀i
莒南团林	ʂʅ꜄	ʂʅ꜄	꜂tʂʰʅ	꜀ʂʅ	꜁ʂʅ	꜂ɭə	꜀tʃʰʅ	tʃʅ꜄	꜁i	꜀i
日照陈疃	ʂʅ꜄	ʂʅ꜄	꜀tʂʰʅ	꜀ʂʅ	꜁ʂʅ	꜂ɭə	꜀tʃʰʅ	tʃʅ꜄	꜁i	꜀i
日照奎山	ʂʅ꜄	ʂʅ꜄	꜂tʂʰʅ	꜀ʂʅ	꜁ʂʅ	꜂ɭə	꜀tɕʰi	tɕi꜄	꜁i	꜀i
日照黄墩	ʂʅ꜄	ʂʅ꜄	꜂tʂʰʅ	꜀ʂʅ	꜁ʂʅ	꜂ɭə	꜀tʃʰʅ	tʃʅ꜄	꜁i	꜀i
日照涛雒	ʂʅ꜄	ʂʅ꜄	꜂tʂʰʅ	꜀ʂʅ	꜁ʂʅ	꜂ɭə	꜀tsʰɿ	tsɿ꜄	꜁i	꜀i
蒙阴	ʃʅ꜄	ʃʅ꜄	꜂tʃʰʅ	꜀ʃʅ	꜁ʃʅ	꜂ɭə	꜀tɕʰi	tɕi꜄	꜁i	i꜄
沂南	ʂʅ꜄	ʂʅ꜄	꜂tʂʰʅ	꜀ʂʅ	꜁ʂʅ	꜂ɭə	꜀tɕʰi	tɕi꜄	꜁i	꜀i
五莲许孟	ʂʅ꜄	ʂʅ꜄	꜂tʂʰʅ	꜀ʂʅ	꜁ʂʅ	꜂ɭə	꜀tʃʰʅ	ʒʅ꜄	꜁i	꜀i
日照两城	ʂʅ꜄	ʂʅ꜄	꜂tʂʰʅ	꜀ʂʅ	꜁ʂʅ	꜂ɭə	꜀tɕʰi	tɕi꜄	꜁i	꜀i
莒县桑园	ʂʅ꜄	ʂʅ꜄	꜂tʂʰʅ	꜀ʂʅ	꜁ʂʅ	꜂ɭə	꜀tɕʰi	tɕi꜄	꜁i	꜀i

续表

	气	希	衣	累	嘴	随	吹	瑞	跪	危
	止开三 未去溪	止开三 微平晓	止开三 微平影	止合三 寘去来	止合三 纸上精	止合三 支平邪	止合三 支平昌	止合三 寘去禅	止合三 纸上群	止合三 支平疑
连云港	tɕʰʅ꜄	꜀ɕʅ	꜀ʅ	lei꜄	꜂tʂei	꜁ʂei	꜀tʂʰuei	ʐuei꜄	kuei꜄	꜁uei
灌南	tɕʰʅ꜄	꜀ɕʅ	꜀ʅ	lᴇi꜄	꜂tʂᴇi	꜁ʂᴇi	꜀tʂʰuᴇi	ʐuᴇi꜄	kuᴇi꜄	꜁uᴇi
沭阳	tɕʰiˀ꜄	꜀ɕiˀ	꜀iˀ	lei꜄	꜂tsei	꜁sei	꜀tʂʰuei	ʐuei꜄	kuei꜄	꜁uei
泗阳	tɕʰiˀ꜄	꜀ɕiˀ	꜀iˀ	lei꜄	꜂tsei	꜁sei	꜀tʂʰuei	ʐuei꜄	kuei꜄	꜁uei
泗洪金锁	tɕʰi꜄	꜀ɕi	꜀i	le꜄	꜂tse	꜁se	꜀tʂʰue	ʐue꜄	kue꜄	꜂ue
泗洪上塘	tɕʰi꜄	꜀ɕi	꜀i	le꜄	꜂tse	꜁se	꜀tʂʰue	ʐue꜄	kue꜄	꜁ue
泗洪瑶沟	tɕʰi꜄	꜀ɕi	꜀i	lei꜄	꜂tsei	꜁sei	꜀tʂʰuei	ʐuei꜄	kuei꜄	꜁uei
赣榆墩尚	cʰi꜄	꜀çi	꜀i	le꜄	꜂tse	꜁se	꜀tʂʰue	ʐue꜄	kue꜄	꜂ve
赣榆石桥	tɕʰi꜄	꜀ɕi/ɕi꜆	꜀i/i꜆	lei꜄	꜂tθei	꜁θei	꜀tʂʰuei	ʐuei꜄	kuei꜄	꜁uei
铜山	tɕʰi꜄	꜀ɕi	꜀i	le꜄	꜂tsue	꜁sue	꜀tsʰue	ʐue꜄	kue꜄	꜂ue
微山	tɕʰi꜄	꜀ɕi	꜀i	lei꜄	꜂tsuei	꜁suei	꜀tsʰuei	zuei꜄	kuei꜄	꜂uei
邹城	tɕʰi꜄	꜀ɕi	꜀i	lei꜄	꜂tsuei	꜁suei	꜀tsʰuei	zuei꜄	kuei꜄	꜂uei
睢宁	tɕʰi꜄	꜀ɕi	꜀i	lei꜄	꜂tsei	꜁sei	꜀tʂʰuei	ʐuei꜄	kuei꜄	꜂vei
新沂阿湖	tɕʰi꜄	꜀ɕi	꜀i	le꜄	꜂tse	꜁se	꜀tʂʰue	ʐue꜄	kue꜄	꜂ve
新沂时集 A	tɕʰi꜄	꜀ɕi	꜀i	lei꜄	꜂tsei	꜁sei	꜀tʂʰuei	ʐuei꜄	kuei꜄	꜂vei
新沂时集 B	tɕʰi꜄	꜀ɕi	꜀i	le꜄	꜂tse	꜁se	꜀tʂʰue	ʐue꜄	kue꜄	꜂ve
泗水	tɕʰi꜄	꜀ɕi	꜀i	lei꜄	꜂tɕyei	꜁ɕyei	꜀tɕʰyei	ʑyei꜄	kuei꜄	꜂uei
邳州	tɕʰi꜄	꜀ɕi	꜀i	lei꜄	꜂tɕye	꜁ɕye	꜀tʂʰue	ʐue꜄/ve꜄	kue꜄	꜂ue
滕州	tɕʰi꜄	꜀ɕi	꜀i	lei꜄	꜂tɕyei	꜁ɕyei	꜀pfʰuei	zuei꜄	kuei꜄	꜂uei
临沭	tɕʰi꜄	꜀ɕi	꜀i	lei꜄	꜂tθuei	꜁θuei	꜀tʃʰuei	ʒuei꜄	kuei꜄	꜂uei
宿迁	tɕʰi꜄	꜀ɕi	꜀i	le꜄	꜂tse	꜁se	꜀tʂʰue	ʐue꜄	kue꜄	꜂ue
丰县	tɕʰi꜄	꜀ɕi	꜀i	le꜄	꜂tsue	꜁sue	꜀tsʰue	ʐue꜄	kue꜄	꜂ue
郯城	tɕʰi꜄	꜀ɕi	꜀i	le꜄	꜂tsue	꜁sue	꜀tsʰue	ʐue꜄	kue꜄	꜂ue
莒南团林	tʃʰʅ꜄	꜀ʃʅ	꜀i	le꜄	꜂tθe	꜁θe	꜀tʂʰue	ʐue꜄	kue꜄	꜂ue
日照陈疃	tʃʰʅ꜄	꜀ʃʅ	꜀i	lei꜄	꜂tuei	꜁θuei	꜀tʂʰuei	ʂuei꜄	kuei꜄	꜂vei
日照奎山	tɕʰi꜄	꜀ɕi	꜀i	le꜄	꜂tθue	꜁θue	꜀tʂʰue	lue꜄	kue꜄	꜂ue
日照黄墩	tʃʰʅ꜄	꜀ʃʅ	꜀i	le꜄	꜂tθue	꜁θue	꜀tʂʰue	ʂue꜄	kue꜄	꜁ue
日照涛雒	tsʰʅ꜄	꜀sʅ	꜀i	lei꜄	꜂tθuei	꜁θuei	꜀tʂʰuei	ʂuei꜄	kuei꜄	꜂vei
蒙阴	tɕʰi꜄	꜀ɕi	꜀i	luei꜄	꜂ðuei	꜁θuei	꜀tʃʰuei	ʃuei꜄	kuei꜄	꜂uei
沂南	tɕʰi꜄	꜀ɕi	꜀i	le꜄	꜂tθue	꜁θue	꜀tʂʰue	ʐue꜄	kue꜄	꜂ue
五莲许孟	tʃʰʅ꜄	꜀ʃʅ	꜀i	luei꜄	꜂tuei	꜁θuei	꜀tʂʰuei	ʂuei꜄	kuei꜄	꜁vei
日照两城	tɕʰi꜄	꜀ɕi	꜀i	lei꜄	꜂tθuei	꜁θuei	꜀tʂʰuei	ʂuei꜄	kuei꜄	꜂uei
莒县桑园	tɕʰi꜄	꜀ɕi	꜀i	lei꜄	꜂ðuei	꜁θuei	꜀tʂʰuei	luei꜄	kuei꜄	꜂uei

续表

	泪	醉	虽	追	帅	水	谁	葵	柜	位
	止合三 至去来	止合三 至去精	止合三 脂平心	止合三 脂平知	止合三 至去生	止合三 旨上书	止合三 脂平禅	止合三 脂平群	止合三 至去群	止合三 至去云
连云港	leiᵓ	tʂeiᵓ	꜀ʂei	꜀tʂuei	ʂuɛᵓ	ᶜʂuei	ᶜʂei	꜁kʰuei	kueiᵓ	ueiᵓ
灌南	lᴇiᵓ	tʂᴇiᵓ	꜀ʂᴇi	꜀tʂuᴇi	ʂuæᵓ	ᶜʂuᴇi	꜁ʂuᴇi	꜁kʰuᴇi	kuᴇiᵓ	uᴇiᵓ
沭阳	leiᵓ	tseiᵓ	꜀sei	꜀tʂuei	ʂuɛᵓ	ᶜʂuei	꜁ʂuei	꜁kʰuei	kueiᵓ	ueiᵓ
泗阳	leiᵓ	tseiᵓ	꜀sei	꜀tʂuei	ʂuɛᵓ	ᶜʂuei	꜁ʂuei	꜁kʰuei	kueiᵓ	ueiᵓ
泗洪金锁	leᵓ	tseᵓ	꜀se	꜀tʂue	ʂuɛᵓ	ᶜʂue	ᶜʂe	꜁kʰue	kueᵓ	ueᵓ
泗洪上塘	leᵓ	tseᵓ	꜀se	꜀tʂue	ʂuɛᵓ	ᶜʂue	ᶜʂue	꜁kʰue	kueᵓ	ueᵓ
泗洪瑶沟	leiᵓ	tseiᵓ	꜀sei	꜀tʂuei	ʂuɛᵓ	ᶜʂuei	ᶜʂuei	꜁kʰuei	kueiᵓ	ueiᵓ
赣榆墩尚	leᵓ	tseᵓ	꜀se	꜀tʂue	ʂuɛᵓ	ᶜʂue	ᶜʂe	꜁kʰue	kueᵓ	veᵓ
赣榆石桥	leiᵓ	tθeiᵓ	꜀θei	꜀tʂuei/tʂuei꜀	ʂuɛᵓ	ᶜʂuei	ᶜʂei	꜁kʰuei	kueiᵓ	ueiᵓ
铜山	leᵓ	tsueᵓ	꜀sue	꜀tʂue	ʂuɛᵓ	ᶜʂue	ᶜse	꜁kʰue	kueᵓ	ueᵓ
微山	leiᵓ	tsueiᵓ	꜀suei	꜀tsuei	fɛᵓ	ᶜfei	ᶜsei	꜁kʰuei	kueiᵓ	ueiᵓ
邹城	leiᵓ	tsueiᵓ	꜀suei	꜀tsuei	fɛᵓ	ᶜfei	ᶜsei	꜁kʰuei	kueiᵓ	ueiᵓ
睢宁	leiᵓ	tseiᵓ	꜀sei	꜀tʂuei	ʂuɛᵓ	ᶜʂuei	ᶜʂei	꜁kʰuei	kueiᵓ	veiᵓ
新沂阿湖	leᵓ	tseᵓ	꜀se	꜀tʂue	ʂuɛᵓ	ᶜʂue	ᶜʂe	꜁kʰue	kueᵓ	veᵓ
新沂时集 A	leiᵓ	tseiᵓ	꜀sei	꜀tʂuei	ʂuɛᵓ	ᶜʂuei	ᶜʂei	꜁kʰuei	kueiᵓ	veᵓ
新沂时集 B	leᵓ	tseᵓ	꜀se	꜀tʂue	ʂuɛᵓ	ᶜʂue	ᶜʂe	꜁kʰue	kueᵓ	veᵓ
泗水	leiᵓ	tɕyeiᵓ	꜀ɕyei	꜀tɕyei	fɛᵓ	ᶜfei	ᶜʃei	꜁kʰuei	kueiᵓ	ueiᵓ
邳州	leᵓ	tɕyeᵓ	꜀sue/꜀ɕye	꜀tʂue	fɛᵓ	ᶜfe	ᶜxe	꜁kʰue	kueᵓ	ueᵓ
滕州	leiᵓ	tɕyeiᵓ	꜀ɕyei	꜀pfuei	fɛᵓ	ᶜfei	꜁sei	꜁kʰuei	kueiᵓ	ueiᵓ
临沭	leiᵓ	tθueiᵓ	꜀θuei	꜀tʃuei	ʃuɛᵓ	ᶜʃuei	ᶜʃei	꜁kʰuei	kueiᵓ	ueiᵓ
宿迁	leᵓ	tseᵓ	꜀se	꜀tʂue	fɛᵓ	ᶜʂue	ᶜʂe	꜁kʰue	kueᵓ	ueᵓ
丰县	leᵓ	tsueᵓ	꜀sue	꜀tsue	suɛᵓ	ᶜsue	ᶜxe	꜁kʰue	kueᵓ	ueᵓ
郯城	leᵓ	tsueᵓ	꜀sue	꜀tʂue	ʂuɛᵓ	ᶜʂue	ᶜʂe	꜁kʰue	kueᵓ	ueᵓ
莒南团林	leᵓ	tθeᵓ	꜀θe	꜀tʂue	ʂuɛᵓ	ᶜʂue	ᶜʂe	꜁kʰue	kueᵓ	ueᵓ
日照陈疃	leiᵓ	tueiᵓ	꜀θuei	꜀tʂuei	ʂuɛᵓ	ᶜʂuei	ᶜʂei	꜁kʰuei	kueiᵓ	veiᵓ
日照奎山	leᵓ	tθueᵓ	꜀θue	꜀tʂue	ʂuɛᵓ	ᶜʂue	꜁ʂe	꜁kʰue	kueᵓ	ueᵓ
日照黄墩	leᵓ	tθueᵓ	꜀θue	꜀tʂue	ʂuɛᵓ	ᶜʂue	ᶜʂue	꜁kʰue	kueᵓ	ueᵓ
日照涛雒	leiᵓ	tθueiᵓ	꜀θuei	꜀tʂuei	ʂuɛᵓ	ᶜʂuei	ᶜʂei	꜁kʰuei	kueiᵓ	veiᵓ
蒙阴	lueiᵓ	ðueiᵓ	꜀θuei	꜀tʃuei	ʃuɛᵓ	ᶜʃuei	꜁ʃuei	꜁kʰuei	kueiᵓ	ueiᵓ
沂南	lueᵓ	tθueᵓ	꜀θue	꜀tʂue	ʂuɛᵓ	ᶜʂue	꜁ʂue	꜁kʰue	kueᵓ	ueᵓ
五莲许孟	lueiᵓ	tueiᵓ	꜀θuei	꜀tʂuei	ʂuɛᵓ	ᶜʂuei	꜁ʂuei	꜁kʰuei	kueiᵓ	veiᵓ
日照两城	leiᵓ	tθueiᵓ	꜀θuei	꜀tʂuei	ʂuɛᵓ	ᶜʂuei	꜁ʂei	꜁kʰuei	kueiᵓ	ueiᵓ
莒县桑园	leiᵓ	ðueiᵓ	꜁θuei	꜀tʂuei	ʂuaiᵓ	ᶜʂuei	꜁ʂuei	꜁kʰuei	kueiᵓ	ueiᵓ

续表

	飞	肥	尾	味	贵	威	围	报	抱	毛
	止合三 微平非	止合三 微平奉	止合三 尾上微	止合三 未去微	止合三 未去见	止合三 微平影	止合三 微平云	效开一 号去帮	效开一 皓上並	效开一 豪平明
连云港	꜀xuei	꜁xuei	꜂uei/꜂ʅ	uei꜄	kuei꜄	꜀uei	꜁uei	pɔ꜄	pɔ꜄	꜁mɔ
灌南	꜀fᴇi	꜁fᴇi	꜂uᴇi/꜂ʅ	uᴇi꜄	kuᴇi꜄	꜀uᴇi	꜁uᴇi	pɔ꜄	pɔ꜄	꜁mɔ
沭阳	꜀fei	꜁fei	꜂uei/꜂iʅ	uei꜄	kuei꜄	꜀uei	꜁uei	pɔ꜄	pɔ꜄	꜁mɔ
泗阳	꜀fei	꜁fei	꜂uei/꜂iʅ	uei꜄	kuei꜄	꜀uei	꜁uei	pɔ꜄	pɔ꜄	꜁mɔ
泗洪金锁	꜀xue	꜁xue	꜂ue	ue꜄	kue꜄	꜀ue	꜁ue	pɔ꜄	pɔ꜄	꜁mɔ
泗洪上塘	꜀fe	꜁fe	꜂ue	ue꜄	kue꜄	꜀ue	꜁ue	pɔ꜄	pɔ꜄	꜁mɔ
泗洪瑶沟	꜀fei	꜁fei	꜂uei/꜂i	uei꜄	kuei꜄	꜀uei	꜁uei	pɔ꜄	pɔ꜄	꜁mɔ
赣榆墩尚	꜀fe	꜁fe	꜂ve	ve꜄	kue꜄	꜀ve	꜁ve	pɔ꜄	pɔ꜄	꜁mɔ
赣榆石桥	꜀fei/fei꜄	꜁fei	꜂uei/꜂i	uei꜄	kuei꜄	꜀uei/uei꜄	꜁uei	pɔ꜄	pɔ꜄	꜁mɔ
铜山	꜀fe	꜁fe	꜂i	ue꜄	kue꜄	꜀ue	꜁ue	pɔ꜄	pɔ꜄	꜁mɔ
微山	꜀fei	꜁fei	꜂uei	uei꜄	kuei꜄	꜀uei	꜁uei	pɔ꜄	pɔ꜄	꜁mɔ
邹城	꜀fei	꜁fei	꜂uei	uei꜄	kuei꜄	꜀uei	꜁uei	pɔ꜄	pɔ꜄	꜁mɔ
睢宁	꜀fei	꜁fei	꜂vei/꜂i	vei꜄	kuei꜄	꜀vei	꜁vei	pɔ꜄	pɔ꜄	꜁mɔ
新沂阿湖	꜀fe	꜁fe	꜂ve	ve꜄	kue꜄	꜀ve	꜁ve	pɔ꜄	pɔ꜄	꜁mɔ
新沂时集 A	꜀fei	꜁fei	꜂vei	vei꜄	kuei꜄	꜀vei	꜁vei	pɔ꜄	pɔ꜄	꜁mɔ
新沂时集 B	꜀fe	꜁fe	꜂ve	ve꜄	kue꜄	꜀ve	꜁ve	pɔ꜄	pɔ꜄	꜁mɔ
泗水	꜀fei	꜁fi	꜂uei	uei꜄	kuei꜄	꜀uei	꜁uei	pɔ꜄	pɔ꜄	꜁mɔ
邳州	꜀fe	꜁fe	꜂ue/꜂i	ue꜄	kue꜄	꜀ue	꜁ue	pɔ꜄	pɔ꜄	꜁mɔ
滕州	꜀fi	꜁fi	꜂uei/꜂i	uei꜄	kuei꜄	꜀uei	꜁uei	pɔ꜄	pɔ꜄	꜁mɔ
临沭	꜀fei	꜁fei	꜂uei/꜂i	uei꜄	kuei꜄	꜀uei	꜁uei	pɔ꜄	pɔ꜄	꜁mɔ
宿迁	꜀xue	꜁xue	꜂ue	ue꜄	kue꜄	꜀ue	꜁ue	pɔ꜄	pɔ꜄	꜁mɔ
丰县	꜀fi	꜁fi	꜂ue/꜂i	ue꜄	kue꜄	꜀ue	꜁ue	pɔ꜄	pɔ꜄	꜁mɔ
郯城	꜀fe	꜁fe	꜂ue	ue꜄	kue꜄	꜀ue	꜁ue	pɔ꜄	pɔ꜄	꜁mɔ
莒南团林	꜀fe	꜁fe	꜂ue	ue꜄	kue꜄	꜂ue	꜁ue	pɔ꜄	pɔ꜄	꜁mɔ
日照陈疃	꜀fei	꜁fei	꜂vei	vei꜄	kuei꜄	꜀vei	꜁vei	pɔ꜄	pɔ꜄	꜁mɔ
日照奎山	꜀fe	꜁fe	꜂ue	ue꜄	kue꜄	꜀ue	꜁ue	pɔ꜄	pɔ꜄	꜁mɔ
日照黄墩	꜀fe	꜁fe	꜂ue	ue꜄	kue꜄	꜀ue	꜁ue	pɔ꜄	pɔ꜄	꜁mɔ
日照涛雒	꜀fei	꜁fei	꜂vei/꜀i	vei꜄	kuei꜄	꜀vei	꜁vei	pɔ꜄	pɔ꜄	꜁mɔ
蒙阴	꜀fei	꜁fei	꜂uei	uei꜄	kuei꜄	꜀uei	꜁uei	pɔ꜄	pɔ꜄	꜁mɔ
沂南	꜀fe	꜁fe	꜂ue/꜂i	ue꜄	kue꜄	꜀ue	꜁ue	pɔ꜄	pɔ꜄	꜁mɔ
五莲许孟	꜀fei	꜁fei	꜂vei/꜀i	vei꜄	kuei꜄	꜀vei	꜁vei	pɔ꜄	pɔ꜄	꜁mɔ
日照两城	꜀fei	꜁fei	꜂uei	uei꜄	kuei꜄	꜀uei	꜁uei	pɔ꜄	pɔ꜄	꜁mɔ
莒县桑园	꜀fei	꜁fei	꜂uei	uei꜄	kuei꜄	꜀uei	꜁uei	pɔ꜄	pɔ꜄	꜁mɔ

续表

	桃	道	盗	脑	老	早	造	嫂	高	熬
	效开一豪平定	效开一皓上定	效开一号去定	效开一皓上泥	效开一皓上来	效开一皓上精	效开一皓上从	效开一皓上心	效开一豪平见	效开一豪平疑
连云港	꜁tʰɔ	tɔ꜄	tɔ꜄	꜂lɔ	꜂lɔ	꜂tʂɔ	tʂɔ꜄	꜂ʂɔ	꜀kɔ	꜁ɔ
灌南	꜁tʰɔ	tɔ꜄	tɔ꜄	꜂lɔ	꜂lɔ	꜂tʂɔ	tʂɔ꜄	꜂ʂɔ	꜀kɔ	꜁ɔ
沭阳	꜁tʰɔ	tɔ꜄	tɔ꜄	꜂lɔ	꜂lɔ	꜂tsɔ	tsɔ꜄	꜂sɔ	꜀kɔ	꜁ɔ
泗阳	꜁tʰɔ	tɔ꜄	tɔ꜄	꜂lɔ	꜂lɔ	꜂tsɔ	tsɔ꜄	꜂sɔ	꜀kɔ	꜁ɔ
泗洪金锁	꜁tʰɔ	tɔ꜄	tɔ꜄	꜂nɔ	꜂lɔ	꜂tsɔ	tsɔ꜄	꜂sɔ	꜀kɔ	꜁ɔ
泗洪上塘	꜁tʰɔ	tɔ꜄	tɔ꜄	꜂nɔ	꜂lɔ	꜂tsɔ	tsɔ꜄	꜂sɔ	꜀kɔ	꜁ɣɔ
泗洪瑶沟	꜁tʰɔ	tɔ꜄	tɔ꜄	꜂nɔ	꜂lɔ	꜂tsɔ	tsɔ꜄	꜂sɔ	꜀kɔ	꜁ɔ
赣榆墩尚	꜁tʰɔ	tɔ꜄	tɔ꜄	꜂nɔ	꜂lɔ	꜂tsɔ	tsɔ꜄	꜂sɔ	꜀kɔ	꜁ɣɔ
赣榆石桥	꜁tʰɔ	tɔ꜄	tɔ꜄	꜂nɔ	꜂lɔ	꜂tθɔ	tθɔ꜄	꜂θɔ	꜀kɔ	꜁ɣɔ
铜山	꜁tʰɔ	tɔ꜄	tɔ꜄	꜂nɔ	꜂lɔ	꜂tsɔ	tsɔ꜄	꜂sɔ	꜀kɔ	꜁ɣɔ
微山	꜁tʰɔ	tɔ꜄	tɔ꜄	꜂nɔ	꜂lɔ	꜂tsɔ	tsɔ꜄	꜂sɔ	꜀kɔ	꜁ɣɔ
邹城	꜁tʰɔ	tɔ꜄	tɔ꜄	꜂nɔ	꜂lɔ	꜂tsɔ	tsɔ꜄	꜂sɔ	꜀kɔ	꜁ɣɔ
睢宁	꜁tʰɔ	tɔ꜄	tɔ꜄	꜂nɔ	꜂lɔ	꜂tsɔ	tsɔ꜄	꜂sɔ	꜀kɔ	꜁ɣɔ
新沂阿湖	꜁tʰɔ	tɔ꜄	tɔ꜄	꜂nɔ	꜂lɔ	꜂tsɔ	tsɔ꜄	꜂sɔ	꜀kɔ	꜁ɣɔ
新沂时集 A	꜁tʰɔ	tɔ꜄	tɔ꜄	꜂nɔ	꜂lɔ	꜂tsɔ	tsɔ꜄	꜂sɔ	꜀kɔ	꜁ɣɔ
新沂时集 B	꜁tʰɔ	tɔ꜄	tɔ꜄	꜂nɔ	꜂lɔ	꜂tsɔ	tsɔ꜄	꜂sɔ	꜀kɔ	꜁ɣɔ
泗水	꜁tʰɔ	tɔ꜄	tɔ꜄	꜂nɔ	꜂lɔ	꜂tsɔ	tsɔ꜄	꜂sɔ	꜀kɔ	꜁ɣɔ
邳州	꜁tʰɔ	tɔ꜄	tɔ꜄	꜂nɔ	꜂lɔ	꜂tsɔ	tsɔ꜄	꜂sɔ	꜀kɔ	꜁ɣɔ
滕州	꜁tʰɔ	tɔ꜄	tɔ꜄	꜂nɔ	꜂lɔ	꜂tsɔ	tsɔ꜄	꜂sɔ	꜀kɔ	꜁ɣɔ
临沭	꜁tʰɔ	tɔ꜄	tɔ꜄	꜂nɔ	꜂lɔ	꜂tθɔ	tθɔ꜄	꜂θɔ	꜀kɔ	꜁ɣɔ
宿迁	꜁tʰɔ	tɔ꜄	tɔ꜄	꜂nɔ	꜂lɔ	꜂tsɔ	tsɔ꜄	꜂sɔ	꜀kɔ	꜁ɣɔ
丰县	꜁tʰɔ	tɔ꜄	tɔ꜄	꜂nɔ	꜂lɔ	꜂tsɔ	tsɔ꜄	꜂sɔ	꜀kɔ	꜁ɣɔ
郯城	꜁tʰɔ	tɔ꜄	tɔ꜄	꜂nɔ	꜂lɔ	꜂tsɔ	tsɔ꜄	꜂sɔ	꜀kɔ	꜁ɣɔ
莒南团林	꜁tʰɔ	tɔ꜄	tɔ꜄	꜂nɔ	꜂lɔ	꜂tθɔ	tθɔ꜄	꜂θɔ	꜀kɔ	꜁ɔ
日照陈疃	꜁tʰɔ	tɔ꜄	tɔ꜄	꜂nɔ	꜂lɔ	꜂tɔ	tɔ꜄	꜂θɔ	꜀kɔ	꜁ŋɔ
日照奎山	꜁tʰɔ	tɔ꜄	tɔ꜄	꜂nɔ	꜂lɔ	꜂tθɔ	tθɔ꜄	꜂θɔ	꜀kɔ	꜁ŋɔ
日照黄墩	꜁tʰɔ	tɔ꜄	tɔ꜄	꜂nɔ	꜂lɔ	꜂tθɔ	tθɔ꜄	꜂θɔ	꜀kɔ	꜁ŋɔ
日照涛雒	꜁tʰɔ	tɔ꜄	tɔ꜄	꜂nɔ	꜂lɔ	꜂tθɔ	tθɔ꜄	꜂θɔ	꜀kɔ	꜁ŋɔ
蒙阴	꜁tʰɔ	tɔ꜄	tɔ꜄	꜂nɔ	꜂lɔ	꜂ðɔ	ðɔ꜄	꜂θɔ	꜀kɔ	꜁ŋɔ
沂南	꜁tʰɔ	tɔ꜄	tɔ꜄	꜂nɔ	꜂lɔ	꜂tθɔ	tθɔ꜄	꜂θɔ	꜀kɔ	꜁ŋɔ
五莲许孟	꜁tʰɔ	tɔ꜄	tɔ꜄	꜂nɔ	꜂lɔ	꜂tɔ	tɔ꜄	꜂θɔ	꜀kɔ	꜁ŋɔ
日照两城	꜁tʰɔ	tɔ꜄	tɔ꜄	꜂nɔ	꜂lɔ	꜂tθɔ	tθɔ꜄	꜂θɔ	꜀kɔ	꜁ŋɔ
莒县桑园	꜁tʰɔ	tɔ꜄	tɔ꜄	꜂nɔ	꜂lɔ	꜂ðɔ	ðɔ꜄	꜂θɔ	꜀kɔ	꜁ŋɔ

续表

	豪	袄	包	猫	闹	罩	吵	捎	交	敲
	效开一 豪平匣	效开一 皓上影	效开二 肴平帮	效开二 肴平明	效开二 效去泥	效开二 效去知	效开二 巧上初	效开二 肴平生	效开二 肴平见	效开二 肴平溪
连云港	꜁xɔ	꜂ɔ	꜀pɔ	꜁mɔ/꜁miɔ	lɔ꜄	tʂɔ꜄	꜂tʂʰɔ	꜀ʂɔ	꜀tɕiɔ	꜀kʰɔ
灌南	꜁xɔ	꜂ɔ	꜀pɔ	꜁mɔ	lɔ꜄	tʂɔ꜄	꜂tʂʰɔ	꜀ʂɔ	꜀tɕiɔ	꜀kʰɔ
沭阳	꜁xɔ	꜂ɔ	꜀pɔ	꜁mɔ	lɔ꜄	tʂɔ꜄	꜂tʂʰɔ	꜀ʂɔ	꜀tɕiɔ	꜀kʰɔ/꜀tɕʰiɔ
泗阳	꜁xɔ	꜂ɔ	꜀pɔ	꜁mɔ	lɔ꜄	tʂɔ꜄	꜂tʂʰɔ	꜀ʂɔ	꜀tɕiɔ	꜀tɕʰiɔ
泗洪金锁	꜁xɔ	꜂ɔ	꜀pɔ	꜁mɔ	nɔ꜄	tʂɔ꜄	꜂tʂʰɔ	꜀ʂɔ	꜀tɕiɔ	꜀tɕʰiɔ
泗洪上塘	꜁xɔ	꜂ɣɔ	꜀pɔ	꜁mɔ	nɔ꜄	tʂɔ꜄	꜂tʂʰɔ	꜀ʂɔ	꜀tɕiɔ	꜀tɕʰiɔ
泗洪瑶沟	꜁xɔ	꜂ɔ	꜀pɔ	꜁mɔ	nɔ꜄	tʂɔ꜄	꜂tʂʰɔ	꜀ʂɔ	꜀tɕiɔ	꜀tɕʰiɔ/꜀kʰɔ
赣榆墩尚	꜁xɔ	꜂ɣɔ	꜀pɔ	꜁mɔ	nɔ꜄	tʂɔ꜄	꜂tʂʰɔ	꜀ʂɔ	꜀ciɔ	꜀cʰiɔ
赣榆石桥	꜁xɔ	꜂ɣɔ	꜀pɔ/pɔ꜆	꜁mɔ	nɔ꜄	tʂɔ꜄	꜂tʂʰɔ	꜀ʂɔ	꜀tɕiɔ/tɕiɔ꜆	꜀tɕʰiɔ
铜山	꜁xɔ	꜂ɣɔ	꜀pɔ	꜁mɔ	nɔ꜄	tsɔ꜄	꜂tsʰɔ	꜀sɔ	꜀tɕiɔ	꜀tɕʰiɔ
微山	꜁xɔ	꜂ɣɔ	꜀pɔ	꜁mɔ	nɔ꜄	tsɔ꜄	꜂tsʰɔ	꜀sɔ	꜀tɕiɔ	꜀tɕʰiɔ
邹城	꜁xɔ	꜂ɣɔ	꜀pɔ	꜁mɔ	nɔ꜄	tsɔ꜄	꜂tsʰɔ	꜀sɔ	꜀tɕiɔ	꜀tɕʰiɔ
睢宁	꜁xɔ	꜂ɣɔ	꜀pɔ	꜁mɔ	nɔ꜄	tʂɔ꜄	꜂tʂʰɔ	꜀ʂɔ	꜀tɕiɔ	꜀tɕʰiɔ/꜀kʰɔ
新沂阿湖	꜁xɔ	꜂ɣɔ	꜀pɔ	꜁mɔ	nɔ꜄	tʂɔ꜄	꜂tʂʰɔ	꜀ʂɔ	꜀tɕiɔ	꜀tɕʰiɔ
新沂时集 A	꜁xɔ	꜂ɣɔ	꜀pɔ	꜁mɔ	nɔ꜄	tʂɔ꜄	꜂tʂʰɔ	꜀ʂɔ	꜀tɕiɔ	꜀tɕʰiɔ
新沂时集 B	꜁xɔ	꜂ɣɔ	꜀pɔ	꜁mɔ	nɔ꜄	tʂɔ꜄	꜂tʂʰɔ	꜀ʂɔ	꜀tɕiɔ	꜀tɕʰiɔ
泗水	꜁xɔ	꜂ɣɔ	꜀pɔ	꜁mɔ	nɔ꜄	tʃɔ꜄	꜂tʃʰɔ	꜀ʃɔ	꜀tɕiɔ	꜀tɕʰiɔ
邳州	꜁xɔ	꜂ɣɔ	꜀pɔ	꜁mɔ	nɔ꜄	tʂɔ꜄	꜂tʂʰɔ	꜀ʂɔ	꜀tɕiɔ	꜀tɕʰiɔ/꜀kʰɔ
滕州	꜁xɔ	꜂ɣɔ	꜀pɔ	꜁mɔ	nɔ꜄	tsɔ꜄	꜂tsʰɔ	꜀sɔ	꜀tɕiɔ	꜀tɕʰiɔ
临沭	꜁xɔ	꜂ɣɔ	꜀pɔ	꜁mɔ	nɔ꜄	tʃɔ꜄	꜂tʃʰɔ	꜀ʃɔ	꜀tɕiɔ	꜀tɕʰiɔ
宿迁	꜁xɔ	꜂ɣɔ	꜀pɔ	꜁mɔ	nɔ꜄	tʂɔ꜄	꜂tʂʰɔ	꜀ʂɔ	꜀tɕiɔ	꜀tɕʰiɔ
丰县	꜁xɔ	꜂ɣɔ	꜀pɔ	꜁mɔ	nɔ꜄	tsɔ꜄	꜂tsʰɔ	꜀sɔ	꜀tɕiɔ	꜀tɕʰiɔ/꜀kʰɔ
郯城	꜁xɔ	꜂ɣɔ	꜀pɔ	꜁mɔ	nɔ꜄	tʂɔ꜄	꜂tʂʰɔ	꜀ʂɔ	꜀tɕiɔ	꜀tɕʰiɔ
莒南团林	꜁xɔ	꜂ɔ	꜀pɔ	꜁mɔ	nɔ꜄	tʂɔ꜄	꜂tʂʰɔ	꜀ʂɔ	꜀tʃɔ	꜀tʃʰɔ
日照陈疃	꜁xɔ	꜂ŋɔ	꜀pɔ	꜁mɔ	nɔ꜄	tʂɔ꜄	꜂tʂʰɔ	꜀ʂɔ	꜀tʃɔ	꜀tʃʰɔ
日照奎山	꜁xɔ	꜂ŋɔ	꜀pɔ	꜁mɔ	nɔ꜄	tʂɔ꜄	꜂tʂʰɔ	꜀ʂɔ	꜀tɕiɔ	꜀tɕʰiɔ
日照黄墩	꜁xɔ	꜂ŋɔ	꜀pɔ	꜁mɔ	nɔ꜄	tʂɔ꜄	꜂tʂʰɔ	꜀ʂɔ	꜀tʃɔ	꜀tʃʰɔ
日照涛雒	꜁xɔ	꜂ŋɔ	꜀pɔ	꜁mɔ	nɔ꜄	tʂɔ꜄	꜂tʂʰɔ	꜀ʂɔ	꜀tsɔ	꜀tsʰɔ
蒙阴	꜁xɔ	꜂ŋɔ	꜀pɔ	꜁mɔ	nɔ꜄	tʃɔ꜄	꜂tʃʰɔ	꜀ʃɔ	꜀tɕiɔ	꜀tɕʰiɔ
沂南	꜁xɔ	꜂ŋɔ	꜀pɔ	꜁mɔ	nɔ꜄	tʂɔ꜄	꜂tʂʰɔ	꜀ʂɔ	꜀tɕiɔ	꜀tɕʰiɔ
五莲许孟	꜁xɔ	꜂ŋɔ	꜀pɔ	꜁mɔ	nɔ꜄	tʂɔ꜄	꜂tʂʰɔ	꜀ʂɔ	꜀ʒɔ	꜀tʃʰɔ
日照两城	꜁xɔ	꜂ŋɔ	꜀pɔ	꜁mɔ	nɔ꜄	tʂɔ꜄	꜂tʂʰɔ	꜀ʂɔ	꜀tɕiɔ	꜀tɕʰiɔ
莒县桑园	꜁xɔ	꜂ŋɔ	꜀pɔ	꜁mɔ	nɔ꜄	tʂɔ꜄	꜂tʂʰɔ	꜀ʂɔ	꜀tɕiɔ	꜀tɕʰiɔ

续表

	咬	效	飘	苗	焦	笑	超	赵	招	烧
	效开二 巧上疑	效开二 效去匣	效开三 宵平滂	效开三 宵平明	效开三 宵平精	效开三 笑去心	效开三 宵平彻	效开三 小上澄	效开三 宵平章	效开三 宵平书
连云港	꜂iɔ	ɕiɔ꜄	꜀pʰiɔ	꜁miɔ	꜀tɕiɔ	ɕiɔ꜄	꜀tʂʰɔ	tʂɔ꜄	꜀tʂɔ	꜀ʂɔ
灌南	꜂ɔ	ɕiɔ꜄	꜀pʰiɔ	꜁miɔ	꜀tɕiɔ	ɕiɔ꜄	꜀tʂʰɔ	tʂɔ꜄	꜀tʂɔ	꜀ʂɔ
沭阳	꜂iɔ	ɕiɔ꜄	꜀pʰiɔ	꜁miɔ	꜀tɕiɔ	ɕiɔ꜄	꜀tʂʰɔ	tʂɔ꜄	꜀tʂɔ	꜀ʂɔ
泗阳	꜂iɔ	ɕiɔ꜄	꜀pʰiɔ	꜁miɔ	꜀tɕiɔ	ɕiɔ꜄	꜀tʂʰɔ	tʂɔ꜄	꜀tʂɔ	꜀ʂɔ
泗洪金锁	꜂iɔ	ɕiɔ꜄	꜀pʰiɔ	꜁miɔ	꜀tɕiɔ	ɕiɔ꜄	꜀tʂʰɔ	tʂɔ꜄	꜀tʂɔ	꜀ʂɔ
泗洪上塘	꜂iɔ	ɕiɔ꜄	꜀pʰiɔ	꜁miɔ	꜀tɕiɔ	ɕiɔ꜄	꜀tʂʰɔ	tʂɔ꜄	꜀tʂɔ	꜀ʂɔ
泗洪瑶沟	꜂iɔ	ɕiɔ꜄	꜀pʰiɔ	꜁miɔ	꜀tɕiɔ	ɕiɔ꜄	꜀tʂʰɔ	tʂɔ꜄	꜀tʂɔ	꜀ʂɔ
赣榆墩尚	꜂iɔ	ɕiɔ꜄	꜀pʰiɔ	꜁miɔ	꜀tsiɔ	siɔ꜄	꜀tʂʰɔ	tʂɔ꜄	꜀tʂɔ	꜀ʂɔ
赣榆石桥	꜂iɔ	ɕiɔ꜄	꜀pʰiɔ	꜁miɔ	꜀tθiɔ	θiɔ꜄	꜀tʂʰɔ/tʂʰɔ꜅	tʂɔ꜄	꜀tʂɔ	꜀ʂɔ
铜山	꜂iɔ	ɕiɔ꜄	꜀pʰiɔ	꜁miɔ	꜀tɕiɔ	ɕiɔ꜄	꜀tʂʰɔ	tʂɔ꜄	꜀tʂɔ	꜀ʂɔ
微山	꜂iɔ	ɕiɔ꜄	꜀pʰiɔ	꜁miɔ	꜀tɕiɔ	ɕiɔ꜄	꜀tsʰɔ	tsɔ꜄	꜀tsɔ	꜀sɔ
邹城	꜂iɔ	ɕiɔ꜄	꜀pʰiɔ	꜁miɔ	꜀tɕiɔ	ɕiɔ꜄	꜀tsʰɔ	tsɔ꜄	꜀tsɔ	꜀sɔ
睢宁	꜂iɔ	ɕiɔ꜄	꜀pʰiɔ	꜁miɔ	꜀tɕiɔ	ɕiɔ꜄	꜀tʂʰɔ	tʂɔ꜄	꜀tʂɔ	꜀ʂɔ
新沂阿湖	꜂iɔ	ɕiɔ꜄	꜀pʰiɔ	꜁miɔ	꜀tɕiɔ	ɕiɔ꜄	꜀tʂʰɔ	tʂɔ꜄	꜀tʂɔ	꜀ʂɔ
新沂时集 A	꜂iɔ	ɕiɔ꜄	꜀pʰiɔ	꜁miɔ	꜀tɕiɔ	ɕiɔ꜄	꜀tʂʰɔ	tʂɔ꜄	꜀tʂɔ	꜀ʂɔ
新沂时集 B	꜂iɔ	ɕiɔ꜄	꜀pʰiɔ	꜁miɔ	꜀tɕiɔ	ɕiɔ꜄	꜀tʂʰɔ	tʂɔ꜄	꜀tʂɔ	꜀ʂɔ
泗水	꜂iɔ	ɕiɔ꜄	꜀pʰiɔ	꜁miɔ	꜀tɕiɔ	ɕiɔ꜄	꜀tʃʰɔ	tʃɔ꜄	꜀tʃɔ	꜀ʃɔ
邳州	꜂iɔ	ɕiɔ꜄	꜀pʰiɔ	꜁miɔ	꜀tɕiɔ	ɕiɔ꜄	꜀tʂʰɔ	tʂɔ꜄	꜀tʂɔ	꜀ʂɔ
滕州	꜂iɔ	ɕiɔ꜄	꜀pʰiɔ	꜁miɔ	꜀tɕiɔ	ɕiɔ꜄	꜀tsʰɔ	tʂɔ꜄	꜀tʂɔ	꜀sɔ
临沭	꜂iɔ	ɕiɔ꜄	꜀pʰiɔ	꜁miɔ	꜀tsiɔ	siɔ꜄	꜀tʃʰɔ	tʃɔ꜄	꜀tʃɔ	꜀ʃɔ
宿迁	꜂iɔ	ɕiɔ꜄	꜀pʰiɔ	꜁miɔ	꜀tɕiɔ	ɕiɔ꜄	꜀tʂʰɔ	tʂɔ꜄	꜀tʂɔ	꜀ʂɔ
丰县	꜂iɔ	ɕiɔ꜄	꜀pʰiɔ	꜁miɔ	꜀tɕiɔ	ɕiɔ꜄	꜀tʂʰɔ	tʂɔ꜄	꜀tʂɔ	꜀ʂɔ
郯城	꜂iɔ	ɕiɔ꜄	꜀pʰiɔ	꜁miɔ	꜀tsiɔ	siɔ꜄	꜀tʂʰɔ	tʂɔ꜄	꜀tʂɔ	꜀ʂɔ
莒南团林	꜂iɔ	ʃɔ꜄	꜀pʰiɔ	꜁miɔ	꜀tθiɔ	θiɔ꜄	꜀tʃʰɔ	tʃɔ꜄	꜀tʃɔ	꜀ʃɔ
日照陈疃	꜂iɔ	ʃɔ꜄	꜀pʰiɔ	꜁miɔ	꜀ȶiɔ	θiɔ꜄	꜀tʃʰɔ	tʃɔ꜄	꜀tʃɔ	꜀ʃɔ
日照奎山	꜂iɔ	ɕiɔ꜄	꜀pʰiɔ	꜁miɔ	꜀tθiɔ	θiɔ꜄	꜀tsʰɔ	tsɔ꜄	꜀tsɔ	꜀sɔ
日照黄墩	꜂iɔ	ʃɔ꜄	꜀pʰiɔ	꜁miɔ	꜀ȶiɔ	θiɔ꜄	꜀tʃʰɔ	tʃɔ꜄	꜀tʃɔ	꜀ʃɔ
日照涛雒	꜂iɔ	sɔ꜄	꜀pʰiɔ	꜁miɔ	꜀ȶiɔ	θiɔ꜄	꜀tsʰɔ	tsɔ꜄	꜀tsɔ	꜀sɔ
蒙阴	꜂iɔ	ɕiɔ꜄	꜀pʰiɔ	꜁miɔ	꜀ziɔ	siɔ꜄	꜀tʃʰɔ	tʃɔ꜄	꜀tʃɔ	꜀ʃɔ
沂南	꜂iɔ	ɕiɔ꜄	꜀pʰiɔ	꜁miɔ	꜀tsiɔ	siɔ꜄	꜀tʃʰɔ	tʃɔ꜄	꜀tʃɔ	꜀ʃɔ
五莲许孟	꜂iɔ	ʃɔ꜄	꜀pʰiɔ	꜁miɔ	꜀tɕiɔ	ɕiɔ꜄	꜀tʃʰɔ	ʒɔ꜄	꜀ʒɔ	꜀ʃɔ
日照两城	꜂iɔ	ɕiɔ꜄	꜀pʰiɔ	꜁miɔ	꜀tθiɔ	θiɔ꜄	꜀tsʰɔ	tsɔ꜄	꜀tsɔ	꜀sɔ
莒县桑园	꜂iɔ	ɕiɔ꜄	꜀pʰiɔ	꜁miɔ	꜀ziɔ	siɔ꜄	꜀tsʰɔ	zɔ꜄	꜀zɔ	꜀sɔ

续表

	饶	扰	桥	轿	妖	摇	雕	挑	掉	尿
	效开三宵平日	效开三小上日	效开三宵平群	效开三宵去群	效开三宵平影	效开三宵平以	效开四萧平端	效开四萧平透	效开四啸去定	效开四啸去泥
连云港	꜁ʐɔ	꜂ʐɔ	꜁tɕʰiɔ	tɕiɔ꜄	꜀iɔ	꜁iɔ	꜀tiɔ	꜀tʰiɔ	tiɔ꜄	liɔ꜄
灌南	꜁ʐɔ	꜂ʐɔ	꜁tɕʰiɔ	tɕiɔ꜄	꜀iɔ	꜁iɔ	꜀tiɔ	꜀tʰiɔ	tiɔ꜄	liɔ꜄
沭阳	꜁ʐɔ	꜂ʐɔ	꜁tɕʰiɔ	tɕiɔ꜄	꜀iɔ	꜁iɔ	꜀tiɔ	꜀tʰiɔ	tiɔ꜄	liɔ꜄
泗阳	꜁ʐɔ	꜂ʐɔ	꜁tɕʰiɔ	tɕiɔ꜄	꜀iɔ	꜁iɔ	꜀tiɔ	꜀tʰiɔ	tiɔ꜄	liɔ꜄
泗洪金锁	꜁ʐɔ	꜂ʐɔ	꜁tɕʰiɔ	tɕiɔ꜄	꜀iɔ	꜁iɔ	꜀tiɔ	꜀tʰiɔ	tiɔ꜄	niɔ꜄
泗洪上塘	꜁ʐɔ	꜂ʐɔ	꜁tɕʰiɔ	tɕiɔ꜄	꜀iɔ	꜁iɔ	꜀tiɔ	꜀tʰiɔ	tiɔ꜄	niɔ꜄
泗洪瑶沟	꜁ʐɔ	꜂ʐɔ	꜁tɕʰiɔ	tɕiɔ꜄	꜀iɔ	꜁iɔ	꜀tiɔ	꜀tʰiɔ	tiɔ꜄	niɔ꜄
赣榆墩尚	꜁iɔ	꜂iɔ	꜁cʰiɔ	ciɔ꜄	꜀iɔ	꜁iɔ	꜀tiɔ	꜀tʰiɔ	tiɔ꜄	niɔ꜄
赣榆石桥	꜁iɔ	꜂iɔ	꜁tɕʰiɔ	tɕiɔ꜄	꜀iɔ	꜁iɔ	꜀tiɔ/tiɔ꜆	꜀tʰiɔ	tiɔ꜄	niɔ꜄
铜山	꜁ʐɔ	꜂ʐɔ	꜁tɕʰiɔ	tɕiɔ꜄	꜀iɔ	꜁iɔ	꜀tiɔ	꜀tʰiɔ	tiɔ꜄	niɔ꜄
微山	꜁zɔ	꜂zɔ	꜁tɕʰiɔ	tɕiɔ꜄	꜀iɔ	꜁iɔ	꜀tiɔ	꜀tʰiɔ	tiɔ꜄	niɔ꜄
邹城	꜁zɔ	꜂zɔ	꜁tɕʰiɔ	tɕiɔ꜄	꜀iɔ	꜁iɔ	꜀tiɔ	꜀tʰiɔ	tiɔ꜄	niɔ꜄
睢宁	꜁ʐɔ	꜂ʐɔ	꜁tɕʰiɔ	tɕiɔ꜄	꜀iɔ	꜁iɔ	꜀tiɔ	꜀tʰiɔ	tiɔ꜄	niɔ꜄
新沂阿湖	꜁ʐɔ	꜂ʐɔ	꜁tɕʰiɔ	tɕiɔ꜄	꜀iɔ	꜁iɔ	꜀tiɔ	꜀tʰiɔ	tiɔ꜄	niɔ꜄
新沂时集 A	꜁ʐɔ	꜂ʐɔ	꜁tɕʰiɔ	tɕiɔ꜄	꜀iɔ	꜁iɔ	꜀tiɔ	꜀tʰiɔ	tiɔ꜄	niɔ꜄
新沂时集 B	꜁ʐɔ	꜂ʐɔ	꜁tɕʰiɔ	tɕiɔ꜄	꜀iɔ	꜁iɔ	꜀tiɔ	꜀tʰiɔ	tiɔ꜄	niɔ꜄
泗水	꜁ʒɔ	꜂ʒɔ	꜁tɕʰiɔ	tɕiɔ꜄	꜀iɔ	꜁iɔ	꜀tiɔ	꜀tʰiɔ	tiɔ꜄	niɔ꜄
邳州	꜁ʐɔ	꜂ʐɔ	꜁tɕʰiɔ	tɕiɔ꜄	꜀iɔ	꜁iɔ	꜀tiɔ	꜀tʰiɔ	tiɔ꜄	niɔ꜄
滕州	꜁zɔ	꜂zɔ	꜁tɕʰiɔ	tɕiɔ꜄	꜀iɔ	꜁iɔ	꜀tiɔ	꜀tʰiɔ	tiɔ꜄	niɔ꜄
临沭	꜁ʒɔ	꜂ʒɔ	꜁tɕʰiɔ	tɕiɔ꜄	꜀iɔ	꜁iɔ	꜀tiɔ	꜀tʰiɔ	tiɔ꜄	niɔ꜄
宿迁	꜁ʐɔ	꜂ʐɔ	꜁tɕʰiɔ	tɕiɔ꜄	꜀iɔ	꜁iɔ	꜀tiɔ	꜀tʰiɔ	tiɔ꜄	niɔ꜄
丰县	꜁ʐɔ	꜂ʐɔ	꜁tɕʰiɔ	tɕiɔ꜄	꜀iɔ	꜁iɔ	꜀tiɔ	꜀tʰiɔ	tiɔ꜄	niɔ꜄
郯城	꜁ʐɔ	꜂ʐɔ	꜁tɕʰiɔ	tɕiɔ꜄	꜀iɔ	꜁iɔ	꜀tiɔ	꜀tʰiɔ	tiɔ꜄	niɔ꜄
莒南团林	꜁iɔ	꜂iɔ	꜁tʃʰɔ	tʃɔ꜄	꜀iɔ	꜁iɔ	꜀ȶiɔ	꜀ȶʰiɔ	ȶiɔ꜄	niɔ꜄
日照陈疃	꜁iɔ	꜂iɔ	꜁tʃʰɔ	tʃɔ꜄	꜀iɔ	꜁iɔ	꜀ȶiɔ	꜀ȶʰiɔ	ȶiɔ꜄	niɔ꜄
日照奎山	꜁iɔ	꜂iɔ	꜁tɕʰiɔ	tɕiɔ꜄	꜀iɔ	꜁iɔ	꜀tiɔ	꜀tʰiɔ	tiɔ꜄	niɔ꜄
日照黄墩	꜁iɔ	꜂iɔ	꜁tʃʰɔ	tʃɔ꜄	꜀iɔ	꜁iɔ	꜀ȶiɔ	꜀ȶʰiɔ	ȶiɔ꜄	niɔ꜄
日照涛雒	꜁iɔ	꜂iɔ	꜁tsʰɔ	tsɔ꜄	꜀iɔ	꜁iɔ	꜀tɕiɔ	꜀tɕʰiɔ	tɕiɔ꜄	niɔ꜄
蒙阴	꜁iɔ	꜂iɔ	꜁tɕʰiɔ	tɕiɔ꜄	꜀iɔ	꜁iɔ	꜀tiɔ	꜀tʰiɔ	tiɔ꜄	niɔ꜄
沂南	꜁iɔ	꜁iɔ	꜁tɕʰiɔ	tɕiɔ꜄	꜀iɔ	꜁iɔ	꜀tiɔ	꜀tʰiɔ	tiɔ꜄	niɔ꜄
五莲许孟	꜁iɔ	꜂iɔ	꜁tʃʰɔ	ʒɔ꜄	꜀iɔ	꜁iɔ	꜀tɕiɔ	꜀tɕʰiɔ	tɕiɔ꜄	niɔ꜄
日照两城	꜁iɔ	꜂iɔ	꜁tɕʰiɔ	tɕiɔ꜄	꜀iɔ	꜁iɔ	꜀tɕiɔ	꜀tɕʰiɔ	tɕiɔ꜄	niɔ꜄
莒县桑园	꜁iɔ	꜂iɔ	꜁tɕʰiɔ	tɕiɔ꜄	꜀iɔ	꜁iɔ	꜀tiɔ	꜀tʰiɔ	tiɔ꜄	niɔ꜄

续表

	料	萧	叫	晓	亩	母	茂	贸	头	豆
	效开四 啸去来	效开四 萧平心	效开四 啸去见	效开四 篠上晓	流开一 厚上明	流开一 厚上明	流开一 候去明	流开一 候去明	流开一 侯平定	流开一 候去定
连云港	liɔᵓ	꜀ɕiɔ	tɕiɔᵓ	ᶜɕiɔ	ᶜmʊ	ᶜmʊ	mɔᵓ	mɔᵓ	꜁tʰɵ	tɵᵓ
灌南	liɔᵓ	꜀ɕiɔ	tɕiɔᵓ	ᶜɕiɔ	ᶜmʊ	ᶜmʊ	mʊᵓ	mʊᵓ	꜁tʰɤɯ	tɤɯᵓ
沭阳	liɔᵓ	꜀ɕiɔ	tɕiɔᵓ	ᶜɕiɔ	ᶜmo	ᶜmo	mɔᵓ	mɔᵓ	꜁tʰəɯ	təɯᵓ
泗阳	liɔᵓ	꜀ɕiɔ	tɕiɔᵓ	ᶜɕiɔ	ᶜmo	ᶜmo	moᵓ	moᵓ	꜁tʰəɯ	təɯᵓ
泗洪金锁	liɔᵓ	꜀ɕiɔ	tɕiɔᵓ	ᶜɕiɔ	ᶜmu	ᶜmu	mɔᵓ	mɔᵓ	꜁tʰou	touᵓ
泗洪上塘	liɔᵓ	꜀ɕiɔ	tɕiɔᵓ	ᶜɕiɔ	ᶜmu	ᶜmu	mɔᵓ	mɔᵓ	꜁tʰou	touᵓ
泗洪瑶沟	liɔᵓ	꜀ɕiɔ	tɕiɔᵓ	ᶜɕiɔ	ᶜmu	ᶜmu	mɔᵓ	mɔᵓ	꜁tʰəu	təuᵓ
赣榆墩尚	liɔᵓ	꜀siɔ	ciɔᵓ	ᶜçiɔ	ᶜmu	ᶜmu	mɔᵓ	mɔᵓ	꜁tʰəu	təuᵓ
赣榆石桥	liɔᵓ	꜀θiɔ/θiɔ꜂	tɕiɔᵓ	ᶜɕiɔ	ᶜmu	ᶜmu	mɔᵓ	mɔᵓ	꜁tʰəu	təuᵓ
铜山	liɔᵓ	꜀ɕiɔ	tɕiɔᵓ	ᶜɕiɔ	ᶜmu	ᶜmu	mɔᵓ	mɔᵓ	꜁tʰou	touᵓ
微山	liɔᵓ	꜀ɕiɔ	tɕiɔᵓ	ᶜɕiɔ	ᶜmu	ᶜmu	mɔᵓ	mɔᵓ	꜁tʰou	touᵓ
邹城	liɔᵓ	꜀ɕiɔ	tɕiɔᵓ	ᶜɕiɔ	ᶜmu	ᶜmu	mɔᵓ	mɔᵓ	꜁tʰou	touᵓ
睢宁	liɔᵓ	꜀ɕiɔ	tɕiɔᵓ	ᶜɕiɔ	ᶜmu	ᶜmu	mɔᵓ	mɔᵓ	꜁tʰəu	təuᵓ
新沂阿湖	liɔᵓ	꜀ɕiɔ	tɕiɔᵓ	ᶜɕiɔ	ᶜmu	ᶜmu	mɔᵓ	mɔᵓ	꜁tʰou	touᵓ
新沂时集 A	liɔᵓ	꜀ɕiɔ	tɕiɔᵓ	ᶜɕiɔ	ᶜmu	ᶜmu	mɔᵓ	mɔᵓ	꜁tʰou	touᵓ
新沂时集 B	liɔᵓ	꜀ɕiɔ	tɕiɔᵓ	ᶜɕiɔ	ᶜmu	ᶜmu	mɔᵓ	mɔᵓ	꜁tʰou	touᵓ
泗水	liɔᵓ	꜀ɕiɔ	tɕiɔᵓ	ᶜɕiɔ	ᶜmu	ᶜmu	mɔᵓ	mɔᵓ	꜁tʰəu	təuᵓ
邳州	liɔᵓ	꜀ɕiɔ	tɕiɔᵓ	ᶜɕiɔ	ᶜmu	ᶜmu	mɔᵓ	mɔᵓ	꜁tʰəu	təuᵓ
滕州	liɔᵓ	꜀ɕiɔ	tɕiɔᵓ	ᶜɕiɔ	ᶜmu	ᶜmu	mɔᵓ	mɔᵓ	꜁tʰou	touᵓ
临沭	liɔᵓ	꜀siɔ	tɕiɔᵓ	ᶜɕiɔ	ᶜmu	ᶜmu	mɔᵓ	mɔᵓ	꜁tʰou	touᵓ
宿迁	liɔᵓ	꜀ɕiɔ	tɕiɔᵓ	ᶜɕiɔ	ᶜmu	ᶜmu	mɔᵓ	mɔᵓ	꜁tʰəu	təuᵓ
丰县	liɔᵓ	꜀ɕiɔ	tɕiɔᵓ	ᶜɕiɔ	ᶜmu	ᶜmu	mɔᵓ	mɔᵓ	꜁tʰəu	təuᵓ
郯城	liɔᵓ	꜀siɔ	tɕiɔᵓ	ᶜɕiɔ	ᶜmu	ᶜmu	mɔᵓ	mɔᵓ	꜁tʰəu	təuᵓ
莒南团林	liɔᵓ	꜀θiɔ	tʃɔᵓ	꜁ʃɔ	ᶜmu	ᶜmu	mɔᵓ	mɔᵓ	꜁tʰou	touᵓ
日照陈疃	liɔᵓ	꜀θiɔ	tʃɔᵓ	꜁θiɔ	ᶜmu	ᶜmu	mɔᵓ	mɔᵓ	꜁tʰou	touᵓ
日照奎山	liɔᵓ	꜀θiɔ	tɕiɔᵓ	ᶜɕiɔ	ᶜmu	ᶜmu	mɔᵓ	mɔᵓ	꜁tʰou	touᵓ
日照黄墩	liɔᵓ	꜀θiɔ	tʃɔᵓ	꜁ʃɔ	ᶜmu	ᶜmu	mɔᵓ	mɔᵓ	꜁tʰou	touᵓ
日照涛雒	liɔᵓ	꜀θiɔ	tsɔᵓ	ᶜsɔ	ᶜmu	ᶜmu	mɔᵓ	mɔᵓ	꜁tʰou	touᵓ
蒙阴	liɔᵓ	꜀siɔ	tɕiɔᵓ	ᶜɕiɔ	ᶜmu	ᶜmu	mɔᵓ	mɔᵓ	꜁tʰou	touᵓ
沂南	liɔᵓ	꜀siɔ	tɕiɔᵓ	ᶜɕiɔ	ᶜmu	ᶜmu	mɔᵓ	mɔᵓ	꜁tʰɔu	təuᵓ
五莲许孟	liɔᵓ	꜀ɕiɔ	ʒɔᵓ	꜁ʃɔ	ᶜmu	ᶜmu	mɔᵓ	mɔᵓ	꜁tʰou	touᵓ
日照两城	liɔᵓ	꜀θiɔ	tɕiɔᵓ	ᶜɕiɔ	ᶜmu	ᶜmu	mɔᵓ	mɔᵓ	꜁tʰou	touᵓ
莒县桑园	liɔᵓ	꜀siɔ	tɕiɔᵓ	ᶜɕiɔ	ᶜmu	ᶜmu	mɔᵓ	mɔᵓ	꜁tʰou	touᵓ

续表

	楼	走	狗	藕	厚	欧	否	妇	谋	矛
	流开一侯平来	流开一厚上精	流开一厚上见	流开一厚上疑	流开一厚上匣	流开一侯平影	流开三有上非	流开三有上奉	流开三尤平明	流开三尤平明
连云港	꜁lɵ	꜂tʂɵ	꜂kɵ	꜂ɵ	xɵ꜄	꜀ɵ	꜂xɵ	xɵ꜄	꜁mʊ	꜁mɔ
灌南	꜁lɣɯ	꜂tʂɣɯ	꜂kɣɯ	꜂ɣɯ	xɣɯ꜄	꜀ɣɯ	꜂fʊ	xu^w꜄	꜁mʊ	꜁mɔ
沭阳	꜁ləɯ	꜂tʂəɯ	꜂kəɯ	꜂əɯ	xəɯ꜄	꜀əɯ	꜂fei	fu^w꜄	꜁mo	꜁mɔ
泗阳	꜁ləɯ	꜂tsəɯ	꜂kəɯ	꜂əɯ	xəɯ꜄	꜀əɯ	꜂fəɯ	fu꜄	꜁mo	꜁mɔ
泗洪金锁	꜁lou	꜂tsou	꜂kou	꜂ou	xou꜄	꜀ou	꜂fə	xu꜄	꜁mɔ	꜁mɔ
泗洪上塘	꜁lou	꜂tsou	꜂kou	꜂ɣou	xou꜄	꜀ɣou	꜂fə	fu꜄	꜁mu	꜁mɔ
泗洪瑶沟	꜁ləu	꜂tsəu	꜂kəu	꜂əu	xəu꜄	꜀əu	꜂fɔ/꜂fə	fu꜄	꜁muə	꜁mɔ
赣榆墩尚	꜁ləu	꜂tsəu	꜂kəu	꜂ɣəu	xəu꜄	꜀ɣəu	꜂fɔ	fu꜄	꜁mu	꜁mɔ
赣榆石桥	꜁ləu	꜂tθəu	꜂kəu	꜂ɣəu	xəu꜄	꜀ɣəu	꜂fɔ	fu꜄	꜂mu	꜁mɔ
铜山	꜁lou	꜂tsou	꜂kou	꜂ɣou	xou꜄	꜀ɣou	꜂fɔ	꜀fu	꜁mu	꜁mɔ
微山	꜁lou	꜂tsou	꜂kou	꜂ɣou	xou꜄	꜀ɣou	꜂fɔ	꜀fu	꜁mu	꜁mɔ
邹城	꜁lou	꜂tsou	꜂kou	꜂ɣou	xou꜄	꜀ɣou	꜂fɔ	꜀fu	꜁mu	꜁mɔ
睢宁	꜁ləu	꜂tsəu	꜂kəu	꜂ɣəu	xəu꜄	꜀ɣəu	꜂fɔ	꜀fu	꜁mu	꜁mɔ
新沂阿湖	꜁lou	꜂tsou	꜂kou	꜂ɣou	xou꜄	꜀ɣou	꜂fɔ	fu꜄	꜁mu	꜁mɔ
新沂时集 A	꜁lou	꜂tsou	꜂kou	꜂ɣou	xou꜄	꜀ɣou	꜂fɔ	fu꜄	꜁mu	꜁mɔ
新沂时集 B	꜁lou	꜂tsou	꜂kou	꜂ɣou	xou꜄	꜀ɣou	꜂fɔ	fu꜄	꜁mu	꜁mɔ
泗水	꜁ləu	꜂tʃəu	꜂kəu	꜂ɣəu	xəu꜄	꜀ɣəu	꜂fɔ	fu꜄	꜂mu	꜁mɔ
邳州	꜁ləu	꜂tsəu	꜂kəu	꜂ɣəu	xəu꜄	꜀ɣəu	꜂fɔ	꜀fu	꜁mu	꜁mɔ
滕州	꜁lou	꜂tsou	꜂kou	꜂ɣou	xou꜄	꜀ɣou	꜂fə	fu꜄	꜁mu	꜁mɔ
临沭	꜁lou	꜂tsou	꜂kou	꜂ɣou	xou꜄	꜀ɣou	꜂fɔ	fu꜄	꜁mu	꜁mɔ
宿迁	꜁ləu	꜂tsəu	꜂kəu	꜂ɣəu	xəu꜄	꜀ɣəu	꜂xɔ	xu꜄	꜁mu	꜁mɔ
丰县	꜁ləu	꜂tsəu	꜂kəu	꜂ɣəu	xəu꜄	꜀ɣəu	꜂fɔ	fu꜄	꜁mu	꜁mɔ
郯城	꜁ləu	꜂tsəu	꜂kəu	꜂ɣəu	xəu꜄	꜀ɣəu	꜂fɔ	꜀fu	꜁mu	꜁mɔ
莒南团林	꜁lou	꜂tθou	꜂kou	꜀ou	xou꜄	꜀ou	꜂fɔ	fu꜄	꜂mu	꜁mɔ
日照陈疃	꜁lou	꜂tou	꜂kou	꜀ŋou	xou꜄	꜀ŋou	꜂fɔ	fu꜄	꜁mu	꜁mɔ
日照奎山	꜁lou	꜂tθou	꜂kou	꜀ŋou	xou꜄	꜀ŋou	꜁fɔ	fu꜄	꜁mu	꜁mɔ
日照黄墩	꜁lou	꜂tθou	꜂kou	꜀ŋou	xou꜄	꜀ŋou	꜂fɔ	fu꜄	꜂mu	꜁mɔ
日照涛雒	꜁lou	꜂tθou	꜂kou	꜂ŋou	xou꜄	꜀ŋou	꜂fɔ	fu꜄	꜂mu	꜁mɔ
蒙阴	꜁lou	꜂ðou	꜂kou	꜂ŋou	xou꜄	꜀ŋou	꜂fɔ	fu꜄	mu꜄	꜁mɔ
沂南	꜁ləu	꜂tθəu	꜂kəu	꜂ŋəu	xəu꜄	꜀ŋəu	꜂fə	fu꜄	mu꜄	꜁mɔ
五莲许孟	꜁lou	꜂tou	꜂kou	꜂ŋou	xou꜄	꜀ŋou	꜁fɔ	fu꜄	꜂mu	꜁mɔ
日照两城	꜁lou	꜂tθou	꜂kou	꜀ŋou	xou꜄	꜀ŋou	꜁fɔ	fu꜄	꜂mu	꜁mɔ
莒县桑园	꜁lou	꜂ðou	꜂kou	꜀ŋou	xou꜄	꜀ŋou	꜂fɔ	fu꜄	꜂mu	꜁mɔ

续表

	扭	柳	酒	就	囚	抽	绸	愁	搜	瘦
	流开三 有上泥	流开三 有上来	流开三 有上精	流开三 宥上从	流开三 尤平邪	流开三 尤平彻	流开三 尤平崇	流开三 尤平崇	流开三 尤平生	流开三 宥去生
连云港	ᶜly	ᶜly	ᶜtɕy	tɕyᵓ	꜁tɕʰy	꜀tʂʰɵ	꜁tʂʰɵ	꜁tʂʰɵ	꜀ʂɵ	ʂɵᵓ
灌南	ᶜliɯ	ᶜliɯ	ᶜtɕiɯ	tɕiɯᵓ	꜁tɕʰiɯ	꜀tʂʰɤɯ	꜁tʂʰɤɯ	꜁tʂʰɤɯ	꜀ʂɤɯ	ʂɤɯᵓ
沭阳	ᶜliəɯ	ᶜliəɯ	ᶜtɕiəɯ	tɕiəɯᵓ	꜁tɕʰiəɯ	꜀tʂʰəɯ	꜁tʂʰəɯ	꜁tʂʰəɯ	꜀səɯ	ʂəɯᵓ
泗阳	ᶜliəɯ	ᶜliəɯ	ᶜtɕiəɯ	tɕiəɯᵓ	꜁tɕʰiəɯ	꜀tʂʰəɯ	꜁tʂʰəɯ	꜁tsʰəɯ	꜀səɯ	səɯᵓ
泗洪金锁	ᶜniou	ᶜliou	ᶜtɕiou	tɕiouᵓ	꜁tɕʰiou	꜀tʂʰou	꜁tʂʰou	꜁tsʰou	꜀sou	souᵓ
泗洪上塘	ᶜniou	ᶜliou	ᶜtɕiou	tɕiouᵓ	꜁tɕʰiou	꜀tʂʰou	꜁tʂʰou	꜁tsʰou	꜀sou	souᵓ
泗洪瑶沟	ᶜniəu	ᶜliəu	ᶜtɕiəu	tɕiəuᵓ	꜁tɕʰiəu	꜀tʂʰəu	꜁tʂʰəu	꜁tʂʰəu	꜀səu	səuᵓ
赣榆墩尚	ᶜniəu	ᶜliəu	ᶜtsiəu	tsiəuᵓ	꜁tsʰiəu	꜀tʂʰəu	꜁tʂʰəu	꜁tʂʰəu	꜀səu	ʂəuᵓ
赣榆石桥	ᶜniəu	ᶜliəu	ᶜtθiəu	tθiəuᵓ	꜁tθʰiəu	꜀tʂʰəu/ tʂʰəu꜂	꜁tʂʰəu	꜁tʂʰəu	꜀θəu	ʂəuᵓ
铜山	ᶜniou	ᶜliou	ᶜtɕiou	tɕiouᵓ	꜁tɕʰiou	꜀tʂʰou	꜁tʂʰou	꜁tsʰou	꜀sou	souᵓ
微山	ᶜniou	ᶜliou	ᶜtɕiou	tɕiouᵓ	꜁tɕʰiou	꜀tsʰou	꜁tsʰou	꜁tsʰou	꜀sou	souᵓ
邹城	ᶜniou	ᶜliou	ᶜtɕiou	tɕiouᵓ	꜁tɕʰiou	꜀tsʰou	꜁tsʰou	꜁tsʰou	꜀sou	souᵓ
睢宁	ᶜniəu	ᶜliəu	ᶜtɕiəu	tɕiəuᵓ	꜁tɕʰiəu	꜀tʂʰəu	꜁tʂʰəu	꜁tʂʰəu	꜀səu	ʂəuᵓ
新沂阿湖	ᶜniou	ᶜliou	ᶜtɕiou	tɕiouᵓ	꜁tɕʰiou	꜀tʂʰou	꜁tʂʰou	꜁tʂʰou	꜀sou	ʂouᵓ
新沂时集 A	ᶜniou	ᶜliou	ᶜtɕiou	tɕiouᵓ	꜁tɕʰiou	꜀tʂʰou	꜁tʂʰou	꜁tʂʰou	꜀sou	ʂouᵓ
新沂时集 B	ᶜniou	ᶜliou	ᶜtɕiou	tɕiouᵓ	꜁tɕʰiou	꜀tʂʰou	꜁tʂʰou	꜁tʂʰou	꜀sou	ʂouᵓ
泗水	ᶜniəu	ᶜliəu	ᶜtɕiəu	tɕiəuᵓ	꜁tɕʰiəu	꜀tʃʰəu	꜁tʃʰəu	꜁tʃʰəu	꜀ʃəu	ʃəuᵓ
邳州	ᶜniəu	ᶜliəu	ᶜtɕiəu	tɕiəuᵓ	꜁tɕʰiəu	꜀tʂʰəu	꜁tʂʰəu	꜁tʂʰəu	꜀səu	ʂəuᵓ
滕州	ᶜniou	ᶜliou	ᶜtɕiou	tɕiouᵓ	꜁tɕʰiou	꜀tsʰou	꜁tsʰou	꜁tsʰou	꜀sou	souᵓ
临沭	ᶜniou	ᶜliou	ᶜtsiou	tsiouᵓ	꜁tsʰiou	꜀tʃʰou	꜁tʃʰou	꜁tʃʰou	꜀θou	ʃouᵓ
宿迁	ᶜniəu	ᶜliəu	ᶜtɕiəu	tɕiəuᵓ	꜁tɕʰiəu	꜀tʂʰəu	꜁tʂʰəu	꜁tʂʰəu	꜀səu	ʂəuᵓ
丰县	ᶜniəu	ᶜliəu	ᶜtɕiəu	tɕiəuᵓ	꜁tɕʰiəu	꜀tʂʰəu	꜁tʂʰəu	꜁tsʰəu	꜀səu	səuᵓ
郯城	ᶜniəu	ᶜliəu	ᶜtsiəu	tsiəuᵓ	꜁tsʰiəu	꜀tʂʰəu	꜁tʂʰəu	꜁tʂʰəu	꜀ʂəu	ʂəuᵓ
莒南团林	ᶜniou	ᶜliou	ᶜtθiou	ȶiouᵓ	꜁ȶʰiou	꜀tʃʰou	꜁tʃʰou	꜁tʂʰou	꜀θou	ʂouᵓ
日照陈疃	ᶜniou	ᶜliou	ᶜȶiou	ȶiouᵓ	꜁ȶʰiou	꜀tʃʰou	꜁tʃʰou	꜁tʂʰou	꜀θou	ʂouᵓ
日照奎山	ᶜniou	ᶜliou	ᶜtθiou	tθiouᵓ	꜁tθʰiou	꜀tsʰou	꜁tsʰou	꜁tʂʰou	꜀θou	ʂouᵓ
日照黄墩	ᶜniou	ᶜliou	ᶜȶiou	ȶiouᵓ	꜁ȶʰiou	꜀tʃʰou	꜁tʃʰou	꜁tʂʰou	꜀θou	ʂouᵓ
日照涛雒	ᶜniou	ᶜliou	ᶜȶiou	ȶiouᵓ	꜁ȶʰiou	꜀tsʰou	꜁tsʰou	꜁tʂʰou	꜀θou	ʂouᵓ
蒙阴	ᶜniou	ᶜliou	ᶜziou	ziouᵓ	꜁tsʰiou	꜀tʃʰou	꜁tʃʰou	꜁tʃʰou	꜀θou	ʃouᵓ
沂南	ᶜniəu	ᶜliəu	ᶜtsiəu	tsiəuᵓ	꜁tɕʰiəu	꜀tʃʰəu	꜁tʃʰəu	꜁tʂʰəu	꜀θəu	ʂəuᵓ
五莲许孟	ᶜniou	ᶜliou	ᶜtɕiou	tɕiouᵓ	꜁tʃʰou	꜀tʃʰou	꜁tʃʰou	꜁tʂʰou	꜀θou	ʂouᵓ
日照两城	ᶜniou	ᶜliou	ᶜtθiou	tθiouᵓ	꜁tθʰiou	꜀tsʰou	꜁tsʰou	꜁tʂʰou	꜀θou	ʂouᵓ
莒县桑园	ᶜniou	ᶜliou	ᶜziou	ziouᵓ	꜁tɕʰiou	꜀tsʰou	꜁tsʰou	꜁tʂʰou	꜀θou	ʂouᵓ

续表

	周	手	寿	柔	九	舅	旧	牛	休	优
	流开三 尤平章	流开三 有上书	流开三 宥去禅	流开三 尤平日	流开三 有上见	流开三 有上群	流开三 宥去群	流开三 尤平疑	流开三 尤平晓	流开三 尤平影
连云港	꜀tʂɵ	꜂ʂɵ	ʂɵ꜄	꜁ʐɵ	꜂tɕy	tɕy꜄	tɕy꜄	꜁ly	꜀ɕy	꜀y
灌南	꜀tʂɤɯ	꜂ʂɤɯ	ʂɤɯ꜄	꜁ʐɤɯ	꜂tɕiɯ	tɕiɯ꜄	tɕiɯ꜄	꜁lɤɯ	꜀ɕiɯ	꜀iɯ
沭阳	꜀tʂəɯ	꜂ʂəɯ	ʂəɯ꜄	꜁ʐəɯ	꜂tɕiəɯ	tɕiəɯ꜄	tɕiəɯ꜄	꜁ləɯ	꜀ɕiəɯ	꜀iəɯ
泗阳	꜀tʂəɯ	꜂ʂəɯ	ʂəɯ꜄	꜁ʐəɯ	꜂tɕiəɯ	tɕiəɯ꜄	tɕiəɯ꜄	꜁liəɯ	꜀ɕiəɯ	꜀iəɯ
泗洪金锁	꜀tʂou	꜂ʂou	ʂou꜄	꜁ʐou	꜂tɕiou	tɕiou꜄	tɕiou꜄	꜁niou	꜀ɕiou	꜀iou
泗洪上塘	꜀tʂou	꜂ʂou	ʂou꜄	꜁ʐou	꜂tɕiou	tɕiou꜄	tɕiou꜄	꜁niou	꜀ɕiou	꜀iou
泗洪瑶沟	꜀tʂəu	꜂ʂəu	ʂəu꜄	꜁ʐəu	꜂tɕiəu	tɕiəu꜄	tɕiəu꜄	꜁niəu	꜀ɕiəu	꜀iəu
赣榆墩尚	꜀tʂəu	꜂ʂəu	ʂəu꜄	꜁iəu	꜂ciəu	ciəu꜄	ciəu꜄	꜁niəu	꜀çiəu	꜀iəu
赣榆石桥	꜀tʂəu	꜂ʂəu	ʂəu꜄	꜁iəu	꜂tɕiəu	tɕiəu꜄	tɕiəu꜄	꜁niəu	꜀çiəu/ çiəu꜆	꜀iəu/ iəu꜆
铜山	꜀tʂou	꜂ʂou	ʂou꜄	꜁ʐou	꜂tɕiou	tɕiou꜄	tɕiou꜄	꜁niou	꜀ɕiou	꜀iou
微山	꜀tsou	꜂sou	sou꜄	꜁zou	꜂tɕiou	tɕiou꜄	tɕiou꜄	꜁niou	꜀ɕiou	꜀iou
邹城	꜀tsou	꜂sou	sou꜄	꜁zou	꜂tɕiou	tɕiou꜄	tɕiou꜄	꜁niou	꜀ɕiou	꜀iou
睢宁	꜀tʂəu	꜂ʂəu	ʂəu꜄	꜁ʐəu	꜂tɕiəu	tɕiəu꜄	tɕiəu꜄	꜁niəu	꜀ɕiəu	꜀iəu
新沂阿湖	꜀tʂou	꜂ʂou	ʂou꜄	꜁ʐou	꜂tɕiou	tɕiou꜄	tɕiou꜄	꜁niou	꜀ɕiou	꜀iou
新沂时集 A	꜀tʂou	꜂ʂou	ʂou꜄	꜁ʐou	꜂tɕiou	tɕiou꜄	tɕiou꜄	꜁niou	꜀ɕiou	꜀iou
新沂时集 B	꜀tʂou	꜂ʂou	ʂou꜄	꜁ʐou	꜂tɕiou	tɕiou꜄	tɕiou꜄	꜁niou	꜀ɕiou	꜀iou
泗水	꜀tʃəu	꜂ʃəu	ʃəu꜄	꜁ʒəu	꜂tɕiəu	tɕiəu꜄	tɕiəu꜄	꜁niəu	꜀ɕiəu	꜀iəu
邳州	꜀tʂəu	꜂ʂəu	ʂəu꜄	꜁ʐəu	꜂tɕiəu	tɕiəu꜄	tɕiəu꜄	꜁niəu	꜀ɕiəu	꜀iəu
滕州	꜀tsou	꜂sou	sou꜄	꜁zou	꜂tɕiou	tɕiou꜄	tɕiou꜄	꜁niou	꜀ɕiou	꜀iou
临沭	꜀tʃou	꜂ʃou	ʃou꜄	꜁ʒou	꜂tɕiou	tɕiou꜄	tɕiou꜄	꜁niou	꜀ɕiou	꜀iou
宿迁	꜀tʂəu	꜂ʂəu	ʂəu꜄	꜁ʐəu	꜂tɕiəu	tɕiəu꜄	tɕiəu꜄	꜁niəu	꜀ɕiəu	꜀iəu
丰县	꜀tʂəu	꜂ʂəu	ʂəu꜄	꜁ʐəu	꜂tɕiəu	tɕiəu꜄	tɕiəu꜄	꜁niəu	꜀ɕiəu	꜀iəu
郯城	꜀tʂəu	꜂ʂəu	ʂəu꜄	꜁ʐəu	꜂tɕiəu	tɕiəu꜄	tɕiəu꜄	꜁niəu	꜀ɕiəu	꜀iəu
莒南团林	꜀tʃou	꜂ʃou	ʃou꜄	꜁iou	꜂tʃou	tʃou꜄	tʃou꜄	꜁niou	꜀ʃou	꜀iou
日照陈疃	꜀tʃou	꜂ʃou	ʃou꜄	꜁iou	꜂tʃou	tʃou꜄	tʃou꜄	꜁iou	꜀ʃou	꜀iou
日照奎山	꜀tsou	꜂sou	sou꜄	꜁iou	꜂tɕiou	tɕiou꜄	tɕiou꜄	꜁niou	꜀ɕiou	꜀iou
日照黄墩	꜀tʃou	꜂ʃou	ʃou꜄	꜁iou	꜂tʃou	tʃou꜄	tʃou꜄	꜁niou	꜀ʃou	꜀iou
日照涛雒	꜀tsou	꜂sou	sou꜄	꜁iou	꜂tsou	tsou꜄	tsou꜄	꜁niou	꜀sou	꜀iou
蒙阴	꜀tʃou	꜂ʃou	ʃou꜄	꜁iou	꜂tɕiou	tɕiou꜄	tɕiou꜄	꜁niou/ ꜁iou	꜀ɕiou	꜀iou
沂南	꜀tʃəu	꜂ʃəu	ʃəu꜄	꜁iəu	꜂tɕiəu	tɕiəu꜄	tɕiəu꜄	꜁niəu	꜀ɕiəu	꜀iəu
五莲许孟	꜁ʒou	꜂ʃou	ʃou꜄	꜁iou	꜂ʒou	ʒou꜄	ʒou꜄	꜁niou/ ꜁iou	꜀ʃou	꜀iou
日照两城	꜀tsou	꜂sou	sou꜄	꜁iou	꜂tɕiou	tɕiou꜄	tɕiou꜄	꜁iou	꜀ɕiou	꜀iou
莒县桑园	꜀zou	꜂sou	sou꜄	꜁iou	꜂tɕiou	tɕiou꜄	tɕiou꜄	꜁niou	꜀ɕiou	꜀iou

续表

	有	油	谬	纠	幼	贪	南	蚕	感	含
	流开三有上云	流开三尤平以	流开三幼去明	流开三黝上见	流开三幼去影	咸开一覃平透	咸开一覃平泥	咸开一覃平从	咸开一咸上见	咸开一覃平匣
连云港	꜂y	꜁y	ly꜄	꜀tɕy	y꜄	꜀tʰã	꜁lã	꜁tʂʰã	꜀kã	꜁xã
灌南	꜂iɯ	꜁iɯ	lɤɯ꜄	꜀tɕiɯ	iɯ꜄	꜀tʰæ̃	꜁læ̃	꜁tʂʰæ̃	꜂kæ̃	꜁xæ̃
沭阳	꜂iəɯ	꜁iəɯ	ləɯ꜄	꜀tɕiəɯ	iəɯ꜄	꜀tʰæ̃	꜁læ̃	꜁tsʰæ̃	꜂kæ̃	꜁xæ̃
泗阳	꜂iəɯ	꜁iəɯ	liəɯ꜄	꜀tɕiəɯ	iəɯ꜄	꜀tʰaŋ	꜁laŋ	꜁tsʰaŋ	꜀kaŋ	꜁xaŋ
泗洪金锁	꜂iou	꜁iou	niou꜄	꜀tɕiou	iou꜄	꜀tʰã	꜁nã	꜁tsʰã	꜂kã	꜁xã
泗洪上塘	꜂iou	꜁iou	niou꜄	꜀tɕiou	iou꜄	꜀tʰæ̃	꜁næ̃	꜁tsʰæ̃	꜂kæ̃	꜁xæ̃
泗洪瑶沟	꜂iəu	꜁iəu	niəu꜄	꜀tɕiəu	iəu꜄	꜀tʰæ̃	꜁næ̃	꜁tsʰæ̃	꜂kæ̃	꜁xæ̃
赣榆墩尚	꜂iəu	꜁iəu	niəu꜄	꜀ciəu	iəu꜄	꜀tʰan	꜁nan	꜁tsʰan	꜂kan	꜁xan
赣榆石桥	꜂iəu	꜁iəu	miəu꜄	꜀tɕiəu	iəu꜄	꜀tʰæ̃/ tʰæ̃꜅	꜁næ̃	꜁tθʰæ̃	꜂kæ̃	꜁xæ̃
铜山	꜂iou	꜁iou	niou꜄	꜀tɕiou	iou꜄	꜀tʰæ̃	꜁næ̃	꜁tsʰæ̃	꜂kæ̃	꜁xæ̃
微山	꜂iou	꜁iou	niou꜄	꜀tɕiou	iou꜄	꜀tʰã	꜁nã	꜁tsʰã	꜂kã	꜁xã
邹城	꜂iou	꜁iou	niou꜄	꜀tɕiou	iou꜄	꜀tʰã	꜁nã	꜁tsʰã	꜂kã	꜁xã
睢宁	꜂iəu	꜁iəu	niəu꜄	꜀tɕiəu	iəu꜄	꜀tʰæ̃	꜁næ̃	꜁tsʰæ̃	꜂kæ̃	꜁xæ̃
新沂阿湖	꜂iou	꜁iou	niou꜄	꜀tɕiou	iou꜄	꜀tʰã	꜁nã	꜁tsʰã	꜂kã	꜁xã
新沂时集 A	꜂iou	꜁iou	niou꜄	꜀tɕiou	iou꜄	꜀tʰã	꜁nã	꜁tsʰã	꜂kã	꜁xã
新沂时集 B	꜂iou	꜁iou	niou꜄	꜀tɕiou	iou꜄	꜀tʰan	꜁nan	꜁tsʰan	꜂kan	꜁xan
泗水	꜂iəu	꜁iəu	niəu꜄	꜀tɕiəu	iəu꜄	꜀tʰæ̃	꜁næ̃	꜀tʃʰæ̃	꜂kæ̃	꜁xæ̃
邳州	꜂iəu	꜁iəu	niəu꜄	꜀tɕiəu	iəu꜄	꜀tʰæ̃	꜁næ̃	꜁tsʰæ̃	꜂kæ̃	꜁xæ̃
滕州	꜂iou	꜁iou	niou꜄	꜀tɕiou	iou꜄	꜀tʰæ̃	꜁næ̃	꜁tsʰæ̃	꜂kæ̃	꜁xæ̃
临沭	꜂iou	꜁iou	niou꜄	꜀tɕiou	iou꜄	꜀tʰæ̃	꜁næ̃	꜁tsʰæ̃	꜂kæ̃	꜁xæ̃
宿迁	꜂iəu	꜁iəu	niəu꜄	꜀tɕiəu	iəu꜄	꜀tʰã	꜁nã	꜁tsʰã	꜂kã	꜁xã
丰县	꜂iəu	꜁iəu	niəu꜄	꜀tɕiəu	iəu꜄	꜀tʰæ̃	꜁næ̃	꜁tsʰæ̃	꜂kæ̃	꜁xæ̃
郯城	꜂iəu	꜁iəu	niəu꜄	꜀tɕiəu	iəu꜄	꜀tʰã	꜁nã	꜁tsʰã	꜂kã	꜁xã
莒南团林	꜂iou	꜁iou	niou꜄	꜀tʃou	iou꜄	꜀tʰæ̃	꜁næ̃	꜁tθʰæ̃	꜂kæ̃	꜁xæ̃
日照陈疃	꜂iou	꜁iou	niou꜄	꜀tʃou	iou꜄	꜀tʰã	꜁nã	꜁tʰã	꜂kã	꜁xã
日照奎山	꜂iou	꜁iou	niou꜄	꜀tɕiou	iou꜄	꜀tʰæ̃	꜁næ̃	꜁tθʰæ̃	꜂kæ̃	꜁xæ̃
日照黄墩	꜂iou	꜁iou	niou꜄	꜀tʃou	iou꜄	꜀tʰæ̃	꜁næ̃	꜁tθʰæ̃	꜂kæ̃	꜁xæ̃
日照涛雒	꜂iou	꜁iou	niou꜄	꜀tsou	iou꜄	꜀tʰã	꜁nã	꜁tθʰã	꜀kã	꜁xã
蒙阴	꜂iou	꜁iou	niou꜄	꜀tɕiou	iou꜄	꜀tʰã	꜁nã	꜁tθʰã	꜂kã	꜁xã
沂南	꜂iəu	꜁iəu	niəu꜄	꜀tɕiəu	iəu꜄	꜀tʰæ̃	꜀næ̃	꜀tθʰæ̃	꜂kæ̃	꜁xæ̃
五莲许孟	꜂iou	꜁iou	niou꜄	꜀ʒou	iou꜄	꜀tʰã	꜁nã	꜁tʰã	꜀kã	꜁xã
日照两城	꜂iou	꜁iou	niou꜄	꜀tɕiou	iou꜄	꜀tʰã	꜁nã	꜁tθʰã	꜂kã	꜁xã
莒县桑园	꜂iou	꜁iou	niou꜄	꜀tɕiou	iou꜄	꜀tʰã	꜁nã	꜁tθʰã	꜂kã	꜁xã

续表

	暗	胆	谈	淡	蓝	三	敢	喊	邯	站立
	咸开一勘去影	咸开一敢上端	咸开一谈平定	咸开一敢上定	咸开一谈平来	咸开一谈平心	咸开一敢上见	咸开一敢上晓	咸开一谈平匣	咸开二陷去知
连云港	ã꜄	꜂tã	꜁tʰã	tã꜄	꜁lã	꜀ʂã	꜂kã	꜂xã/꜂çiã	꜁xã	tʂã꜄
灌南	æ̃꜄	꜂tæ̃	꜁tʰæ̃	tæ̃꜄	꜁læ̃	꜀ʂæ̃	꜂kæ̃	꜂xæ̃	꜁xæ̃	tʂæ̃꜄
沭阳	æ̃꜄	꜂tæ̃	꜁tʰæ̃	tæ̃꜄	꜁læ̃	꜀sæ̃	꜂kæ̃	꜂xæ̃/꜂çiæ̃	꜁xæ̃	tʂæ̃꜄
泗阳	aŋ꜄	꜂taŋ	꜁tʰaŋ	taŋ꜄	꜁laŋ	꜀saŋ	꜂kaŋ	꜂xaŋ	꜁xaŋ	tʂaŋ꜄
泗洪金锁	ã꜄	꜂tã	꜁tʰã	tã꜄	꜁lã	꜀sã	꜂kã	꜂xã	꜁xã	tʂã꜄
泗洪上塘	ɣæ̃꜄	꜂tæ̃	꜁tʰæ̃	tæ̃꜄	꜁læ̃	꜀sæ̃	꜂kæ̃	꜂xæ̃	꜁xæ̃	tʂæ̃꜄
泗洪瑶沟	æ̃꜄	꜂tæ̃	꜁tʰæ̃	tæ̃꜄	꜁læ̃	꜀sæ̃	꜂kæ̃	꜂xæ̃/꜂çiæ̃	꜁xæ̃	tʂæ̃꜄
赣榆墩尚	ɣan꜄	꜂tan	꜁tʰan	tan꜄	꜁lan	꜀san	꜂kan	꜂xan	꜁xan	tʂan꜄
赣榆石桥	ɣæ̃꜄	꜂tæ̃	꜁tʰæ̃	tæ̃꜄	꜁læ̃	꜀θæ̃	꜂kæ̃	꜁xæ̃	꜁xæ̃	tʂæ̃꜄
铜山	ɣæ̃꜄	꜂tæ̃	꜁tʰæ̃	tæ̃꜄	꜁læ̃	꜀sæ̃	꜂kæ̃	꜂xæ̃/꜂çiæ̃	꜁xæ̃	tsæ̃꜄
微山	ɣã꜄	꜂tã	꜁tʰã	tã꜄	꜁lã	꜀sã	꜂kã	꜂xã	꜁xã	tsã꜄
邹城	ɣã꜄	꜂tã	꜁tʰã	tã꜄	꜁lã	꜀sã	꜂kã	꜂xã	꜁xã	tsã꜄
睢宁	ɣæ̃꜄	꜂tæ̃	꜁tʰæ̃	tæ̃꜄	꜁læ̃	꜀sæ̃	꜂kæ̃	꜂xæ̃/꜂çiæ̃	꜁xæ̃	tʂæ̃꜄
新沂阿湖	ɣã꜄	꜂tã	꜁tʰã	tã꜄	꜁lã	꜀sã	꜂kã	꜂xã	꜁xã	tʂã꜄
新沂时集 A	ɣã꜄	꜂tã	꜁tʰã	tã꜄	꜁lã	꜀sã	꜂kã	꜂xã	꜁xã	tʂã꜄
新沂时集 B	ɣan꜄	꜂tan	꜁tʰan	tan꜄	꜁lan	꜀san	꜂kan	꜂xan	꜁xan	tʂan꜄
泗水	ɣæ̃꜄	꜂tæ̃	꜁tʰæ̃	tæ̃꜄	꜁læ̃	ʃæ̃	꜂kæ̃	꜂xæ̃	꜁xæ̃	tʃæ̃꜄
邳州	ɣæ̃꜄	꜂tæ̃	꜁tʰæ̃	tæ̃꜄	꜁læ̃	꜀sæ̃	꜂kæ̃	꜂xæ̃/꜂çiæ̃	꜁xæ̃	tʂæ̃꜄
滕州	ɣæ̃꜄	꜂tæ̃	꜁tʰæ̃	tæ̃꜄	꜁læ̃	꜀sæ̃	꜂kæ̃	꜂xæ̃	꜁xæ̃	tsæ̃꜄
临沭	ɣæ̃꜄	꜂tæ̃	꜁tʰæ̃	tæ̃꜄	꜁læ̃	꜀θæ̃	꜂kæ̃	꜂xæ̃	꜁xæ̃	tʃæ̃꜄
宿迁	ɣã꜄	꜂tã	꜁tʰã	tã꜄	꜁lã	꜀sã	꜂kã	꜂xã	꜁xã	tʂã꜄
丰县	ɣæ̃꜄	꜂tæ̃	꜁tʰæ̃	tæ̃꜄	꜁læ̃	꜀sæ̃	꜂kæ̃	꜂xæ̃	꜁xæ̃	tsæ̃꜄
郯城	ɣã꜄	꜂tã	꜁tʰã	tã꜄	꜁lã	꜀sã	꜂kã	꜂xã/꜂çiã	꜁xã	tʂã꜄
莒南团林	æ̃꜄	꜂tæ̃	꜁tʰæ̃	tæ̃꜄	꜁læ̃	꜀θæ̃	꜂kæ̃	꜂xæ̃	꜁xæ̃	tʂæ̃꜄
日照陈疃	ŋã꜄	꜂tã	꜁tʰã	tã꜄	꜁lã	꜀θã	꜂kã	꜂xã	꜁xã	tʂã꜄
日照奎山	ŋæ̃꜄	꜂tæ̃	꜁tʰæ̃	tæ̃꜄	꜁læ̃	꜀θæ̃	꜂kæ̃	꜂xæ̃	꜁xæ̃	tʂæ̃꜄
日照黄墩	ŋæ̃꜄	꜂tæ̃	꜁tʰæ̃	tæ̃꜄	꜁læ̃	꜀θæ̃	꜂kæ̃	꜂xæ̃	꜁xæ̃	tʂæ̃꜄
日照涛雒	ŋã꜄	꜂tã	꜁tʰã	tã꜄	꜁lã	꜀θã	꜂kã	꜂xã	꜁xã	tʂã꜄
蒙阴	ŋã꜄	꜂tã	꜁tʰã	tã꜄	꜁lã	꜀θã	꜂kã	꜁xã	꜁xã	tʃã꜄
沂南	ŋæ̃꜄	꜂tæ̃	꜁tʰæ̃	tæ̃꜄	꜁læ̃	꜀θæ̃	꜂kæ̃	꜂xæ̃	꜁xæ̃	tʂæ̃꜄
五莲许孟	ŋã꜄	꜂tã	꜁tʰã	tã꜄	꜁lã	꜀θã	꜂kã	꜂xã	꜁xã	tʂã꜄
日照两城	ŋã꜄	꜂tã	꜁tʰã	tã꜄	꜁lã	꜀θã	꜂kã	꜂xã	꜁xã	tʂã꜄
莒县桑园	ŋã꜄	꜂tã	꜁tʰã	tã꜄	꜁lã	꜀θã	꜂kã	꜁xã	꜁xã	tʂã꜄

续表

	斩	谗	减	咸	搀	衫	岩	衔	贬	黏~米
	咸开二 豏上庄	咸开二 咸平崇	咸开二 豏上见	咸开二 咸平匣	咸开二 衔平初	咸开二 衔平生	咸开二 衔平疑	咸开二 衔平匣	咸开三 琰上帮	咸开三 盐平泥
连云港	ᶜtʂã	꜁tʂʰã	ᶜtɕiã	꜁ɕiã	꜀tʂʰã	꜀ʂã	꜁iã	꜁ɕiã	ᶜpiẽ	꜁liẽ
灌南	ᶜtʂæ̃	꜁tʂʰæ̃	ᶜtɕiæ̃	꜁xæ̃	꜀tʂʰæ̃	꜀ʂæ̃	꜁ĩĩ	꜁xæ̃	ᶜpĩĩ	꜁lĩĩ
沭阳	ᶜtʂæ̃	꜁tʂʰæ̃	ᶜtɕiæ̃	꜁ɕiæ̃	꜀tʂʰæ̃	꜀ʂæ̃	꜁ĩĩ	꜁ɕiæ̃	ᶜpĩĩ	꜁lĩĩ
泗阳	ᶜtʂaŋ	꜁tʂʰaŋ	ᶜtɕiaŋ	꜁ɕiaŋ	꜀tʂʰaŋ	꜀ʂaŋ	꜁iẽ	꜁ɕiã	ᶜpiẽ	꜁liẽ
泗洪金锁	ᶜtʂã	꜁tʂʰã	ᶜtɕiã	꜁ɕiã	꜀tʂʰã	꜀ʂã	꜁iã	꜁ɕiã	ᶜpiã	꜁niã
泗洪上塘	ᶜtʂæ̃	꜁tʂʰæ̃	ᶜtɕiæ̃	꜁ɕiæ̃	꜀tʂʰæ̃	꜀ʂæ̃	꜁iæ̃	꜁ɕiæ̃	ᶜpiæ̃	꜁niæ̃
泗洪瑶沟	ᶜtʂæ̃	꜁tʂʰæ̃	ᶜtɕiæ̃	꜁ɕiæ̃	꜀tʂʰæ̃	꜀ʂæ̃	꜁iæ̃	꜁ɕiæ̃	ᶜpiæ̃	꜁niæ̃
赣榆墩尚	ᶜtʂan	꜁tʂʰan	ᶜcian	꜁çian	꜀tʂʰan	꜀ʂan	꜁ian	꜁çian	ᶜpian	꜁nian
赣榆石桥	ᶜtʂæ̃	꜁tʂʰæ̃	ᶜtɕiæ̃	꜁ɕiæ̃	꜀tʂʰæ̃/tʂʰæ̃꜄	꜀ʂæ̃/ʂæ̃꜄	꜁iæ̃	꜁ɕiæ̃	ᶜpiæ̃	꜁niæ̃
铜山	ᶜtsæ̃	꜁tsʰæ̃	ᶜtɕiæ̃	꜁ɕiæ̃	꜀tsʰæ̃	꜀sæ̃	꜁iæ̃	꜁ɕiæ̃	ᶜpiæ̃	꜁niæ̃
微山	ᶜtsã	꜁tsʰã	ᶜtɕiã	꜁ɕiã	꜀tsʰã	꜀sã	꜁iã	꜁ɕiã	ᶜpiã	꜁niã
邹城	ᶜtsã	꜁tsʰã	ᶜtɕiã	꜁ɕiã	꜀tsʰã	꜀sã	꜁iã	꜁ɕiã	ᶜpiã	꜁niã
睢宁	ᶜtʂæ̃	꜁tʂʰæ̃	ᶜtɕiæ̃	꜁ɕiæ̃	꜀tʂʰæ̃	꜀ʂæ̃	꜁iæ̃	꜁ɕiæ̃	ᶜpiæ̃	꜁niæ̃
新沂阿湖	ᶜtʂã	꜁tʂʰã	ᶜtɕiã	꜁ɕiã	꜀tʂʰã	꜀ʂã	꜁iã	꜁ɕiã	ᶜpiã	꜁niã
新沂时集 A	ᶜtʂã	꜁tʂʰã	ᶜtɕiã	꜁ɕiã	꜀tʂʰã	꜀ʂã	꜁iã	꜁ɕiã	ᶜpiã	꜁niã
新沂时集 B	ᶜtʂan	꜁tʂʰan	ᶜtɕian	꜁ɕian	꜀tʂʰan	꜀ʂan	꜁ian	꜁ɕian	ᶜpian	꜁nian
泗水	ᶜtʃæ̃	꜁tʃʰæ̃	ᶜtɕiæ̃	꜁ɕiæ̃	꜀tʃʰæ̃	꜀ʃæ̃	꜁iæ̃	ᶜɕiæ̃	ᶜpiæ̃	꜁niæ̃
邳州	ᶜtʂæ̃	꜁tʂʰæ̃	ᶜtɕiæ̃	꜁ɕiæ̃	꜀tʂʰæ̃	꜀ʂæ̃	꜁iæ̃	꜁ɕiæ̃	ᶜpiæ̃	꜁niæ̃
滕州	ᶜtsæ̃	꜁tsʰæ̃	ᶜtɕiæ̃	꜁ɕiæ̃	꜀tsʰæ̃	꜀sæ̃	꜁iæ̃	꜁ɕiæ̃	ᶜpiæ̃	꜁niæ̃
临沭	ᶜtʃæ̃	꜁tʃʰæ̃	ᶜtɕiæ̃	꜁ɕiæ̃	꜀tʃʰæ̃	꜀ʃæ̃	꜁iæ̃	꜁ɕiæ̃	ᶜpiæ̃	꜁niæ̃
宿迁	ᶜtʂã	꜁tʂʰã	ᶜtɕiã	꜁ɕiã	꜀tʂʰã	꜀ʂã	꜁iã	꜁ɕiã	ᶜpiã	꜁niã
丰县	ᶜtʂæ̃	꜁tsʰæ̃	ᶜtɕiæ̃	꜁ɕiæ̃	꜀tsʰæ̃	꜀sæ̃	꜁iæ̃	꜁ɕiæ̃	ᶜpiæ̃	꜁niæ̃
郯城	ᶜtʂã	꜁tʂʰã	ᶜtɕiã	꜁ɕiã	꜀tʂʰã	꜀ʂã	꜁iã	꜁ɕiã	ᶜpiã	꜁niã
莒南团林	꜁tʂæ̃	꜁tʂʰæ̃	ᶜtʃæ̃	꜁ʃæ̃	꜀tʂʰæ̃	꜀ʂæ̃	꜁iæ̃	ᶜʃæ̃	ᶜpiæ̃	꜁niæ̃
日照陈疃	ᶜtʂã	꜁tʂʰã	ᶜtʃã	꜁ʃã	꜀tʂʰã	꜀ʂã	꜁iã	ᶜʃã	ᶜpiã	꜁niã
日照奎山	꜁tʂæ̃	꜁tʂʰæ̃	ᶜtɕiæ̃	꜁ɕiæ̃	ᶜtʂʰæ̃	꜀ʂæ̃	꜁iæ̃	꜁ɕiæ̃	ᶜpiæ̃	꜁niæ̃
日照黄墩	꜁tʂæ̃	꜁tʂʰæ̃	ᶜtʃæ̃	꜁ʃæ̃	꜀tʂʰæ̃	꜀ʂæ̃	꜁iæ̃	ᶜʃæ̃	ᶜpiæ̃	꜁niæ̃
日照涛雒	ᶜtʂã	꜁tʂʰã	ᶜtsã	꜁sã	꜀tʂʰã	꜀ʂã	꜁iã	꜁sã	ᶜpiã	꜁niã
蒙阴	ᶜtʃã	꜁tʃʰã	ᶜtɕiã	꜁ɕiã	꜀tʃʰã	꜀ʃã	꜁iã	꜁ɕiã	ᶜpiã	꜁niã
沂南	ᶜtʂæ̃	꜁tʂʰæ̃	ᶜtɕiæ̃	꜁ɕiæ̃	ᶜtʂʰæ̃	꜀ʂæ̃	꜁iæ̃	꜁ɕiæ̃	ᶜpiæ̃	꜀niæ̃
五莲许孟	꜁tʂã	꜁tʂʰa	ᶜʒã	꜁ʃã	꜀tʂʰã	꜀ʂã	꜁iã	ᶜʃã	ᶜpiã	꜁niã
日照两城	ᶜtʂã	꜁tʂʰã	ᶜtɕiã	꜁ɕiã	꜀tʂʰã	꜀ʂã	꜁iã	꜁ɕiã	ᶜpiã	ᶜniã
莒县桑园	ᶜtʂã	꜁tʂʰã	ᶜtɕiã	꜁ɕiã	꜀tʂʰã	꜀ʂã	꜁iã	꜁ɕiã	ᶜpiã	ᶜniã

续表

	廉	尖	沾	占	闪	染	钳	验	险	厌
	咸开三盐平来	咸开三盐平精	咸开三盐平知	咸开三艳去章	咸开三琰上书	咸开三琰上日	咸开三盐平群	咸开三艳去疑	咸开三琰上晓	咸开三艳去影
连云港	꜁liẽ	꜀tɕiẽ	꜀tɕiẽ	tʂã꜄	꜂ʂã	꜂iẽ	꜁tɕʰiẽ	iẽ꜄	꜂ɕiẽ	iẽ꜄
灌南	꜁lĩɪ	꜀tɕĩɪ	꜀tɕĩɪ	tɕĩɪ꜄	꜂ɕĩɪ	꜂ĩɪ	꜁tɕʰĩɪ	ĩɪ꜄	꜂ɕĩɪ	ĩɪ꜄
沭阳	꜁lĩɪ	꜀tɕĩɪ	꜀tʂæ̃/꜀tɕĩɪ	tʂæ̃꜄/tɕĩɪ꜄	꜂ɕĩɪ	꜂ʂæ̃/꜂ĩɪ	꜁tɕʰĩɪ	ĩɪ꜄	꜂ɕĩɪ	ĩɪ꜄
泗阳	꜁liẽ	꜀tɕiẽ	꜀tʂaŋ	tɕiẽ꜄	꜂ɕiẽ	꜂iẽ	꜁tɕʰiẽ	iẽ꜄	꜂ɕiẽ	iẽ꜄
泗洪金锁	꜁liã	꜀tɕiã	꜀tʂã	tʂã꜄	꜂ʂã	꜂ʐã	꜁tɕʰiã	iã꜄	꜂ɕiã	iã꜄
泗洪上塘	꜁liæ̃	꜀tɕiæ̃	꜀tʂæ̃	tʂæ̃꜄	꜂ʂæ̃	꜂ʐæ̃	꜁tɕʰiæ̃	iæ̃꜄	꜂ɕiæ̃	iæ̃꜄
泗洪瑶沟	꜁liæ̃	꜀tɕiæ̃	꜀tʂæ̃	tʂɛ̃꜄	꜂ʂɛ̃	꜂ʐæ̃	꜁tɕʰiæ̃	iæ̃꜄	꜂ɕiæ̃	iæ̃꜄
赣榆墩尚	꜁lian	꜀tsian	꜀tʂan	tʂan꜄	꜂ʂan	꜂ian	꜁cʰian	ian꜄	꜂çian	ian꜄
赣榆石桥	꜁liæ̃	꜀tθiæ̃/ tθiæ̃꜆	꜀tʂæ̃/tʂæ̃꜆	tʂæ̃꜄	꜂ʂæ̃	꜂iæ̃	꜁tɕʰiæ̃	iæ̃꜄	꜂ɕiæ̃	iæ̃꜄
铜山	꜁liæ̃	꜀tɕiæ̃	꜀tʂæ̃	tʂæ̃꜄	꜂ʂæ̃	꜂ʐæ̃	꜁tɕʰiæ̃	iæ̃꜄	꜂ɕiæ̃	iæ̃꜄
微山	꜁liã	꜀tɕiã	꜀tsã	tsã꜄	꜂sã	꜂zã	꜁tɕʰiã	iã꜄	꜂ɕiã	iã꜄
邹城	꜁liã	꜀tɕiã	꜀tsã	tsã꜄	꜂sã	꜂zã	꜁tɕʰiã	iã꜄	꜂ɕiã	iã꜄
睢宁	꜁liæ̃	꜀tɕiæ̃	꜀tʂæ̃	tʂæ̃꜄	꜂ʂæ̃	꜂ʐæ̃	꜁tɕʰiæ̃	iæ̃꜄	꜂ɕiæ̃	iæ̃꜄
新沂阿湖	꜁liã	꜀tɕiã	꜀tʂã	tʂã꜄	꜂ʂã	꜂ʐã	꜁tɕʰiã	iã꜄	꜂ɕiã	iã꜄
新沂时集A	꜁liã	꜀tɕiã	꜀tʂã	tʂã꜄	꜂ʂã	꜂ʐã	꜁tɕʰiã	iã꜄	꜂ɕiã	iã꜄
新沂时集B	꜁lian	꜀tɕian	꜀tʂan	tʂan꜄	꜂ʂan	꜂ʐan	꜁tɕʰian	ian꜄	꜂ɕian	ian꜄
泗水	꜁liæ̃	꜀tɕiæ̃	꜀tʃæ̃	tʃæ̃꜄	꜂ʃæ̃	꜂ʒæ̃	꜁tɕʰiæ̃	iæ̃꜄	꜂ɕiæ̃	iæ̃꜄
邳州	꜁liæ̃	꜀tɕiæ̃	꜀tʂæ̃	tʂæ̃꜄	꜂ʂæ̃	꜂ʐæ̃	꜁tɕʰiæ̃	iæ̃꜄	꜂ɕiæ̃	iæ̃꜄
滕州	꜁liæ̃	꜀tɕiæ̃	꜀tsæ̃	tsæ̃꜄	꜂sæ̃	꜂zæ̃	꜁tɕʰiæ̃	iæ̃꜄	꜂ɕiæ̃	iæ̃꜄
临沭	꜁liæ̃	꜀tsiæ̃	꜀tʃæ̃	tʃæ̃꜄	꜂ʃæ̃	꜂ʒæ̃	꜁tɕʰiæ̃	iæ̃꜄	꜂ɕiæ̃	iæ̃꜄
宿迁	꜁liã	꜀tɕiã	꜀tʂã	tʂã꜄	꜂ʂã	꜂ʐã	꜁tɕʰiã	iã꜄	꜂ɕiã	iã꜄
丰县	꜁liæ̃	꜀tɕiæ̃	꜀tʂæ̃	tʂæ̃꜄	꜂ʂæ̃	꜂ʐæ̃	꜁tɕʰiæ̃	iæ̃꜄	꜂ɕiæ̃	iæ̃꜄
郯城	꜁liã	꜀tsiã	꜀tʂã	tʂã꜄	꜂ʂã	꜂ʐã	꜁tɕʰiã	iã꜄	꜂ɕiã	iã꜄
莒南团林	꜁liæ̃	꜀tθiæ̃	꜀tʃæ̃	tʃæ̃꜄	꜂ʃæ̃	꜂iæ̃	꜁tʃʰæ̃	iæ̃꜄	꜂ʃæ̃	iæ̃꜄
日照陈疃	꜁liã	꜀ȶiã	꜀tʃã	tʃã꜄	꜂ʃã	꜂iã	꜁tʃʰã	iã꜄	꜂ʃã	iã꜄
日照奎山	꜁liæ̃	꜀tθiæ̃	꜀tsæ̃	tsæ̃꜄	꜂sæ̃	꜂iæ̃	꜁tsʰæ̃	iæ̃꜄	꜂ɕiæ̃	iæ̃꜄
日照黄墩	꜁liæ̃	꜀ȶiæ̃	꜀tʃæ̃	tʃæ̃꜄	꜂ʃæ̃	꜂iæ̃	꜁tʃʰæ̃	iæ̃꜄	꜂ʃæ̃	iæ̃꜄
日照涛雒	꜁liã	꜀ȶiã	꜀tsã	tsã꜄	꜂sã	꜂iã	꜁tsʰã	iã꜄	꜂sã	iã꜄
蒙阴	꜁liã	꜀ziã	꜀tʃã	tʃã꜄	꜂ʃã	꜂iã	꜁tɕʰiã	iã꜄	꜂ɕiã	iã꜄
沂南	꜁liæ̃	꜀tsiæ̃	꜀tʃæ̃	tʃæ̃꜄	꜂ʃæ̃	꜂iæ̃	꜁tɕʰiæ̃	iæ̃꜄	꜂ɕiæ̃	iæ̃꜄
五莲许孟	꜁liã	꜀tɕiã	꜀ʒã	ʒã꜄	꜂ʃã	꜂iã	꜁tʃʰã	iã꜄	꜂ʃã	iã꜄
日照两城	꜁liã	꜀tθiã	꜀tsã	tsã꜄	꜂sã	꜂iã	꜁tɕʰiã	iã꜄	꜂ɕiã	iã꜄
莒县桑园	꜁liã	꜀ziã	꜀zã	zã꜄	꜂sã	꜂iã	꜁tɕʰiã	iã꜄	꜂ɕiã	iã꜄

续表

	盐	欠	严	点	甜	念	谦	嫌	凡	品
	咸开三 盐平以	咸开三 酽去溪	咸开三 严平疑	咸开四 忝上端	咸开四 添平定	咸开四 㮇去泥	咸开四 添平溪	咸开四 添平匣	咸合三 凡平奉	深开三 寝上滂
连云港	꜁iẽ	tɕʰiẽ꜄	꜁iẽ	꜂tiẽ	꜁tʰiẽ	liẽ꜄	꜀tɕʰiẽ	꜁ɕiẽ	꜁xuã	꜂pʰiŋ
灌南	꜁ĩ	tɕʰĩ꜄	꜁ĩ	꜂tĩ	꜁tʰĩ	lĩ꜄	꜀tɕʰĩ	꜁ɕĩ	꜁fæ̃	꜂pʰin
沭阳	꜁ĩ	tɕʰĩ꜄	꜁ĩ	꜂tĩ	꜁tʰĩ	lĩ꜄	꜀tɕʰĩ	꜁ɕĩ	꜁fæ̃	꜂pʰiŋ
泗阳	꜁iẽ	tɕʰiẽ꜄	꜁iẽ	꜂tiẽ	꜁tʰiẽ	liẽ꜄	꜀tɕʰiẽ	꜁ɕiẽ	꜁faŋ	꜂pʰiŋ
泗洪金锁	꜁iã	tɕʰiã꜄	꜁iã	꜂tiã	꜁tʰiã	niã꜄	꜀tɕʰiã	꜁ɕiã	꜁xuã	꜂pʰiŋ
泗洪上塘	꜁iæ̃	tɕʰiæ̃꜄	꜁iæ̃	꜂tiæ̃	꜁tʰiæ̃	niæ̃꜄	꜀tɕʰiæ̃	꜁ɕiæ̃	꜁fæ̃	꜂pʰiŋ
泗洪瑶沟	꜁iæ̃	tɕʰiæ̃꜄	꜁iæ̃	꜂tiæ̃	꜁tʰiæ̃	niæ̃꜄	꜀tɕʰiæ̃	꜁ɕiæ̃	꜁fæ̃	꜂pʰiŋ
赣榆墩尚	꜁ian	cʰian꜄	꜁ian	꜂tian	꜁tʰian	nian꜄	꜀cʰian	꜁çian	꜁fan	꜂pʰin
赣榆石桥	꜁iæ̃	tɕʰiæ̃꜄	꜁iæ̃	꜂tiæ̃	꜁tʰiæ̃	niæ̃꜄	꜀tɕʰiæ̃/ tɕʰiæ̃꜆	꜁ɕiæ̃	fæ̃꜄	꜂pʰiẽ
铜山	꜁iæ̃	tɕʰiæ̃꜄	꜁iæ̃	꜂tiæ̃	꜁tʰiæ̃	niæ̃꜄	꜀tɕʰiæ̃	꜁ɕiæ̃	꜁fæ̃	꜂pʰiə̃
微山	꜁iã	tɕʰiã꜄	꜁iã	꜂tiã	꜁tʰiã	niã꜄	꜀tɕʰiã	꜁ɕiã	꜁fã	꜂pʰiə̃
邹城	꜁iã	tɕʰiã꜄	꜁iã	꜂tiã	꜁tʰiã	niã꜄	꜀tɕʰiã	꜁ɕiã	꜁fã	꜂pʰiẽ
睢宁	꜁iæ̃	tɕʰiæ̃꜄	꜁iæ̃	꜂tiæ̃	꜁tʰiæ̃	niæ̃꜄	꜀tɕʰiæ̃	꜁ɕiæ̃	꜁fæ̃	꜂pʰiə̃
新沂阿湖	꜁iã	tɕʰiã꜄	꜁iã	꜂tiã	꜁tʰiã	niã꜄	꜀tɕʰiã	꜁ɕiã	꜁fã	꜂pʰiẽ
新沂时集 A	꜁iã	tɕʰiã꜄	꜁iã	꜂tiã	꜁tʰiã	niã꜄	꜀tɕʰiã	꜁ɕiã	꜁fã	꜂pʰiẽ
新沂时集 B	꜁ian	tɕʰian꜄	꜁ian	꜂tian	꜁tʰian	nian꜄	꜀tɕʰian	꜁ɕian	꜁fan	꜂pʰin
泗水	꜁iæ̃	tɕʰiæ̃꜄	꜁iæ̃	꜂tiæ̃	꜁tʰiæ̃	niæ̃꜄	꜀tɕʰiæ̃	꜁ɕiæ̃	꜁fæ̃	꜂pʰiə̃
邳州	꜁iæ̃	tɕʰiæ̃꜄	꜁iæ̃	꜂tiæ̃	꜁tʰiæ̃	niæ̃꜄	꜀tɕʰiæ̃	꜁ɕiæ̃	꜁fæ̃	꜂pʰiə̃
滕州	꜁iæ̃	tɕʰiæ̃꜄	꜁iæ̃	꜂tiæ̃	꜁tʰiæ̃	niæ̃꜄	꜀tɕʰiæ̃	꜁ɕiæ̃	꜁fæ̃	꜂pʰiə̃
临沭	꜁iæ̃	tɕʰiæ̃꜄	꜁iæ̃	꜂tiæ̃	꜁tʰiæ̃	niæ̃꜄	꜀tɕʰiæ̃	꜁ɕiæ̃	꜁fæ̃	꜂pʰiẽ
宿迁	꜁iã	tɕʰiã꜄	꜁iã	꜂tiã	꜁tʰiã	niã꜄	꜀tɕʰiã	꜁ɕiã	꜁xuã	꜂pʰiə̃
丰县	꜁iæ̃	tɕʰiæ̃꜄	꜁iæ̃	꜂tiæ̃	꜁tʰiæ̃	niæ̃꜄	꜀tɕʰiæ̃	꜁ɕiæ̃	꜁fæ̃	꜂pʰiə̃
郯城	꜁iã	tɕʰiã꜄	꜁iã	꜂tiã	꜁tʰiã	niã꜄	꜀tɕʰiã	꜁ɕiã	꜁fã	꜂pʰiẽ
莒南团林	꜁iæ̃	tʃʰæ̃꜄	꜁iæ̃	꜂ȶiæ̃	꜁ȶʰiæ̃	niæ̃꜄	꜀tʃʰæ̃	꜁ʃæ̃	꜁fæ̃	꜂pʰiẽ
日照陈疃	꜁iã	tʃʰã꜄	꜁iã	꜂ȶiã	꜁ȶʰiã	niã꜄	꜀tʃʰã	꜁ʃã	꜁fã	꜂pʰiə̃
日照奎山	꜁iæ̃	tɕʰiæ̃꜄	꜁iæ̃	꜂tiæ̃	꜁tʰiæ̃	niæ̃꜄	tɕʰiæ̃꜄	꜁ɕiæ̃	꜁fæ̃	꜂pʰẽ
日照黄墩	꜁iæ̃	tʃʰæ̃꜄	꜁iæ̃	꜂ȶiæ̃	꜁ȶʰiæ̃	niæ̃꜄	꜀tʃʰæ̃	꜁ʃæ̃	꜁fæ̃	꜂pʰiẽ
日照涛雒	꜁iã	tsʰã꜄	꜁iã	꜂tɕiã	꜁tɕʰiã	niã꜄	꜀tsʰã	꜁sã	꜁fã	꜂pʰẽ
蒙阴	꜁iã	tɕʰiã꜄	꜁iã	꜂tiã	꜁tʰiã	niã꜄	꜀tɕʰiã	꜁ɕiã	fã꜄	꜂pʰiə̃
沂南	꜁iæ̃	tɕʰiæ̃꜄	꜁iæ̃	꜂tiæ̃	꜁tʰiæ̃	niæ̃꜄	꜀tɕʰiæ̃	꜁ɕiæ̃	fæ̃꜄	꜂pʰiə̃
五莲许孟	꜁iã	tʃʰã꜄	꜁iã	꜂tɕiã	꜁tɕʰiã	niã꜄	꜀tʃʰã	꜁ʃã	꜁fã	꜂pʰə̃
日照两城	꜁iã	tɕʰiã꜄	꜁iã	꜂tɕiã	꜁tɕʰiã	niã꜄	꜀tɕʰiã	꜁ɕiã	fã꜄	꜂pʰẽ
莒县桑园	꜁iã	tɕʰiã꜄	꜁iã	꜂tiã	꜁tʰiã	niã꜄	꜀tɕʰiã	꜁ɕiã	fã꜄	꜂pʰiẽ

续表

	林	浸	心	寻	沉	参人~	针	婶	深	任
	深开三侵平来	深开三沁去精	深开三侵平心	深开三侵平邪	深开三侵平澄	深开三侵平生	深开三侵平章	深开三寝上书	深开三侵上书	深开三沁去日
连云港	꜁liŋ	tɕiŋᵓ	꜀ɕiŋ	꜁ɕioŋ	꜁tʂʰəŋ	꜀ʂəŋ	꜀tʂəŋ	ᶜʂəŋ	꜀ʂəŋ	ʐəŋᵓ
灌南	꜁lin	tɕinᵓ	꜀ɕin	꜁ɕyn	꜁tʂʰən	꜀ʂən	꜀tʂən	ᶜʂən	꜀ʂən	ʐənᵓ
沭阳	꜁liŋ	tɕiŋᵓ	꜀ɕiŋ	꜁ɕioŋ	꜁tʂʰəŋ	꜀ʂəŋ	꜀tʂəŋ	ᶜʂəŋ	꜀ʂəŋ	ʐəŋᵓ
泗阳	꜁liŋ	tɕiŋᵓ	꜀ɕiŋ	꜁ɕioŋ	꜁tʂʰəŋ	꜀ʂəŋ	꜀tʂəŋ	ᶜʂəŋ	꜀ʂəŋ	ʐəŋᵓ
泗洪金锁	꜁liŋ	tɕiŋᵓ	꜀ɕiŋ	꜁ɕyŋ	꜁tʂʰəŋ	꜀ʂəŋ	꜀tʂəŋ	ᶜʂəŋ	꜀ʂəŋ	ʐəŋᵓ
泗洪上塘	꜁liŋ	tɕiŋᵓ	꜀ɕiŋ	꜁ɕyŋ	꜁tʂʰəŋ	꜀səŋ	꜀tʂəŋ	ᶜʂəŋ	꜀ʂəŋ	ʐəŋᵓ
泗洪瑶沟	꜁liŋ	tɕiŋᵓ	꜀ɕiŋ	꜁ɕioŋ	꜁tʂʰəŋ	꜀səŋ	꜀tʂəŋ	ᶜʂəŋ	꜀ʂəŋ	ʐəŋᵓ
赣榆墩尚	꜁lin	tsinᵓ	꜀sin	꜁syn	꜁tʂʰən	꜀ʂən	꜀tʂən	ᶜʂən	꜀ʂən	inᵓ
赣榆石桥	꜁liẽ	ᶜtθiẽ	꜀θiẽ/θiẽ꜄	꜁θyẽ	꜁tʂʰẽ	꜁ʂẽ	꜀tʂẽ	ᶜʂẽ	꜁ʂẽ	iẽᵓ
铜山	꜁liə̃	ᶜtɕiə̃	꜀ɕiə̃	꜁ɕyə̃	꜁tʂʰə̃	꜀sə̃	꜀tʂə̃	ᶜʂə̃	꜀tʂʰə̃	ʐə̃ᵓ
微山	꜁liə̃	tɕiə̃ᵓ	꜀ɕiə̃	꜁ɕyə̃	꜁tsʰə̃	꜀sə̃	꜀tsə̃	ᶜsə̃	꜀tsʰə̃	zə̃ᵓ
邹城	꜁liẽ	tɕiẽᵓ	꜀ɕiẽ	꜁ɕyẽ	꜁tsʰẽ	꜀sẽ	꜀tsẽ	ᶜsẽ	꜀tsʰẽ	zẽᵓ
睢宁	꜁liə̃	ᶜtɕiə̃	꜀ɕiə̃	꜁ɕyə̃	꜁tʂʰə̃	꜀ʂə̃	꜀tʂə̃	ᶜʂə̃	꜀tʂʰə̃	ʐə̃ᵓ
新沂阿湖	꜁liẽ	tɕiẽᵓ	꜀ɕiẽ	꜁ɕyẽ	꜁tʂʰẽ	꜀ʂẽ	꜀tʂẽ	ᶜʂẽ	꜀ʂẽ	ʐẽᵓ
新沂时集 A	꜁liẽ	ᶜtɕiẽ	꜀ɕiẽ	꜁ɕyẽ	꜁tʂʰẽ	꜀ʂẽ	꜀tʂẽ	ᶜʂẽ	꜀tʂʰẽ	ʐẽᵓ
新沂时集 B	꜁lin	tɕinᵓ	꜀ɕin	꜁ɕyn	꜁tʂʰen	꜀ʂen	꜀tʂen	ᶜʂen	꜀ʂen	ʐenᵓ
泗水	꜁liə̃	꜀tɕiə̃	꜀ɕiə̃	꜁ɕyə̃	꜁tʃʰə̃	꜀ʃə̃	꜀tʃə̃	ᶜʃə̃	꜀ʃə̃/꜀tʃʰə̃	ʒə̃ᵓ
邳州	꜁liə̃	ᶜtɕiə̃	꜀ɕiə̃	꜁suə̃	꜁tʂʰə̃	꜀ʂə̃	꜀tʂə̃	ᶜʂə̃	꜀tʂʰə̃	ʐə̃ᵓ
滕州	꜁liə̃	꜀tɕiə̃	꜀ɕiə̃	꜁ɕyə̃	꜁tsʰə̃	꜀sə̃	꜀tsə̃	ᶜsə̃	꜀tsʰə̃/꜀sə̃	zə̃ᵓ
临沭	꜁liẽ	tθẽᵓ	꜀θẽ	꜁θuẽ	꜁tʃʰẽ	꜀ʃẽ	꜀tʃẽ	ᶜʃẽ	꜀ʃẽ	ʐẽᵓ
宿迁	꜁liə̃	ᶜtɕʰiə̃	꜀ɕiə̃	꜁ɕyə̃	꜁tʂʰə̃	꜀ʂə̃	꜀tʂə̃	ᶜʂə̃	꜀tʂʰə̃	ʐə̃ᵓ
丰县	꜁liə̃	꜀tɕiə̃	꜀ɕiə̃	꜁ɕyə̃	꜁tʂʰə̃	꜀sə̃	꜀tʂə̃	ᶜʂə̃	꜀tʂʰə̃	ʐə̃ᵓ
郯城	꜁liẽ	tɕiẽᵓ	꜀ɕiẽ	꜁ɕyẽ	꜁tʂʰẽ	꜀ʂẽ	꜀tʂẽ	ᶜʂẽ	꜀tʂʰẽ	ʐẽᵓ
莒南团林	꜁liẽ	tθiẽᵓ	꜀θiẽ	꜁θyẽ	꜁tʃʰẽ	꜀ʂẽ	꜀tʃẽ	ᶜʃẽ	꜀ʃẽ	iẽᵓ
日照陈疃	꜁liə̃	ȶiə̃ᵓ	꜀θiə̃	꜁θyə̃	꜁tʃʰə̃	꜀ʂə̃	꜀tʃə̃	ᶜʃə̃	꜀ʃə̃	iə̃ᵓ
日照奎山	꜁lẽ	tθẽᵓ	꜀θẽ	꜁θuẽ	꜁tsʰẽ	꜀ʂẽ	꜀tsẽ	ᶜsẽ	꜀sẽ	iẽᵓ
日照黄墩	꜁liẽ	ȶiẽᵓ	꜀θiẽ	꜁θyẽ	꜁tʃʰẽ	꜀ʂẽ	꜀tʃẽ	ᶜʃẽ	꜀ʃẽ	iẽᵓ
日照涛雒	꜁lẽ	tθẽᵓ/꜀tθẽ	꜀θẽ	꜁θuẽ	꜁tsʰẽ	꜀ʂẽ	꜀tsẽ	ᶜsẽ	꜀sẽ	iẽᵓ
蒙阴	꜁lə̃	ᶜtʃə̃	꜀ʃə̃	꜁syə̃	꜁tʃʰə̃	꜀ʃə̃	꜀tʃə̃	ᶜʃə̃	꜀ʃə̃	iə̃ᵓ
沂南	꜁lə̃	ᶜtʃə̃	꜀ʃə̃	꜀ʃə̃/꜁syə̃	꜁tʃʰə̃	꜀ʂə̃	꜀tʃə̃	ᶜʃə̃	꜀ʃə̃	iə̃ᵓ
五莲许孟	꜁lə̃	tə̃ᵓ	꜀θə̃	꜁θuə̃	꜁tʃʰə̃	꜀ʂə̃	꜀ʒə̃	ᶜʃə̃	꜀ʃə̃	iə̃ᵓ
日照两城	꜁lẽ	tθẽᵓ	꜀θẽ	꜁θuẽ	꜁tsʰẽ	꜀ʂẽ	꜀tsẽ	ᶜsẽ	꜀sẽ	iẽᵓ
莒县桑园	꜁lẽ	ziẽᵓ	꜀siẽ	꜁syẽ	꜁tsʰẽ	꜀ʂẽ	꜀zẽ	ᶜʂẽ	꜀sẽ	꜁iẽ

续表

	今	琴	音	丹	蛋	难~易	拦	残	伞	肝
	深开三寝平见	深开三侵平群	深开三侵平影	山开一寒平端	山开一翰去定	山开一寒平泥	山开一寒平来	山开一寒平从	山开一旱上心	山开一寒平见
连云港	꜀tɕiŋ	꜁tɕʰiŋ	꜀iŋ	꜀tã	tã꜄	꜁lã	꜁lã	꜁tʂʰã	꜂ʂã	꜀kã
灌南	꜀tɕin	꜁tɕʰin	꜀in	꜀tæ̃	tæ̃꜄	꜁læ̃	꜁læ̃	꜁tʂʰæ̃	꜂ʂæ̃	꜀kæ̃
沭阳	꜀tɕiŋ	꜁tɕʰiŋ	꜀iŋ	꜀tæ̃	tæ̃꜄	꜁læ̃	꜁læ̃	꜁tsʰæ̃	꜂sæ̃	꜀kæ̃
泗阳	꜀tɕiŋ	꜁tɕʰiŋ	꜀iŋ	꜀taŋ	taŋ꜄	꜁laŋ	꜁laŋ	꜁tsʰaŋ	꜂saŋ	꜀kaŋ
泗洪金锁	꜀tɕiŋ	꜁tɕʰiŋ	꜀iŋ	꜀tã	tã꜄	꜁nã	꜁lã	꜁tsʰã	꜂sã	꜀kã
泗洪上塘	꜀tɕiŋ	꜁tɕʰiŋ	꜀iŋ	꜀tæ̃	tæ̃꜄	꜁næ̃	꜁læ̃	꜁tsʰæ̃	꜂sæ̃	꜀kæ̃
泗洪瑶沟	꜀tɕiŋ	꜁tɕʰiŋ	꜀iŋ	꜀tæ̃	tæ̃꜄	꜁næ̃	꜁læ̃	꜁tsʰæ̃	꜂sæ̃	꜀kæ̃
赣榆墩尚	꜀cin	꜁cʰin	꜀in	꜀tan	tan꜄	꜁nan	꜁lan	꜁tsʰan	꜂san	꜀kan
赣榆石桥	꜀tɕiẽ	꜁tɕʰiẽ	꜀iẽ/ iẽ꜅	꜀tæ̃/ tæ̃꜅	tæ̃꜄	꜁næ̃	꜁læ̃	꜂tθʰæ̃	꜂θæ̃	꜀kæ̃/kæ̃꜅
铜山	꜀tɕiə̃	꜁tɕʰiə̃	꜀iə̃	꜀tæ̃	tæ̃꜄	꜁næ̃	꜁læ̃	꜁tsʰæ̃	꜂sæ̃	꜀kæ̃
微山	꜀tɕiə̃	꜁tɕʰiə̃	꜀iə̃	꜀tã	tã꜄	꜁nã	꜁lã	꜁tsʰã	꜂sã	꜀kã
邹城	꜀tɕiẽ	꜁tɕʰiẽ	꜀iẽ	꜀tã	tã꜄	꜁nã	꜁lã	꜁tsʰã	꜂sã	꜀kã
睢宁	꜀tɕiə̃	꜁tɕʰiə̃	꜀iə̃	꜀tæ̃	tæ̃꜄	꜁næ̃	꜁læ̃	꜁tsʰæ̃	꜂sæ̃	꜀kæ̃
新沂阿湖	꜀tɕiẽ	꜁tɕʰiẽ	꜀iẽ	꜀tã	tã꜄	꜁nã	꜁lã	꜁tsʰã	꜂sã	꜀kã
新沂时集 A	꜀tɕiẽ	꜁tɕʰiẽ	꜀iẽ	꜀tã	tã꜄	꜁nã	꜁lã	꜁tsʰã	꜂sã	꜀kã
新沂时集 B	꜀tɕin	꜁tɕʰin	꜀in	꜀tan	tan꜄	꜁nan	꜁lan	꜁tsʰan	꜂san	꜀kan
泗水	꜀tɕiə̃	꜁tɕʰiə̃	꜀iə̃	꜀tæ̃	tæ̃꜄	꜁næ̃	꜁læ̃	꜁tsʰæ̃	꜂sæ̃	꜀kæ̃
邳州	꜀tɕiə̃	꜁tɕʰiə̃	꜀iə̃	꜀tæ̃	tæ̃꜄	꜁næ̃	꜁læ̃	꜁tsʰæ̃	꜂sæ̃	꜀kæ̃
滕州	꜀tɕiə̃	꜁tɕʰiə̃	꜀iə̃	꜀tæ̃	tæ̃꜄	꜁næ̃	꜁læ̃	꜁tsʰæ̃	꜂sæ̃	꜀kæ̃
临沭	꜀tɕiẽ	꜁tɕʰiẽ	꜀iẽ	꜀tæ̃	tæ̃꜄	꜁næ̃	꜁læ̃	꜁tθʰæ̃	꜂θæ̃	꜀kæ̃
宿迁	꜀tɕiə̃	꜁tɕʰiə̃	꜀iə̃	꜀tæ̃	tæ̃꜄	꜁næ̃	꜁læ̃	꜁tsʰæ̃	꜂sæ̃	꜀kã
丰县	꜀tɕiə̃	꜁tɕʰiə̃	꜀iə̃	꜀tã	tæ̃꜄	꜁næ̃	꜁læ̃	꜁tsʰæ̃	꜂sæ̃	꜀kæ̃
郯城	꜀tɕiẽ	꜁tɕʰiẽ	꜀iẽ	꜀tã	tã꜄	꜁nã	꜁lã	꜁tsʰã	꜂sã	꜀kã
莒南团林	꜀tʃẽ	꜁tʃʰẽ	꜀iẽ	꜀tæ̃	tæ̃꜄	꜁næ̃	꜁læ̃	꜁tθʰæ̃	꜂θæ̃	꜀kæ̃
日照陈疃	꜀tʃə̃	꜁tʃʰə̃	꜀iə̃	꜀tã	tã꜄	꜁nã	꜁lã	꜁tʰã	꜂θã	꜀kã
日照奎山	꜀tɕiẽ	꜁tɕʰiẽ	꜀iẽ	꜀tæ̃	tæ̃꜄	꜁næ̃	꜁læ̃	꜁tθʰæ̃	꜂θæ̃	꜀kæ̃
日照黄墩	꜀tʃẽ	꜁tʃʰẽ	꜀iẽ	꜀tæ̃	tæ̃꜄	꜁næ̃	꜁læ̃	꜁tθʰæ̃	꜂θæ̃	꜀kæ̃
日照涛雒	꜀tsẽ	꜁tsʰẽ	꜀iẽ	꜀tã	tã꜄	꜁nã	꜁lã	꜁tθʰã	꜂θã	꜀kã
蒙阴	꜀tɕiə̃	꜁tɕʰiə̃	꜀iə̃	꜀tã	tã꜄	꜁nã	꜁lã	꜁tθʰã	꜂θã	꜀kã
沂南	꜀tɕiə̃	꜁tɕʰiə̃	꜀iə̃	꜀tæ̃	tæ̃꜄	꜁næ̃	꜁læ̃	꜂tθʰæ̃	꜂θæ̃	꜀kæ̃
五莲许孟	꜀ʒə̃	꜁tʃʰə̃	꜀iə̃	꜀tã	tã꜄	꜁nã	꜁lã	꜁tʰã	꜂θã	꜀kã
日照两城	꜀tɕiẽ	꜁tɕʰiẽ	꜀iẽ	꜀tã	tã꜄	꜁nã	꜁lã	꜁tθʰã	꜂θã	꜀kã
莒县桑园	꜀tɕiẽ	꜁tɕʰiẽ	꜀iẽ	꜀tã	tã꜄	꜁nã	꜁lã	꜁tθʰã	꜂θã	꜀kã

续表

	岸	汉	旱	安	办	山	产	艰	眼	限
	山开一 翰去疑	山开一 翰去晓	山开一 旱上匣	山开一 寒平影	山开二 裥去並	山开二 裥去並	山开二 产上生	山开二 山平见	山开二 产上疑	山开二 产上匣
连云港	ãᵓ	xãᵓ	xãᵓ	꜀ã	pãᵓ	꜀ʂã	ᶜtʂʰã/ᶜʂã	꜀tɕiã	ᶜiã	ɕiãᵓ
灌南	æ̃ᵓ	xæ̃ᵓ	xæ̃ᵓ	꜀æ̃	pæ̃ᵓ	꜀ʂæ̃	ᶜtʂʰæ̃	꜀tɕiæ̃	ᶜæ̃	ɕiæ̃ᵓ
沭阳	æ̃ᵓ	xæ̃ᵓ	xæ̃ᵓ	꜀æ̃	pæ̃ᵓ	꜀ʂæ̃	ᶜʂæ̃	꜀tɕiæ̃	ᶜiæ̃	ɕiæ̃ᵓ
泗阳	aŋᵓ	xaŋᵓ	xaŋᵓ	꜀aŋ	paŋᵓ	꜀ʂaŋ	ᶜtʂʰaŋ	꜀tɕiaŋ	ᶜiaŋ	ɕiaŋᵓ
泗洪金锁	ãᵓ	xãᵓ	xãᵓ	꜀ã	pãᵓ	꜀ʂã	ᶜtʂʰã	꜀tɕiã	ᶜiã	ɕiãᵓ
泗洪上塘	ɣæ̃ᵓ	xæ̃ᵓ	xæ̃ᵓ	꜀ɣæ̃	pæ̃ᵓ	꜀ʂæ̃	ᶜtʂʰæ̃	꜀tɕiæ̃	ᶜiæ̃	ɕiæ̃ᵓ
泗洪瑶沟	æ̃ᵓ	xæ̃ᵓ	xæ̃ᵓ	꜀æ̃	pæ̃ᵓ	꜀ʂæ̃	ᶜtʂʰæ̃	꜀tɕiæ̃	ᶜiæ̃	ɕiæ̃ᵓ
赣榆墩尚	ɣanᵓ	xanᵓ	xanᵓ	꜀ɣan	panᵓ	꜀ʂan	ᶜtʂʰan	꜀cian	ᶜian	çianᵓ
铜山	ɣæ̃ᵓ	xæ̃ᵓ	xæ̃ᵓ	꜀ɣæ̃	pæ̃ᵓ	꜀sæ̃	ᶜtsʰæ̃	꜀tɕiæ̃	ᶜiæ̃	ɕiæ̃ᵓ
赣榆石桥	ɣæ̃ᵓ	xæ̃ᵓ	xæ̃ᵓ	꜀ɣæ̃/ɣæ̃꜁	pæ̃ᵓ	꜀ʂæ̃	ᶜtʂʰæ̃/ ᶜʂ æ̃	꜀tɕiæ̃/ tɕiæ̃꜁	ᶜiæ̃	ɕiæ̃ᵓ
微山	ɣãᵓ	xãᵓ	xãᵓ	꜀ɣã	pãᵓ	꜀sã	ᶜtsʰã	꜀tɕiã	ᶜiã	ɕiãᵓ
邹城	ɣãᵓ	xãᵓ	xãᵓ	꜀ɣã	pãᵓ	꜀sã	ᶜtsʰã	꜀tɕiã	ᶜiã	ɕiãᵓ
睢宁	ɣæ̃ᵓ	xæ̃ᵓ	xæ̃ᵓ	꜀ɣæ̃	pæ̃ᵓ	꜀ʂæ̃	ᶜtʂʰæ̃	꜀tɕiæ̃	ᶜiæ̃	ɕiæ̃ᵓ
新沂阿湖	ɣãᵓ	xãᵓ	xãᵓ	꜀ɣã	pãᵓ	꜀ʂã	ᶜtʂʰã	꜀tɕiã	ᶜiã	ɕiãᵓ
新沂时集 A	ɣãᵓ	xãᵓ	xãᵓ	꜀ɣã	pãᵓ	꜀ʂã	ᶜʂã	꜀tɕiã	ᶜiã	ɕiãᵓ
新沂时集 B	ɣanᵓ	xanᵓ	xanᵓ	꜀ɣan	panᵓ	꜀ʂan	ᶜtʂʰan	꜀tɕian	ᶜian	ɕianᵓ
泗水	ɣæ̃ᵓ	xæ̃ᵓ	xæ̃ᵓ	꜀ɣæ̃	pæ̃ᵓ	ʃæ̃	ᶜtʃʰæ̃	꜀tɕiæ̃	ᶜiæ̃	ɕiæ̃ᵓ
邳州	ɣæ̃ᵓ	xæ̃ᵓ	xæ̃ᵓ	꜀ɣæ̃	pæ̃ᵓ	꜀ʂæ̃	ᶜtʂʰæ̃	꜀tɕiæ̃	ᶜiæ̃	ɕiæ̃ᵓ
滕州	ɣæ̃ᵓ	xæ̃ᵓ	xæ̃ᵓ	꜀ɣæ̃	pæ̃ᵓ	꜀ʂæ̃	ᶜtʂʰæ̃	꜀tɕiæ̃	ᶜiæ̃	ɕiæ̃ᵓ
临沭	ɣæ̃ᵓ	xæ̃ᵓ	xæ̃ᵓ	꜀ɣæ̃	pæ̃ᵓ	ʃæ̃	ᶜtʃʰæ̃	꜀tɕiæ̃	ᶜiæ̃	ɕiæ̃ᵓ
宿迁	ɣãᵓ	xãᵓ	xãᵓ	꜀ɣã	pãᵓ	꜀ʂã	ᶜʂã	꜀tɕiã	ᶜiã	ɕiãᵓ
丰县	ɣæ̃ᵓ	xæ̃ᵓ	xæ̃ᵓ	꜀ɣæ̃	pæ̃ᵓ	꜀sæ̃	ᶜtsʰæ̃	꜀tɕiæ̃	ᶜiæ̃	ɕiæ̃ᵓ
郯城	ɣãᵓ	xãᵓ	xãᵓ	꜀ɣã	pãᵓ	꜀ʂã	ᶜtʂã	꜀tɕiã	ᶜiã	ɕiãᵓ
莒南团林	æ̃ᵓ	xæ̃ᵓ	xæ̃ᵓ	꜀æ̃	pæ̃ᵓ	꜀ʂæ̃	ᶜtʂʰæ̃	꜀tʃæ̃	ᶜiæ̃	ʃæ̃ᵓ
日照陈疃	ŋãᵓ	xãᵓ	xãᵓ	꜀ŋã	pãᵓ	꜀ʂã	ᶜtʂʰã	꜀tʃã	ᶜiã	ʃãᵓ
日照奎山	ŋæ̃ᵓ	xæ̃ᵓ	xæ̃ᵓ	꜀ŋæ̃	pæ̃ᵓ	꜀ʂæ̃	ᶜtʂʰæ̃	꜀tɕiæ̃	ᶜiæ̃	ɕiæ̃ᵓ
日照黄墩	ŋæ̃ᵓ	xæ̃ᵓ	xæ̃ᵓ	꜀ŋæ̃	pæ̃ᵓ	꜀ʂæ̃	ᶜtʂʰæ̃	꜀tʃæ̃	ᶜiæ̃	ʃæ̃ᵓ
日照涛雒	ŋãᵓ	xãᵓ	xãᵓ	꜀ŋã	pãᵓ	꜀ʂã	ᶜtʂʰã	꜀tsã	ᶜiã	sãᵓ
蒙阴	ŋãᵓ	xãᵓ	xãᵓ	꜀ŋã	pãᵓ	꜀ʃã	ᶜtʃʰã	꜀tɕiã	ᶜiã	ɕiãᵓ
沂南	ŋæ̃ᵓ	xæ̃ᵓ	xæ̃ᵓ	꜀ŋæ̃	pæ̃ᵓ	꜀ʂæ̃	ᶜtʂʰæ̃	꜀tɕiæ̃	ᶜiæ̃	ɕiæ̃ᵓ
五莲许孟	ŋãᵓ	xãᵓ	xãᵓ	꜀ŋã	pãᵓ	꜀ʂã	ᶜtʂʰã	꜀ʒã	ᶜiã	ʃãᵓ
日照两城	ŋãᵓ	xãᵓ	xãᵓ	꜀ŋã	pãᵓ	꜀ʂã	ᶜtʂʰã	꜀tɕiã	ᶜiã	ɕiãᵓ
莒县桑园	ŋãᵓ	xãᵓ	xãᵓ	꜀ŋã	pãᵓ	꜀ʂã	ᶜtʂʰã	꜀tɕiã	ᶜiã	ɕiãᵓ

续表

	板	慢	栈	删	奸	颜	变	偏	便~宜	便方~
	山开二潸上帮	山开二谏去明	山开二谏去崇	山开二删平生	山开二删平见	山开二删平疑	山开三线去帮	山开三仙平滂	山开三仙平並	山开三线去並
连云港	ᶜpã	mãᵓ	tʂãᵓ	꜀ʂuã	꜀tɕiã	꜁iẽ	piẽᵓ	꜀pʰiẽ	꜁pʰiẽ	pʰiẽᵓ
灌南	ᶜpæ̃	mæ̃ᵓ	tʂæ̃ᵓ	꜀ʂuæ̃	꜀tɕiæ̃	꜁æ̃	pĩᵓ	꜀pʰĩ	꜁pʰĩ	pʰĩᵓ
沭阳	ᶜpæ̃	mæ̃ᵓ	tʂæ̃ᵓ	꜀ʂuæ̃	꜀tɕiæ̃	꜁iæ̃	pĩᵓ	꜀pʰĩ	꜁pʰĩ	pʰĩᵓ
泗阳	ᶜpaŋ	maŋᵓ	tʂaŋᵓ	꜀ʂaŋ	꜀tɕiaŋ	꜁iaŋ	piẽᵓ	꜀pʰiẽ	꜁pʰiẽ	pʰiẽᵓ
泗洪金锁	ᶜpã	mãᵓ	tʂãᵓ	꜀ʂã	꜀tɕiã	꜁iã	piãᵓ	꜀pʰiã	꜁pʰiã	piãᵓ
泗洪上塘	ᶜpæ̃	mæ̃ᵓ	tʂæ̃ᵓ	꜀ʂæ̃	꜀tɕiæ̃	꜁iæ̃	piæ̃ᵓ	꜀pʰiæ̃	꜁pʰiæ̃	piæ̃ᵓ
泗洪瑶沟	ᶜpæ̃	mæ̃ᵓ	tʂæ̃ᵓ	꜀ʂæ̃	꜀tɕiæ̃	꜁iæ̃	piæ̃ᵓ	꜀pʰiæ̃	꜁pʰiæ̃	piæ̃ᵓ
赣榆墩尚	ᶜpan	manᵓ	tʂanᵓ	꜀ʂan	꜀cian	꜁ian	pianᵓ	꜀pʰian	꜁pʰian	pianᵓ
赣榆石桥	ᶜpæ̃	mæ̃ᵓ	tʂæ̃ᵓ	꜀ʂæ̃/ʂæ̃꜆	꜀tɕiæ̃	꜁iæ̃	piæ̃ᵓ	꜀pʰiæ̃	꜁pʰiæ̃	piæ̃ᵓ
铜山	ᶜpæ̃	mæ̃ᵓ	tʂæ̃ᵓ	꜀ʂæ̃	꜀tɕiæ̃	꜁iæ̃	piæ̃ᵓ	꜀pʰiæ̃	꜁pʰiæ̃	piæ̃ᵓ
微山	ᶜpã	mãᵓ	tsãᵓ	꜀sã	꜀tɕiã	꜁iã	piãᵓ	꜀pʰiã	꜁pʰiã	piãᵓ
邹城	ᶜpã	mãᵓ	tsãᵓ	꜀sã	꜀tɕiã	꜁iã	piãᵓ	꜀pʰiã	꜁pʰiã	piãᵓ
睢宁	ᶜpæ̃	mæ̃ᵓ	tʂæ̃ᵓ	꜀ʂæ̃	꜀tɕiæ̃	꜁iæ̃	piæ̃ᵓ	꜀pʰiæ̃	꜁pʰiæ̃	piæ̃ᵓ
新沂阿湖	ᶜpã	mãᵓ	tʂãᵓ	꜀ʂã	꜀tɕiã	꜁iã	piãᵓ	꜀pʰiã	꜁pʰiã	piãᵓ
新沂时集 A	ᶜpã	mãᵓ	tʂãᵓ	꜀ʂuã/꜀ʂã	꜀tɕiã	꜁iã	piãᵓ	꜀pʰiã	꜁pʰiã	piãᵓ
新沂时集 B	ᶜpan	manᵓ	tʂanᵓ	꜀ʂan	꜀tɕian	꜁ian	pianᵓ	꜀pʰian	꜁pʰian	pianᵓ
泗水	ᶜpæ̃	mæ̃ᵓ	tʃæ̃ᵓ	ʃæ̃	꜀tɕiæ̃	꜁iæ̃	piæ̃ᵓ	꜀pʰiæ̃	꜁pʰiæ̃	piæ̃ᵓ
邳州	ᶜpæ̃	mæ̃ᵓ	tʂæ̃ᵓ	꜀ʂæ̃	꜀tɕiæ̃	꜁iæ̃	piæ̃ᵓ	꜀pʰiæ̃	꜁pʰiæ̃	piæ̃ᵓ
滕州	ᶜpæ̃	mæ̃ᵓ	tʂæ̃ᵓ	꜀ʂæ̃	꜀tɕiæ̃	꜁iæ̃	piæ̃ᵓ	꜀pʰiæ̃	꜁pʰiæ̃	piæ̃ᵓ
临沭	ᶜpæ̃	mæ̃ᵓ	tʃæ̃ᵓ	ʃæ̃	꜀tɕiæ̃	꜁iæ̃	piæ̃ᵓ	꜀pʰiæ̃	꜁pʰiæ̃	piæ̃ᵓ
宿迁	ᶜpã	mãᵓ	tʂãᵓ	꜀ʂã	꜀tɕiã	꜁iã	piãᵓ	꜀pʰiã	꜁pʰiã	piãᵓ
丰县	ᶜpæ̃	mæ̃ᵓ	tsæ̃ᵓ	꜀ʂæ̃	꜀tɕiæ̃	꜁iæ̃	piæ̃ᵓ	꜀pʰiæ̃	꜁pʰiæ̃	piæ̃ᵓ
郯城	ᶜpã	mãᵓ	tʂãᵓ	꜀ʂã	꜀tɕiã	꜁iã	piãᵓ	꜀pʰiã	꜁pʰiã	piãᵓ
莒南团林	ᶜpæ̃	mæ̃ᵓ	tʂæ̃ᵓ	꜀ʂæ̃	꜀tʃæ̃	꜁iæ̃	piæ̃ᵓ	꜀pʰiæ̃	꜁pʰiæ̃	piæ̃ᵓ
日照陈疃	ᶜpã	mãᵓ	tʂãᵓ	꜀ʂã	꜀tʃã	꜁iã	piãᵓ	꜀pʰiã	꜁pʰiã	piãᵓ
日照奎山	ᶜpæ̃	mæ̃ᵓ	tʂæ̃ᵓ	꜀ʂæ̃	꜀tɕiæ̃	꜁iæ̃	piæ̃ᵓ	꜀pʰiæ̃	꜁pʰiæ̃	piæ̃ᵓ
日照黄墩	ᶜpæ̃	mæ̃ᵓ	tʂæ̃ᵓ	꜀ʂæ̃	꜀tʃæ̃	꜁iæ̃	piæ̃ᵓ	꜀pʰiæ̃	꜁pʰiæ̃	piæ̃ᵓ
日照涛雒	ᶜpã	mãᵓ	tʂãᵓ	꜀ʂã	꜀tsã	꜁iã	piãᵓ	꜀pʰiã	꜁pʰiã	piãᵓ
蒙阴	ᶜpã	mãᵓ	tʃãᵓ	ʃã	꜀tɕiã	꜁iã	piãᵓ	꜀pʰiã	꜁pʰiã	piaᵓ
沂南	ᶜpæ̃	mæ̃ᵓ	tʂæ̃ᵓ	ʃæ̃	꜀tɕiæ̃	꜁iæ̃	piæ̃ᵓ	꜀pʰiæ̃	꜁pʰiæ̃	piæ̃ᵓ
五莲许孟	ᶜpã	mãᵓ	tʂãᵓ	꜀ʂã	꜀ʒã	꜁iã	piãᵓ	꜀pʰiã	꜁pʰiã	piaᵓ
日照两城	ᶜpã	mãᵓ	tʂãᵓ	꜀ʂã	ᶜtɕiã	꜁iã	piãᵓ	꜀pʰiã	꜁pʰiã	piãᵓ
莒县桑园	ᶜpã	mãᵓ	tʂãᵓ	꜀ʂã	ᶜtɕiã	꜁iã	piãᵓ	꜀pʰiã	꜁pʰiã	piãᵓ

续表

	面	碾	连	剪	贱	仙	展	缠	战	蝉
	山开三 线去明	山开三 狝上泥	山开三 山平来	山开三 狝上精	山开三 线去从	山开三 仙平心	山开三 狝上知	山开三 仙平澄	山开三 线去章	山开三 仙平禅
连云港	miẽ꜄	꜂liẽ	꜁liẽ	꜂tɕiẽ	tɕiẽ꜄	꜀ɕiẽ	꜂tɕiẽ/꜂tʂã	꜁tɕʰiẽ	tʂã꜄	꜁tʂʰã
灌南	mĩɪ꜄	꜂lĩɪ	꜁lĩɪ	꜂tɕĩɪ	tɕĩɪ꜄	꜀ɕĩɪ	꜂tɕĩɪ	꜁tɕʰĩɪ	tɕĩɪ꜄	꜁tɕʰĩɪ
沭阳	mĩɪ꜄	꜂lĩɪ	꜁lĩɪ	꜂tɕĩɪ	tɕĩɪ꜄	꜀ɕĩɪ	꜂tɕĩɪ	꜁tɕʰĩɪ	tʂæ̃꜄	꜁tʂʰæ̃
泗阳	miẽ꜄	꜂liẽ	꜁liẽ	꜂tɕiẽ	tɕiẽ꜄	꜀ɕiẽ	꜂tʂaŋ	꜁tɕʰiẽ	tʂaŋ꜄	꜁tʂʰaŋ
泗洪金锁	miã꜄	꜂niã	꜁liã	꜂tɕiã	tɕiã꜄	꜀ɕiã	꜂tʂã	꜁tʂʰã	tʂã꜄	꜁tʂʰã
泗洪上塘	miæ̃꜄	꜂niæ̃	꜁liæ̃	꜂tɕiæ̃	tɕiæ̃꜄	꜀ɕiæ̃	꜂tʂɛ̃	꜁tʂʰæ̃	tʂæ̃꜄	꜁tʂʰæ̃
泗洪瑶沟	miæ̃꜄	꜂niæ̃	꜁liæ̃	꜂tɕiæ̃	tɕiæ̃꜄	꜀ɕiæ̃	꜂tʂɛ̃	꜁tʂʰæ̃	tʂæ̃꜄	꜁tʂʰæ̃
赣榆墩尚	mian꜄	꜂nian	꜁lian	꜂tsian	tsian꜄	꜀sian	꜂tʂan	꜁tʂʰan	tʂan꜄	꜁tʂʰan
赣榆石桥	miæ̃꜄	꜂niæ̃	꜁liæ̃	꜂tθiæ̃	tθiæ̃꜄	꜀θiæ̃	꜂tʂæ̃	꜁tʂʰæ̃	tʂæ̃꜄	꜁tʂʰæ̃
铜山	miæ̃꜄	꜂niæ̃	꜁liæ̃	꜂tɕiæ̃	tɕiæ̃꜄	꜀ɕiæ̃	꜂tʂæ̃	꜁tʂʰæ̃	tʂæ̃꜄	꜁tʂʰæ̃
微山	miã꜄	꜂niã	꜁liã	꜂tɕiã	tɕiã꜄	꜀ɕiã	꜂tsã	꜁tsʰã	tsã꜄	꜁tsʰã
邹城	miã꜄	꜂niã	꜁liã	꜂tɕiã	tɕiã꜄	꜀ɕiã	꜂tsã	꜁tsʰã	tsã꜄	꜁tsʰã
睢宁	miæ̃꜄	꜂niæ̃	꜁liæ̃	꜂tɕiæ̃	tɕiæ̃꜄	꜀ɕiæ̃	꜂tʂæ̃	꜁tʂʰæ̃	tʂæ̃꜄	꜁tʂʰæ̃
新沂阿湖	miã꜄	꜂niã	꜁liã	꜂tɕiã	tɕiã꜄	꜀ɕiã	꜂tʂã	꜁tʂʰã	tʂã꜄	꜁tʂʰã
新沂时集 A	miã꜄	꜂niã	꜁liã	꜂tɕiã	tɕiã꜄	꜀ɕiã	꜂tʂã	꜁tʂʰã	tʂã꜄	꜁tʂʰã
新沂时集 B	mian꜄	꜂nian	꜁lian	꜂tɕian	tɕian꜄	꜀ɕian	꜂tʂan	꜁tʂʰan	tʂan꜄	꜁tʂʰan
泗水	miæ̃꜄	꜂niæ̃	꜁liæ̃	꜂tɕiæ̃	tɕiæ̃꜄	꜀ɕiæ̃	꜂tʃæ̃	꜁tʃʰæ̃	tʃæ̃꜄	꜁tʃʰæ̃
邳州	miæ̃꜄	꜂niæ̃	꜁liæ̃	꜂tɕiæ̃	tɕiæ̃꜄	꜀ɕiæ̃	꜂tʂæ̃	꜁tʂʰæ̃	tʂæ̃꜄	꜁tʂʰæ̃
滕州	miæ̃꜄	niæ̃꜄	꜁liæ̃	꜂tɕiæ̃	tɕiæ̃꜄	꜀ɕiæ̃	꜂tsæ̃	꜁tsʰæ̃	tsæ̃꜄	꜁tsʰæ̃
临沭	miæ̃꜄	꜂niæ̃	꜁liæ̃	꜂tsiæ̃	tsiæ̃꜄	꜀siæ̃	꜂tʃæ̃	꜁tʃʰæ̃	tʃæ̃꜄	꜁tʂʰæ̃
宿迁	miã꜄	꜂niã	꜁liã	꜂tɕiã	tɕiã꜄	꜀ɕiã	꜂tʂã	꜁tʂʰã	tʂã꜄	꜁tʂʰã
丰县	miæ̃꜄	꜂niæ̃	꜁liæ̃	꜂tɕiæ̃	tɕiæ̃꜄	꜀ɕiæ̃	꜂tʂæ̃	꜁tʂʰæ̃	tʂæ̃꜄	꜁tʂʰæ̃
郯城	miã꜄	꜂niã	꜁liã	꜂tsiã	tsiã꜄	꜀siã	꜂tʂã	꜁tʂʰã	tʂã꜄	꜁tʂʰã
莒南团林	miæ̃꜄	꜂niæ̃	꜁liæ̃	꜂tθiæ̃	tθiæ̃꜄	꜀θiæ̃	꜂tʃæ̃	꜁tʃʰæ̃	tʃæ̃꜄	꜁tʃʰæ̃
日照陈疃	miã꜄	꜂niã	꜁liã	꜂ȶiã	ȶiã꜄	꜀θiã	꜂tʃã	꜁tʃʰã	tʃã꜄	꜁tʂʰã
日照奎山	miæ̃꜄	꜂niæ̃	꜁liæ̃	꜂tθiæ̃	tθiæ̃꜄	꜀θiæ̃	꜂tsæ̃	꜁tsʰæ̃	tsæ̃꜄	꜁tsʰæ̃
日照黄墩	miæ̃꜄	꜂niæ̃	꜁liæ̃	꜂ȶiæ̃	ȶiæ̃꜄	꜀θiæ̃	꜂tʃæ̃	꜁tʃʰæ̃	tʃæ̃꜄	꜁tʃʰæ̃
日照涛雒	miã꜄	꜂niã	꜁liã	꜂ȶiã	ȶiã꜄	꜀θiã	꜂tsã	꜁tsʰã	tsã꜄	꜁tʂʰã
蒙阴	miã꜄	꜂niã	꜁liã	꜂ziã	ziã꜄	꜀siã	꜂tʃã	꜁tʃʰã	tʃã꜄	꜁tʃʰã
沂南	miæ̃꜄	꜂niæ̃	꜁liæ̃	꜂tsiæ̃	tsiæ̃꜄	꜀siæ̃	꜂tʃæ̃	꜁tʃʰæ̃	tʃæ̃꜄	꜁tʂʰæ̃
五莲许孟	miã꜄	niã꜄	꜁liã	꜂tɕiã	tɕiã꜄	꜀ɕiã	꜂ʒã	꜁tʃʰã	ʒã꜄	꜁tʃʰã
日照两城	miã꜄	꜂niã	꜁liã	꜂tθiã	tθiã꜄	꜀θiã	꜂tsã	꜁tsʰã	tsã꜄	꜂tʂʰã
莒县桑园	miã꜄	꜂niã	꜁liã	꜂ziã	ziã꜄	꜀siã	꜂zã	꜁tsʰã	zã꜄	꜁tʂʰã

续表

	善	然	件	演	建	言	献	边	片	辫
	山开三 狝上禅	山开三 仙平日	山开三 狝上群	山开三 狝上以	山开三 愿去见	山开三 元平疑	山开三 愿去晓	山开四 先平帮	山开四 霰去滂	山开四 铣上並
连云港	ɕiẽ꜄	꜁iẽ	tɕiẽ꜄	꜂iẽ	tɕiẽ꜄	꜁iẽ	ɕiẽ꜄	꜀piẽ	pʰiẽ꜄	piẽ꜄
灌南	ɕĩɪ꜄	꜁ĩɪ	tɕĩɪ꜄	꜂ĩɪ	tɕĩɪ꜄	꜁ĩɪ	ɕĩɪ꜄	꜀pĩɪ	pʰĩɪ꜄	pĩɪ꜄
沭阳	ɕĩɪ꜄	꜁ĩɪ	tɕĩɪ꜄	꜂ĩɪ	tɕĩɪ꜄	꜁ĩɪ	ɕĩɪ꜄	꜀pĩɪ	pʰĩɪ꜄	pĩɪ꜄
泗阳	ɕiẽ꜄	꜁ʐaŋ	tɕiẽ꜄	꜂iẽ	tɕiẽ꜄	꜁iẽ	ɕiẽ꜄	꜀piẽ	pʰiẽ꜄	piẽ꜄
泗洪金锁	ʂã꜄	꜂ʐã	tɕiã꜄	꜂iã	tɕiã꜄	꜁iã	ɕiã꜄	꜀piã	pʰiã꜄	piã꜄
泗洪上塘	ʂæ̃꜄	꜂ʐæ̃	tɕiæ̃꜄	꜂iæ̃	tɕiæ̃꜄	꜁iæ̃	ɕiæ̃꜄	꜀piæ̃	pʰiæ̃꜄	piæ̃꜄
泗洪瑶沟	ʂæ̃꜄	꜁ʐæ̃	tɕiæ̃꜄	꜂iæ̃	tɕiæ̃꜄	꜁iæ̃	ɕiæ̃꜄	꜀piæ̃	pʰiæ̃꜄	piæ̃꜄
赣榆墩尚	ʂan꜄	꜁ian	cian꜄	꜂ian	cian꜄	꜁ian	çian꜄	꜀pian	pʰian꜄	pian꜄
赣榆石桥	ʂæ̃꜄	꜁iæ̃	tɕiæ̃꜄	꜂iæ̃	tɕiæ̃꜄	꜁iæ̃	ɕiæ̃꜄	꜀piæ̃	pʰiæ̃꜄	piæ̃꜄
铜山	ʂæ̃꜄	꜁ʐæ̃	tɕiæ̃꜄	꜂iæ̃	tɕiæ̃꜄	꜁iæ̃	ɕiæ̃꜄	꜀piæ̃	pʰiæ̃꜄	piæ̃꜄
微山	sã꜄	꜁zã	tɕiã꜄	꜂iã	tɕiã꜄	꜁iã	ɕiã꜄	꜀piã	pʰiã꜄	piã꜄
邹城	sã꜄	꜁zã	tɕiã꜄	꜂iã	tɕiã꜄	꜁iã	ɕiã꜄	꜀piã	pʰiã꜄	piã꜄
睢宁	ʂæ̃꜄	꜁ʐæ̃	tɕiæ̃꜄	꜂iæ̃	tɕiæ̃꜄	꜁iæ̃	ɕiæ̃꜄	꜀piæ̃	pʰiæ̃꜄	piæ̃꜄
新沂阿湖	ʂã꜄	꜁ʐã	tɕiã꜄	꜂iã	tɕiã꜄	꜁iã	ɕiã꜄	꜀piã	pʰiã꜄	piã꜄
新沂时集 A	ʂã꜄	꜁ʐã	tɕiã꜄	꜂iã	tɕiã꜄	꜁iã	ɕiã꜄	꜀piã	pʰiã꜄	piã꜄
新沂时集 B	ʂan꜄	꜁ʐan	tɕian꜄	꜂ian	tɕian꜄	꜁ian	ɕian꜄	꜀pian	pʰian꜄	pian꜄
泗水	ʃæ̃꜄	꜁ʒæ̃	tɕiæ̃꜄	꜂iæ̃	tɕiæ̃꜄	꜁iæ̃	ɕiæ̃꜄	꜀piæ̃	pʰiæ̃꜄	piæ̃꜄
邳州	ʂæ̃꜄	꜁ʐæ̃	tɕiæ̃꜄	꜂iæ̃	tɕiæ̃꜄	꜁iæ̃	ɕiæ̃꜄	꜀piæ̃	pʰiæ̃꜄	piæ̃꜄
滕州	sæ̃꜄	꜁zæ̃	tɕiæ̃꜄	꜂iæ̃	tɕiæ̃꜄	꜁iæ̃	ɕiæ̃꜄	꜀piæ̃	pʰiæ̃꜄	piæ̃꜄
临沭	ʂæ̃꜄	꜁ʐæ̃	tɕiæ̃꜄	꜂iæ̃	tɕiæ̃꜄	꜁iæ̃	ɕiæ̃꜄	꜀piæ̃	pʰiæ̃꜄	piæ̃꜄
宿迁	ʂã꜄	꜁ʐã	tɕiã꜄	꜂iã	tɕiã꜄	꜁iã	ɕiã꜄	꜀piã	pʰiã꜄	piã꜄
丰县	ʂæ̃꜄	꜁ʐæ̃	tɕiæ̃꜄	꜂iæ̃	tɕiæ̃꜄	꜁iæ̃	ɕiæ̃꜄	꜀piæ̃	pʰiæ̃꜄	piæ̃꜄
郯城	ʂã꜄	꜁ʐã	tɕiã꜄	꜂iã	tɕiã꜄	꜁iã	ɕiã꜄	꜀piã	pʰiã꜄	piã꜄
莒南团林	ʃæ̃꜄	꜁iæ̃	tʃæ̃꜄	꜂iæ̃	tʃæ̃꜄	꜁iæ̃	ʃæ̃꜄	꜀piæ̃	pʰiæ̃꜄	piæ̃꜄
日照陈疃	ʃã꜄	꜁iã	tʃã꜄	꜂iã	tʃã꜄	꜁iã	ʃã꜄	꜀piã	pʰiã꜄	piã꜄
日照奎山	sæ̃꜄	꜁iæ̃	tɕiæ̃꜄	꜂iæ̃	tɕiæ̃꜄	꜁iæ̃	ɕiæ̃꜄	꜀piæ̃	pʰiæ̃꜄	piæ̃꜄
日照黄墩	ʃæ̃꜄	꜁iæ̃	tʃæ̃꜄	꜂iæ̃	tʃæ̃꜄	꜁iæ̃	ʃæ̃꜄	꜀piæ̃	pʰiæ̃꜄	piæ̃꜄
日照涛雒	sã꜄	꜁iã	tsã꜄	꜂iã	tsã꜄	꜁iã	sã꜄	꜀piã	pʰiã꜄	piã꜄
蒙阴	ʃã꜄	꜁iã	tɕiã꜄	꜂iã	tɕiã꜄	꜁iã	ɕiã꜄	꜀piã	pʰiã꜄	piã꜄
沂南	ʃæ̃꜄	꜁iæ̃	tɕiæ̃꜄	꜂iæ̃	tɕiæ̃꜄	꜁iæ̃	ɕiæ̃꜄	꜀piæ̃	pʰiæ̃꜄	piæ̃꜄
五莲许孟	ʃã꜄	꜁iã	ʒã꜄	꜂iã	ʒã꜄	꜁iã	ʃã꜄	꜀piã	pʰiã꜄	piã꜄
日照两城	sã꜄	꜁iã	tɕiã꜄	꜂iã	tɕiã꜄	꜁iã	ɕiã꜄	꜀piã	pʰiã꜄	piã꜄
莒县桑园	sã꜄	꜁iã	tɕiã꜄	꜂iã	tɕiã꜄	꜁iã	ɕiã꜄	꜀piã	pʰiã꜄	piã꜄

续表

	面	天	田	电	年	莲	千	前	肩	研
	山开四霰去明	山开四先平透	咸开四先平定	山开四先去定	咸开四先平泥	山开四先平来	山开四先平清	山开四先平从	山开四先平见	山开四先平疑
连云港	miẽ꜄	꜀tʰiẽ	꜁tʰiẽ	tiẽ꜄	liẽ꜄	꜁liẽ	꜀tɕʰiẽ	꜁tɕʰiẽ	꜀tɕiẽ	꜂iẽ
灌南	mĩĩ꜄	꜀tʰĩĩ	꜁tʰĩĩ	tĩĩ꜄	lĩĩ꜄	꜁lĩĩ	꜀tɕʰĩĩ	꜁tɕʰĩĩ	꜀tɕĩĩ	꜂ĩĩ
沭阳	mĩĩ꜄	꜀tʰĩĩ	꜁tʰĩĩ	tĩĩ꜄	liæ̃꜄	꜁liæ̃	꜀tɕʰĩĩ	꜁tɕʰĩĩ	꜀tɕĩĩ	꜂ĩĩ
泗阳	miẽ꜄	꜀tʰiẽ	꜁tʰiẽ	tiẽ꜄	liẽ꜄	꜁liẽ	꜀tɕʰiẽ	꜁tɕʰiẽ	꜀tɕiẽ	꜂iẽ
泗洪金锁	miã꜄	꜀tʰiã	꜁tʰiã	tiã꜄	꜁niã	꜁liã	꜀tɕʰiã	꜁tɕʰiã	꜀tɕiã	꜁iã
泗洪上塘	miæ̃꜄	꜀tʰiæ̃	꜁tʰiæ̃	tiæ̃꜄	꜁niæ̃	꜁liæ̃	꜀tɕʰiæ̃	꜁tɕʰiæ̃	꜀tɕiæ̃	꜁iæ̃
泗洪瑶沟	miæ̃꜄	꜀tʰiæ̃	꜁tʰiæ̃	tiæ̃꜄	꜁niæ̃	꜁liæ̃	꜀tɕʰiæ̃	꜁tɕʰiæ̃	꜀tɕiæ̃	꜂iæ̃
赣榆墩尚	mian꜄	꜀tʰian	꜁tʰian	tian꜄	꜁nian	꜁lian	꜀tsʰian	꜁tsʰian	꜀tsian	꜂ian
赣榆石桥	miæ̃꜄	꜀tʰiæ̃/ tʰiæ̃꜅	꜁tʰiæ̃	tiæ̃꜄	꜁niæ̃	꜁liæ̃	꜀tθʰiæ̃	꜁tθʰiæ̃	꜀tɕiæ̃/ tɕiæ̃꜅	꜁iæ̃
铜山	miæ̃꜄	꜀tʰiæ̃	꜁tʰiæ̃	tiæ̃꜄	꜁niæ̃	꜁liæ̃	꜀tɕʰiæ̃	꜁tɕʰiæ̃	꜀tɕiæ̃	꜂iæ̃
微山	miã꜄	꜀tʰiã	꜁tʰiã	tiã꜄	꜁niã	꜁liã	꜀tɕʰiã	꜁tɕʰiã	꜀tɕiã	꜂iã
邹城	miã꜄	꜀tʰiã	꜁tʰiã	tiã꜄	꜁niã	꜁liã	꜀tɕʰiã	꜁tɕʰiã	꜀tɕiã	꜂iã
睢宁	miæ̃꜄	꜀tʰiæ̃	꜁tʰiæ̃	tiæ̃꜄	꜁niæ̃	꜁liæ̃	꜀tɕʰiæ̃	꜁tɕʰiæ̃	꜀tɕiæ̃	꜂iæ̃
新沂阿湖	miã꜄	꜀tʰiã	꜁tʰiã	tiã꜄	꜁niã	꜁liã	꜀tɕʰiã	꜁tɕʰiã	꜀tɕiã	꜂iã
新沂时集 A	miã꜄	꜀tʰiã	꜁tʰiã	tiã꜄	꜁niã	꜁liã	꜀tɕʰiã	꜁tɕʰiã	꜀tɕiã	꜂iã
新沂时集 B	mian꜄	꜀tʰian	꜁tʰian	tian꜄	꜁nian	꜁lian	꜀tɕʰian	꜁tɕʰian	꜀tɕian	꜂ian
泗水	miæ̃꜄	꜀tʰiæ̃	꜁tʰiæ̃	tiæ̃꜄	꜁niæ̃	꜁liæ̃	꜀tɕʰiæ̃	꜁tɕʰiæ̃	꜀tɕiæ̃	꜂iæ̃
邳州	miæ̃꜄	꜀tʰiæ̃	꜁tʰiæ̃	tiæ̃꜄	꜁niæ̃	꜁liæ̃	꜀tɕʰiæ̃	꜁tɕʰiæ̃	꜀tɕiæ̃	꜂iæ̃
滕州	miæ̃꜄	꜀tʰiæ̃	꜁tʰiæ̃	tiæ̃꜄	꜁niæ̃	꜁liæ̃	꜀tɕʰiæ̃	꜁tɕʰiæ̃	꜀tɕiæ̃	꜂iæ̃
临沭	miæ̃꜄	꜀tʰiæ̃	꜁tʰiæ̃	tiæ̃꜄	꜁niæ̃	꜁liæ̃	꜀tsʰiæ̃	꜁tsʰiæ̃	꜀tɕiæ̃	꜂iæ̃
宿迁	miã꜄	꜀tʰiã	꜁tʰiã	tiã꜄	꜁niã	꜁liã	꜀tɕʰiã	꜁tɕʰiã	꜀tɕiã	꜂iã
丰县	miæ̃꜄	꜀tʰiæ̃	꜁tʰiæ̃	tiæ̃꜄	꜁niæ̃	꜁liæ̃	꜀tɕʰiæ̃	꜁tɕʰiæ̃	꜀tɕiæ̃	꜂iæ̃
郯城	miã꜄	꜀tʰiã	꜁tʰiã	tiã꜄	꜁niã	꜁liã	꜀tsʰiã	꜁tsʰiã	꜀tɕiã	꜂iã
莒南团林	miæ̃꜄	꜀ȶʰiæ̃	꜁ȶʰiæ̃	ȶiæ̃꜄	꜁niæ̃	꜁liæ̃	꜀ȶʰiæ̃	꜁tθʰiæ̃	꜀tʃæ̃	꜁iæ̃
日照陈疃	miã꜄	꜀ȶʰiã	꜁ȶʰiã	ȶiã꜄	꜁niã	꜁liã	꜀ȶʰiã	꜁ȶʰiã	꜀tʃã	꜁iã
日照奎山	miæ̃꜄	꜀tʰiæ̃	꜁tʰiæ̃	tiæ̃꜄	꜁niæ̃	꜁liæ̃	꜀tθʰiæ̃	꜁tθʰiæ̃	꜀tɕiæ̃	꜁iæ̃
日照黄墩	miæ̃꜄	꜀ȶʰiæ̃	꜁ȶʰiæ̃	ȶiæ̃꜄	꜁niæ̃	꜁liæ̃	꜀ȶʰiæ̃	꜁ȶʰiæ̃	꜀tʃæ̃	꜂iæ̃
日照涛雒	miã꜄	꜀tɕʰiã	꜁tɕʰiã	tɕiã꜄	꜁niã	꜁liã	꜀ȶʰiã	꜁ȶʰiã	꜀tsã	꜂iã
蒙阴	miã꜄	꜀tʰiã	꜁tʰiã	tiã꜄	꜁niã	꜁liã	꜀tsʰiã	꜁tsʰiã	꜀tɕiã	꜁iã
沂南	miæ̃꜄	꜀tʰiæ̃	꜁tʰiæ̃	tiæ̃꜄	꜁niæ̃	꜁liæ̃	꜀tsʰiæ̃	꜁tsʰiæ̃	꜀tɕiæ̃	꜂iæ̃
五莲许孟	miã꜄	꜀tɕʰiã	꜁tɕʰiã	tɕiã꜄	꜁niã	꜁liã	꜀tɕʰiã	꜁tɕʰiã	꜀ʒã	꜂iã
日照两城	miã꜄	꜀tɕʰiã	꜁tɕʰiã	tɕiã꜄	꜁niã	꜁liã	꜀tθʰiã	꜁tθʰiã	꜀tɕiã	꜁iã
莒县桑园	miã꜄	꜀tʰiã	꜁tʰiã	tiã꜄	꜁niã	꜁liã	꜀tsʰiã	꜁tsʰiã	꜀tɕiã	꜂iã

续表

	贤	烟	半	盘	伴	满	短	团	断	暖
	山开四 先平影	山开四 先平影	山合一 换去帮	山合一 桓平並	山合一 缓上並	山合一 缓上明	山合一 缓上端	山合一 桓平定	山合一 缓上定	山合一 缓上泥
连云港	꜁çiẽ	꜀iẽ	põ꜄	꜁pʰõ	põ꜄	꜂mõ	꜂tõ	꜁tʰõ	tõ꜄	꜂lõ
灌南	꜁çĩĩ	꜀ĩĩ	pʊ̃꜄	꜁pʰʊ̃	pʊ̃꜄	꜂mʊ̃	꜂tʊ̃	꜁tʰʊ̃	tʊ̃꜄	꜂lʊ̃
沭阳	꜁çĩĩ	꜀ĩĩ	põ꜄	꜁pʰõ	põ꜄	꜂mõ	꜂tõ	꜁tʰõ	tõ꜄	꜂lõ
泗阳	꜁çiẽ	꜀iẽ	põ꜄	꜁pʰõ	põ꜄	꜂mõ	꜂tõ	꜁tʰõ	tõ꜄	꜂lõ
泗洪金锁	꜁çiã	꜀iã	pã꜄	꜁pʰã	pã꜄	꜂mã	꜂tuã	꜁tʰuã	tuã꜄	꜂nuã
泗洪上塘	꜁çiæ̃	꜀iæ̃	pæ̃꜄	꜁pʰæ̃	pæ̃꜄	꜂mæ̃	꜂tuæ̃	꜁tʰuæ̃	tuæ̃꜄	꜂nuæ̃
泗洪瑶沟	꜁çiæ̃	꜀iæ̃	pæ̃꜄	꜁pʰuɐ̃	puɐ̃꜄	꜂muɐ̃	꜂tuɐ̃	꜁tʰuɐ̃	tuɐ̃꜄	꜂nuɐ̃
赣榆墩尚	꜁çian	꜀ian	pan꜄	꜁pʰan	pan꜄	꜂man	꜂tuan	꜁tʰuan	tuan꜄	꜂nuan
赣榆石桥	꜁çiæ̃	꜀iæ̃/iæ̃꜅	pæ̃꜄	꜁pʰæ̃	pæ̃꜄	꜂mæ̃	꜂tuæ̃	꜁tʰuæ̃	tuæ̃꜄	꜂nuæ̃
铜山	꜁çiæ̃	꜀iæ̃	pæ̃꜄	꜁pʰæ̃	pæ̃꜄	꜂mæ̃	꜂tuæ̃	꜁tʰuæ̃	tuæ̃꜄	꜂nuæ̃
微山	꜁çiã	꜀iã	pã꜄	꜁pʰã	pã꜄	꜂mã	꜂tuã	꜁tʰuã	tuã꜄	꜂nuã
邹城	꜁çiã	꜀iã	pã꜄	꜁pʰã	pã꜄	꜂mã	꜂tuã	꜁tʰuã	tuã꜄	꜂nuã
睢宁	꜁çiæ̃	꜀iæ̃	pæ̃꜄	꜁pʰæ̃	pæ̃꜄	꜂mæ̃	꜂tuæ̃	꜁tʰuæ̃	tuæ̃꜄	꜂nuæ̃
新沂阿湖	꜁çiã	꜀iã	pã꜄	꜁pʰã	pã꜄	꜂mã	꜂tuã	꜁tʰuã	tuã꜄	꜂nuã
新沂时集 A	꜁çiã	꜀iã	pã꜄	꜁pʰã	pã꜄	꜂mã	꜂tuã	꜁tʰuã	tuã꜄	꜂nuã
新沂时集 B	꜁çian	꜀ian	pan꜄	꜁pʰan	pan꜄	꜂man	꜂tuan	꜁tʰuan	tuan꜄	꜂nuan
泗水	꜁çiæ̃	꜀iæ̃	pæ̃꜄	꜁pʰæ̃	pæ̃꜄	꜂mæ̃	꜂tuæ̃	꜁tʰuæ̃	tuæ̃꜄	꜂nuæ̃
邳州	꜁çiæ̃	꜀iæ̃	pæ̃꜄	꜁pʰæ̃	pæ̃꜄	꜂mæ̃	꜂tuæ̃	꜁tʰuæ̃	tuæ̃꜄	꜂nuæ̃
滕州	꜁çiæ̃	꜀iæ̃	pæ̃꜄	꜁pʰæ̃	pæ̃꜄	꜂mæ̃	꜂tuæ̃	꜁tʰuæ̃	tuæ̃꜄	꜂nuæ̃
临沭	꜁çiæ̃	꜀iæ̃	pæ̃꜄	꜁pʰæ̃	pæ̃꜄	꜂mæ̃	꜂tuæ̃	꜁tʰuæ̃	tuæ̃꜄	꜂nuæ̃
宿迁	꜁çiã	꜀iã	pã꜄	꜁pʰã	pã꜄	꜂mæ̃	꜂tuã	꜁tʰuã	tuã꜄	꜂nuã
丰县	꜁çiæ̃	꜀iæ̃	pæ̃꜄	꜁pʰæ̃	pæ̃꜄	꜂mæ̃	꜂tuæ̃	꜁tʰuæ̃	tuæ̃꜄	꜂nuæ̃
郯城	꜁çiã	꜀iã	pã꜄	꜁pʰã	pã꜄	꜂mã	꜂tuã	꜁tʰuã	tuã꜄	꜂nuã
莒南团林	꜁ʃæ̃	꜀iæ̃	pæ̃꜄	꜁pʰæ̃	pæ̃꜄	꜂mæ̃	꜂tuæ̃	꜁tʰuæ̃	tuæ̃꜄	꜂nuæ̃
日照陈疃	꜁ʃã	꜀iã	pã꜄	꜁pʰã	pã꜄	꜂mã	꜂tuã	꜁tʰuã	tuã꜄	꜂nuã
日照奎山	꜁çiæ̃	꜀iæ̃	pæ̃꜄	꜁pʰæ̃	pæ̃꜄	꜂mæ̃	꜂tuæ̃	꜁tʰuæ̃	tuæ̃꜄	꜂nuæ̃
日照黄墩	꜁ʃæ̃	꜀iæ̃	pæ̃꜄	꜁pʰæ̃	pæ̃꜄	꜂mæ̃	꜂tuæ̃	꜁tʰuæ̃	tuæ̃꜄	꜂nuæ̃
日照涛雒	꜁sã	꜀iã	pã꜄	꜁pʰã	pã꜄	꜂mã	꜂tuã	꜁tʰuã	tuã꜄	꜂nuã/ ꜂nɑŋ
蒙阴	꜁çiã	꜀iã	pã꜄	꜁pʰã	pã꜄	꜂mã	꜂tuã	꜁tʰuã	tuã꜄	꜂nuã
沂南	꜁çiæ̃	꜀iæ̃	pæ̃꜄	꜁pʰæ̃	pæ̃꜄	꜂mæ̃	꜂tuæ̃	꜁tʰuæ̃	tuæ̃꜄	꜂nuæ̃/ ꜂næ
五莲许孟	꜁ʃã	꜀iã	pã꜄	꜁pʰã	pã꜄	꜂mã	꜂tuã	꜁tʰuã	tuã꜄	꜂nuã
日照两城	꜁çiã	꜀iã	pã꜄	꜁pʰã	pã꜄	꜂mã	꜂tuã	꜁tʰuã	tuã꜄	꜂nuã
莒县桑园	꜁çiã	꜀iã	pã꜄	꜁pʰã	pã꜄	꜂mã	꜂tuã	꜁tʰuã	tuã꜄	꜂nuã

续表

	乱	钻动	酸	官	欢	换	碗	鳏	撰	栓
	山合一换去来	山合一桓平精	山合一桓平心	山合一桓平见	山合一桓平晓	山合一桓去匣	山合一缓上影	山合二山平见	山合二潸上崇	山合二删平生
连云港	lõ꜄	꜀tʂõ	꜀ʂõ	꜀kõ	꜀xõ	xõ꜄	꜂õ	—	tʂõ꜄	꜀ʂuã
灌南	lʊ̃꜄	꜀tʂʊ̃	꜀ʂʊ̃	꜀kʊ̃	꜀xʊ̃	xʊ̃꜄	꜂æ̃	—	tʂuæ̃꜄	꜀ʂuæ̃
沭阳	lõ꜄	꜀tsõ	꜀sõ	꜀kõ	꜀xõ	xõ꜄	꜂õ	꜀kuæ̃	tʂuæ̃꜄	꜀ʂuæ̃
泗阳	lõ꜄	꜀tsõ	꜀suaŋ	꜀kõ	꜀xõ	xõ꜄	꜂õ	—	tʂuaŋ꜄	꜀ʂuaŋ
泗洪金锁	luã꜄	꜀tsuã	꜀suã	꜀kuã	꜀xuã	xuã꜄	꜂uã	꜀kuã	tʂuã꜄	꜀ʂuã
泗洪上塘	luæ̃꜄	꜀tsuæ̃	꜀suæ̃	꜀kuæ̃	꜀xuæ̃	xuæ̃꜄	꜂uæ̃	꜀kuæ̃	tsuæ̃꜄	꜀ʂuæ̃
泗洪瑶沟	luɐ̃꜄	꜀tsuɐ̃	꜀suɐ̃	꜀kuɐ̃	꜀xuɐ̃	xuɐ̃꜄	꜂uɐ̃	꜀kuæ̃	tʂuɐ̃꜄	꜀ʂuɐ̃
赣榆墩尚	luan꜄	꜀tsuan	꜀suan	꜀kuan	꜀xuan	xuan꜄	꜂van	꜀kuan	tʂuan꜄	꜀ʂuan
赣榆石桥	luæ̃꜄	꜀tθuæ̃	꜀θuæ̃/θuæ̃꜅	꜀kuæ̃	꜀xuæ̃/xuæ̃꜅	xuæ̃꜄	꜂uæ̃	꜀kuæ̃/kuæ̃꜅	tʂuæ̃꜄	꜀ʂuæ̃/ʂuæ̃꜅
铜山	luæ̃꜄	꜀tsuæ̃	꜀suæ̃	꜀kuæ̃	꜀xuæ̃	xuæ̃꜄	꜂uæ̃	꜀kuæ̃	tʂuæ̃꜄	꜀ʂuæ̃
微山	luã꜄	꜀tsuã	꜀suã	꜀kuã	꜀xuã	xuã꜄	꜂uã	꜀kuã	tsuã꜄	꜀fã
邹城	luã꜄	꜀tsuã	꜀suã	꜀kuã	꜀xuã	xuã꜄	꜂uã	꜀kuã	tsuã꜄	꜀fã
睢宁	luæ̃꜄	꜀tsuæ̃	꜀suæ̃	꜀kuæ̃	꜀xuæ̃	xuæ̃꜄	꜂væ̃	꜀kuæ̃	tʂuæ̃꜄	꜀ʂuæ̃
新沂阿湖	luã꜄	꜀tsuã	꜀suã	꜀kuã	꜀xuã	xuã꜄	꜂vã	꜀kuã	tʂuã꜄	꜀ʂuã
新沂时集 A	luã꜄	꜀tsuã	꜀suã	꜀kuã	꜀xuã	xuã꜄	꜂vã	꜀kuã	tsuã꜄	꜀ʂuã
新沂时集 B	luan꜄	꜀tsuan	꜀suan	꜀kuan	꜀xuan	xuan꜄	꜂van	꜀kuan	tʂuan꜄	꜀ʂuan
泗水	luæ̃꜄	꜀tɕyæ̃	꜀ɕyæ̃	꜀kuæ̃	꜀xuæ̃	xuæ̃꜄	꜂uæ̃	꜀kuæ̃	tɕyæ̃꜄	꜀fæ̃
邳州	luæ̃꜄	꜀tɕyæ̃	꜀ɕyæ̃	꜀kuæ̃	꜀xuæ̃	xuæ̃꜄	꜂uæ̃	꜀kuæ̃	tʂuæ̃꜄	꜀fæ̃
滕州	luæ̃꜄	꜀tɕyæ̃	꜀ɕyæ̃	꜀kuæ̃	꜀xuæ̃	xuæ̃꜄	꜂uæ̃	꜀kuæ̃	tsuæ̃꜄	꜀fæ̃
临沭	luæ̃꜄	꜀tθuæ̃	꜀tθuæ̃	꜀kuæ̃	꜀xuæ̃	xuæ̃꜄	꜂uæ̃	꜀kuæ̃	tʃuæ̃꜄	꜀ʃuæ̃
宿迁	luã꜄	꜀tsuã	꜀suã	꜀kuã	꜀xuã	xuã꜄	꜂vã	꜀kuã	tʂuã꜄	꜀ʂuã
丰县	luæ̃꜄	꜀tsuã	꜀suã	꜀kuæ̃	꜀xuæ̃	xuæ̃꜄	꜂uæ̃	꜀kuæ̃	tʂuæ̃꜄	꜀suæ̃
郯城	luã꜄	꜀tsuã	꜀suã	꜀kuã	꜀xuã	xuã꜄	꜂uã	꜀kuã	tsuã꜄	꜀ʂuã
莒南团林	luæ̃꜄	꜀tθuæ̃	꜀θuæ̃	꜀kuæ̃	꜀xuæ̃	xuæ̃꜄	꜂uæ̃	꜀kuæ̃	tʃuæ̃꜄	꜀ʂuæ̃
日照陈疃	luã꜄	꜀tuã	꜀θuã	꜀kuã	꜀xuã	xuã꜄	꜂vã	꜀kuã	꜀tʃuã	꜀ʂuã
日照奎山	læ̃꜄	꜀tθuæ̃	꜀θuæ̃	꜀kuæ̃	꜀xuæ̃	xuæ̃꜄	꜂uæ̃	꜀kuæ̃	tsuæ̃꜄	꜀ʂuæ̃
日照黄墩	luæ̃꜄	꜀tθuæ̃	꜀θuæ̃	꜀kuæ̃	꜀xuæ̃	xuæ̃꜄	꜂uæ̃	꜀kuæ̃	tʂuæ̃꜄	꜀ʂuæ̃
日照涛雒	luã꜄/lã꜄	꜀tθuã	꜀θuã	꜀kuã	꜀xuã	xuã꜄	꜂vã	꜀kuã	tsuã꜄	꜀ʂuã
蒙阴	luã꜄	꜀ðuã	꜀θuã	꜀kuã	꜀xuã	xuã꜄	꜂uã	꜀kuã	tʃuã꜄	꜀ʃuã
沂南	luæ̃꜄	꜀tθuæ̃	꜀θuæ̃	꜀kuæ̃	꜀xuæ̃	xuæ̃꜄	꜂uæ̃	꜀kuæ̃	tʃuæ̃꜄	꜀ʂuæ̃
五莲许孟	luã꜄	꜀tuã	꜀θuã	꜀kuã	꜀xuã	xuã꜄	꜂vã	꜀kuã	tʃuã꜄	꜀ʂuã
日照两城	luã꜄	꜀tθuã	꜀θuã	꜀kuã	꜀xuã	xuã꜄	꜂uã	꜀kuã	tsuã꜄	꜀ʂuã
莒县桑园	lã꜄	꜀ðuã	꜀θuã	꜀kuã	꜀xuã	xuã꜄	꜂uã	꜀kuã	tʂuã꜄	꜀ʂuã

续表

	关	患	弯	恋	全	选	旋~风	传~达	篆	传~记
	山合二删平见	山合二谏去匣	山合二删平影	山合三线去来	山合三仙平从	山合三狝上心	山合三仙平邪	山合三仙平澄	山合三狝上澄	山合三线去澄
连云港	꜀kuã	xõ꜄	꜀uã	liẽ꜄	꜁tɕʰyõ	꜂ɕyõ	꜁ɕyõ	꜁tʂʰõ	tʂõ꜄	tʂõ꜄
灌南	꜀kuæ̃	xuæ̃꜄	꜀uæ̃	lĩĩ꜄	꜁tɕʰyĩ	꜂ɕyĩ	꜁ɕyĩ	꜁tʂʰʊ̃	tʂʊ̃꜄	tʂʊ̃꜄
沭阳	꜀kuæ̃	xõ꜄	꜀uæ̃	lĩĩ꜄	꜁tɕʰiõ	꜂ɕiõ	꜁ɕiõ	꜁tʂʰõ	tʂõ꜄	tʂõ꜄
泗阳	꜀kuaŋ	xuaŋ꜄	꜀uaŋ	liẽ꜄	꜁tɕʰyõ	꜂ɕyõ	꜁ɕyõ	꜁tʂʰõ	tʂõ꜄	tʂõ꜄
泗洪金锁	꜀kuã	xuã꜄	꜀uã	liã꜄	꜁tɕʰyã	꜂ɕyã	꜁ɕyã	꜁tʂuã	tʂuã꜄	tʂuã꜄
泗洪上塘	꜀kuæ̃	xuɐ̃꜄	꜀uæ̃	liæ̃꜄	꜁tɕʰyæ̃	꜂ɕyæ̃	꜁ɕyæ̃	꜁tʂʰuæ̃	tʂuæ̃꜄	tʂuæ̃꜄
泗洪瑶沟	꜀kuæ̃	xuɐ̃꜄	꜀uæ̃	liæ̃꜄	꜁tɕʰyæ̃	꜂ɕyæ̃	꜁ɕyæ̃	꜁tʂʰuɐ̃	tʂuɐ̃꜄	tʂuɐ̃꜄
赣榆墩尚	꜀kuan	xuan꜄	꜀van	lian꜄	꜁tsʰyan	꜂syan	꜁syan	꜁tʂuan	tʂuan꜄	tʂuan꜄
赣榆石桥	꜀kuæ̃/ kuæ̃꜅	xuæ̃꜄	꜀uæ̃	liæ̃꜄	꜁tθʰyæ̃	꜂θyæ̃	꜁θyæ̃	꜁tʂʰuæ̃	tʂuæ̃꜄	tʂuæ̃꜄
铜山	꜀kuæ̃	xuæ̃꜄	꜀uæ̃	liæ̃꜄	꜁tɕʰyæ̃	꜂ɕyæ̃	꜁ɕyæ̃	꜁tʂʰuæ̃	tʂuæ̃꜄	tʂuæ̃꜄
微山	꜀kuã	xuã꜄	꜀uã	liã꜄	꜁tɕʰyã	꜂ɕyã	꜁tɕʰyã	꜁tsʰuã	tsuã꜄	tsuã꜄
邹城	꜀kuã	xuã꜄	꜀uã	liã꜄	꜁tɕʰyã	꜂ɕyã	꜁tɕʰyã	꜁tsʰuã	tsuã꜄	tsuã꜄
睢宁	꜀kuæ̃	xuæ̃꜄	꜀væ̃	liæ̃꜄	꜁tɕʰyæ̃	꜂ɕyæ̃	꜁tɕʰyæ̃	꜁tʂʰuæ̃	tʂuæ̃꜄	tʂuæ̃꜄
新沂阿湖	꜀kuã	xuã꜄	꜀vã	liã꜄	꜁tɕʰyã	꜂ɕyã	꜁ɕyã	꜁tʂuã	tʂuã꜄	tʂuã꜄
新沂时集 A	꜀kuã	xuã꜄	꜀vã	liã꜄	꜁tɕʰyã	꜂ɕyã	꜁ɕyã	꜁tʂʰuã	tsʰuã꜄	tʂuã꜄
新沂时集 B	꜀kuan	xuan꜄	꜀van	lian꜄	꜁tɕʰyan	꜂ɕyan	꜁ɕyan	꜁tʂuan	tʂuan꜄	tʂuan꜄
泗水	꜀kuæ̃	xuæ̃꜄	꜀uæ̃	liæ̃꜄	꜁tɕʰyæ̃	꜂ɕyæ̃	꜁ɕyæ̃	꜁tɕʰyæ̃	tɕyæ̃꜄	tɕyæ̃꜄
邳州	꜀kuæ̃	xuæ̃꜄	꜀uæ̃	liæ̃꜄	꜁tsʰuæ̃	꜂suæ̃	꜁tsʰuæ̃	꜁tʂʰuæ̃	tʂuæ̃꜄	tʂuæ̃꜄
滕州	꜀kuæ̃	xuæ̃꜄	꜀uæ̃	liæ̃꜄	꜁tɕʰyæ̃	꜂ɕyæ̃	꜁ɕyæ̃	꜁pfʰæ̃	pfæ̃꜄	pfæ̃꜄
临沭	꜀kuæ̃	xuæ̃꜄	꜀uæ̃	liæ̃꜄	꜁tsʰyæ̃	꜂syæ̃	꜁syæ̃	꜁tʃʰuæ̃	tʃuæ̃꜄	tʃuæ̃꜄
宿迁	꜀kuã	xuã꜄	꜀uã	liæ̃꜄	꜁tɕʰyæ̃	꜂ɕyæ̃	꜁ɕyæ̃	꜁tʂʰuã	tʂʰuã꜄	tʂuã꜄
丰县	꜀kuæ̃	xuæ̃꜄	꜀uæ̃	liæ̃꜄	꜁tɕʰyæ̃	꜂ɕyæ̃	꜁ɕyæ̃	꜁tʂʰuæ̃	tʂuæ̃꜄	tʂuæ̃꜄
郯城	꜀kuã	xuã꜄	꜀uã	liã꜄	꜁tɕʰyã	꜂ɕyã	꜁ɕyã	꜁tʂʰuã	tsʰuã꜄	tʂuã꜄
莒南团林	꜀kuæ̃	xuæ̃꜄	꜀uæ̃	liæ̃꜄	꜁ȶʰyæ̃	꜂θyæ̃	꜁θyæ̃	꜁tʃʰuæ̃	tʃuæ̃꜄	tʃuæ̃꜄
日照陈疃	꜀kuã	xuã꜄	꜀vã	liã꜄	꜁ȶʰyã	꜂θyã	꜁θyã	꜁tʃʰuã	tʃuã꜄	tʃuã꜄
日照奎山	꜀kuæ̃	xuæ̃꜄	꜀uæ̃	liæ̃꜄	꜁tθʰyæ̃	꜂θyæ̃	꜁θyæ̃	꜁tsʰuæ̃	tsuæ̃꜄	tsuæ̃꜄
日照黄墩	꜀kuæ̃	xuæ̃꜄	꜀uæ̃	liæ̃꜄	꜁ȶʰyæ̃	꜂θyæ̃	꜁θyæ̃	꜁tʃʰuæ̃	tʃuæ̃꜄	tʃuæ̃꜄
日照涛雒	꜀kuã	xuã꜄	꜀vã	liã꜄	꜁ȶʰyã	꜂θyã	꜁θyã	꜁tsʰuã	tsuã꜄	tsuã꜄
蒙阴	꜀kuã	xuã꜄	꜀uã	liã꜄	꜁tsʰyã	꜂syã	꜁syã	꜁tʃʰuã	tʃuã꜄	tʃuã꜄
沂南	꜀kuæ̃	xuæ̃꜄	꜀uæ̃	liæ̃꜄	꜁tsʰyæ̃	꜂syæ̃	꜁syæ̃	꜁tʃʰuæ̃	tʃuæ̃꜄	tʃuæ̃꜄
五莲许孟	꜀kuã	xuã꜄	꜀vã	liã꜄	꜁tɕʰyã	꜂ɕyã	꜁ʃuã	꜁tʃʰuã	ʒuã꜄	ʒuã꜄
日照两城	꜀kuã	xuã꜄	꜀uã	liã꜄	꜁tθʰyã	꜂θyã	θyã꜄	꜁tsʰuã	tsuã꜄	tsuã꜄
莒县桑园	꜀kuã	xuã꜄	꜀uã	liã꜄	꜁tsʰyã	꜂syã	syã꜄	꜁tsʰuã	zuã꜄	zuã꜄

续表

	专	穿	船	软	权	倦	员	缘	沿	捐
	山合三仙平章	山合三仙平昌	山合三仙平船	山合三狝上日	山合三仙平群	山合三线去群	山合三仙平云	山合三仙平以	山合三仙平以	山合三仙平以
连云港	꜀tʂõ	꜀tʂʰõ	꜁tʂʰõ	꜂ʐõ	꜁tɕʰyõ	tɕyõ꜄	꜁yõ	꜁yõ	꜁iẽ	꜀tɕyõ
灌南	꜀tʂʊ̃	꜀tʂʰʊ̃	꜁tʂʰʊ̃	꜂ʐʊ̃	꜁tɕʰyĩ	tɕyĩ꜄	꜁yĩ	꜁yĩ	꜁iĩ	꜀tɕyĩ
沭阳	꜀tʂõ	꜀tʂʰõ	꜁tʂʰõ	꜂ʐõ	꜁tɕʰiõ	tɕiõ꜄	꜁iõ	꜁iõ	꜁iĩ	꜀tɕiõ
泗阳	꜀tʂõ	꜀tʂʰõ	꜁tʂʰõ	꜂ʐõ	꜁tɕʰyõ	tɕyõ꜄	꜁yõ	꜁yõ	꜁iẽ	꜀tɕyõ
泗洪金锁	꜀tʂuã	꜀tʂʰuã	꜁tʂʰuã	꜂ʐuã	꜁tɕʰyã	tɕyã꜄	꜁yã	꜁yã	꜁iã	꜀tɕyã
泗洪上塘	꜀tʂuæ̃	꜀tʂʰuæ̃	꜁tʂʰuæ̃	꜂ʐuæ̃	꜁tɕʰyæ̃	tɕyæ̃꜄	꜁yæ̃	꜁yæ̃	꜁iæ̃	꜀tɕyæ̃
泗洪瑶沟	꜀tʂuɐ̃	꜀tʂʰuɐ̃	꜁tʂʰuɐ̃	꜂ʐuɐ̃	꜁tɕʰyæ̃	tɕyæ̃꜄	꜁yæ̃	꜁yæ̃	꜁iæ̃	꜀tɕyæ̃
赣榆墩尚	꜀tʂuan	꜀tʂʰuan	꜁tʂʰuan	꜂yan	꜁cʰyan	cyan꜄	꜁yan	꜁yan	꜁ian	꜀cyan
赣榆石桥	꜀tʂuæ̃/tʂuæ̃꜅	꜀tʂʰuæ̃	꜁tʂʰuæ̃	꜂yæ̃	꜁tɕʰyæ̃	tɕyæ̃꜄	꜁yæ̃	꜁yæ̃	꜁iæ̃	꜀tɕyæ̃
铜山	꜀tʂuæ̃	꜀tʂʰuæ̃	꜁tʂʰuæ̃	꜂ʐuæ̃	꜁tɕʰyæ̃	tɕyæ̃꜄	꜁yæ̃	꜁yæ̃	꜁iæ̃	꜀tɕyæ̃
微山	꜀tsuã	꜀tsʰuã	꜁tsʰuã	꜂zuã	꜁tɕʰyã	tɕyã꜄	꜁yã	꜁yã	꜁iã	꜀tɕyã
邹城	꜀tsuã	꜀tsʰuã	꜁tsʰuã	꜂zuã	꜁tɕʰyã	tɕyã꜄	꜁yã	꜁yã	꜁iã	꜀tɕyã
睢宁	꜀tʂuæ̃	꜀tʂʰuæ̃	꜁tʂʰuæ̃	꜂ʐuæ̃	꜁tɕʰyæ̃	tɕyæ̃꜄	꜁yæ̃	꜁yæ̃	꜁iæ̃	꜀tɕyæ̃
新沂阿湖	꜀tʂuã	꜀tʂʰuã	꜁tʂʰuã	꜂ʐuã	꜁tɕʰyã	tɕyã꜄	꜁yã	꜁yã	꜁iã	꜀tɕyã
新沂时集 A	꜀tʂuã	꜀tʂʰuã	꜁tʂʰuã	꜂ʐuã	꜁tɕʰyã	tɕyã꜄	꜁yã	꜁yã	꜁iã	꜀tɕyã
新沂时集 B	꜀tʂuan	꜀tʂʰuan	꜁tʂʰuan	꜂ʐuan	꜁tɕʰyan	tɕyan꜄	꜁yan	꜁yan	꜁ian	꜀tɕyan
泗水	꜀tɕyæ̃	꜀tɕʰyæ̃	꜁tɕʰyæ̃	꜂væ̃/꜂yæ̃	꜁tɕʰyæ̃	tɕyæ̃꜄	꜁yæ̃	꜁yæ̃	꜁iæ̃	꜀tɕyæ̃
邳州	꜀tʂuæ̃	꜀tʂʰuæ̃	꜁tʂʰuæ̃	꜂væ̃	꜁tɕʰyæ̃	tɕyæ̃꜄	꜁yæ̃	꜁yæ̃	꜁iæ̃	꜀tɕyæ̃
滕州	꜀pfæ̃	꜀pfʰæ̃	꜁pfʰæ̃	꜂væ̃	꜁tɕʰyæ̃	tɕyæ̃꜄	꜁yæ̃	꜁yæ̃	꜁iæ̃	꜀tɕyæ̃
临沭	꜀tʃuæ̃	꜀tʃʰuæ̃	꜁tʃʰuæ̃	꜂ʒuæ̃	꜁tɕʰyæ̃	tɕyæ̃꜄	꜁yæ̃	꜁iæ̃	꜁iæ̃	꜀tɕyæ̃
宿迁	꜀tʂuã	꜀tʂʰuã	꜁tʂʰuã	꜂ʐuã	꜁tɕʰyã	tɕyã꜄	꜁yã	꜁yã	꜁iã	꜀tɕyã
丰县	꜀tʂuæ̃	꜀tʂʰuæ̃	꜁tʂʰuæ̃	꜂ʐuã	꜁tɕʰyæ̃	tɕyæ̃꜄	꜁yæ̃	꜁yæ̃	꜁iæ̃	꜀tɕyæ̃
郯城	꜀tʂuã	꜀tʂʰuã	꜁tʂʰuã	꜂ʐuã	꜁tɕʰyã	tɕyã꜄	꜁yã	꜁yã	꜁iã	꜀tɕyã
莒南团林	꜀tʃuæ̃	꜀tʃʰuæ̃	꜁tʃʰuã	꜂yæ̃	꜁tʃʰuæ̃	tʃuæ̃꜄	꜁yæ̃	꜁yæ̃	꜁iæ̃	꜀tʃuæ̃
日照陈疃	꜀tʃuã	꜀tʃʰuã	꜁tʃʰuã	꜂yã	꜁tʃʰuã	tʃuã꜄	꜁yã	꜁yã	꜁iã	꜀tʃuã
日照奎山	꜀tsuæ̃	꜀tsʰuæ̃	꜁tsʰuã	꜂yæ̃	꜁tɕʰyæ̃	tɕyæ̃꜄	꜁yæ̃	꜁yæ̃	꜁iæ̃	꜀tɕyæ̃
日照黄墩	꜀tʃuæ̃	꜀tʃʰuæ̃	꜁tʃʰuæ̃	꜂yæ̃	꜁tʃʰuæ̃	tʃuæ̃꜄	꜁yæ̃	꜁yæ̃	꜁iæ̃	꜀tʃuæ̃
日照涛雒	꜀tsuã	꜀tsʰuã	꜁tsʰuã	꜂yã	꜁tsʰuã	tsuã꜄	꜁yã	꜁yã	꜁iã	꜀tsuã
蒙阴	꜀tʃuã	꜀tʃʰuã	꜁tʃʰuã	꜂yã	꜁tɕʰyã	tɕyã꜄	꜁yã	꜁yã	꜁iã	꜀tɕyã
沂南	꜀tʃuæ̃	꜀tʃʰuæ̃	꜁tʃʰuæ̃	꜂yæ̃	꜁tɕʰyæ̃	tɕyæ̃꜄	꜁yæ̃	꜁yæ̃	꜁iæ̃	꜀tɕyæ̃
五莲许孟	꜀ʒuã	꜀tʃʰuã	꜁tʃʰuã	꜂yã	꜁tʃʰuã	ʒuã꜄	꜁yã	꜁yã	꜁iã	꜀ʒuã
日照两城	꜀tsuã	꜀tsʰuã	꜁tsʰuã	꜂yã	꜁tɕʰyã	tɕyã꜄	꜁yã	꜁yã	꜁iã	꜀tɕyã
莒县桑园	꜂zuã	꜀tsʰuã	꜁tsʰuã	꜂yã	꜁tɕʰyã	tɕyã꜄	꜁yã	꜁yã	꜁iã	꜀tɕyã

续表

	翻	饭	晚	万	劝	元	冤	远	犬	玄
	山合三元平敷	山合三愿去奉	山合三阮上微	山合三愿去微	山合三愿去溪	山合三元平疑	山合三元平影	山合三阮上云	山合四铣上溪	山合四先平匣
连云港	꜀xuã	xuã꜄	꜂uã	uã꜄	tɕʰyõ꜄	꜁yõ	꜀yõ	꜂yõ	꜂tɕʰyõ	꜁ɕyõ
灌南	꜀fæ̃	fæ̃꜄	꜂uæ̃	uæ̃꜄	tɕʰyĩ꜄	꜁yĩ	꜀yĩ	꜂yĩ	꜂tɕʰyĩ	꜁ɕyĩ
沭阳	꜀fæ̃	fæ̃꜄	꜂uæ̃	uæ̃꜄	tɕʰiõ꜄	꜁iõ	꜀iõ	꜂iõ	꜂tɕʰiõ	꜁ɕiõ
泗阳	꜀faŋ	faŋ꜄	꜂uaŋ	uaŋ꜄	tɕʰyõ꜄	꜁yõ	꜀yõ	꜂yõ	꜂tɕʰyõ	꜁ɕyõ
泗洪金锁	꜀fã	fã꜄	꜂uã	uã꜄	tɕʰyã꜄	꜁yã	꜀yã	꜂yã	꜂tɕʰyã	꜁ɕyã
泗洪上塘	꜀fæ̃	fæ̃꜄	꜂uæ̃	uæ̃꜄	tɕʰyæ̃꜄	꜁yæ̃	꜀yæ̃	꜂yæ̃	꜂tɕʰyæ̃	꜁ɕyæ̃
泗洪瑶沟	꜀fæ̃	fæ̃꜄	꜂uæ̃	uæ̃꜄	tɕʰyæ̃꜄	꜁yæ̃	꜀yæ̃	꜂yæ̃	꜂tɕʰyæ̃	꜁ɕyæ̃
赣榆墩尚	꜀fan	fan꜄	꜂van	van꜄	cʰyan꜄	꜁yan	꜀yan	꜂yan	꜂cʰyan	꜁çyan
赣榆石桥	꜀fæ̃/fæ̃꜆	fæ̃꜄	꜂uæ̃	uæ̃꜄	tɕʰyæ̃꜄	꜁yæ̃	꜀yæ̃/yæ̃꜆	꜂yæ̃	꜂tɕʰyæ̃	꜁ɕyæ̃
铜山	꜀fæ̃	fæ̃꜄	꜂uæ̃	uæ̃꜄	tɕʰyæ̃꜄	꜁yæ̃	꜀yæ̃	꜂yæ̃	꜂tɕʰyæ̃	꜁ɕyæ̃
微山	꜀fã	fã꜄	꜂uã	uã꜄	tɕʰyã꜄	꜁yã	꜀yã	꜂yã	꜂tɕʰyã	꜁ɕyã
邹城	꜀fã	fã꜄	꜂uã	uã꜄	tɕʰyã꜄	꜁yã	꜀yã	꜂yã	꜂tɕʰyã	꜁ɕyã
睢宁	꜀fæ̃	fæ̃꜄	꜂væ̃	væ̃꜄	tɕʰyæ̃꜄	꜁yæ̃	꜀yæ̃	꜂yæ̃	꜂tɕʰyæ̃	꜁ɕyæ̃
新沂阿湖	꜀fã	fã꜄	꜂vã	vã꜄	tɕʰyã꜄	꜁yã	꜀yã	꜂yã	꜂tɕʰyã	꜁ɕyã
新沂时集 A	꜀fã	fã꜄	꜂vã	vã꜄	tɕʰyã꜄	꜁yã	꜀yã	꜂yã	꜂tɕʰyã	꜁ɕyã
新沂时集 B	꜀fan	fan꜄	꜂van	van꜄	tɕʰyan꜄	꜁yan	꜀yan	꜂yan	꜂tɕʰyan	꜁ɕyan
泗水	꜀fæ̃	fæ̃꜄	꜂uæ̃	uæ̃꜄	tɕʰyæ̃꜄	꜁yæ̃	꜀yæ̃	꜂yæ̃	꜂tɕʰyæ̃	꜁ɕyæ̃
邳州	꜀fæ̃	fæ̃꜄	꜂uæ̃	uæ̃꜄	tɕʰyæ̃꜄	꜁yæ̃	꜀yæ̃	꜂yæ̃	꜂tɕʰyæ̃	꜁ɕyæ̃
滕州	꜀fæ̃	fæ̃꜄	꜂uæ̃	uæ̃꜄	tɕʰyæ̃꜄	꜁yæ̃	꜀yæ̃	꜂yæ̃	꜂tɕʰyæ̃	꜁ɕyæ̃
临沭	꜀fæ̃	fæ̃꜄	꜂uæ̃	uæ̃꜄	tɕʰyæ̃꜄	꜁yæ̃	꜀yæ̃	꜂yæ̃	꜂tɕʰyæ̃	꜁ɕyæ̃
宿迁	꜀xuã	xuã꜄	꜂uã	uã꜄	tɕʰyã꜄	꜁yã	꜀yã	꜂yã	꜂tɕʰyã	꜁ɕyã
丰县	꜀fæ̃	fæ̃꜄	꜂uæ̃	uæ̃꜄	tɕʰyæ̃꜄	꜁yæ̃	꜀yæ̃	꜂yæ̃	꜂tɕʰyæ̃	꜁ɕyæ̃
郯城	꜀fã	fã꜄	꜂uã	uã꜄	tɕʰyã꜄	꜁yã	꜀yã	꜂yã	꜂tɕʰyã	꜁ɕyã
莒南团林	꜀fæ̃	fæ̃꜄	꜂uæ̃	uæ̃꜄	tʃʰuæ̃꜄	꜁yæ̃	꜀yæ̃	꜂yæ̃	꜂tʃʰuæ̃	ʃuæ̃
日照陈疃	꜀fã	fã꜄	꜂vã	vã꜄	tʃʰuã꜄	꜁yã	꜀yã	꜂yã	꜂tʃʰuã	ʃuã
日照奎山	꜀fæ̃	fæ̃꜄	꜂uæ̃	uæ̃꜄	tɕʰyæ̃꜄	꜁yæ̃	꜀yæ̃	꜂yæ̃	꜂tɕʰyæ̃	꜁ɕyæ̃
日照黄墩	꜀fæ̃	fæ̃꜄	꜂uæ̃	uæ̃꜄	tʃʰuæ̃꜄	꜁yæ̃	꜀yæ̃	꜂yæ̃	꜂tʃʰuæ̃	ʃuæ̃
日照涛雒	꜀fã	fã꜄	꜂vã	vã꜄	tsʰuã꜄	꜁yã	꜀yã	꜂yã	꜂tsʰuã	꜁suã
蒙阴	꜀fã	fã꜄	꜂uã	uã꜄	tɕʰyã꜄	꜁yã	꜀yã	꜂yã	꜂tɕʰyã	꜁ɕyã
沂南	꜀fæ̃	fæ̃꜄	꜂uæ̃	uæ̃꜄	tɕʰyæ̃꜄	꜁yæ̃	꜀yæ̃	꜂yæ̃	꜂tɕʰyæ̃	꜁ɕyæ̃
五莲许孟	꜀fã	fã꜄	꜂vã	vã꜄	tʃʰuã꜄	꜁yã	꜀yã	꜂yã	꜂tʃʰuã	ʃuã
日照两城	꜀fã	fã꜄	꜂uã	uã꜄	tɕʰyã꜄	꜁yã	꜀yã	꜂yã	꜂tɕʰyã	꜁ɕyã
莒县桑园	꜀fã	fã꜄	꜂uã	uã꜄	tɕʰyã꜄	꜁yã	꜀yã	꜂yã	꜂tɕʰyã	꜁ɕyã

续表

	县	渊	吞	根	恨	恩	贫	民	邻	进
	山合四 霰去匣	山合四 先平影	臻开一 痕平透	臻开一 痕平见	臻开一 恨去匣	臻开一 痕平影	臻开三 真平並	臻开三 真平明	臻开三 真平来	臻开三 震去精
连云港	ɕiẽ꜄	꜀yõ	꜀tʰəŋ	꜀kəŋ	xəŋ꜄	꜀əŋ	꜁pʰiŋ	꜁miŋ	꜁liŋ	tɕiŋ꜄
灌南	ɕĩĩ꜄	꜀yĩ	꜀tʰən	꜀kən	xən꜄	꜀ən	꜁pʰin	꜁min	꜁lin	tɕin꜄
沭阳	ɕĩĩ꜄	꜀iõ	꜀tʰəŋ	꜀kəŋ	xəŋ꜄	꜀əŋ	꜁pʰiŋ	꜁miŋ	꜁liŋ	tɕiŋ꜄
泗阳	ɕiẽ꜄	꜀yõ	꜀tʰəŋ	꜀kəŋ	xəŋ꜄	꜀əŋ	꜁pʰiŋ	꜁miŋ	꜁liŋ	tɕiŋ꜄
泗洪金锁	ɕiã꜄	꜀yã	꜀tʰəŋ	꜀kəŋ	xəŋ꜄	꜀əŋ	꜁pʰiŋ	꜁miŋ	꜁liŋ	tɕiŋ꜄
泗洪上塘	ɕiæ̃꜄	꜀yæ̃	꜀tʰəŋ	꜀kəŋ	xəŋ꜄	꜀ɣəŋ	꜁pʰiŋ	꜁miŋ	꜁liŋ	tɕiŋ꜄
泗洪瑶沟	ɕiæ̃꜄	꜀yæ̃	꜀tʰəŋ	꜀kəŋ	xəŋ꜄	꜀əŋ	꜁pʰiŋ	꜁miŋ	꜁liŋ	tɕiŋ꜄
赣榆墩尚	çian꜄	꜀yan	꜀tʰən	꜀kən	xən꜄	꜀ɣən	꜁pʰin	꜁min	꜁lin	tsin꜄
赣榆石桥	ɕiæ̃꜄	꜀yæ̃/yæ̃꜆	꜀tʰẽ	꜀kẽ/ kẽ꜆	xẽ꜄	꜀ɣẽ	꜁pʰiẽ	꜁miẽ	꜁liẽ	tθiẽ꜄
铜山	ɕiæ̃꜄	꜀yæ̃	꜀tʰuə̃	꜀kə̃	xə̃꜄	꜀ɣə̃	꜁pʰiə̃	꜁miə̃	꜁liə̃	tɕiə̃꜄
微山	ɕiã꜄	꜀yã	꜀tʰuə̃	꜀kə̃	xə̃꜄	꜀ɣə̃	꜁pʰiə̃	꜁miə̃	꜁liə̃	tɕiə̃꜄
邹城	ɕiã꜄	꜀yã	꜀tʰuẽ	꜀kẽ	xẽ꜄	꜀ɣẽ	꜁pʰiẽ	꜁miẽ	꜁liẽ	tɕiẽ꜄
睢宁	ɕiæ̃꜄	꜀yæ̃	꜀tʰə̃	꜀kə̃	xə̃꜄	꜀ɣə̃	꜁pʰiə̃	꜁miə̃	꜁liə̃	tɕiə̃꜄
新沂阿湖	ɕiã꜄	꜀yã	꜀tʰẽ	꜀kẽ	xẽ꜄	꜀ɣẽ	꜁pʰiẽ	꜁miẽ	꜁liẽ	tɕiẽ꜄
新沂时集 A	ɕiã꜄	꜀yã	꜀tʰẽ	꜀kẽ	xẽ꜄	꜀ɣẽ	꜁pʰiẽ	꜁miẽ	꜁liẽ	tɕiẽ꜄
新沂时集 B	ɕian꜄	꜀yan	꜀tʰen	꜀ken	xen꜄	꜀ɣen	꜁pʰin	꜁min	꜁lin	tɕin꜄
泗水	ɕiæ̃꜄	꜀yæ̃	꜀tʰuə̃	꜀kə̃	xə̃꜄	꜀ɣə̃	꜁pʰiə̃	꜁miə̃	꜁liə̃	tɕiə̃꜄
邳州	ɕiæ̃꜄	꜀yæ̃	꜀tʰuə̃	꜀kə̃	xə̃꜄	꜀ɣə̃	꜁pʰiə̃	꜁miə̃	꜁liə̃	tɕiə̃꜄
滕州	ɕiæ̃꜄	꜀yæ̃	꜀tʰuə̃	꜀kə̃	xə̃꜄	꜀ɣə̃	꜁pʰiə̃	꜁miə̃	꜁liə̃	tɕiə̃꜄
临沭	ɕiæ̃꜄	꜀yæ̃	꜀tʰuə̃	꜀kẽ	xẽ꜄	꜀ɣẽ	꜁pʰẽ	꜁mẽ	꜁lẽ	tθẽ꜄
宿迁	ɕiã꜄	꜀yã	꜀tʰə̃	꜀kə̃	xə̃꜄	꜀ɣə̃	꜁pʰiə̃	꜁miə̃	꜁liə̃	tɕiə̃꜄
丰县	ɕiæ̃꜄	꜀yæ̃	꜀tʰuə̃	꜀kə̃	xə̃꜄	꜀ɣə̃	꜁pʰiə̃	꜁miə̃	꜁liə̃	tɕiə̃꜄
郯城	ɕiã꜄	꜀yã	꜀tʰuẽ	꜀kẽ	xẽ꜄	꜀ɣẽ	꜁pʰiẽ	꜁miẽ	꜁liẽ	tsiẽ꜄
莒南团林	ʃæ̃꜄	꜀yæ̃	꜀tʰẽ	꜀kẽ	xẽ꜄	꜀ẽ	꜁pʰiẽ	꜁miẽ	꜁liẽ	tθiẽ꜄
日照陈疃	ʃã꜄	꜀yã	꜀tʰuə̃	꜀kə̃	xə̃꜄	꜀ŋə̃	꜁pʰiə̃	꜁miə̃	꜁liə̃	ʈiə̃꜄
日照奎山	ɕiæ̃꜄	꜀yæ̃	꜀tʰuẽ	꜀kẽ	xẽ꜄	꜀ŋẽ	꜁pʰẽ	꜁mẽ	꜁lẽ	tθẽ꜄
日照黄墩	ʃæ̃꜄	꜀yæ̃	꜀tʰuẽ	꜀kẽ	xẽ꜄	꜀ŋẽ	꜁pʰiẽ	꜁miẽ	꜁liẽ	ʈiẽ꜄
日照涛雒	sã꜄	꜀yã	꜀tʰuẽ	꜀kẽ	xẽ꜄	꜀ŋẽ	꜁pʰẽ	꜁mẽ	꜁lẽ	tθẽ꜄
蒙阴	ɕiã꜄	꜀yã	꜀tʰuə̃	꜀kə̃	xə̃꜄	꜀ŋə̃	꜁pʰiə̃	꜁miə̃	꜁lə̃	ziə̃꜄
沂南	ɕiæ̃꜄	꜀yæ̃	꜀tʰuə̃	꜀kə̃	xə̃꜄	꜀ŋə̃	꜁pʰə̃	꜁mə̃	꜁lə̃	tʃə̃꜄
五莲许孟	ʃã꜄	꜀yã	꜀tʰuə̃	꜀kə̃	xə̃꜄	꜀ŋə̃	꜁pʰə̃	꜁mə̃	꜁lə̃	ʒə̃꜄
日照两城	ɕiã꜄	꜀yã	꜀tʰuẽ	꜀kẽ	xẽ꜄	꜀ŋẽ	꜁pʰẽ	꜁mẽ	꜁lẽ	tθẽ꜄
莒县桑园	ɕiã꜄	꜀yã	꜀tʰuẽ	꜀kẽ	xẽ꜄	꜀ŋẽ	꜁pʰiẽ	꜁miẽ	꜁liẽ	ziẽ꜄

续表

	秦	尽	新	镇	陈	阵	衬	真	神	辰
	臻开三真平从	臻开三轸上从	臻开三真平心	臻开三震去知	臻开三震去澄	臻开三震去澄	臻开三震去初	臻开三真平章	臻开三真平船	臻开三真平禅
连云港	꜁tɕʰiŋ	tɕiŋ꜄	꜀ɕiŋ	tʂəŋ꜄	꜁tʂʰəŋ	tʂəŋ꜄	tʂʰəŋ꜄	꜀tʂəŋ	꜁ʂəŋ	꜁tʂʰəŋ
灌南	꜁tɕʰin	tɕin꜄	꜀ɕin	tʂən꜄	꜁tʂʰən	tʂən꜄	tʂʰən꜄	꜀tʂən	꜁ʂən	꜁tʂʰən
沭阳	꜁tɕʰiŋ	tɕiŋ꜄	꜀ɕiŋ	tʂəŋ꜄	꜁tʂʰəŋ	tʂəŋ꜄	tʂʰəŋ꜄	꜀tʂəŋ	꜁ʂəŋ	꜁tʂʰəŋ
泗阳	꜁tɕʰiŋ	tɕiŋ꜄	꜀ɕiŋ	tʂəŋ꜄	꜁tʂʰəŋ	tʂəŋ꜄	tsʰəŋ꜄	꜀tʂəŋ	꜁ʂəŋ	꜁tʂʰəŋ
泗洪金锁	꜁tɕʰiŋ	tɕiŋ꜄	꜀ɕiŋ	tʂəŋ꜄	꜁tʂʰəŋ	tʂəŋ꜄	tsʰəŋ꜄	꜀tʂəŋ	꜁ʂəŋ	꜁tʂʰəŋ
泗洪上塘	꜁tɕʰiŋ	tɕiŋ꜄	꜀ɕiŋ	tʂəŋ꜄	꜁tʂʰəŋ	tʂəŋ꜄	tsʰəŋ꜄	꜀tʂəŋ	꜁ʂəŋ	꜁tʂʰəŋ
泗洪瑶沟	꜁tɕʰiŋ	tɕiŋ꜄	꜀ɕiŋ	tʂəŋ꜄	꜁tʂʰəŋ	tʂəŋ꜄	tʂʰəŋ꜄	꜀tʂəŋ	꜁ʂəŋ	꜁tʂʰəŋ
赣榆墩尚	꜁tsʰin	tsin꜄	꜀sin	tʂən꜄	꜁tʂʰən	tʂən꜄	tʂʰən꜄	꜀tʂən	꜁ʂən	꜁tʂʰən
赣榆石桥	꜁tθʰiẽ	tθiẽ꜄	꜀θiẽ	tʂẽ꜄	꜁tʂʰẽ	tʂẽ꜄	tʂʰẽ꜄	꜀tʂẽ	꜁ʂẽ	꜁tʂʰẽ
铜山	꜁tɕʰiə̃	tɕiə̃꜄	꜀ɕiə̃	tʂə̃꜄	꜁tʂʰə̃	tʂə̃꜄	tsʰə̃꜄	꜀tʂə̃	꜁ʂə̃	꜁tʂʰə̃
微山	꜁tɕʰiə̃	tɕiə̃꜄	꜀ɕiə̃	tsə̃꜄	꜁tsʰə̃	tsə̃꜄	tsʰə̃꜄	꜀tsə̃	꜁sə̃	꜁tsʰə̃
邹城	꜁tɕʰiẽ	tɕiẽ꜄	꜀ɕiẽ	tsẽ꜄	꜁tsʰẽ	tsẽ꜄	tsʰẽ꜄	꜀tsẽ	꜁sẽ	꜁tsʰẽ
睢宁	꜁tɕʰiə̃	tɕiə̃꜄	꜀ɕiə̃	tʂə̃꜄	꜁tʂʰə̃	tʂə̃꜄	tʂʰə̃꜄	꜀tʂə̃	꜁ʂə̃	꜁tʂʰə̃
新沂阿湖	꜁tɕʰiẽ	tɕiẽ꜄	꜀ɕiẽ	tʂẽ꜄	꜁tʂʰẽ	tʂẽ꜄	tʂʰẽ꜄	꜀tʂẽ	꜁ʂẽ	꜁tʂʰẽ
新沂时集 A	꜁tɕʰiẽ	tɕiẽ꜄	꜀ɕiẽ	tʂẽ꜄	꜁tʂʰẽ	tʂẽ꜄	tʂʰẽ꜄	꜀tʂẽ	꜁ʂẽ	꜁tʂʰẽ
新沂时集 B	꜁tɕʰin	tɕin꜄	꜀ɕin	tʂen꜄	꜁tʂʰen	tʂen꜄	tʂʰen꜄	꜀tʂen	꜁ʂen	꜁tʂʰen
泗水	꜁tɕʰiə̃	tɕiə̃꜄	꜀ɕiə̃	tʃə̃꜄	꜁tʃʰə̃	tʃə̃꜄	tʃʰə̃꜄	꜀tʃə̃	꜁ʃə̃	꜁tʃʰə̃
邳州	꜁tɕʰiə̃	tɕiə̃꜄	꜀ɕiə̃	tʂə̃꜄	꜁tʂʰə̃	tʂə̃꜄	tʂʰə̃꜄	꜀tʂə̃	꜁ʂə̃	꜁tʂʰə̃
滕州	꜁tɕʰiə̃	tɕiə̃꜄	꜀ɕiə̃	tsə̃꜄	꜁tsʰə̃	tsə̃꜄	tsʰə̃꜄	꜀tsə̃	꜁sə̃	꜁tsʰə̃
临沭	꜁tθʰẽ	tθẽ꜄	꜀θẽ	tʃẽ꜄	꜁tʃʰẽ	tʃẽ꜄	tʃʰẽ꜄	꜀tʃẽ	꜁ʃẽ	꜁tʃʰə̃
宿迁	꜁tɕʰiə̃	tɕiə̃꜄	꜀ɕiə̃	tʂə̃꜄	꜁tʂʰə̃	tʂə̃꜄	tʂʰə̃꜄	꜀tʂə̃	꜁ʂə̃	꜁tʂʰə̃
丰县	꜁tɕʰiə̃	tɕiə̃꜄	꜀ɕiə̃	tʂə̃꜄	꜁tʂʰə̃	tʂə̃꜄	tʂʰə̃꜄	꜀tʂə̃	꜁ʂə̃	꜁tʂʰə̃
郯城	꜁tsʰiẽ	tsiẽ꜄	꜀siẽ	tʂẽ꜄	꜁tʂʰẽ	tʂẽ꜄	tʂʰẽ꜄	꜀tʂẽ	꜁ʂẽ	꜁tʂʰẽ
莒南团林	꜁tθʰiẽ	tθiẽ꜄	꜀θiẽ	tʃẽ꜄	꜁tʃʰẽ	tʃẽ꜄	tʂʰẽ꜄	꜀tʃẽ	꜁ʃẽ	꜁tʃʰẽ
日照陈疃	꜁ȶʰiə̃	ȶiə̃꜄	꜀θiə̃	tʃə̃꜄	꜁tʃʰə̃	tʃə̃꜄	tʂʰə̃꜄	꜀tʃə̃	꜁ʃə̃	꜁tʃʰə̃
日照奎山	꜁tθʰẽ	tθẽ꜄	꜀θẽ	tsẽ꜄	꜁tsʰẽ	tsẽ꜄	tʂʰẽ꜄	꜀tsẽ	꜁sẽ	꜁tsʰẽ
日照黄墩	꜁ȶʰiẽ	ȶiẽ꜄	꜀θiẽ	tʃẽ꜄	꜁tʃʰẽ	tʃẽ꜄	tʂʰẽ꜄	꜀tʃẽ	꜁ʃẽ	꜁tʃʰẽ
日照涛雒	꜁tθʰẽ	tθẽ꜄	꜀θẽ	tsẽ꜄	꜁tsʰẽ	tsẽ꜄	tʂʰẽ꜄	꜀tsẽ	꜁sẽ	꜁tsʰẽ
蒙阴	꜁tsʰiə̃	ziə̃꜄	꜁ʃə̃	tʃə̃꜄	꜁tʃʰə̃	tʃə̃꜄	tʃʰə̃꜄	꜀tʃə̃	꜁ʃə̃	꜁tʃʰə̃
沂南	꜁tsʰiə̃	tʃə̃꜄	꜁ʃə̃	tʃə̃꜄	꜁tʃʰə̃	tʃə̃꜄	tʂʰə̃꜄	꜀tʃə̃	꜁ʃə̃	꜁tʂʰə̃
五莲许孟	꜁tʃʰɔ̃	tʃə̃꜄	꜀θɔ̃	ʒə̃꜄	꜁tʃʰə̃	ʒə̃꜄	tʂʰə̃꜄	꜀ʒə̃	꜁ʃə̃	꜁tʃʰə̃
日照两城	꜁tθʰẽ	tθẽ꜄	꜀θẽ	tsẽ꜄	꜁tsʰẽ	tsẽ꜄	tsʰẽ꜄	꜀tsẽ	꜁sẽ	꜁tsʰẽ
莒县桑园	꜁tsʰiẽ	ziẽ꜄	꜀siẽ	zẽ꜄	꜁tsʰẽ	zẽ꜄	tʂʰẽ꜄	꜀zẽ	꜁sẽ	꜁tsʰẽ

续表

	臣	肾	人	认	紧	银	印	引	勤	近
	臻开三 真平禅	臻开三 轸上禅	臻开三 真平日	臻开三 震去日	臻开三 轸上见	臻开三 真平疑	臻开三 震去影	臻开三 轸上以	臻开三 殷平群	臻开三 隐上群
连云港	꜁tʂʰəŋ	ʂəŋ꜄	꜁ʐəŋ	ʐəŋ꜄	꜂tɕiŋ	꜁iŋ	iŋ꜄	꜂iŋ	꜁tɕʰiŋ	tɕiŋ꜄
灌南	꜁tʂʰən	ʂən꜄	꜁ʐən	ʐən꜄	꜂tɕin	꜁in	in꜄	꜂in	꜁tɕʰin	tɕin꜄
沭阳	꜁tʂʰəŋ	ʂəŋ꜄	꜁ʐəŋ	ʐəŋ꜄	꜂tɕiŋ	꜁iŋ	iŋ꜄	꜂iŋ	꜁tɕʰiŋ	tɕiŋ꜄
泗阳	꜁tʂʰəŋ	ʂəŋ꜄	꜁ʐəŋ	ʐəŋ꜄	꜂tɕiŋ	꜁iŋ	iŋ꜄	꜂iŋ	꜁tɕʰiŋ	tɕiŋ꜄
泗洪金锁	꜁tʂʰəŋ	ʂəŋ꜄	꜁ʐəŋ	ʐəŋ꜄	꜂tɕiŋ	꜁iŋ	iŋ꜄	꜂iŋ	꜁tɕʰiŋ	tɕiŋ꜄
泗洪上塘	꜁tʂʰəŋ	ʂəŋ꜄	꜁ʐəŋ	ʐəŋ꜄	꜂tɕiŋ	꜁iŋ	iŋ꜄	꜂iŋ	꜁tɕʰiŋ	tɕiŋ꜄
泗洪瑶沟	꜁tʂʰəŋ	ʂəŋ꜄	꜁ʐəŋ	ʐəŋ꜄	꜂tɕiŋ	꜁iŋ	iŋ꜄	꜂iŋ	꜁tɕʰiŋ	tɕiŋ꜄
赣榆墩尚	꜁tʂʰən	ʂən꜄	꜁in	in꜄	꜂cin	꜁in	in꜄	꜂in	꜁cʰin	cin꜄
赣榆石桥	꜁tʂʰẽ	ʂẽ꜄	꜁iẽ	iẽ꜄	꜂tɕiẽ	꜁iẽ	iẽ꜄	꜂iẽ	꜁tɕʰiẽ	tɕiẽ꜄
铜山	꜁tʂʰə̃	ʂə̃꜄	꜁ʐə̃	ʐə̃꜄	꜂tɕiə̃	꜁iə̃	iə̃꜄	꜂iə̃	꜁tɕʰiə̃	tɕiə̃꜄
微山	꜁tsʰə̃	sə̃꜄	꜁zə̃	zə̃꜄	꜂tɕiə̃	꜁iə̃	iə̃꜄	꜂iə̃	꜁tɕʰiə̃	tɕiə̃꜄
邹城	꜁tsʰẽ	sẽ꜄	꜁zẽ	zẽ꜄	꜂tɕiẽ	꜁iẽ	iẽ꜄	꜂iẽ	꜁tɕʰiẽ	tɕiẽ꜄
睢宁	꜁tʂʰə̃	ʂə̃꜄	꜁ʐə̃	ʐə̃꜄	꜂tɕiə̃	꜁iə̃	iə̃꜄	꜂iə̃	꜁tɕʰiə̃	tɕiə̃꜄
新沂阿湖	꜁tʂʰẽ	ʂẽ꜄	꜁ʐẽ	ʐẽ꜄	꜂tɕiẽ	꜁iẽ	iẽ꜄	꜂iẽ	꜁tɕʰiẽ	tɕiẽ꜄
新沂时集 A	꜁tʂʰẽ	ʂẽ꜄	꜁ʐẽ	ʐẽ꜄	꜂tɕiẽ	꜁iẽ	iẽ꜄	꜂iẽ	꜁tɕʰiẽ	tɕiẽ꜄
新沂时集 B	꜁tʂʰen	ʂen꜄	꜁ʐen	ʐen꜄	꜂tɕin	꜁in	in꜄	꜂in	꜁tɕʰin	tɕin꜄
泗水	꜁tʃʰə̃	ʃə̃꜄	꜁ʒə̃	ʒə̃꜄	꜂tɕiə̃	꜁iə̃	iə̃꜄	꜂iə̃	꜁tɕʰiə̃	tɕiə̃꜄
邳州	꜁tʂʰə̃	ʂə̃꜄	꜁ʐə̃	ʐə̃꜄	꜂tɕiə̃	꜁iə̃	iə̃꜄	꜂iə̃	꜁tɕʰiə̃	tɕiə̃꜄
滕州	꜁tsʰə̃	sə̃꜄	꜁zə̃	zə̃꜄	꜂tɕiə̃	꜁iə̃	iə̃꜄	꜂iə̃	꜁tɕʰiə̃	tɕiə̃꜄
临沭	꜁tʃʰə̃	ʃə̃꜄	꜁ʒə̃	ʒə̃꜄	꜂tɕiə̃	꜁iə̃	iə̃꜄	꜂iə̃	꜁tɕʰiə̃	tɕiẽ꜄
宿迁	꜁tʂʰə̃	ʂə̃꜄	꜁ʐə̃	ʐə̃꜄	꜂tɕiə̃	꜁iə̃	iə̃꜄	꜂iə̃	꜁tɕʰiə̃	tɕiə̃꜄
丰县	꜁tʂʰə̃	ʂə̃꜄	꜁ʐə̃	ʐə̃꜄	꜂tɕiə̃	꜁iə̃	iə̃꜄	꜂iə̃	꜁tɕʰiə̃	tɕiə̃꜄
郯城	꜁tʂʰẽ	ʂẽ꜄	꜁ʐẽ	ʐẽ꜄	꜂tɕiẽ	꜁iẽ	iẽ꜄	꜂iẽ	꜁tɕʰiẽ	tɕiẽ꜄
莒南团林	꜁tʃʰẽ	ʃẽ꜄	꜁iẽ	iẽ꜄	꜂tʃẽ	꜁iẽ	iẽ꜄	꜂iẽ	꜁tʃʰẽ	tʃẽ꜄
日照陈疃	꜁tʃʰə̃	ʃə̃꜄	꜁iə̃	iə̃꜄	꜂tʃə̃	꜁iə̃	iə̃꜄	꜂iə̃	꜁tʃʰə̃	tʃə̃꜄
日照奎山	꜁tsʰẽ	sẽ꜄	꜁iẽ	iẽ꜄	꜂tɕiẽ	꜁iẽ	iẽ꜄	꜂iẽ	꜁tɕʰiẽ	tɕiẽ꜄
日照黄墩	꜁tʃʰẽ	ʃẽ꜄	꜁iẽ	iẽ꜄	꜂tʃẽ	꜁iẽ	iẽ꜄	꜂iẽ	꜁tʃʰẽ	tʃẽ꜄
日照涛雒	꜁tsʰẽ	sẽ꜄	꜁iẽ	iẽ꜄	꜂tsẽ	꜁iẽ	iẽ꜄	꜂iẽ	꜁tsʰẽ	tsẽ꜄
蒙阴	꜁tʃʰə̃	ʃə̃꜄	꜁iə̃	iə̃꜄	꜂tɕiə̃	꜁iə̃	iə̃꜄	꜂iə̃	꜁tɕʰiə̃	tɕiə̃꜄
沂南	꜁tʂʰə̃	ʃə̃꜄	꜁iə̃	iə̃꜄	꜂tɕiə̃	꜁iə̃	iə̃꜄	꜂iə̃	꜁tɕʰiə̃	tɕiə̃꜄
五莲许孟	꜁tʃʰə̃	ʃə̃꜄	꜁iə̃	iə̃꜄	꜂ʒə̃	꜁iə̃	iə̃꜄	꜂iə̃	꜁tʃʰə̃	ʒə̃꜄
日照两城	꜁tsʰẽ	sẽ꜄	꜁iẽ	iẽ꜄	꜂tɕiẽ	꜁iẽ	iẽ꜄	꜂iẽ	꜁tɕʰiẽ	tɕiẽ꜄
莒县桑园	꜁tsʰẽ	sẽ꜄	꜁iẽ	iẽ꜄	꜂tɕiẽ	꜁iẽ	iẽ꜄	꜂iẽ	꜁tɕʰiẽ	tɕiẽ꜄

续表

	欣	本	盆	门	顿	臀	钝	嫩	论议~	村
	臻开三殷平晓	臻合一混上帮	臻合一魂平並	臻合一魂平明	臻合一慁去端	臻合一魂平定	臻合一慁去定	臻合一慁去泥	臻合一慁去来	臻合一魂平清
连云港	꜀ɕiŋ	꜂pəŋ	꜁pʰəŋ	꜁məŋ	təŋ꜄	꜁tʰəŋ	təŋ꜄	ləŋ꜄	ləŋ꜄	꜀tʂʰəŋ
灌南	꜀ɕin	꜂pən	꜁pʰən	꜁mən	tən꜄	꜁tʰən	tən꜄	lən꜄	lən꜄	꜀tʂʰən
沭阳	꜀ɕiŋ	꜂pəŋ	꜁pʰəŋ	꜁məŋ	təŋ꜄	꜁tʰəŋ	təŋ꜄	ləŋ꜄	ləŋ꜄	꜀tsʰəŋ
泗阳	꜀ɕiŋ	꜂pəŋ	꜁pʰəŋ	꜁məŋ	təŋ꜄	꜁tʰəŋ	təŋ꜄	ləŋ꜄	ləŋ꜄	꜀tsʰəŋ
泗洪金锁	꜀ɕiŋ	꜂pəŋ	꜁pəŋ	꜁məŋ	təŋ꜄	꜁tʰəŋ	təŋ꜄	nəŋ꜄	ləŋ꜄	꜀tsʰəŋ
泗洪上塘	꜀ɕiŋ	꜂pəŋ	꜁pʰəŋ	꜁məŋ	təŋ꜄	꜁tʰəŋ	təŋ꜄	nəŋ꜄	ləŋ꜄	꜀tsʰəŋ
泗洪瑶沟	꜀ɕiŋ	꜂pəŋ	꜁pʰəŋ	꜁məŋ	təŋ꜄	꜁tʰəŋ	təŋ꜄	nəŋ꜄	ləŋ꜄	꜀tsʰəŋ
赣榆墩尚	꜀ɕin	꜂pən	꜁pən	꜁mən	tən꜄	꜁tʰən	tən꜄	nən꜄	lən꜄	꜀tsʰən
赣榆石桥	꜀ɕiẽ/ɕiẽ꜆	꜂pẽ	꜁pʰẽ	꜁mẽ	tẽ꜄	꜁tʰẽ	tẽ꜄	lẽ꜄	lẽ꜄	꜀tθʰẽ/tθʰẽ꜆
铜山	꜀ɕiə̃	꜂pə̃	꜁pʰə̃	꜁mə̃	tuə̃꜄	꜁tʰuə̃	tuə̃꜄	luə̃꜄	luə̃꜄	꜀tsʰuə̃
微山	꜀ɕiə̃	꜂pə̃	꜁pʰə̃	꜁mə̃	tuə̃꜄	꜁tʰuə̃	tuə̃꜄	luə̃꜄	luə̃꜄	꜀tsʰuə̃
邹城	꜀ɕiẽ	꜂pẽ	꜁pʰẽ	꜁mẽ	tuẽ꜄	꜁tʰuẽ	tuẽ꜄	luẽ꜄	luẽ꜄	꜀tsʰuẽ
睢宁	꜀ɕiə̃	꜂pə̃	꜁pʰə̃	꜁mə̃	tə̃꜄	꜁tʰə̃	tə̃꜄	lə̃꜄	lə̃꜄	꜀tsʰuə̃
新沂阿湖	꜀ɕiẽ	꜂pẽ	꜁pẽ	꜁mẽ	tẽ꜄	꜁tʰẽ	tẽ꜄	nẽ꜄	lẽ꜄	꜀tsʰẽ
新沂时集 A	꜀ɕiẽ	꜂pẽ	꜁pʰẽ	꜁mẽ	tẽ꜄	꜁tʰẽ	tẽ꜄	nẽ꜄	lẽ꜄	꜀tsʰẽ
新沂时集 B	꜀ɕin	꜂pen	꜁pen	꜁men	ten꜄	꜁tʰen	ten꜄	nen꜄	len꜄	꜀tsʰen
泗水	꜀ɕiə̃	꜂pə̃	꜁pʰə̃	꜁mə̃	tuə̃꜄	꜁tʰuə̃	tuə̃꜄	luə̃꜄	luə̃꜄	꜀tɕʰyə̃
邳州	꜀ɕiə̃	꜂pə̃	꜁pʰə̃	꜁mə̃	tuə̃꜄	꜁tʰuə̃	tuə̃꜄	luə̃꜄	luə̃꜄	꜀tɕʰyə̃
滕州	꜀ɕiə̃	꜂pə̃	꜁pʰə̃	꜁mə̃	tuə̃꜄	꜁tʰuə̃	tuə̃꜄	luə̃꜄	luə̃꜄	꜀tɕʰyə̃
临沭	꜀ɕiẽ	꜂pẽ	꜁pʰẽ	꜁mẽ	tuẽ꜄	꜁tʰuẽ	tuẽ꜄	luẽ꜄	luẽ꜄	꜀tθʰuẽ
宿迁	꜀ɕiə̃	꜂pə̃	꜁pʰə̃	꜁mə̃	tə̃꜄	꜁tʰə̃	tə̃꜄	nə̃꜄	lə̃꜄	꜀tsʰə̃
丰县	꜀ɕiə̃	꜂pə̃	꜁pʰə̃	꜁mə̃	tuə̃꜄	꜁tʰuə̃	tuə̃꜄	luə̃꜄	luə̃꜄	꜀tɕʰyə̃
郯城	꜀ɕiẽ	꜂pẽ	꜁pʰẽ	꜁mẽ	tuẽ꜄	꜁tʰuẽ	tuẽ꜄	luẽ꜄	luẽ꜄	꜀tsʰuẽ
莒南团林	ʃẽ	꜂pẽ	꜁pʰẽ	꜁mẽ	tẽ꜄	꜁tʰuẽ	tẽ꜄	lẽ꜄	lẽ꜄	꜀tθʰẽ
日照陈疃	ʃə̃	꜂pə̃	꜁pʰə̃	꜁mə̃	tuə̃꜄	꜁tʰuə̃	tuə̃꜄	lə̃꜄	luə̃꜄	꜀tʰuə̃
日照奎山	꜀ɕiẽ	꜂pẽ	꜁pʰẽ	꜁mẽ	tuẽ꜄	꜁tʰuẽ	tuẽ꜄	lẽ꜄	luẽ꜄	꜀tθʰuẽ
日照黄墩	ʃẽ	꜂pẽ	꜁pʰẽ	꜁mẽ	tuẽ꜄	꜁tʰuẽ	tuẽ꜄	lẽ꜄	luẽ꜄	꜀tθʰuẽ
日照涛雒	꜀sẽ	꜂pẽ	꜁pʰẽ	꜁mẽ	tuẽ꜄	꜁tʰuẽ	tuẽ꜄	lẽ꜄	luẽ꜄	꜀tθʰuẽ
蒙阴	꜀ɕiə̃	꜂pə̃	꜁pʰə̃	꜁mə̃	tuə̃꜄	꜁tʰuə̃	tuə̃꜄	luə̃꜄	luə̃꜄	꜀tθʰuə̃
沂南	꜀ɕiə̃	꜂pə̃	꜁pʰə̃	꜁mə̃	tuə̃꜄	꜁tʰuə̃	tuə̃꜄	lə̃꜄	lə̃꜄	꜀tθʰuə̃
五莲许孟	ʃə̃	꜂pə̃	꜁pʰə̃	꜁mə̃	tuə̃꜄	꜁tʰuə̃	tuə̃꜄	luə̃꜄	luə̃꜄	꜀tʰuə̃
日照两城	꜀ɕiẽ	꜂pẽ	꜁pʰẽ	꜁mẽ	tuẽ꜄	꜁tʰuẽ	tuẽ꜄	luẽ꜄	luẽ꜄	꜀tθʰuẽ
莒县桑园	꜀ɕiẽ	꜂pẽ	꜁pʰẽ	꜁mẽ	tuẽ꜄	꜁tʰuẽ	tuẽ꜄	lẽ꜄	lẽ꜄	꜀tθʰuẽ

续表

	存	孙	困	昏	魂	稳	轮	遵	椿	准
	臻合一魂平从	臻合一魂平心	臻合一慁去溪	臻合一魂平晓	臻合一魂平匣	臻合一混上影	臻合三谆平来	臻合三谆平精	臻合三谆平彻	臻合三準上章
连云港	꜁tʂʰəŋ	꜀ʂəŋ	kʰoŋ꜄	꜀xoŋ	꜁xoŋ	꜂oŋ	꜁ləŋ	꜀tʂəŋ	꜀tʂʰoŋ	꜂tʂoŋ
灌南	꜁tʂʰən	꜀ʂən	kʰuən꜄	꜀xuən	꜁xuən	꜂uən	꜁lən	꜀tʂən	꜀tʂʰuən	꜂tʂuən
沭阳	꜁tsʰəŋ	꜀səŋ	kʰoŋ꜄	꜀xoŋ	꜁xoŋ	꜂oŋ	꜁ləŋ	꜀tʂəŋ	꜀tʂʰoŋ	꜂tʂoŋ
泗阳	꜁tsʰəŋ	꜀səŋ	kʰoŋ꜄	꜀xoŋ	꜁xoŋ	꜂oŋ	꜁ləŋ	꜀tsəŋ	꜀tʂʰoŋ	꜂tʂoŋ
泗洪金锁	꜁tsʰəŋ	꜀səŋ	kuŋ꜄	꜀xuŋ	꜁xuŋ	꜂uŋ	꜁ləŋ	꜀tsəŋ	꜀tʂʰuŋ	꜂tʂuŋ
泗洪上塘	꜁tsʰəŋ	꜀səŋ	kʰuŋ꜄	꜀xuŋ	꜁xuŋ	꜂uŋ	꜁ləŋ	꜀tsəŋ	꜀tʂʰuŋ	꜂tʂuŋ
泗洪瑶沟	꜁tsʰəŋ	꜀səŋ	kʰoŋ꜄	꜀xoŋ	꜁xoŋ	꜂oŋ	꜁ləŋ	꜀tsəŋ	꜀tʂʰoŋ	꜂tʂoŋ
赣榆墩尚	꜁tsʰən	꜀sən	kuən꜄	꜀xuən	꜁xuən	꜂vən	꜁lən	꜀tsən	꜀tʂʰuən	꜂tʂuən
赣榆石桥	꜁tθʰẽ	꜀θẽ	kʰuẽ꜄	꜀xuẽ/xuẽ꜆	꜁xuẽ	꜂uẽ	꜁lẽ	꜀tθẽ/tθẽ꜆	꜀tʂʰuẽ	꜂tʂuẽ
铜山	꜁tsʰuə̃	꜀suə̃	kʰuə̃꜄	꜀xuə̃	꜁xuə̃	꜂uə̃	꜁luə̃	꜀tsuə̃	꜀tʂʰuə̃	꜂tʂuə̃
微山	꜁tsʰuə̃	꜀suə̃	kʰuə̃꜄	꜀xuə̃	꜁xuə̃	꜂uə̃	꜁luə̃	꜀tsuə̃	꜀tsʰuə̃	꜂tsuə̃
邹城	꜁tsʰuẽ	꜀suẽ	kʰuẽ꜄	꜀xuẽ	꜁xuẽ	꜂uẽ	꜁luẽ	꜀tsuẽ	꜀tsʰuẽ	꜂tsuẽ
睢宁	꜁tsʰə̃	꜀sə̃	kʰuə̃꜄	꜀xuə̃	꜁xuə̃	꜂və̃	꜁lə̃	꜀tsə̃	꜀tʂʰuə̃	꜂tʂuə̃
新沂阿湖	꜁tsʰẽ	꜀sẽ	kuẽ꜄	꜀xuẽ	꜁xuẽ	꜂vẽ	꜁lẽ	꜀tsẽ	꜀tʂʰuẽ	꜂tʂuẽ
新沂时集A	꜁tsʰẽ	꜀sẽ	kʰuẽ꜄	꜀xuẽ	꜁xuẽ	꜂vẽ	꜁lẽ	꜀tsẽ	꜀tʂʰuẽ	꜂tʂuẽ
新沂时集B	꜁tsʰen	꜀sen	kuen꜄	꜀xuen	꜁xuen	꜂ven	꜁len	꜀tsen	꜀tʂʰuen	꜂tʂuen
泗水	꜁tɕʰyə̃	꜀ɕyə̃	kʰuə̃꜄	꜀xuə̃	꜁xuə̃	꜂uə̃	꜁luə̃	꜀tɕyə̃	꜀tɕʰyə̃	꜂tɕyə̃
邳州	꜁tɕʰyə̃	꜀ɕyə̃	kʰuə̃꜄	꜀xuə̃	꜁xuə̃	꜂uə̃	꜁luə̃	꜀tɕyə̃	꜀tʂʰuə̃	꜂tʂuə̃
滕州	꜁tɕʰyə̃	꜀ɕyə̃	kʰuə̃꜄	꜀xuə̃	꜁xuə̃	꜂uə̃	꜁luə̃	꜀tɕyə̃	꜀pfʰə̃	꜂pfə̃
临沭	꜁tθʰuẽ	꜀θuẽ	kʰuẽ꜄	꜀xuẽ	꜁xuẽ	꜂uẽ	꜁luẽ	꜀tθuẽ	꜀tʃʰuẽ	꜂tʃuẽ
宿迁	꜁tsʰə̃	꜀sə̃	kʰuə̃꜄	꜀xuə̃	꜁xuə̃	꜂uə̃	꜁lə̃	꜀tsuə̃	꜀tʂʰuə̃	꜂tʂuə̃
丰县	꜁tɕʰyə̃	꜀ɕyə̃	kʰuə̃꜄	꜀xuə̃	꜁xuə̃	꜂uə̃	꜁luə̃	꜀tɕyə̃	꜀tʂʰuə̃	꜂tʂuə̃
郯城	꜁tsʰuẽ	꜀suẽ	kʰuẽ꜄	꜀xuẽ	꜁xuẽ	꜂uẽ	꜁luẽ	꜀tsuẽ	꜀tʂʰuẽ	꜂tʂuẽ
莒南团林	꜁tθʰẽ	꜀θẽ	kʰuẽ꜄	꜀xuẽ	꜁xuẽ	꜂uẽ	꜁lẽ	꜀tθẽ	꜀tʃʰuẽ	꜂tʃuẽ
日照陈疃	꜁tʰuə̃	꜀θuə̃	kʰuə̃꜄	꜀xuə̃	꜁xuə̃	꜂və̃	꜁luə̃	꜀tuə̃	꜀tʃʰuə̃	꜂tʃuə̃
日照奎山	꜁tθʰuẽ	꜀θuẽ	kʰuẽ꜄	꜀xuẽ	꜁xuẽ	꜂uẽ	꜁luẽ	꜀tθuẽ	꜀tsʰuẽ	꜂tsuẽ
日照黄墩	꜁tθʰuẽ	꜀θuẽ	kʰuẽ꜄	꜀xuẽ	꜁xuẽ	꜂uẽ	꜁luẽ	꜀tθuẽ	꜀tʃʰuẽ	꜂tʃuẽ
日照涛雒	꜁tθʰuẽ	꜀θuẽ	kʰuẽ꜄	꜀xuẽ	꜁xuẽ	꜂vẽ	꜁luẽ	꜀tθuẽ	꜀tsʰuẽ	꜂tsuẽ
蒙阴	꜁tθʰuə̃	꜀θuə̃	kʰuə̃꜄	꜀xuə̃	꜁xuə̃	꜂uə̃	꜁luə̃	꜀ðuẽ	꜀tʃʰuə̃	꜂tʃuə̃
沂南	꜁tθʰuə̃	꜀θuə̃	kʰuə̃꜄	꜀xuə̃	꜁xuə̃	꜂uə̃	꜁luə̃	꜀tθuẽ	꜀tʃʰuə̃	꜂tʃuə̃
五莲许孟	꜁tʰuə̃	꜀θuə̃	kʰuə̃꜄	꜀xuə̃	꜁xuə̃	꜂və̃	꜁luə̃	꜀tuə̃	꜀tʃʰuə̃	꜂ʒuə̃
日照两城	꜁tθʰuẽ	꜀θuẽ	kʰuẽ꜄	꜀xuẽ	꜁xuẽ	꜂uẽ	꜁luẽ	꜂tθuẽ	꜀tsʰuẽ	꜂tsuẽ
莒县桑园	꜁tθʰuẽ	꜀θuẽ	kʰuẽ꜄	꜀xuẽ	꜁xuẽ	꜂uẽ	꜁luẽ	꜀ðuẽ	꜀tsʰuẽ	꜂zuẽ

续表

	春	顺	纯	闰	均	匀	分	坟	文	问
	臻合三谆平昌	臻合三稕去船	臻合三谆平禅	臻合三稕去日	臻合三谆平见	臻合三谆平以	臻合三文平非	臻合三文平奉	臻合三文平微	臻合三问去微
连云港	꜀tʂʰoŋ	ʂoŋ꜄	꜁tʂʰoŋ	ioŋ꜄	꜀tɕioŋ	꜁ioŋ	꜀xuə̃	꜁xuə̃	꜁oŋ	oŋ꜄
灌南	꜀tʂʰuən	ʂuən꜄	꜁tʂʰuən	yn꜄	꜀tɕyn	꜁yn	꜀fən	꜁fən	꜁uən	uən꜄
沭阳	꜀tʂʰoŋ	ʂoŋ꜄	꜁tʂʰoŋ	ioŋ꜄	꜀tɕioŋ	꜁ioŋ	꜀fəŋ	꜁fəŋ	꜁oŋ	oŋ꜄
泗阳	꜀tʂʰoŋ	ʂoŋ꜄	꜁tʂʰoŋ	ioŋ꜄	꜀tɕioŋ	꜁ioŋ	꜀fəŋ	꜁fəŋ	꜁oŋ	oŋ꜄
泗洪金锁	꜀tʂʰuŋ	ʂuŋ꜄	꜁tʂʰuŋ	ʐuŋ꜄	꜀tɕyŋ	꜁yŋ	꜀fəŋ	꜁fəŋ	꜁uŋ	uŋ꜄
泗洪上塘	꜀tʂʰuŋ	ʂuŋ꜄	꜁tʂʰuŋ	yŋ꜄	꜀tɕyŋ	꜁yŋ	꜀fəŋ	꜁fəŋ	꜁uŋ	uŋ꜄
泗洪瑶沟	꜀tʂʰoŋ	ʂoŋ꜄	꜁tʂʰoŋ	ioŋ꜄	꜀tɕioŋ	꜁ioŋ	꜀fəŋ	꜁fəŋ	꜁oŋ	oŋ꜄
赣榆墩尚	꜀tʂʰuən	ʂuən꜄	꜁tʂʰuən	yən꜄	꜀cyn	꜁yən	꜀fən	꜁fən	꜁vən	vən꜄
赣榆石桥	꜀tʂʰuẽ	ʂuẽ꜄	꜁tʂʰuẽ	yẽ꜄	꜀tɕyẽ/tɕyẽ꜄	꜁yẽ	꜀fẽ	꜁fẽ	꜁uẽ	uẽ꜄
铜山	꜀tʂʰuə̃	ʂuə̃꜄	꜁tʂʰuə̃	yə̃꜄	꜀tɕyə̃	꜁yə̃	꜀fə̃	꜁fə̃	꜁uə̃	uə̃꜄
微山	꜀tsʰuə̃	suə̃꜄	꜁tsʰuə̃	yə̃꜄	꜀tɕyə̃	꜁yə̃	꜀fə̃	꜁fə̃	꜁uə̃	uə̃꜄
邹城	꜀tsʰuẽ	suẽ꜄	꜁tsʰuẽ	yẽ꜄	꜀tɕyẽ	꜁yẽ	꜀fẽ	꜁fẽ	꜁uẽ	uẽ꜄
睢宁	꜀tʂʰuə̃	ʂuə̃꜄	꜁tʂʰuə̃	yə̃꜄	꜀tɕyə̃	꜁yə̃	꜀fə̃	꜁fə̃	꜁və̃	və̃꜄
新沂阿湖	꜀tʂʰuẽ	ʂuẽ꜄	꜁tʂʰuẽ	ʐuẽ꜄	꜀tɕyẽ	꜁yẽ	꜀fẽ	꜁fẽ	꜁vẽ	vẽ꜄
新沂时集 A	꜀tʂʰuẽ	ʂuẽ꜄	꜁tʂʰuẽ	yẽ꜄	꜀tɕyẽ	꜁yẽ	꜀fẽ	꜁fẽ	꜁vẽ	vẽ꜄
新沂时集 B	꜀tʂʰuen	ʂuen꜄	꜁tʂʰuen	ʐuen꜄	꜀tɕyn	꜁yn	꜀fen	꜁fen	꜁ven	ven꜄
泗水	꜀tɕʰyə̃	fə̃꜄	꜁tɕʰyə̃	yə̃꜄	꜀tɕyə̃	꜁yə̃	꜀fə̃	꜁fə̃	꜁uə̃	uə̃꜄
邳州	꜀tʂʰuə̃	ʂuə̃꜄	꜁tʂʰuə̃	yə̃꜄	꜀tɕyə̃	꜁yə̃	꜀fə̃	꜁fə̃	꜁uə̃	uə̃꜄
滕州	꜀pfʰə̃	fə̃꜄	꜁pfʰə̃	yə̃꜄	꜀tɕyə̃	꜁yə̃	꜀fə̃	꜁fə̃	꜁uə̃	uə̃꜄
临沭	꜀tʃʰuẽ	ʃuẽ꜄	꜁tʃʰuẽ	yẽ꜄	꜀tɕyẽ	꜁yẽ	꜀fẽ	꜁fẽ	꜁uẽ	uẽ꜄
宿迁	꜀tʂʰuə̃	fə̃꜄	꜁tʂʰuə̃	yə̃꜄	꜀tɕyə̃	꜁yə̃	꜀fə̃	꜁fə̃	꜁uə̃	uə̃꜄
丰县	꜀tʂʰuə̃	ʂuə̃꜄	꜁tʂʰuə̃	yə̃꜄	꜀tɕyə̃	꜁yə̃	꜀fə̃	꜁fə̃	꜁uə̃	uə̃꜄
郯城	꜀tʂʰuẽ	ʂuẽ꜄	꜁tʂʰuẽ	yẽ꜄	꜀tɕyẽ	꜁yẽ	꜀fẽ	꜁fẽ	꜁uẽ	uẽ꜄
莒南团林	꜀tʃʰuẽ	ʃuẽ꜄	꜁tʃʰuẽ	yẽ꜄	꜀tʃuẽ	꜂yẽ	꜀fẽ	꜁fẽ	꜁uẽ	uẽ꜄
日照陈疃	꜀tʃʰuə̃	ʃuə̃꜄	꜁tʃʰuə̃	yə̃꜄	꜀tʃuə̃	꜁yə̃	꜀fə̃	꜁fə̃	꜁və̃	və̃꜄
日照奎山	꜀tsʰuẽ	suẽ꜄	꜁tsʰuẽ	yẽ꜄	꜀tɕyẽ	꜁yẽ	꜀fẽ	꜁fẽ	꜁uẽ	uẽ꜄
日照黄墩	꜀tʃʰuẽ	ʃuẽ꜄	꜁tʃʰuẽ	yẽ꜄	꜀tʃuẽ	꜁yẽ	꜀fẽ	꜁fẽ	꜁uẽ	uẽ꜄
日照涛雒	꜀tsʰuẽ	suẽ꜄	꜁tsʰuẽ	yẽ꜄	꜀tsuẽ	꜁yẽ	꜀fẽ	꜁fẽ	꜁vẽ	vẽ꜄
蒙阴	꜀tʃʰuə̃	ʃuə̃꜄	꜁tʃʰuə̃	yə̃꜄	꜀tɕyə̃	꜁yə̃	꜀fə̃	꜁fə̃	꜁uə̃	uə̃꜄
沂南	꜀tʃʰuə̃	ʃuə̃꜄	꜁tʃʰuə̃	yə̃꜄	꜀tɕyə̃	꜁yə̃	꜀fə̃	꜁fə̃	꜁uə̃	uə̃꜄
五莲许孟	꜀tʃʰuə̃	ʃuə꜄	꜁tʃʰuə̃	yə̃꜄	꜀ʒuə̃	꜁yə̃	꜀fə̃	꜁fə̃	꜁və̃	və̃꜄
日照两城	꜀tsʰuẽ	suẽ꜄	꜁tsʰuẽ	yẽ꜄	꜀tɕyẽ	꜁yẽ	꜀fẽ	꜁fẽ	꜁uẽ	uẽ꜄
莒县桑园	꜀tsʰuẽ	suẽ꜄	꜁tsʰuẽ	yẽ꜄	꜀tɕyẽ	꜁yẽ	꜀fẽ	꜁fẽ	꜁uẽ	uẽ꜄

续表

	军	裙	训	云	帮	旁	忙	党	汤	糖
	臻合三文平见	臻合三文平群	臻合三问去晓	臻合三文平云	宕开一唐平帮	宕开一唐平並	宕开一唐平明	宕开一荡上端	宕开一唐平透	宕开一唐平定
连云港	꜀tɕioŋ	꜁tɕʰioŋ	ɕioŋ꜄	꜁ioŋ	꜀pɑŋ	꜁pʰɑŋ	꜁mɑŋ	꜂tɑŋ	꜀tʰɑŋ	꜁tʰɑŋ
灌南	꜀tɕyn	꜁tɕʰyn	ɕyn꜄	꜁yn	꜀paŋ	꜁pʰaŋ	꜁maŋ	꜂taŋ	꜀tʰaŋ	꜁tʰaŋ
沭阳	꜀tɕioŋ	꜁tɕʰioŋ	ɕioŋ꜄	꜁ioŋ	꜀paŋ	꜁pʰaŋ	꜁maŋ	꜂taŋ	꜀tʰaŋ	꜁tʰaŋ
泗阳	꜀tɕioŋ	꜁tɕʰioŋ	ɕioŋ꜄	꜁ioŋ	꜀paŋ	꜁pʰaŋ	꜁maŋ	꜂taŋ	꜀tʰaŋ	꜁tʰaŋ
泗洪金锁	꜀tɕyŋ	꜁tɕʰyŋ	ɕyŋ꜄	꜁yŋ	꜀paŋ	꜁pʰaŋ	꜁maŋ	꜂taŋ	꜀tʰaŋ	꜁tʰaŋ
泗洪上塘	꜀tɕyŋ	꜁tɕʰyŋ	ɕyŋ꜄	꜁yŋ	꜀paŋ	꜁pʰaŋ	꜁maŋ	꜂taŋ	꜀tʰaŋ	꜁tʰaŋ
泗洪瑶沟	꜀tɕioŋ	꜁tɕʰioŋ	ɕioŋ꜄	꜁ioŋ	꜀paŋ	꜁pʰaŋ	꜁maŋ	꜂taŋ	꜀tʰaŋ	꜁tʰaŋ
赣榆墩尚	꜀cyən	꜁cʰyən	çyən꜄	꜁yən	꜀pɑŋ	꜁pʰɑŋ	꜁mɑŋ	꜂tɑŋ	꜀tʰɑŋ	꜁tʰɑŋ
赣榆石桥	꜀tɕyẽ/tɕyẽ꜅	꜁tɕʰyẽ	ɕyẽ꜄	꜁yẽ	꜀pɑŋ	꜁pʰɑŋ	꜁mɑŋ	꜂tɑŋ	꜀tʰɑŋ	꜁tʰɑŋ
铜山	꜀tɕyə̃	꜁tɕʰyə̃	ɕyə̃꜄	꜁yə̃	꜀paŋ	꜁pʰaŋ	꜁maŋ	꜂taŋ	꜀tʰaŋ	꜁tʰaŋ
微山	꜀tɕyə̃	꜁tɕʰyə̃	ɕyə̃꜄	꜁yə̃	꜀paŋ	꜁pʰaŋ	꜁maŋ	꜂taŋ	꜀tʰaŋ	꜁tʰaŋ
邹城	꜀tɕyẽ	꜁tɕʰyẽ	ɕyẽ꜄	꜁yẽ	꜀paŋ	꜁pʰaŋ	꜁maŋ	꜂taŋ	꜀tʰaŋ	꜁tʰaŋ
睢宁	꜀tɕyə̃	꜁tɕʰyə̃	ɕyə̃꜄	꜁yə̃	꜀paŋ	꜁pʰaŋ	꜁maŋ	꜂taŋ	꜀tʰaŋ	꜁tʰaŋ
新沂阿湖	꜀tɕyẽ	꜁tɕʰyẽ	ɕyẽ꜄	꜁yẽ	꜀paŋ	꜁pʰaŋ	꜁maŋ	꜂taŋ	꜀tʰaŋ	꜁tʰaŋ
新沂时集 A	꜀tɕyẽ	꜁tɕʰyẽ	ɕyẽ꜄	꜁yẽ	꜀paŋ	꜁pʰaŋ	꜁maŋ	꜂taŋ	꜀tʰaŋ	꜁tʰaŋ
新沂时集 B	꜀tɕyn	꜁tɕʰyn	ɕyn꜄	꜁yn	꜀paŋ	꜁pʰaŋ	꜁maŋ	꜂taŋ	꜀tʰaŋ	꜁tʰaŋ
泗水	꜀tɕyə̃	꜁tɕʰyə̃	ɕyə̃꜄	꜁yə̃	꜀paŋ	꜁pʰaŋ	꜁maŋ	꜂taŋ	꜀tʰaŋ	꜁tʰaŋ
邳州	꜀tɕyə̃	꜁tɕʰyə̃	ɕyə̃꜄	꜁yə̃	꜀paŋ	꜁pʰaŋ	꜁maŋ	꜂taŋ	꜀tʰaŋ	꜁tʰaŋ
滕州	꜀tɕyə̃	꜁tɕʰyə̃	ɕyə̃꜄	꜁yə̃	꜀paŋ	꜁pʰaŋ	꜁maŋ	꜂taŋ	꜀tʰaŋ	꜁tʰaŋ
临沭	꜀tɕyẽ	꜁tɕʰyẽ	ɕyẽ꜄	꜁yẽ	꜀pɑŋ	꜁pʰɑŋ	꜁mɑŋ	꜂tɑŋ	꜀tʰɑŋ	꜁tʰɑŋ
宿迁	꜀tɕyə̃	꜁tɕʰyə̃	ɕyə̃꜄	꜁yə̃	꜀paŋ	꜁pʰaŋ	꜁maŋ	꜂taŋ	꜀tʰaŋ	꜁tʰaŋ
丰县	꜀tɕyə̃	꜁tɕʰyə̃	ɕyə̃꜄	꜁yə̃	꜀paŋ	꜁pʰaŋ	꜁maŋ	꜂taŋ	꜀tʰaŋ	꜁tʰaŋ
郯城	꜀tɕyẽ	꜁tɕʰyẽ	ɕyẽ꜄	꜁yẽ	꜀paŋ	꜁pʰaŋ	꜁maŋ	꜂taŋ	꜀tʰaŋ	꜁tʰaŋ
莒南团林	꜀tʃuẽ	꜁tʃʰuẽ	ʃuẽ꜄	꜁yẽ	꜀pɑŋ	꜁pʰɑŋ	꜁mɑŋ	꜂tɑŋ	꜀tʰɑŋ	꜁tʰɑŋ
日照陈疃	꜀tʃuə̃	꜁tʃʰuə̃	ʃuə̃꜄	꜁yə̃	꜀pɑŋ	꜁pʰɑŋ	꜁mɑŋ	꜂tɑŋ	꜀tʰɑŋ	꜁tʰɑŋ
日照奎山	꜀tɕyẽ	꜁tɕʰyẽ	suẽ꜄	꜁yẽ	꜀pɑŋ	꜁pʰɑŋ	꜁mɑŋ	꜂tɑŋ	꜀tʰɑŋ	꜁tʰɑŋ
日照黄墩	꜀tʃuẽ	꜁tʃʰuẽ	ʃuẽ꜄	꜁yẽ	꜀pɑŋ	꜁pʰɑŋ	꜁mɑŋ	꜂tɑŋ	꜀tʰɑŋ	꜁tʰɑŋ
日照涛雒	꜀tsuẽ	꜁tsʰuẽ	suẽ꜄	꜁yẽ	꜀pɑŋ	꜁pʰɑŋ	꜁mɑŋ	꜂tɑŋ	꜀tʰɑŋ	꜁tʰɑŋ
蒙阴	꜀tɕyə̃	꜁tɕʰyə̃	ɕyə̃꜄	꜁yə̃	꜀pɑŋ	꜁pʰɑŋ	꜁mɑŋ	꜂tɑŋ	꜀tʰɑŋ	꜁tʰɑŋ
沂南	꜀tɕyə̃	꜁tɕʰyə̃	ɕyə̃꜄	꜁yə̃	꜀paŋ	꜁pʰaŋ	꜁maŋ	꜂taŋ	꜀tʰaŋ	꜁tʰaŋ
五莲许孟	꜀ʒuə̃	꜁tʃʰuə̃	ʃuə̃꜄	꜁yə̃	꜀pɑŋ	꜁pʰɑŋ	꜁mɑŋ	꜂tɑŋ	꜀tʰɑŋ	꜁tʰɑŋ
日照两城	꜀tɕyẽ	꜁tɕʰyẽ	ɕyẽ꜄	꜁yẽ	꜀pɑŋ	꜁pʰɑŋ	꜁mɑŋ	꜂tɑŋ	꜀tʰɑŋ	꜁tʰɑŋ
莒县桑园	꜀tɕyẽ	꜁tɕʰyẽ	ɕyẽ꜄	꜁yẽ	꜀pɑŋ	꜁pʰɑŋ	꜁mɑŋ	꜂tɑŋ	꜀tʰɑŋ	꜁tʰɑŋ

续表

	囊	狼	葬	仓	藏隐～	脏	桑	缸	康	昂
	宕开一唐平泥	宕开一唐平来	宕开一宕去精	宕开一唐平清	宕开一唐平从	宕开一宕去从	宕开一唐平心	宕开一唐平见	宕开一唐平溪	宕开一唐平疑
连云港	꜁lɑŋ	꜁lɑŋ	tʂɑŋ꜄	꜀tʂʰɑŋ	꜁tʂʰɑŋ	tʂɑŋ꜄	꜀ʂɑŋ	꜀kɑŋ	꜀kʰɑŋ	꜁ɑŋ
灌南	꜁laŋ	꜁laŋ	tʂaŋ꜄	꜀tʂʰaŋ	꜁tʂʰaŋ	tʂaŋ꜄	꜀ʂaŋ	꜀kaŋ	꜀kʰaŋ	꜁aŋ
沭阳	꜁laŋ	꜁laŋ	tsaŋ꜄	꜀tsʰaŋ	꜁tsʰaŋ	tsaŋ꜄	꜀saŋ	꜀kaŋ	꜀kʰaŋ	꜁aŋ
泗阳	꜁laŋ	꜁laŋ	tsaŋ꜄	꜀tsʰaŋ	꜁tsʰaŋ	tsaŋ꜄	꜀saŋ	꜀kaŋ	꜀kʰaŋ	꜁aŋ
泗洪金锁	꜁naŋ	꜁laŋ	tsaŋ꜄	꜀tsʰaŋ	꜁tsʰaŋ	꜀tsaŋ	꜀saŋ	꜀kaŋ	꜀kʰaŋ	꜁aŋ
泗洪上塘	꜁naŋ	꜁laŋ	tsaŋ꜄	꜀tsʰaŋ	꜁tsʰaŋ	tsaŋ꜄	꜀saŋ	꜀kaŋ	꜀kʰaŋ	꜁ɣaŋ
泗洪瑶沟	꜁naŋ	꜁laŋ	tsaŋ꜄	꜀tsʰaŋ	꜁tsʰaŋ	tsaŋ꜄	꜀saŋ	꜀kaŋ	꜀kʰaŋ	꜁aŋ
赣榆墩尚	꜁nɑŋ	꜁lɑŋ	tsɑŋ꜄	꜀tsʰɑŋ	꜁tsʰɑŋ	tsɑŋ꜄	꜀sɑŋ	꜀kɑŋ	꜀kʰɑŋ	꜁ɣɑŋ
赣榆石桥	꜁nɑŋ	꜁lɑŋ	tθɑŋ꜄	꜀tθʰɑŋ	꜁tθʰɑŋ	tθɑŋ꜄	꜀θɑŋ/ θɑŋ꜅	꜀kɑŋ	꜀kʰɑŋ/ kʰɑŋ꜅	꜁ɣɑŋ
铜山	꜁naŋ	꜁laŋ	tsaŋ꜄	꜀tsʰaŋ	꜁tsʰaŋ	tsaŋ꜄	꜀saŋ	꜀kaŋ	꜀kʰaŋ	꜁ɣaŋ
微山	꜁naŋ	꜁laŋ	tsaŋ꜄	꜀tsʰaŋ	꜁tsʰaŋ	tsaŋ꜄	꜀saŋ	꜀kaŋ	꜀kʰaŋ	꜁ɣaŋ
邹城	꜁naŋ	꜁laŋ	tsaŋ꜄	꜀tsʰaŋ	꜁tsʰaŋ	tsaŋ꜄	꜀saŋ	꜀kaŋ	꜀kʰaŋ	꜁ɣaŋ
睢宁	꜁naŋ	꜁laŋ	tsaŋ꜄	꜀tsʰaŋ	꜁tsʰaŋ	tsaŋ꜄	꜀saŋ	꜀kaŋ	꜀kʰaŋ	꜁ɣaŋ
新沂阿湖	꜁naŋ	꜁laŋ	tsaŋ꜄	꜀tsʰaŋ	꜁tsʰaŋ	꜀tsaŋ	꜀saŋ	꜀kaŋ	꜀kʰaŋ	꜁ɣaŋ
新沂时集 A	꜁naŋ	꜁laŋ	tsaŋ꜄	꜀tsʰaŋ	꜁tsʰaŋ	tsaŋ꜄	꜀saŋ	꜀kaŋ	꜀kʰaŋ	꜁ɣaŋ
新沂时集 B	꜁naŋ	꜁laŋ	tsaŋ꜄	꜀tsʰaŋ	꜁tsʰaŋ	꜀tsaŋ	꜀saŋ	꜀kaŋ	꜀kʰaŋ	꜁ɣaŋ
泗水	꜂naŋ	꜁laŋ	tʃaŋ꜄	꜀tʃʰaŋ	꜁tsʰaŋ	tsaŋ꜄	꜀ʃaŋ	꜀kaŋ	꜀kʰaŋ	꜁ɣaŋ
邳州	꜁naŋ	꜁laŋ	tsaŋ꜄	꜀tsʰaŋ	꜁tsʰaŋ	tsaŋ꜄	꜀saŋ	꜀kaŋ	꜀kʰaŋ	꜁ɣaŋ
滕州	꜁naŋ	꜁laŋ	tsaŋ꜄	꜀tsʰaŋ	꜁tsʰaŋ	tsaŋ꜄	꜀saŋ	꜀kaŋ	꜀kʰaŋ	꜁ɣaŋ
临沭	꜁nɑŋ	꜁lɑŋ	tθɑŋ꜄	꜀tθʰɑŋ	꜁tθʰɑŋ	tθɑŋ꜄	꜀θɑŋ	꜀kɑŋ	꜀kʰɑŋ	꜁ɣɑŋ
宿迁	꜁naŋ	꜁laŋ	tsaŋ꜄	꜀tsʰaŋ	꜁tsʰaŋ	tsaŋ꜄	꜀saŋ	꜀kaŋ	꜀kʰaŋ	꜁ɣaŋ
丰县	꜁naŋ	꜁laŋ	tsaŋ꜄	꜀tsʰaŋ	꜁tsʰaŋ	tsaŋ꜄	꜀saŋ	꜀kaŋ	꜀kʰaŋ	꜁ɣaŋ
郯城	꜁naŋ	꜁laŋ	tsaŋ꜄	꜀tsʰaŋ	꜁tsʰaŋ	tsaŋ꜄	꜀saŋ	꜀kaŋ	꜀kʰaŋ	꜁ɣaŋ
莒南团林	꜁nɑŋ	꜁lɑŋ	tθɑŋ꜄	꜀tθʰɑŋ	꜁tθʰɑŋ	tθɑŋ꜄	꜀θɑŋ	꜀kɑŋ	꜀kʰɑŋ	꜁ɑŋ
日照陈疃	꜁nɑŋ	꜁lɑŋ	tɑŋ꜄	꜀tʰɑŋ	꜁tʰɑŋ	tɑŋ꜄	꜀θɑŋ	꜀kɑŋ	꜀kʰɑŋ	꜀ŋɑŋ
日照奎山	꜁nɑŋ	꜁lɑŋ	tθɑŋ꜄	꜀tθʰɑŋ	꜁tθʰɑŋ	tθɑŋ꜄	꜀θɑŋ	꜀kɑŋ	꜀kʰɑŋ	꜂ŋɑŋ
日照黄墩	꜁nɑŋ	꜁lɑŋ	tθɑŋ꜄	꜀tθʰɑŋ	꜁tθʰɑŋ	tθɑŋ꜄	꜀θɑŋ	꜀kɑŋ	꜀kʰɑŋ	꜂ŋɑŋ
日照涛雒	꜁nɑŋ	꜁lɑŋ	tθɑŋ꜄	꜀tsʰɑŋ	꜁tθʰɑŋ	tθɑŋ꜄	꜀θɑŋ	꜀kɑŋ	꜀kʰɑŋ	꜂ŋɑŋ
蒙阴	꜁nɑŋ	꜁lɑŋ	ðɑŋ꜄	꜀tθʰɑŋ	꜁tθʰɑŋ	ðɑŋ꜄	꜀θɑŋ	꜀kɑŋ	꜀kʰɑŋ	꜁ŋɑŋ
沂南	꜁nɑŋ	꜁lɑŋ	tθɑŋ꜄	꜀tθʰɑŋ	꜁tθʰɑŋ	tθɑŋ꜄	꜀θɑŋ	꜀kɑŋ	꜀kʰɑŋ	꜂ŋɑŋ
五莲许孟	꜁nɑŋ	꜁lɑŋ	tɑŋ꜄	꜀tʰɑŋ	꜁tʰɑŋ	tɑŋ꜄	꜀θɑŋ	꜀kɑŋ	꜀kʰɑŋ	꜂ŋɑŋ
日照两城	꜁nɑŋ	꜁lɑŋ	tθɑŋ꜄	꜀tθʰɑŋ	꜁tθʰɑŋ	tθɑŋ꜄	꜀θɑŋ	꜀kɑŋ	꜀kʰɑŋ	꜀ŋɑŋ
莒县桑园	꜁nɑŋ	꜁lɑŋ	ðɑŋ꜄	꜀tθʰɑŋ	꜁tθʰɑŋ	ðɑŋ꜄	꜀θɑŋ	꜀kɑŋ	꜀kʰɑŋ	꜀ŋɑŋ

续表

	行银~	娘	良	墙	匠	想	详	像	张	肠
	宕开一唐平匣	宕开三阳平泥	宕开三阳平来	宕开三阳平从	宕开三漾去从	宕开三养上心	宕开三阳平邪	宕开三养上邪	宕开三阳平知	宕开三阳平澄
连云港	꜁xɑŋ	꜁niɑŋ	꜁liɑŋ	꜁tɕʰiɑŋ	tɕiɑŋ꜄	꜂ɕiɑŋ	꜁tɕʰiɑŋ	ɕiɑŋ꜄	꜀tʂɑŋ	꜁tʂʰɑŋ
灌南	꜁xaŋ	꜁niæ̃	꜁liæ̃	꜁tɕʰiæ̃	tɕiæ̃꜄	꜂ɕiæ̃	꜁tɕʰiæ̃	ɕiæ̃꜄	꜀tʂaŋ	꜁tʂʰaŋ
沭阳	꜁xaŋ	꜁liaŋ	꜁liaŋ	꜁tɕʰiaŋ	tɕiaŋ꜄	꜂ɕiaŋ	꜁tɕʰiaŋ	ɕiaŋ꜄	꜀tʂaŋ	꜁tʂʰaŋ
泗阳	꜁xaŋ	꜁liaŋ	꜁liaŋ	꜁tɕʰiaŋ	tɕiaŋ꜄	꜂ɕiaŋ	꜁tɕʰiaŋ	ɕiaŋ꜄	꜀tʂaŋ	꜁tʂʰaŋ
泗洪金锁	꜁xaŋ	꜁niaŋ	꜁liaŋ	꜁tɕʰiaŋ	tɕiaŋ꜄	꜂ɕiaŋ	꜁ɕiaŋ	ɕiaŋ꜄	꜀tʂaŋ	꜁tʂʰaŋ
泗洪上塘	꜁xaŋ	꜁niaŋ	꜁liaŋ	꜁tɕʰiaŋ	tɕiaŋ꜄	꜂ɕiaŋ	꜁tɕʰiaŋ	ɕiaŋ꜄	꜀tʂaŋ	꜁tʂʰaŋ
泗洪瑶沟	꜁xaŋ	꜁niaŋ	꜁liaŋ	꜁tɕʰiaŋ	tɕiaŋ꜄	꜂ɕiaŋ	꜁tɕʰiaŋ	ɕiaŋ꜄	꜀tʂaŋ	꜁tʂʰaŋ
赣榆墩尚	꜁xɑŋ	꜁niɑŋ	꜁liɑŋ	꜁tsʰiɑŋ	tsiɑŋ꜄	꜂siɑŋ	꜁siɑŋ	siɑŋ꜄	꜀tʂɑŋ	꜁tʂʰɑŋ
赣榆石桥	꜁xɑŋ	꜁niɑŋ	꜁liɑŋ	꜁tθʰiɑŋ	tθiɑŋ꜄	꜂θiɑŋ	꜁θiɑŋ	θiɑŋ꜄	꜀tʂɑŋ	꜁tʂʰɑŋ
铜山	꜁xaŋ	꜁niaŋ	꜁liaŋ	꜁tɕʰiaŋ	tɕiaŋ꜄	꜂ɕiaŋ	꜁ɕiaŋ	ɕiaŋ꜄	꜀tʂaŋ	꜁tʂʰaŋ
微山	꜁xaŋ	꜁niaŋ	꜁liaŋ	꜁tɕʰiaŋ	tɕiaŋ꜄	꜂ɕiaŋ	꜁ɕiaŋ	ɕiaŋ꜄	꜀tsaŋ	꜁tsʰaŋ
邹城	꜁xaŋ	꜁niaŋ	꜁liaŋ	꜁tɕʰiaŋ	tɕiaŋ꜄	꜂ɕiaŋ	꜁ɕiaŋ	ɕiaŋ꜄	꜀tsaŋ	꜁tsʰaŋ
睢宁	꜁xaŋ	꜁niaŋ	꜁liaŋ	꜁tɕʰiaŋ	tɕiaŋ꜄	꜂ɕiaŋ	꜁ɕiaŋ	ɕiaŋ꜄	꜀tʂaŋ	꜁tʂʰaŋ
新沂阿湖	꜁xaŋ	꜁niaŋ	꜁liaŋ	꜁tɕʰiaŋ	tɕiaŋ꜄	꜂ɕiaŋ	꜁ɕiaŋ	ɕiaŋ꜄	꜀tʂaŋ	꜁tʂʰaŋ
新沂时集 A	꜁xaŋ	꜁niaŋ	꜁liaŋ	꜁tɕʰiaŋ	tɕiaŋ꜄	꜂ɕiaŋ	꜁tɕʰiaŋ	ɕiaŋ꜄	꜀tʂaŋ	꜁tʂʰaŋ
新沂时集 B	꜁xaŋ	꜁niaŋ	꜁liaŋ	꜁tɕʰiaŋ	tɕiaŋ꜄	꜂ɕiaŋ	꜁ɕiaŋ	ɕiaŋ꜄	꜀tʂaŋ	꜁tʂʰaŋ
泗水	꜁xaŋ	꜁niaŋ	꜁liaŋ	꜁tɕʰiaŋ	tɕiaŋ꜄	꜂ɕiaŋ	꜁ɕiaŋ	ɕiaŋ꜄	꜀tʃaŋ	꜁tʃʰaŋ
邳州	꜁xaŋ	꜁niaŋ	꜁liaŋ	꜁tɕʰiaŋ	tɕiaŋ꜄	꜂ɕiaŋ	꜁ɕiaŋ	ɕiaŋ꜄	꜀tʂaŋ	꜁tʂʰaŋ
滕州	꜁xaŋ	꜁niaŋ	꜁liaŋ	꜁tɕʰiaŋ	tɕiaŋ꜄	꜂ɕiaŋ	꜁ɕiaŋ	ɕiaŋ꜄	꜀tsaŋ	꜁tsʰaŋ
临沭	꜁xaŋ	꜁niaŋ	꜁liaŋ	꜁tsʰiaŋ	tsiaŋ꜄	꜂siaŋ	꜁siaŋ	siaŋ꜄	꜀tʃaŋ	꜁tʃʰɑŋ
宿迁	꜁xaŋ	꜁niaŋ	꜁liaŋ	꜁tɕʰiaŋ	tɕiaŋ꜄	꜂ɕiaŋ	꜁ɕiaŋ	ɕiaŋ꜄	꜀tʂaŋ	꜁tʂʰaŋ
丰县	꜁xaŋ	꜁niaŋ	꜁liaŋ	꜁tɕʰiaŋ	tɕiaŋ꜄	꜂ɕiaŋ	꜁ɕiaŋ	ɕiaŋ꜄	꜀tʂaŋ	꜁tʂʰaŋ
郯城	꜁xaŋ	꜁niaŋ	꜁liaŋ	꜁tsʰiaŋ	tsiaŋ꜄	꜂siaŋ	꜁siaŋ	siaŋ꜄	꜀tʂaŋ	꜁tʂʰaŋ
莒南团林	꜁xɑŋ	꜁niɑŋ	꜁liɑŋ	꜁tθʰiɑŋ	tθiɑŋ꜄	꜂θiɑŋ	꜁θiɑŋ	θiɑŋ꜄	꜀tʃɑŋ	꜁tʃʰɑŋ
日照陈疃	꜁xɑŋ	꜁niɑŋ	꜁liɑŋ	꜁ȶʰiɑŋ	ȶiɑŋ꜄	꜂θiɑŋ	꜁θiɑŋ	θiɑŋ꜄	꜀tʃɑŋ	꜁tʃʰɑŋ
日照奎山	꜁xɑŋ	꜁niɑŋ	꜁liɑŋ	꜁tθʰiɑŋ	tθiɑŋ꜄	꜂θiɑŋ	꜁θiɑŋ	θiɑŋ꜄	꜀tsɑŋ	꜁tsʰɑŋ
日照黄墩	꜁xɑŋ	꜁niɑŋ	꜁liɑŋ	꜁ȶʰiɑŋ	ȶiɑŋ꜄	꜂θiɑŋ	꜁θiɑŋ	θiɑŋ꜄	꜀tʃɑŋ	꜁tʃʰɑŋ
日照涛雒	꜁xɑŋ	꜁niɑŋ	꜁liɑŋ	꜁ȶʰiɑŋ	ȶiɑŋ꜄	꜂θiɑŋ	꜁θiɑŋ	θiɑŋ꜄	꜀tsɑŋ	꜁tsʰɑŋ
蒙阴	꜁xɑŋ	꜁niɑŋ	꜁liɑŋ	꜁tsʰiɑŋ	ziɑŋ꜄	꜂siɑŋ	꜁siɑŋ	siɑŋ꜄	꜀tʃɑŋ	꜁tʃʰɑŋ
沂南	꜁xɑŋ	꜁niɑŋ	꜁liɑŋ	꜁tsʰiɑŋ	tsiɑŋ꜄	꜂siɑŋ	꜁siɑŋ	siɑŋ꜄	꜀tʃɑŋ	꜁tʃʰɑŋ
五莲许孟	꜁xɑŋ	꜁niɑŋ	꜁liɑŋ	꜁tɕʰiɑŋ	tɕiɑŋ꜄	꜂ɕiɑŋ	꜁ɕiɑŋ	ɕiɑŋ꜄	꜀ʒɑŋ	꜁tʃʰɑŋ
日照两城	꜁xɑŋ	꜁niɑŋ	꜁liɑŋ	꜁tθʰiɑŋ	tθiɑŋ꜄	꜂θiɑŋ	꜁θiɑŋ	θiɑŋ꜄	꜀tsɑŋ	꜁tsʰɑŋ
莒县桑园	꜁xɑŋ	꜁niɑŋ	꜁liɑŋ	꜁tsʰiɑŋ	ziɑŋ꜄	꜂siɑŋ	꜁siɑŋ	siɑŋ꜄	꜀zɑŋ	꜁tsʰɑŋ

续表

	丈	庄	创	床	霜	章	厂	商	常
	宕开三 养上澄	宕开三 阳平庄	宕开三 漾去初	宕开三 阳平崇	宕开三 阳平生	宕开三 阳平章	宕开三 养上昌	宕开三 阳平书	宕开三 阳平禅
连云港	tʂɑŋ꜄	꜀tʂuɑŋ	tʂʰuɑŋ꜄	꜁tʂʰuɑŋ	꜀ʂuɑŋ	꜀tʂɑŋ	꜂tʂʰɑŋ	꜀ʂɑŋ	꜁tʂʰɑŋ
灌南	tʂaŋ꜄	꜀tʂuaŋ	tʂʰuaŋ꜄	꜁tʂʰuaŋ	꜀ʂuaŋ	꜀tʂaŋ	꜂tʂʰaŋ	꜀ʂaŋ	꜁tʂʰaŋ
沭阳	tʂaŋ꜄	꜀tʂuaŋ	tʂʰuaŋ꜄	꜁tʂʰuaŋ	꜀ʂuaŋ	꜀tʂaŋ	꜂tʂʰaŋ	꜀ʂaŋ	꜁tʂʰaŋ
泗阳	tʂaŋ꜄	꜀tʂuaŋ	tʂʰuaŋ꜄	꜁tʂʰuaŋ	꜀ʂuaŋ	꜀tʂaŋ	꜂tʂʰaŋ	꜀ʂaŋ	꜁tʂʰaŋ
泗洪金锁	tʂaŋ꜄	꜀tʂuaŋ	tʂʰuaŋ꜄	꜁tʂʰuaŋ	꜀ʂuaŋ	꜀tʂaŋ	꜂tʂʰaŋ	꜀ʂaŋ	꜁tʂʰaŋ
泗洪上塘	tʂaŋ꜄	꜀tʂuaŋ	tʂʰuaŋ꜄	꜁tʂʰuaŋ	꜀ʂuaŋ	꜀tʂaŋ	꜂tʂʰaŋ	꜀ʂaŋ	꜁tʂʰaŋ
泗洪瑶沟	tʂaŋ꜄	꜀tʂuaŋ	tʂʰuaŋ꜄	꜁tʂʰuaŋ	꜀ʂuaŋ	꜀tʂaŋ	꜂tʂʰaŋ	꜀ʂaŋ	꜁tʂʰaŋ
赣榆墩尚	tʂɑŋ꜄	꜀tʂuɑŋ	tʂʰuɑŋ꜄	꜁tʂʰuɑŋ	꜀ʂuɑŋ	꜀tʂɑŋ	꜂tʂʰɑŋ	꜀ʂɑŋ	꜁tʂʰɑŋ
赣榆石桥	tʂɑŋ꜄	꜀tʂuɑŋ	tʂʰuɑŋ꜄	꜁tʂʰuɑŋ	꜀ʂuɑŋ	꜀tʂɑŋ	꜂tʂʰɑŋ	꜀ʂɑŋ/ʂɑŋ꜄	꜁tʂʰɑŋ
铜山	tʂaŋ꜄	꜀tʂuaŋ	tʂʰuaŋ꜄	꜁tʂʰuaŋ	꜀ʂuaŋ	꜀tʂaŋ	꜂tʂʰaŋ	꜀ʂaŋ	꜁tʂʰaŋ
微山	tsaŋ꜄	꜀tsuaŋ	tsʰuaŋ꜄	꜁tsʰuaŋ	꜀suaŋ	꜀tsaŋ	꜂tsʰaŋ	꜀saŋ	꜁tsʰaŋ
邹城	tsaŋ꜄	꜀tsuaŋ	tsʰuaŋ꜄	꜁tsʰuaŋ	꜀suaŋ	꜀tsaŋ	꜂tsʰaŋ	꜀saŋ	꜁tsʰaŋ
睢宁	tʂaŋ꜄	꜀tʂuaŋ	tʂʰuaŋ꜄	꜁tʂʰuaŋ	꜀ʂuaŋ	꜀tʂaŋ	꜂tʂʰaŋ	꜀ʂaŋ	꜁tʂʰaŋ
新沂阿湖	tʂaŋ꜄	꜀tʂuaŋ	tʂʰuaŋ꜄	꜁tʂʰuaŋ	꜀ʂuaŋ	꜀tʂaŋ	꜂tʂʰaŋ	꜀ʂaŋ	꜁tʂʰaŋ
新沂时集 A	tʂaŋ꜄	꜀tʂuaŋ	tʂʰuaŋ꜄	꜁tʂʰuaŋ	꜀ʂuaŋ	꜀tʂaŋ	꜂tʂʰaŋ	꜀ʂaŋ	꜁tʂʰaŋ
新沂时集 B	tʂaŋ꜄	꜀tʂuaŋ	tʂʰuaŋ꜄	꜁tʂʰuaŋ	꜀ʂuaŋ	꜀tʂaŋ	꜂tʂʰaŋ	꜀ʂaŋ	꜁tʂʰaŋ
泗水	tʃaŋ꜄	꜀tʃuaŋ	tʃʰuaŋ꜄	꜁tʃʰuaŋ	꜀ʃuaŋ	꜀tʃaŋ	꜂tʃʰaŋ	꜀ʃaŋ	꜁tʃʰaŋ
邳州	tʂaŋ꜄	꜀tʂuaŋ	tʂʰuaŋ꜄	꜁tʂʰuaŋ	꜀ʂuaŋ	꜀tʂaŋ	꜂tʂʰaŋ	꜀ʂaŋ	꜁tʂʰaŋ
滕州	tsaŋ꜄	꜀pfaŋ	pfʰaŋ꜄	꜁pfʰaŋ	꜀faŋ	꜀tsaŋ	꜂tsʰaŋ	꜀saŋ	꜁tsʰaŋ
临沭	tʃɑŋ꜄	꜀tʃuɑŋ	tʃʰuɑŋ꜄	꜁tʃʰuɑŋ	꜀ʃuɑŋ	꜀tʃɑŋ	꜂tʃʰɑŋ	꜀ʃɑŋ	꜁tʃʰɑŋ
宿迁	tʂaŋ꜄	꜀tʂuaŋ	tʂʰuaŋ꜄	꜁tʂʰuaŋ	꜀ʂuaŋ	꜀tʂaŋ	꜂tʂʰaŋ	꜀ʂaŋ	꜁tʂʰaŋ
丰县	tʂaŋ꜄	꜀tsuaŋ	tsʰuaŋ꜄	꜁tsʰuaŋ	꜀suaŋ	꜀tʂaŋ	꜂tʂʰaŋ	꜀ʂaŋ	꜁tʂʰaŋ
郯城	tʂaŋ꜄	꜀tʂuaŋ	tʂʰuaŋ꜄	꜁tʂʰuaŋ	꜀ʂuaŋ	꜀tʂaŋ	꜂tʂʰaŋ	꜀ʂaŋ	꜁tʂʰaŋ
莒南团林	tʃɑŋ꜄	꜀tʂuɑŋ	tʂʰuɑŋ꜄	꜁tʂʰuɑŋ	꜀ʂuɑŋ	꜀tʃɑŋ	꜂tʃʰɑŋ	꜀ʃɑŋ	꜁tʃʰɑŋ
日照陈疃	tʃɑŋ꜄	꜀tʂuɑŋ	tʂʰuɑŋ꜄	꜁tʂʰuɑŋ	꜀ʂuɑŋ	꜀tʃɑŋ	꜂tʃʰɑŋ	꜀ʃɑŋ	꜁tʃʰɑŋ
日照奎山	tsɑŋ꜄	꜀tʂuɑŋ	tʂʰuɑŋ꜄	꜁tʂʰuɑŋ	꜀ʂuɑŋ	꜀tsɑŋ	꜂tsʰɑŋ	꜀sɑŋ	꜁tsʰɑŋ
日照黄墩	tʃɑŋ꜄	꜀tʂuɑŋ	tʂʰuɑŋ꜄	꜁tʂʰuɑŋ	꜀ʂuɑŋ	꜀tʃɑŋ	꜂tʃʰɑŋ	꜀ʃɑŋ	꜁tʃʰɑŋ
日照涛雒	tsɑŋ꜄	꜀tʂuɑŋ	tʂʰuɑŋ꜄	꜁tʂʰuɑŋ	꜀ʂuɑŋ	꜀tsɑŋ	꜂tsʰɑŋ	꜀sɑŋ	꜁tsʰɑŋ
蒙阴	tʃɑŋ꜄	꜀tʃuɑŋ	tʃʰuɑŋ꜄	꜁tʃʰuɑŋ	꜀ʃuɑŋ	꜀tʃɑŋ	꜂tʃʰɑŋ	꜀ʃɑŋ	꜁tʃʰɑŋ
沂南	tʃaŋ꜄	꜀tʂuaŋ	tʂʰuaŋ꜄	꜁tʂʰuaŋ	꜀ʂuaŋ	꜀tʃaŋ	꜂tʃʰaŋ	꜀ʃaŋ	꜁tʃʰaŋ
五莲许孟	ʒɑŋ꜄	꜀tʂuɑŋ	tʂʰuɑŋ꜄	꜁tʂʰuɑŋ	꜀ʂuɯŋ	꜀ʒɑŋ	꜂tʃʰɑŋ	꜀ʃɑŋ	꜁tʃʰɑŋ
日照两城	tsɑŋ꜄	꜀tʂuɑŋ	tʂʰuɑŋ꜄	꜁tʂʰuɑŋ	꜀ʂuɑŋ	꜀tsɑŋ	꜂tsʰɑŋ	꜀sɑŋ	꜁tsʰɑŋ
莒县桑园	zɑŋ꜄	꜀tʂuɑŋ	tʂʰuɑŋ꜄	꜁tʂʰuɑŋ	꜀ʂuɑŋ	zɑŋ꜄	꜂tsʰɑŋ	꜀sɑŋ	꜁tsʰɑŋ

续表

	上	让	姜	强	香	央	羊	光	荒	黄
	宕开三养上禅	宕开三漾去日	宕开三阳平见	宕开三阳平群	宕开三阳平晓	宕开三阳平影	宕开三阳平以	宕合一唐平见	宕合一唐平晓	宕合一唐平匣
连云港	ʂɑŋ꜄	ʐɑŋ꜄	꜀tɕiɑŋ	꜁tɕʰiɑŋ	꜀ɕiɑŋ	꜀iɑŋ	꜁iɑŋ	꜀kuɑŋ	꜀xuɑŋ	꜁xuɑŋ
灌南	ʂaŋ꜄	ʐaŋ꜄	꜀tɕiæ̃	꜁tɕʰiæ̃	꜀ɕiæ̃	꜀iæ̃	꜁iæ̃	꜀kuɑŋ	꜀xuɑŋ	꜁xuɑŋ
沭阳	ʂaŋ꜄	ʐaŋ꜄	꜀tɕiaŋ	꜁tɕʰiaŋ	꜀ɕiaŋ	꜀iaŋ	꜁iaŋ	꜀kuɑŋ	꜀xuɑŋ	꜁xuɑŋ
泗阳	ʂaŋ꜄	ʐaŋ꜄	꜀tɕiaŋ	꜁tɕʰiaŋ	꜀ɕiaŋ	꜀iaŋ	꜁iaŋ	꜀kuɑŋ	꜀xuɑŋ	꜁xuɑŋ
泗洪金锁	ʂaŋ꜄	ʐaŋ꜄	꜀tɕiaŋ	꜁tɕʰiaŋ	꜀ɕiaŋ	꜀iaŋ	꜁iaŋ	꜀kuɑŋ	꜀xuɑŋ	꜁xuɑŋ
泗洪上塘	ʂaŋ꜄	ʐaŋ꜄	꜀tɕiaŋ	꜁tɕʰiaŋ	꜀ɕiaŋ	꜀iaŋ	꜁iaŋ	꜀kuɑŋ	꜀xuɑŋ	꜁xuɑŋ
泗洪瑶沟	ʂaŋ꜄	ʐaŋ꜄	꜀tɕiaŋ	꜁tɕʰiaŋ	꜀ɕiaŋ	꜀iaŋ	꜁iaŋ	꜀kuɑŋ	꜀xuɑŋ	꜁xuɑŋ
赣榆墩尚	ʂɑŋ꜄	iɑŋ꜄	꜀ciɑŋ	꜁cʰiɑŋ	꜀çiɑŋ	꜀iɑŋ	꜁iɑŋ	꜀kuɑŋ	꜀xuɑŋ	꜁xuɑŋ
赣榆石桥	ʂɑŋ꜄	iɑŋ꜄	꜀tɕiɑŋ	꜁tɕʰiɑŋ	꜀ɕiɑŋ/ɕiɑŋ꜆	꜀iɑŋ/iɑŋ꜆	꜁iɑŋ	꜀kuɑŋ/kuɑŋ꜆	꜀xuɑŋ/xuɑŋ꜆	꜁xuɑŋ
铜山	ʂaŋ꜄	ʐaŋ꜄	꜀tɕiaŋ	꜁tɕʰiaŋ	꜀ɕiaŋ	꜀iaŋ	꜁iaŋ	꜀kuɑŋ	꜀xuɑŋ	꜁xuɑŋ
微山	saŋ꜄	zaŋ꜄	꜀tɕiaŋ	꜁tɕʰiaŋ	꜀ɕiaŋ	꜀iaŋ	꜁iaŋ	꜀kuɑŋ	꜀xuɑŋ	꜁xuɑŋ
邹城	saŋ꜄	zaŋ꜄	꜀tɕiaŋ	꜁tɕʰiaŋ	꜀ɕiaŋ	꜀iaŋ	꜁iaŋ	꜀kuɑŋ	꜀xuɑŋ	꜁xuɑŋ
睢宁	ʂaŋ꜄	ʐaŋ꜄	꜀tɕiaŋ	꜁tɕʰiaŋ	꜀ɕiaŋ	꜀iaŋ	꜁iaŋ	꜀kuɑŋ	꜀xuɑŋ	꜁xuɑŋ
新沂阿湖	ʂaŋ꜄	ʐaŋ꜄	꜀tɕiaŋ	꜁tɕʰiaŋ	꜀ɕiaŋ	꜀iaŋ	꜁iaŋ	꜀kuɑŋ	꜀xuɑŋ	꜁xuɑŋ
新沂时集 A	ʂaŋ꜄	ʐaŋ꜄	꜀tɕiaŋ	꜁tɕʰiaŋ	꜀ɕiaŋ	꜀iaŋ	꜁iaŋ	꜀kuɑŋ	꜀xuɑŋ	꜁xuɑŋ
新沂时集 B	ʂaŋ꜄	ʐaŋ꜄	꜀tɕiaŋ	꜁tɕʰiaŋ	꜀ɕiaŋ	꜀iaŋ	꜁iaŋ	꜀kuɑŋ	꜀xuɑŋ	꜁xuɑŋ
泗水	ʃaŋ꜄	ʒaŋ꜄	꜀tɕiaŋ	꜁tɕʰiaŋ	꜀ɕiaŋ	꜀iaŋ	꜁iaŋ	꜀kuɑŋ	꜀xuɑŋ	꜁xuɑŋ
邳州	ʂaŋ꜄	ʐaŋ꜄	꜀tɕiaŋ	꜁tɕʰiaŋ	꜀ɕiaŋ	꜀iaŋ	꜁iaŋ	꜀kuɑŋ	꜀xuɑŋ	꜁xuɑŋ
滕州	saŋ꜄	zaŋ꜄	꜀tɕiaŋ	꜁tɕʰiaŋ	꜀ɕiaŋ	꜀iaŋ	꜁iaŋ	꜀kuɑŋ	꜀xuɑŋ	꜁xuɑŋ
临沭	ʃɑŋ꜄	ʒiɑŋ꜄	꜀tɕiɑŋ	꜁tɕʰiɑŋ	꜀ɕiɑŋ	꜀iɑŋ	꜁iɑŋ	꜀kuɑŋ	꜀xuɑŋ	꜁xuɑŋ
宿迁	ʂaŋ꜄	ʐaŋ꜄	꜀tɕiaŋ	꜁tɕʰiaŋ	꜀ɕiaŋ	꜀iaŋ	꜁iaŋ	꜀kuɑŋ	꜀xuɑŋ	꜁xuɑŋ
丰县	ʂaŋ꜄	ʐaŋ꜄	꜀tɕiaŋ	꜁tɕʰiaŋ	꜀ɕiaŋ	꜀iaŋ	꜁iaŋ	꜀kuɑŋ	꜀xuɑŋ	꜁xuɑŋ
郯城	ʂaŋ꜄	ʐaŋ꜄	꜀tɕiaŋ	꜁tɕʰiaŋ	꜀ɕiaŋ	꜀iaŋ	꜁iaŋ	꜀kuɑŋ	꜀xuɑŋ	꜁xuɑŋ
莒南团林	ʃɑŋ꜄	iɑŋ꜄	꜀tʃɑŋ	꜁tʃʰɑŋ	꜀ʃɑŋ	꜀iɑŋ	꜁iɑŋ	꜀kuɑŋ	꜀xuɑŋ	꜁xuɑŋ
日照陈疃	꜁ʃɑŋ	iɑŋ꜄	꜀tʃɑŋ	꜁tʃʰɑŋ	꜀ʃɑŋ	꜀iɑŋ	꜁iɑŋ	꜀kuɑŋ	꜀xuɑŋ	꜁xuɑŋ
日照奎山	sɑŋ꜄	iɑŋ꜄	꜀tɕiɑŋ	꜁tɕʰiɑŋ	꜀ɕiɑŋ	꜀iɑŋ	꜁iɑŋ	꜀kuɑŋ	꜀xuɑŋ	꜁xuɑŋ
日照黄墩	ʃɑŋ꜄	iɑŋ꜄	꜀tʃɑŋ	꜁tʃʰɑŋ	꜀ʃɑŋ	꜀iɑŋ	꜁iɑŋ	꜀kuɑŋ	꜀xuɑŋ	꜁xuɑŋ
日照涛雒	sɑŋ꜄	iɑŋ꜄	꜀tsɑŋ	꜂tsʰɑŋ	꜀sɑŋ	꜀iɑŋ	꜁iɑŋ	꜀kuɑŋ	꜀xuɑŋ	꜁xuɑŋ
蒙阴	ʃɑŋ꜄	iɑŋ꜄	꜀tɕiɑŋ	꜁tɕʰiɑŋ	꜀ɕiɑŋ	꜀iɑŋ	꜁iɑŋ	꜀kuɑŋ	꜀xuɑŋ	꜁xuɑŋ
沂南	ʃɑŋ꜄	iɑŋ꜄	꜀tɕiɑŋ	꜁tɕʰiɑŋ	꜀ɕiɑŋ	꜀iɑŋ	꜁iɑŋ	꜀kuɑŋ	꜀xuɑŋ	꜁xuɑŋ
五莲许孟	ʃɑŋ꜄	iɑŋ꜄	꜀ʒɑŋ	꜁tʃʰɑŋ	꜀ʃɑŋ	꜀iɑŋ	꜁iɑŋ	꜀kuɑŋ	꜀xuɑŋ	꜁xuɑŋ
日照两城	sɑŋ꜄	iɑŋ꜄	꜀tɕiɑŋ	꜁tɕʰiɑŋ	꜀ɕiɑŋ	꜀iɑŋ	꜁iɑŋ	꜀kuɑŋ	꜀xuɑŋ	꜁xuɑŋ
莒县桑园	sɑŋ꜄	iɑŋ꜄	꜀tɕiɑŋ	꜁tɕʰiɑŋ	꜀ɕiɑŋ	꜀iɑŋ	꜁iɑŋ	꜀kuɑŋ	꜀xuɑŋ	꜁xuɑŋ

续表

	方	房	忘	狂	况	王	绑	胖	棒	撞
	宕合三阳平非	宕合三阳平奉	宕合三漾去微	宕合三阳平群	宕合三漾去晓	宕合三阳平云	江开二讲上帮	江开二绛去滂	江开二讲上並	江开二绛去澄
连云港	꜀xuɑŋ	꜁xuɑŋ	uɑŋ꜄	꜁kʰuɑŋ	kʰuɑŋ꜄	꜁uɑŋ	꜂pɑŋ	pʰɑŋ꜄	pɑŋ꜄	tʂʰuɑŋ꜄
灌南	꜀faŋ	꜁faŋ	uaŋ꜄	꜁kʰuaŋ	kʰuaŋ꜄	꜁uaŋ	꜂paŋ	pʰaŋ꜄	paŋ꜄	tʂuaŋ꜄
沭阳	꜀faŋ	꜁faŋ	uaŋ꜄	꜁kʰuaŋ	kʰuaŋ꜄	꜁uaŋ	꜂paŋ	pʰaŋ꜄	paŋ꜄	tʂuaŋ꜄
泗阳	꜀faŋ	꜁faŋ	uaŋ꜄	꜁kʰuaŋ	kʰuaŋ꜄	꜁uaŋ	꜂paŋ	pʰaŋ꜄	paŋ꜄	tʂuaŋ꜄
泗洪金锁	꜀xuaŋ	꜁xuaŋ	uaŋ꜄	꜁kʰuaŋ	kʰuaŋ꜄	꜁uaŋ	꜂paŋ	pʰaŋ꜄	paŋ꜄	tʂʰuaŋ꜄
泗洪上塘	꜀faŋ	꜁faŋ	uaŋ꜄	꜁kʰuaŋ	kʰuaŋ꜄	꜁uaŋ	꜂paŋ	pʰaŋ꜄	paŋ꜄	tʂuaŋ꜄
泗洪瑶沟	꜀faŋ	꜁faŋ	uaŋ꜄	꜁kʰuaŋ	kʰuaŋ꜄	꜁uaŋ	꜂paŋ	pʰaŋ꜄	paŋ꜄	tʂuaŋ꜄
赣榆墩尚	꜀fɑŋ	꜁fɑŋ	vɑŋ꜄	꜁kʰuɑŋ	kʰuɑŋ꜄	꜁vɑŋ	꜂pɑŋ	pʰɑŋ꜄	pɑŋ꜄	tʂʰuɑŋ꜄
赣榆石桥	꜀fɑŋ/ fɑŋ꜅	꜁fɑŋ	uɑŋ꜄	꜁kʰuɑŋ	kʰuɑŋ꜄	꜁uɑŋ	꜂pɑŋ	pʰɑŋ꜄	pɑŋ꜄	tʂʰuɑŋ꜄
铜山	꜀faŋ	꜁faŋ	uaŋ꜄	꜁kʰuaŋ	kʰuaŋ꜄	꜁uaŋ	꜂paŋ	pʰaŋ꜄	paŋ꜄	tʂʰuaŋ꜄
微山	꜀faŋ	꜁faŋ	uaŋ꜄	꜁kʰuaŋ	kʰuaŋ꜄	꜁uaŋ	꜂paŋ	pʰaŋ꜄	paŋ꜄	tsʰuaŋ꜄
邹城	꜀faŋ	꜁faŋ	uaŋ꜄	꜁kʰuaŋ	kʰuaŋ꜄	꜁uaŋ	꜂paŋ	pʰaŋ꜄	paŋ꜄	tsʰuaŋ꜄
睢宁	꜀faŋ	꜁faŋ	vaŋ꜄	꜁kʰuaŋ	kʰuaŋ꜄	꜁vaŋ	꜂paŋ	pʰaŋ꜄	paŋ꜄	tʂʰuaŋ꜄
新沂阿湖	꜀faŋ	꜁faŋ	vaŋ꜄	꜁kʰuaŋ	kʰuaŋ꜄	꜁vaŋ	꜂paŋ	pʰaŋ꜄	paŋ꜄	tʂʰuaŋ꜄
新沂时集 A	꜀faŋ	꜁faŋ	vaŋ꜄	꜁kʰuaŋ	kʰuaŋ꜄	꜁uaŋ	꜂paŋ	pʰaŋ꜄	paŋ꜄	tʂʰuaŋ꜄
新沂时集 B	꜀faŋ	꜁faŋ	vaŋ꜄	꜁kʰuaŋ	kʰuaŋ꜄	꜁vaŋ	꜂paŋ	pʰaŋ꜄	paŋ꜄	tʂʰuaŋ꜄
泗水	꜀faŋ	꜁faŋ	uaŋ꜄	꜁kʰuaŋ	kʰuaŋ꜄	꜁uaŋ	꜂paŋ	pʰaŋ꜄	paŋ꜄	tʃʰuaŋ꜄
邳州	꜀faŋ	꜁faŋ	uaŋ꜄	꜁kʰuaŋ	kʰuaŋ꜄	꜁uaŋ	꜂paŋ	pʰaŋ꜄	paŋ꜄	tʂʰuaŋ꜄
滕州	꜀faŋ	꜁faŋ	uaŋ꜄	꜁kʰuaŋ	kʰuaŋ꜄	꜁uaŋ	꜂paŋ	pʰaŋ꜄	paŋ꜄	pfaŋ꜄
临沭	꜀fɑŋ	꜁fɑŋ	uɑŋ꜄	꜁kʰuɑŋ	kʰuɑŋ꜄	꜁uɑŋ	꜂pɑŋ	pʰɑŋ꜄	pɑŋ꜄	tʃʰuɑŋ꜄
宿迁	꜀xuaŋ	꜁xuaŋ	uaŋ꜄	꜁kʰuaŋ	kʰuaŋ꜄	꜁uaŋ	꜂paŋ	pʰaŋ꜄	paŋ꜄	tʂʰuaŋ꜄
丰县	꜀faŋ	꜁faŋ	uaŋ꜄	꜁kʰuaŋ	kʰuaŋ꜄	꜁uaŋ	꜂paŋ	pʰaŋ꜄	paŋ꜄	tsʰuaŋ꜄
郯城	꜀faŋ	꜁faŋ	uaŋ꜄	꜁kʰuaŋ	kʰuaŋ꜄	꜁uaŋ	꜂paŋ	pʰaŋ꜄	paŋ꜄	tʂʰuaŋ꜄
莒南团林	꜀fɑŋ	꜁fɑŋ	uɑŋ꜄	꜁kʰuɑŋ	kʰuɑŋ꜄	꜁uɑŋ	꜂pɑŋ	pʰɑŋ꜄	pɑŋ꜄	tʂʰuɑŋ꜄
日照陈疃	꜀fɑŋ	꜁fɑŋ	vɑŋ꜄	꜁kʰuɑŋ	kʰuɑŋ꜄	꜁vɑŋ	꜂pɑŋ	pʰɑŋ꜄	pɑŋ꜄	tʂʰuɑŋ꜄
日照奎山	꜀fɑŋ	꜁fɑŋ	uɑŋ꜄	kʰuɑŋ꜄	kʰuɑŋ꜄	꜁uɑŋ	꜂pɑŋ	pʰɑŋ꜄	pɑŋ꜄	tʂʰuɑŋ꜄
日照黄墩	꜀fɑŋ	꜁fɑŋ	uɑŋ꜄	kʰuɑŋ꜄	kʰuɑŋ꜄	꜁uɑŋ	꜂pɑŋ	pʰɑŋ꜄	pɑŋ꜄	tʂuɑŋ꜄
日照涛雒	꜀fɑŋ	꜁fɑŋ	vɑŋ꜄	꜁kʰuɑŋ	kʰuɑŋ꜄	꜁vɑŋ	꜂pɑŋ	pʰɑŋ꜄	pɑŋ꜄	tʂʰuɑŋ꜄
蒙阴	꜀fɑŋ	꜁fɑŋ	uɑŋ꜄	꜁kʰuɑŋ	kʰuɑŋ꜄	꜁uɑŋ	꜂pɑŋ	pʰɑŋ꜄	pɑŋ꜄	tʃʰuɑŋ꜄
沂南	꜀fɑŋ	꜁fɑŋ	uɑŋ꜄	꜁kʰuɑŋ	kʰuɑŋ꜄	꜁uɑŋ	꜂pɑŋ	pʰɑŋ꜄	pɑŋ꜄	tʂʰuɑŋ꜄
五莲许孟	꜀fɑŋ	꜁fɑŋ	vɑŋ꜄	kʰuɑŋ꜄	kʰuɑŋ꜄	꜁vɑŋ	꜂pɑŋ	pʰɑŋ꜄	pɑŋ꜄	tʂʰuɑŋ꜄
日照两城	꜀fɑŋ	꜁fɑŋ	uɑŋ꜄	kʰuɑŋ꜄	kʰuɑŋ꜄	꜁uɑŋ	꜂pɑŋ	pʰɑŋ꜄	pɑŋ꜄	tʂʰuɑŋ꜄
莒县桑园	꜀fɑŋ	꜁fɑŋ	uɑŋ꜄	꜁kʰuɑŋ	kʰuɑŋ꜄	꜁uɑŋ	꜂pɑŋ	pʰɑŋ꜄	pɑŋ꜄	tʂuɑŋ꜄

续表

	窗	双	江	腔	巷	崩	朋	灯	腾	能
	江开二 江平初	江开二 江平生	江开二 江平见	江开二 江平溪	江开二 绛去匣	曾开一 登平帮	曾开一 登平並	曾开一 登平端	曾开一 登平定	曾开一 登平泥
连云港	꜀tʂʰuɑŋ	꜀ʂuɑŋ	꜀tɕiɑŋ	꜀tɕʰiɑŋ	xɑŋ꜄	꜀pəŋ	꜁pʰəŋ	꜀təŋ	꜁tʰəŋ	꜁ləŋ
灌南	꜀tʂʰuaŋ	꜀ʂuaŋ	꜀tɕiæ̃	꜀tɕʰiæ̃	xaŋ꜄	꜀pəŋ	꜁pʰən	꜀tən	꜁tʰən	꜁lən
沭阳	꜀tʂʰuaŋ	꜀ʂuaŋ	꜀tɕiaŋ	꜀tɕʰiaŋ	çiaŋ꜄/ xaŋ꜄	꜀pəŋ	꜁pʰəŋ	꜀təŋ	꜁tʰəŋ	꜁ləŋ
泗阳	꜀tʂʰuaŋ	꜀ʂuaŋ	꜀tɕiaŋ	꜀tɕʰiaŋ	çiaŋ꜄	꜀pəŋ	꜁pʰəŋ	꜀təŋ	꜁tʰəŋ	꜁ləŋ
泗洪金锁	꜀tʂʰuaŋ	꜀ʂuaŋ	꜀tɕiaŋ	꜀tɕʰiaŋ	çiaŋ꜄	꜀pəŋ	꜁pʰəŋ	꜀təŋ	꜁tʰəŋ	꜁nəŋ
泗洪上塘	꜀tʂʰuaŋ	꜀ʂuaŋ	꜀tɕiaŋ	꜀tɕʰiaŋ	çiaŋ꜄	꜀pəŋ	꜁pʰəŋ	꜀təŋ	꜁tʰəŋ	꜁nəŋ
泗洪瑶沟	꜀tʂʰuaŋ	꜀ʂuaŋ	꜀tɕiaŋ	꜀tɕʰiaŋ	çiaŋ꜄	꜀pəŋ	꜁pʰəŋ	꜀təŋ	꜁tʰəŋ	꜁nəŋ
赣榆墩尚	꜀tʂʰuɑŋ	꜀ʂuɑŋ	꜀ciɑŋ	꜀cʰiɑŋ	çiɑŋ꜄	꜀pəŋ	꜁pʰəŋ	꜀təŋ	꜁tʰəŋ	꜁nəŋ
赣榆石桥	꜀tʂʰuɑŋ	꜀ʂuɑŋ/ ʂuɑŋ꜆	꜀tɕiɑŋ/ tɕiɑŋ꜆	꜀tɕʰiɑŋ	çiɑŋ꜄	꜀pəŋ/ pəŋ꜆	꜁pʰəŋ	꜀təŋ/ təŋ꜆	꜁tʰəŋ	꜁nəŋ
铜山	꜀tʂʰuaŋ	꜀ʂuaŋ	꜀tɕiaŋ	꜀tɕʰiaŋ	çiaŋ꜄	꜀pəŋ	꜁pʰəŋ	꜀təŋ	꜁tʰəŋ	꜁nəŋ
微山	꜀tsʰuaŋ	꜀faŋ	꜀tɕiaŋ	꜀tɕʰiaŋ	çiaŋ꜄	꜀pəŋ	꜁pʰəŋ	꜀təŋ	꜁tʰəŋ	꜁nəŋ
邹城	꜀tsʰuaŋ	꜀faŋ	꜀tɕiaŋ	꜀tɕʰiaŋ	çiaŋ꜄	꜀pəŋ	꜁pʰəŋ	꜀təŋ	꜁tʰəŋ	꜁nəŋ
睢宁	꜀tʂʰuaŋ	꜀ʂuaŋ	꜀tɕiaŋ	꜀tɕʰiaŋ	çiaŋ꜄	꜀pəŋ	꜁pʰəŋ	꜀təŋ	꜁tʰəŋ	꜁nəŋ
新沂阿湖	꜀tʂʰuaŋ	꜀ʂuaŋ	꜀tɕiaŋ	꜀tɕʰiaŋ	çiaŋ꜄	꜀pəŋ	꜁pʰəŋ	꜀təŋ	꜁tʰəŋ	꜁nəŋ
新沂时集 A	꜀tʂʰuaŋ	꜀ʂuaŋ	꜀tɕiaŋ	꜀tɕʰiaŋ	çiaŋ꜄	꜀pəŋ	꜁pʰəŋ	꜀təŋ	꜁tʰəŋ	꜁nəŋ
新沂时集 B	꜀tʂʰuaŋ	꜀ʂuaŋ	꜀tɕiaŋ	꜀tɕʰiaŋ	çiaŋ꜄	꜀pəŋ	꜁pʰəŋ	꜀təŋ	꜁tʰəŋ	꜁nəŋ
泗水	꜀tʃʰuaŋ	꜀faŋ	꜀tɕiaŋ	꜀tɕʰiaŋ	çiaŋ꜄	꜀pəŋ	꜁pʰəŋ	꜀təŋ	꜁tʰəŋ	꜁nəŋ
邳州	꜀tʂʰuaŋ	꜀faŋ	꜀tɕiaŋ	꜀tɕʰiaŋ	çiaŋ꜄	꜀pəŋ	꜁pʰəŋ	꜀təŋ	꜁tʰəŋ	꜁nəŋ
滕州	꜀pfʰaŋ	꜀faŋ	꜀tɕiaŋ	꜀tɕʰiaŋ	çiaŋ꜄	꜀pəŋ	꜁pʰəŋ	꜀təŋ	꜁tʰəŋ	꜁nəŋ
临沭	꜀tʃʰuɑŋ	꜀ʃuɑŋ	꜀tɕiɑŋ	꜀tɕʰiɑŋ	çiɑŋ꜄	꜀pəŋ	꜁pʰəŋ	꜀təŋ	꜁tʰəŋ	꜁nəŋ
宿迁	꜀tʂʰuaŋ	꜀xuaŋ	꜀tɕiaŋ	꜀tɕʰiaŋ	çiaŋ꜄	꜀pəŋ	꜁pʰəŋ	꜀təŋ	꜁tʰəŋ	꜁nəŋ
丰县	꜀tsʰuaŋ	꜀suaŋ	꜀tɕiaŋ	꜀tɕʰiaŋ	çiaŋ꜄	꜀pəŋ	꜁pʰəŋ	꜀təŋ	꜁tʰəŋ	꜁nəŋ
郯城	꜀tʂʰuaŋ	꜀ʂuaŋ	꜀tɕiaŋ	꜀tɕʰiaŋ	çiaŋ꜄	꜀pəŋ	꜁pʰəŋ	꜀təŋ	꜁tʰəŋ	꜁nəŋ
莒南团林	꜀tʂʰuɑŋ	꜀ʂuɑŋ	꜀tʃɑŋ	꜀tʃʰɑŋ	ʃɑŋ꜄	꜀pəŋ	꜁pʰəŋ	꜀təŋ	꜁tʰəŋ	꜁nəŋ
日照陈疃	꜀tʂʰuɑŋ	꜀ʂuɑŋ	꜀tʃɑŋ	꜀tʃʰɑŋ	ʃɑŋ꜄	꜀pəŋ	꜁pʰəŋ	꜀təŋ	꜁tʰəŋ	꜁nəŋ
日照奎山	꜀tʂʰuɑŋ	꜀ʂuɑŋ	꜀tɕiɑŋ	꜀tɕʰiɑŋ	çiɑŋ꜄	꜀pəŋ	꜁pʰəŋ	꜀təŋ	꜁tʰəŋ	꜁nəŋ
日照黄墩	꜀tʂʰuɑŋ	꜀ʂuɑŋ	꜀tʃɑŋ	꜀tʃʰɑŋ	ʃɑŋ꜄	꜀pəŋ	꜁pʰəŋ	꜀təŋ	꜁tʰəŋ	꜁nəŋ
日照涛雒	꜀tʂʰuɑŋ	꜀ʂuɑŋ	꜀tsɑŋ	꜀tsʰɑŋ	sɑŋ꜄	꜀pəŋ	꜁pʰəŋ	꜀təŋ	꜁tʰəŋ	꜁nəŋ
蒙阴	꜀tʃʰuɑŋ	꜀ʃuɑŋ	꜀tɕiɑŋ	꜀tɕʰiɑŋ	çiɑŋ꜄	꜀pəŋ	꜁pʰəŋ	꜀təŋ	꜁tʰəŋ	꜁nəŋ
沂南	꜀tʂʰuaŋ	꜀ʂuaŋ	꜀tɕiaŋ	꜀tɕʰiaŋ	çiaŋ꜄	꜀pəŋ	꜁pʰəŋ	꜀təŋ	꜁tʰəŋ	꜁nəŋ
五莲许孟	꜀tʂʰuɑŋ	꜀ʂuɑŋ	꜀ʒɑŋ	꜀tʃʰɑŋ	ʃɑŋ꜄	꜀pəŋ	꜁pʰəŋ	꜀təŋ	꜁tʰəŋ	꜁nəŋ
日照两城	꜀tʂʰuɑŋ	꜀ʂuɑŋ	꜀tɕiɑŋ	꜀tɕʰiɑŋ	çiɑŋ꜄	꜀pəŋ	꜁pʰəŋ	꜀təŋ	꜁tʰəŋ	꜁nəŋ
莒县桑园	꜀tʂʰuɑŋ	꜀ʂuɑŋ	꜀tɕiɑŋ	꜀tɕʰiɑŋ	çiɑŋ꜄	꜂pəŋ	꜁pʰəŋ	꜀təŋ	꜁tʰəŋ	꜁nəŋ

续表

	层	肯	恒	冰	凭	陵	征~求	惩	蒸	称~呼
	曾开一登平从	曾开一等上溪	曾开一登平匣	曾开三蒸平帮	曾开三蒸平並	曾开三蒸平来	曾开三蒸平澄	曾开三蒸平澄	曾开三蒸平章	曾开三蒸平昌
连云港	꜁tʂʰəŋ	꜂kʰəŋ	꜁xəŋ	꜀piŋ	꜁pʰiŋ	꜁liŋ	꜀tʂəŋ	꜂tʂʰəŋ	꜀tʂəŋ	꜀tʂʰəŋ
灌南	꜁tʂʰən	꜂kʰən	꜁xən	꜀pin	꜁pʰin	꜁lin	꜀tʂən	꜂tʂʰən	꜀tʂən	꜀tʂʰən
沭阳	꜁tsʰəŋ	꜂kʰəŋ	꜁xəŋ	꜀piŋ	꜁pʰiŋ	꜁liŋ	꜀tʂəŋ	꜂tʂʰəŋ	꜀tʂəŋ	꜀tʂʰəŋ
泗阳	꜁tsʰəŋ	꜂kʰəŋ	꜁xəŋ	꜀piŋ	꜁pʰiŋ	꜁liŋ	꜀tʂəŋ	꜂tʂʰəŋ	꜀tʂəŋ	꜀tʂʰəŋ
泗洪金锁	꜁tsʰəŋ	꜂kʰəŋ	꜁xəŋ	꜀piŋ	꜁pʰiŋ	꜁liŋ	꜀tʂəŋ	꜂tʂʰəŋ	꜀tʂəŋ	꜀tʂʰəŋ
泗洪上塘	꜁tsʰəŋ	꜂kʰəŋ	꜁xəŋ	꜀piŋ	꜁pʰiŋ	꜁liŋ	꜀tʂəŋ	꜂tʂʰəŋ	꜀tʂəŋ	꜀tʂʰəŋ
泗洪瑶沟	꜁tsʰəŋ	꜂kʰəŋ	꜁xəŋ	꜀piŋ	꜁pʰiŋ	꜁liŋ	꜀tʂəŋ	꜂tʂʰəŋ	꜀tʂəŋ	꜀tʂʰəŋ
赣榆墩尚	꜁tsʰəŋ	꜂kʰən	꜁xəŋ	꜀piŋ	꜁pʰiŋ	꜁liŋ	꜀tʂəŋ	꜂tʂʰəŋ	꜀tʂəŋ	꜀tʂʰəŋ
赣榆石桥	꜁tθʰəŋ	꜂kʰẽ	꜁xəŋ	꜀piŋ	꜁pʰiŋ	꜁liŋ	꜀tʂəŋ/ tʂəŋ꜆	꜁tʂʰəŋ	꜀tʂəŋ/ tʂəŋ꜆	꜀tʂʰəŋ/ tʂʰəŋ꜆
铜山	꜁tsʰəŋ	꜂kʰə̃	꜁xəŋ	꜀piŋ	꜁pʰiŋ	꜁liŋ	꜀tʂəŋ	꜂tʂʰəŋ	꜀tʂəŋ	꜀tʂʰəŋ
微山	꜁tsʰəŋ	꜂kʰə̃	꜁xəŋ	꜀piŋ	꜁pʰiŋ	꜁liŋ	꜀tsəŋ	꜂tsʰəŋ	꜀tsəŋ	꜀tsʰəŋ
邹城	꜁tsʰəŋ	꜂kʰə̃	꜁xəŋ	꜀piŋ	꜁pʰiŋ	꜁liŋ	꜀tsəŋ	꜂tsʰəŋ	꜀tsəŋ	꜀tsʰəŋ
睢宁	꜁tsʰəŋ	꜂kʰə̃	꜁xəŋ	꜀piŋ	꜁pʰiŋ	꜁liŋ	꜀tʂəŋ	꜂tʂʰəŋ	꜀tʂəŋ	꜀tʂʰəŋ
新沂阿湖	꜁tsʰəŋ	꜂kʰən	꜁xəŋ	꜀piŋ	꜁pʰiŋ	꜁liŋ	꜀tʂəŋ	꜂tʂʰəŋ	꜀tʂəŋ	꜀tʂʰəŋ
新沂时集 A	꜁tsʰəŋ	꜂kʰẽ	꜁xəŋ	꜀piẽ	꜁pʰiẽ	꜁liŋ	꜀tʂəŋ	꜂tʂʰəŋ	꜀tʂəŋ	꜀tʂʰəŋ
新沂时集 B	꜁tsʰəŋ	꜂kʰən	꜁xəŋ	꜀piŋ	꜁pʰiŋ	꜁liŋ	꜀tʂəŋ	꜂tʂʰəŋ	꜀tʂəŋ	꜀tʂʰəŋ
泗水	꜁tʃʰəŋ	꜂kʰə̃	꜁xəŋ	꜀piŋ	꜁pʰiŋ	꜂liŋ	꜀tʃəŋ	꜂tʃʰəŋ	꜀tʃəŋ	꜀tʃʰəŋ
邳州	꜁tsʰəŋ	꜂kʰə̃	꜁xəŋ	꜀piŋ	꜁pʰiŋ	꜁liŋ	꜀tʂəŋ	꜂tʂʰəŋ	꜀tʂəŋ	꜀tʂʰəŋ
滕州	꜁tsʰəŋ	꜂kʰə̃	꜁xəŋ	꜀piŋ	꜁pʰiŋ	꜁liŋ	꜀tsəŋ	꜂tsʰəŋ	꜀tsəŋ	꜀tsʰəŋ
临沭	꜁tθʰəŋ	꜂kʰə̃	꜁xəŋ	꜀piŋ	꜁pʰiŋ	꜁liŋ	꜀tʃəŋ	꜂tʃʰəŋ	꜀tʃəŋ	꜀tʃʰəŋ
宿迁	꜁tsʰəŋ	꜂kʰə̃	꜁xəŋ	꜀piŋ	꜁pʰiŋ	꜁liŋ	꜀tʂəŋ	꜂tʂʰəŋ	꜀tʂəŋ	꜀tʂʰəŋ
丰县	꜁tsʰəŋ	꜂kʰə̃	꜁xəŋ	꜀piŋ	꜁pʰiŋ	꜁liŋ	꜀tʂəŋ	꜂tʂʰəŋ	꜀tʂəŋ	꜀tʂʰəŋ
郯城	꜁tsʰəŋ	꜂kʰə̃	꜁xəŋ	꜀piŋ	꜁pʰiŋ	꜁liŋ	꜀tʂəŋ	꜂tʂʰəŋ	꜀tʂəŋ	꜀tʂʰəŋ
莒南团林	꜁tθʰəŋ	꜂kʰẽ	꜁xəŋ	꜀piŋ	꜁pʰiŋ	꜁liŋ	꜀tʃəŋ	꜁tʃʰəŋ	꜀tʃəŋ	꜀tʃʰəŋ
日照陈疃	꜁tʰəŋ	꜂kʰə̃	꜁xəŋ	꜀piŋ	꜁pʰiŋ	꜁liŋ	꜀tʃəŋ	꜁tʃʰəŋ	꜀tʃəŋ	꜀tʃʰəŋ
日照奎山	꜁tθʰəŋ	꜂kʰẽ	꜁xəŋ	꜀piŋ	꜁pʰiŋ	꜁liŋ	꜀tsəŋ	꜁tsʰəŋ	꜀tsəŋ	꜀tsʰəŋ
日照黄墩	꜁tθʰəŋ	꜂kʰẽ	꜁xəŋ	꜀piŋ	꜁pʰiŋ	꜁liŋ	꜀tʃəŋ	꜁tʃʰəŋ	꜀tʃəŋ	꜀tʃʰəŋ
日照涛雒	꜁tθʰəŋ	꜂kʰẽ	꜁xəŋ	꜀piŋ	꜁pʰiŋ	꜁liŋ	꜀tsəŋ	꜁tsʰəŋ	꜀tsəŋ	꜀tsʰəŋ
蒙阴	꜁tθʰəŋ	꜂kʰə̃	꜁xəŋ	꜀piŋ	꜁pʰiŋ	꜁liŋ	꜀tʃəŋ	꜁tʃʰəŋ	꜀tʃəŋ	꜀tʃʰəŋ
沂南	꜁tθʰəŋ	꜂kʰə̃	꜁xəŋ	꜀piŋ	꜁pʰiŋ	꜁liŋ	꜀tʃəŋ	꜂tʃʰəŋ	꜀tʃəŋ	꜀tʃʰəŋ
五莲许孟	꜁tʰəŋ	꜂kʰə̃	꜁xəŋ	꜀piŋ	꜁pʰiŋ	꜁liŋ	꜀ʒəŋ	꜁tʃʰəŋ	꜀ʒəŋ	꜀tʃʰəŋ
日照两城	꜁tθʰəŋ	꜂kʰẽ	꜁xəŋ	꜀piŋ	꜁pʰiŋ	꜁liŋ	꜀tsəŋ	꜁tsʰəŋ	꜀tsəŋ	꜀tsʰəŋ
莒县桑园	꜁tθʰəŋ	꜂kʰẽ	꜁xəŋ	꜀piŋ	꜁pʰiŋ	꜁liŋ	꜀zəŋ	꜁tsʰəŋ	꜀zəŋ	꜀tsʰəŋ

续表

	乘	绳	剩	承	扔	仍	兴~旺	鹰	蝇	弘
	曾开三蒸平船	曾开三蒸平船	曾开三证去船	曾开三蒸平禅	曾开三蒸平日	曾开三蒸平日	曾开三蒸平晓	曾开三蒸平影	曾开三蒸平以	曾合一登平匣
连云港	tʂʰəŋ꜄	꜁ʂəŋ	ʂəŋ꜄	꜁tʂʰəŋ	꜀ʐəŋ	꜂ʐəŋ	꜀ɕiŋ	꜀iŋ	꜁iŋ	꜁xoŋ
灌南	tʂʰən꜄	꜁ʂən	ʂən꜄	꜁tʂʰən	꜀ʐən	ʐən꜄	꜀ɕin	꜀in	꜀in	꜁xoŋ
沭阳	꜁tʂʰəŋ	꜁ʂəŋ	ʂəŋ꜄	꜁tʂʰəŋ	꜀ʐəŋ	꜂ʐəŋ	꜀ɕiŋ	꜀iŋ	꜀iŋ	꜁xoŋ
泗阳	꜁tʂʰəŋ	꜁ʂəŋ	ʂəŋ꜄	꜁tʂʰəŋ	꜀ʐəŋ	꜀ʐəŋ	꜀ɕiŋ	꜀iŋ	꜀iŋ	꜁xoŋ
泗洪金锁	꜁tʂʰəŋ	꜁ʂəŋ	ʂəŋ꜄	꜁tʂʰəŋ	꜀ʐəŋ	꜁ʐəŋ	꜀ɕiŋ	꜀iŋ	꜁iŋ	꜁xuŋ
泗洪上塘	꜁tʂʰəŋ	꜁ʂəŋ	ʂəŋ꜄	꜁tʂʰəŋ	꜀ʐəŋ	꜀ʐəŋ	꜀ɕiŋ	꜀iŋ	꜁iŋ	꜁xuŋ
泗洪瑶沟	꜁tʂʰəŋ	꜁ʂəŋ	tʂʰəŋ꜄	꜁tʂʰəŋ	꜀ʐəŋ	꜂ʐəŋ	꜀ɕiŋ	꜀iŋ	꜁iŋ	꜁xoŋ
赣榆墩尚	tʂʰəŋ꜄	꜁ʂəŋ	ʂəŋ꜄	꜁tʂʰəŋ	꜀iŋ	꜁iŋ	꜀ɕiŋ	꜀iŋ	꜁iŋ	꜁xuŋ
赣榆石桥	꜁tʂʰəŋ	꜁ʂəŋ	ʂəŋ꜄	꜁tʂʰəŋ	꜀iŋ	꜁iŋ	꜀ɕiŋ	꜀iŋ/iŋ꜃	꜀iŋ	꜁xəŋ
铜山	꜁tʂʰəŋ	꜁ʂəŋ	ʂəŋ꜄	꜁tʂʰəŋ	꜀ʐəŋ	꜁ʐəŋ	꜀ɕiŋ	꜀iŋ	꜁iŋ	꜁xuŋ
微山	tsʰəŋ꜄	꜁səŋ	səŋ꜄	꜁tsʰəŋ	꜀zəŋ	꜁zəŋ	꜀ɕiŋ	꜀iŋ	꜁iŋ	꜁xuŋ
邹城	tsʰəŋ꜄	꜁səŋ	səŋ꜄	꜁tsʰəŋ	꜀zəŋ	꜁zəŋ	꜀ɕiŋ	꜀iŋ	꜁iŋ	꜁xuŋ
睢宁	tʂʰəŋ꜄	꜁ʂəŋ	ʂəŋ꜄	꜁tʂʰəŋ	꜀ʐəŋ	꜁ʐəŋ	꜀ɕiŋ	꜀iŋ	꜁iŋ	꜁xuŋ
新沂阿湖	tʂʰəŋ꜄	꜁ʂəŋ	ʂəŋ꜄	꜁tʂʰəŋ	꜀ʐəŋ	꜁ʐəŋ	꜀ɕiŋ	꜀iŋ	꜁iŋ	꜁xuŋ
新沂时集 A	tʂʰəŋ꜄	꜁ʂəŋ	ʂəŋ꜄	꜁tʂʰəŋ	꜀ʐəŋ	꜁ʐəŋ	꜀ɕiŋ	꜀iŋ	꜂iŋ	꜁xuŋ
新沂时集 B	tʂʰəŋ꜄	꜁ʂəŋ	ʂəŋ꜄	꜁tʂʰəŋ	꜀ʐəŋ	꜁ʐəŋ	꜀ɕiŋ	꜀iŋ	꜁iŋ	꜁xuŋ
泗水	tʃʰəŋ꜄	꜁ʃəŋ	ʃəŋ꜄	꜁tʃʰəŋ	꜀ʒəŋ	꜁ʒəŋ	꜀ɕiŋ	꜀iŋ	꜂iŋ	꜁xuŋ
邳州	tʂʰəŋ꜄	꜁ʂəŋ	ʂəŋ꜄	꜁tʂʰəŋ	꜀ʐəŋ	꜁ʐəŋ	꜀ɕiŋ	꜀iŋ	꜁iŋ	꜁xuŋ
滕州	tsʰəŋ꜄	꜁səŋ	səŋ꜄	꜁tsʰəŋ	꜀zəŋ/ ꜀ləŋ	꜁zəŋ	꜀ɕiŋ	꜀iŋ	꜁iŋ	꜁xuŋ
临沭	tʃʰəŋ꜄	꜁ʃəŋ	ʃəŋ꜄	꜁tʃʰəŋ	꜀ʒəŋ	꜁ʒəŋ	꜀ɕiŋ	꜀iŋ	꜁iŋ	꜁xuŋ
宿迁	tʂʰəŋ꜄	꜁ʂəŋ	ʂəŋ꜄	꜁tʂʰəŋ	꜀ʐəŋ	꜁ʐəŋ	꜀ɕiŋ	꜀iŋ	꜁iŋ	꜁xuŋ
丰县	꜁tʂʰəŋ	꜁ʂəŋ	ʂəŋ꜄	꜁tʂʰəŋ	꜀ʐəŋ	꜁ʐəŋ	꜀ɕiŋ	꜀iŋ	꜁iŋ	꜁xuŋ
郯城	꜁tʂʰəŋ	꜁ʂəŋ	ʂəŋ꜄	꜁tʂʰəŋ	꜀ʐəŋ	꜁ʐəŋ	꜀ɕiŋ	꜀iŋ	꜂iŋ	꜁xuŋ
莒南团林	꜁tʃʰəŋ	꜁ʃəŋ	ʃəŋ꜄	꜁tʃʰəŋ	꜁ləŋ	꜂ləŋ	꜀ʃəŋ	꜀iŋ	꜀iŋ	꜁xuŋ
日照陈疃	꜁tʃʰəŋ	꜁ʃəŋ	ʃəŋ꜄	꜁tʃʰəŋ	꜀ləŋ	꜀ləŋ	꜀ʃəŋ	꜀iŋ	꜀iŋ	꜁xəŋ
日照奎山	꜁tsʰəŋ	꜁səŋ	səŋ꜄	꜁tsʰəŋ	꜀ləŋ	꜀ləŋ	꜀ɕiŋ	꜀iŋ	꜀iŋ	꜁xəŋ
日照黄墩	꜁tʃʰəŋ	꜁ʃəŋ	ʃəŋ꜄	꜁tʃʰəŋ	꜀ləŋ	꜂ləŋ	꜀ʃəŋ	꜀iŋ	꜀iŋ	꜁xuŋ
日照涛雒	tsʰəŋ꜄	꜁səŋ	səŋ꜄	꜁tsʰəŋ	꜀ləŋ	꜀ləŋ	꜀səŋ	꜀iŋ	꜀iŋ	꜁xuŋ
蒙阴	꜁tʃʰəŋ	꜁ʃəŋ	ʃəŋ꜄	꜁tʃʰəŋ	꜀ləŋ	꜁iŋ	꜀ɕiŋ	꜀iŋ	꜀iŋ	꜁xuŋ
沂南	꜁tʃʰəŋ	꜁ʃəŋ	ʃəŋ꜄	꜁tʃʰəŋ	꜀ləŋ	꜁iŋ	꜀ɕiŋ	꜀iŋ	꜂iŋ	꜁xuŋ
五莲许孟	꜁tʃʰəŋ	꜁ʃəŋ	ʃəŋ꜄	꜁tʃʰəŋ	꜀ləŋ	꜀ləŋ	꜀ʃəŋ	꜀iŋ	꜀iŋ	꜁xəŋ
日照两城	꜁tsʰəŋ	꜁səŋ	səŋ꜄	꜁tsʰəŋ	꜀ləŋ	꜀ləŋ	꜀ɕiŋ	꜀iŋ	꜀iŋ	꜁xəŋ
莒县桑园	꜁tsʰəŋ	꜁səŋ	səŋ꜄	꜁tsʰəŋ	꜀ləŋ	ləŋ꜄	꜀ɕiŋ	꜀iŋ	꜀iŋ	꜁xuŋ

续表

	猛	打	冷	撑	生	更五～	庚	硬	亨	行～为
	梗开二 梗上明	梗开二 梗上端	梗开二 梗上来	梗开二 庚平彻	梗开二 庚平生	梗开二 庚平见	梗开二 庚平见	梗开二 映去疑	梗开二 庚平晓	梗开二 庚平匣
连云港	ᶜməŋ	ᶜta	ᶜləŋ	꜀tʂʰəŋ	꜀ʂəŋ	꜀kəŋ	꜀kəŋ	iŋᵓ/əŋᵓ	꜀xəŋ	꜁ɕiŋ
灌南	ᶜmən	ᶜta	ᶜlən	꜀tʂʰən	꜀ʂən	꜀kən	꜀kən	ənᵓ	꜀xən	꜁ɕin
沭阳	ᶜməŋ	ᶜta	ᶜləŋ	꜀tʂʰəŋ	꜀ʂəŋ	꜀kəŋ	꜀kəŋ	əŋᵓ	꜀xəŋ	꜁ɕiŋ
泗阳	ᶜməŋ	ᶜta	ᶜləŋ	꜀tsʰəŋ	꜀ʂəŋ	꜀kəŋ	ᶜkəŋ	iŋᵓ	꜀xəŋ	꜁ɕiŋ
泗洪金锁	ᶜməŋ	ᶜta	ᶜləŋ	꜀tsʰəŋ	꜀ʂəŋ	꜀kəŋ	ᶜkəŋ	iŋᵓ	꜀xəŋ	꜁ɕiŋ
泗洪上塘	ᶜməŋ	ᶜta	ᶜləŋ	꜀tsʰəŋ	꜀səŋ	꜀kəŋ	꜀kəŋ	iŋᵓ	꜀xəŋ	꜁ɕiŋ
泗洪瑶沟	ᶜməŋ	ᶜta	ᶜləŋ	꜀tsʰəŋ	꜀səŋ	꜀kəŋ	꜀kəŋ	iŋᵓ	꜀xəŋ	꜁ɕiŋ
赣榆墩尚	ᶜməŋ	ᶜta	ᶜləŋ	꜀tʂʰəŋ	꜀ʂəŋ	꜀kəŋ	꜀kəŋ	iŋᵓ	꜀xəŋ	꜁ɕiŋ
赣榆石桥	ᶜməŋ	ᶜta	ᶜləŋ	꜀tʂʰəŋ	꜀ʂəŋ/ʂəŋ꜂	꜀kəŋ	꜀kəŋ/ kəŋ꜂	iŋᵓ	꜀xəŋ/ xəŋ꜂	꜁ɕiŋ
铜山	ᶜməŋ	ᶜta	ᶜləŋ	꜀tsʰəŋ	꜀səŋ	꜀kəŋ	꜀kəŋ	iŋᵓ	꜀xəŋ	꜁ɕiŋ
微山	ᶜməŋ	ᶜta	ᶜləŋ	꜀tsʰəŋ	꜀səŋ	꜀kəŋ	꜀kəŋ	iŋᵓ	꜀xəŋ	꜁ɕiŋ
邹城	ᶜməŋ	ᶜta	ᶜləŋ	꜀tsʰəŋ	꜀səŋ	꜀kəŋ	꜀kəŋ	iŋᵓ	꜀xəŋ	꜁ɕiŋ
睢宁	ᶜməŋ	ᶜta	ᶜləŋ	꜀tʂʰəŋ	꜀ʂəŋ	꜀kəŋ	꜀kəŋ	iŋᵓ	꜀xəŋ	꜁ɕiŋ
新沂阿湖	ᶜməŋ	ᶜta	ᶜləŋ	꜀tʂʰəŋ	꜀ʂəŋ	꜀kəŋ	ᶜkəŋ	iŋᵓ	꜀xəŋ	꜁ɕiŋ
新沂时集 A	ᶜməŋ	ᶜta	ᶜləŋ	꜀tʂʰəŋ	꜀ʂəŋ	꜀kəŋ	ᶜkəŋ	iŋᵓ	꜀xəŋ	꜁ɕiŋ
新沂时集 B	ᶜməŋ	ᶜta	ᶜləŋ	꜀tʂʰəŋ	꜀ʂəŋ	꜀kəŋ	ᶜkəŋ	iŋᵓ	꜀xəŋ	꜁ɕiŋ
泗水	ᶜməŋ	ᶜta	ᶜləŋ	꜀tʃʰəŋ	꜀ʃəŋ	꜀kəŋ	꜀kəŋ	iŋᵓ	꜀xəŋ	꜁ɕiŋ
邳州	ᶜməŋ	ᶜta	ᶜləŋ	꜀tʂʰəŋ	꜀ʂəŋ	꜀kəŋ	꜀kəŋ	iŋᵓ	꜀xəŋ	꜁ɕiŋ
滕州	ᶜməŋ	ᶜta	ᶜləŋ	꜀tsʰəŋ	꜀səŋ	꜀kəŋ	꜀kəŋ	iŋᵓ	꜀xəŋ	꜁ɕiŋ
临沭	ᶜməŋ	ᶜta	ᶜləŋ	꜀tʃʰəŋ	꜀ʃəŋ	꜀kəŋ	꜀kəŋ	iŋᵓ	꜀xəŋ	꜁ɕiŋ
宿迁	ᶜməŋ	ᶜta	ᶜləŋ	꜀tʂʰəŋ	꜀ʂəŋ	꜀kəŋ	꜀kəŋ	iŋᵓ	꜀xəŋ	꜁ɕiŋ
丰县	ᶜməŋ	ᶜta	ᶜləŋ	꜀tsʰəŋ	꜀səŋ	꜀kəŋ	꜀kəŋ	iŋᵓ	꜀xəŋ	꜁ɕiŋ
郯城	ᶜməŋ	ᶜta	ᶜləŋ	꜀tʂʰəŋ	꜀ʂəŋ	꜀kəŋ	ᶜkəŋ	iŋᵓ	꜀xəŋ	꜁ɕiŋ
莒南团林	ᶜməŋ	ᶜtɑ	꜁ləŋ	꜀tʂʰəŋ	꜀ʂəŋ	꜀kəŋ	ᶜkəŋ	iŋᵓ	꜀xəŋ	꜁ʃəŋ
日照陈疃	ᶜməŋ	ᶜtɑ	ᶜləŋ	꜀tʂʰəŋ	꜀ʂəŋ	꜀kəŋ	ᶜkəŋ	iŋᵓ	꜀xəŋ	꜁ʃəŋ
日照奎山	ᶜməŋ	ᶜtɑ	ᶜləŋ	꜀tʂʰəŋ	꜀ʂəŋ	꜀kəŋ	ᶜkəŋ	iŋᵓ	꜀xəŋ	꜁ɕiŋ
日照黄墩	ᶜməŋ	ᶜtɑ	ᶜləŋ	꜀tʂʰəŋ	꜀ʂəŋ	꜀kəŋ	ᶜkəŋ	iŋᵓ	꜀xəŋ	꜁ʃəŋ
日照涛雒	ᶜməŋ	ᶜtɑ	ᶜləŋ	꜀tʂʰəŋ	꜀ʂəŋ	꜀kəŋ	ᶜkəŋ	iŋᵓ	꜀xəŋ	꜁səŋ
蒙阴	ᶜməŋ	ᶜtᴀ	ᶜləŋ	꜀tʃʰəŋ	꜀ʃəŋ	꜀kəŋ	꜀kəŋ	iŋᵓ	꜀xəŋ	꜁ɕiŋ
沂南	ᶜməŋ	ᶜta	ᶜləŋ	꜀tʂʰəŋ	꜀ʂəŋ	ᶜkəŋ	ᶜkəŋ	iŋᵓ	꜀xəŋ	꜁ɕiŋ
五莲许孟	ᶜməŋ	ᶜtɑ	ᶜləŋ	꜀tʂʰəŋ	꜀ʂəŋ	꜀kəŋ	ᶜkəŋ	iŋᵓ	꜀xəŋ	꜁ʃəŋ
日照两城	ᶜməŋ	ᶜtɑ	ᶜləŋ	꜀tʂʰəŋ	꜀ʂəŋ	꜀kəŋ	꜀kəŋ	iŋᵓ	꜀xəŋ	꜁ɕiŋ
莒县桑园	ᶜməŋ	ᶜtɑ	ᶜləŋ	꜀tʂʰəŋ	꜀ʂəŋ	꜀kəŋ	ᶜkəŋ	iŋᵓ	꜀xəŋ	꜁ɕiŋ

续表

	杏	棚	萌	争	耕	幸	樱	兵	平	病
	梗开二 梗上匣	梗开二 耕平並	梗开二 耕平明	梗开二 耕平庄	梗开二 耕平见	梗开二 耿上匣	梗开二 耕平影	梗开三 庚平帮	梗开三 庚平並	梗开三 映去並
连云港	çiŋ꜄	꜁pʰəŋ	꜁məŋ	꜀tʂəŋ	꜀kəŋ	çiŋ꜄	꜀iŋ	꜀piŋ	꜁pʰiŋ	piŋ꜄
灌南	çin꜄	꜁pʰən	꜁mən	꜀tʂən	꜀kən	çin꜄	꜀in	꜀pin	꜁pʰin	pin꜄
沭阳	çiŋ꜄	꜁pʰəŋ	꜁məŋ	꜀tʂəŋ	꜀kəŋ	çiŋ꜄	꜀iŋ	꜀piŋ	꜁pʰiŋ	piŋ꜄
泗阳	çiŋ꜄	꜁pʰəŋ	꜁məŋ	꜀tsəŋ	꜀kəŋ	çiŋ꜄	꜀iŋ	꜀piŋ	꜁pʰiŋ	piŋ꜄
泗洪金锁	çiŋ꜄	꜁pʰəŋ	꜁məŋ	꜀tʂəŋ	꜀kəŋ	çiŋ꜄	꜀iŋ	꜀piŋ	꜁pʰiŋ	piŋ꜄
泗洪上塘	çiŋ꜄	꜁pʰəŋ	꜁məŋ	꜀tsəŋ	꜀kəŋ	çiŋ꜄	꜀iŋ	꜀piŋ	꜁pʰiŋ	piŋ꜄
泗洪瑶沟	çiŋ꜄	꜁pʰəŋ	꜁məŋ	꜀tsəŋ	꜀kəŋ	çiŋ꜄	꜀iŋ	꜀piŋ	꜁pʰiŋ	piŋ꜄
赣榆墩尚	çiŋ꜄	꜁pʰəŋ	꜁məŋ	꜀tʂəŋ	꜀kəŋ	çiŋ꜄	꜀iŋ	꜀piŋ	꜁pʰiŋ	piŋ꜄
赣榆石桥	çiŋ꜄	꜁pʰəŋ	꜁məŋ	꜀tʂəŋ	꜀kəŋ/kəŋ꜆	çiŋ꜄	꜀iŋ	꜀piŋ/piŋ꜆	꜁pʰiŋ	piŋ꜄
铜山	çiŋ꜄	꜁pʰəŋ	꜁məŋ	꜀tsəŋ	꜀kəŋ	çiŋ꜄	꜀iŋ	꜀piŋ	꜁pʰiŋ	piŋ꜄
微山	çiŋ꜄	꜁pʰəŋ	꜁məŋ	꜀tsəŋ	꜀kəŋ	çiŋ꜄	꜀iŋ	꜀piŋ	꜁pʰiŋ	piŋ꜄
邹城	çiŋ꜄	꜁pʰəŋ	꜁məŋ	꜀tsəŋ	꜀kəŋ	çiŋ꜄	꜀iŋ	꜀piŋ	꜁pʰiŋ	piŋ꜄
睢宁	çiŋ꜄	꜁pʰəŋ	꜁məŋ	꜀tʂəŋ	꜀kəŋ	çiŋ꜄	꜀iŋ	꜀piŋ	꜁pʰiŋ	piŋ꜄
新沂阿湖	çiŋ꜄	꜁pʰəŋ	꜁məŋ	꜀tʂəŋ	꜀kəŋ	çiŋ꜄	꜀iŋ	꜀piŋ	꜁pʰiŋ	piŋ꜄
新沂时集 A	çiŋ꜄	꜁pʰəŋ	꜁məŋ	꜀tʂəŋ	꜀kəŋ	çiŋ꜄	꜀iŋ	꜀piŋ	꜁pʰiŋ	piẽ꜄
新沂时集 B	çiŋ꜄	꜁pʰəŋ	꜁məŋ	꜀tʂəŋ	꜀kəŋ	çiŋ꜄	꜀iŋ	꜀piŋ	꜁pʰiŋ	piŋ꜄
泗水	çiŋ꜄	꜁pʰəŋ	꜁məŋ	꜀tʃəŋ	꜀kəŋ	çiŋ꜄	꜀iŋ	꜀piŋ	꜁pʰiŋ	piŋ꜄
邳州	çiŋ꜄	꜁pʰəŋ	꜁məŋ	꜀tʂəŋ	꜀kəŋ	çiŋ꜄	꜀iŋ	꜀piŋ	꜁pʰiŋ	piŋ꜄
滕州	çiŋ꜄	꜁pʰəŋ	꜁məŋ	꜀tsəŋ	꜀kəŋ	çiŋ꜄	꜀iŋ	꜀piŋ	꜁pʰiŋ	piŋ꜄
临沭	çiŋ꜄	꜁pʰəŋ	꜁məŋ	꜀tʃəŋ	꜀kəŋ	çiŋ꜄	꜀iŋ	꜀piŋ	꜁pʰiŋ	piŋ꜄
宿迁	çiŋ꜄	꜁pʰəŋ	꜁məŋ	꜀tʂəŋ	꜀kəŋ	çiŋ꜄	꜀iŋ	꜀piŋ	꜁pʰiŋ	piŋ꜄
丰县	çiŋ꜄	꜁pʰəŋ	꜁məŋ	꜀tsəŋ	꜀kəŋ	çiŋ꜄	꜀iŋ	꜀piŋ	꜁pʰiŋ	piŋ꜄
郯城	çiŋ꜄	꜁pʰəŋ	꜁məŋ	꜀tʂəŋ	꜀kəŋ	çiŋ꜄	꜀iŋ	꜀piŋ	꜁pʰiŋ	piŋ꜄
莒南团林	ʃəŋ꜄	꜁pʰəŋ	꜁məŋ	꜀tʂəŋ	꜀kəŋ	ʃəŋ꜄	꜀iŋ	꜀piŋ	꜁pʰiŋ	piŋ꜄
日照陈疃	ʃəŋ꜄	꜁pʰəŋ	꜁məŋ	꜀tʂəŋ	꜀kəŋ	ʃəŋ꜄	꜀iŋ	꜀piŋ	꜁pʰiŋ	piŋ꜄
日照奎山	səŋ꜄	꜁pʰəŋ	꜁məŋ	꜀tʂəŋ	꜀kəŋ	çiŋ꜄	꜀iŋ	꜀piŋ	꜁pʰiŋ	piŋ꜄
日照黄墩	ʃəŋ꜄	꜁pʰəŋ	꜁məŋ	꜀tʂəŋ	꜀kəŋ	ʃəŋ꜄	꜀iŋ	꜀piŋ	꜁pʰiŋ	piŋ꜄
日照涛雒	səŋ꜄	꜁pʰəŋ	꜁məŋ	꜀tʂəŋ	꜀tsəŋ	səŋ꜄	꜀iŋ	꜀piŋ	꜁pʰiŋ	piŋ꜄
蒙阴	çiŋ꜄	꜁pʰəŋ	꜁məŋ	꜀tʃəŋ	꜀kəŋ	çiŋ꜄	꜀iŋ	꜀piŋ	꜁pʰiŋ	piŋ꜄
沂南	çiŋ꜄	꜁pʰəŋ	꜁məŋ	꜀tʂəŋ	꜀kəŋ	çiŋ꜄	꜀iŋ	꜀piŋ	꜁pʰiŋ	piŋ꜄
五莲许孟	ʃəŋ꜄	꜁pʰəŋ	꜁məŋ	꜀tʂəŋ	꜀ʒəŋ	ʃəŋ꜄	꜀iŋ	꜀piŋ	꜁pʰiŋ	piŋ꜄
日照两城	çiŋ꜄	꜁pʰəŋ	꜁məŋ	꜀tʂəŋ	꜀kəŋ	çiŋ꜄	꜀iŋ	꜀piŋ	꜁pʰiŋ	piŋ꜄
莒县桑园	çiŋ꜄	꜁pʰəŋ	꜁məŋ	꜀tʂəŋ	꜀kəŋ	çiŋ꜄	꜀iŋ	꜀piŋ	꜁pʰiŋ	piŋ꜄

续表

	明	京	镜	迎	英	饼	名	领	井	情
	梗开三庚平明	梗开三庚平见	梗开三映去见	梗开三庚平疑	梗开三庚平影	梗开三静上帮	梗开三清平明	梗开三静上来	梗开三静上精	梗开三清平从
连云港	꜁miŋ	꜀tɕiŋ	tɕiŋ꜄	꜁iŋ	꜀iŋ	꜂piŋ	꜁miŋ	꜂liŋ	꜂tɕiŋ	꜁tɕʰiŋ
灌南	꜁min	꜀tɕin	tɕin꜄	꜁in	꜀in	꜂pin	꜁min	꜂lin	꜂tɕin	꜁tɕʰin
沭阳	꜁miŋ	꜀tɕiŋ	tɕiŋ꜄	꜁iŋ	꜀iŋ	꜂piŋ	꜁miŋ	꜂liŋ	꜂tɕiŋ	꜁tɕʰiŋ
泗阳	꜁miŋ	꜀tɕiŋ	tɕiŋ꜄	꜁iŋ	꜀iŋ	꜂piŋ	꜁miŋ	꜂liŋ	꜂tɕiŋ	꜁tɕʰiŋ
泗洪金锁	꜂miŋ	꜀tɕiŋ	tɕiŋ꜄	꜁iŋ	꜀iŋ	꜂piŋ	꜁miŋ	꜂liŋ	꜂tɕiŋ	꜁tɕʰiŋ
泗洪上塘	꜁miŋ	꜀tɕiŋ	tɕiŋ꜄	꜁iŋ	꜀iŋ	꜂piŋ	꜁miŋ	꜂liŋ	꜂tɕiŋ	꜁tɕʰiŋ
泗洪瑶沟	꜁miŋ	꜀tɕiŋ	tɕiŋ꜄	꜁iŋ	꜀iŋ	꜂piŋ	꜁miŋ	꜂liŋ	꜂tɕiŋ	꜁tɕʰiŋ
赣榆墩尚	꜁miŋ	꜀ciŋ	ciŋ꜄	꜁iŋ	꜀iŋ	꜂piŋ	꜁miŋ	꜂liŋ	꜂tsiŋ	꜁tsʰiŋ
赣榆石桥	꜁miŋ	꜀tɕiŋ	tɕiŋ꜄	꜁iŋ	꜀iŋ/iŋ꜆	꜂piŋ	꜁miŋ	꜂liŋ	꜂tθiŋ	꜁tθʰiŋ
铜山	꜁miŋ	꜀tɕiŋ	tɕiŋ꜄	꜁iŋ	꜀iŋ	꜂piŋ	꜁miŋ	꜂liŋ	꜂tɕiŋ	꜁tɕʰiŋ
微山	꜁miŋ	꜀tɕiŋ	tɕiŋ꜄	꜁iŋ	꜀iŋ	꜂piŋ	꜁miŋ	꜂liŋ	꜂tɕiŋ	꜁tɕʰiŋ
邹城	꜁miŋ	꜀tɕiŋ	tɕiŋ꜄	꜁iŋ	꜀iŋ	꜂piŋ	꜁miŋ	꜂liŋ	꜂tɕiŋ	꜁tɕʰiŋ
睢宁	꜁miŋ	꜀tɕiŋ	tɕiŋ꜄	꜁iŋ	꜀iŋ	꜂piŋ	꜁miŋ	꜂liŋ	꜂tɕiŋ	꜁tɕʰiŋ
新沂阿湖	꜂miŋ	꜀tɕiŋ	tɕiŋ꜄	꜁iŋ	꜀iŋ	꜂piŋ	꜁miŋ	꜂liŋ	꜂tɕiŋ	꜁tɕʰiŋ
新沂时集 A	꜁miŋ	꜀tɕiŋ	tɕiŋ꜄	꜁iŋ	꜀iŋ	꜂piŋ	꜁miŋ	꜂liŋ	꜂tɕiŋ	꜁tɕʰiŋ
新沂时集 B	꜂miŋ	꜀tɕiŋ	tɕiŋ꜄	꜁iŋ	꜀iŋ	꜂piŋ	꜁miŋ	꜂liŋ	꜂tɕiŋ	꜁tɕʰiŋ
泗水	꜁miŋ	꜀tɕiŋ	tɕiŋ꜄	꜁iŋ	꜀iŋ	꜂piŋ	꜁miŋ	꜂liŋ	꜂tɕiŋ	꜁tɕʰiŋ
邳州	꜁miŋ	꜀tɕiŋ	tɕiŋ꜄	꜁iŋ	꜀iŋ	꜂piŋ	꜁miŋ	꜂liŋ	꜂tɕiŋ	꜁tɕʰiŋ
滕州	꜁miŋ	꜀tɕiŋ	tɕiŋ꜄	꜁iŋ	꜀iŋ	꜂piŋ	꜁miŋ	꜂liŋ	꜂tɕiŋ	꜁tɕʰiŋ
临沭	꜁miŋ	꜀tɕiŋ	tɕiŋ꜄	꜁iŋ	꜀iŋ	꜂piŋ	꜁miŋ	꜂liŋ	꜂tsiŋ	꜁tsʰiŋ
宿迁	꜁miŋ	꜀tɕiŋ	tɕiŋ꜄	꜁iŋ	꜀iŋ	꜂piŋ	꜁miŋ	꜂liŋ	꜂tɕiŋ	꜁tɕʰiŋ
丰县	꜁miŋ	꜀tɕiŋ	tɕiŋ꜄	꜁iŋ	꜀iŋ	꜂piŋ	꜁miŋ	꜂liŋ	꜂tɕiŋ	꜁tɕʰiŋ
郯城	꜁miŋ	꜀tɕiŋ	tɕiŋ꜄	꜁iŋ	꜀iŋ	꜂piŋ	꜁miŋ	꜂liŋ	꜂tsiŋ	꜁tsʰiŋ
莒南团林	꜁miŋ	꜀tʃəŋ	tʃəŋ꜄	꜁iŋ	꜀iŋ	꜂piŋ	꜁miŋ	꜂liŋ	꜂ȶiŋ	꜁ȶʰiŋ
日照陈疃	꜁miŋ	꜀tʃəŋ	tʃəŋ꜄	꜁iŋ	꜀iŋ	꜂piŋ	꜁miŋ	꜂liŋ	꜂ȶiŋ	꜁ȶʰiŋ
日照奎山	꜁miŋ	꜀tɕiŋ	tɕiŋ꜄	꜁iŋ	꜀iŋ	꜂piŋ	꜁miŋ	꜂liŋ	꜂tθiŋ	꜁tθʰiŋ
日照黄墩	꜁miŋ	꜀tʃəŋ	tʃəŋ꜄	꜁iŋ	꜀iŋ	꜂piŋ	꜁miŋ	꜂liŋ	꜂ȶiŋ	꜁ȶʰiŋ
日照涛雒	꜁miŋ	꜀tsəŋ	tsəŋ꜄	꜁iŋ	꜀iŋ	꜂piŋ	꜁miŋ	꜂liŋ	꜂tɕiŋ/꜂ȶiŋ	꜁ȶʰiŋ
蒙阴	꜁miŋ	꜀tɕiŋ	tɕiŋ꜄	꜁iŋ	꜀iŋ	꜂piŋ	꜁miŋ	꜂liŋ	꜂ziŋ	꜁tsʰiŋ
沂南	꜁miŋ	꜀tɕiŋ	tɕiŋ꜄	꜁iŋ	꜀iŋ	꜂piŋ	꜁miŋ	꜂liŋ	꜂tsiŋ	꜁tsʰiŋ
五莲许孟	꜁miŋ	꜁ʒəŋ	ʒəŋ꜄	꜁iŋ	꜀iŋ	꜂piŋ	꜁miŋ	꜂liŋ	꜂tɕiŋ	꜁tɕʰiŋ
日照两城	꜁miŋ	꜀tɕiŋ	tɕiŋ꜄	꜁iŋ	꜀iŋ	꜂piŋ	꜁miŋ	꜂liŋ	꜂tθiŋ	꜁tθʰiŋ
莒县桑园	꜁miŋ	꜀tɕiŋ	tɕiŋ꜄	꜁iŋ	꜀iŋ	꜂piŋ	꜁miŋ	꜂liŋ	꜂ziŋ	꜁tsʰiŋ

续表

	静	贞	程	郑	整	声	成	轻	婴	赢
	梗开三 静上从	梗开三 清平知	梗开三 清平澄	梗开三 劲去澄	梗开三 静上章	梗开三 清平禅	梗开三 清平禅	梗开三 清平溪	梗开三 清平影	梗开三 清平以
连云港	tɕiŋ꜄	꜀tʂəŋ	꜁tʂʰəŋ	tʂəŋ꜄	꜂tʂəŋ	꜀ʂəŋ	꜁tʂʰəŋ	꜀tɕʰiŋ	꜀iŋ	꜁iŋ
灌南	tɕin꜄	꜀tʂən	꜁tʂʰən	tʂən꜄	꜂tʂən	꜀ʂən	꜁tʂʰən	꜀tɕʰin	꜀in	꜁in
沭阳	tɕiŋ꜄	꜀tʂəŋ	꜁tʂʰəŋ	tʂəŋ꜄	꜂tʂəŋ	꜀ʂəŋ	꜁tʂʰəŋ	꜀tɕʰiŋ	꜀iŋ	꜁iŋ
泗阳	tɕiŋ꜄	꜀tʂəŋ	꜁tʂʰəŋ	tʂəŋ꜄	꜂tʂəŋ	꜀ʂəŋ	꜁tʂʰəŋ	꜀tɕʰiŋ	꜀iŋ	꜁iŋ
泗洪金锁	tɕiŋ꜄	꜀tʂəŋ	꜁tʂʰəŋ	tʂəŋ꜄	꜂tʂəŋ	꜀ʂəŋ	꜁tʂʰəŋ	꜀tɕʰiŋ	꜀iŋ	꜁iŋ
泗洪上塘	tɕiŋ꜄	꜀tʂəŋ	꜁tʂʰəŋ	tʂəŋ꜄	꜂tʂəŋ	꜀ʂəŋ	꜁tʂʰəŋ	꜀tɕʰiŋ	꜀iŋ	꜁iŋ
泗洪瑶沟	tɕiŋ꜄	꜀tʂəŋ	꜁tʂʰəŋ	tʂəŋ꜄	꜂tʂəŋ	꜀ʂəŋ	꜁tʂʰəŋ	꜀tɕʰiŋ	꜀iŋ	꜁iŋ
赣榆墩尚	tsiŋ꜄	꜀tʂə̃	꜁tʂʰəŋ	tʂəŋ꜄	꜂tʂəŋ	꜀ʂəŋ	꜁tʂʰəŋ	꜀cʰiŋ	꜀iŋ	꜁iŋ
赣榆石桥	tθiŋ꜄	꜀tʂẽ/tʂẽ꜆	꜁tʂʰəŋ	tʂəŋ꜄	꜂tʂəŋ	꜀ʂəŋ/ʂəŋ꜆	꜁tʂʰəŋ	꜀tɕʰiŋ/ tɕʰiŋ꜆	꜀iŋ/iŋ꜆	꜁iŋ
铜山	tɕiŋ꜄	꜀tʂə̃	꜁tʂʰəŋ	tʂəŋ꜄	꜂tʂəŋ	꜀ʂəŋ	꜁tʂʰəŋ	꜀tɕʰiŋ	꜀iŋ	꜁iŋ
微山	tɕiŋ꜄	꜀tsə̃	꜁tsʰəŋ	tsəŋ꜄	꜂tsəŋ	꜀səŋ	꜁tsʰəŋ	꜀tɕʰiŋ	꜀iŋ	꜁iŋ
邹城	tɕiŋ꜄	꜀tsə̃	꜁tsʰəŋ	tsəŋ꜄	꜂tsəŋ	꜀səŋ	꜁tsʰəŋ	꜀tɕʰiŋ	꜀iŋ	꜁iŋ
睢宁	tɕiŋ꜄	꜀tʂə̃	꜁tʂʰəŋ	tʂəŋ꜄	꜂tʂəŋ	꜀ʂəŋ	꜁tʂʰəŋ	꜀tɕʰiŋ	꜀iŋ	꜁iŋ
新沂阿湖	tɕiŋ꜄	꜀tʂẽ	꜁tʂʰəŋ	tʂəŋ꜄	꜂tʂəŋ	꜀ʂəŋ	꜁tʂʰəŋ	꜀tɕʰiŋ	꜀iŋ	꜁iŋ
新沂时集 A	tɕiŋ꜄	꜀tʂə̃	꜁tʂʰəŋ	tʂəŋ꜄	꜂tʂəŋ	꜀ʂəŋ	꜁tʂʰəŋ	꜀tɕʰiŋ	꜀iŋ	꜁iŋ
新沂时集 B	tɕiŋ꜄	꜀tʂen	꜁tʂʰəŋ	tʂəŋ꜄	꜂tʂəŋ	꜀ʂəŋ	꜁tʂʰəŋ	꜀tɕʰiŋ	꜀iŋ	꜁iŋ
泗水	tɕiŋ꜄	꜀tʃə̃	꜁tʃʰəŋ	tʃəŋ꜄	꜂tʃəŋ	꜀ʃəŋ	꜁tʃʰəŋ	꜀tɕʰiŋ	꜀iŋ	꜁iŋ
邳州	tɕiŋ꜄	꜀tʂə̃	꜁tʂʰəŋ	tʂəŋ꜄	꜂tʂəŋ	꜀ʂəŋ	꜁tʂʰəŋ	꜀tɕʰiŋ	꜀iŋ	꜁iŋ
滕州	tɕiŋ꜄	꜀tsəŋ	꜁tsʰəŋ	tsəŋ꜄	꜂tsəŋ	꜀səŋ	꜁tsʰəŋ	꜀tɕʰiŋ	꜀iŋ	꜁iŋ
临沭	tsiŋ꜄	꜀tʃəŋ	꜁tʃʰəŋ	tʃəŋ꜄	꜂tʃəŋ	꜀ʃəŋ	꜁tʃʰəŋ	꜀tɕʰiŋ	꜀iŋ	꜁iŋ
宿迁	tɕiŋ꜄	꜀tʂə̃	꜁tʂʰəŋ	tʂəŋ꜄	꜂tʂəŋ	꜀ʂəŋ	꜁tʂʰəŋ	꜀tɕʰiŋ	꜀iŋ	꜁iŋ
丰县	tɕiŋ꜄	꜀tʂəŋ	꜁tʂʰəŋ	tʂəŋ꜄	꜂tʂəŋ	꜀ʂəŋ	꜁tʂʰəŋ	꜀tɕʰiŋ	꜀iŋ	꜁iŋ
郯城	tsiŋ꜄	꜀tʂəŋ	꜁tʂʰəŋ	tʂəŋ꜄	꜂tʂəŋ	꜀ʂəŋ	꜁tʂʰəŋ	꜀tɕʰiŋ	꜀iŋ	꜁iŋ
莒南团林	tθiŋ꜄	꜀tʂəŋ	꜁tʃʰəŋ	tʃəŋ꜄	꜂tʃəŋ	꜀ʃəŋ	꜁tʃʰəŋ	꜀tʃʰəŋ	꜀iŋ	꜁iŋ
日照陈疃	ȶiŋ꜄	꜀tʃəŋ	꜁tʃʰəŋ	tʃəŋ꜄	꜂tʃəŋ	꜀ʃəŋ	꜁tʃʰəŋ	꜀tʃʰəŋ	꜀iŋ	꜁iŋ
日照奎山	tθiŋ꜄	꜀tsẽ	꜁tsʰəŋ	tsəŋ꜄	꜂tsəŋ	꜀səŋ	꜁tsʰəŋ	꜀tɕʰiŋ	꜀iŋ	꜁iŋ
日照黄墩	ȶiŋ꜄	꜀tʃəŋ	꜁tʃʰəŋ	tʃəŋ꜄	꜂tʃəŋ	꜀ʃəŋ	꜁tʃʰəŋ	꜀tʃʰəŋ	꜀iŋ	꜁iŋ
日照涛雒	ȶiŋ꜄	꜀tsẽ/꜀tsəŋ	꜁tsʰəŋ	tsəŋ꜄	꜂tsəŋ	꜀səŋ	꜁tsʰəŋ	꜀tsʰəŋ	꜀iŋ	꜁iŋ
蒙阴	tsiŋ꜄	꜀tʃəŋ	꜁tʃʰəŋ	tʃəŋ꜄	꜂tʃəŋ	꜀ʃəŋ	꜁tʃʰəŋ	꜀tɕʰiŋ	꜀iŋ	꜁iŋ
沂南	tsiŋ꜄	꜀tʃəŋ	꜁tʃʰəŋ	tʃəŋ꜄	꜂tʃəŋ	꜀ʃəŋ	꜁tʃʰəŋ	꜀tɕʰiŋ	꜀iŋ	꜁iŋ
五莲许孟	tɕiŋ꜄	꜀ʒə̃	꜁tʃʰəŋ	ʒəŋ꜄	꜂ʒəŋ	꜀ʃəŋ	꜁tʃʰəŋ	꜀tʃʰəŋ	꜀iŋ	꜁iŋ
日照两城	tθiŋ꜄	꜀tsẽ	꜁tsʰəŋ	tsəŋ꜄	꜂tseŋ	꜀səŋ	꜁tsʰəŋ	꜀tɕʰiŋ	꜀iŋ	꜁iŋ
莒县桑园	ziŋ꜄	꜀zəŋ	꜁tsʰəŋ	zəŋ꜄	꜂zəŋ	꜀səŋ	꜁tsʰəŋ	꜀tɕʰiŋ	꜀iŋ	꜁iŋ

续表

	瓶	並	铭	钉	停	定	宁安~	灵	青
	梗开四 青平並	梗开四 迥上並	梗开四 青平明	梗开四 青平端	梗开四 青平定	梗开四 径去定	梗开四 青平泥	梗开四 青平来	梗开四 青平清
连云港	꜁pʰiŋ	piŋ꜄	꜁miŋ	꜀tiŋ	꜁tʰiŋ	tiŋ꜄	꜁liŋ	꜁liŋ	꜀tɕʰiŋ
灌南	꜁pʰin	pin꜄	꜁min	꜀tin	꜁tʰin	tin꜄	꜁lin	꜁lin	꜀tɕʰin
沭阳	꜁pʰiŋ	piŋ꜄	꜁miŋ	꜀tiŋ	꜁tʰiŋ	tiŋ꜄	꜁liŋ	꜁liŋ	꜀tɕʰiŋ
泗阳	꜁pʰiŋ	piŋ꜄	꜁miŋ	꜀tiŋ	꜁tʰiŋ	tiŋ꜄	꜁liŋ	꜁liŋ	꜀tɕʰiŋ
泗洪金锁	꜁pʰiŋ	piŋ꜄	꜁miŋ	꜀tiŋ	꜁tʰiŋ	tiŋ꜄	꜁niŋ	꜁liŋ	꜀tɕʰiŋ
泗洪上塘	꜁pʰiŋ	piŋ꜄	꜁miŋ	꜀tiŋ	꜁tʰiŋ	tiŋ꜄	꜁niŋ	꜁liŋ	꜀tɕʰiŋ
泗洪瑶沟	꜁pʰiŋ	piŋ꜄	꜁miŋ	꜀tiŋ	꜁tʰiŋ	tiŋ꜄	꜁niŋ	꜁liŋ	꜀tɕʰiŋ
赣榆墩尚	꜁pʰiŋ	piŋ꜄	꜁miŋ	꜀tiŋ	꜁tʰiŋ	tiŋ꜄	꜁niŋ	꜁liŋ	꜀tsʰiŋ
赣榆石桥	꜁pʰiŋ	piŋ꜄	꜁miŋ	꜀tiŋ/tiŋ꜆	꜁tʰiŋ	tiŋ꜄	꜁niŋ	꜁liŋ	꜀tθʰiŋ/ tθʰiŋ꜆
铜山	꜁pʰiŋ	piŋ꜄	꜁miŋ	꜀tiŋ	꜁tʰiŋ	tiŋ꜄	꜁niŋ	꜁liŋ	꜀tɕʰiŋ
微山	꜁pʰiŋ	piŋ꜄	꜁miŋ	꜀tiŋ	꜁tʰiŋ	tiŋ꜄	꜁niŋ	꜁liŋ	꜀tɕʰiŋ
邹城	꜁pʰiŋ	piŋ꜄	꜁miŋ	꜀tiŋ	꜁tʰiŋ	tiŋ꜄	꜁niŋ	꜁liŋ	꜀tɕʰiŋ
睢宁	꜁pʰiŋ	piŋ꜄	꜁miŋ	꜀tiŋ	꜁tʰiŋ	tiŋ꜄	꜁niŋ	꜁liŋ	꜀tɕʰiŋ
新沂阿湖	꜁pʰiŋ	piŋ꜄	꜁miŋ	꜀tiŋ	꜁tʰiŋ	tiŋ꜄	꜁niŋ	꜁liŋ	꜀tɕʰiŋ
新沂时集 A	꜁pʰiŋ	piŋ꜄	꜁miŋ	꜀tiŋ	꜁tʰiŋ	tiŋ꜄	꜁niŋ	꜁liŋ	꜀tɕʰiŋ
新沂时集 B	꜁pʰiŋ	piŋ꜄	꜁miŋ	꜀tiŋ	꜁tʰiŋ	tiŋ꜄	꜁niŋ	꜁liŋ	꜀tɕʰiŋ
泗水	꜁pʰiŋ	piŋ꜄	꜁miŋ	꜀tiŋ	꜁tʰiŋ	tiŋ꜄	꜁niŋ	꜁liŋ	꜀tɕʰiŋ
邳州	꜁pʰiŋ	piŋ꜄	꜁miŋ	꜀tiŋ	꜁tʰiŋ	tiŋ꜄	꜁niŋ	꜁liŋ	꜀tɕʰiŋ
滕州	꜁pʰiŋ	piŋ꜄	꜁miŋ	꜀tiŋ	꜁tʰiŋ	tiŋ꜄	꜁niŋ	꜁liŋ	꜀tɕʰiŋ
临沭	꜁pʰiŋ	piŋ꜄	꜁miŋ	꜀tiŋ	꜁tʰiŋ	tiŋ꜄	꜁niŋ	꜁liŋ	꜀tsʰiŋ
宿迁	꜁pʰiŋ	piŋ꜄	꜁miŋ	꜀tiŋ	꜁tʰiŋ	tiŋ꜄	꜁niŋ	꜁liŋ	꜀tɕʰiŋ
丰县	꜁pʰiŋ	piŋ꜄	꜁miŋ	꜀tiŋ	꜁tʰiŋ	tiŋ꜄	꜁niŋ	꜁liŋ	꜀tɕʰiŋ
郯城	꜁pʰiŋ	piŋ꜄	꜁miŋ	꜀tiŋ	꜁tʰiŋ	tiŋ꜄	꜁niŋ	꜁liŋ	꜀tsʰiŋ
莒南团林	꜁pʰiŋ	piŋ꜄	꜁miŋ	꜀ȶiŋ	꜁ȶʰiŋ	ȶiŋ꜄	꜁niŋ	꜁liŋ	꜀tθʰiŋ
日照陈疃	꜁pʰiŋ	piŋ꜄	꜁miŋ	꜀ȶiŋ	꜁ȶʰiŋ	ȶiŋ꜄	꜁niŋ	꜁liŋ	꜀ȶʰiŋ
日照奎山	꜁pʰiŋ	piŋ꜄	꜁miŋ	꜀tiŋ	꜁tʰiŋ	tiŋ꜄	꜁niŋ	꜁liŋ	꜀tθʰiŋ
日照黄墩	꜁pʰiŋ	piŋ꜄	꜁miŋ	꜀ȶiŋ	꜁ȶʰiŋ	ȶiŋ꜄	꜁niŋ	꜁liŋ	꜀ȶʰiŋ
日照涛雒	꜁pʰiŋ	piŋ꜄	꜁miŋ	꜀tɕiŋ	꜁tɕʰiŋ	tɕiŋ꜄	꜁niŋ	꜁liŋ	꜀ȶʰiŋ
蒙阴	꜁pʰiŋ	piŋ꜄	꜁miŋ	꜀tiŋ	꜁tʰiŋ	tiŋ꜄	꜁niŋ	꜁liŋ	꜀tsʰiŋ
沂南	꜁pʰiŋ	piŋ꜄	꜁miŋ	꜀tiŋ	꜁tʰiŋ	tiŋ꜄	꜁niŋ	꜁liŋ	꜀tsʰiŋ
五莲许孟	꜁pʰiŋ	piŋ꜄	꜁miŋ	꜀tɕiŋ	꜁tɕʰiŋ	tɕiŋ꜄	꜁niŋ	꜁liŋ	꜀tɕʰiŋ
日照两城	꜁pʰiŋ	piŋ꜄	꜁miŋ	꜀tɕiŋ	꜁tɕʰiŋ	tɕiŋ꜄	꜁niŋ	꜁liŋ	꜀tθʰiŋ
莒县桑园	꜁pʰiŋ	piŋ꜄	꜁miŋ	꜀tiŋ	꜁tʰiŋ	tiŋ꜄	꜁niŋ	꜁liŋ	꜀tsʰiŋ

续表

	星	经	形	横~竖	宏	兄	荣	永	琼
	梗开四 青平心	梗开四 青平见	梗开四 青平匣	梗合二 庚平匣	梗合二 耕平匣	梗合三 庚平晓	梗合三 庚平云	梗合三 梗上云	梗合三 清平群
连云港	꜀ɕiŋ	꜀tɕiŋ	꜁ɕiŋ	꜁xəŋ	꜁xoŋ	꜀ɕioŋ	꜁ʐoŋ	꜂ioŋ	꜁tɕʰioŋ
灌南	꜀ɕin	꜀tɕin	꜁ɕin	xoŋ꜄	꜁xoŋ	꜀ɕioŋ	꜁ioŋ	꜂ioŋ	꜁tɕʰioŋ
沭阳	꜀ɕiŋ	꜀tɕiŋ	꜁ɕiŋ	xoŋ꜄	꜁xoŋ	꜀ɕioŋ	꜁ʐoŋ	꜂ioŋ	꜁tɕʰioŋ
泗阳	꜀ɕiŋ	꜀tɕiŋ	꜁ɕiŋ	꜂xəŋ	꜁xoŋ	꜀ɕioŋ	꜁ʐoŋ	꜂ioŋ	꜁tɕʰioŋ
泗洪金锁	꜀ɕiŋ	꜀tɕiŋ	꜁ɕiŋ	xuŋ꜄	꜁xuŋ	꜀ɕyŋ	꜁ʐuŋ	꜂yŋ	꜁tɕʰyŋ
泗洪上塘	꜀ɕiŋ	꜀tɕiŋ	꜁ɕiŋ	xəŋ꜄	꜁xuŋ	꜀ɕyŋ	꜁ʐuŋ	꜂yŋ	꜁tɕʰyŋ
泗洪瑶沟	꜀ɕiŋ	꜀tɕiŋ	꜁ɕiŋ	xoŋ꜄	꜁xoŋ	꜀ɕioŋ	꜁ʐoŋ	꜂ioŋ	꜁tɕʰioŋ
赣榆墩尚	꜀siŋ	꜀ciŋ	꜁çiŋ	꜂xəŋ	꜁xuŋ	꜀çyŋ	꜁yŋ	꜂yŋ	꜁cʰyŋ
赣榆石桥	꜀θiŋ	꜀tɕiŋ/tɕiŋ꜆	꜁ɕiŋ	꜂xuẽ	꜁xəŋ	꜀ɕiŋ/ɕiŋ꜆	꜁iŋ	꜂iŋ	꜁tɕʰiŋ
铜山	꜀ɕiŋ	꜀tɕiŋ	꜁ɕiŋ	xəŋ꜄	꜁xuŋ	꜀ɕyŋ	꜁ʐuŋ	꜂yŋ	꜁tɕʰyŋ
微山	꜀ɕiŋ	꜀tɕiŋ	꜁ɕiŋ	꜂xəŋ	꜁xuŋ	꜀ɕyŋ	꜁zuŋ	꜂yŋ	꜁tɕʰyŋ
邹城	꜀ɕiŋ	꜀tɕiŋ	꜁ɕiŋ	꜂xəŋ	꜁xuŋ	꜀ɕyŋ	꜁zuŋ	꜂yŋ	꜁tɕʰyŋ
睢宁	꜀ɕiŋ	꜀tɕiŋ	꜁ɕiŋ	꜂xəŋ	꜁xuŋ	꜀ɕyŋ	꜁ʐuŋ	꜂yŋ	꜁tɕʰyŋ
新沂阿湖	꜀ɕiŋ	꜀tɕiŋ	꜁ɕiŋ	꜂xəŋ	꜁xuŋ	꜀ɕyŋ	꜁ʐuŋ	꜂yŋ	꜁tɕʰyŋ
新沂时集 A	꜀ɕiŋ	꜀tɕiŋ	꜁ɕiŋ	꜂xəŋ	꜁xuŋ	꜀ɕyŋ	꜁ʐuŋ	꜂yŋ	꜁tɕʰyŋ
新沂时集 B	꜀ɕiŋ	꜀tɕiŋ	꜁ɕiŋ	꜂xəŋ	꜁xuŋ	꜀ɕyŋ	꜁ʐuŋ	꜂yŋ	꜁tɕʰyŋ
泗水	꜀ɕiŋ	꜀tɕiŋ	꜁ɕiŋ	xəŋ꜄	꜁xuŋ	꜀ɕyŋ	꜁vəŋ	꜂yŋ	꜁tɕʰyŋ
邳州	꜀ɕiŋ	꜀tɕiŋ	꜁ɕiŋ	꜂xəŋ	꜁xuŋ	꜀ɕyŋ	꜁ʐuŋ/꜁vəŋ	꜂yŋ	꜁tɕʰyŋ
滕州	꜀ɕiŋ	꜀tɕiŋ	꜁ɕiŋ	xəŋ꜄	꜁xuŋ	꜀ɕyŋ	꜁zuŋ/꜁vəŋ	꜂yŋ	꜁tɕʰyŋ
临沭	꜀siŋ	꜀tɕiŋ	꜁ɕiŋ	xəŋ꜄	꜁xuŋ	꜀ɕyŋ	꜁ʒuŋ	꜂yŋ	꜁tɕʰyŋ
宿迁	꜀ɕiŋ	꜀tɕiŋ	꜁ɕiŋ	꜂xuŋ	꜁xuŋ	꜀ɕyŋ	꜁ʐuŋ	꜂yŋ	꜁tɕʰyŋ
丰县	꜀ɕiŋ	꜀tɕiŋ	꜁ɕiŋ	꜂xəŋ/xuŋ꜄	꜁xuŋ	꜀ɕyŋ	꜁ʐuŋ	꜂yŋ	꜁tɕʰyŋ
郯城	꜀siŋ	꜀tɕiŋ	꜁ɕiŋ	xəŋ꜄/xuŋ꜄	꜁xuŋ	꜀ɕyŋ	꜁ʐuŋ	꜂yŋ	꜁tɕʰyŋ
莒南团林	꜀θiŋ	꜀tʃəŋ	꜁ʃəŋ	xəŋ꜄	꜁xuŋ	꜀ʃuŋ	꜁yŋ	꜂yŋ	꜁tʃʰuŋ
日照陈疃	꜀θiŋ	꜀tʃəŋ	꜁ʃəŋ	꜁xəŋ	꜁xəŋ	꜀ʃəŋ	꜁iŋ	꜂iŋ	꜁tʃʰəŋ
日照奎山	꜀θiŋ	꜀tɕiŋ	꜁ɕiŋ	xəŋ꜄	꜁xəŋ	꜀ɕiŋ	꜁iŋ	꜂iŋ	꜁tɕʰiŋ
日照黄墩	꜀θiŋ	꜀tʃəŋ	꜁ʃəŋ	xəŋ꜄	꜁xuŋ	꜀ʃəŋ	꜁yŋ	꜂yŋ	꜁tʃʰuŋ
日照涛雒	꜀θiŋ	꜀tsəŋ	꜁səŋ	꜁xəŋ	꜁xuŋ	꜀soŋ	꜁ioŋ	꜂ioŋ	꜁tsʰoŋ
蒙阴	꜀siŋ	꜀tɕiŋ	꜁ɕiŋ	xəŋ꜄	꜁xuŋ	꜀ɕyŋ	꜁yŋ	꜂yŋ	꜁tɕʰyŋ
沂南	꜀siŋ	꜀tɕiŋ	꜁ɕiŋ	xəŋ꜄	꜁xuŋ	꜀ɕyŋ	꜁yŋ	꜂yŋ	꜁tɕʰyŋ
五莲许孟	꜀ɕiŋ	꜀ʒəŋ	꜁ʃəŋ	꜁xə̃	꜁xəŋ	꜀ʃəŋ	꜁iŋ	꜂iŋ	꜁tʃʰəŋ
日照两城	꜀θiŋ	꜀tɕiŋ	꜁ɕiŋ	꜁xəŋ	꜁xəŋ	꜀ɕiŋ	꜁iŋ	꜂iŋ	꜁tɕʰiŋ
莒县桑园	꜀siŋ	꜀tɕiŋ	꜁ɕiŋ	꜁xəŋ	꜁xuŋ	꜀ɕyŋ	꜁yŋ	꜂yŋ	꜁tɕʰyŋ

续表

	营	萤	篷	蒙	东	通	同	动	笼
	梗合三 清平以	梗合四 青平匣	通合一 东平並	通合一 东平明	通合一 东平端	通合一 东平透	通合一 东平定	通合一 董上定	通合一 东平来
连云港	꜁iŋ	꜁iŋ	꜁pʰəŋ	꜁məŋ	꜀toŋ	꜀tʰoŋ	꜁tʰoŋ	toŋ꜄	꜁loŋ
灌南	꜁in	꜁in	꜁pʰən	꜁mən	꜀toŋ	꜀tʰoŋ	꜁tʰoŋ	toŋ꜄	꜁loŋ
沭阳	꜁iŋ	꜁iŋ	꜁pʰəŋ	꜁məŋ	꜀toŋ	꜀tʰoŋ	꜁tʰoŋ	toŋ꜄	꜁loŋ
泗阳	꜁iŋ	꜁iŋ	꜁pʰəŋ	꜁məŋ	꜀toŋ	꜀tʰoŋ	꜁tʰoŋ	toŋ꜄	꜁loŋ
泗洪金锁	꜁iŋ	꜁iŋ	꜁pʰəŋ	꜁məŋ	꜀tuŋ	꜀tʰuŋ	꜁tʰuŋ	tuŋ꜄	꜁luŋ
泗洪上塘	꜁iŋ	꜁iŋ	꜁pʰəŋ	꜁məŋ	꜀tuŋ	꜀tʰuŋ	꜁tʰuŋ	tuŋ꜄	꜁luŋ
泗洪瑶沟	꜁iŋ	꜁iŋ	꜁pʰəŋ	꜁məŋ	꜀toŋ	꜀tʰoŋ	꜁tʰoŋ	toŋ꜄	꜁loŋ
赣榆墩尚	꜁iŋ	꜁iŋ	꜁pʰəŋ	꜁məŋ	꜀tuŋ	꜀tʰuŋ	꜁tʰuŋ	tuŋ꜄	꜁luŋ
赣榆石桥	꜁iŋ	꜁iŋ	꜁pʰəŋ	꜁məŋ	꜀təŋ/təŋ꜆	꜀tʰəŋ	꜁tʰəŋ	təŋ꜄	꜁ləŋ
铜山	꜁iŋ	꜁iŋ	꜁pʰəŋ	꜁məŋ	꜀tuŋ	꜀tʰuŋ	꜁tʰuŋ	tuŋ꜄	꜁luŋ
微山	꜁iŋ	꜁iŋ	꜁pʰəŋ	꜁məŋ	꜀tuŋ	꜀tʰuŋ	꜁tʰuŋ	tuŋ꜄	꜁luŋ
邹城	꜁iŋ	꜁iŋ	꜁pʰəŋ	꜁məŋ	꜀tuŋ	꜀tʰuŋ	꜁tʰuŋ	tuŋ꜄	꜁luŋ
睢宁	꜁iŋ	꜁iŋ	꜁pʰəŋ	꜁məŋ	꜀tuŋ	꜀tʰuŋ	꜁tʰuŋ	tuŋ꜄	꜁luŋ
新沂阿湖	꜁iŋ	꜁iŋ	꜁pʰəŋ	꜁məŋ	꜀tuŋ	꜀tʰuŋ	꜁tʰuŋ	tuŋ꜄	꜁luŋ
新沂时集 A	꜁iŋ	꜁iŋ	꜁pʰəŋ	꜁məŋ	꜀tuŋ	꜀tʰuŋ	꜁tʰuŋ	tuŋ꜄	꜁luŋ
新沂时集 B	꜁iŋ	꜁iŋ	꜁pʰəŋ	꜁məŋ	꜀tuŋ	꜀tʰuŋ	꜁tʰuŋ	tuŋ꜄	꜁luŋ
泗水	꜁iŋ	꜁iŋ	꜁pʰəŋ	꜁məŋ	꜀tuŋ	꜀tʰuŋ	꜁tʰuŋ	tuŋ꜄	꜁luŋ
邳州	꜁iŋ	꜁iŋ	꜁pʰəŋ	꜁məŋ	꜀tuŋ	꜀tʰuŋ	꜁tʰuŋ	tuŋ꜄	꜁luŋ
滕州	꜁iŋ	꜁iŋ	꜁pʰəŋ	꜁məŋ	꜀tuŋ	꜀tʰuŋ	꜁tʰuŋ	tuŋ꜄	꜁luŋ
临沭	꜁iŋ	꜁iŋ	꜁pʰəŋ	꜁məŋ	꜀tuŋ	꜀tʰuŋ	꜁tʰuŋ	tuŋ꜄	꜁luŋ
宿迁	꜁iŋ	꜁iŋ	꜁pʰəŋ	꜁məŋ	꜀tuŋ	꜀tʰuŋ	꜁tʰuŋ	tuŋ꜄	꜁luŋ
丰县	꜁iŋ	꜁iŋ	꜁pʰəŋ	꜁məŋ	꜀tuŋ	꜀tʰuŋ	꜁tʰuŋ	tuŋ꜄	꜁luŋ
郯城	꜁iŋ	꜁iŋ	꜁pʰəŋ	꜁məŋ	꜀tuŋ	꜀tʰuŋ	꜁tʰuŋ	tuŋ꜄	꜁luŋ
莒南团林	꜁iŋ	iŋ꜄	꜁pʰəŋ	꜁məŋ	꜀tuŋ	꜀tʰuŋ	꜁tʰuŋ	tuŋ꜄	꜁luŋ
日照陈疃	꜁iŋ	꜁iŋ	꜁pʰəŋ	꜁məŋ	꜀təŋ	꜀tʰəŋ	꜁tʰəŋ	təŋ꜄	꜁ləŋ
日照奎山	꜁iŋ	꜁iŋ	꜁pʰəŋ	꜁məŋ	꜀təŋ	꜀tʰəŋ	꜁tʰəŋ	təŋ꜄	꜁ləŋ
日照黄墩	꜁iŋ	iŋ꜄	꜁pʰəŋ	꜁məŋ	꜀tuŋ	꜀tʰuŋ	꜁tʰuŋ	tuŋ꜄	꜁luŋ
日照涛雒	꜁iŋ	꜁iŋ	꜁pʰəŋ	꜁məŋ	꜀toŋ	꜀tʰoŋ	꜁tʰoŋ	toŋ꜄	꜁loŋ
蒙阴	꜁iŋ	꜁iŋ	꜁pʰəŋ	꜁məŋ	꜀tuŋ	꜀tʰuŋ	꜁tʰuŋ	tuŋ꜄	꜁luŋ
沂南	꜁iŋ	꜁iŋ	꜁pʰəŋ	꜁məŋ	꜀tuŋ	꜀tʰuŋ	꜁tʰuŋ	tuŋ꜄	꜁luŋ
五莲许孟	꜀iŋ	iŋ꜄	꜁pʰəŋ	꜁məŋ	꜀təŋ	꜀tʰəŋ	꜁tʰəŋ	təŋ꜄	꜁ləŋ
日照两城	꜁iŋ	꜁iŋ	꜁pʰəŋ	꜁məŋ	꜀təŋ	꜀tʰəŋ	꜁tʰəŋ	təŋ꜄	꜁ləŋ
莒县桑园	꜁iŋ	꜁iŋ	꜁pʰəŋ	꜁məŋ	꜀tuŋ	꜀tʰuŋ	꜁tʰuŋ	tuŋ꜄	꜁luŋ

续表

	聪	从	工	烘	红	翁	冬	农	松
	通合一东平清	通合一东平从	通合一东平见	通合一东平晓	通合一东平匣	通合一东平影	通合一冬平端	通合一冬平泥	通合一冬平心
连云港	꜀tʂʰoŋ	꜁tʂʰoŋ	꜀koŋ	꜀xoŋ	꜁xoŋ	꜀oŋ	꜀toŋ	꜁loŋ	꜀ʂoŋ
灌南	꜀tʂʰoŋ	꜁tʂʰoŋ	꜀koŋ	꜀xoŋ	꜁xoŋ	꜀oŋ	꜀toŋ	꜁loŋ	꜀ʂoŋ
沭阳	꜀tsʰoŋ	꜁tsʰoŋ	꜀koŋ	꜀xoŋ	꜁xoŋ	꜀oŋ	꜀toŋ	꜁loŋ	꜀soŋ
泗阳	꜀tsʰoŋ	꜁tsʰoŋ	꜀koŋ	꜀xoŋ	꜁xoŋ	꜀oŋ	꜀toŋ	꜁loŋ	꜀soŋ
泗洪金锁	꜀tsʰuŋ	꜁tsʰuŋ	꜀kuŋ	꜀xuŋ	꜁xuŋ	꜀uŋ	꜀tuŋ	꜁nuŋ	꜀suŋ
泗洪上塘	꜀tsʰuŋ	꜁tsʰuŋ	꜀kuŋ	꜀xuŋ	꜁xuŋ	꜀uŋ	꜀tuŋ	꜁nuŋ	꜀suŋ
泗洪瑶沟	꜀tsʰoŋ	꜁tsʰoŋ	꜀koŋ	꜀xoŋ	꜁xoŋ	꜀oŋ	꜀toŋ	꜁loŋ	꜀soŋ
赣榆墩尚	꜀tsʰuŋ	꜁tsʰuŋ	꜀kuŋ	꜀xuŋ	꜁xuŋ	꜀uŋ	꜀tuŋ	꜁nuŋ	꜀suŋ
赣榆石桥	꜀tθʰəŋ	꜁tθʰəŋ	꜀kəŋ	꜀xəŋ	꜁xəŋ	꜀uəŋ	꜀təŋ/ təŋ꜄	꜁nu	꜀θəŋ
铜山	꜀tsʰuŋ	꜁tsʰuŋ	꜀kuŋ	꜀xuŋ	꜁xuŋ	꜀uŋ	꜀tuŋ	꜁nuŋ	꜀suŋ
微山	꜀tsʰuŋ	꜁tsʰuŋ	꜀kuŋ	꜀xuŋ	꜁xuŋ	꜀uŋ	꜀tuŋ	꜁nuŋ	꜀suŋ
邹城	꜀tsʰuŋ	꜁tsʰuŋ	꜀kuŋ	꜀xuŋ	꜁xuŋ	꜀uŋ	꜀tuŋ	꜁nuŋ	꜀suŋ
睢宁	꜀tsʰuŋ	꜁tsʰuŋ	꜀kuŋ	꜀xuŋ	꜁xuŋ	꜀vəŋ	꜀tuŋ	꜁nuŋ	꜀suŋ
新沂阿湖	꜀tsʰuŋ	꜁tsʰuŋ	꜀kuŋ	꜀xuŋ	꜁xuŋ	꜀vəŋ	꜀tuŋ	꜁nuŋ	꜀suŋ
新沂时集 A	꜀tsʰuŋ	꜁tsʰuŋ	꜀kuŋ	꜀xuŋ	꜁xuŋ	꜀uŋ	꜀tuŋ	꜁nu	꜀suŋ
新沂时集 B	꜀tsʰuŋ	꜁tsʰuŋ	꜀kuŋ	꜀xuŋ	꜁xuŋ	꜀vəŋ	꜀tuŋ	꜁nuŋ	꜀suŋ
泗水	꜀tɕʰyŋ	꜁tɕʰyŋ	꜀kuŋ	꜀xuŋ	꜁xuŋ	꜀uŋ	꜀tuŋ	꜁nuŋ	꜀ɕyŋ
邳州	꜀tɕʰyŋ	꜁tɕʰyŋ	꜀kuŋ	꜀xuŋ	꜁xuŋ	꜀uŋ	꜀tuŋ	꜁nuŋ	꜀ɕyŋ
滕州	꜀tɕʰyŋ	꜁tɕʰyŋ	꜀kuŋ	꜀xuŋ	꜁xuŋ	꜀uŋ	꜀tuŋ	꜁nuŋ	꜀ɕyŋ
临沭	꜀tsʰuŋ	꜁tsʰuŋ	꜀kuŋ	꜀xuŋ	꜁xuŋ	꜀uŋ	꜀tuŋ	꜁nu	꜀suŋ
宿迁	꜀tsʰuŋ	꜁tsʰuŋ	꜀kuŋ	꜀xuŋ	꜁xuŋ	꜀uŋ	꜀tuŋ	꜁nuŋ	꜀suŋ
丰县	꜀tsʰuŋ	꜁tsʰuŋ	꜀kuŋ	꜀xuŋ	꜁xuŋ	꜀uŋ	꜀tuŋ	꜁nuŋ	꜀suŋ
郯城	꜀tɕʰyŋ	꜁tɕʰyŋ	꜀kuŋ	꜀xuŋ	꜁xuŋ	꜀uŋ	꜀tuŋ	꜁nuŋ	꜀ɕyŋ
莒南团林	꜀tθʰuŋ	꜁tθʰuŋ	꜀kuŋ	꜀xuŋ	꜁xuŋ	꜀uŋ	꜀tuŋ	꜁nu	꜀θuŋ
日照陈疃	꜀tʰəŋ	꜁tʰəŋ	꜀kəŋ	꜀xəŋ	꜁xəŋ	꜀vəŋ	꜀təŋ	꜁nu	꜀θəŋ
日照奎山	꜀tθʰəŋ	꜁tθʰəŋ	꜀kəŋ	꜀xəŋ	꜁xəŋ	꜀uəŋ	꜀təŋ	꜁nu	꜀θiŋ
日照黄墩	꜀tθʰuŋ	꜁tθʰuŋ	꜀kuŋ	꜀xuŋ	꜁xuŋ	꜀uŋ	꜀tuŋ	꜁nu	꜀θuŋ
日照涛雒	꜀tθʰoŋ	꜁tθʰoŋ	꜀koŋ	꜀xoŋ	꜁xoŋ	꜀vəŋ	꜀toŋ	꜁nu	꜀θoŋ
蒙阴	꜀tθʰuŋ	꜁tθʰuŋ	꜀kuŋ	꜀xuŋ	꜁xuŋ	꜀uŋ	꜀tuŋ	꜁nuŋ	꜀θuŋ
沂南	꜀tθʰuŋ	꜁tθʰuŋ	꜀kuŋ	꜀xuŋ	꜁xuŋ	꜀uŋ	꜀tuŋ	꜁nu	꜀θuŋ
五莲许孟	꜀tʰəŋ	꜁tʰəŋ	꜀kəŋ	꜀xəŋ	꜁xəŋ	꜀vəŋ	꜀təŋ	꜁nu/꜁nəŋ	꜀θəŋ
日照两城	꜀tθʰəŋ	꜁tθʰəŋ	꜀kəŋ	꜀xəŋ	꜁xəŋ	꜀uəŋ	꜀təŋ	꜁nu	꜀θəŋ
莒县桑园	꜀tθʰuŋ	꜁tθʰuŋ	꜀kuŋ	꜀xuŋ	꜁xuŋ	꜀uŋ	꜀tuŋ	꜁nu	꜀θuŋ

续表

	风	冯	梦	隆	忠	崇	众	绒	宫
	通合三 东平非	通合三 东平奉	通合三 送去明	通合三 东平来	通合三 东平来	通合三 东平崇	通合三 送去章	通合三 东平日	通合三 东平见
连云港	꜀xuɑ̃	꜁xuɑ̃	məŋ꜄	꜁loŋ	꜀tʂoŋ	꜁tʂʰoŋ	tʂoŋ꜄	꜁ʐoŋ	꜀koŋ
灌南	꜀fən	꜁fən	mən꜄	꜁loŋ	꜀tʂoŋ	꜁tʂʰoŋ	tʂoŋ꜄	꜁ʐoŋ	꜀koŋ
沭阳	꜀fəŋ	꜁fəŋ	məŋ꜄	꜁loŋ	꜀tʂoŋ	꜁tʂʰoŋ	tʂoŋ꜄	꜁ʐoŋ	꜀koŋ
泗阳	꜀fəŋ	꜁fəŋ	məŋ꜄	꜁loŋ	꜀tʂoŋ	꜂tʂʰoŋ	tʂoŋ꜄	꜁ʐoŋ	꜀koŋ
泗洪金锁	꜀xuŋ	꜁xuŋ	məŋ꜄	꜁luŋ	꜀tʂuŋ	꜂tʂʰuŋ	tʂuŋ꜄	꜁ʐuŋ	꜀kuŋ
泗洪上塘	꜀fəŋ	꜁fəŋ	məŋ꜄	꜁luŋ	꜀tʂuŋ	꜂tʂʰuŋ	tʂuŋ꜄	꜁ʐuŋ	꜀kuŋ
泗洪瑶沟	꜀fəŋ	꜁fəŋ	məŋ꜄	꜁loŋ	꜀tʂoŋ	꜁tʂʰoŋ	tʂoŋ꜄	꜁ʐoŋ	꜀koŋ
赣榆墩尚	꜀fəŋ	꜁fəŋ	məŋ꜄	꜁luŋ	꜀tʂuŋ	꜂tʂʰuŋ	tʂuŋ꜄	꜁yŋ	꜀kuŋ
赣榆石桥	꜀fəŋ	꜁fəŋ	məŋ꜄	꜁ləŋ	꜀tʂəŋ	꜁tʂʰəŋ	tʂəŋ꜄	꜁iŋ	꜀kəŋ
铜山	꜀fəŋ	꜁fəŋ	məŋ꜄	꜁luŋ	꜀tʂuŋ	꜂tʂʰuŋ	tʂuŋ꜄	꜁ʐuŋ	꜀kuŋ
微山	꜀fəŋ	꜁fəŋ	məŋ꜄	꜁luŋ	꜀tsuŋ	꜂tsʰuŋ	tsuŋ꜄	꜁zuŋ	꜀kuŋ
邹城	꜀fəŋ	꜁fəŋ	məŋ꜄	꜁luŋ	꜀tsuŋ	꜂tsʰuŋ	tsuŋ꜄	꜁zuŋ	꜀kuŋ
睢宁	꜀fəŋ	꜁fəŋ	məŋ꜄	꜁luŋ	꜀tʂuŋ	꜂tʂʰuŋ	tʂuŋ꜄	꜁ʐuŋ	꜀kuŋ
新沂阿湖	꜀fəŋ	꜁fəŋ	məŋ꜄	꜁luŋ	꜀tʂuŋ	꜂tʂʰuŋ	tʂuŋ꜄	꜁ʐuŋ	꜀kuŋ
新沂时集 A	꜀fəŋ	꜁fəŋ	məŋ꜄	꜁luŋ	꜀tʂuŋ	꜂tʂʰuŋ	tʂuŋ꜄	꜁ʐuŋ	꜀kuŋ
新沂时集 B	꜀fəŋ	꜁fəŋ	məŋ꜄	꜁luŋ	꜀tʂuŋ	꜂tʂʰuŋ	tʂuŋ꜄	꜁ʐuŋ	꜀kuŋ
泗水	꜀fəŋ	꜁fəŋ	məŋ꜄	꜁luŋ	꜀tɕyŋ	꜂tɕʰyŋ	tɕyŋ꜄	꜁vəŋ	꜀kuŋ
邳州	꜀fəŋ	꜁fəŋ	məŋ꜄	꜁luŋ	꜀tʂuŋ	꜂tʂʰuŋ	tʂuŋ꜄	꜁ʐuŋ/꜁vəŋ	꜀kuŋ
滕州	꜀fəŋ	꜁fəŋ	məŋ꜄	꜁luŋ	꜀pfəŋ	꜂pfʰəŋ	pfəŋ꜄	꜁zuŋ/꜁vəŋ	꜀kuŋ
临沭	꜀fəŋ	꜁fəŋ	məŋ꜄	꜁luŋ	꜀tʃuŋ	꜂tʃʰuŋ	tʃuŋ꜄	꜁ʒuŋ	꜀kuŋ
宿迁	꜀xuŋ	꜁xuŋ	məŋ꜄	꜁luŋ	꜀tʂuŋ	꜂tʂʰuŋ	tʂuŋ꜄	꜁ʐuŋ	꜀kuŋ
丰县	꜀fəŋ	꜁fəŋ	məŋ꜄	꜁luŋ	꜀tsuŋ	꜂tsʰuŋ	tsuŋ꜄	꜁ʐuŋ	꜀kuŋ
郯城	꜀fəŋ	꜁fəŋ	məŋ꜄	꜁luŋ	꜀tʂuŋ	꜂tʂʰuŋ	tʂuŋ꜄	꜁ʐuŋ	꜀kuŋ
莒南团林	꜀fəŋ	꜁fəŋ	məŋ꜄	꜁luŋ	꜀tʂuŋ	꜁tʂʰuŋ	tʂuŋ꜄	꜁yŋ	꜀kuŋ
日照陈疃	꜀fəŋ	꜁fəŋ	məŋ꜄	꜀ləŋ	꜀tʂəŋ	꜁tʂʰəŋ	tʂəŋ꜄	꜁iŋ	꜀kəŋ
日照奎山	꜀fəŋ	꜁fəŋ	məŋ꜄	꜀ləŋ	꜀tʂəŋ	꜁tʂʰəŋ	tʂəŋ꜄	꜁iŋ	꜀kəŋ
日照黄墩	꜀fəŋ	꜁fəŋ	məŋ꜄	꜁luŋ	꜀tʂuŋ	꜁tʂʰuŋ	tʂuŋ꜄	꜁yŋ	꜀kuŋ
日照涛雒	꜀fəŋ	꜁fəŋ	məŋ꜄	꜁loŋ	꜀tʂoŋ	꜂tʂʰoŋ	tʂoŋ꜄	꜁ioŋ	꜀koŋ
蒙阴	꜀fəŋ	꜁fəŋ	məŋ꜄	꜁luŋ	꜀tʃuŋ	꜂tʃʰuŋ	tʃuŋ꜄	꜁yŋ	꜀kuŋ
沂南	꜀fəŋ	꜁fəŋ	məŋ꜄	꜁luŋ	꜀tʂuŋ	꜂tʂʰuŋ	tʂuŋ꜄	꜁yŋ	꜀kuŋ
五莲许孟	꜀fəŋ	꜁fəŋ	məŋ꜄	꜀ləŋ	꜀tʂəŋ	꜀tʂʰəŋ	tʂəŋ꜄	꜁iŋ	꜀kəŋ
日照两城	꜀fəŋ	꜁fəŋ	məŋ꜄	꜁ləŋ	꜀tʂəŋ	꜁tʂʰəŋ	tʂəŋ꜄	꜁iŋ	꜀kəŋ
莒县桑园	꜀fəŋ	꜁fəŋ	məŋ꜄	꜁luŋ	꜀tʂuŋ	꜂tʂʰuŋ	tʂuŋ꜄	꜁yŋ	꜀kuŋ

续表

	穷	雄	缝动	浓	龙	从	松~树	诵	宠
	通合三 东平群	通合三 东平云	通合三 钟平奉	通合三 钟平泥	通合三 钟平来	通合三 钟平从	通合三 钟平邪	通合三 用去邪	通合三 肿上彻
连云港	꜁tɕʰioŋ	꜁ɕioŋ	꜁xuə̃	꜁loŋ	꜁loŋ	꜁tʂʰoŋ	꜀ʂoŋ	ʂoŋ꜄	꜂tʂʰoŋ
灌南	꜁tɕʰioŋ	꜁ɕioŋ	꜁fən	꜁loŋ	꜁loŋ	꜁tʂʰoŋ	꜀ʂoŋ	ʂoŋ꜄	꜂tʂʰoŋ
沭阳	꜁tɕʰioŋ	꜁ɕioŋ	꜁fəŋ	꜁loŋ	꜁loŋ	꜁tsʰoŋ	꜀soŋ	soŋ꜄	꜂tʂʰoŋ
泗阳	꜁tɕʰioŋ	꜁ɕioŋ	꜁fəŋ	꜁loŋ	꜁loŋ	꜁tsʰoŋ	꜀soŋ	soŋ꜄	꜂tʂʰoŋ
泗洪金锁	꜁tɕʰyŋ	꜁ɕyŋ	꜁xuŋ	꜁nuŋ	꜁luŋ	꜁tsʰuŋ	꜀suŋ	suŋ꜄	꜂tʂʰuŋ
泗洪上塘	꜁tɕʰyŋ	꜁ɕyŋ	꜁fəŋ	꜁nuŋ	꜁luŋ	꜁tsʰuŋ	꜀suŋ	suŋ꜄	꜂tʂʰuŋ
泗洪瑶沟	꜁tɕʰioŋ	꜁ɕioŋ	꜁fəŋ	꜁noŋ	꜁loŋ	꜁tsʰoŋ	꜀soŋ	soŋ꜄	꜂tʂʰoŋ
赣榆墩尚	꜁cʰyŋ	꜁çyŋ	꜁fəŋ	꜁nuŋ	꜁luŋ	꜁tsʰuŋ	꜀suŋ	suŋ꜄	꜂tʂʰuŋ
赣榆石桥	꜁tɕʰiŋ	꜁ɕiŋ	꜁fəŋ	꜁nu	꜁ləŋ	꜁tθʰəŋ	꜀θəŋ	θəŋ꜄	꜂tʂʰəŋ
铜山	꜁tɕʰyŋ	꜁ɕyŋ	꜁fəŋ	꜁nuŋ	꜁luŋ	꜁tsʰuŋ	꜀suŋ	suŋ꜄	꜂tʂʰuŋ
微山	꜁tɕʰyŋ	꜁ɕyŋ	꜁fəŋ	꜁nuŋ	꜁luŋ	꜁tsʰuŋ	꜀suŋ	suŋ꜄	꜂tsʰuŋ
邹城	꜁tɕʰyŋ	꜁ɕyŋ	꜁fəŋ	꜁nuŋ	꜁luŋ	꜁tsʰuŋ	꜀suŋ	suŋ꜄	꜂tsʰuŋ
睢宁	꜁tɕʰyŋ	꜁ɕyŋ	꜁fəŋ	꜁nuŋ	꜁luŋ	꜁tsʰuŋ	꜀suŋ	suŋ꜄	꜂tʂʰuŋ
新沂阿湖	꜁tɕʰyŋ	꜁ɕyŋ	꜁fəŋ	꜁nuŋ	꜁luŋ	꜁tsʰuŋ	꜀suŋ	suŋ꜄	꜂tʂʰuŋ
新沂时集 A	꜁tɕʰyŋ	꜁ɕyŋ	꜁fəŋ	꜁nuŋ	꜁luŋ	꜁tsʰuŋ	꜀suŋ	suŋ꜄	꜂tʂʰuŋ
新沂时集 B	꜁tɕʰyŋ	꜁ɕyŋ	꜁fəŋ	꜁nuŋ	꜁luŋ	꜁tsʰuŋ	꜀suŋ	suŋ꜄	꜂tʂʰuŋ
泗水	꜁tɕʰyŋ	꜁ɕyŋ	꜁fəŋ	꜁nuŋ	꜁luŋ	꜁tɕʰyŋ	꜀ɕyŋ	ɕyŋ꜄	꜂tɕʰyŋ
邳州	꜁tɕʰyŋ	꜁ɕyŋ	꜁fəŋ	꜁nuŋ	꜁luŋ	꜁tɕʰyŋ	꜀ɕyŋ	ɕyŋ꜄	꜂tʂʰuŋ
滕州	꜁tɕʰyŋ	꜁ɕyŋ	꜁fəŋ	꜁nuŋ	꜁luŋ	꜁tɕʰyŋ	꜀ɕyŋ	ɕyŋ꜄	꜂pfʰəŋ
临沭	꜁tɕʰyŋ	꜁ɕyŋ	꜁fəŋ	꜁nuŋ	꜁luŋ	꜁tsʰuŋ	꜀suŋ	suŋ꜄	꜂tʃʰuŋ
宿迁	꜁tɕʰyŋ	꜁ɕyŋ	꜁xuŋ	꜁nuŋ	꜁luŋ	꜁tsʰuŋ	꜀suŋ	suŋ꜄	꜂tʂʰuŋ
丰县	꜁tɕʰyŋ	꜁ɕyŋ	꜁fəŋ	꜁nuŋ	꜁luŋ	꜁tsʰuŋ	꜀suŋ	suŋ꜄	꜂tsʰuŋ
郯城	꜁tɕʰyŋ	꜁ɕyŋ	꜁fəŋ	꜁nuŋ	꜁luŋ	꜁tsʰuŋ	꜀suŋ	suŋ꜄	꜂tʂʰuŋ
莒南团林	꜁tʃʰuŋ	꜁ʃuŋ	꜁fəŋ	꜁nuŋ	꜁luŋ	꜁tθʰuŋ	꜀θuŋ	θuŋ꜄	꜁tʂʰuŋ
日照陈疃	꜁tʃʰəŋ	꜁ʃəŋ	꜁fəŋ	꜁nəŋ	꜁ləŋ	꜁tʰəŋ	꜀θəŋ	θəŋ꜄	꜂tʃʰəŋ
日照奎山	꜁tɕʰiŋ	꜁ɕiŋ	꜁fəŋ	꜁nu	꜁ləŋ	꜁tθʰəŋ	꜀θəŋ	θəŋ꜄	꜁tʂʰəŋ
日照黄墩	꜁tʃʰuŋ	꜁ʃuŋ	꜁fəŋ	꜁nuŋ	꜁luŋ	꜁tθʰuŋ	꜀θuŋ	θuŋ꜄	꜁tʂʰuŋ
日照涛雒	꜁tsʰoŋ	꜁soŋ	꜁fəŋ	꜁noŋ	꜁loŋ	꜁tθʰoŋ	꜀θioŋ	θoŋ꜄	꜂tʂʰoŋ
蒙阴	꜁tɕʰyŋ	꜁ɕyŋ	꜁fəŋ	꜁nuŋ	꜁luŋ	꜁tθʰuŋ	꜀θuŋ	θuŋ꜄	꜂tʃʰuŋ
沂南	꜁tɕʰyŋ	꜁ɕyŋ	꜁fəŋ	꜁nuŋ	꜁luŋ	꜁tsʰyŋ	꜀θuŋ	θuŋ꜄	꜂tʂʰuŋ
五莲许孟	꜁tʃʰəŋ	꜁ʃəŋ	꜁fəŋ	꜁nəŋ	꜁ləŋ	꜁tʰəŋ	꜀θəŋ	θəŋ꜄	꜁tʂʰəŋ
日照两城	꜁tɕʰiŋ	꜁ɕiŋ	꜁fəŋ	꜁nəŋ	꜁ləŋ	꜁tθʰəŋ	꜀θəŋ	θəŋ꜄	꜁tʂʰəŋ
莒县桑园	꜁tɕʰyŋ	꜁ɕyŋ	꜁fəŋ	꜁nuŋ	꜁luŋ	꜁tθʰuŋ	꜀θuŋ	θuŋ꜄	꜂tʂʰuŋ

续表

	重轻~	盅	冲	冗	恭	共	胸	拥	容
	通合三肿上澄	通合三钟平章	通合三钟平昌	通合三肿上日	通合三钟平见	通合三用去群	通合三钟平晓	通合三肿上影	通合三钟平以
连云港	tʂoŋ꜄	꜀tʂoŋ	꜀tʂʰoŋ	꜁ʐoŋ	꜀koŋ	koŋ꜄	꜀ɕioŋ	꜀ioŋ	꜁ʐoŋ
灌南	tʂoŋ꜄	꜀tʂoŋ	꜀tʂʰoŋ	꜂ʐoŋ	꜀koŋ	koŋ꜄	꜀ɕioŋ	꜀ioŋ	꜁ʐoŋ
沭阳	tʂoŋ꜄	꜀tʂoŋ	꜀tʂʰoŋ	꜂ʐoŋ	꜀koŋ	koŋ꜄	꜀ɕioŋ	꜀ioŋ	꜁ʐoŋ
泗阳	tʂoŋ꜄	꜀tʂoŋ	꜀tʂʰoŋ	—	꜀koŋ	koŋ꜄	꜀ɕioŋ	꜀ioŋ	꜁ʐoŋ
泗洪金锁	tʂuŋ꜄	꜀tʂuŋ	꜀tʂʰuŋ	꜂ʐuŋ	꜀kuŋ	kuŋ꜄	꜀ɕyŋ	꜀yŋ	꜁ʐuŋ
泗洪上塘	tʂuŋ꜄	꜀tʂuŋ	꜀tʂʰuŋ	꜂ʐuŋ	꜀kuŋ	kuŋ꜄	꜀ɕyŋ	꜀yŋ	꜁ʐuŋ
泗洪瑶沟	tʂoŋ꜄	꜀tʂoŋ	꜀tʂʰoŋ	꜂ʐoŋ	꜀koŋ	koŋ꜄	꜀ɕioŋ	꜀ioŋ	꜁ʐoŋ
赣榆墩尚	tʂuŋ꜄	꜀tʂuŋ	꜀tʂʰuŋ	꜂yŋ	꜀kuŋ	kuŋ꜄	꜀ɕyŋ	꜀yŋ	꜁yŋ
赣榆石桥	tʂəŋ꜄	꜀tʂəŋ	꜀tʂʰəŋ/tʂʰəŋ꜆	꜂iŋ	꜀kəŋ/kəŋ꜆	kəŋ꜄	꜀ɕiŋ	꜀iŋ	꜁iŋ
铜山	tʂuŋ꜄	꜀tʂuŋ	꜀tʂʰuŋ	꜂ʐuŋ	꜀kuŋ	kuŋ꜄	꜀ɕyŋ	꜀yŋ	꜁ʐuŋ
微山	tsuŋ꜄	꜀tsuŋ	꜀tsʰuŋ	꜂zuŋ	꜀kuŋ	kuŋ꜄	꜀ɕyŋ	꜀yŋ	꜁zuŋ
邹城	tsuŋ꜄	꜀tsuŋ	꜀tsʰuŋ	꜂zuŋ	꜀kuŋ	kuŋ꜄	꜀ɕyŋ	꜀yŋ	꜁zuŋ
睢宁	tʂuŋ꜄	꜀tʂuŋ	꜀tʂʰuŋ	꜂ʐuŋ	꜀kuŋ	kuŋ꜄	꜀ɕyŋ	꜀yŋ	꜁ʐuŋ
新沂阿湖	tʂuŋ꜄	꜀tʂuŋ	꜀tʂʰuŋ	꜂ʐuŋ	꜀kuŋ	kuŋ꜄	꜀ɕyŋ	꜀yŋ	꜁ʐuŋ
新沂时集 A	tʂuŋ꜄	꜀tʂuŋ	꜀tʂʰuŋ	꜂ʐuŋ	꜀kuŋ	kuŋ꜄	꜀ɕyŋ	꜀yŋ	꜁ʐuŋ
新沂时集 B	tʂuŋ꜄	꜀tʂuŋ	꜀tʂʰuŋ	꜂ʐuŋ	꜀kuŋ	kuŋ꜄	꜀ɕyŋ	꜀yŋ	꜁ʐuŋ
泗水	tɕyŋ꜄	꜀tɕyŋ	꜀tɕʰyŋ	—	꜀kuŋ	kuŋ꜄	꜀ɕyŋ	꜀yŋ	꜁vəŋ
邳州	tʂuŋ꜄	꜀tʂuŋ	꜀tʂʰuŋ	꜂ʐuŋ	꜀kuŋ	kuŋ꜄	꜀ɕyŋ	꜀yŋ	꜁ʐuŋ/꜁vəŋ
滕州	pfəŋ꜄	꜀pfəŋ	꜀pfʰəŋ	—	꜀kuŋ	kuŋ꜄	꜀ɕyŋ	꜀yŋ	꜁vəŋ
临沭	tʃuŋ꜄	꜀tʃuŋ	꜀tʃʰuŋ	꜂ʒuŋ	꜀kuŋ	kuŋ꜄	꜀ɕyŋ	꜀yŋ	꜁ʒuŋ
宿迁	tʂuŋ꜄	꜀tʂuŋ	꜀tʂʰuŋ	꜂ʐuŋ	꜀kuŋ	kuŋ꜄	꜀ɕyŋ	꜀yŋ	꜁ʐuŋ
丰县	tsuŋ꜄	꜀tsuŋ	꜀tsʰuŋ	꜂ʐuŋ	꜀kuŋ	kuŋ꜄	꜀ɕyŋ	꜀yŋ	꜁ʐuŋ
郯城	tʂuŋ꜄	꜀tʂuŋ	꜀tʂʰuŋ	꜂ʐuŋ	꜀kuŋ	kuŋ꜄	꜀ɕyŋ	꜀yŋ	꜁ʐuŋ
莒南团林	tʂuŋ꜄	꜀tʂuŋ	꜀tʂʰuŋ	꜂yŋ	꜀kuŋ	kuŋ꜄	꜀ʃuŋ	꜂yŋ	꜁yŋ
日照陈疃	tʂəŋ꜄	꜀tʃəŋ	꜀tʃʰəŋ	꜂iŋ	꜀kəŋ	kəŋ꜄	꜀ʃəŋ	꜀iŋ	꜁iŋ
日照奎山	tʂəŋ꜄	꜀tʂəŋ	꜀tʂʰəŋ	꜂iŋ	꜀kəŋ	kəŋ꜄	꜀ɕiŋ	꜀iŋ	꜁iŋ
日照黄墩	tʂuŋ꜄	꜀tʂuŋ	꜀tʂʰuŋ	꜂yŋ	꜀kuŋ	kuŋ꜄	꜀ʃuŋ	꜂yŋ	꜁yŋ
日照涛雒	tʂoŋ꜄	꜀tʂoŋ	꜀tʂʰoŋ	—	꜀koŋ	koŋ꜄	꜀soŋ	꜂ioŋ	꜁ioŋ
蒙阴	tʃuŋ꜄	꜀tʃuŋ	꜀tʃʰuŋ	꜂yŋ	꜀kuŋ	kuŋ꜄	꜀ɕyŋ	꜂yŋ	꜁yŋ
沂南	tʂuŋ꜄	꜀tʂuŋ	꜀tʂʰuŋ	꜂yŋ	꜀kuŋ	kuŋ꜄	꜀ɕyŋ	꜂yŋ	꜁yŋ
五莲许孟	tʂəŋ꜄	꜀tʂəŋ	꜀tʂʰəŋ	꜂iŋ	꜀kəŋ	kəŋ꜄	꜀ʃəŋ	꜂iŋ	꜁iŋ
日照两城	tʂəŋ꜄	꜀tʂəŋ	꜀tʂʰəŋ	꜂iŋ	꜀kəŋ	kəŋ꜄	꜀ɕiŋ	꜀iŋ	꜁iŋ
莒县桑园	tʂuŋ꜄	꜀tʂuŋ	꜀tʂʰuŋ	꜂yŋ	꜀kuŋ	kuŋ꜄	꜀ɕyŋ	꜂yŋ	꜁yŋ

续表

	用	答	踏	纳	杂	鸽	喝	合	塔
	通合三用去以	咸开一合入端	咸开一合入透	咸开一合入泥	咸开一合入从	咸开一合入见	咸开一合入晓	咸开一合入匣	咸开一盍入透
连云港	ioŋ꜄	tɐ꜆	tʰɐ꜆	lɐ꜆	tʂɐ꜆	kɐ꜆	xɐ꜆	xɐ꜆	tʰɐ꜆
灌南	ioŋ꜄	tɐ꜆	tʰɐ꜆	lɐ꜆	tʂɐ꜆	kʊ꜆	xʊ꜆	xʊ꜆	tʰɐ꜆
沭阳	ioŋ꜄	tɐ꜆	tʰɐ꜆	lɐ꜆	tsɐ꜆	kuə꜆	xə꜆	xuə꜆/xə꜆	tʰɐ꜆
泗阳	ioŋ꜄	taʔ꜆	tʰaʔ꜆	laʔ꜆	tsaʔ꜆	koʔ꜆	xoʔ꜆	xoʔ꜆	tʰaʔ꜆
泗洪金锁	yŋ꜄	ta꜆	tʰa꜆	꜂na	tsa꜆	꜀kə	꜀xə	꜁xə	꜂tʰa
泗洪上塘	yŋ꜄	tɐ꜆	tʰɐ꜆	nɐ꜆	꜁tsɐ	kɐ꜆	xɐ꜆	꜁xə	tʰɐ꜆
泗洪瑶沟	ioŋ꜄	tɐ꜆	tʰɐ꜆	nɐ꜆	tsɐ꜆	kɐ꜆	xɐ꜆	xɐʔ꜇	tʰɐ꜆
赣榆墩尚	yŋ꜄	꜀ta/꜂ta	꜂tʰa	꜀na/꜂na	꜁tsa	꜀kə	꜀xə/꜂xa	꜁xə	꜀tʰa/꜂tʰa
赣榆石桥	iŋ꜄	ta꜆	tʰa꜆	na꜆	꜁tθa	kə꜆	xə꜆	꜁xə	tʰa꜆
铜山	yŋ꜄	꜀ta	꜀tʰa	꜀na	꜁tsa	꜀kə	꜀xə	꜁xə	꜀tʰa
微山	yŋ꜄	꜀ta	꜀tʰa	꜀na	꜁tsa	꜀kə	꜀xə	꜁xə	꜀tʰa
邹城	yŋ꜄	꜀ta	꜀tʰa	꜀na	꜁tsa	꜀kə	꜀xə	꜁xə	꜀tʰa
睢宁	yŋ꜄	꜀ta	꜀tʰa	꜀na	꜁tsa	꜀kə	꜀xə	꜁xə	꜀tʰa
新沂阿湖	yŋ꜄	꜀ta	꜀tʰa	꜀na	꜁tsa	꜀kə	꜀xə	꜁xə	꜀tʰa
新沂时集 A	yŋ꜄	꜀ta	꜀tʰa	꜀na	꜁tsa	꜀kə	꜀xə	꜁xə	꜀tʰa
新沂时集 B	yŋ꜄	ta꜆	tʰa꜆	na꜆	tsa꜆	kə꜆	xə꜆	xə꜆	tʰa꜆
泗水	yŋ꜄	꜀ta	꜀tʰa	꜀na	꜁tʃa	꜀kə	꜀xə	꜁xə	꜀tʰa
邳州	yŋ꜄	꜀ta	꜀tʰa	꜀na	꜁tsa	꜀kə	꜀xə	꜁xə	꜀tʰa
滕州	yŋ꜄	꜀ta	꜀tʰa	꜀na	꜁tsa	꜀kə	꜀xə	꜁xə	꜀tʰa
临沭	yŋ꜄	꜀ta	꜀tʰa	꜀na	꜁tθa	꜀kə	꜀xə	꜁xə	꜀tʰa
宿迁	yŋ꜄	꜀ta	꜀tʰa	꜀na	꜁tsa	꜀kə	꜀xə	꜁xə	꜀tʰa
丰县	yŋ꜄	꜀ta	꜀tʰa	꜀na	꜁tsa	꜀kə	꜀xə	꜁xə	꜀tʰa
郯城	yŋ꜄	꜀ta	꜀tʰa	꜀na	꜁tsa	꜀kə	꜀xə	꜁xə	꜀tʰa
莒南团林	yŋ꜄	꜂tɑ	꜀tʰɑ	꜀nɑ	꜁tθɑ	꜁kə	꜂xɑ	꜁xə	꜂tʰɑ
日照陈疃	iŋ꜄	꜂tɑ	꜀tʰɑ	꜀nɑ	꜁tɑ	꜀kə	꜀xɑ	꜁xə	꜀tʰɑ
日照奎山	iŋ꜄	꜂tɑ	tʰɑ꜄	nɑ꜄	꜁tθɑ	kə꜄	꜀xɑ	꜁xə	꜀tʰɑ
日照黄墩	yŋ꜄	꜂tɑ	꜀tʰɑ	꜀nɑ	꜁tθɑ	꜁kə	꜂xɑ	꜁xə	꜂tʰɑ
日照涛雒	ioŋ꜄	꜂tɑ	꜀tʰɑ	꜀nɑ	꜁tθɑ	꜂kə	꜀xɑ	꜁xə	꜀tʰɑ
蒙阴	yŋ꜄	꜀tᴀ	꜀tʰᴀ	꜀nᴀ	꜁ðᴀ	꜀kə	꜀xᴀ	꜁xə	꜀tʰᴀ
沂南	yŋ꜄	꜀ta	꜀tʰa	꜀na	꜁tθa	꜀kə	꜀xa	꜁xə	꜀tʰa
五莲许孟	iŋ꜄	꜂tɑ	꜀tʰɑ	꜂nɑ	꜁tɑ	꜁kə	꜂xɑ	꜁xuə	꜂tʰɑ
日照两城	iŋ꜄	꜂tɑ	꜀tʰɑ	nɑ꜄	꜁tθɑ	꜀kə	꜂xɑ	꜁xə	꜂tʰɑ
莒县桑园	yŋ꜄	꜂tɑ	꜀tʰɑ	꜀nɑ	꜁ðɑ	꜁kə	꜂xɑ	꜁xuə	꜂tʰɑ

续表

	腊	磕	插	狭	鸭	甲	聂	猎	接
	咸开一盍入溪	咸开一盍入溪	咸开二洽入初	咸开二洽入匣	咸开二洽入影	咸开二狎入见	咸开三叶入泥	咸开三叶入来	咸开三叶入精
连云港	lɐ꜆	kʰɐ꜆	tʂʰɐ꜆	ɕiɐ꜆	iə꜆	tɕiə꜆	liə꜆	liə꜆	tɕiə꜆
灌南	lɐ꜆	kʰʊ꜆	tʂʰɐ꜆	ɕie꜆	iɐ꜆	tɕiɐ꜆	liɪ꜆	liɪ꜆	tɕiɪ꜆
沭阳	lɐ꜆	kʰuə꜆/kʰə꜆	tʂʰɐ꜆	ɕiɐ꜆	iɐ꜆	tɕiɐ꜆	liə꜆	liə꜆	tɕiə꜆
泗阳	laʔ꜆	kʰoʔ꜆	tʂʰaʔ꜆	ɕiaʔ꜆	iaʔ꜆	tɕiaʔ꜆	liəʔ꜆	liəʔ꜆	tɕiəʔ꜆
泗洪金锁	꜀la	꜀kʰə	꜀tʂʰa	꜁ɕia	꜀ia	꜂tɕia	꜀niə	꜀liə	꜀tɕiə
泗洪上塘	lɐ꜆	kʰɐ꜆	tʂʰɐ꜆	꜁ɕia	꜀ia	꜀tɕia	niə꜆	liə꜆	tɕiə꜆
泗洪瑶沟	lɐ꜆	kʰɐ꜆	tʂʰɐ꜆	꜁ɕia	iə꜆	tɕiə꜆	liə꜆	liə꜆	tɕiə꜆
赣榆墩尚	꜀la/꜂la	꜀kʰa/꜂kʰa	꜀tʂʰa/꜂tʂʰa	꜁ɕia	꜂ia	꜀tɕia	꜀niə/꜂niə	꜂liə	꜀tɕiə
赣榆石桥	la꜆	kʰa꜆	tʂʰa꜆	꜁ɕia	ia꜆	꜂tɕia/tɕia꜆	niə꜆	liə꜆	tθiə꜆
铜山	꜀la	꜀kʰə	꜀tsʰa	꜁ɕia	꜀ia	꜀tɕia	꜀niə	꜀liə	꜀tɕiə
微山	꜀la	꜀kʰə	꜀tsʰa	꜁ɕia	꜀ia	꜀tɕia	꜀niə	꜀liə	꜀tɕiə
邹城	꜀la	꜀kʰə	꜀tsʰa	꜁ɕia	꜀ia	꜀tɕia	꜀niə	꜀liə	꜀tɕiə
睢宁	꜀la	꜀kʰə	꜀tʂʰa	꜁ɕia	꜀ia	꜀tɕia	꜀niə	꜀liə	꜀tɕiə
新沂阿湖	꜀la	꜀kʰə	꜀tʂʰa	꜁ɕia	꜀ia	꜀tɕia	꜀niə	꜀liə	꜀tɕiə
新沂时集 A	꜀la	꜀kʰa	꜀tʂʰa	꜁ɕia	꜀ia	꜀tɕia	꜀niə	꜀liə	꜀tɕiə
新沂时集 B	la꜆	kʰə꜆	tʂʰa꜆	꜁ɕia	ia꜆	tɕia꜆	niə꜄	liə꜆	tɕiə꜆
泗水	꜀la	꜀kʰə/꜀kʰa	꜀tʃʰa	꜁ɕia	꜀ia	꜀tɕia	꜀niə	꜀liə	꜀tɕiə
邳州	꜀la	꜀kʰə/꜀kʰa	꜀tʂʰa	꜁ɕia	꜀ia	꜀tɕia	꜀niə	꜀liə	꜀tɕiə
滕州	꜀la	꜀kʰə/꜀kʰa	꜀tsʰa	꜁ɕia	꜀ia	꜀tɕia	꜀niə	꜀liə	꜀tɕiə
临沭	꜀la	꜀kʰə/꜀kʰa	꜀tʃʰa	꜁ɕia	꜀ia	꜀tɕia	꜀niə	꜀liə	꜀tsiə
宿迁	꜀la	꜀kʰə	꜀tʂʰa	꜁ɕia	꜀ia	꜀tɕia	꜀niə	꜀liə	꜀tɕiə
丰县	꜀la	꜀kʰə	꜀tsʰa	꜁ɕia	꜀ia	꜀tɕia	꜀niə	꜀liə	꜀tɕiə
郯城	꜀la	꜀kʰə	꜀tʂʰa	꜁ɕia	꜀ia	꜀tɕia	꜀niə	꜀liə	꜀tsiə
莒南团林	lɑ꜄	꜂kʰɑ	꜀tʂʰɑ	꜁ʃɑ	꜂iɑ	꜂tʃɑ	niə꜄	liə꜄	꜂tθiə
日照陈疃	lɑ꜄	꜀kʰɑ	꜀tʂʰɑ	꜁ʃɑ	꜀iɑ	꜂tʃɑ	niə꜄	liə꜄	꜀ȶiə
日照奎山	lɑ꜄	꜀kʰɑ	꜀tʂʰɑ	꜁ɕiɑ	꜀iɑ	꜂tɕiɑ	niə꜄	liə꜄	꜀tθiə
日照黄墩	lɑ꜄	꜂kʰɑ	꜀tʂʰɑ	꜁ʃɑ	꜂iɑ	꜂tʃɑ	niə꜄	liə꜄	꜂ȶiə
日照涛雒	lɑ꜄	꜀kʰɑ	꜂tʂʰɑ	꜁sɑ	꜀iɑ	꜂tsɑ	niə꜄	liə꜄	꜀ȶiə
蒙阴	lᴀ꜄	꜀kʰᴀ	꜀tʃʰᴀ	꜁ɕiᴀ	꜀iᴀ	꜀tɕiᴀ	niə꜄	liə꜄	꜁ziə
沂南	la꜄	꜀kʰə/꜀kʰa	꜀tʂʰa	꜁ɕia	꜀ia	꜀tɕia	꜀niə	liə꜄	꜀tsiə
五莲许孟	lɑ꜄	꜂kʰɑ	꜂tʂʰɑ	꜁ʃɑ	꜂iɑ	꜂ʒɑ	꜂niə	liə꜄	꜂tɕiə
日照两城	lɑ꜄	꜂kʰɑ	꜀tʂʰɑ	꜁ɕiɑ	꜀iɑ	꜂tɕiɑ	niə꜄	liə꜄	꜂tθiə
莒县桑园	lɑ꜄	꜂kʰɑ	꜀tʂʰɑ	꜁ɕia	꜂ia	꜀tɕia	꜂niə	liə꜄	꜁ziə

续表

	涉	叶	劫	业	跌	叠	协	法	乏
	咸开三 叶入禅	咸开三 叶入以	咸开三 业入见	咸开三 业入疑	咸开四 贴入端	咸开四 贴入定	咸开四 贴入匣	咸合三 乏入非	咸合三 乏入奉
连云港	ʂə꜆	iə꜆	tɕiə꜆	iə꜆	tiə꜆	tiə꜆	ɕiə꜆	xuɐ꜆	xuɐ꜆
灌南	ɕiɪ꜆	iɪ꜆	tɕiɪ꜆	iɪ꜆	tiɪ꜆	tiɪ꜆	ɕiɪ꜆	fɐ꜆	fɐ꜆
沭阳	ʂə꜆	iə꜆	tɕiə꜆	iə꜆	tiə꜆	tiə꜆	ɕiə꜆	fɐ꜆	fɐ꜆
泗阳	ʂəʔ꜆	iəʔ꜆	tɕiəʔ꜆	iəʔ꜆	tiəʔ꜆	tiəʔ꜆	ɕiəʔ꜆	faʔ꜆	faʔ꜆
泗洪金锁	꜀ʂə	꜀iə	tɕiə꜆	꜀iə	꜀tiə	꜁tiə	꜁ɕiə	꜀xua	꜁xua
泗洪上塘	꜀ʂə	iə꜆	꜁tɕiə	iə꜆	tiə꜆	꜁tiə	꜁ɕiə	fɐ꜆	꜁fa
泗洪瑶沟	ʂɐ꜆	iə꜆	tɕiəʔ꜇	iə꜆	tiə꜆	tiəʔ꜇	꜁ɕiə	fɐ꜆	fɐʔ꜇
赣榆墩尚	꜀ʂə	꜀iə/꜂iə	꜁tɕiə	꜀iə/꜂iə	꜀tiə/꜂tiə	꜁tiə	꜁ɕiə	꜀fa/꜂fa	꜁fa
赣榆石桥	ʂə꜆	iə꜆	tɕiə꜆	iə꜆	tiə꜆	꜁tiə	꜁ɕiə	fa꜆	꜁fa
铜山	꜀ʂə	꜀iə	꜁tɕiə	꜀iə	꜀tiə	꜁tiə	꜁ɕiə	꜀fa	꜁fa
微山	꜀sə	꜀iə	꜁tɕiə	꜀iə	꜀tiə	꜁tiə	꜁ɕiə	꜀fa	꜁fa
邹城	꜀sə	꜀iə	꜁tɕiə	꜀iə	꜀tiə	꜁tiə	꜁ɕiə	꜀fa	꜁fa
睢宁	꜀ʂə	꜀iə	꜁tɕiə	꜀iə	꜀tiə	꜁tiə	꜁ɕiə	꜀fa	꜁fa
新沂阿湖	꜀ʂə	꜀iə	꜁tɕiə	꜀iə	꜀tiə	꜁tiə	꜁ɕiə	꜀fa	꜁fa
新沂时集 A	꜀ʂə	꜀iə	꜁tɕiə	꜀iə	꜀tiə	꜁tiə	꜁ɕiə	꜀fa	꜁fa
新沂时集 B	ʂə꜄	iə꜆	꜁tɕiə	iə꜆	tiə꜆	tiə꜆	꜁ɕiə	fa꜆	fa꜆
泗水	꜀ʃə	꜀iə	꜁tɕiə	꜀iə	꜀tiə	꜁tiə	꜁ɕiə	꜀fa	꜁fa
邳州	꜀ʂə	꜀iə	꜁tɕiə	꜀iə	꜀tiə	꜁tiə	꜁ɕiə	꜀fa	꜁fa
滕州	꜀sə	꜀iə	tɕiə꜄	꜀iə	꜀tiə	꜁tiə	꜁ɕiə	꜀fa	꜁fa
临沭	꜀ʃə	꜀iə	꜁tɕʰyə	꜀iə	꜀tiə	꜁tiə	꜁ɕiə	꜀fa	꜁fa
宿迁	꜀ʂə	꜀iə	꜁tɕiə	꜀iə	꜀tiə	꜁tiə	꜁ɕiə	꜀xua	꜁xua
丰县	꜀ʂə	꜀iə	꜁tɕʰiə	꜀iə	꜀tiə	꜁tiə	꜁ɕiə	꜀fa	꜁fa
郯城	꜀tʂʰə	꜀iə	꜁tɕiə	꜀iə	꜀tiə	꜁tiə	꜁ɕiə	꜀fa	꜁fa
莒南团林	ʃə꜄	iə꜄	꜂tʃə	iə꜄	꜀ȶiə	꜁ȶiə	꜁ʃə	꜀fɑ	꜁fɑ
日照陈疃	ʃə꜄	iə꜄	꜀tʃə	iə꜄	꜀ȶiə	꜁ȶiə	꜁ʃə	꜀fɑ	꜁fɑ
日照奎山	꜀sə	iə꜄	꜁tɕʰiə	iə꜄	꜀tiə	꜁tiə	꜁ɕiə	꜀fɑ	꜁fɑ
日照黄墩	ʃə꜄	iə꜄	꜂tʃə	iə꜄	꜂ȶiə	꜁ȶiə	꜁ʃə	꜀fɑ	꜁fɑ
日照涛雒	sə꜄	iə꜄	꜀tsə	iə꜄	꜀tɕiə	꜁tɕiə	꜁sə	꜀fɑ	꜁fɑ
蒙阴	ʃə꜄	iə꜄	꜁tɕiə	iə꜄	꜀tiə	꜁tiə	꜁ɕiə	꜀fᴀ	꜁fᴀ
沂南	ʃə꜄	꜀iə	꜁tɕiə	iə꜄	꜀tiə	꜁tiə	꜁ɕiə	꜀fa	꜁fa
五莲许孟	ʃə꜄	iə꜄	꜀ʒə	iə꜄	꜂tɕiə	꜁tɕiə	꜁ʃə	꜂fɑ	꜁fɑ
日照两城	sə꜄	iə꜄	꜁tɕʰiə	iə꜄	꜂tɕiə	꜁tɕiə	꜁ɕiə	꜂fɑ	꜁fɑ
莒县桑园	sə꜄	iə꜄	tɕiə꜄	iə꜄	꜂tiə	꜁tiə	꜁ɕiə	꜂fa	꜁fa

续表

	立	集	涩	十	入	及	吸	达	捺
	深开三缉入来	深开三辑入从	深开三缉入生	深开三缉入禅	深开三缉入日	深开三缉入群	深开三缉入晓	山开一曷入定	山开一曷入泥
连云港	liɪ꜆	tɕiɪ꜆	ʂə꜆	ʂə꜆	ʐuʊ꜆	tɕiɪ꜆	ɕiɪ꜆	tɐ꜆	lɐ꜆
灌南	lɪl꜆	tɕɪl꜆	ʂəl꜆	ʂəl꜆	ʐuəl꜆	tɕɪl꜆	ɕɪl꜆	tɐ꜆	lɐ꜆
沭阳	liɪ꜆	tɕiɪ꜆	sə꜆	ʂə꜆	ʐʊ꜆	tɕiɪ꜆	ɕiɪ꜆	tɐ꜆	lɐ꜆
泗阳	liʔ꜆	tɕiʔ꜆	səʔ꜆	ʂə꜆	ʐo꜆	tɕiʔ꜆	ɕiʔ꜆	taʔ꜆	laʔ꜆
泗洪金锁	li꜆	꜁tɕi	sə꜆	ʂə꜆	ʐu꜆	꜁tɕi	ɕi꜆	꜁ta	꜂na
泗洪上塘	li꜆	꜁tɕi	꜀sə	꜁ʂʅ	ʐʊ꜆	꜁tɕi	ɕi꜆	꜁ta	na꜄
泗洪瑶沟	lɪʔ꜇	tɕɪʔ꜇	səʔ꜇	ʂəʔ꜇	ʐʊʔ꜇	tɕɪʔ꜇	ɕɪʔ꜇	tɐ꜆	nɐ꜆
赣榆墩尚	꜀li/꜃li	꜁tsi	꜀ʂe	꜁ʂʅ	꜀y	꜁ci	꜀çi/꜃çi	꜁ta	꜀na/꜃na
赣榆石桥	li꜆	꜁tθi	꜀ʂei	꜁ʃʅ	y꜆	꜁tɕi	ɕi꜆	꜁ta	na꜆
铜山	꜀li	꜁tɕi	꜀se	꜁ʂʅ	꜀ʐu	꜁tɕi	꜀ɕi	꜁ta	꜀na
微山	꜀li	꜁tɕi	꜀se	꜁sʅ	꜀zu	꜁tɕi	꜀ɕi	꜁ta	꜀na
邹城	꜀li	꜁tɕi	꜀se	꜁sʅ	꜀zu	꜁tɕi	꜀ɕi	꜁ta	꜀na
睢宁	꜀li	꜁tɕi	꜀ʂei	꜁ʂʅ	꜀ʐu	꜁tɕi	꜀ɕi	꜁ta	꜀na
新沂阿湖	꜀li	꜁tɕi	꜀ʂe	꜁ʂʅ	꜀ʐu	꜁tɕi	꜀ɕi	꜁ta	꜀na
新沂时集 A	꜀li	꜁tɕi	꜀ʂei	꜁ʂʅ	ʐu꜆	꜁tɕi	꜀ɕi	꜁ta	꜀na
新沂时集 B	li꜆	꜁tɕi	꜀ʂe	ʂʅ꜆	ʐu꜆	tɕi꜆	ɕi꜆	ta꜆	na꜆
泗水	꜀li	꜁tɕi	꜀ʃei	꜁ʃʅ	꜀ʑy/꜀vu	꜁tɕi	꜀ɕi	꜁ta	꜀na
邳州	꜀li	꜁tɕi	꜀ʂe	꜁ʂʅ	꜀ʐu/꜀vu	꜁tɕi	꜀ɕi	꜁ta	꜀na
滕州	꜀li	꜁tɕi	꜀sei	꜁sʅ	꜀ʐu/꜀vu	꜁tɕi	꜀ɕi	꜁ta	꜀na
临沭	꜀li	꜁tsi	꜀ʃei	꜁ʃʅ	꜀ʒu	꜁tɕi	꜀ɕi	꜁ta	꜀na
宿迁	꜀li	꜁tɕi	꜀ʂe	꜁ʂʅ	꜀ʐu	꜁tɕi	꜀ɕi	꜁ta	꜀na
丰县	꜀li	꜁tɕi	꜀se	꜁ʂʅ	꜀ʐu	꜁tɕi	꜀ɕi	꜁ta	꜀na
郯城	꜀li	꜁tɕi	꜀ʂe	꜁ʂʅ	꜀ʐu	꜁tɕi	꜀ɕi	꜁ta	꜀na
莒南团林	li꜄	꜁tθi	꜀ʂe	꜁ʃʅ	꜀y	꜁tʃʅ	꜀ʃʅ	꜁tɑ	nɑ꜄
日照陈疃	li꜄	꜁ȶi	θə꜄	꜁ʃʅ	꜂y	꜁tʃʅ	꜀ʃʅ	꜁tɑ	nɑ꜄
日照奎山	li꜄	꜁tθi	꜂ʂe	꜁sʅ	꜀y	꜁tɕi	꜀ɕi	꜁tɑ	nɑ꜄
日照黄墩	li꜄	꜁ȶi	꜂ʂe	꜁ʃʅ	꜂y	꜁tʃʅ	꜀ʃʅ	꜁tɑ	nɑ꜄
日照涛雒	li꜄	꜁ȶi	꜀ʂei	꜁sʅ	꜀y	꜁tsʅ	꜀sʅ	꜂tɑ	nɑ꜄
蒙阴	li꜄	꜁zi	꜀ʃei	꜁ʃʅ	y꜄	꜁tɕi	꜀ɕi	꜁tᴀ	꜀nᴀ
沂南	li꜄	꜁tsi	꜀ʂe	꜁ʃʅ	y꜄	꜁tɕi	꜀ɕi	꜁ta	꜀na
五莲许孟	li꜄	꜁tɕi	꜂ʂei	꜁ʃʅ	꜀y	꜁ʒʅ	꜀ʃʅ	꜂tɑ	nɑ꜄
日照两城	li꜄	꜁tθi	꜂ʂei	꜁sʅ	꜂y	꜁tɕi	꜂ɕi	꜂tɑ	nɑ꜄
莒县桑园	li꜄	꜁zi	θə꜄	꜁sʅ	꜂y	꜁tɕi	꜀ɕi	꜁tɑ	nɑ꜄

续表

	辣	擦	割	渴	喝	八	拔	杀	铡
	山开一 曷入来	山开一 曷入清	山开一 曷入见	山开一 曷入溪	山开一 曷入晓	山开二 黠入帮	山开二 黠入並	山开二 黠入生	山开二 辖入崇
连云港	lɐ꜆	tʂʰɐ꜆	kɐ꜆	kʰɐ꜆	xɐ꜆	pɐ꜆	pɐ꜆	ʂɐ꜆	tʂɐ꜆
灌南	lɐ꜆	tʂʰɐ꜆	kʊ꜆	kʰʊ꜆	xʊ꜆	pɐ꜆	pɐ꜆	ʂɐ꜆	tʂɐ꜆
沭阳	lɐ꜆	tsʰɐ꜆	kɐ꜆/kuə꜆	kʰuə꜆	xuə꜆	pɐ꜆	pɐ꜆	ʂɐ꜆	tʂɐ꜆
泗阳	laʔ꜆	tsʰaʔ꜆	koʔ꜆	kʰoʔ꜆	xoʔ꜆	paʔ꜆	paʔ꜆	ʂaʔ꜆	tʂaʔ꜆
泗洪金锁	꜀la	tsʰa꜆	꜀kə	꜀kʰə	꜀xə	꜀pa	꜁pa	꜀ʂa	꜁tʂa
泗洪上塘	lɐ꜆	tsʰɐ꜆	kɐ꜆	kʰɐ꜆	xɐ꜆/꜀xə	pɐ꜆	꜁pa	ʂɐ꜆	꜁tʂa
泗洪瑶沟	lɐ꜆	tsʰɐ꜆	kɐ꜆	kʰɐ꜆	xɐ꜆	pɐ꜆	pɐʔ꜇	ʂɐ꜆	tʂɐʔ꜇
赣榆墩尚	꜀la/꜂la	꜀tsʰa/꜂tsʰa	꜀ka/꜂ka	꜂kʰə	꜀xə/꜂xə	꜀pa/꜂pa	꜁pa	꜀ʂa/꜂ʂa	꜁tʂa
赣榆石桥	la꜄	tθʰa꜆	ka꜆	kʰa꜆	xa꜆	pa꜆	꜁pa	ʂa꜆	꜁tʂa
铜山	꜀la	꜀tsʰa	꜀kə	꜀kʰə	꜀xə	꜀pa	꜁pa	꜀sa	꜁tsa
微山	꜀la	꜀tsʰa	꜀kə	꜀kʰə	꜀xə	꜀pa	꜁pa	꜀sa	꜁tsa
邹城	꜀la	꜀tsʰa	꜀kə	꜀kʰə	꜀xə	꜀pa	꜁pa	꜀sa	꜁tsa
睢宁	꜀la	꜀tsʰa	꜀kə	꜀kʰə	꜀xə	꜀pa	꜁pa	꜀ʂa	꜁tʂa
新沂阿湖	꜀la	꜀tsʰa	꜀kə	꜀kʰə	꜀xə	꜀pa	꜁pa	꜀ʂa	꜁tʂa
新沂时集 A	꜀la	꜀tsʰa	꜀ka/꜀kə	꜀kʰə	꜀xə	꜀pa	꜁pa	꜀ʂa	꜁tʂa
新沂时集 B	la꜆	tsʰa꜆	kə꜆	kʰə꜆	xə꜆	pa꜆	pa꜆	ʂa꜆	tʂa꜆
泗水	꜀la	꜀tʃʰa	꜀ka/꜀kə	꜀kʰə	꜀xə	꜀pa	꜁pa	꜀ʃa	꜁tʃa
邳州	꜀la	꜀tsʰa	꜀ka/꜀kə	꜀kʰə	꜀xə	꜀pa	꜁pa	꜀ʂa	꜁tʂa
滕州	꜀la	꜀tsʰa	꜀ka/꜀kə	꜀kʰə	꜀xə	꜀pa	꜁pa	꜀sa	꜁tsa
临沭	꜀la	꜀tθʰa	꜀kə	꜀kʰə	꜀xə	꜀pa	꜁pa	꜀ʃa	꜁tʃa
宿迁	꜀la	꜀tsʰa	꜀kə	꜀kʰə	꜀xə	꜀pa	꜁pa	꜀ʂa	꜁tʂa
丰县	꜀la	꜀tsʰa	꜀kə	꜀kʰə	꜀xə	꜀pa	꜁pa	꜀sa	꜁tsa
郯城	꜀la	꜀tsʰa	꜀ka/꜀kə	꜀kʰə	꜀xə	꜀pa	꜁pa	꜀ʂa	꜁tʂa
莒南团林	lɑ꜄	꜀tθʰɑ	꜀kɑ	꜀kʰɑ	꜀xə	꜀pɑ	꜁pɑ	꜂ʂɑ	꜁tʂɑ
日照陈疃	lɑ꜄	꜀tʰɑ	꜀kɑ	꜀kʰɑ	꜀xə	꜀pɑ	꜁pɑ	꜂ʂɑ	꜁tʂɑ
日照奎山	lɑ꜄	꜀tθʰɑ	꜀kɑ	꜀kʰɑ	꜀xə	꜀pɑ	꜁pɑ	꜂ʂɑ	꜁tʂɑ
日照黄墩	lɑ꜄	꜀tθʰɑ	꜀kɑ	꜀kʰɑ	꜀xə	꜀pɑ	꜁pɑ	꜂ʂɑ	꜁tʂɑ
日照涛雒	lɑ꜄	꜀tθʰɑ	꜀kɑ	꜀kʰɑ	꜀xə	꜀pɑ	꜁pɑ	꜀ʂɑ	꜁tʂɑ
蒙阴	lᴀ꜄	꜀tθʰᴀ	꜀kᴀ	꜀kʰᴀ	꜀xᴀ	꜀pᴀ	꜁pᴀ	꜀ʃᴀ	꜁tʃᴀ
沂南	la꜄	꜀tθʰa	꜀ka	꜀kʰa	꜀xə	꜀pa	꜁pa	꜀ʂa	꜁tʂa
五莲许孟	lɑ꜄	꜀tʰɑ	꜂kɑ	꜂kʰɑ	꜂xə	꜂pɑ	꜁pɑ	꜂ʂɑ	꜁tʂɑ
日照两城	lɑ꜄	꜂tθʰɑ	꜂kɑ	꜂kʰɑ	꜂xə	꜂pɑ	꜁pɑ	꜂ʂɑ	꜁tʂɑ
莒县桑园	lɑ꜄	꜂tθʰɑ	꜂kɑ	꜂kʰɑ	꜂xə	꜂pɑ	꜁pɑ	꜂ʂɑ	꜁tʂɑ

续表

	瞎	别	灭	裂	薛	彻	舌	热	杰
	山开二 辖入晓	山开二 薛入並	山开三 薛入明	山开三 薛入来	山开三 薛入心	山开三 薛入彻	山开三 薛入船	山开三 薛入日	山开三 薛入群
连云港	çiə꜆	piə꜆	miə꜆	liə꜆	çyʊ꜆	tçʰiə꜆	ʂɐ꜆	ʐɐ꜆	tçiə꜆
灌南	xɐ꜆	piɪ꜆	miɪ꜆	liɪ꜆	çyɪ꜆	tçʰiɪ꜆	çiɪ꜆	iɪ꜆	tçiɪ꜆
沭阳	xiɐ꜆	piə꜆	miə꜆	liə꜆	çyə꜆	tçʰiə꜆	çiə꜆	iə꜆	tçiə꜆
泗阳	çiaʔ꜆	piəʔ꜆	miəʔ꜆	liəʔ꜆	çyəʔ꜆	tçʰiəʔ꜆	ʂəʔ꜆/ çiəʔ꜆	iəʔ꜆	tçiəʔ꜆
泗洪金锁	꜀çia	piə꜆	꜀miə	꜀liə	꜀çyə	꜀tʂʰə	꜁ʂə	꜀ʐə	tçiə꜆
泗洪上塘	çiə꜆	꜁piə	miə꜆	liə꜆	çyə꜇	꜀tʂʰə	꜁ʂə	ʐɐ꜆	꜁tçiə
泗洪瑶沟	çiə꜆	piəʔ꜇	miə꜆	liə꜆	çyə꜇	tʂʰɐ꜆	ʂɐʔ꜇	ʐɐ꜆	tçiəʔ꜇
赣榆墩尚	꜀çia/꜂çia	꜁piə	꜀miə	꜀liə/꜂liə	꜀syə	꜀tʂʰə	꜁ʂə	꜀iə/꜂iə	꜁ciə
赣榆石桥	çia꜆	꜁piə	miə꜆	liə꜆	θyə꜆	tʂʰə꜄	꜁ʂə	iə꜄	꜁tçiə
铜山	꜀çia	꜁piə	꜀miə	꜀liə	꜀çyə	꜀tʂʰə	꜁ʂə	꜀ʐə	꜁tçiə
微山	꜀çia	꜁piə	꜀miə	꜀liə	꜀çyə	꜀tsʰə	꜁sə	꜀zə	꜁tçiə
邹城	꜀çia	꜁piə	꜀miə	꜀liə	꜀çyə	꜀tsʰə	꜁sə	꜀zə	꜁tçiə
睢宁	꜀çia	꜁piə	꜀miə	꜀liə	꜀çyə	꜀tʂʰə	꜁ʂə	꜀ʐə	꜁tçiə
新沂阿湖	꜀çia	꜁piə	꜀miə	꜀liə	꜀çyə	꜀tʂʰə	꜁ʂə	꜀ʐə	꜁tçiə
新沂时集 A	꜀çia	꜁piə	꜀miə	꜀liə	꜀çyə	꜀tʂʰə	꜁ʂə	꜀ʐə	꜁tçiə
新沂时集 B	çia꜆	piə꜆	miə꜆	liə꜆	çyə꜆	tʂʰə꜆	꜁ʂə	ʐə꜆	꜁tçiə
泗水	꜀çia	꜁piə	꜀miə	꜀liə	꜀çyə	꜀tʃʰə	꜁ʃə	꜀ʒə	꜁tçiə
邳州	꜀çia	꜁piə	꜀miə	꜀liə	꜀suə	꜀tʂʰə	꜁ʂə	꜀ʐə	꜁tçiə
滕州	꜀çia	꜁piə	꜀miə	꜀liə	꜀çyə	꜀tsʰə	꜁sə	꜀zə	꜁tçiə
临沭	꜀çia	꜁piə	꜀miə	꜀liə	꜀syə	꜀tʃʰə	꜁ʃə	꜀ʒə	꜁tçiə
宿迁	꜀çia	꜁piə	꜀miə	꜀liə	꜀çyə	꜀tʂʰə	꜁ʂə	꜀ʐə	꜁tçiə
丰县	꜀çia	꜁piə	꜀miə	꜀liə	꜀çyə	꜀tʂʰə	꜁ʂə	꜀ʐə	꜁tçiə
郯城	꜀çia	꜁piə	꜀miə	꜀liə	꜀syə	꜀tʂʰə	꜁ʂə	꜀ʐə	꜁tçiə
莒南团林	꜀ʃɑ	꜁piə	miə꜄	liə꜄	꜂θyə	tʃʰə꜄	꜁ʃə	iə꜄	꜁tʃə
日照陈疃	꜂ʃɑ	꜁piə	miə꜄	liə꜄	꜂θyə	tʃʰə꜄	꜁ʃə	iə꜄	꜁tʃə
日照奎山	꜀çiɑ	꜁piə	miə꜄	liə꜄	꜂θyə	tsʰə꜄	꜁sə	iə꜄	꜁tçiə
日照黄墩	꜂ʃɑ	꜁piə	miə꜄	liə꜄	꜂θyə	tʃʰə꜄	꜁ʃə	iə꜄	꜁tʃə
日照涛雒	꜀sɑ	꜁piə	miə꜄	liə꜄	꜀θyə	꜀tsʰə	꜁sə	iə꜄	꜁tsə
蒙阴	꜀çiᴀ	꜁piə	miə꜄	liə꜄	꜀syə	tʃʰə꜄	꜁ʃə	iə꜄	꜁tçiə
沂南	꜀çia	꜁piə	miə꜄	liə꜄	꜀syə	꜀tʃʰə	꜁ʃə	꜀iə	꜁tçiə
五莲许孟	꜂ʃɑ	꜁piə	miə꜄	liə꜄	꜂çyə	꜀tʃʰə	꜁ʃə	iə꜄	꜁tçiə
日照两城	꜀çiɑ	꜁piə	miə꜄	liə꜄	꜂θyə	tsʰə꜄	꜁sə	iə꜄	꜁tçiə
莒县桑园	꜂çiɑ	꜁piə	miə꜄	liə꜄	꜂syə	tsʰə꜄	꜁sə	iə꜄	꜁tçiə

续表

	孽	歇	憋	铁	捏	节	截	结	噎
	山开三 薛入疑	山开三 月入晓	山开四 屑入帮	山开四 屑入透	山开四 屑入泥	山开四 屑入精	山开四 屑入从	山开四 屑入见	山开四 屑入影
连云港	liə꜆	çiə꜆	piə꜆	tʰiə꜆	liə꜆	tçiə꜆	tçiə꜆	tçiə꜆	iə꜆
灌南	iɪ꜆	çiɪ꜆	piɪ꜆	tʰiɪ꜆	liɪ꜆	tçiɪ꜆	tçiɪ꜆	tçiɪ꜆	iɪ꜆
沭阳	liə꜆	çiə꜆	piə꜆	tʰiə꜆	liə꜆	tçiə꜆	tçiə꜆	tçiə꜆	iə꜆
泗阳	liəʔ꜆	çiəʔ꜆	piəʔ꜆	tʰiəʔ꜆	liəʔ꜆	tçiəʔ꜆	tçiəʔ꜆	tçiəʔ꜆	iəʔ꜆
泗洪金锁	꜀niə	꜀çiə	꜀piə	꜀tʰiə	꜀niə	꜀tçiə	tçiə꜆	꜀tçiə	꜀iə
泗洪上塘	꜀niə	çiə꜆	piə꜆	tʰiə꜆	niə꜆	tçiə꜆	꜁tçiə	tçiə꜆	iə꜆
泗洪瑶沟	niə꜆	çiə꜆	piə꜆	tʰiə꜆	niə꜆	tçiə꜆	tçiəʔ꜇	tçiə꜆	iə꜆
赣榆墩尚	꜀niə/꜂niə	꜀ciə/꜂ciə	꜀piə	꜀tʰiə/꜂tʰiə	꜂niə	꜀tsiə	꜁tsiə	꜀ciə/꜂ciə	꜀iə
赣榆石桥	niə꜄/ni꜄	çiə꜆	piə꜆	tʰiə꜆	niə꜆	tθiə꜆	꜁tθiə	tçiə꜆	iə꜆
铜山	꜀iə	꜀çiə	꜀piə	꜀tʰiə	꜀niə	꜀tçiə	꜁tçiə	꜀tçiə	꜀iə
微山	꜀iə	꜀çiə	꜀piə	꜀tʰiə	꜀niə	꜀tçiə	꜁tçiə	꜀tçiə	꜀iə
邹城	꜀iə	꜀çiə	꜀piə	꜀tʰiə	꜀niə	꜀tçiə	꜁tçiə	꜀tçiə	꜀iə
睢宁	꜀iə	꜀çiə	꜀piə	꜀tʰiə	꜀niə	꜀tçiə	꜁tçiə	꜀tçiə	꜀iə
新沂阿湖	꜀iə	꜀çiə	꜀piə	꜀tʰiə	꜀niə	꜀tçiə	꜁tçiə	꜀tçiə	꜀iə
新沂时集 A	꜀iə	꜀çiə	꜀piə	꜀tʰiə	꜀niə	꜀tçiə	꜁tçiə	꜀tçiə	꜀iə
新沂时集 B	niə꜄	çiə꜆	piə꜆	tʰiə꜆	niə꜆	tçiə꜆	꜁tçiə	tçiə꜆	iə꜆
泗水	꜀iə	꜀çiə	꜀piə	꜀tʰiə	꜀niə	꜀tçiə	꜁tçiə	꜀tçiə	꜀iə
邳州	꜀iə	꜀çiə	꜀piə	꜀tʰiə	꜀niə	꜀tçiə	꜁tçiə	꜀tçiə	꜀iə
滕州	꜀iə	꜀çiə	꜀piə	꜀tʰiə	꜀niə	꜀tçiə	꜁tçiə	꜀tçiə	꜀iə
临沭	꜀iə	꜀çiə	꜀piə	꜀tʰiə	꜀niə	꜀tsiə	꜁tsiə	꜀tçiə	꜀iə
宿迁	꜀iə	꜀çiə	꜀piə	꜀tʰiə	꜀niə	꜀tçiə	꜁tçiə	꜀tçiə	꜀iə
丰县	꜀iə	꜀çiə	꜀piə	꜀tʰiə	꜀niə	꜀tçiə	꜁tçiə	꜀tçiə	꜀iə
郯城	꜀iə	꜀çiə	꜀piə	꜀tʰiə	꜀niə	꜀tsiə	꜁tsiə	꜀tçiə	꜀iə
莒南团林	niə꜄	꜀ʃə	꜀piə	꜀ȶʰiə	꜀niə	꜀ȶiə	꜁tθiə	꜀tʃə	꜀iə
日照陈疃	iə꜄	꜀ʃə	꜀piə	꜂ȶʰiə	꜂niə	꜂ȶiə	꜁ȶiə	꜁tʃə	꜀iə
日照奎山	niə꜄	꜀çiə	꜀piə	꜀tʰiə	꜂niə	꜂tθiə	꜁tθiə	꜂tçiə	꜂iə
日照黄墩	niə꜄	꜀ʃə	꜀piə	꜂ȶʰiə	꜂niə	꜂ȶiə	꜁ȶiə	꜂tʃə	꜂iə
日照涛雒	niə꜄	꜀sə	꜀piə	꜀tçʰiə	꜀niə	꜀ȶiə	꜁ȶiə	꜀tsə	꜀iə
蒙阴	iə꜄	꜀çiə	꜀piə	꜀tʰiə	꜀niə	꜀ziə	꜁ziə	꜀tçiə	꜀iə
沂南	niə꜄	꜀çiə	꜀piə	꜀tʰiə	꜀niə	꜀tsiə	꜁tsiə	꜀tçiə	꜀iə
五莲许孟	niə꜄	꜂ʃə	꜂piə	꜂tçʰiə	niə꜄	꜂tçiə	꜁tçiə	꜂ʒə	꜂iə
日照两城	niə꜄	꜀çiə	꜀piə	꜀tʰiə	꜂niə	꜂tθiə	꜁tθiə	꜂tçiə	꜂iə
莒县桑园	niə꜄	꜂çiə	꜂piə	꜂tʰiə	꜂niə	꜂ziə	꜁ziə	꜂tçiə	꜂iə

续表

	泼	末	脱	夺	阔	活	滑	挖	刷
	山合一 末入滂	山合一 末入明	山合一 末入透	山合一 末入定	山合一 末入溪	山合一 末入匣	山合二 黠入匣	山合二 黠入影	山合二 辖入生
连云港	pʰɐ꜆	mə꜆	tʰuʊ꜆	tuʊ꜆	kʰuʊ꜆	xuʊ꜆/ ꜁xo	xuʊ꜆	꜀ua	ʂuʊ꜆
灌南	pʰo꜆	mo꜆	tʰʊ꜆	tʊ꜆	kʰʊ꜆	xʊ꜆	xuɐ꜆	uɐ꜆	ʂuɐ꜆
沭阳	pʰə꜆	mə꜆	tʰuə꜆	tuə꜆	kʰuə꜆	xuə꜆	xuɐ꜆	uɐ꜆	ʂuɐ꜆
泗阳	pʰoʔ꜆	moʔ꜆	tʰuəʔ꜆	tuəʔ꜆	kʰuəʔ꜆	xuəʔ꜆	xuaʔ꜆	uaʔ꜆	ʂuaʔ꜆
泗洪金锁	꜀pʰə	꜀mə	tʰuə꜆	꜁tuə	kʰuə꜆	꜁xə	꜁xua	꜀ua	꜀ʂua
泗洪上塘	꜀pʰə	꜀mə	tʰuə꜆	꜁tuə	kʰuə꜆	꜁xə	꜁xua	꜀ua	ʂuə꜆
泗洪瑶沟	pʰɐ꜆	꜀muə	tʰuə꜆	tuəʔ꜇	kʰuə꜆	xɐʔ꜇	xuəʔ꜇	uəʔ꜇	ʂuə꜆
赣榆墩尚	꜀pʰə/꜂pʰə	꜀mə/꜂mə	꜀tʰuə/ ꜂tʰuə	꜁tuə	꜀kʰuə	꜁xə	꜁xua	꜀ua/꜂ua	꜂ʂua
赣榆石桥	pʰə꜆	mə꜆	tʰuə꜆	꜁tuə	kʰuə꜆	꜁xə/꜁xuə	꜁xua	꜀ua	ʂua꜆
铜山	꜀pʰə	꜀mə	꜀tʰuə	꜁tuə	꜀kʰuə	꜁xuə	꜁xua	꜀ua	꜀ʂua
微山	꜀pʰə	꜀mə	꜀tʰuə	꜁tuə	꜀kʰuə	꜁xə	꜁xua	꜀ua	꜀fa
邹城	꜀pʰə	꜀mə	꜀tʰuə	꜁tuə	꜀kʰuə	꜁xə	꜁xua	꜀ua	꜀fa
睢宁	꜀pʰə	꜀mə	꜀tʰuə	꜁tuə	꜀kʰuə	꜁xə	꜁xua	꜀va	꜀ʂua
新沂阿湖	꜀pʰə	꜀mə	꜀tʰuə	꜁tuə	꜀kʰuə	꜁xə	꜁xua	꜀va	꜀ʂua
新沂时集 A	꜀pʰə	꜀mə	꜀tʰuə	꜁tuə	kʰuə꜄	꜁xə	꜁xua	꜀va	꜀ʂua
新沂时集 B	pʰə꜆	꜀mə	tʰuə꜆	꜁tuə	kʰuə꜄	꜁xə	꜁xua	va꜆	ʂua꜆
泗水	꜀pʰə	꜀mə	꜀tʰuə	꜁tuə	꜀kʰuə	꜁xə	꜁xua	꜀ua	꜀fa
邳州	꜀pʰə	꜀mə	꜀tʰuə	꜁tuə	꜀kʰuə	꜁xə	꜁xua	꜀ua	꜀fa
滕州	꜀pʰə	꜀mə	꜀tʰuə	꜁tuə	꜀kʰuə	꜁xə	꜁xua	꜀ua	꜀fa
临沭	꜀pʰə	꜀mə	꜀tʰuə	꜁tuə	꜀kʰuə	꜁xə	꜁xua	꜀ua	꜀ʃua
宿迁	꜀pʰə	꜀mə	꜀tʰuə	꜁tuə	꜀kʰuə	꜁xə	꜁xua	꜀ua	꜀fa
丰县	꜀pʰə	꜀mə	꜀tʰuə	꜁tuə	꜀kʰuə	꜁xuə	꜁xua	꜀ua	꜀sua
郯城	꜀pʰə	꜀mə	꜀tʰuə	꜁tuə	꜀kʰuə	꜁xə	꜁xua	꜀ua	꜀ʂua
莒南团林	꜂pʰə	mə꜄	꜂tʰuə	꜁tuə	꜀kʰuə	꜁xuə	꜁xuɑ	꜀ua	꜂ʂuɑ
日照陈疃	꜂pʰə	mə꜄	꜂tʰuə	꜁tuə	kʰuə꜄	꜁xuə	꜁xuɑ	꜀va	꜂ʂuɑ
日照奎山	꜀pʰə	mə꜄	꜂tʰuə	꜁tuə	꜀kʰuə	꜁xuə	꜁xuɑ	꜀ua	꜀ʂuɑ
日照黄墩	꜂pʰə	mə꜄	꜂tʰuə	꜁tuə	kʰuə꜄	꜁xuə	꜁xuɑ	꜀ua	꜂ʂuɑ
日照涛雒	꜀pʰə	mə꜄	꜀tʰuə	꜁tuə	꜀kʰuə	꜁xə/꜁xuə	꜁xuɑ	꜀va	꜀ʂuɑ
蒙阴	꜀pʰə	mə꜄	꜀tʰuə	꜁tuə	꜀kʰuə	꜁xə	꜁xuA	꜀uA	꜀ʃuA
沂南	꜀pʰə	mə꜄	꜀tʰuə	꜁tuə	꜀kʰuə	꜁xə	꜁xua	꜀ua	꜀ʂua
五莲许孟	꜂pʰə	mə꜄	꜂tʰuə	꜁tuə	꜂kʰuə	꜁xuə	꜁xuɑ	꜀ua	꜂ʂuɑ
日照两城	꜂pʰə	mə꜄	꜂tʰuə	꜁tuə	꜀kʰuə	꜁xuə	꜁xuɑ	꜀ua	꜂ʂuɑ
莒县桑园	꜂pʰə	mə꜄	꜂tʰuə	꜁tuə	꜂kʰuə	꜀xuə	꜁xuɑ	꜀ua	꜂ʂuɑ

续表

	刮	劣	绝	雪	拙	说~话	悦	罚	袜
	山合二 辖入见	山合三 薛入来	山合三 薛入从	山合三 薛入心	山合三 薛入章	山合三 薛入书	山合三 薛入以	山合三 月入奉	山合三 月入微
连云港	kʰuʊ꜆/ ꜂kua	liə꜆	tɕyʊ꜆	ɕyʊ꜆	tʂuʊ꜆	ʂuʊ꜆	yʊ꜆	xuɐ꜆	uʊ꜆
灌南	kuɐ꜆	liɪ꜆	tɕyɪ꜆	ɕyɪ꜆	tʂʊ꜆	ʂʊ꜆	yɪ꜆	fɐ꜆	uɐ꜆
沭阳	kuɐ꜆	liə꜆	tɕyə꜆	ɕyə꜆	tʂuə꜆	ʂuə꜆	yə꜆	fɐ꜆	uɐ꜆
泗阳	kuaʔ꜆	liəʔ꜆	tɕyəʔ꜆	ɕyəʔ꜆	tʂuəʔ꜆	ʂuəʔ꜆	yəʔ꜆	faʔ꜆	uaʔ꜆
泗洪金锁	꜀kua/꜂kua	꜀liə	꜁tɕyə	ɕyə꜆	tʂuə꜆	꜀ʂuə	꜀yə	꜁xua	꜀ua
泗洪上塘	꜂kua/kuə꜆	liə꜆	꜁tɕyə	ɕyə꜆	tʂuə꜆	ʂuə꜆	yə꜆	꜁fa	uə꜆
泗洪瑶沟	꜂kuɐ/kuə꜆	liə꜆	tɕyəʔ꜇	ɕyə꜆	tʂuə꜆	ʂuə꜆	yə꜆	fɐʔ꜆	uə꜆
赣榆墩尚	꜀kua/꜂kua	꜀liə/꜂liə	꜁tsuə	꜀suə/꜂suə	꜂tʂuə	꜂suə	꜀yə/꜂yə	꜁fa	꜂ua
赣榆石桥	kua꜆/꜂kʰua	liə꜆	꜁tθyə	θyə꜆	tʂuə꜆	ʂuə꜆	yə꜆	꜁fa	ua꜆
铜山	꜀kua/꜂kua	꜀liə	꜁tɕyə	꜀ɕyə	꜀tʂuə	꜀ʂuə	꜀yə	꜁fa	꜀ua
微山	꜀kua/꜂kua	꜀liə	꜁tɕyə	꜀ɕyə	꜀tsuə	꜀fə	꜀yə	꜁fa	꜀ua
邹城	꜀kua/꜂kua	꜀liə	꜁tɕyə	꜀ɕyə	꜀tsuə	꜀fə	꜀yə	꜁fa	꜀ua
睢宁	꜀kua/꜂kua	꜀liə	꜁tɕyə	꜀ɕyə	꜀tʂuə	꜀ʂuə	꜀yə	꜁fa	꜀va
新沂阿湖	꜀kua	꜀liə	꜁tɕyə	꜀ɕyə	꜀tʂuə	꜀ʂuə	꜀yə	꜁fa	꜀va
新沂时集 A	꜀kua/꜂kua	꜀liə	꜁tɕyə	꜀ɕyə	꜀tʂuə	꜀ʂuə	꜀yə	꜁fa	꜀va
新沂时集 B	kua꜆	liə꜆	꜁tɕyə	ɕyə꜆	꜁tʂuə	ʂuə꜆	yə꜆	fa꜆	꜀va
泗水	꜀kua/꜂kua	꜀liə	꜁tɕyə	꜀ɕyə	꜀tɕyə	꜀fə	꜀yə	꜁fa	꜀ua
邳州	꜀kua/꜂kua	꜀liə	꜁tsuə	꜀suə	꜀tʂuə	꜀fə	꜀yə	꜁fa	꜀ua
滕州	꜀kua/꜂kua	꜀liə	꜁tɕyə	꜀ɕyə	꜀pfə	꜀fə	꜀yə	꜁fa	꜀ua
临沭	꜀kua	꜀liə	꜁tsyə	꜀syə	꜀tʂuə	꜀ʃuə	꜀yə	꜁fa	꜀ua
宿迁	꜀kua/꜂kua	꜀liə	꜁tɕyə	꜀ɕyə	꜀tʂuə	꜀ʂuə	꜀yə	꜁xua	꜀ua
丰县	꜀kua/꜂kua	꜀liə	꜁tɕyə	꜀ɕyə	꜀tsuə	꜀ʂuə	꜀yə	꜁fa	꜀ua
郯城	꜀kua/꜂kua	꜀liə	꜁tsyə	꜀syə	꜀tʂuə	꜀ʂuə	꜀yə	꜁fa	꜀ua
莒南团林	꜀kʰuɑ	꜂liə	꜁tθyə	꜂θyə	꜀tʃuə	꜂ʃuə	yə꜄	꜁fɑ	ua꜄
日照陈疃	꜀kʰuɑ	꜀liə	꜁ȶyə	꜂θyə	꜀tʃuə	꜀ʃuə	yə꜄	꜁fɑ	va꜄
日照奎山	꜀kʰuɑ	꜀liə	꜁tθyə	꜂θyə	꜁tʂuə	꜀suə	yə꜄	꜁fɑ	ua꜄
日照黄墩	꜀kʰuɑ	꜂liə	꜁ȶyə	꜂θyə	꜀tʃuə	꜂ʃuə	yə꜄	꜁fɑ	ua꜄
日照涛雒	꜀kuɑ	liə꜄	꜁ȶyə	꜀θyə	꜀tsuə	꜀suə	yə꜄	꜁fɑ	va꜄
蒙阴	꜂kuᴀ	꜂liə	꜁zyə	꜀syə	꜁tʃuə	꜀ʃuə	yə꜄	꜁fᴀ	uᴀ꜄
沂南	꜀kua/꜂kua	꜂liə	꜁tsyə	꜀syə	꜁tʂuə	꜀ʃuə	yə꜄	꜁fa	ua꜄
五莲许孟	꜂kʰuɑ	꜂liə	꜁tɕyə	꜂ɕyə	꜀ʒuə	꜂ʃuə	yə꜄	꜁fɑ	va꜄
日照两城	꜂kʰuɑ	꜂liə	꜁tθyə	꜂θyə	꜁tʂuə	꜂suə	yə꜄	꜁fɑ	ua꜄
莒县桑园	꜀kʰuɑ	꜂liə	꜁zyə	꜂syə	꜁tʂuə	꜂suə	yə꜄	꜁fɑ	ua꜄

续表

	掘	月	越	决	缺	血	穴	笔	密
	山合三 月入群	山合三 月入疑	山合三 月入云	山合四 屑入见	山合四 屑入溪	山合四 屑入晓	山合四 屑入匣	臻开三 质入帮	臻开三 质入明
连云港	tɕyʊ꜆	yʊ꜆	yʊ꜆	tɕyʊ꜆	tɕʰyʊ꜆	ɕyʊ꜆/ɕiə꜆	ɕyʊ꜆	piɪ꜆	miɪ꜆
灌南	tɕyɪ꜆	yɪ꜆	yɪ꜆	tɕyɪ꜆	tɕʰyɪ꜆	ɕyɪ꜆	ɕyɪ꜆	pɪl꜆	mɪl꜆
沭阳	tɕiʊ꜆	yə꜆	yə꜆	tɕyə꜆	tɕʰyə꜆	ɕyə꜆	ɕyə꜆	piɪ꜆	miɪ꜆
泗阳	tɕyəʔ꜆	yəʔ꜆	yəʔ꜆	tɕyəʔ꜆	tɕʰyəʔ꜆	ɕiəʔ꜆	ɕyəʔ꜆	piʔ꜆	miʔ꜆
泗洪金锁	꜁tɕyə	꜀yə	꜀yə	tɕyə꜆	꜀tɕʰyə	꜀ɕiə	꜁ɕyə	pi꜆	mi꜆
泗洪上塘	꜁tɕyə	yə꜆	yə꜆	tɕyə꜆	tɕʰyə꜆	ɕiə꜆	꜁ɕyə	꜁pi	꜀mi
泗洪瑶沟	tɕyəʔ꜇	yə꜆	yə꜆	tɕyəʔ꜇	tɕʰyə꜆	ɕiə꜆	ɕyəʔ꜇	pɪʔ꜇	mɪʔ꜇
赣榆墩尚	ᶜcyə	꜀yə	ᶜyə	꜀cyə/ᶜcyə	꜀cʰyə/ ᶜcʰyə	ᶜçiə	꜁çyə	ᶜpe	꜀mi/ᶜmi
赣榆石桥	tɕyə꜆	yə꜆	yə꜆	tɕyə꜆	tɕʰyə꜆	ɕiə꜆	꜀ɕyə	pei꜆	mi꜆
铜山	꜁tɕyə	꜀yə	꜀yə	꜀tɕyə	꜀tɕʰyə	꜀ɕiə	꜁ɕyə	꜀pe	꜀mi
微山	꜁tɕyə	꜀yə	꜀yə	꜀tɕyə	꜀tɕʰyə	꜀ɕiə	꜁ɕyə	꜀pei	꜀mi
邹城	꜁tɕyə	꜀yə	꜀yə	꜀tɕyə	꜀tɕʰyə	꜀ɕiə	꜁ɕyə	꜀pei	꜀mi
睢宁	꜁tɕyə	꜀yə	꜀yə	꜀tɕyə	꜀tɕʰyə	꜀ɕiə	꜁ɕyə	꜀pei	꜀mi
新沂阿湖	꜁tɕyə	꜀yə	꜀yə	꜀tɕyə	꜀tɕʰyə	꜀ɕiə	꜁ɕyə	꜀pe	꜀mi
新沂时集 A	꜁tɕyə	꜀yə	꜀yə	꜀tɕyə	꜀tɕʰyə	꜀ɕiə	꜁ɕyə	꜀pei	꜀mi
新沂时集 B	꜁tɕyə	yə꜆	yəᵓ	tɕyə꜆	tɕʰyə꜆	ɕiə꜆	꜁ɕyə	꜀pe	mi꜆
泗水	꜁tɕyə	꜀yə	꜀yə	꜀tɕyə	꜀tɕʰyə	꜀ɕiə	꜁ɕyə	꜀pi	꜀mi
邳州	꜁tɕyə	꜀yə	꜀yə	꜀tɕyə	꜀tɕʰyə	꜀ɕiə	꜁ɕyə	꜀pe	꜀mi
滕州	꜁tɕyə	꜀yə	꜀yə	꜀tɕyə	꜀tɕʰyə	꜀ɕiə	꜁ɕyə	꜀pei	꜀mi
临沭	꜁tɕyə	꜀yə	꜀yə	꜀tɕyə	꜀tɕʰyə	꜀ɕiə	꜁ɕyə	꜀pei	꜀mi
宿迁	꜁tɕyə	꜀yə	꜀yə	꜀tɕyə	꜀tɕʰyə	꜀ɕiə	꜁ɕyə	꜀pe	꜀mi
丰县	꜁tɕyə	꜀yə	꜀yə	꜀tɕyə	꜀tɕʰyə	꜀ɕiə	꜁ɕyə	꜀pe	꜀mi
郯城	꜁tɕyə	꜀yə	꜀yə	꜀tɕyə	꜀tɕʰyə	꜀ɕiə	꜁ɕyə	꜀pe/꜀pi	꜀mi
莒南团林	꜀tʃuə	yəᵓ	yəᵓ	ᶜtʃuə	꜀tʃʰuə	꜀ʃuə	꜁ʃuə	꜀pi	miᵓ
日照陈疃	꜀tʃuə	yəᵓ	yəᵓ	ᶜtʃuə	꜀tʃʰuə	꜀ʃuə	꜀ʃuə	꜀pi	miᵓ
日照奎山	꜀tɕyə	yəᵓ	yəᵓ	꜀tɕyə	꜀tɕʰyə	꜀ɕiə	꜀ɕyə	꜀pi	miᵓ
日照黄墩	꜀tʃuə	yəᵓ	yəᵓ	ᶜtʃuə	꜀tʃʰuə	꜀ʃuə	꜀ʃuə	꜀pi	miᵓ
日照涛雒	꜁tsuə	yəᵓ	yəᵓ	꜀tsuə	꜀tsʰuə	꜀sə	꜁suə	꜀pei/꜀pi	miᵓ
蒙阴	꜁tɕyə	yəᵓ	yəᵓ	꜀tɕyə	꜀tɕʰyə	꜀ɕyə	꜀ɕyə	꜀pei	miᵓ
沂南	꜁tɕyə	yəᵓ	yəᵓ	꜀tɕyə	꜀tɕʰyə	꜀ɕiə	꜀ɕyə	꜀pe/꜀pi	miᵓ
五莲许孟	꜁ʒuə	yəᵓ	yəᵓ	ᶜʒuə	ᶜtʃʰuə	ᶜʃuə	꜁ʃuə	ᶜpi	miᵓ
日照两城	ᶜtɕyə	yəᵓ	yəᵓ	꜀tɕyə	ᶜtɕʰyə	ᶜɕiə	꜀ɕyə	ᶜpi	miᵓ
莒县桑园	꜀tɕyə	yəᵓ	yəᵓ	ᶜtɕyə	ᶜtɕʰyə	ᶜɕyə	꜀ɕyə	ᶜpi	miᵓ

续表

	栗	侄	虱	质	实	日	一	乞	没
	臻开三 质入来	臻开三 质入澄	臻开三 质入生	臻开三 质入章	臻开三 质入船	臻开三 质入日	臻开三 质入影	止开三 迄入溪	臻合一 没入明
连云港	liɪ꜆	tʂə꜆	ʂə꜆	tʂə꜆	ʂə꜆	ʐə꜆	iɪ꜆	tɕʰiɪ꜆	mə꜆
灌南	lɪl꜆	tʂəl꜆	ʂəl꜆	tʂəl꜆	ʂəl꜆	ʐəl꜆	iɪ꜆	tɕʰɪl꜆	muəl꜆
沭阳	liɪ꜆	tʂə꜆	ʂə꜆	tʂə꜆	ʂə꜆	ʐə꜆	iɪ꜆	tɕʰiɪ꜆	mə꜆
泗阳	liʔ꜆	tʂəʔ꜆	ʂəʔ꜆	tʂəʔ꜆	ʂəʔ꜆	ʐəʔ꜆	iʔ꜆	tɕʰiʔ꜆	məʔ꜆
泗洪金锁	li꜆	꜁tʂʅ	ʂə꜆	tʂə꜆	ʂə꜆	ʐə꜆	i꜆	꜂tɕʰi	me꜄/mə꜆
泗洪上塘	li꜆	꜁tʂʅ	ʂə꜆	tʂə꜆	꜁ʂʅ	ʐə꜆	i꜆	꜀tɕʰi	꜁mu
泗洪瑶沟	lɪʔ꜇	tʂəʔ꜇	ʂəʔ꜇	tʂəʔ꜇	ʂəʔ꜇	ʐəʔ꜇	ɪʔ꜇	꜂tɕʰi	mei꜄
赣榆墩尚	꜀li/꜂li	꜁tʂʅ	꜀ʂʅ/꜂ʂʅ	꜀tʂʅ/꜂tʂʅ	꜁ʂʅ	꜀i/꜂i	꜀i/꜂i	꜂cʰi	꜀me
赣榆石桥	li꜆	꜁tʃʅ	꜀ʂʅ	tʃʅ꜆	꜁ʃʅ	i꜆	i꜆	tɕʰi꜆	mə꜄
铜山	꜀li	꜁tʂʅ	꜀sʅ	꜀tʂʅ	꜁ʂʅ	꜀ʐʅ	꜀i	꜂tɕʰi	mə꜄
微山	꜀li	꜁tsʅ	꜀sʅ	꜀tsʅ	꜁sʅ	꜀zʅ	꜀i	꜂tɕʰi	꜁mei
邹城	꜀li	꜁tsʅ	꜀sʅ	꜀tsʅ	꜁sʅ	꜀zʅ	꜀i	꜂tɕʰi	꜁mei
睢宁	꜀li	꜁tʂʅ	꜀ʂʅ	꜀tʂʅ	꜁ʂʅ	꜀ʐʅ	꜀i	꜂tɕʰi	꜁mu/mei꜄①
新沂阿湖	꜀li	꜁tʂʅ	꜀ʂʅ	꜀tʂʅ	꜁ʂʅ	꜀ʐʅ	꜀i	꜂tɕʰi	꜁me
新沂时集 A	꜀li	꜁tʂʅ	꜀ʂʅ	꜀tʂʅ	꜁ʂʅ	꜀ʐʅ	꜀i	꜀tɕʰi	꜁mu
新沂时集 B	li꜆	꜁tʂʅ	ʂʅ꜆	tʂʅ꜆	ʂʅ꜆	ʐʅ꜆	i꜆	꜂tɕʰi	mə꜄/mu꜆
泗水	꜀li	꜁tʃʅ	꜀ʃʅ	꜀tʃʅ	꜁ʃʅ	꜀ʒʅ	꜀i	꜂tɕʰi	mə꜄
邳州	꜀li	꜁tʂʅ	꜀ʂʅ	꜀tʂʅ	꜁ʂʅ	꜀ʐʅ	꜀i	꜂tɕʰi	꜁mu/mə̃꜄
滕州	꜀li	꜁tsʅ	꜀sʅ	꜀tsʅ	꜁sʅ	꜀zʅ	꜀i	꜂tɕʰi	mu꜄/꜁mei
临沭	꜀li	꜁tʃʅ	꜀ʃʅ	꜀tʃʅ	꜁ʃʅ	꜀ʒʅ	꜀i	꜂tɕʰi	꜁mu
宿迁	꜀li	꜁tʂʅ	꜀ʂʅ	꜀tʂʅ	꜁ʂʅ	꜀ʐʅ	꜀i	꜂tɕʰi	꜁me
丰县	꜀li	꜁tʂʅ	꜀sʅ	꜀tʂʅ	꜁ʂʅ	꜀ʐʅ	꜀i	꜂tɕʰi	꜁mu/꜁me
郯城	꜀li	꜁tʂʅ	꜀sʅ	꜀tʂʅ	꜁ʂʅ	꜀ʐʅ	꜀i	꜂tɕʰi	꜁mu/꜁me
莒南团林	li꜄	꜁tʃʅ	꜀ʂʅ	tʃʅ꜄	꜁ʃʅ	i꜄	꜀i	꜀tʃʰʅ	mə꜄
日照陈疃	li꜄	꜁tʃʅ	꜂ʂʅ	꜀tʃʅ	꜁ʃʅ	i꜄	꜀i	꜂tʃʰʅ	꜁mei
日照奎山	li꜄	꜁tsʅ	꜂ʂʅ	꜀tsʅ	꜁sʅ	i꜄	꜀i	tɕʰi꜄	꜁mu
日照黄墩	li꜄	꜁tʃʅ	꜀ʂʅ	꜀tʃʅ	꜁ʃʅ	i꜄	꜀i	꜂tʃʰʅ	꜁mu
日照涛雒	li꜄	꜁tsʅ	꜂ʂʅ	꜀tsʅ	꜁sʅ	i꜄	꜀i	꜂tsʰʅ	mə꜄
蒙阴	li꜄	꜁tʃʅ	꜀ʃʅ	꜀tʃʅ	꜁ʃʅ	i꜄	꜀i	꜀tɕʰi	꜁mu
沂南	li꜄	꜁tʃʅ	꜀ʂʅ	꜀tʃʅ	꜁ʃʅ	i꜄	꜀i	꜁tɕʰi	꜁me
五莲许孟	li꜄	꜁ʒʅ	꜂ʂʅ	꜀ʒʅ	꜁ʃʅ	i꜄	꜂i	꜂tʃʰʅ	mu꜄
日照两城	li꜄	꜁tsʅ	꜂ʂʅ	꜀tsʅ	꜁sʅ	i꜄	꜀i	꜂tɕʰi	꜁mu
莒县桑园	li꜄	꜁zʅ	꜂ʂʅ	꜂zʅ	꜁sʅ	i꜄	꜀i	꜂tɕʰi	mə꜄

① ꜁mu：沉没，mei꜄：没有。本页“没”因词义不同而又有两读的，两读的意义同此。

续表

	突	卒	骨	忽	律	戌	率~领	出	术
	臻合一没入定	臻合一没入精	臻合一没入见	臻合一没入晓	臻合三术入来	臻合三术入心	臻合三术入生	臻合三术入昌	臻合三术入船
连云港	tʰuʊ꜆	tʂʰuʊ꜆	kuʊ꜆	xuʊ꜆	lyʊ꜆	ɕyʊ꜆	ʂuɛ꜄	tʂʰuʊ꜆	ʂuʊ꜆
灌南	tʰəl꜆	tʂʰo꜆	kuəl꜆	xuəl꜆	lɪl꜆	꜀ɕⁱʮ	ʂuæ꜄	tʂʰuəl꜆	ʂuəl꜆
沭阳	tʰʊ꜆	tʂʰʊ꜆	kʊ꜆	xʊ꜆	liʊ꜆	ɕiʊ꜆	ʂuɛ꜄	tʂʰʊ꜆	sʊ꜆
泗阳	tʰuʔ꜆	tʂʰuʔ꜆	kuʔ꜆	xuʔ꜆	lioʔ꜆	—	ʂuɛ꜄	tʂʰuʔ꜆	suʔ꜆
泗洪金锁	tʰu꜆	꜁tsu	ku꜆	xu꜆	ly꜆	ɕy꜆	ʂuɛ꜄	tʂʰu꜆	ʂu꜆
泗洪上塘	tʰu꜆	꜁tsu	ku꜆	xu꜆	꜀ly	꜀ɕy	ʂuɛ꜄	tʂʰu꜆	꜁ʂu
泗洪瑶沟	tʰʊʔ꜇	tsʊʔ꜇	kʊʔ꜇	xʊʔ꜇	ly꜄	ɕyeʔ꜇	ʂuɛ꜄	tʂʰʊʔ꜇	ʂʊʔ꜇
赣榆墩尚	꜀tʰu	꜁tsu	꜀ku/꜂ku	꜀xu/꜂xu	꜀ly/꜂ly	꜀sy	ʂuɛ꜄	꜀tʂʰu/꜂tʂʰu	꜁ʂu
赣榆石桥	tʰu꜆	tθu꜆	ku꜆	xu꜆	ly꜆	ɕy꜆	ʂuɛ꜄	tʃʰu꜆	꜁ʂu
铜山	꜀tʰu	꜁tsu	꜀ku	꜀xu	꜀ly	꜀ɕy	ʂuɛ꜄	꜀tʂʰu	꜁ʂu
微山	꜀tʰu	꜁tsu	꜀ku	꜀xu	꜀ly	꜀ɕy	fɛ꜄	꜀tsʰu	꜁fu
邹城	꜀tʰu	꜁tsu	꜀ku	꜀xu	꜀ly	꜀ɕy	fɛ꜄	꜀tsʰu	꜁fu
睢宁	꜀tʰu	꜁tsu	꜀ku	꜀xu	꜀ly	꜀ɕy	ʂuɛ꜄	꜀tʂʰu	꜁ʂu
新沂阿湖	꜀tʰu	꜁tsu	꜀ku	꜀xu	꜀lu	꜀ɕy	ʂuɛ꜄	꜀tʂʰu	꜁ʂu
新沂时集 A	꜀tʰu	꜁tsu	꜀ku	꜀xu	꜀lu	꜀ɕy	ʂuɛ꜄	꜀tʂʰu	꜁fu
新沂时集 B	tʰu꜆	꜁tsu	ku꜆	xu꜆	ly꜆	꜀ɕy	ʂuɛ꜄	tʂʰu꜆	ʂu꜆
泗水	꜀tʰu	꜁tɕy	꜀ku	꜀xu	꜀ly	꜀ɕy	ɕyɛ꜄	꜀tɕʰy	꜁fu
邳州	꜀tʰu	꜁tsu	꜀ku	꜀xu	꜀lu	꜀ɕy	fɛ꜄	꜀tʂʰu	꜁fu
滕州	꜀tʰu	꜁tsu	꜀ku	꜀xu	꜀lu	꜀ɕy	fɛ꜄	꜀pfʰu	꜁fu
临沭	꜀tʰu	꜁tθu	꜀ku	꜀xu	꜀ly	꜀sy	ʃuɛ꜄	꜀tʃʰu	꜁ʃu
宿迁	꜀tʰu	꜁tsu	꜀ku	꜀xu	꜀ly	꜀ɕy	ʂuɛ꜄	꜀tʂʰu	꜁ʂu
丰县	꜀tʰu	꜁tsu	꜀ku	꜀xu	꜀ly	꜀ɕy	suɛ꜄	꜀tʂʰu	꜁ʂu
郯城	꜀tʰu	꜁tsu	꜀ku	꜀xu	꜀ly	꜀ɕy	ʂuɛ꜄	꜀tʂʰu	꜁ʂu
莒南团林	꜁tʰu	꜁tθu	꜂ku	꜀xu	ly꜄	θy꜄	ʂuɛ꜄	꜂tʃʰʮ	ʂu꜄
日照陈疃	꜂tʰu	꜁tu	꜂ku	꜀xu	ly꜄	꜂θy	ʂuɛ꜄	꜂tʃʰʮ	ʂu꜄
日照奎山	꜀tʰu	꜁tθu	꜂ku	꜀xu	ly꜄	꜀θy	ʂuɛ꜄	꜂tsʰʮ	ʂu꜄
日照黄墩	꜂tʰu	꜁tθu	꜂ku	꜀xu	ly꜄	꜂θy	ʂuɛ꜄	꜂tʃʰʮ	ʂu꜄
日照涛雒	꜂tʰu	꜁tθu	꜂ku	꜂xu	ly꜄	꜀θy	ʂuɛ꜄	꜂tsʰʮ	ʂu꜄
蒙阴	꜀tʰu	꜁ðu	꜂ku	꜀xu	ly꜄	꜀sy	ʃuɛ꜄	꜀tʃʰu	꜁ʃu
沂南	꜀tʰu	꜁tθu	꜂ku	꜀xu	ly꜄	꜀sy	ʂuɛ꜄	꜀tʃʰʮ	ʂu꜄
五莲许孟	꜂tʰu	꜁tu	꜂ku	꜀xu	ly꜄	꜀ʃʮ	ʂuɛ꜄	꜂tʃʰʮ	ʃʮ꜅
日照两城	꜂tʰu	tθu꜄	꜂ku	꜂xu	ly꜄	꜀θy	ʂuɛ꜄	꜂tsʰu	ʂu꜄
莒县桑园	꜂tʰu	꜁ðu	꜂ku	꜀xu	ly꜄	꜂sy	ʂuai꜄	꜂tsʰʮ	꜁ʂu

续表

	橘	佛	物	屈	博	薄	莫	托	诺
	臻合三 术入见	臻合三 物入奉	臻合三 物入微	臻合三 物入溪	宕开一 铎入帮	宕开一 铎入並	宕开一 铎入明	宕开一 铎入透	宕开一 铎入泥
连云港	tɕyʊ꜆	xuʊ꜆	uʊ꜆	tɕʰyʊ꜆	pə꜆	pə꜆	mə꜄	tʰuʊ꜆	luʊ꜆
灌南	tɕio꜆	fəl꜆	uəl꜆	tɕʰio꜆	pɑ꜆	pɑ꜆	mɑ꜄	tʰɑ꜆	ẓɑ꜆
沭阳	tɕiʊ꜆	fə꜆	ʊ꜆	tɕʰiʊ꜆	pə꜆	pə꜆	mə꜄	tʰuə꜆	ẓuə꜆
泗阳	tɕioʔ꜆	fəʔ꜆	uʔ꜆	tɕʰioʔ꜆	poʔ꜆	poʔ꜆	moʔ꜄	tʰuəʔ꜆	ẓuəʔ꜆
泗洪金锁	tɕy꜆	xu꜆	u꜆	tɕʰy꜆	꜁pə	꜁pə	꜀mə	꜀tʰuə	nuə꜄
泗洪上塘	꜁tɕy	꜁fu	꜀u	tɕʰy꜆	꜁pə	꜁pə	꜀mə	꜀tʰuə	nuə꜄
泗洪瑶沟	tɕyeʔ꜇	fəʔ꜇	ʊʔ꜇	tɕʰyeʔ꜇	pɐʔ꜇	pəʔ꜇	mɐ꜆	tʰuə꜆	nuə꜄
赣榆墩尚	꜂cy	꜁fu	꜀vu/꜂vu	꜀cʰy/꜂cʰy	꜂pə	꜁pə	꜂mə	꜀tʰuə/꜂tʰuə	nuə꜄
赣榆石桥	tɕy꜆	꜁fu	u꜆	tɕʰy꜆	pə꜆	꜁pə	mə꜆	tʰuə꜆	nuə꜄
铜山	꜀tɕy	꜁fu	꜀u	꜀tɕʰy	꜁pə	꜁pə	mə꜄	꜀tʰuə	nuə꜄
微山	꜀tɕy	꜁fu	꜀u	꜀tɕʰy	꜁pə	꜁pə	꜁mə	꜀tʰuə	꜀nuə
邹城	꜀tɕy	꜁fu	꜀u	꜀tɕʰy	꜁pə	꜁pə	꜁mə	꜀tʰuə	꜀nuə
睢宁	꜀tɕy	꜁fu	꜀vu	꜀tɕʰy	꜁pə	꜁pə	꜁mə	꜀tʰuə	꜀nuə
新沂阿湖	꜀tɕy	꜁fu	꜀vu	꜀tɕʰy	꜁pə	꜁pə	꜁mə	꜀tʰuə	nuə꜄
新沂时集 A	꜀tɕy	꜁fu	꜀vu	꜀tɕʰy	꜁pə	꜁pə	꜁mə	꜀tʰuə	꜀nuə
新沂时集 B	꜁tɕy	꜁fu	vu꜆	tɕʰy꜆	꜁pə	꜁pə	mə꜄	tʰuə꜆	nuə꜄
泗水	꜀tɕy	꜁fə	꜀u	꜀tɕʰy	꜁pə	꜁pə	꜀mə	꜀tʰuə	꜀nuə
邳州	꜀tɕy	꜁fu	꜀u	꜀tɕʰy	꜁pə	꜁pə	꜁mə	꜀tʰuə	꜀nuə
滕州	꜀tɕy	꜁fu	꜀u	꜀tɕʰy	꜁pə	꜁pə	꜀mə	꜀tʰuə	꜀nuə
临沭	꜀tɕy	꜁fu	u꜄	꜀tɕʰy	꜀pə	꜁pə	꜀mə	꜀tʰuə	nuə꜄
宿迁	꜀tɕy	꜁xu	꜀u	꜀tɕʰy	꜀pə	꜁pə	꜀mə	꜀tʰuə	꜀nuə
丰县	꜀tɕy	꜁fu	꜀u	꜀tɕʰy	꜀pə	꜁pə	꜀mə	꜀tʰuə	꜀nuə
郯城	꜀tɕy	꜁fu	꜀u	꜀tɕʰy	꜀pə	꜁pə	꜁mə	꜀tʰuə	꜀ẓuə
莒南团林	꜂tʃɥ	꜁fu	u꜄	꜂tʃʰɥ	꜂pə	꜁pə	mə꜄	꜀tʰuə	nuə꜄
日照陈疃	꜂tʃɥ	꜁fu	u꜄	꜂tʃʰɥ	꜁pə	꜁pə	mə꜄	꜂tʰuə	꜀nuə
日照奎山	꜂tɕy	꜁fu	u꜄	꜀tɕʰy	꜁pə	꜁pə	mə꜄	꜀tʰuə	nuə꜄
日照黄墩	꜂tʃɥ	꜁fu	u꜄	꜂tʃʰɥ	꜂pə	꜁pə	mə꜄	꜂tʰuə	nuə꜄
日照涛雒	꜂tsɥ	꜁fu	u꜄	꜀tsʰɥ	꜁pə	꜁pə	mə꜄	꜀tʰuə	nuə꜄
蒙阴	꜀tʃu	꜁fə	u꜄	꜀tɕʰy	꜁pə	꜁pə	꜁mə	꜀tʰuə	nuə꜄
沂南	꜀tɕy	꜁fu	u꜄	꜀tʃʰɥ	꜁pə	꜁pə	꜁mə	꜀tʰuə	nuə꜄
五莲许孟	꜂ʒɥ	꜂fu	u꜄	꜂tʃʰɥ	꜂pə	꜁pə	mə꜄	꜂tʰuə	nuə꜄
日照两城	꜀tɕy	꜁fə	u꜄	꜂tɕʰy	꜂pə	꜁pə	mə꜄	꜂tʰuə	nuə꜄
莒县桑园	꜂tɕy	꜁fu	u꜄	꜂tɕʰy	꜂pə	꜁pə	mə꜄	꜂tʰuə	nuə꜄

续表

	落	烙	作	凿	各	鄂	鹤	恶善~	略
	宕开一铎入来	宕开一铎入来	宕开一铎入精	宕开一铎入从	宕开一铎入见	宕开一铎入疑	宕开一铎入匣	宕开一铎入影	宕开三药入来
连云港	lyʊ꜆	lyʊ꜆	tʂuʊ꜆	tʂuʊ꜆	kɐ꜆	ə꜆	xə꜆	ɐ꜆	lyʊ꜆
灌南	lɑ꜆	lɑ꜆	tʂɑ꜆	tʂɑ꜆	kɑ꜆	əl꜆	xɑ꜆	ɑ꜆	lie꜆
沭阳	luə꜆	luə꜆	tsuə꜆	tsuə꜆	kuə꜆	ə꜆	xə꜆	uə꜆	lyə꜆
泗阳	luəʔ꜆	luəʔ꜆	tsuəʔ꜆	tsuəʔ꜆	kuəʔ꜆	əʔ꜆	xuəʔ꜆	uəʔ꜆	lyəʔ꜆
泗洪金锁	꜀luə	꜀luə	꜀tsuə	tsuə꜆	kə꜆	ɣə꜄	xə꜄	ɣə꜄	꜀luə
泗洪上塘	luə꜆	luə꜆	tsuə꜆	꜁tsuə	꜀kə	ə꜄	xə꜄	꜀ə	luə꜆
泗洪瑶沟	luə꜆	luə꜆	tsuə꜆	tsuəʔ꜇	kɐ꜆	ə꜄	xɐʔ꜇	ɐ꜆	luə꜆
赣榆墩尚	꜀luə/꜂luə	꜀luə/꜂luə	꜀tsuə/꜂tsuə	꜁tsuə	꜀kə/꜂kə	ɣə꜄	꜀xə/꜂xə	꜀ɣə/꜂ɣə	꜂luə
赣榆石桥	luə꜆	luə꜆	tθuə꜆	꜁tθuə	kə꜆	ɣə꜄	xə꜆	ɣə꜄	lyə꜆
铜山	꜀luə	꜀luə	꜀tsuə	꜁tsuə	꜀kə	꜀ɣə	꜀xə	꜀ɣə	꜀lyə
微山	꜀luə	꜀luə	꜀tsuə	꜁tsuə	꜀kə	꜀ɣə	꜀xə	꜀ɣə	꜀lyə
邹城	꜀luə	꜀luə	꜀tsuə	꜁tsuə	꜀kə	꜀ɣə	꜀xə	꜀ɣə	꜀lyə
睢宁	꜀luə	꜀luə	꜀tsuə	꜁tsuə	꜀kə	꜀ɣə	꜀xə	꜀ɣə	꜀luə
新沂阿湖	꜀luə	꜀luə	꜀tsuə	꜁tsuə	꜀kə	ɣə꜄	꜀xə	꜀ɣə	꜀lyə
新沂时集 A	꜀luə	꜀luə	꜀tsuə	꜁tsuə	꜀kə	꜀ɣə	꜀xə	꜀ɣə	꜀luə
新沂时集 B	luə꜆	luə꜆	tsuə꜆	tsuə꜆	kə꜆	ɣə꜄	xə꜄	ɣə꜄	꜀luə
泗水	꜀luə	꜀luə	꜀tɕyə	꜁tɕyə	꜀kə	꜀ɣə	xə꜄	꜀ɣə	꜀luə
邳州	꜀luə	꜀luə	꜀tɕyə	꜁tɕyə	꜀kə	꜀ɣə	꜀xə	꜀ɣə	꜀luə
滕州	꜀luə	꜀luə	꜀tɕyə	꜁tɕyə	꜀kə	꜀ɣə	꜀xə	꜀ɣə	꜀luə
临沭	꜀luə	꜀luə	꜀tθuə	꜁tθuə	꜀kə	꜀ɣə	꜀xə	꜀ɣə	꜀lyə
宿迁	꜀luə	꜀luə	꜀tsuə	꜁tsuə	꜀kə	꜀ɣə	꜀xə	꜀ɣə	꜀luə
丰县	꜀luə	꜀luə	꜀tsuə	꜁tsuə	꜀kə	ɣə꜄	꜀xə	꜀ɣə	꜀luə
郯城	꜀luə	꜀luə	꜀tsuə	꜁tsuə	꜀kə	꜀ɣə	꜀xə	꜀ɣə	꜀lyə
莒南团林	luə꜄	luə꜄	꜀tθuə	꜂tθuə	꜀kə	꜁ə	꜀xə	꜀ə	꜀lyə
日照陈疃	luə꜄	luə꜄	꜂tuə	꜁tuə	꜂kə	꜁ŋə	꜀xə	꜀ŋə	lyə꜄
日照奎山	luə꜄	luə꜄	꜀tθuə	꜁tθuə	꜂kə	ŋə꜄	꜀xə	꜀ŋə	lyə꜄
日照黄墩	luə꜄	luə꜄	꜂tθuə	꜂tθuə	꜂kə	ŋə꜄	꜀xə	꜀uə	lyə꜄
日照涛雒	luə꜄	luə꜄	꜀tθuə	꜁tθuə	꜀kə	ŋə꜄	꜀xə	꜀ŋə	lyə꜄
蒙阴	luə꜄	luə꜄	꜀ðuə	꜁ðuə	꜀kə	꜁ŋə	꜀xə	꜀ŋə	lyə꜄
沂南	luə꜄	luə꜄	꜀tθuə	꜁tθuə	꜀kə	ŋə꜄	꜀xə	꜀ŋə	lyə꜄
五莲许孟	luə꜄	luə꜄	꜂tuə	꜁tuə	꜂kə	uə꜄	꜀xuə	꜀uə	lyə꜄
日照两城	luə꜄	luə꜄	꜂tθuə	꜁tθuə	꜂kə	ə꜄	꜀xə	꜀ə	꜀lyə
莒县桑园	luə꜄	luə꜅	꜃ðuə	꜁ðuə	꜂kə	ŋə꜄	꜀xə	꜀uə	lyə꜄

续表

	嚼	着睡~	勺	弱	脚	虐	约	药	郭
	宕开三药入从	宕开三药入从	宕开三药入禅	宕开三药入日	宕开三药入见	宕开三药入疑	宕开三药入影	宕开三药入以	宕合一铎入见
连云港	tɕyʊ꜆	tʂuʊ꜆	ʂuʊ꜆	ʐuʊ꜆	tɕyʊ꜆	lyʊ꜆	yʊ꜆	yʊ꜆	kɐ꜆
灌南	tɕie꜆	tʂɑ꜆	ʂɑ꜆	ʐɑ꜆	tɕie꜆	ie꜆	ie꜆	ie꜆	kuo꜆
沭阳	tɕyə꜆	tʂuə꜆	ʂuə꜆	ʐuə꜆	tɕyə꜆	lyə꜆	yə꜆	yə꜆	kuə꜆
泗阳	tɕyəʔ꜆	tʂuəʔ꜆	ʂuəʔ꜆	ʐuəʔ꜆	tɕyəʔ꜆	yəʔ꜆	yəʔ꜆	yəʔ꜆	kuəʔ꜆
泗洪金锁	tɕyə꜆	tʂuə꜆	ʂuə꜆	꜀ʐuə	꜀tɕyə	꜀yə	꜀yə	꜀yə	꜀kuə
泗洪上塘	꜁tɕyə	꜁tʂuə	꜁ʂuə	ʐuə꜆	tɕyə꜆	yə꜆	yə꜆	yə꜆	kuə꜆
泗洪瑶沟	tɕiəʔ꜇	tʂuəʔ꜇	ʂuəʔ꜇	ʐuə꜆	tɕyə꜆	yə꜆	yə꜆	yə꜆	kuə꜆
赣榆墩尚	꜁tsuə	꜁tʂuə	꜁ʂuə	꜀yə	꜀cyə/꜂cyə	꜀yə/꜂yə	꜀yə	꜀yə	꜀kuə
赣榆石桥	꜁tθyə	꜁tʂuə	꜁ʂuə	yə꜆	tɕyə꜆	yə꜆	yə꜆	yə꜆	kuə꜆
铜山	꜁tɕyə	꜁tʂuə	꜁ʂuə	꜀ʐuə	꜀tɕyə	꜀yə	꜀yə	꜀yə	꜀kuə
微山	꜁tɕyə	꜁tsuə	꜁fə	꜀zuə	꜀tɕyə	꜀yə	꜀yə	꜀yə	꜀kuə
邹城	꜁tɕyə	꜁tsuə	꜁fə	꜀zuə	꜀tɕyə	꜀yə	꜀yə	꜀yə	꜀kuə
睢宁	꜁tɕyə	꜁tʂuə	꜁ʂuə	꜀zuə	꜀tɕyə	꜀yə	꜀yə	꜀yə	꜀kuə
新沂阿湖	꜁tɕyə	꜁tʂuə	꜁ʂuə	꜀ʐuə	꜀tɕyə	꜀nyə	꜀yə	꜀yə	꜀kuə
新沂时集 A	꜁tɕyə	꜁tʂuə	꜁ʂuə	꜀ʐuə	꜀tɕyə	꜀yə	꜀yə	꜀yə	꜀kuə
新沂时集 B	꜁tɕyə	꜁tʂuə	꜁ʂuə	ʐuə꜆	tɕyə꜆	yə꜆	yə꜆	꜀yə	꜀kuə
泗水	꜁tɕyə	꜁tɕyə	꜁fə	꜀ʑyə	꜀tɕyə	꜀yə	꜀yə	꜀yə	꜀kuə
邳州	꜁tɕyə	꜁tʂuə	꜁fə	꜀və/꜀zuə	꜀tɕyə	꜀yə	꜀yə	꜀yə	꜀kuə
滕州	꜁tɕyə	꜁pfə	꜁fə	꜀və/꜀zuə	꜀tɕyə	꜀yə	꜀yə	꜀yə	꜀kuə
临沭	꜁tsyə	꜁tʃuə	꜁ʃuə	꜀ʒuə	꜀tɕyə	꜀yə	꜀yə	꜀yə	꜀kuə
宿迁	꜁tɕyə	꜁tʂuə	꜁ʂuə	꜀ʐuə	꜀tɕyə	꜀yə	꜀yə	꜀yə	꜀kuə
丰县	꜁tɕyə	꜁tʂuə	꜁ʂuə	꜀ʐuə	꜀tɕyə	꜀yə	꜀yə	꜀yə	꜀kuə
郯城	꜁tsyə	꜁tʂuə	꜁ʂuə	꜀ʐuə	꜀tɕyə	꜀yə	꜀yə	꜀yə	꜀kuə
莒南团林	꜁ȶyə	꜁tʃuə	꜁ʃuə	yə꜄	꜀tʃuə	yə꜄	꜀yə	yə꜄	꜂kuə
日照陈疃	꜁ȶyə	꜁tʂuə	꜁ʃuə	yə꜄	꜀tʃuə	yə꜄	꜀yə	yə꜄	꜂kuə
日照奎山	꜁tθyə	꜁tʂuə	꜁suə	yə꜄	꜀tɕyə	yə꜄	꜀yə	yə꜄	꜂kuə
日照黄墩	꜁ȶyə	꜁tʂuə	꜁ʃuə	yə꜄	꜀tʃuə	yə꜄	꜂yə	yə꜄	꜂kuə
日照涛雒	꜁ȶyə	꜁tʂuə	꜁suə	yə꜄	꜀tsuə	yə꜄	꜀yə	yə꜄	꜂kuə
蒙阴	꜁zyə	꜁tʃuə	꜁ʃuə	yə꜄	꜀tɕyə	yə꜄	꜀yə	yə꜄	꜀kuə
沂南	꜁tsyə	꜁tʂuə	꜁ʃuə	yə꜄	꜀tɕyə	yə꜄	꜀yə	yə꜄	꜀kuə
五莲许孟	꜁tɕyə	꜁tʂuə	꜁ʃuə	yə꜄	꜀ʒuə	yə꜄	꜂yə	yə꜄	꜂kuə
日照两城	꜁tθyə	꜁tʂuə	꜁suə	yə꜄	꜂tɕyə	yə꜄	꜂yə	yə꜄	꜂kuə
莒县桑园	꜁zyə	꜁tʂuə	꜁suə	yə꜄	꜂tɕyə	yə꜄	꜂yə	yə꜄	꜂kuə

续表

	霍	剥	雹	桌	戳	浊	镯	觉知~	岳
	宕合一铎入晓	江开二觉入帮	江开二觉入並	江开二觉入知	江开二觉入彻	江开二觉入澄	江开二觉入崇	江开二觉入见	江开二觉入疑
连云港	xə꜆	pɐ꜆	꜀pɔ	tʂuʊ꜆	tʂʰuʊ꜆	tʂuʊ꜆	tʂuʊ꜆	tɕyʊ꜆	yʊ꜆
灌南	xɑ꜆	pɑ꜆	꜀pɑ	tʂuo꜆	tʂʰuo꜆	tʂuo꜆	tʂuo꜆	tɕie꜆	ie꜆
沭阳	xuə꜆	pə꜆	꜀pɔ	tʂuə꜆	tʂʰuə꜆	tʂʊ꜆	tʂuə꜆	tɕyə꜆	yə꜆
泗阳	xoʔ꜆	poʔ꜆	pɔ꜄	tʂuəʔ꜆	tʂʰuəʔ꜆	tʂuəʔ꜆	tʂuəʔ꜆	tɕyəʔ꜆	yəʔ꜆
泗洪金锁	xuə꜄	pə꜆	꜀pɔ	tʂuə꜆	꜁tʂʰuə	꜁tʂuə	꜁tʂuə	tɕyə꜆	yə꜆
泗洪上塘	꜀xuə	꜀pə	pɔ꜄	tʂuə꜆	꜁tʂʰuə	꜁tʂuə	꜁tʂuə	tɕyə꜆	yə꜆
泗洪瑶沟	xuəʔ꜇	pɐ꜆	꜀pɔ	tʂuə꜆	tʂʰuə꜆	tʂʊʔ꜇	tʂuəʔ꜇	tɕyə꜆	yə꜆
赣榆墩尚	꜀xə/꜂xə	꜀pə/꜂pə	꜀pɔ	꜂tʂuə	꜁tʂʰuə	꜁tʂuə	꜁tʂuə	꜀cyə	꜀yə/꜂yə
赣榆石桥	xə꜆	pə꜆	pɔ꜆	tʂuə꜆	꜁tʂʰuə	꜁tʂuə	꜁tʂuə	tɕyə꜆	yə꜆
铜山	xuə꜄	꜀pə	꜁pɔ	꜀tʂuə	꜁tʂʰuə	꜁tʂuə	꜁tʂuə	꜀tɕyə	꜀yə
微山	꜀xuə	꜀pə	꜀pɔ	꜀tsuə	꜁tsʰuə	꜁tsuə	꜁tsuə	꜀tɕyə	꜀yə
邹城	꜀xuə	꜀pə	꜀pɔ	꜀tsuə	꜁tsʰuə	꜁tsuə	꜁tsuə	꜀tɕyə	꜀yə
睢宁	꜀xuə	꜀pə	꜀pɔ	꜀tʂuə	꜁tʂʰuə	꜁tʂuə	꜁tʂuə	꜀tɕyə	꜀yə
新沂阿湖	꜀xuə	꜀pə	꜀pɔ	꜀tʂuə	꜁tʂʰuə	꜁tʂuə	꜁tʂuə	꜀tɕyə	꜀yə
新沂时集 A	꜀xə	꜀pə	꜀pɔ	꜀tʂuə	꜁tʂʰuə	꜁tʂuə	꜁tʂuə	꜀tɕyə	꜀yə
新沂时集 B	xuə꜄	pə꜆	꜀pɔ	tʂuə꜆	꜁tʂʰuə	꜁tʂuə	꜁tʂuə	tɕyə꜆	yə꜆
泗水	꜀xuə	꜀pə	꜀pɔ	꜀tɕyə	꜁tɕʰyə	꜀tɕyə	꜁tɕyə	꜀tɕyə	꜀yə
邳州	꜀xuə	꜀pə	꜀pɔ	꜀tʂuə	꜁tʂʰuə	꜁tʂuə	꜁tʂuə	꜀tɕyə	꜀yə
滕州	꜀xuə	꜀pə	꜁pə	꜀pfə	꜁pfʰə	꜁pfə	꜁pfə	꜀tɕyə	꜀yə
临沭	꜀xə	꜀pə	꜀pɔ	꜀tʃuə	꜁tʃʰuə	꜁tʃuə	꜁tʃuə	꜀tɕyə	꜀yə
宿迁	꜀xə	꜀pə	꜀pɔ	꜀tʂuə	꜁tʂʰuə	꜁tʂuə	꜁tʂuə	꜀tɕyə	꜀yə
丰县	꜀xuə	꜀pə	꜀pɔ	꜀tsuə	꜁tsʰuə	꜁tsuə	꜁tsuə	꜀tɕyə	꜀yə
郯城	꜀xuə	꜀pə	꜀pɔ	꜀tʂuə	꜁tʂʰuə	꜁tʂuə	꜁tʂuə	꜀tɕyə	꜀yə
莒南团林	꜀xuə	꜀pə	꜁pɔ	꜀tʂuə	꜁tʂʰuə	꜁tʂuə	꜁tʂuə	꜀tʃuə	yə꜄
日照陈疃	xə꜄	꜂pə	pɔ꜄	꜂tʂuə	꜁tʂʰuə	꜁tʂuə	꜁tʂuə	꜂tʃuə	yə꜄
日照奎山	xuə꜄	꜀pə	꜁pɔ	꜂tʂuə	꜁tʂʰuə	꜁tʂuə	꜁tʂuə	꜀tɕyə	yə꜄
日照黄墩	xuə꜄	꜂pə	pɔ꜄	꜂tʂuə	꜁tʂʰuə	꜁tʂuə	꜁tʂuə	꜂tʃuə	yə꜄
日照涛雒	xuə꜄	꜀pə/꜀pɑ	꜂pɑ	꜀tʂuə	꜁tʂʰuə	꜁tʂuə	꜁tʂuə	꜀tsuə	yə꜄
蒙阴	꜀xuə	꜀pə	꜁pɔ	꜀tʃuə	꜁tʃʰuə	꜁tʃuə	꜁tʃuə	꜀tɕyə	yə꜄
沂南	xuə꜄	꜀pə/꜀pa	꜀pɔ/꜁pa	꜀tʂuə	꜁tʂʰuə	꜁tʂuə	꜁tʂuə	꜀tɕyə	yə꜄
五莲许孟	xuə꜄	꜂pə	꜁pɔ	꜂tʂuə	꜁tʂʰuə	꜁tʂuə	꜁tʂuə	꜂ʒuə	yə꜄
日照两城	xə꜄	꜀pə	꜀pɔ	꜀tʂuə	꜁tʂʰuə	꜁tʂuə	꜁tʂuə	tɕyə꜆	꜀yə
莒县桑园	xuə꜄	꜂pə	꜁pɔ	꜂tʂuə	꜁tʂʰuə	꜂tʂuə	꜁tʂuə	꜂tɕyə	yə꜄

续表

	学	北	墨	德	特	肋	则	贼	塞
	江开二 觉入匣	曾开一 德入帮	曾开一 德入明	曾开一 德入端	曾开一 德入定	曾开一 德入来	曾开一 德入精	曾开一 德入从	曾开一 德入心
连云港	ɕyʊ꜆	pə꜆	mə꜆	tə꜆	tʰə꜆	lə꜆	tʂə꜆	꜁tʂei	ʂə꜆/꜀ʂɛ
灌南	ɕie꜆	po꜆	mo꜆	təl꜆	tʰəl꜆	ləl꜆	tʂəl꜆	꜁tʂᴇi	ʂəl꜆/tʂəl꜄
沭阳	ɕyə꜆	pə꜆	mə꜆	tə꜆	tʰə꜆	lə꜆	tsə꜆	꜁tsei	sə꜆/꜀sɛ
泗阳	ɕyəʔ꜆	pəʔ꜆	məʔ꜆	təʔ꜆	tʰəʔ꜆	ləʔ꜆	tsəʔ꜆	꜁tsei	sə꜆/꜀sɛ
泗洪金锁	ɕyə꜆	꜀pe	꜀me	꜀te	tʰe꜆	꜀le	tsə꜆	꜁tse	꜀sɛ/sə꜆
泗洪上塘	꜁ɕyə	꜀pe	mə꜆	tə꜆	꜁tʰə	꜀le	tsə꜆	꜁tse	꜀sɛ
泗洪瑶沟	ɕyəʔ꜇	꜀pei	məʔ꜇	təʔ꜇	tʰəʔ꜇	ləʔ꜇	tsəʔ꜇	꜁tsei	sə꜆/tsəʔ꜇①
赣榆墩尚	꜁ɕyə	꜀pe/꜂pe	꜀me/꜂me	꜀te/꜂te	꜁te	꜀le/꜂le	꜀tse/꜂tse	꜁tse	꜀sɛ
赣榆石桥	꜁ɕyə	pei꜆	mei꜆	tei꜆	꜁tʰei	lei꜆	tθei꜆	꜁tθei	θei꜆/θɛ꜄
铜山	꜁ɕyə	꜀pe	꜀me	꜀te	꜁te/꜁tʰe	꜀le	꜀tse	꜁tse	꜀sɛ/꜀se
微山	꜁ɕyə	꜀pei	꜀mei	꜀tei	꜁tʰei	꜀lei	꜀tsei	꜁tsei	꜀sɛ
邹城	꜁ɕyə	꜀pei	꜀mei	꜀tei	꜁tʰei	꜀lei	꜀tsei	꜁tsei	꜀sɛ
睢宁	꜁ɕyə	꜀pei	꜀mei	꜀tei	꜁tʰei	꜀lei	꜀tsei	꜁tsei	꜀sɛ
新沂阿湖	꜁ɕyə	꜀pe	꜀me	꜀te	꜁tʰe	꜀le	꜀tse	꜁tse	꜀sɛ
新沂时集 A	꜁ɕyə	꜀pei	꜀mei	꜀tei	꜁tei	꜀lei	꜀tsei	꜁tsei	꜀sɛ
新沂时集 B	ɕyə꜆	꜀pe	꜀me	꜀te	꜁tʰe	꜀le	꜀tse	꜁tse	꜀sɛ
泗水	꜁ɕyə	꜀pei	꜀mei	꜀tei	꜁tʰə	꜀lei	꜀tʃei	꜁tʃei	꜀ʃei
邳州	꜁ɕyə	꜀pe	꜀me/꜀mi	꜀te	꜁te	꜀le	꜀tse	꜁tse	꜀sɛ
滕州	꜁ɕyə	꜀pei	mə꜄	꜀tei	꜁tʰei	꜀lei	꜀tsei	꜁tsei	꜀sɛ
临沭	꜁ɕyə	꜀pei	꜀mei	꜀tei	꜁tʰə	꜀lei	꜀tθei	꜁tθei	꜀θɛ
宿迁	꜁ɕyə	꜀pe	꜀me/꜀mi	꜀te	꜁te	꜀le	꜀tse	꜁tse	꜀sɛ
丰县	꜁ɕyə	꜀pe	꜀me	꜀te	꜁te	꜀le	꜀tse	꜁tse	꜀sɛ
郯城	꜁ɕyə	꜀pe	꜀me/꜀mi	꜀te	꜁te	꜀le	꜀tse	꜁tse	꜀sɛ/꜀se
莒南团林	꜁ʃuə	꜀pe	me꜄	꜀te	tʰə꜄	le꜄	꜀tθe	꜁tθei	꜂θe
日照陈疃	꜁ʃuə	꜀pei	mei꜄	꜀tei	꜁tʰə	lei꜄	꜀tei	꜁tei	꜂θei
日照奎山	꜁ɕyə	꜀pe	me꜄	꜀te	꜀tʰə	le꜄	꜀tθə	꜁tθe	꜂θe
日照黄墩	꜁ʃuə	꜀pe	me꜄	꜀te	꜂tʰə	le꜄	꜀tθe	꜁tθei	꜂θe
日照涛雒	꜁suə	꜀pei	mei꜄	꜀tei	tə꜄	lei꜄	꜀tθei	꜁tθei	꜀θei/θɛ꜄
蒙阴	꜁ɕyə	꜀pei	mei꜄	꜀tei	꜁tʰə	lei꜄	꜀ðei	꜁ðei	꜀θei
沂南	꜁ɕyə	꜀pe	꜀me	꜀te	꜁te	le꜄	꜀tθe	꜁tθe	꜀θe/꜀θa
五莲许孟	꜁ʃuə	꜀pei	mei꜄	꜂tei	꜁tʰuei	lei꜄	꜂tei	꜁tei	꜂θei
日照两城	꜁ɕyə	꜂pei	mei꜄	꜂tei	꜁tʰə	lei꜄	꜂tθei	꜁tθei	꜂θei
莒县桑园	꜁ɕyə	꜂pei	mə꜄	꜂tei	꜁tʰə	lei꜄	꜂zei	꜁zei	꜂θei

① sə꜆~子、tsəʔ꜇~进去。

续表

	克	黑	逼	力	即	直	测	色	织
	曾开一德入溪	曾开一德入晓	曾开三职入帮	曾开三职入来	曾开三职入精	曾开三职入澄	曾开三职入初	曾开三职入生	曾开三职入章
连云港	kʰə꜆	xə꜆	piɪ꜆	liɪ꜆	tɕiɪ꜆	tʂə꜆	tʂʰə꜆	ʂə꜆	tʂə꜆
灌南	kʰəl꜆	xəl꜆	pɪl꜆	lɪl꜆	tɕɪl꜆	tʂəl꜆	tʂʰəl꜆	ʂəl꜆	tʂəl꜆
沭阳	kʰə꜆	xə꜆	piɪ꜆	liɪ꜆	tɕiɪ꜆	tʂə꜆	tsʰə꜆	sə꜆	tʂə꜆
泗阳	kʰəʔ꜆	xəʔ꜆	piʔ꜆	liʔ꜆	tɕiʔ꜆	tʂəʔ꜆	tsʰəʔ꜆	səʔ꜆	tʂəʔ꜆
泗洪金锁	kʰe꜆	꜀xe/xə꜆	pi꜆	li꜆	tɕi꜆	tʂə꜆	tsʰə꜆	sə꜆	tʂə꜆
泗洪上塘	kʰə꜆	xə꜆/꜀xe	꜁pi	li꜆	tɕi꜆	꜁tʂʅ	tsʰə꜆	sə꜆	tʂə꜆
泗洪瑶沟	kʰəʔ꜇	xəʔ꜇	pɪʔ꜇	lɪʔ꜇	tɕɪʔ꜇	tʂəʔ꜇	tsʰəʔ꜇	səʔ꜇	tʂəʔ꜇
赣榆墩尚	꜀kʰe/꜂kʰe	꜀xe/꜂xe	꜁pi	꜀li/꜂li	꜁tsi	꜁tʂʅ	꜀tʂʰe/꜂tʂʰe	꜀ʂe/꜂ʂe	꜂tʂʅ
赣榆石桥	kʰei꜆	xei꜆	꜁pi	li꜆	tθi꜆	꜁tʃʅ	tʂʰei꜆	ʂei꜆	tʃʅ꜆
铜山	꜀kʰe	꜀xe	꜁pi	꜀li	꜀tɕi	꜁tʂʅ	꜀tsʰe	꜀se	꜀tʂʅ
微山	꜀kʰei	꜀xei	꜁pi	꜀li	꜀tɕi	꜁tsɿ	꜀tsʰei	꜀sei	꜀tsɿ
邹城	꜀kʰei	꜀xei	꜁pi	꜀li	꜀tɕi	꜁tsɿ	꜀tsʰei	꜀sei	꜀tsɿ
睢宁	꜀kʰei	꜀xei	꜁pi	꜀li	꜀tɕi	꜁tʂʅ	꜀tʂʰei	꜀ʂei	꜀tʂʅ
新沂阿湖	꜀kʰe	꜀xe	꜁pi	꜀li	꜀tɕi	꜁tʂʅ	꜀tʂʰe	꜀ʂe	꜀tʂʅ
新沂时集 A	꜀kʰei	꜀xei	꜁pi	꜀li	꜀tɕi	꜁tʂʅ	꜀tʂʰe	꜀ʂe	꜀tʂʅ
新沂时集 B	꜀kʰe	꜀xe	pi꜆	li꜆	tɕi꜆	tʂʅ꜆	꜀tsʰe	sə꜄	tʂʅ꜆
泗水	꜀kʰei	꜀xei	꜁pi	꜀li	꜀tɕi	꜁tʃʅ	꜀tʃʰei	꜀ʃei	꜀tʃʅ
邳州	꜀kʰe	꜀xe	꜁pi	꜀li	꜀tɕi	꜁tʂʅ	꜀tʂʰe	꜀ʂe	꜀tʂʅ
滕州	꜀kʰei	꜀xei	꜁pi	꜀li	꜀tɕi	꜁tsɿ	꜀tsʰei	꜀sei	꜀tsɿ
临沭	꜀kʰei	꜀xei	꜁pi	꜀li	꜀tsi	꜁tʃʅ	꜀tʃʰei	꜀ʃei	꜀tʃʅ
宿迁	꜀kʰe	꜀xe	꜁pi	꜀li	꜀tɕi	꜁tʂʅ	꜀tʂʰe	꜀ʂe	꜀tʂʅ
丰县	꜀kʰe	꜀xe	꜁pi	꜀li	꜀tɕi	꜁tʂʅ	꜀tsʰe	꜀se	꜀tʂʅ
郯城	꜀kʰe	꜀xe	꜁pi	꜀li	꜀tsi	꜁tʂʅ	꜀tʂʰei	꜀ʂe	꜀tʂʅ
莒南团林	꜀kʰe	꜀xe	꜁pi	li꜄	ȶi꜄	꜁tʃʅ	꜀tʂʰe	꜀ʂe	꜀tʃʅ
日照陈疃	kʰei꜄	꜂xei	꜁pi	li꜄	꜁ȶi	꜁tʃʅ	꜀tʂʰei	꜂ʂei	꜂tʃʅ
日照奎山	꜀kʰe	꜀xe	꜁pi	li꜄	꜁tθi	꜁tsɿ	꜀tʂʰe	꜂ʂe	꜀tsɿ
日照黄墩	kʰə꜄	꜂xe	꜁pi	li꜄	꜁ȶi	꜁tʃʅ	꜀tʂʰe	꜂ʂe	꜂tʃʅ
日照涛雒	꜀kʰei	꜀xei	꜁pi	li꜄	꜀ȶi	꜁tsɿ	꜀tʂʰei	꜀ʂei	꜀tsɿ
蒙阴	꜀kʰei	꜀xei	꜁pi	li꜄	꜀zi	꜁tʃʅ	꜀tʃʰei	꜀ʃei	꜀tʃʅ
沂南	꜀kʰe	꜀xe	꜁pi	li꜄	꜀tsi	꜁tʃʅ	꜀tʂʰe	꜀ʂe	꜀tʃʅ
五莲许孟	꜃kʰə	꜂xei	꜁pi	li꜄	꜂tɕi	꜁ʒʅ	꜃tʰə	꜂ʂei	꜂ʒʅ
日照两城	꜃kʰei	꜂xei	꜁pi	li꜄	tθi꜄	꜁tsɿ	tθʰə꜄	꜂ʂei	꜀tsɿ
莒县桑园	꜃kʰə	꜂xei	꜁pi	li꜄	zi꜄	꜁zʅ	꜂tʂʰei	꜂θə	꜂zʅ

续表

	食	植	极	国	或	域	百	迫	拍
	曾开三职入船	曾开三职入禅	曾开三职入群	曾合一德入见	曾合一德入匣	曾合三职入云	梗开二陌入帮	梗开二陌入帮	梗开二陌入滂
连云港	ʂə꜆	tʂə꜆	tɕiɪ꜆	kuʊ꜆	xuʊ꜆	yʊ꜆	pə꜆	pʰə꜆	pʰə꜆
灌南	ʂəl꜆	tʂəl꜆	tɕɪl꜆	ko꜆	xo꜆	io꜆	po꜆	pʰo꜆	pʰo꜆
沭阳	ʂə꜆	tʂə꜆	tɕiɪ꜆	kʊ꜆	xʊ꜆	iʊ꜆	pə꜆	pʰə꜆	pʰə꜆
泗阳	ʂəʔ꜆	tʂəʔ꜆	tɕiʔ꜆	koʔ꜆	xoʔ꜆	ioʔ꜆	pəʔ꜆	pʰəʔ꜆	pʰəʔ꜆
泗洪金锁	ʂə꜆	tʂə꜆	꜁tɕi	ku꜆	xu꜆	y꜆	꜀pe	pʰe꜆	pʰə꜆
泗洪上塘	꜁ʂʅ	꜁tʂʅ	tɕi꜆	ku꜆	xu꜆	꜀y	꜀pe	pʰə꜆	꜀pʰe
泗洪瑶沟	ʂəʔ꜇	tʂəʔ꜇	tɕɪʔ꜇	kʊʔ꜇	xʊʔ꜇	yeʔ꜇	꜀pei	pʰəʔ꜇	pʰəʔ꜇
赣榆墩尚	꜁ʂʅ	꜁tʂʅ	꜁ci	꜀ku/꜂ku	꜂xue/꜂xuə	꜀y/꜂y	꜀pe/꜂pe	꜂pʰe	꜂pʰe
赣榆石桥	꜁ʃʅ	꜁tʃʅ	꜁tɕi	꜂kuə	꜂xuei	y꜆	pei꜆	pʰei꜆	pʰei꜆
铜山	꜁ʂʅ	꜁tʂʅ	꜁tɕi	꜀kuə	xuə꜄	꜀y	꜀pe	꜂pʰe	꜀pʰe
微山	꜁sʅ	꜁tsʅ	꜁tɕi	꜀kuei	꜂xuei	꜀y	꜀pei	꜂pʰei	꜀pʰei
邹城	꜁sʅ	꜁tsʅ	꜁tɕi	꜀kuei	꜂xuei	꜀y	꜀pei	꜂pʰei	꜀pʰei
睢宁	꜁ʂʅ	꜁tʂʅ	꜁tɕi	꜀kuei	꜂xuei	꜀y	꜀pei	꜂pʰei	꜀pʰei
新沂阿湖	꜁ʂʅ	꜁tʂʅ	꜁tɕi	꜀kuə	xuə꜄	꜀y	꜀pe	꜂pʰe	꜀pʰe
新沂时集 A	꜁ʂʅ	꜁tʂʅ	꜁tɕi	꜀ku	꜂xuei	꜀y	꜀pei	꜂pʰei	꜀pʰei
新沂时集 B	ʂʅ꜆	tʂʅ꜆	꜁tɕi	ku꜆	xuə꜄	y꜄	꜀pe	꜂pʰe	꜀pʰe
泗水	꜁ʃʅ	꜁tʃʅ	꜁tɕi	꜂kuə	꜁xuei	꜀y	꜀pei	꜂pʰei	꜀pʰei
邳州	꜁ʂʅ	꜁tʂʅ	꜁tɕi	꜀kue	꜂xue	꜀y	꜀pe	꜂pʰe	꜀pʰe
滕州	꜁sʅ	꜁tsʅ	꜁tɕi	꜀kuei	꜂xuei	꜀y	꜀pei	꜂pʰei	꜀pʰei
临沭	꜁ʂʅ	꜁tʂʅ	꜁tɕi	꜀kuə	꜂xue	꜀y	꜀pe	꜂pʰe	꜀pʰe
宿迁	꜁ʂʅ	꜁tʂʅ	꜁tɕi	꜀ku	꜂xuə	꜀y	꜀pe	꜂pʰe	꜀pʰe
丰县	꜁ʂʅ	꜁tʂʅ	꜁tɕi	꜀kue	꜂xue	꜀y	꜀pe	꜂pʰe	꜀pʰe
郯城	꜁ʂʅ	꜁tʂʅ	꜁tɕi	꜀kuə	꜂xue	꜀y	꜀pe	꜂pʰe	꜀pʰe
莒南团林	꜁ʃʅ	꜁tʃʅ	꜁tʃʅ	꜀kuə	xuə꜄	y꜄	꜀pe	꜀pʰe	꜀pʰe
日照陈疃	꜁ʃʅ	꜁tʃʅ	꜁tʃʅ	꜂kuə	xuei꜄	y꜄	꜀pei	꜀pʰei	꜀pʰei
日照奎山	꜁sʅ	꜁tsʅ	꜁tɕi	꜂kuə	xuə꜄	y꜄	꜀pe	꜀pʰe	꜀pʰe
日照黄墩	꜁ʃʅ	꜁tʃʅ	꜁tʃʅ	꜂kuə	꜁xue	y꜄	꜀pe	꜀pʰe	꜀pʰe
日照涛雒	꜁sʅ	꜁tsʅ	꜁tsʅ	꜂kuə	꜁xuei	y꜄	꜀pei	꜂pʰei	꜀pʰei
蒙阴	꜁ʃʅ	꜁tʃʅ	꜁tɕi	꜂kuə	꜁xuei	꜀y	꜀pei	꜂pʰei	꜀pʰei
沂南	꜁ʃʅ	꜁tʃʅ	꜁tɕi	꜂kuə	꜂xue/꜂xuə	꜀y	꜀pe	꜂pʰə	꜀pʰe
五莲许孟	꜁ʃʅ	꜁ʒʅ	꜁tʃʅ	꜂kuə	꜁xuei	y꜄	꜂pei	꜂pʰei	꜂pʰei
日照两城	꜁sʅ	꜁tsʅ	꜁tɕi	꜂kuə	xuə꜄	y꜄	꜂pei	꜀pʰei	꜂pʰei
莒县桑园	꜁sʅ	꜁zʅ	꜁tɕi	꜂kuə	xuə꜄	y꜄	꜀pei	pʰə꜄	꜂pʰei

续表

	白	择选～	宅	格	客	额	吓	麦	摘
	梗开二陌入並	梗开二陌入澄	梗开二陌入澄	梗开二陌入见	梗开二陌入溪	梗开二陌入疑	梗开二陌入晓	梗开二麦入明	梗开二麦入知
连云港	pə꜆	tʂə꜆	tʂə꜆	kə꜆	kʰə꜆	ə꜆	xə꜆	mə꜆	tʂə꜆
灌南	po꜆	tʂəl꜆	tʂəl꜆	kəl꜆	kʰəl꜆	əl꜆	xəl꜆	mo꜆	tʂəl꜆
沭阳	pə꜆	tʂə꜆	tʂə꜆	kə꜆	kʰə꜆	ə꜆	xə꜆	mə꜆	tʂə꜆
泗阳	pəʔ꜆	tʂəʔ꜆	tʂəʔ꜆	kəʔ꜆	kʰəʔ꜆	əʔ꜆	xəʔ꜆	məʔ꜆	tʂəʔ꜆
泗洪金锁	꜁pe	tsə꜆	tse꜆	kə꜆	kʰə꜆	꜁ə	xə꜆	꜀me	tsə꜆
泗洪上塘	꜁pe	꜁tsə	꜁tsə	kə꜆	kʰə꜆	꜀ɣə	xə꜆	꜀me	꜁tsə
泗洪瑶沟	꜁pei	tsəʔ꜇	tsəʔ꜇	kəʔ꜇	kʰəʔ꜇	əʔ꜇	xəʔ꜇	꜀mei	tsəʔ꜇
赣榆墩尚	꜁pe	꜁tʂe	꜁tʂe	꜀ke/꜂ke	꜂kʰe	꜂ɣe	xə꜄	꜀me	꜀tʂe/꜂tʂe
赣榆石桥	꜁pei	꜁tʂei	꜁tʂei	kei꜆	kʰei꜆	꜂ɣei	xə꜄	mei꜆	tʂei꜆
铜山	꜁pe	꜁tse	꜁tse	꜀ke	꜀kʰe	꜀ɣə	xə꜄	꜀me	꜀tse
微山	꜁pei	꜁tsei	꜁tsei	꜀kei	꜀kʰei	꜀ɣə	꜀xei	꜀mei	꜀tsei
邹城	꜁pei	꜁tsei	꜁tsei	꜀kei	꜀kʰei	꜀ɣə	꜀xei	꜀mei	꜀tsei
睢宁	꜁pei	꜁tʂei	꜁tʂei	꜀kei	꜀kʰei	꜀ɣə	꜀xei	꜀mei	꜀tʂei
新沂阿湖	꜁pe	꜁tsə	꜁tʂɛ	꜀ke	꜀kʰe	꜀ɣə	ɕia꜄	꜀me	꜀tʂe
新沂时集 A	꜁pei	꜁tʂei	꜁tʂei	꜀kei	꜀kʰei	꜀ɣei	꜀xei	꜀mei	꜀tʂei
新沂时集 B	꜁pe	꜁tʂe	꜁tʂe	kə꜆	꜀kʰe	ɣə꜆	xə꜄	꜀me	꜀tʂe
泗水	꜁pei	꜁tʃei	꜁tʃei	꜀kei	꜀kʰei	꜀ɣei	xə꜄	꜀mei	꜀tʃei
邳州	꜁pe	꜁tʂe	꜁tʂe	꜀ke	꜀kʰe	꜀ɣə	꜀xe	꜀mə̃	꜀tʂe
滕州	꜁pei	꜁tsei	꜁tsei	꜀kei	꜀kʰei	꜀ɣə	꜀xei	꜀mei	꜀tsei
临沭	꜁pei	꜁tʃei	꜁tʃei	꜀kei	꜀kʰei	꜀ɣei	xə꜄	꜀mei	꜀tʃei
宿迁	꜁pe	꜁tʂe	꜁tʂe	꜀ke	꜀kʰe	꜀ɣe	꜀xə	꜀me	꜀tʂe
丰县	꜁pe	꜁tse	꜁tse	꜀ke	꜀kʰe	꜀ɣə	꜀xe	꜀me	꜀tse
郯城	꜁pe	꜁tʂe	꜁tʂe	꜀ke	꜀kʰe	꜁ɣə/꜁ɣe	꜀xə	꜀me	꜀tʂe
莒南团林	꜁pe	꜁tʂe	꜁tʂe	꜂ke	꜀kʰe	꜁ə	xə꜄	me꜄	꜀tʂe
日照陈疃	꜁pei	꜁tʂei	꜁tʂei	꜂kei	꜀kʰei	꜀ŋə	xə꜄	mei꜄	꜀tʂei
日照奎山	꜁pe	꜁tʂe	꜁tʂe	꜂ke	꜀kʰe	꜂ŋe	xə꜄	me꜄	꜂tʂe
日照黄墩	꜁pe	꜁tʂe	꜁tʂe	꜂kə	꜀kʰe	꜂ŋə	xə꜄	me꜄	꜂tʂe
日照涛雒	꜁pei	꜁tʂei	꜁tʂei	꜀kei	꜀kʰei	꜁ŋə	xə꜄	mei꜄	꜀tʂei
蒙阴	꜁pei	꜁tʃei	꜁tʃei	꜀kei	꜀kʰei	꜂ŋei	xə꜄	mei꜄	꜀tʃei
沂南	꜁pe	꜁tʂe	꜁tʂe	꜀ke	꜀kʰe	ŋə꜄	꜀xə	me꜄	꜀tʂe
五莲许孟	꜁pei	꜁tʂei	꜁tʂei	꜂kei	꜂kʰei	꜂ŋə/꜂ŋei	꜂xə	mei꜄	꜂tʂei
日照两城	꜁pei	꜁tʂei	꜁tʂei	꜂kei	꜂kʰei	꜂ŋə	xə꜄	mei꜄	꜂tʂei
莒县桑园	꜁pei	꜁tʂei	꜁tʂei	꜂kei	꜂kʰei	꜂ŋə	xə꜄	mei꜄	꜂tʂei

续表

	责	策	隔	核审~	碧	剧	逆	璧	积
	梗开二麦入庄	梗开二麦入初	梗开二麦入见	梗开二麦入匣	梗开三陌入帮	梗开三陌入群	梗开三陌入疑	梗开三昔入帮	梗开三昔入精
连云港	tʂə꜆	tʂʰə꜆	kə꜆	xə꜆	piɪ꜆	tɕʏᶣ꜄	liɪ꜆	piɪ꜆	tɕiɪ꜆
灌南	tʂəl꜆	tʂʰəl꜆	kəl꜆	xəl꜆	pɪl꜆	tɕⁱɥ꜄	lɪl꜆	pɪl꜆	tɕɪl꜆
沭阳	tʂə꜆	tʂʰə꜆	kə꜆	xə꜆	piɪ꜆	tɕiᶣ꜄	iɪ꜆	piɪ꜆	tɕiɪ꜆
泗阳	tʂəʔ꜆	tsʰəʔ꜆	kəʔ꜆	xəʔ꜆	piʔ꜆	tɕioʔ꜆	iʔ꜆	piʔ꜆	tɕiʔ꜆
泗洪金锁	tsə꜆	tsʰə꜆	kə꜆	xə꜆	pi꜆	tɕy꜄	ni꜆	pi꜄	tɕi꜆
泗洪上塘	tsə꜆	tsʰə꜆	kə꜆	꜁xə	pi꜄	tɕy꜄	ni꜄	pi꜄	tɕi꜆
泗洪瑶沟	tsəʔ꜇	tsʰəʔ꜇	kəʔ꜇	xəʔ꜇	pɪʔ꜇	tɕy꜄	ni꜄	pɪʔ꜇	tɕɪʔ꜇
赣榆墩尚	꜀tʂe/꜂tʂe	꜀tʂʰe/꜂tʂʰe	꜀ke/꜂ke	꜂xɛ	pi꜄	cy꜄	ni꜄	pi꜄	꜀tsi/꜂tsi
赣榆石桥	tʂei꜆	tʂʰei꜆	kei꜆	꜁xɛ	꜁pi	tɕy꜄	ni꜄	pi꜆	tθi꜆
铜山	꜀tse	꜀tsʰe	꜀ke	꜁xɛ	pi꜄	tɕy꜄	꜁ni	pi꜄	꜀tɕi
微山	꜀tsei	꜀tsʰei	꜀kei	꜁xɛ	pi꜄	tɕy꜄	꜁i	pi꜄	꜀tɕi
邹城	꜀tsei	꜀tsʰei	꜀kei	꜁xɛ	pi꜄	tɕy꜄	꜁i	pi꜄	꜀tɕi
睢宁	꜀tʂei	꜀tʂʰei	꜀kei	꜁xɛ	pi꜄	tɕy꜄	꜁i	pi꜄	꜀tɕi
新沂阿湖	꜀tʂe	꜀tʂʰe	꜀ke	꜁xə	pi꜄	tɕy꜄	ni꜄	pi꜄	꜀tɕi
新沂时集 A	꜀tʂei	꜀tʂʰei	꜀kei	꜁xɛ	pi꜄	tɕy꜄	꜁i	pi꜄	꜀tɕi
新沂时集 B	꜀tʂe	꜀tʂʰe	꜀ke	꜁xɛ	pi꜄	tɕy꜄	ni꜄	pi꜄	tɕi꜆
泗水	꜀tʃe	꜀tʃʰe	꜀ke	꜁xɛ	pi꜄	tɕy꜄	꜁i	pi꜄	꜀tɕi
邳州	꜀tʂe	꜀tʂʰe	꜀ke	꜁xɛ	pi꜄	tɕy꜄	꜁i	pi꜄	꜀tɕi
滕州	꜀tsei	꜀tsʰei	꜀kei	꜁xɛ	pi꜄	tɕy꜄	꜁i	pi꜄	꜀tɕi
临沭	꜀tʃei	꜀tʃʰei	꜀kei	꜁xɛ	pi꜄	tɕy꜄	i꜄	pi꜄	꜀tsi
宿迁	꜀tse	꜀tsʰe	꜀ke	꜁xɛ	pi꜄	tɕy꜄	꜁i	pi꜄	꜀tɕi
丰县	꜀tʂe	꜀tʂʰe	꜀ke	꜁xɛ	pi꜄	tɕy꜄	꜁i	pi꜄	꜀tɕi
郯城	꜀tʂe	꜀tʂʰe	꜀ke	꜁xɛ	pi꜄	tɕy꜄	꜁i	pi꜄	꜀tsi
莒南团林	꜂tʂe	꜀tʂʰe	꜀ke	꜁xɛ	pi꜄	tʃɥ꜄	ni꜄	pi꜄	꜀tθi
日照陈疃	꜂tʂei	꜀tʂʰei	꜂kei	꜁xɛ	pi꜄	tʃɥ꜄	꜁i	pi꜄	꜀ȶi
日照奎山	꜀tʂe	꜀tʂʰe	꜀ke	꜁xɛ	pi꜄	tɕy꜄	ni꜄	pi꜄	꜀tθi
日照黄墩	꜂tʂe	꜀tʂʰe	꜂kə	꜁xɛ	pi꜄	tʃɥ꜄	ni꜄	pi꜄	꜀ȶi
日照涛雒	꜀tʂei	꜀tʂʰei	꜀kei	꜁xɛ	pi꜄	tsɥ꜄	꜁i	pi꜄	꜀ȶi
蒙阴	꜀tʃei	꜀tʃʰei	꜀kei	꜁xɛ	pi꜄	tɕy꜄	꜁i	pi꜄	꜀zi
沂南	꜀tʂei	꜀tʃʰei	꜀kə	꜁xɛ	pi꜄	tɕy꜄	i꜄	pi꜄	꜀tsi
五莲许孟	꜂tʂei	꜂tʂʰei	꜂kei	꜁xɛ	pi꜄	ʒɥ꜄	꜁i	pi꜄	꜂tɕi
日照两城	꜂tʂei	꜀tʂʰei	꜀kei	꜂xɛ	pi꜄	tɕy꜄	ni꜄	pi꜄	꜂tθi
莒县桑园	꜂tʂei	꜂tʂʰei	꜂kə	꜁xai	pi꜄	tɕy꜄	ni꜄	pi꜄	꜂zi

续表

	籍	席	掷	尺	石	益	译	劈	滴
	梗开三昔入从	梗开三昔入邪	梗开三昔入澄	梗开三昔入昌	梗开三昔入禅	梗开三昔入影	梗开三昔入以	梗开四锡入滂	梗开四锡入端
连云港	tɕiɪ꜆	ɕiɪ꜆	tʂə꜆	tʂʰə꜆	ʂə꜆	iɪ꜆	iɪ꜆	pʰiɪ꜆	tiɪ꜆
灌南	tɕɪl꜆	ɕɪl꜆	tʂən꜄	tʂʰəl꜆	ʂəl꜆	ɪl꜆	ɪl꜆	pʰɪl꜆	tɪl꜆
沭阳	tɕiɪ꜆	ɕiɪ꜆	tʂəŋ꜄	tʂʰə꜆	ʂə꜆	iɪ꜆	iɪ꜆	pʰiɪ꜆	tiɪ꜆
泗阳	tɕiʔ꜆	ɕiʔ꜆	tʂəʔ꜆	tʂʰəʔ꜆	ʂəʔ꜆	iʔ꜆	iʔ꜆	pʰiʔ꜆	tiʔ꜆
泗洪金锁	tɕi꜆	ɕi꜆	tʂə꜆	tʂʰə꜆	ʂə꜆	i꜆	i꜆	pʰi꜆	ti꜆
泗洪上塘	꜁tɕi	꜁ɕi	tʂəŋ꜄	tʂʰə꜆	꜁ʂʅ	꜀i	i꜄	pʰi꜆	꜁ti
泗洪瑶沟	tɕɪʔ꜇	ɕɪʔ꜇	tʂʅ꜄	tʂʰə꜆	ʂəʔ꜇	ɪʔ꜇	ɪʔ꜇	pʰɪʔ꜇	tɪʔ꜇
赣榆墩尚	꜁tsi	꜁si	tʂʅ꜄	꜀tʂʰʅ/꜂tʂʰʅ	꜁ʂʅ	꜀i/꜂i	i꜄	꜀pʰi/꜂pʰi	꜀ti/꜂ti
赣榆石桥	꜁tθi	꜁θi	tʃɿ꜆	tʂʰʅ꜆	꜁ʃɿ	i꜆	i꜄	pʰi꜆	ti꜆
铜山	꜁tɕi	꜁ɕi	꜀tʂʅ	꜀tʂʰʅ	꜁ʂʅ	꜀i	i꜄	꜀pʰi	꜀ti
微山	꜁tɕi	꜁ɕi	tsɿ꜄	꜀tsʰɿ	꜁sɿ	꜀i	i꜄	꜀pʰi	꜀ti
邹城	꜁tɕi	꜁ɕi	tsɿ꜄	꜀tsʰɿ	꜁sɿ	꜀i	i꜄	꜀pʰi	꜀ti
睢宁	꜁tɕi	꜁ɕi	tʂʅ꜄	꜀tʂʰʅ	꜁ʂʅ	꜀i	i꜄	꜀pʰi	꜀ti
新沂阿湖	꜁tɕi	꜁ɕi	꜀tʂʅ	꜀tʂʰʅ	꜁ʂʅ	i꜄	i꜄	꜀pʰi	꜀ti
新沂时集 A	꜁tɕi	꜁ɕi	tʂʅ꜄	꜀tʂʰʅ	꜁ʂʅ	꜀i	i꜄	꜀pʰi	꜀ti
新沂时集 B	꜁tɕi	꜁ɕi	tʂʅ꜄	tʂʰʅ꜆	ʂʅ꜆	i꜄	i꜄	pʰi꜆	ti꜆
泗水	꜁tɕi	꜁ɕi	tʃɿ꜄	꜀tʃʰɿ	꜁ʃɿ	꜀i	i꜄	꜀pʰi	꜀ti
邳州	꜁tɕi	꜁ɕi	꜀tʂʅ	꜀tʂʰʅ	꜁ʂʅ	꜀i	i꜄	꜀pʰi	꜀ti
滕州	꜁tɕi	꜁ɕi	tsɿ꜄	꜀tsʰɿ	꜁sɿ	꜀i	i꜄	꜀pʰi	꜀ti
临沭	꜁tsi	꜁si	tʃɿ꜄	꜀tʃʰɿ	꜁ʃɿ	꜀i	i꜄	꜀pʰi	꜀ti
宿迁	꜁tɕi	꜁ɕi	꜀tʂʅ	꜀tʂʰʅ	꜁ʂʅ	꜀i	i꜄	꜀pʰi	꜀ti
丰县	꜁tɕi	꜁ɕi	tʂʅ꜄	꜀tʂʰʅ	꜁ʂʅ	꜀i	i꜄	꜀pʰi	꜀ti
郯城	꜁tsi	꜁si	tʂʅ꜄	꜀tʂʰʅ	꜁ʂʅ	꜀i	i꜄	꜀pʰi	꜀ti
莒南团林	꜀tθi	꜁θi	tʃɿ꜄	꜀tʃʰɿ	꜁ʃɿ	i꜄	i꜄	꜂pʰi	꜀ȶi
日照陈疃	꜂ȶi	꜁θi	tʃəŋ꜄	꜀tʃʰɿ	꜁ʃɿ	i꜄	i꜄	꜀pʰi	꜂ȶi
日照奎山	꜀tθi	꜁θi	tʂʅ꜄	꜂tsʰɿ	꜁sɿ	i꜄	i꜄	꜂pʰi	꜂ti
日照黄墩	꜂ȶi	꜁θi	꜂tʃɿ	꜂tʃʰɿ	꜁ʃɿ	i꜄	i꜄	꜂pʰi	꜂ȶi
日照涛雒	꜁ȶi	꜁θi	꜀tsɿ	꜀tsʰɿ	꜁sɿ	i꜄	i꜄	꜀pʰi	꜂tɕi
蒙阴	꜁zi	꜁si	꜀tʃɿ	꜀tʃʰɿ	꜁ʃɿ	i꜄	i꜄	꜀pʰi	꜀ti
沂南	꜁tsi	꜁si	tʃɿ꜄	꜀tʃʰɿ	꜁ʃɿ	꜀i	i꜄	꜂pʰi	꜀ti
五莲许孟	꜀tɕi	꜁ɕi	ʒɔŋ꜄	꜂tʃʰɿ	꜁ʃɿ	i꜄	i꜄	꜂pʰi	꜂tɕi
日照两城	꜂tθi	꜁θi	tsɿ꜄	꜂tsʰɿ	꜁sɿ	i꜄	i꜄	꜂pʰi	꜂tɕi
莒县桑园	꜁zi	꜁si	tʂʅ꜄	꜂tsʰɿ	꜁sɿ	i꜄	i꜄	꜂pʰi	꜂ti

续表

	敌	历	绩	锡	击	获	划	役	木
	梗开四 锡入定	梗开四 锡入来	梗开四 锡入精	梗开四 锡入心	梗开四 锡入见	梗合二 麦入匣	梗合二 麦入匣	梗合三 昔入以	通合一 屋入明
连云港	tiɪ꜆	liɪ꜆	tɕiɪ꜆	ɕiɪ꜆	tɕiɪ꜆	xuʊ꜆	xuɐ꜆	iɪ꜆	mə꜆
灌南	tɪl꜆	lɪl꜆	tɕɪl꜆	ɕɪl꜆	tɕɪl꜆	xo꜆	xua꜄	ɪl꜆	mo꜆
沭阳	tiɪ꜆	liɪ꜆	tɕiɪ꜆	ɕiɪ꜆	tɕiɪ꜆	xʊ꜆	xuɐ꜆	iɪ꜆	mə꜆
泗阳	tiʔ꜆	liʔ꜆	tɕiʔ꜆	ɕiʔ꜆	tɕiʔ꜆	xoʔ꜆	xuaʔ꜆	iʔ꜆	məʔ꜆
泗洪金锁	ti꜆	li꜄	tɕi꜆	ɕi꜆	tɕi꜆	xu꜄	xua꜄	i꜆	mə꜆
泗洪上塘	꜁ti	li꜄	tɕi꜆	꜀ɕi	tɕi꜆	xu꜄	xua꜄	i꜄	mu꜆
泗洪瑶沟	tɪʔ꜇	li꜄	tɕɪʔ꜇	ɕɪʔ꜇	tɕɪʔ꜇	xʊʔ꜇	xua꜄	ɪʔ꜇	məʔ꜇
赣榆墩尚	꜁ti	li꜄	꜀tsi/꜂tsi	꜀si/꜂si	꜀ci/꜂ci	xu꜄	xua꜄	꜁i	꜀mu/꜀m
赣榆石桥	꜁ti	li꜄	tθi꜆	θi꜆	tɕi꜆	xu꜄	xua꜄	꜁i	mu꜆
铜山	꜁ti	li꜄	꜀tɕi	꜀ɕi	꜀tɕi	xuə꜄	xua꜄	i꜄	꜀mu
微山	꜁ti	li꜄	꜀tɕi	꜀ɕi	꜀tɕi	xuə꜄	xua꜄	i꜄	꜀mu
邹城	꜁ti	li꜄	꜀tɕi	꜀ɕi	꜀tɕi	xuə꜄	xua꜄	i꜄	꜀mu
睢宁	꜁ti	li꜄	꜀tɕi	꜀ɕi	꜀tɕi	xuə꜄	xua꜄	i꜄	꜀mu
新沂阿湖	꜁ti	li꜄	꜀tɕi	꜀ɕi	꜀tɕi	xuə꜄	꜁xua	i꜄	꜀mu
新沂时集 A	꜁ti	li꜄	꜀tɕi	꜀ɕi	꜀tɕi	xu꜄	xua꜄	i꜄	꜀mu
新沂时集 B	꜁ti	li꜄	tɕi꜆	ɕi꜆	tɕi꜆	xuə꜄	xua꜄	i꜄	mu꜆
泗水	꜁ti	li꜄	꜀tɕi	꜀ɕi	꜀tɕi	xuə꜄	xua꜄	i꜄	꜀mu
邳州	꜁ti	li꜄	꜀tɕi	꜀ɕi	꜀tɕi	xuə꜄	xua꜄	i꜄	꜀mu
滕州	꜁ti	li꜄	꜀tɕi	꜀ɕi	꜀tɕi	xuə꜄	xua꜄	i꜄	꜀mu
临沭	꜁ti	li꜄	꜀tsi	꜀si	꜀tɕi	xu꜄	xua꜄	i꜄	꜀mu
宿迁	꜁ti	li꜄	꜀tɕi	꜀ɕi	꜀tɕi	xu꜄	xua꜄	꜀i	꜀mu
丰县	꜁ti	li꜄	꜀tɕi	꜀ɕi	꜀tɕi	xuə꜄	xua꜄	i꜄	꜀mu
郯城	꜁ti	li꜄	꜀tsi	꜀si	꜀tɕi	꜀xu	xua꜄	i꜄	꜀mu
莒南团林	꜁ȶi	li꜄	꜀tθi	꜂θi	꜂tʃʅ	xuə꜄	xuɑ꜄	i꜄	mu꜄
日照陈疃	꜁ȶi	li꜄	꜀ȶi	꜂θi	꜀tʃʅ	xuə꜄	xuɑ꜄	i꜄	mu꜄
日照奎山	꜁ti	li꜄	꜀tθi	꜀θi	꜀tɕi	xuə꜄	xuɑ꜄	i꜄	mu꜄
日照黄墩	꜁ȶi	li꜄	꜀ȶi	꜂θi	꜂tʃʅ	xuə꜄	xuɑ꜄	i꜄	mu꜄
日照涛雒	꜁tɕi	li꜄	꜀ȶi	꜀θi	꜀tsʅ	xu꜄	xuɑ꜄	i꜄	mu꜄
蒙阴	꜁ti	li꜄	꜀zi	꜀si	꜀tɕi	xuə꜄	xuʌ꜄	꜁i	mu꜄
沂南	꜁ti	li꜄	꜀tsi	꜀si	꜀tɕi	xuə꜄	xua꜄	i꜄	mu꜄
五莲许孟	꜁tɕi	li꜄	꜂tɕi	꜂ɕi	꜂ʒʅ	xu꜄	xuɑ꜄	i꜄	mu꜄
日照两城	꜁tɕi	li꜄	tθi꜄	꜂θi	꜀tɕi	xuə꜄	xuɑ꜄	i꜄	mu꜄
莒县桑园	꜁ti	li꜄	꜂zi	꜂si	꜂tɕi	xuə꜄	xuɑ꜄	i꜄	mu꜄

续表

	独	鹿	族	谷	哭	屋	督	毒	酷
	通合一 屋入定	通合一 屋入来	通合一 屋入从	通合一 屋入见	通合一 屋入溪	通合一 屋入影	通合一 沃入端	通合一 沃入定	通合一 沃入溪
连云港	tuʊ꜆	luʊ꜆	tʂuʊ꜆	kuʊ꜆	kʰuʊ꜆	uʊ꜆	tuʊ꜆	tuʊ꜆	kʰuʊ꜆
灌南	to꜆	lo꜆	tʂo꜆	ko꜆	kʰo꜆	o꜆	to꜆	to꜆	kʰo꜆
沭阳	tʊ꜆	lʊ꜆	tʂʊ꜆	kʊ꜆	kʰʊ꜆	ʊ꜆	tʊ꜆	tʊ꜆	kʰʊ꜆
泗阳	tuʔ꜆	luʔ꜆	tʂuʔ꜆	kuʔ꜆	kʰuʔ꜆	uʔ꜆	tuʔ꜆	tuʔ꜆	kʰuʔ꜆
泗洪金锁	tu꜆	lu꜆	tsu꜆	ku꜆	kʰu꜆	u꜆	tu꜆	tu꜆	kʰu꜆
泗洪上塘	꜁tu	lu꜆	꜁tsu	ku꜆	kʰu꜆	u꜆	꜀tu	꜁tu	kʰu꜄
泗洪瑶沟	tʊʔ꜇	lʊʔ꜇	tsʰʊʔ꜇	kʊʔ꜇	kʰʊʔ꜇	ʊʔ꜇	tʊʔ꜇	tʊʔ꜇	kʰʊʔ꜇
赣榆墩尚	꜁tu	꜀lu/꜂lu	꜂tsʰu	꜀ku/꜂ku	꜀kʰu/꜂kʰu	꜀vu	꜀tu/꜂tu	꜁tu	꜀kʰu/꜂kʰu
赣榆石桥	꜁tu	lu꜆	tθʰu꜆	ku꜆	kʰu꜆	u꜆	tu꜆	꜁tu	꜂kʰu
铜山	꜁tu	꜀lu	꜁tsu	꜀ku	꜀kʰu	꜀u	꜀tu	꜁tu	꜀kʰu
微山	꜁tu	꜀lu	꜁tsu	꜀ku	꜀kʰu	꜀u	꜀tu	꜁tu	꜀kʰu
邹城	꜁tu	꜀lu	꜁tsu	꜀ku	꜀kʰu	꜀u	꜀tu	꜁tu	꜀kʰu
睢宁	꜁tu	꜀lu	꜁tsu	꜀ku	꜀kʰu	꜀u	꜀tu	꜁tu	꜀kʰu
新沂阿湖	꜁tu	꜀lu	꜁tsu	꜀ku	꜀kʰu	꜀vu	꜀tu	꜁tu	꜀kʰu
新沂时集 A	꜁tu	꜀lu	꜁tsu	꜀ku	꜀kʰu	꜀u	꜀tu	꜁tu	꜀kʰu
新沂时集 B	tu꜆	lu꜆	tsu꜆	ku꜆	kʰu꜆	vu꜆	tu꜆	tu꜆	kʰu꜄
泗水	꜁tu	꜀lu	꜁tɕy	꜀ku	꜀kʰu	꜀u	꜀tu	꜁tu	꜂kʰu
邳州	꜁tu	꜀lu	꜁tsu	꜀ku	꜀kʰu	꜀u	꜀tu	꜁tu	꜀kʰu
滕州	꜁tu	꜀lu	꜁tsu	꜀ku	꜀kʰu	꜀u	꜀tu	꜁tu	꜀kʰu
临沭	꜁tu	꜀lu	꜁tθu	꜀ku	꜀kʰu	꜀u	꜀tu	꜁tu	꜀kʰu
宿迁	꜁tu	꜀lu	꜁tsu	꜀ku	꜀kʰu	꜀u	꜀tu	꜁tu	꜀kʰu
丰县	꜁tu	꜀lu	꜁tsu	꜀ku	꜀kʰu	꜀u	꜀tu	꜁tu	꜀kʰu
郯城	꜁tu	꜀lu	꜁tsu	꜀ku	꜀kʰu	꜀u	꜀tu	꜁tu	꜂kʰu
莒南团林	꜁tu	lu꜄	꜂tθu	꜂ku	꜂kʰu	꜀u	꜀tu	꜁tu	kʰu꜄
日照陈疃	꜁tu	lu꜄	꜁tu	꜂ku	꜂kʰu	꜀u	꜀tu	꜁tu	꜂kʰu
日照奎山	꜁tu	lu꜄	꜂tθu	꜂ku	꜂kʰu	꜀u	꜀tu	꜁tu	kʰu꜄
日照黄墩	꜁tu	lu꜄	꜁tθu	꜂ku	꜂kʰu	꜀u	꜀tu	꜁tu	kʰu꜄
日照涛雒	꜁tu	lu꜄	꜁tθu	꜂ku	꜂kʰu	꜀u	꜀tu	꜁tu	꜂kʰu
蒙阴	꜁tu	lu꜄	꜁ðu	꜀ku	꜀kʰu	꜀u	꜀tu	꜁tu	꜀kʰu
沂南	꜁tu	꜀lu	꜁tθu	꜀ku	꜀kʰu	꜀u	꜀tu	꜁tu	kʰu꜄
五莲许孟	꜁tu	lu꜄	꜁tu	꜂ku	꜂kʰu	꜂u	꜀tu	꜁tu	kʰu꜄
日照两城	꜁tu	lu꜄	꜁tθu	꜂ku	꜂kʰu	꜀u	꜀tu	꜁tu	꜂kʰu
莒县桑园	꜁tu	lu꜄	꜁ðu	꜂ku	꜂kʰu	꜂u	꜂tu	꜁tu	꜂kʰu

续表

	福	服	目	六	宿	竹	缩	祝	粥
	通合三 屋入非	通合三 屋入奉	通合三 屋入明	通合三 屋入来	通合三 屋入心	通合三 屋入知	通合三 屋入生	通合三 屋入章	通合三 屋入章
连云港	xuʊ꜆	xuʊ꜆	mə꜆	ly꜄	ɕyʊ꜆	tʂuʊ꜆	ʂuʊ꜆	tʂuʊ꜆	tʂuʊ꜆
灌南	fo꜆	fo꜆	mo꜆	lo꜄	ɕo꜆	tʂo꜆	ʂo꜆	tʂo꜆	tʂo꜆
沭阳	fə꜆	fə꜆	mə꜆	lʊ꜄	ɕiʊ꜆	tʂʊ꜆	sʊ꜆	tʂʊ꜆	tʂʊ꜆
泗阳	fəʔ꜆	fəʔ꜆	məʔ꜆	liəɯ꜄	ɕuʔ꜆	tʂuʔ꜆	suʔ꜆	tʂuʔ꜆	tʂuʔ꜆
泗洪金锁	xu꜆	xu꜆	mə꜆	liou꜄	su꜆	tʂu꜆	su꜆	tʂu꜆	tʂu꜆
泗洪上塘	fu꜆	꜁fu	mu꜆	liou꜄	ɕy꜆	tʂu꜆	su꜆	tʂu꜆	꜁tʂu
泗洪瑶沟	fəʔ꜇	fəʔ꜇	məʔ꜇	liəu꜄	ɕyeʔ꜇	tʂʊʔ꜇	tsʰʊʔ꜇/ sʊʔ꜇	tʂʊʔ꜇	tʂʊʔ꜇
赣榆墩尚	꜀fu	꜁fu	꜀mu	liəu꜄	꜀sy	꜀tʂu/꜂tʂu	꜂su	꜀tʂu/꜂tʂu	꜀tʂəu
赣榆石桥	fu꜆	꜁fu	mu꜆	liəu꜄	θy꜆	tʂu꜆	θu꜆	tʂu꜆	꜀tʂəu
铜山	꜀fu	꜁fu	꜀mu	liou꜄	꜀su	꜀tʂu	꜀tʂʰu/꜀suə	꜀tsu	꜀tʂou
微山	꜀fu	꜁fu	꜀mu	liou꜄	꜀su	꜀tsu	꜀tsʰu	꜀tsu	꜀tsou
邹城	꜀fu	꜁fu	꜀mu	liou꜄	꜀su	꜀tsu	꜀tsʰu	꜀tsu	꜀tsou
睢宁	꜀fu	꜁fu	꜀mu	liəu꜄	꜀ɕy	꜀tʂu	꜀tʂʰu	꜀tʂu	꜀tʂəu
新沂阿湖	꜀fu	꜁fu	꜀mu	liou꜄	꜀ɕy	꜀tʂu	꜀suə	꜀tʂu	꜀tʂou
新沂时集 A	꜀fu	꜁fu	꜀mu	liou꜄	꜀ɕy	꜀tʂu	꜂tʂʰu/꜂suə	꜀tʂu	꜀tʂu
新沂时集 B	fu꜆	fu꜆	mu꜆	liou꜄	su꜄	tʂu꜆	su꜆	tʂu꜆	꜀tʂou
泗水	꜀fu	꜁fu	꜀mu	liəu꜄	꜀ɕy	꜀tɕy	꜂ɕyə	꜀tɕy	꜀tʃəu
邳州	꜀fu	꜁fu	꜀mu	liəu꜄	꜀ɕy	꜀tʂu	꜀tʂʰu	꜀tʂu	꜀tʂəu
滕州	꜀fu	꜁fu	꜀mu	liou꜄	꜀ɕy	꜀tsu	꜀suə	꜀pfu	꜀pfu
临沭	꜀fu	꜁fu	꜀mu	liou꜄	꜀sy	꜀tʃu	꜀tʃʰu/꜀ʃuə	꜀tʃu	꜀tʃou
宿迁	꜀xu	꜁xu	꜀mu	liəu꜄	꜀ɕy	꜀tʂu	꜀su	꜀tʂu	꜀tʂu
丰县	꜀fu	꜁fu	꜀mu	liəu꜄	꜀ɕy	꜀tʂu	꜀tʂʰu	꜀tʂu	꜀tʂəu
郯城	꜀fu	꜁fu	꜀mu	liəu꜄	꜀sy	꜀tʂu	꜀tʂʰu/꜂ʂuə	꜀tʂu	꜀tʂəu
莒南团林	꜀fu	꜁fu	mu꜄	liou꜄	꜀θu	꜂tʂu	꜁ʂuə	tʂu꜄	꜀tʃou
日照陈疃	꜀fu	꜁fu	mu꜄	liou꜄	꜀θy	꜂tʂu	꜂ʂuə	tʂu꜄	꜀tʃou
日照奎山	꜀fu	꜁fu	mu꜄	liou꜄	꜀θy	꜂tʂu	꜂ʂuə	tʂu꜄	꜀tsou
日照黄墩	꜀fu	꜁fu	mu꜄	liou꜄	꜀θy	꜂tʂu	꜂ʂuə	tʂu꜄	꜀tʃou
日照涛雒	꜀fu	꜁fu	mu꜄	liou꜄	꜀θy	꜀tʂu	꜀tʂʰu/꜂ʂuə	tʂu꜄	꜀tʂu
蒙阴	꜀fu	꜁fu	mu꜄	liou꜄	꜀sy	꜀tʃu	꜀tʃʰu/꜀ʃuə	tʃu꜄	꜀tʃou
沂南	꜀fu	꜁fu	mu꜄	liəu꜄	꜀sy	꜀tʂu	꜀tʂʰu/꜀θuə	tʂu꜄	꜀tʃəu
五莲许孟	꜂fu	꜁fu	mu꜄	liou꜄	꜂ɕy	꜂tʂu	꜂tʂʰu/꜂ʂuə	꜂tʂu	꜀tʃou
日照两城	꜂fu	꜁fu	mu꜄	liou꜄	꜂θy	꜂tʂu	꜂ʂuə	tʂu꜄	꜀tʂou
莒县桑园	꜂fu	꜁fu	mu꜄	liou꜄	꜀θu	꜂tʂu	꜂ʂuə	tʂu꜄	꜁zou

续表

	叔	熟	肉	菊	郁	育	绿	录	足
	通合三屋入书	通合三屋入禅	通合三屋入日	通合三屋入见	通合三屋入影	通合三屋入以	通合三烛入来	通合三烛入来	通合三烛入精
连云港	ʂuʊ꜆	ʂuʊ꜆	ʐɵ꜄	tɕyʊ꜆	yʊ꜆	yʊ꜆	luʊ꜆	luʊ꜆	tʂuʊ꜆
灌南	ʂo꜆	ʂo꜆	ʐɤɯ꜄	tɕio꜆	io꜆	io꜆	lo꜆	lo꜆	tʂo꜆
沭阳	ʂʊ꜆	ʂʊ꜆	ʐəɯ꜄	tɕiʊ꜆	iʊ꜆	iʊ꜆	lʊ꜆	lʊ꜆	tsʊ꜆
泗阳	ʂuʔ꜆	ʂuʔ꜆	ʐəɯ꜄	tɕioʔ꜆	ioʔ꜆	ioʔ꜆	luʔ꜆	luʔ꜆	tsuʔ꜆
泗洪金锁	ʂu꜆	ʂu꜆	ʐou꜄	tɕy꜆	y꜄	y꜆	ly꜆	lu꜆	tsu꜆
泗洪上塘	꜂ʂu	꜁ʂu	ʐou꜄	꜁tɕy	꜀y	y꜄	lu꜆	lu꜆	tsu꜆
泗洪瑶沟	ʂʊʔ꜇	ʂʊʔ꜇	ʐəu꜄	tɕyeʔ꜇	yeʔ꜇	yeʔ꜇	lʊʔ꜇	lʊʔ꜇	tsʊʔ꜇
赣榆墩尚	꜀ʂu/꜂ʂu	꜁ʂu	iəu꜄	꜁cy	y꜄	꜀y/꜂y	꜀lu/꜂lu	꜀lu/꜂lu	꜀tsu/꜂tsu
赣榆石桥	ʂu꜆	꜁ʂu	iəu꜄	tɕy꜆	y꜆	y꜄	lu꜆	lu꜆	tθu꜆
铜山	꜀ʂu	꜁ʂu	ʐou꜄	꜂tɕy	y꜄	y꜄	꜀ly	꜀lu	꜀tsu
微山	꜀fu	꜁fu	zou꜄	꜂tɕy	꜀y	y꜄	꜀ly	꜀lu	꜀tsu
邹城	꜀fu	꜁fu	zou꜄	꜂tɕy	꜀y	y꜄	꜀ly	꜀lu	꜀tsu
睢宁	꜀ʂu	꜁ʂu	ʐəu꜄	꜂tɕy	꜀y	y꜄	꜀lu	꜀lu	꜀tsu
新沂阿湖	꜀ʂu	꜁ʂu	ʐou꜄	꜂tɕy	y꜄	y꜄	꜀ly	꜀lu	꜀tsu
新沂时集 A	꜀ʂu	꜁ʂu	ʐou꜄	꜂tɕy	꜀y	y꜄	꜀lu	꜀lu	꜀tɕy
新沂时集 B	ʂu꜆	ʂu꜆	ʐou꜄	꜁tɕy	y꜄	y꜄	lu꜆	lu꜆	tsu꜆
泗水	꜀fu	꜁fu	ʒəu꜄	꜂tɕy	꜀y	y꜄	꜀ly	꜀lu	꜀tɕy
邳州	꜀fu	꜁fu	ʐəu꜄	꜂tɕy	꜀y	y꜄	꜀lu	꜀lu	꜀tɕy
滕州	꜀fu	꜁fu	ʐou꜄	꜂tɕy	꜀y	y꜄	꜀lu	꜀lu	꜀tɕy
临沭	꜀ʃu	꜁ʃu	ʒou꜄	꜂tɕy	꜀y	y꜄	꜀lu	꜀lu	꜀tθu
宿迁	꜀ʂu	꜁ʂu	ʐəu꜄	꜂tɕy	꜀y	y꜄	꜀lu	꜀lu	꜀tsu
丰县	꜀su	꜁ʂu	ʐəu꜄	꜂tɕy	꜀y	y꜄	꜀lu	꜀lu	꜀tsu
郯城	꜀ʂu	꜁ʂu	ʐəu꜄	꜂tɕy	꜀y	y꜄	꜀lu	꜀lu	꜀tsu
莒南团林	꜀ʃɥ	꜁ʃɥ	iou꜄	꜂tʃɥ	y꜄	y꜄	ly꜄	lu꜄	꜀tθu
日照陈疃	꜂ʃɥ	꜁ʃɥ	iou꜄	꜂tʃɥ	y꜄	y꜄	lu꜄	lu꜄	꜀ȶy
日照奎山	꜂sɥ	꜁sɥ	iou꜄	꜂tɕy	y꜄	y꜄	ly꜄	lu꜄	꜀tθy
日照黄墩	꜂ʃɥ	꜁ʃɥ	iou꜄	꜂tʃɥ	y꜄	y꜄	ly꜄	lu꜄	꜀ȶy
日照涛雒	꜀sɥ	꜁sɥ	iou꜄	꜂tsɥ	꜀y	y꜄	ly꜄	lu꜄	꜀ȶy/꜀tθu
蒙阴	꜀ʃu	꜁ʃu	iou꜄	꜂tɕy	y꜄	y꜄	lu꜄/ly꜄	lu꜄	꜀zy
沂南	꜀ʂu	꜁ʂu	iəu꜄	꜂tɕy	꜀y	y꜄	ly꜄	lu꜄	꜀tθu
五莲许孟	꜂ʃɥ	꜁ʃɥ	iou꜄	꜂ʒɥ	꜂y	y꜄	lu꜄	lu꜄	꜂tɕy
日照两城	꜂ʂu	꜁su	iou꜄	꜂tɕy	y꜄	y꜄	ly꜄	lu꜄	꜀tθu
莒县桑园	꜂sɥ	꜁sɥ	iou꜄	꜂tɕy	y꜄	y꜄	ly꜄	lu꜄	꜀ðu

续表

	粟	俗	烛	赎	属	辱	局	玉
	通合三 烛入心	通合三 烛入邪	通合三 烛入章	通合三 烛入船	通合三 烛入禅	通合三 烛入日	通合三 烛入群	通合三 烛入疑
连云港	ʂuʊ꜆	ʂuʊ꜆	tʂuʊ꜆	ʂuʊ꜆	ʂuʊ꜆	ʐuʊ꜆	tɕyʊ꜆	ʏᶣ꜄
灌南	ʂo꜆	ʂo꜆	tʂo꜆	ʂo꜆	ʂo꜆	ʐo꜆	tɕio꜆	ⁱʯ꜄
沭阳	sʊ꜆	sʊ꜆	tʂʊ꜆	ʂʊ꜆	ʂʊ꜆	ʐʊ꜆	tɕiʊ꜆	iᶣ꜄
泗阳	suʔ꜆	suʔ꜆	tʂuʔ꜆	ʂuʔ꜆	ʂuʔ꜆	ʐuʔ꜆	tɕioʔ꜆	ioʔ꜄
泗洪金锁	su꜆	su꜆	tʂu꜆	ʂu꜆	ʂu꜆	ʐu꜆	tɕy꜆	y꜄
泗洪上塘	su꜄	꜁su	tʂu꜆	꜁ʂu	꜁ʂu	꜀ʐu	꜁tɕy	y꜄
泗洪瑶沟	sʊʔ꜇	sʊʔ꜇	tʂʊʔ꜆	ʂʊʔ꜆	ʂʊʔ꜆	ʐʊʔ꜇	tɕyeʔ꜇	y꜄
赣榆墩尚	su꜄	꜁su	꜁tʂu	꜁ʂu	꜁ʂu	꜀y/꜂y	꜁cy	y꜄
赣榆石桥	θu꜆	꜁θu	꜁tʂu	꜂ʂu	꜁ʂu	lu꜆	꜁tɕy	y꜄
铜山	su꜄	꜁su	꜀tʂu	꜁ʂu	꜁ʂu	꜀ʐu	꜁tɕy	y꜄
微山	su꜄	꜁su	꜀tsu	꜁fu	꜁fu	꜀zu	꜁tɕy	y꜄
邹城	su꜄	꜁su	꜀tsu	꜁fu	꜁fu	꜀zu	꜁tɕy	y꜄
睢宁	su꜄	꜁su	꜀tʂu	꜁ʂu	꜁ʂu	꜀ʐu	꜁tɕy	y꜄
新沂阿湖	su꜄	꜁su	꜀tʂu	꜁ʂu	꜁ʂu	꜀ʐu	꜁tɕy	y꜄
新沂时集 A	su꜄	꜁su	꜀tʂu	꜁ʂu	꜁ʂu	꜀ʐu	꜁tɕy	y꜄
新沂时集 B	su꜄	su꜆	tʂu꜆	ʂu꜆	꜂ʂu	꜂ʐu	tɕy꜆	y꜄
泗水	ɕy꜄	꜁ɕy	꜀tɕy	꜁fu	꜁fu	꜀ʑy	꜁tɕy	y꜄
邳州	su꜄	꜁ɕy	꜀tʂu	꜁fu	꜁fu	꜀vu	꜁tɕy	y꜄
滕州	su꜄	꜁ɕy	꜀pfu	꜁fu	꜁fu	꜀zu	꜁tɕy	y꜄
临沭	θu꜄	꜁sy	꜀tʃu	꜁ʃu	꜁ʃu	꜀ʒu	꜁tɕy	y꜄
宿迁	su꜄	꜁su	꜀tʂu	꜁ʂu	꜁ʂu	꜀ʐu	꜁tɕy	y꜄
丰县	su꜄	꜁ɕy	꜀tʂu	꜁ʂu	꜁ʂu	꜀ʐu	꜁tɕy	y꜄
郯城	꜀su	꜁sy	꜀tʂu	꜁ʂu	꜁ʂu	꜀ʐu	꜁tɕy	y꜄
莒南团林	θu꜄	꜂θy	꜁tʃɥ	꜁ʃɥ	꜁ʂu	꜀y	꜁tʃɥ	y꜄
日照陈疃	θu꜄	θy꜄	꜀tʂu	꜁ʂu	꜁ʂu	y꜄	꜁tʃɥ	y꜄
日照奎山	θu꜄	꜁θy	꜀tʂu	꜁ʂu	꜁ʂu	lu꜄	꜁tɕy	y꜄
日照黄墩	θu꜄	꜂θy	꜀tʂu	꜁ʂu	꜁ʂu	lu꜄	꜁tʃɥ	y꜄
日照涛雒	θu꜄	꜁θy	꜀tʂu	꜁ʂu	꜁ʂu	lu꜄	꜁tsɥ	y꜄
蒙阴	θu꜄	꜁sy	꜀tʃu	꜁ʃu	꜁ʃu	꜀y	꜁tɕy	y꜄
沂南	θu꜄	꜁sy	꜀tʂu	꜁ʂu	꜁ʂu	꜀y	꜁tɕy	y꜄
五莲许孟	θu꜄	꜁ɕy	꜂tʂu	꜁ʂu	꜁ʂu	lu꜄	꜁ʒɥ	y꜄
日照两城	θu꜄	꜁θy	꜂tʂu	꜁ʂu	꜂ʂu	lu꜄	꜁tɕy	y꜄
莒县桑园	θu꜄	꜁sy	꜂tʂu	꜁ʂɥ	ʂu꜄	y꜄	꜁tɕy	y꜄

后　记

本书是在我博士学位论文基础上修改而成的，2017 年，我以博士论文作为书稿的基础，向国家社会科学规划办申请后期资助基金，并于 2017 年 9 月获得通过，因此有了将论文进行增补的机会，最终以现在的面貌付诸出版。

在此次增补过程中，主要工作有如下四个方面：一是核实了日照涛雒等 5 个方言点的语料，并在官话边界线上和日照、莒南、莒县等音变创新区增加了 13 个调查点，使调查点由之前的 34 个方言点增加到现在的 47 个；二是根据新的语料发现了一些新的语音现象；三是新增了一些章节；四是文章结构也有一些变动。

我能够顺利地完成博士学位论文，并最终完成此书，首先要感谢我的博士研究生导师项梦冰先生。先生为人低调，乐善好施，热情有耐心，每每有人求教或请求帮助，总是不厌其烦，尽心尽力。先生治学严谨，对自己对学生都严格要求。我头脑愚钝偏偏又短于细密的思考，基础薄弱而偏偏又常常偷懒，因此，我也就成了最让先生费心的学生。无论是沙龙上的报告、综合考试上的论文和翻译，还是开题报告、预答辩以及送审的毕业论文，先生都倾注了极大的心血。记得预答辩之前，先生连续几天手把手地教我怎样布局谋篇才能逻辑性强、怎样表述规范才能不节外生枝、怎样行文简洁流畅而又能线索清楚等等。我的毕业论文一度毫无头绪，不知道如何进行，是先生的指导和鼓励让我能够继续写下去。可以说，没有先生的指导，我的论文不可能是现在的样子，甚至可能至今也无法完成。

感谢我的硕士研究生导师苏晓青先生。先生乐观豁达，学识渊博，治学严谨。在我硕士三年的学习生活中，耳濡目染，潜移默化，接受了全新的思想观念，掌握了基本的思考方法，而且还明白了许多待人接物和为人处世的道理。记得在论文选题时，先生因为我的题目迟迟定不下来而着急，并不辞辛苦，与我讨论选题的可行性。在选题确定以后，先生又督促我赶紧进行方言调查，收集整理材料。在调查遇到困难时，是先生的不断鼓励，支持我顺利地完成了调查工作。在论文的写作中，先生更是字斟句酌，反复推敲。先生的帮助、关心和宽容我将铭记在心，促使我努力前行。

感谢李小凡老师、陈宝贤老师。提到李老师，最令我难忘的是李老师在方言学沙龙上给我的点评，寥寥数语却总能点到我的“痛处”。陈宝贤老师既是北大的老师，也是我的同门。她与我之间既有朋友间的交流和探讨，又有老师对学生的关心和帮助。

感谢王洪君老师、陈保亚老师、孙玉文老师、耿振生老师、王韫佳老师、董秀芳老师、孔江平老师、汪锋老师，他们或在综合考试，或在论文开题，或在预答辩及最后答辩中给我提出了很多建设性的意见。感谢李蓝老师、桑宇红老师，两位老师作为校外专家，参加了我的论文答辩，并提出了很多宝贵的意见。

感谢方言学方向的池田、唐浩、王荣波、赵媛、曹东、黄河、姜晓芳、陈稚瑶等同门，与他们沙龙上的讨论使我受益匪浅；感谢孙顺、张锐锋、赵旭、李新良、赵志国、闫顺英等同学，与他们学习上的交流使我获益良多；感谢谭军强、李家驹两位室友以及余忠剑、马勇田等好友，与他们一起散步、一起聊天，四年的北大生活过得很愉快。

感谢对我的论文提供帮助的陈战池、公维庆、庄建禄等诸位调查合作人！感谢他们不辞辛苦提供的语料，论文也凝结着他们的辛苦与汗水，没有他们的热情相助，我甚至无法迈出论文写作的第一步。

2014 年，我进入徐州工程学院人文学院工作，2021 年，我又来到南通大学文学院工作。8 年来，两个学校学院的领导一直关心我的工作和生活，感谢他们。感谢徐州工程学院汉语与写作教研室的各位同事，感谢南通大学汉语教研室的各位同事，与你们相处非常愉快。

由于自己的水平有限，书中肯定存在一些不足之处，敬请读者批评指正。

许井岗

2022 年 8 月